●収録内容一覧

■2025年度中学受験用

鷗友学園女子中学校

4年間(＋3年間HP掲載)スーパー過去問

入試問題と解説・解答の収録内容

2024年度　1回	算数・社会・理科・国語	実物解答用紙DL
2024年度　2回	算数・社会・理科・国語	実物解答用紙DL
2023年度　1回	算数・社会・理科・国語	実物解答用紙DL
2023年度　2回	算数・社会・理科・国語	実物解答用紙DL
2022年度　1回	算数・社会・理科・国語	実物解答用紙DL
2022年度　2回	算数・社会・理科・国語	実物解答用紙DL
2021年度　1回	算数・社会・理科・国語	
2020～2018年度（HP掲載） 「カコ過去問」 （ユーザー名）koe （パスワード）w8ga5a1o	問題・解答用紙・解説解答DL **◇著作権の都合により国語と一部の問題を削除しております。** ◇一部解答のみ（解説なし）となります。 ◇９月下旬までに全校アップロード予定です。 ◇掲載期限以降は予告なく削除される場合があります。	

～本書ご利用上の注意～　以下の点について，あらかじめご了承ください。

★別冊解答用紙は巻末にございます。実物解答用紙は，弊社サイトの各校商品情報ページより，一部または全部をダウンロードできます。
★編集の都合上，学校実施のすべての試験を掲載していない場合がございます。
★当問題集のバックナンバーは，弊社には在庫がございません（ネット書店などに一部在庫あり）。
★本書の内容を無断転載することを禁じます。また，本書のコピー，スキャン，デジタル化等の無断複製は著作権法上での例外を除き禁じられています。

☆さらに理解を深めたいなら…動画でわかりやすく解説する「web過去問」
声の教育社ECサイトでお求めいただけます。くわしくはこちら→

JN050089

合格を勝ち取るための
『スーパー過去問』の使い方

本書に掲載されている過去問をご覧になって，「難しそう」と感じたかもしれません。でも，多くの受験生が同じように感じているはずです。なぜなら，中学入試で出題される問題は，小学校で習う内容よりも高度なものが多く，たくさんの知識や解き方のコツを身につけることも必要だからです。ですから，初めて本書に取り組むさいには，点数を気にしすぎないようにしましょう。本番でしっかり点数を取れることが大事なのです。

過去問で重要なのは「まちがえること」です。自分の弱点を知るために，過去問に取り組むのです。当然，まちがえた問題をそのままにしておいては意味がありません。

本書には，長年にわたって中学入試にたずさわっているスタッフによるていねいな解説がついています。まちがえた問題はしっかりと解説を読み，できるようになるまで何度も解き直しをしてください。理解できていないと感じた分野については，参考書や資料集などを活用し，改めて整理しておきましょう。

このページも参考にしてみましょう！

◆どの年度から解こうかな　「入試問題と解説・解答の収録内容一覧」

本書のはじめには収録内容が掲載されていますので，収録年度や収録されている入試回などを確認できます。

※著作権上の都合によって掲載できない問題が収録されている場合は，最新年度の問題の前に，ピンク色の紙を差しこんでご案内しています。

◆学校の情報を知ろう‼「学校紹介ページ」

このページのあとに，各学校の基本情報などを掲載しています。問題を解くのに疲れたら息ぬきに読んで，志望校合格への気持ちを新たにし，再び過去問に挑戦してみるのもよいでしょう。なお，最新の情報につきましては，学校のホームページなどでご確認ください。

◆入試に向けてどんな対策をしよう？「出題傾向＆対策」

「学校紹介ページ」に続いて，「出題傾向＆対策」ページがあります。過去にどのような分野の問題が出題され，どのように対策すればよいかをアドバイスしていますので，参考にしてください。

◇別冊「入試問題解答用紙編」

本書の巻末には，ぬき取って使える別冊の解答用紙が収録してあります。解答用紙が非公表の場合などを除き，（注）が記載されたページの指定倍率にしたがって拡大コピーをとれば，実際の入試問題とほぼ同じ解答欄の大きさで，何度でも過去問に取り組むことができます。このように，入試本番に近い条件で練習できるのも，本書の強みです。また，データが公表されている学校は別冊の１ページ目に過去の「入試結果表」を掲載しています。合格に必要な得点の目安として活用してください。

本書がみなさんの志望校合格の助けとなることを，心より願っています。

株式会社　声の教育社　編集部

鷗友学園女子中学校

所在地	〒156-8551 東京都世田谷区宮坂1-5-30
電　話	03-3420-0136
ホームページ	https://www.ohyu.jp/
交通案内	小田急小田原線「経堂駅」より徒歩8分 東急世田谷線「宮の坂駅」より徒歩4分

くわしい情報は
ホームページへ

トピックス

★2025年度入試より算数の出題形式が一部変更となり，前半が小問集合で後半が記述式（部分点あり）になります。
★授業見学会や部活動見学会を実施しています（詳細は学校HPでご確認ください）。

創立年 昭和10年　｜　女子校　｜　高校募集 なし

応募状況

年度	募集数	応募数	受験数	合格数	倍率
2024	①約180名	520名	500名	198名	2.5倍
	②約 40名	682名	451名	138名	3.3倍
2023	①約180名	573名	551名	200名	2.8倍
	②約 40名	754名	527名	106名	5.0倍
2022	①約180名	603名	573名	207名	2.8倍
	②約 40名	714名	482名	100名	4.8倍
2021	①約180名	618名	577名	243名	2.4倍
	②約 40名	709名	454名	92名	4.9倍

2025年度入試情報

〔第１回〕
入試日時：2025年２月１日　８:10集合
入試科目：国語・算数・理科・社会
（各45分／各100点満点）
合格発表：2025年２月２日　12:00
校内掲示・インターネット掲示
〔第２回〕
入試日時：2025年２月３日　８:10集合
入試科目：国語・算数・理科・社会
（各45分／各100点満点）
合格発表：2025年２月４日　12:00
校内掲示・インターネット掲示
※各回とも，インターネット出願です。

説明会・公開行事等日程（※予定）

【学校説明会】要予約　＊各回とも定員は410名
①９月４日（水）　９:40～10:40　＊６年生対象
②10月19日（土）　９:00～10:00　＊６年生対象
③10月19日（土）　10:40～11:40
④11月15日（金）　９:30～10:30
＊①はLIVE配信も実施（定員1,000名）
【学園祭（かもめ祭）】　要予約
９月14日（土）　時間未定
９月15日（日）　時間未定
※各日午前の部・午後の部から選択（参考：昨年度）
＊鷗友生LIVE相談会（WEB）も実施。
【入試対策講座（WEB）：６年生限定】　要予約
12月11日（水）～１月31日（金）まで配信予定。
【受験会場見学会：６年生限定】　要予約
12月14日（日）　時間未定

2024年春の主な大学合格実績

＜国公立大学＞
東京大，京都大，東京工業大，一橋大，東北大，北海道大，筑波大，東京外国語大，東京医科歯科大，千葉大，埼玉大，東京農工大，電気通信大，お茶の水女子大，東京都立大，横浜市立大
＜私立大学＞
慶應義塾大，早稲田大，上智大，東京理科大，明治大，青山学院大，立教大，中央大，法政大，学習院大，東京慈恵会医科大，順天堂大，昭和大，東京医科大，日本医科大

編集部注―本書の内容は2024年5月現在のものであり，変更されている場合があります。正確な情報は，学校のホームページ等で必ずご確認ください。

算数　出題傾向＆対策

◆基本データ（2024年度１回）

試験時間／満点	45分／100点
問題構成	・大問数…７題 計算問題１題（２問）／応用問題６題 ・小問数…12問
解答形式	問題用紙の解答らんに解答を書きこむ。必要な式・図・考え方・筆算などは，問題用紙の枠の中に記す。
実際の問題用紙	Ａ３サイズ，両面印刷
実際の解答用紙	問題用紙に書きこむ形式

◆過去４年間の出題率トップ５

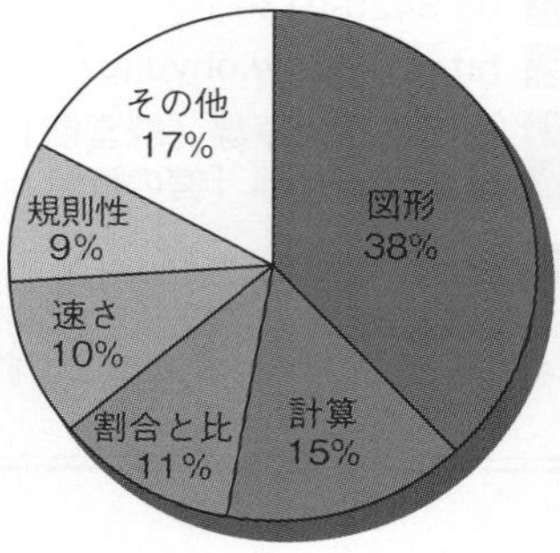

※　配点（推定ふくむ）をもとに算出

◆近年の出題内容

【　2024年度１回　】			【　2023年度１回　】		
大問	1	四則計算，逆算	大問	1	四則計算，逆算
	2	倍数算，比の性質		2	売買損益，つるかめ算
	3	平面図形－角度		3	平面図形－面積
	4	数列，周期算		4	立体図形－相似，表面積
	5	立体図形－相似，体積		5	数列
	6	平面図形－相似，辺の比と面積の比		6	平面図形－辺の比と面積の比
	7	グラフ－速さと比，旅人算		7	グラフ－旅人算

◆出題傾向と内容

あらゆる分野から広く取り上げられていますが，いわゆる難問といわれるようなものは出題されていません。あくまでも，**基礎的な事項の理解度と，その基本的な応用力を問うものが主体**になっています。

数の性質からは，約数・倍数，場合の数などが出題されています。また，比・割合の分野からもよく出題されており，特に，売買に関する損益算，平面図形の面積などを割合として答えさせるものなどがよく出されています。

図形の分野では，平面図形・立体図形の面積や体積を求める問題のほか，図形上の点の移動による面積の変化，複合図形の面積，立体図形の断面のかたちや面積，単位の計算などをいっしょに考えさせる問題なども出されています。

特殊算は，旅人算を中心とした速さの問題に平均算，のべ算などをからめた応用問題のほかに，つるかめ算や相当算も比較的よく出題されています。

◆対策～合格点を取るには？～

計算力はすべての分野で必要とされます。効率的な計算パターンを身につけ，正確さとスピードアップをつねに心がけて練習することが大切です。

図形では，**相似や対称などがからんだ問題に慣れておく**ことが大切です。また，展開図，面積比，体積比などの考え方を身につけ，割合や比を使ってすばやく解くよう心がけましょう。

数の性質の分野では，規則性を利用した問題や場合の数に注目しましょう。**基本問題を数多くこなして，よく出るパターンを身につける**ことからはじめましょう。

特殊算では，参考書などにある「○○算」というものの基本を学習し，問題演習を通じて公式をスムーズに活用できるようにしてください。

算数 出題分野分析表

分野＼年度		2024		2023		2022		2021
		1回	2回	1回	2回	1回	2回	
計算	四則計算・逆算	◎	○	◎	○	○	◎	◎
	計算のくふう		○					
	単位の計算							
和と差	和差算・分配算							
	消去算				○			
	つるかめ算			○				
	平均とのべ							
	過不足算・差集め算		○					
	集まり							
	年齢算							
割合と比	割合と比							
	正比例と反比例				○			
	還元算・相当算							
	比の性質	○						○
	倍数算	○						
	売買損益			○	◎		○	○
	濃度							
	仕事算							
	ニュートン算					○		
速さ	速さ							
	旅人算	○	○	○	○	○	○	○
	通過算							
	流水算							
	時計算							
	速さと比	○						
図形	角度・面積・長さ	○	○	○	○	○	○	◎
	辺の比と面積の比・相似	◎	◎	◎	○	○	◎	○
	体積・表面積	○	○	○			○	
	水の深さと体積		○		○	○		
	展開図		○					
	構成・分割							○
	図形・点の移動				◎			○
表とグラフ		○	○	○	○	○	○	○
数の性質	約数と倍数							
	N進数							
	約束記号・文字式				○	○		
	整数・小数・分数の性質				○	○		○
規則性	植木算							
	周期算	○						○
	数列	○	○	○			○	○
	方陣算							
	図形と規則							
場合の数								
調べ・推理・条件の整理								
その他								

※ ○印はその分野の問題が１題，◎印は２題，●印は３題以上出題されたことをしめします。

社会　出題傾向＆対策

◆基本データ(2024年度１回)

試験時間／満点	45分／100点
問題構成	・大問数…３題 ・小問数…22問
解答形式	用語記入や記号選択もあるが，記述問題のウェートがかなり大きい。記述問題は，１行程度で書かせるものから，２～３行書くスペースが用意されているものも見られる。
実際の問題用紙	Ｂ５サイズ，小冊子形式
実際の解答用紙	縦約363mm×横約262mm

◆過去４年間の分野別出題率

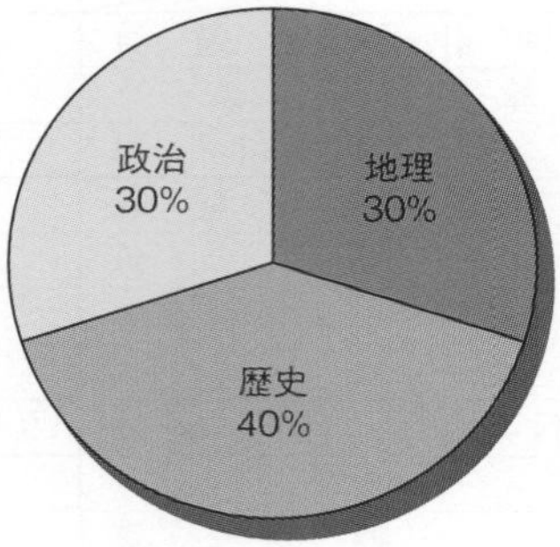

※　配点(推定ふくむ)をもとに算出

◆近年の出題内容

【　2024年度１回　】			【　2023年度１回　】		
大問	①	**〔地理〕**農業を題材とした問題	大問	①	**〔地理〕**琵琶湖を題材とした問題
	②	**〔歴史〕**税を題材とした問題		②	**〔歴史〕**歴史研究を題材とした問題
	③	**〔政治〕**国民主権を題材とした問題		③	**〔政治〕**人間の安全保障についての問題

◆出題傾向と内容

全体的に見ると，それぞれの大問が総合問題形式となっており，一つのテーマにそってあらゆる分野の内容が問われているのが特ちょうです。この他にも目につく点として，問題に使われている**写真・地形図・グラフなどがカラー印刷されている**ことがあげられます。形だけでなく色も判断材料になっているのです。

●**地理**…地形図をもとに読図，かんがい用水，農産物の生産高などを問うもののほか，東京の都市化，干拓，農業問題，都道府県の特ちょう，各地方のようす，日本の漁業，日本の自然と災害などが出題されています。

●**歴史**…古代から近現代にかけてはば広く問われ，人形の歴史，日本と朝鮮半島との交流の歴史，話し合いの歴史，仏教の歴史などが題材として取り上げられています。

●**政治**…憲法と三権分立，地方自治などに加えて，高齢化社会や沖縄の米軍基地問題といった時事的なことがらもからめて出題されています。また，少数民族の立場から人権についての意見をのべたり，核保有国の首脳にあてた手紙を書いたりするなどの，ユニークな論述問題も取り上げられています。

◆対策～合格点を取るには？～

地理分野では，白地図に地形と気候，資源と産業のようすを順にまとめていきましょう。地名や産業などは漢字で覚え，歴史的背景や政治との関連にも注意しながら進めてください。また，地形図の読み取りも忘れずに練習すること。

歴史分野では，教科書や参考書を読むだけでなく，**ノートに年表をつくる**と効果的に覚えられるでしょう。それぞれの分野ごと(政治・文化・外交など)にまとめるくふうも大切です。また，史料集などで写真や絵画・歴史地図などに親しんでおきましょう。

政治分野では，日本国憲法の基本的な内容をしっかりおさえることが大切です。特に基本的人権，三権のしくみは重要です。また，国際政治では，日本と関係の深い国について，ひと通りおさえておきましょう。さらに，時事的なことがらもおさえておく必要があります。日ごろから新聞・テレビなどを見て，できごとの内容，影響，問題点などをまとめておきましょう。

社会　出題分野分析表

分野		年度	2024		2023		2022		2021
			1回	2回	1回	2回	1回	2回	
日本の地理		地図の見方		○	○	○		○	○
		国土・自然・気候	○	○	○		○	○	○
		資源							
		農林水産業	○	○	○	○	○		○
		工業	○		○	○	○		
		交通・通信・貿易	○	○				○	○
		人口・生活・文化	○	○					○
		各地方の特色						○	
		地理総合	★	★	★	★	★	★	★
世界の地理				○					
日本の歴史	時代	原始～古代	○	○	○	○	○	○	○
		中世～近世	○	○	○	○	○	○	○
		近代～現代	○	○	○	○	○	○	○
	テーマ	政治・法律史							
		産業・経済史							
		文化・宗教史							
		外交・戦争史							
		歴史総合	★	★	★	★	★	★	★
世界の歴史									
政治		憲法	○		○	○	○	○	○
		国会・内閣・裁判所	○	○	○	○	○	○	○
		地方自治							○
		経済				○			
		生活と福祉	○	○		○			
		国際関係・国際政治	○	○	○	○			○
		政治総合	★	★	★	★	★	★	★
環境問題					○		○		
時事問題			○	○	○			○	○
世界遺産									
複数分野総合									

※　原始～古代…平安時代以前，中世～近世…鎌倉時代～江戸時代，近代～現代…明治時代以降

※　★印は大問の中心となる分野をしめします。

理科　出題傾向＆対策

◆基本データ（2024年度１回）

試験時間／満点	45分／100点
問題構成	・大問数…４題 ・小問数…31問
解答形式	短文記述や作図の設問のほかに，用語記入や記号選択もある。短文記述は，２～３行程度書くものが複数見られる。また，途中式を書くものも出ている。
実際の問題用紙	Ｂ５サイズ，小冊子形式
実際の解答用紙	縦約363mm×横約262mm

◆過去４年間の分野別出題率

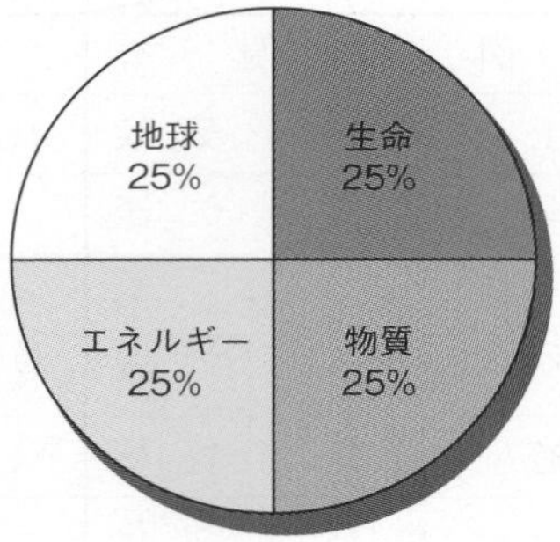

※　配点（推定ふくむ）をもとに算出

◆近年の出題内容

【 2024年度１回 】			【 2023年度１回 】		
大問	1	〔**地球**〕火成岩	大問	1	〔**生命**〕花芽の形成
	2	〔**物質**〕混合物の分離		2	〔**エネルギー**〕ドップラー効果
	3	〔**エネルギー**〕とつレンズ		3	〔**物質**〕水の状態変化
	4	〔**生命**〕ヒトの心臓と血液循環		4	〔**地球**〕河岸段丘

◆出題傾向と内容

問題に使われている**写真・図・グラフなどがカラー印刷されており**，形だけでなく色も判断材料になっています。

●生命…こん虫，身近な植物，ウキクサの実験，生物と環境問題，呼吸のしくみ，たい児の心臓などが取り上げられています。

●物質…塩酸と水酸化ナトリウム水溶液の中和，ものの燃え方，気体の発生，水の状態変化などが出題されています。

●エネルギー…てこのつり合い，台ばかり，浮力，光電池，電気回路・電磁石，光の進み方，音の進み方・ドップラー効果など，バラエティーに富んでいます。計算問題が多数見られるのも特ちょうの一つです。

●地球…太陽の動きと見え方，地層や岩石，流れる水のはたらき，地球の内部構造と地震などが取り上げられています。

◆対策～合格点を取るには？～

各分野からまんべんなく出題されていますから，**基礎的な知識をはやいうちに身につけ，そのうえで問題集で演習をくり返しながら実力アップをめざしましょう。**

「生命」は，身につけなければならない基本知識の多い分野ですが，楽しみながら確実に学習する心がけが大切です。

「物質」では，気体や水溶液，金属などの性質に重点をおいて学習してください。

「エネルギー」は，かん電池のつなぎ方や方位磁針のふれ方，磁力の強さなどの出題が予想される単元ですから，学習計画から外すことのないようにしましょう。

「地球」では，太陽・月・地球の動き，季節と星座の動き，天気と気温・湿度の変化，地層のでき方などが重要なポイントです。

なお，環境問題・身近な自然現象に日ごろから注意をはらうことや，テレビの科学番組，新聞・雑誌の科学に関する記事，読書などを通じて多くのことを知るのも大切です。

理科 出題分野分析表

分野＼年度		2024		2023		2022		2021
		1回	2回	1回	2回	1回	2回	
生命	植物		★	★	★			
	動物					★	★	★
	人体	★						
	生物と環境							
	季節と生物							
	生命総合							
物質	物質のすがた			★				
	気体の性質		★					
	水溶液の性質	○					★	★
	ものの溶け方	○						
	金属の性質							
	ものの燃え方				★	★		
	物質総合	★						
エネルギー	てこ・滑車・輪軸				★		○	
	ばねののび方							★
	ふりこ・物体の運動							
	浮力と密度・圧力						★	
	光の進み方	★						
	ものの温まり方							
	音の伝わり方			★				
	電気回路		★			★		
	磁石・電磁石							
	エネルギー総合							
地球	地球・月・太陽系		○		★	★		
	星と星座							
	風・雲と天候							
	気温・地温・湿度							
	流水のはたらき・地層と岩石	★		★				★
	火山・地震		★				★	
	地球総合							
実験器具							○	
観察								
環境問題								
時事問題								
複数分野総合								

※ ★印は大問の中心となる分野をしめします。

国語　出題傾向＆対策

◆基本データ（2024年度１回）

試験時間／満点	45分／100点
問題構成	・大問数…３題 文章読解題２題／知識問題１題 ・小問数…11問
解答形式	読解問題はすべて記述問題となっている。記述問題にはすべて字数制限がない。漢字の書き取りは５問見られる。
実際の問題用紙	Ｂ５サイズ，小冊子形式
実際の解答用紙	縦約262mm×横約363mm

◆過去４年間の分野別出題率

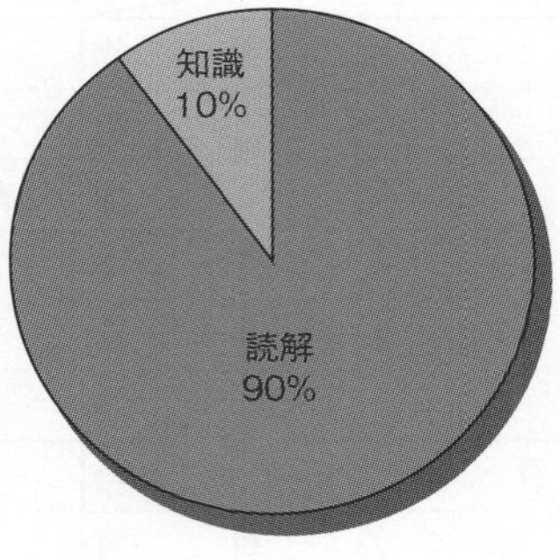

※　配点（推定ふくむ）をもとに算出

◆近年の出題内容

【 2024年度１回 】			【 2023年度１回 】		
大問	一	〔**小説**〕上野歩『お菓子の船』（約6300字）	大問	一	〔**小説**〕瀬尾まいこ『夏の体温』（約5900字）
	二	〔**説明文**〕森達也『集団に流されず個人として生きるには』（約2200字）		二	〔**説明文**〕藤本英子『公共空間の景観力』（約2100字）
	三	〔**知識**〕漢字の書き取り		三	〔**知識**〕漢字の書き取り

◆出題傾向と内容

本校の国語は**全体にバランスのとれた標準的な問題**といえます。

●**読解問題**…説明文・論説文または随筆文から１題，小説・物語文から１題という組み合わせが多く見られます。文章はやや長めで，一読するのに時間がかかりますから，時間配分にも気をつける必要があります。文章そのものは特別難しいものではなく，親しみやすい内容のものが選ばれています。出題内容は，登場人物の心情の読み取り，心情の理由，ぼう線部の説明，文脈中での語句の意味に関するものなどです。文章全体を大づかみにすることよりも，文章の細部について自分のことばで説明することにウェートがおかれています。

●**知識問題**…漢字の書き取りが数問出される程度です。

◆対策～合格点を取るには？～

本校の国語は，読解力と表現力をみる問題がバランスよく出題されていますから，**まず読解力をつけ，そのうえで表現力を養う**ことをおすすめします。

読解力をつけるためには読書が必要ですが，長い作品よりも短編のほうが主題を読み取りやすいので，特に国語の苦手な人は短編から入るとよいでしょう。

次に表現力ですが，これには内容をまとめるものと自分の考えをのべるものとがあります。内容をまとめるものは，数多く練習することによって，まとめ方やポイントのおさえ方のコツがわかってきます。自分の考えをのべるものは，問題文のどの部分がどのように問われるのかを予想しながら文章を読むとよいでしょう。そうすれば，ある場面での登場人物の気持ちなどをおしはかることが自然とできるようになります。答えとして必要なポイントをいくつか書き出し，それをつなげるような練習を心がけたいものです。

なお，**ことばのきまり・知識に関しては，参考書を一冊仕上げておけばよい**でしょう。また，漢字や熟語については，読み書きはもちろん，同音（訓）異義語や，その意味についても辞書で調べておくようにするとよいでしょう。

国語 出題分野分析表

分野		年度	2024 1回	2024 2回	2023 1回	2023 2回	2022 1回	2022 2回	2021
読解	文章の種類	説明文・論説文	★	★	★	★	★	★	★
		小説・物語・伝記	★	★	★		★	★	★
		随筆・紀行・日記				★			
		会話・戯曲							
		詩							
		短歌・俳句							
	内容の分類	主題・要旨							
		内容理解	○	○	○	○	○	○	○
		文脈・段落構成							
		指示語・接続語							
		その他							
知識	漢字	漢字の読み							
		漢字の書き取り	★	★	★	★	★	★	★
		部首・画数・筆順							
	語句	語句の意味							
		かなづかい							
		熟語							
		慣用句・ことわざ							
	文法	文の組み立て							
		品詞・用法							
		敬語							
	形式・技法								
	文学作品の知識								
	その他								
	知識総合								
表現	作文								
	短文記述								
	その他								
放送問題									

※　★印は大問の中心となる分野をしめします。

「今の説明、もう一回」を何度でも

web過去問

ストリーミング配信による入試問題の解説動画

もっと古いカコモンないの？

カコ過去問

「さらにカコの」過去問をHPに掲載（DL）

声の教育社

詳しくはこちらから

2024年度 鷗友学園女子中学校

【算　数】〈第１回試験〉（45分）〈満点：100点〉

【注意】 円周率の値を用いるときは，3.14として計算しなさい。

1 　次の［ア］，［イ］に当てはまる数を求め，答えを解答欄に書きなさい。

(1) $3\frac{4}{5}+\left(\frac{4}{3}-0.6\right)\div 2.75\times\left(3\frac{1}{2}-\frac{1}{6}\right)\times 5.25=$［ア］

(2) ［イ］$\times\frac{25}{9}-\left\{1.875-7\frac{7}{8}\div\left(5-\frac{1}{2}\right)\right\}=\frac{11}{72}$

2 　Ａさん，Ｂさん，Ｃさんの３人でお金を出しあって，9200円のプレゼントを買います。最初，３人の所持金の比は15：2：8でしたが，ＡさんがＢさんに400円渡《わた》し，ＣさんもＢさんにいくらか渡すと，所持金の比は８：３：３になりました。この後，プレゼントを買いました。

(1) 所持金の比が８：３：３になったとき，Ａさんの所持金はいくらになりましたか。
答えを出すために必要な式，図，考え方なども書きなさい。

(2) プレゼントを買った後，３人の所持金の比は５：３：２になりました。Ｃさんがプレゼントを買うために出した金額はいくらですか。
答えを出すために必要な式，図，考え方なども書きなさい。

3 　図の平行四辺形ABCDを，CEを折り目として折ったとき，点Ｂが移る点をＦとします。このとき，辺ADとCFは交わり，交わった点をＧとします。
辺CDとCGの長さは等しく，角DCGの大きさが42度のとき，角AEFの大きさを求めなさい。
答えを出すために必要な式，図，考え方なども書きなさい。

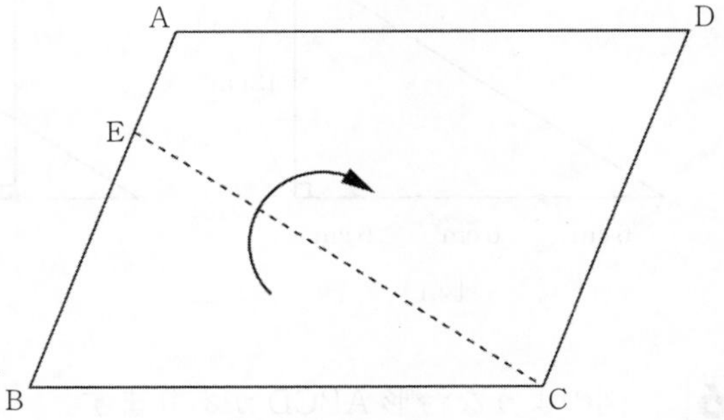

4　整数をある規則にしたがって，次のように並べました。例えば，左から３番目，上から４番目の整数は24です。

1	2	3	4	5	6
12	7	8	9	10	11
17	18	13	14	15	16
22	23	24	19	20	21
27	28	29	30	25	26
32	33	34	35	36	31
37	38	39	40	41	42
48	43	44	…	…	

⋮

(1)　左から２番目，上から100番目の整数はいくつですか。
答えを出すために必要な式，図，考え方なども書きなさい。

(2)　2024は，左から何番目，上から何番目ですか。
答えを出すために必要な式，図，考え方なども書きなさい。

5　図１の直角三角形を，図２のように２つ重ねます。この図形を直線 l を軸《じく》として１回転してできる立体の体積は何 cm^3 ですか。
答えを出すために必要な式，図，考え方なども書きなさい。

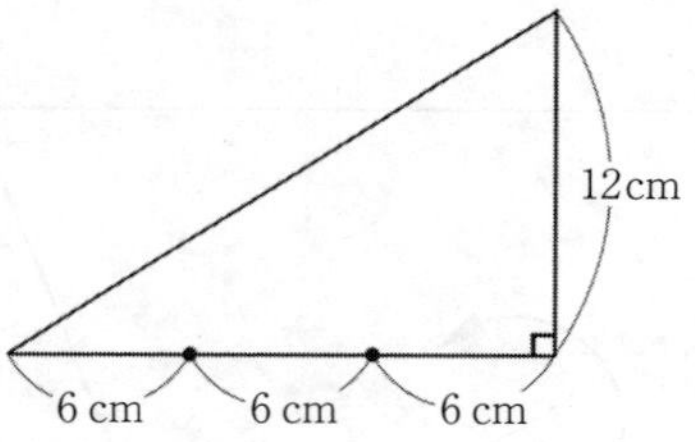

図１

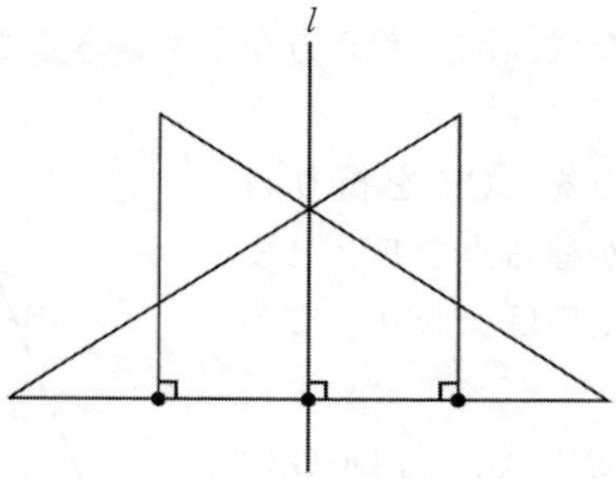

図２

6　図のような台形 ABCD があります。
BE：EF：FG：GC＝2：1：2：3です。また，AG と DC は平行です。

(1)　AH：HK：KC を，最も簡単な整数の比で表しなさい。
答えを出すために必要な式，図，考え方なども書きなさい。

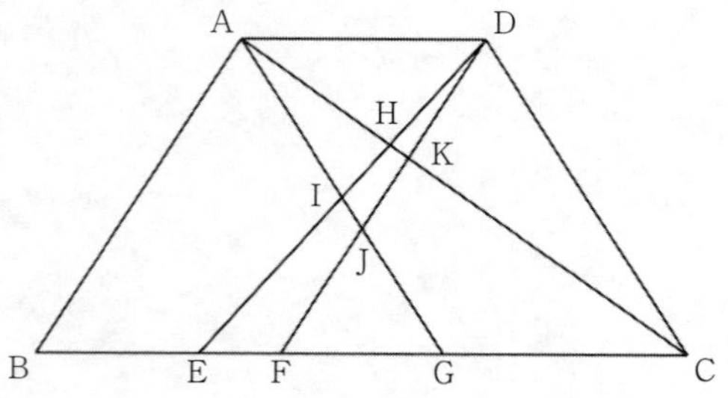

(2)　台形 ABCD の面積が15cm^2のとき，四角形 HIJK の面積を求めなさい。
答えを出すために必要な式，図，考え方なども書きなさい。

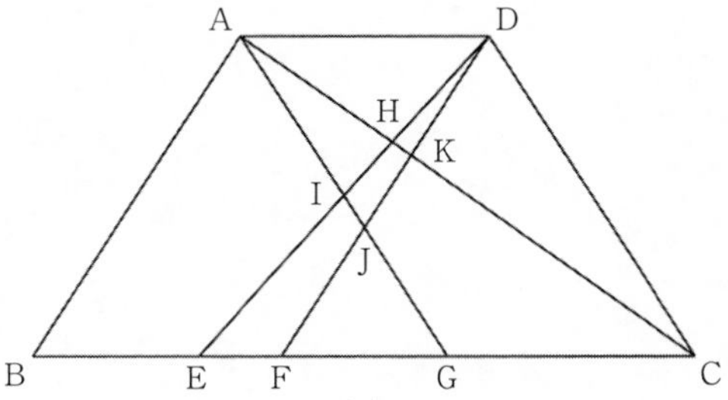

7　学さんと友子さんは毎朝，８時５分にＣ駅に着く電車で通学しています。学さんの家から1100m先にＡ駅があります。Ａ駅から1300m先に友子さんの家があり，その先にＢ駅とＣ駅がこの順にあります。電車はＡ駅を７時52分に発車し，Ｂ駅で２分間停車し，Ｃ駅に８時５分に到《とう》着します。Ａ駅からＣ駅までは8.8km 離《はな》れており，電車の速さは一定です。

学さんは７時47分に家を出て，Ａ駅で電車に乗り，２駅先のＣ駅まで移動します。友子さんは７時47分に家を出て，Ｂ駅まで自転車で時速16.8km の速さで向かい，電車に乗ります。

グラフは，このときの時刻と２人の移動の様子を表したものです。

(1)　友子さんがＢ駅に到着した時刻を求めなさい。
答えを出すために必要な式，図，考え方なども書きなさい。

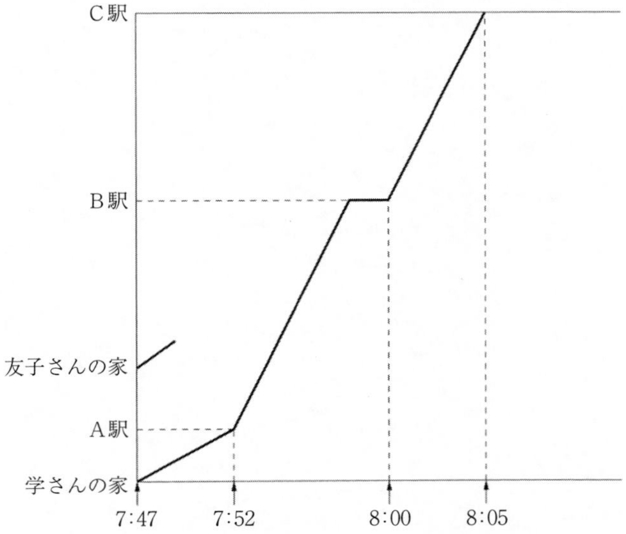

(2)　学さんが家を出た後，母親が忘れ物に気づき，７時52分に家を出て車で時速51km の速さで追いかけました。途《と》中で自転車に乗った友子さんに出会ったので，友子さんに忘れ物を渡してもらうことにしました。友子さんと学さんの母親が出会った時刻を求めなさい。
答えを出すために必要な式，図，考え方なども書きなさい。

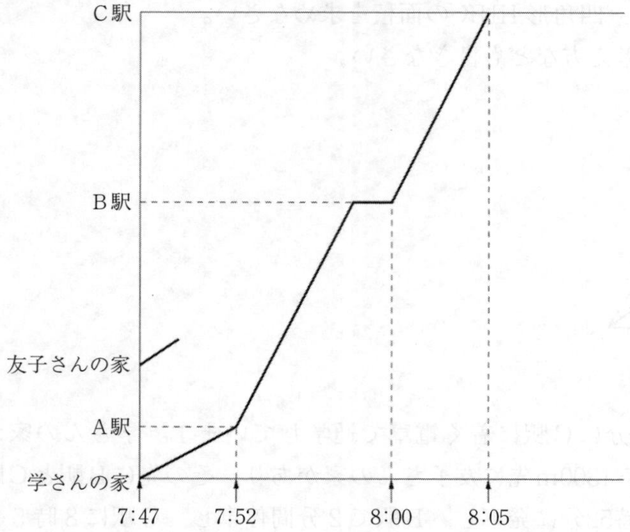
C駅
B駅
友子さんの家
A駅
学さんの家
7:47
7:52
8:00
8:05

【社　会】〈第１回試験〉（45分）〈満点：100点〉

〈編集部注：実物の入試問題では，グラフはすべてカラー，写真や図も大半はカラー印刷です。〉

1　次の文章を読み，問いに答えなさい。

近年，第一次産業と最先端技術を結び付けた新しい取り組みが進められています。

(a)農業の分野に企業《きぎょう》が参入して，新しいビジネスとしている例があります。

例えば，ある企業は，(b)自動車生産で用いられているしくみを農業へ導入することを支援《しえん》しています。

また，(c)大豆ミートなどの代用肉を生産する企業は，大豆の栽培《さいばい》農家と契約《けいやく》して原料を手に入れやすくしています。

このような取り組みは，多くの農家を支えています。

問１　下線部(a)について。日本の稲作《いなさく》に関する以下の問いに答えなさい。

(1)　稲作がさかんな地域の一つに最上川流域が挙《あ》げられます。最上川下流に位置する平野の名前を答えなさい。

(2)　日本の稲作について説明した文として**誤っているもの**を次のア～エから１つ選び，記号で答えなさい。

ア．米は高温多雨の気候に適している作物のため，単作地帯では４月から６月頃《ごろ》に田植えが行われる。

イ．日本では，古くから寒さや病気に強い品種を開発していたが，現在はよりおいしさを追求し，その地域特産の米の開発も進んでいる。

ウ．生育段階にあわせた水の管理が必要なので，用水路やパイプラインで排水《はいすい》を管理している。

エ．地域別の農業産出額の割合では，北海道，東北地方，北陸地方のいずれにおいても米の割合が最も高い。

(3)　近年，農家は，収入が安定するように農業の多角化を進めています。稲作農家が農業の多角化を行う場合，どのようなことができるでしょうか。その例を１つ挙げなさい。

問２　下線部(b)について，以下の問いに答えなさい。

(1)　自動車工業がさかんな地域には，小規模な工場から大規模な工場まで多くの工場が集まっています。なぜこのようになっているのか，自動車工業における製造過程に触《ふ》れて説明しなさい。

(2)　日本の自動車会社は，海外，特に東南アジアに進出し，多くの工場を建設してきました。日本の自動車会社にとっての利点は何か，現地の東南アジアの人々にとっての利点は何か，それぞれ１つずつ挙げなさい。

(3)　現在，電気自動車が注目されている一方，課題もあります。次の文章中の［　　］にあてはまることばを答えなさい。

> 日本では電気自動車の普及《ふきゅう》があまり進んでいないといわれています。さまざまな原因が考えられますが，その一つには，家庭での［　　　］が難しいことが挙げられます。

問３　下線部(c)について。

(1)　日本における大豆の自給率は低く，多くを輸入に頼《たよ》っています。次のグラフ**Ａ**・**Ｂ**は，大豆，小麦のいずれかの輸入先と輸入量の割合（2022年）を示しています。

大豆のグラフと，グラフ中の**X**の国名の組み合わせとして正しいものを下のア～カから１つ選び，記号で答えなさい。

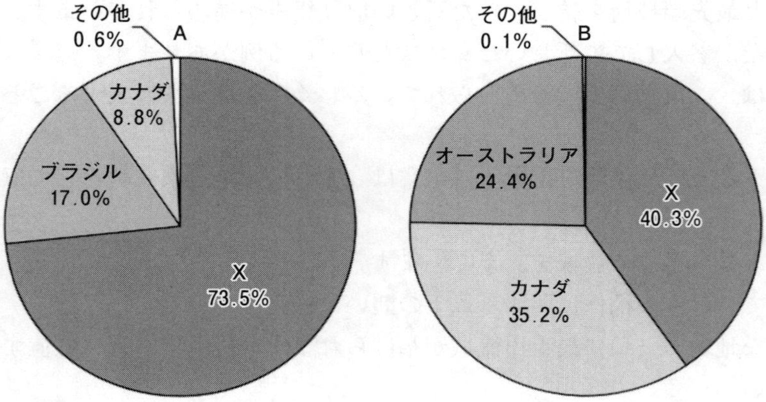

四捨五入《ししゃごにゅう》の都合上，合計が100％にならない場合があります。

（矢野恒太記念会『日本国勢図会 2023/24』をもとに作成）

ア．大豆のグラフ＝**A**　**X**＝アメリカ合衆国

イ．大豆のグラフ＝**A**　**X**＝中国

ウ．大豆のグラフ＝**A**　**X**＝インド

エ．大豆のグラフ＝**B**　**X**＝アメリカ合衆国

オ．大豆のグラフ＝**B**　**X**＝中国

カ．大豆のグラフ＝**B**　**X**＝インド

(2)　大豆は豆腐《とうふ》やみそ，醬油《しょうゆ》などの原料となりますが，世界的には，大豆は主に植物油の原料となっています。大豆の他に，油の原料として栽培されているものとして**適切でないもの**を次のア～エから１つ選び，記号で答えなさい。

ア．菜種　　イ．じゃがいも　　ウ．ひまわり　　エ．やし

問４　**【資料１】**は，日本国内で49歳《さい》以下で新しく農業を始めた人の数の推移(2019年～2022年)を表しています。**【資料１】**を読み取った文として正しいものを下のア～エから１つ選び，記号で答えなさい。

【資料１】

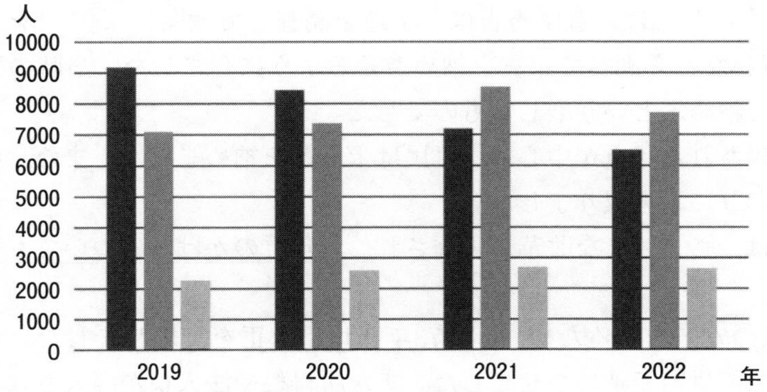

(左から)　■ 個人経営の農家として農業を始めた人
■ 農業団体や企業などに雇われて農業を始めた人
■ 企業などを立ち上げて農業を始めた人

(農林水産省「令和４年新規就農者調査」をもとに作成)

ア．49歳以下で新しく農業を始めた人は50歳以上の年齢層《ねんれいそう》より少ないので，農業に従事する人の高齢化《こうれいか》が進んでいることがわかる。

イ．「企業などを立ち上げて農業を始めた人」は，農業人口に対して毎年同じ割合で増加している。

ウ．2019年以降，地方への移住が進んだことから，「個人経営の農家として農業を始めた人」の人数は年々増加している。

エ．「農業団体や企業などに雇《やと》われて農業を始めた人」は，2019年以降増加していたが，2022年は前年に比べ減少している。

2　次の文章を読み，問いに答えなさい。

税は歴史の中で，かたちを何度も変えてきました。それは社会の変化によって，求められる税のあり方も変わったからです。歴史をさかのぼってみてみましょう。

(a)弥生時代，中国の歴史書『魏志倭人伝《ぎしわじんでん》』には，邪馬台国《やまたいこく》の時代にも人々が税を納めていたことが記されています。

飛鳥時代に行われた大化の改新では，公地公民制や税の制度など，新しい政治の方針が示されました。(b)701年に完成した大宝律令《りつりょう》では，作成した戸籍《こせき》や計帳にもとづき，租・庸《よう》・調という税や労役《ろうえき》，兵役《へいえき》を課す税のしくみが作られました。

奈良時代，朝廷《ちょうてい》は租の収入を増やすため，743年に［　①　］を制定しました。その結果，土地の私有化が広がりました。

平安時代には大きな寺社や貴族の荘園《しょうえん》が各地にでき，荘園内の農民は荘園領主にさまざまな税を納めていました。その後，(c)朝廷は地方に派遣《はけん》した国司に農民と税の管理を一任しました。このことは，奈良時代以来，全ての土地と人を管理しようとしてきた朝廷が，地方の管理を放棄《ほうき》した，大きな方針転換《てんかん》でした。

鎌倉時代は(d)守護，地頭や荘園領主のもとで経済が発達しますが，農民には平安時代と同様の税が課せられていました。

(e)室町時代には，税の中心は引き続き米でしたが，商業活動の発達により商工業者に対しても税が課せられるようになりました。

安土桃山時代に全国統一をなしとげた豊臣秀吉は，土地を調査して太閤《たいこう》 ② を行い，農地の面積だけでなく収穫高《しゅうかくだか》などを調べて年貢《ねんぐ》を納めさせるようにしました。当時の税率は，収穫の３分の２を年貢として納めるという厳しいものでした。

江戸時代には，田畑に課税される年貢が中心で，農民は米などを納めました。また，商工業者からは株仲間を認める代わりに税を取りました。

８代将軍徳川吉宗《よしむね》の時には，さまざまな改革が実施《じっし》され，(f)年貢のかけ方についてもそれまでの方法が改められました。

明治時代，新政府は歳入《さいにゅう》の安定を図《はか》るため，(g)1873年に地租《ちそ》改正を実施しました。地租改正では地価の３％を地租として貨幣《かへい》で納めさせました。また所得税や法人税が導入されたのも明治時代です。

(h)大正時代から昭和初期にかけては，戦費調達のため増税が続きました。一方で，現在ある税のしくみができ始めたのもこの頃《ころ》です。

1946年には日本国憲法が公布され，教育，勤労にならぶ国民の三大義務の一つとして「納税の義務」が定められました。

平成に入った1989年に，消費税の導入や所得税の減税などを含《ふく》む大幅《おおはば》な税制の改革が行われました。消費税は段階的に税率が上がり，2019年から10％になりました。

このように，社会の変化にともない税のしくみは変わってきました。豊かな社会を築くため，そして，安定した国民生活のために，私たちは税のしくみや変更に対し当事者意識を持って，関心を持っていかなければならないでしょう。

問１　文中の ① ② にあてはまることばを答えなさい。

問２　下線部(a)について。弥生時代に使用され始めたものとして正しいものを次のア～エから１つ選び，記号で答えなさい。

ア　イ　ウ　エ

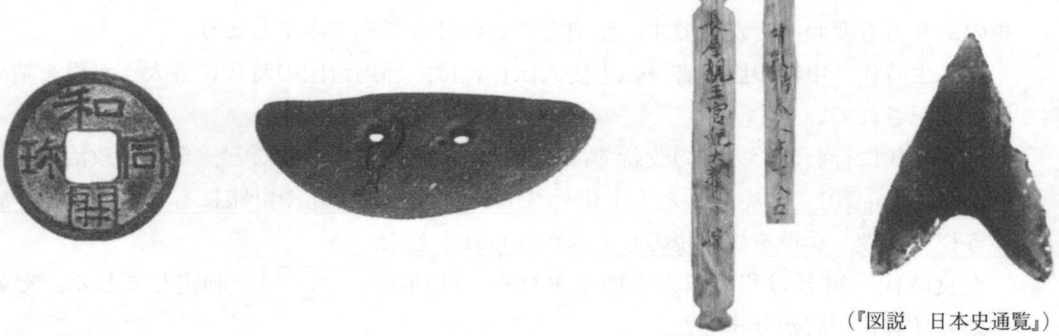

(『図説　日本史通覧』)

問３　下線部(b)について。当時の税や兵役の説明として誤っているものを次のア～エから１つ選び，記号で答えなさい。

ア．租は口分田《くぶんでん》に対して課税され，税率は収穫の約３％だった。

イ．庸は都での年10日間の労働の代わりに布を納める税だった。

ウ．調は布や絹などの諸国の特産物を納める税だった。

エ．兵役の１つである衛士《えじ》は１年間東北を警備するものだった。

問４　下線部(c)について。この方針転換によって生まれた変化について述べた文として正しいものを次のア～エから１つ選び，記号で答えなさい。

ア．国司の中には，勝手に税率を上げて財産を貯《た》め込《こ》む者が多くあらわれ，農民は税の取り立てに苦しんだ。

イ．国司が銭《ぜに》を多く流通させたことにより，今まで米で納めていた税を銭で納めるようになり，農民の暮らしは安定した。

ウ．税の取り立てに苦しむ農民は，日蓮宗《にちれんしゅう》や禅宗《ぜんしゅう》など新しい仏教の教えを信仰《しんこう》し，極楽浄《ごくらくじょう》土《ど》にあこがれるようになった。

エ．都で生まれた仮名《かな》文字が地方にも広まり，税の徴収《ちょうしゅう》時の文書も平仮名《ひらがな》で書かれるようになった。

問５　下線部(d)について。鎌倉時代の守護の役割を２つ挙げなさい。

問６　下線部(e)について。室町時代に生まれた文化として正しいものを次のア～エから１つ選び，記号で答えなさい。

ア．雪舟《せっしゅう》によって描《えが》かれた唐獅子図屏風《からじしずびょうぶ》

イ．現在の和風建築の元になった寝殿造《しんでんづくり》

ウ．観阿弥《かんあみ》・世阿弥《ぜあみ》が大成した能

エ．足利義満が建立《こんりゅう》した東大寺南大門

問７　下線部(f)について。**【資料１】**は当時の年貢のかけ方の変更《へんこう》をあらわした表です。表の内容をよく読み，以下の問いに答えなさい。

【資料１】　年貢のかけ方の変更の一例

変更前

内容	①		
	豊作	通常	凶作《きょうさく》
収穫量	120石《こく》	100石	80石
年貢量	60石	40石	30石

変更後

内容	②		
	豊作	通常	凶作
収穫量	120石	100石	80石
年貢量	50石	50石	50石

(1)　**【資料１】**の①にあてはまる内容を次のア～エから１つ選び，記号で答えなさい。

ア．収穫量が通常より多い年は年貢量を増やし，少ない年は年貢量を減らした。

イ．収穫量が通常より多い年は年貢量を減らし，少ない年は年貢量を増やした。

ウ．収穫量が通常より多い，少ないに関わらず，一定量の年貢を徴収した。

エ．収穫量が通常より多い，少ないに関わらず，一定割合の年貢を徴収した。

(2)　**【資料１】**の①から②へ年貢のかけ方を変更したことにより，幕府にとってはどのような利点があったでしょうか。また，農民の生活にどのような問題が起きたと考えられるでしょうか。それぞれ説明しなさい。

問８　下線部(g)について。地租改正が行われた1873年は次の年表のどこにあてはまるか，次のア～エから１つ選び，記号で答えなさい。

ア

五箇条《かじょう》の御誓文《ごせいもん》が発表される

イ

内閣制度が始まる

ウ

第一回帝国《ていこく》議会が開かれる

エ

日清戦争が起きる

問９　下線部(h)について。大正時代のできごとを示したものとして**あてはまらないもの**を次のア～エから１つ選び，記号で答えなさい。

ア

日本初のメーデーのようす

イ

富山県から全国に広がった運動

ウ

中央の文字「全国水平社創立大会へ!!」

エ

たれ幕の文字「祝　日独伊三国条約成立」

（『最新日本史図表四訂版』一部改変，『中学生の歴史』，『つながる歴史』一部改変）

問10　2023年７月，財務省が発表した2022年度の税収は71兆1374億円となりました。前年度よりも４兆円以上増えて，３年連続で過去最高を更新《こうしん》し，初めて70兆円を超《こ》えました。

【資料２】は過去３年間の税収の総額と消費税収の額の推移です。2022年度の消費税収は前

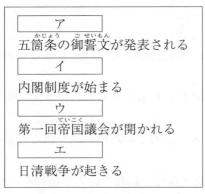

年度から約1.2兆円増加しました。これは消費税率が引き上げられた2014年，2019年の年とその翌年の時期を除けば，導入以来最も大幅な増加になっています。なぜ，2022年度の消費税収は税率が上がっていないのに増えたのでしょうか。近年の日本の経済状況や国民生活に触れて答えなさい。ただし，新型コロナウイルスの影響以外の点で考えること。

【資料２】

	2020年度	2021年度	2022年度
税収の総額	60.8兆円	67.0兆円	71.1兆円
消費税収の額	21.0兆円	21.9兆円	23.1兆円

（財務省「一般会計決算概要」をもとに作成）

3　次の文章を読み，問いに答えなさい。

日本国憲法の前文には「国政は，国民の厳粛《げんしゅく》な信託《しんたく》によるもの」とあります。その上で，国民主権に基《もと》づき，国会を政治の中心としています。

日本は議院内閣制を採用しているため，(a)内閣は，行政権の行使について国会に対して連帯して責任を負います。国会には政府や官庁が正しく行政を行っているかを調査する□権が認められています。

日本国憲法では，国会議員が議院で行った演説，討論や表決については，院外で責任を問われないことを保障しています。これ以外にも(b)国会議員に特別な権利を認めています。

国会や政府は，国民主権や民主主義を守ると共に，社会の変化に対応しながら政治を行っていくことが必要です。例えば，1970年代に入ると，それまでの経済優先の考え方から環境《かんきょう》や福祉《ふくし》などへの配慮《はいりょ》が求められるなど(c)社会の考え方が変化していきました。これにより，(d)環境権《かんきょうけん》や知る権利などの権利が主張されるようになり，関連する法律や政策がとられるようになりました。現在でも，遺伝子組《く》み換《か》え食品に関する表示ルールの変更や，(e)労働基準法が改正され，電子マネーでの給与《きゅうよ》の支払《しはら》いが解禁されるなど，社会の変化に伴《ともな》い法律が改正されたり，新しく法律が制定されたりしています。

世界に目を向けてもさまざまな変化が起こっています。1989年の冷戦の終結や2001年のアメリカ同時多発テロは，その後の(f)国際情勢に大きな変化を与《あた》えました。最近では，新型コロナウイルスや地球規模の気候変動，(g)生成 AI の影響《えいきょう》といったさまざまな問題があります。2023年５月に開催《かいさい》されたＧ７広島サミットでも，このようなテーマについての話し合いが行われました。

こうした問題は，これまでの考え方だけでは解決できない複雑な問題です。私たち一人ひとりも主体的に諸問題に取り組み，現在だけを見るのではなく，未来をつくるための展望も必要となってくるでしょう。

問１　文中の□にあてはまることばを答えなさい。

問２　下線部(a)について。内閣の長である内閣総理大臣について述べた文として正しいものを次のア～エから１つ選び，記号で答えなさい。

ア．国会議員による指名選挙により，必ず衆議院の第一党の党首が内閣総理大臣に選出される。

イ．内閣総理大臣は国務大臣を任命するだけでなく，罷免《ひめん》することもできる権限を有している。

ウ．40歳以上の衆議院議員であることが，内閣総理大臣となるための条件として日本国憲法に規定されている。

エ．内閣総理大臣は良心に従い独立して職権を行い，憲法と法律にのみ拘束《こうそく》されることが日本国憲法に規定されている。

問３　下線部(b)について。日本国憲法では，国会議員に特別な権利を認めています。以下は，国会議員の不逮捕《たいほ》特権について規定した条文です。

> 第50条　両議院の議員は，法律の定める場合を除いては，国会の会期中逮捕されず，会期前に逮捕された議員は，その議院の要求があれば，会期中これを釈放《しゃくほう》しなければならない。

この不逮捕特権を国会議員に保障することは，民主的な政治が行われる上でとても重要です。それはなぜか，次の〔条件〕に従って説明しなさい。

> 〔条件１〕　日本国憲法第50条の規定がないと，どのようなことが危《あや》ぶまれるかに触れること。
>
> 〔条件２〕　国会とはどのような機関かについて触れること。

問４　下線部(c)について。1973年の「敬老の日」に日本の鉄道で初めて，一般《いっぱん》の座席と区別され「シルバーシート」という名称で，専用シートが導入されました。その後，社会の考え方が変わり，**【資料１】**のように優先席の考え方や表示も変化していきました。優先席の考え方が変わったのはなぜか，具体例を挙げて，説明しなさい。

【資料１】

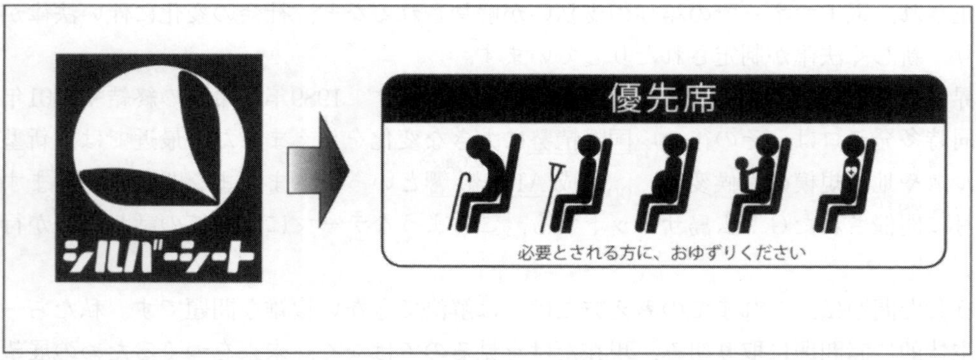

問５　下線部(d)について。環境権や知る権利のように，日本国憲法には規定がなく社会の変化に応じて主張されるようになってきた権利を総じて何というか，答えなさい。

問６　下線部(e)について。次の**X**と**Y**の文は，労働に関する内容について述べたものです。それぞれの文が正しいか，誤っているかを判断し，その組み合わせとして適切なものを下のア～エから１つ選び，記号で答えなさい。

Ｘ．バスや電車といった交通機関の会社が，団体行動権としてストライキを行うことは，公共の福祉に反するため認められなくなった。 Ｙ．労働基準法では，１日について８時間を超えて，労働させてはならないと規定している。

ア．Ｘ＝正しい　　Ｙ＝正しい　　イ．Ｘ＝正しい　　Ｙ＝誤っている
ウ．Ｘ＝誤っている　Ｙ＝正しい　　エ．Ｘ＝誤っている　Ｙ＝誤っている

問７　下線部(f)について。【資料２】は，ソ連崩壊《ほうかい》から20年目にあたる年の新聞記事です。プーチン大統領は，冷戦の終結やソ連崩壊を「20世紀最大の悲劇」と述べています。このことを踏まえると，2022年２月のロシアによるウクライナ侵攻《しんこう》は突然《とつぜん》のことではないと考えることもできます。【資料３】は，その時の新聞記事です。

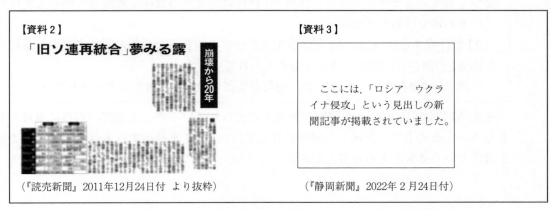

【資料２】

「旧ソ連再統合」夢みる露
崩壊から20年

（『読売新聞』2011年12月24日付　より抜粋）

【資料３】

ここには，「ロシア　ウクライナ侵攻」という見出しの新聞記事が掲載されていました。

（『静岡新聞』2022年２月24日付）

以下のＡ～Ｃは，ロシアをめぐる国際情勢に関連する新聞記事です。

【資料２】・【資料３】とＡ～Ｃのできごとが起きた順に並べ替えた組み合わせとして正しいものを下のア～カから１つ選び，記号で答えなさい。

Ａ

フィンランド正式加盟
NATO早期実現で結束誇示
対ロシア国境２倍に
スウェーデンの承認焦点

Ｂ

動き出す独立国家共同体
民族問題
「反スラブ」刺激も
残る共和国の動き焦点

Ｃ

クリミアが独立決議
ロシア編入 正式要請

（『時事通信』配信）

ア．Ａ→【資料２】→Ｂ→【資料３】→Ｃ　　イ．Ａ→【資料２】→Ｃ→【資料３】→Ｂ
ウ．Ｂ→【資料２】→Ａ→【資料３】→Ｃ　　エ．Ｂ→【資料２】→Ｃ→【資料３】→Ａ
オ．Ｃ→【資料２】→Ａ→【資料３】→Ｂ　　カ．Ｃ→【資料２】→Ｂ→【資料３】→Ａ

問８　下線部(g)について。ChatGPT などに代表される生成 AI について述べた文章を読んで，以下の問いに答えなさい。

ChatGPT は，知りたい内容を指示文として入力すれば，瞬時《しゅんじ》に会話形式で回答してくれるものです。膨大《ぼうだい》な情報を学習させることで回答が作成されていくため，生成 AI といわれています。

生成 AI は，人間による調整や判断なしに，インターネット上にアップロードされているあらゆる文章データを学習していきます。知りたい内容が指示文として入力されると，膨大な情報から言葉を選び，その言葉の後にはどんな言葉が続く確率が高いかを判断して，自然な文を作って出力する仕組みになっています。例えば，「犬も歩けば」に続く単語には「旅に出る」よりも「棒にあたる」の方が確率が高いと判断して，回答文をつくっていきます。つまり，生成 AI 自体は，文章の意味を理解して回答文を作成しているわけではありません。

AI が作成する回答は，AI が学習するデータの情報量や情報の質に影響されるため，生成 AI の回答には問題があるとも考えられています。

生成 AI は便利なツールですが，問題点などを理解しておくことが大切です。

生成 AI には，どのような問題があると考えられているか，下線部の内容に着目して説明しなさい。その上で，指摘した問題に対して，生成 AI を利用する人はどのようなことに気を付けていく必要があるか答えなさい。

【理　科】〈第１回試験〉（45分）〈満点：100点〉

〈編集部注：実物の入試問題では，図の多くはカラー印刷です。〉

1　火山が噴火《ふんか》する際には，地下深くにあるマグマが上昇《じょうしょう》し，高温の火山ガスや溶岩《ようがん》，火山灰などが火口から噴《ふ》き出します。マグマが冷えて固まってできた岩石を火成岩といいます。火成岩には，マグマが主に地表や地表付近で急に冷えて固まった火山岩と，地中深くでゆっくり冷えて固まった深成岩とがあります。

ある２種類の火成岩Ｘ，Ｙを顕微鏡《けんびきょう》で観察したところ，火成岩Ｘは石基と呼ばれる小さな粒《つぶ》と，斑晶《はんしょう》と呼ばれる大きな結晶でできていました。また火成岩Ｙは，複数の大きな鉱物の結晶でできていました（図１）。

図１

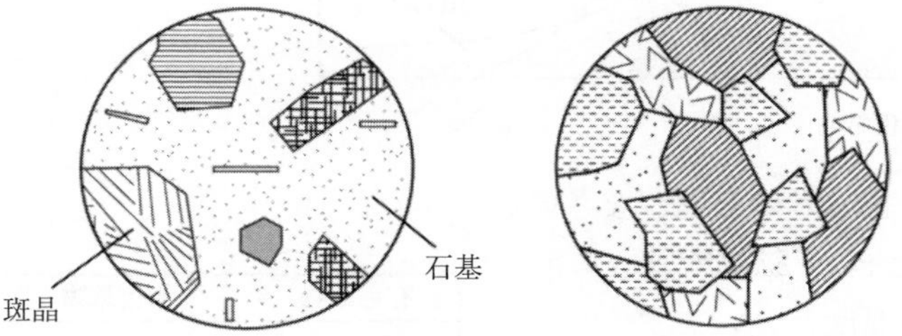

問１　火成岩Ｙについて，結晶のつくりと火成岩の種類の組み合わせとして，次のア～エの中から正しいものを選び，記号で答えなさい。

	結晶のつくり	火成岩の種類
ア	等粒状《とうりゅうじょう》組織	火山岩
イ	等粒状組織	深成岩
ウ	斑状組織	火山岩
エ	斑状組織	深成岩

火成岩に含《ふく》まれる鉱物には，無色または白っぽい色をした無色鉱物と，黒や緑などの色をした有色鉱物があります。岩石中に含まれる有色鉱物の体積の割合（％）を色指数といい，一般《いっぱん》にこの値が大きいほど，岩石の色は黒っぽくなります。

図２は，ある有色鉱物（▨）と無色鉱物（□）から構成される岩石を観察したものです。また，図中の直線と黒丸（●）は，一定間隔《かんかく》の格子《こうし》線とそれらの交点を示しています。

図２

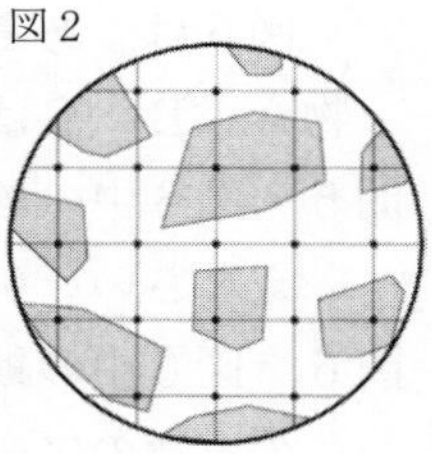

問２　図２の岩石の色指数を，図２に含まれるすべての黒丸の数（21個）のうち，有色鉱物上に存在する黒丸の数の割合で表すものとします。この岩石の色指数として最も適当なものを，次のア～カの中から選び，記号で答えなさい。

ア．33％　　イ．38％　　ウ．43％

エ．57％　　オ．62％　　カ．67％

火山岩と深成岩は，構成する鉱物量の違《ちが》いによって，さらに細かく分類することができます。図３の①～⑥には，それぞれ図４の岩石のいずれかが当てはまります。

図３

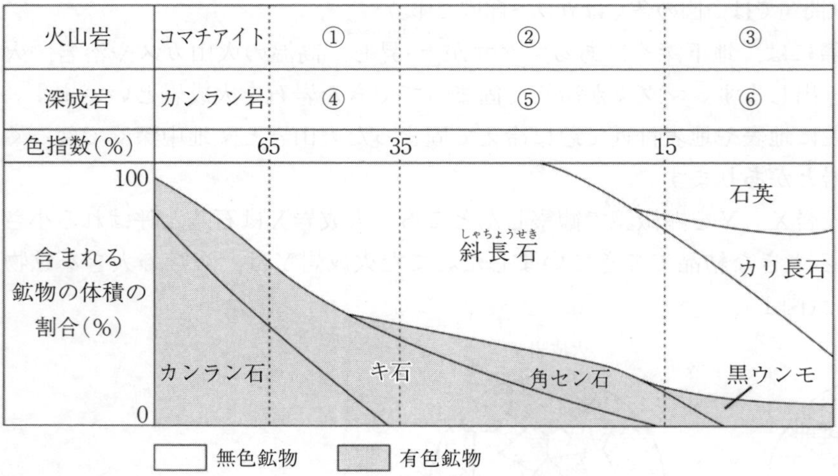

図４

- ゲンブ岩
- アンザン岩
- カコウ岩
- ハンレイ岩
- リュウモン岩
- センリョク岩

問３　図４の岩石のうち，③に当てはまるものを選びなさい。

マグマが冷えて火成岩ができるとき，「鉱物が液体から結晶に変化する温度」を晶出温度といいます（図５）。鉱物が結晶化する順番は，一般にこの温度の違いによって決まります。マグマが冷えて火成岩になるとき，先に結晶となる鉱物は鉱物本来の形になりやすく，後から結晶となる鉱物は，すでにできている結晶のすき間にできるため，きれいな結晶の形にはなりにくいことが知られています。

図５

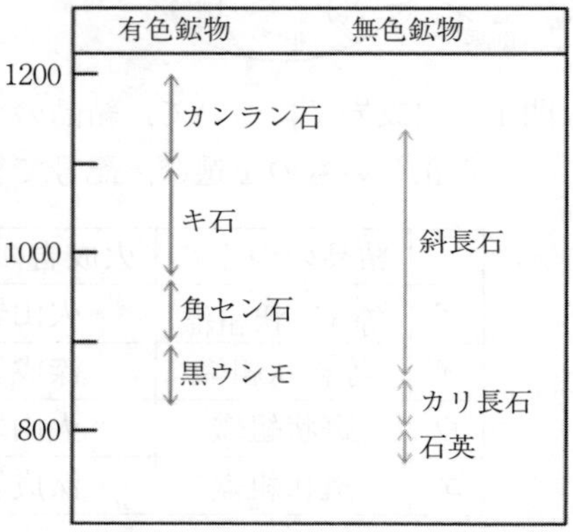

問４　下線部について，次のア～ウの中から正しいものを選び，記号で答えなさい。

ア．マグマの温度が下がると，晶出温度が高い鉱物から順番に結晶となる。

イ．マグマの温度が下がると，晶出温度が低い鉱物から順番に結晶となる。

ウ．マグマの温度変化と，鉱物の結晶化の順番は関係が無い。

図６は，ある火成岩の結晶構造を観察した模式図です。鉱物Ａ，Ｂ，Ｃは有色鉱物で，鉱物Ｄは無色鉱物です。

図６

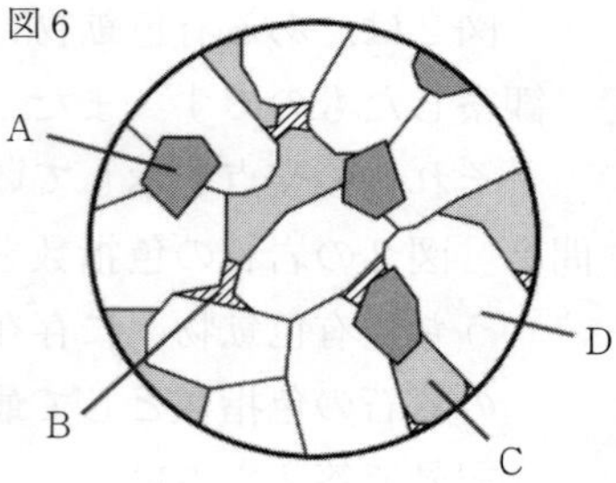

問５　図６中の鉱物Ａ～Ｄを，結晶化したのが早い順に並べ替《か》えなさい。

問６　図６中の鉱物Ａ～Ｄの組み合わせとして，最も適当なものを次のア～キの中から選び，記号で答えなさい。

	A	B	C	D
ア	黒ウンモ	カンラン石	角セン石	石英
イ	石英	キ石	角セン石	斜長石
ウ	カンラン石	角セン石	黒ウンモ	石英
エ	角セン石	石英	カンラン石	キ石
オ	石英	カリ長石	黒ウンモ	カンラン石
カ	カンラン石	角セン石	キ石	斜長石
キ	キ石	カンラン石	黒ウンモ	カリ長石

問７　図６の火成岩として最も適当なものを，図４の中から選び，岩石名を答えなさい。また，そのように考えた理由を説明しなさい。

2　次の５種類の物質の混合物があります(図１)。

図１

物質	重さ(g)
ショ糖(砂糖)	300
炭酸カルシウム(チョークの粉)	40
鉄粉	30
塩化ナトリウム(食塩)	20
アルミニウムの粉	10

この混合物からそれぞれの物質を別々に取り出すために，【実験１】〜【実験８】を行いました。図２はこれらの実験の手順をまとめたものです。以下の各問いに答えなさい。ただし，実験に使用した水はすべて蒸留水です。固体を溶《と》かすために水や薬品を加えたときには，その固体は完全に溶けるものとします。また，ろ過する場合にろ紙に吸収される水は，ごく少量なので無視できるものとします。

【実験１】　粉末状の混合物の中から鉄粉のみを取り出した。

【実験２】　【実験１】で残った混合物に水100gを加え，よくかき混ぜながら90℃に加熱した。これを冷める前に素早くろ過して，ろ液とろ紙上の物質に分けた。さらに，ろ紙上の物質とろ液中の物質を完全に分けるために，90℃に加熱した水50gをろ紙上の物質全体にかけ，これもろ液と一緒《いっしょ》に集めた。このろ液を加熱して，ろ液全体の重さが450gになるまで水を蒸発させた。

【実験３】　【実験２】のろ液を20℃まで冷却《れいきゃく》したところ結晶《けっしょう》が析出《せきしゅつ》したので，これをろ過して白色の固体を得た。

【実験４】　【実験３】のろ液を加熱して煮《に》つめたところ，水が蒸発して褐色《かっしょく》の粘《ねば》り気のある液体に変化した。さらに加熱を続けると，褐色の物質は激しく煙《けむり》を立てながら燃えた。煙の発生が終わり完全に水がなくなると，黒色の固体と白い結晶が残った。

【実験５】　【実験４】で得られた物質に20℃の水100gを加え，よくかき混ぜた後ろ過して，ろ液とろ紙上の物質に分けた。

【実験６】　【実験５】で得られたろ液を，室温20℃の部屋でふたをせずに翌日まで放置したところ，結晶が析出した。これをろ過してろ液とろ紙上の物質に分けた。その後，ろ紙を乾燥《かんそう》させて白色の固体を得た。

【実験７】　【実験２】で得られたろ紙上の物質をビーカーに移し，濃《こ》い水酸化ナトリウム水溶液《すいようえき》を加えたところ，気体が発生して固体の一部が溶けた。気体が発生しなくなるまで水酸化ナトリウム水溶液を加え，これをろ過して，ろ液とろ紙上の物質に分けた。

【実験８】　ろ紙上の物質を塩酸の入っているビーカーに加えたところ，気体が発生して固体は完全に溶けた。

図２

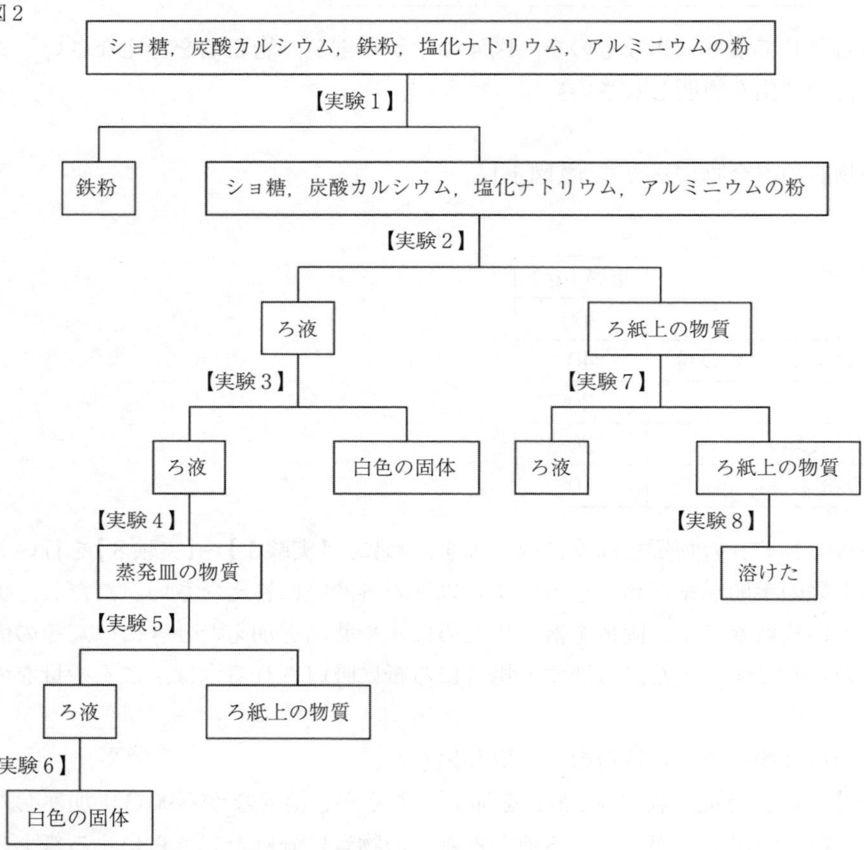

問１　【実験１】で，混合物から鉄粉のみを取り出す方法を説明しなさい。

問２　【実験１】で鉄粉を分離《ぶんり》せずに【実験２】～【実験８】を行ったところ，【実験２】で90℃に加熱した溶液が赤茶色に変色しました。それはなぜですか。

図３は，20℃と90℃において水100ｇに溶けるショ糖と塩化ナトリウムの重さ(ｇ)を表しています。

図３

温度(℃)	20	90
ショ糖(ｇ)	198	417
塩化ナトリウム(ｇ)	36	39

問３　【実験２】で得られたろ液450ｇ中の水の重さは何ｇですか。

問4　【実験3】で得られた結晶の重さを，小数第1位まで求めなさい。

問5　【実験5】でろ紙上に残ったものは何ですか。

問6　【実験6】で，ろ液から結晶を析出させるためには，何g以上の水を蒸発させなければならないですか。整数で答えなさい。

問7　【実験7】と【実験8】で発生した気体は何ですか。それぞれ答えなさい。

問8　【実験7】までの操作で，混合物から純粋《じゅんすい》な固体の物質として取り出すことができなかったものは何ですか。

3　凸《とつ》レンズはレンズの中央がふくらんでおり，太陽光を一点に集めることができます。この点を焦点《しょうてん》といいます。また，レンズの中心から焦点までの距離《きょり》を焦点距離といいます。

図1のように，光学台の上に電球，板，凸レンズ，スクリーンを置き，スクリーンに像がはっきりと映るようにそれぞれの位置を調節しました。板には矢印の形の穴があいています。

図1

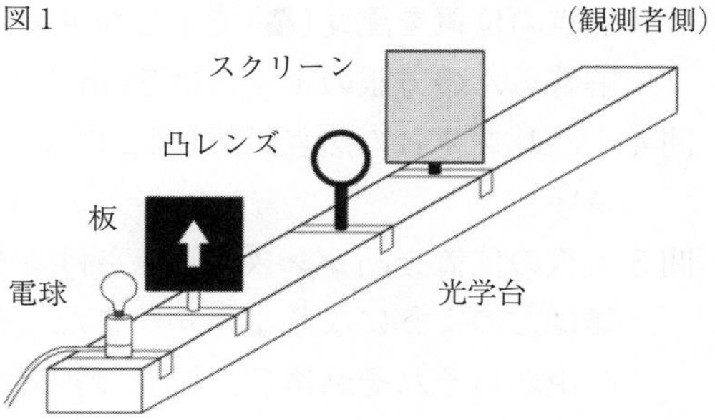

問1　スクリーンに映る像は観測者の位置からどのように見えますか。次のア～エの中から選び，記号で答えなさい。

ア.
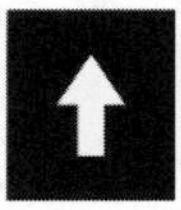
イ.

ウ.

エ.

問2　図1の凸レンズの上半分を黒画用紙でおおいました。スクリーンに映る像はどのようになりますか。次のア～クの中からすべて選び，記号で答えなさい。

ア．像の上側半分が消える。
イ．像の下側半分が消える。
ウ．像は全体が映ったままである。
エ．像の大きさが拡大して2倍の大きさになる。
オ．像の大きさが縮小して半分の大きさになる。
カ．像の大きさは変わらない。
キ．像が明るくなる。
ク．像が暗くなる。

次に，厚みの異なる凸レンズA～Cを用意しました。これらのレンズの特徴《とくちょう》をまとめたものが図2です。

図2

凸レンズの種類	焦点距離(cm)	凸レンズの中央部分の厚さ(mm)
A	20	2
B	X	4
C	10	6

板から凸レンズまでの距離を変化させたとき，はっきりした像が映るスクリーンの位置を調べました。その結果をグラフにしたものが図３です。

図３

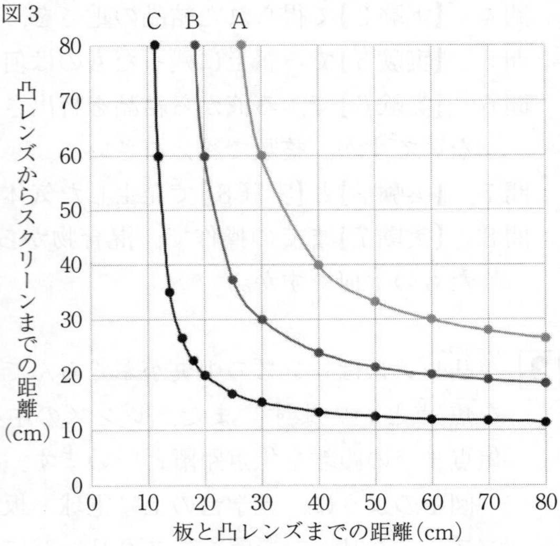

問３　凸レンズＢを用いて，板と凸レンズの距離が20cm のときに矢印の先端《せんたん》から出た光が，凸レンズを通ってスクリーンに像をつくるときの光の経路をかきなさい。また，できた像を矢印で表し，凸レンズとスクリーンの間の焦点の位置を黒丸(●)で示しなさい。ただし，解答らんの方眼の１マスは５cm とします。

問４　凸レンズＢの焦点距離（図２のX）を答えなさい。

問５　板の位置を凸レンズから遠ざけると，像がはっきり映るときのスクリーンと凸レンズの距離はどのようになりますか。また，そのときの像の大きさはどのようになりますか。選択肢《せんたくし》の中からそれぞれ選び，記号で答えなさい。

距離の選択肢

ア．長くなる　　イ．短くなる　　ウ．変わらない

大きさの選択肢

ア．大きくなる　　イ．小さくなる　　ウ．変わらない

板と凸レンズまでの距離を変えたとき，レンズからスクリーンまでの距離を変えずに像をはっきりと映すためには，図４のようにレンズの厚みを変える必要があります。ただし図４は，板（物体）や焦点を省略しています。

図４

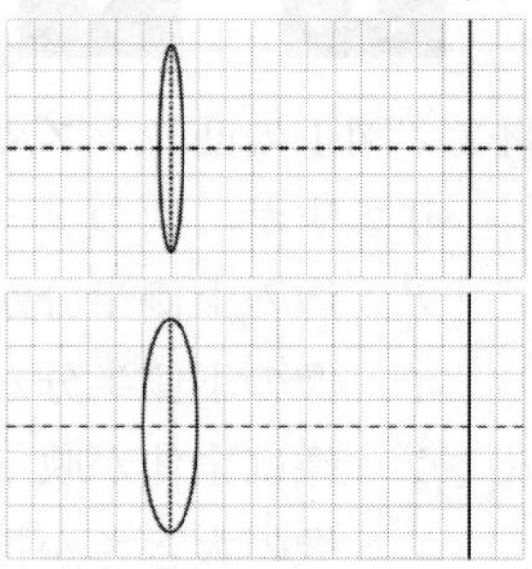

ヒトの眼《め》はこれと同じ仕組みです。凸レンズに相当するのが水晶体，スクリーンに相当するのが網膜《もうまく》です（図５）。

図５

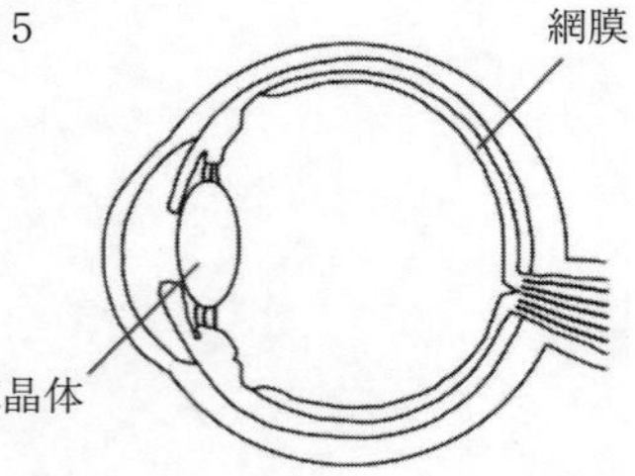

問６　本を読んでいる人が本から眼を離《はな》して遠くの景色を見たとき，水晶体の厚さはどのように変化すると考えられますか。また，焦点距離はどのように変化しますか。解答らんの正しい方にそれぞれ○をつけなさい。

視力検査をする際に用いる図６のような形のものを「ランドルト環《かん》」といいます。図６に示された大きさのランドルト環を５ｍ離れた位置から見て，欠けている部分（すき間）が上下左右のどこにあるかがわかれば，視力が1.0と定義されます。

図6

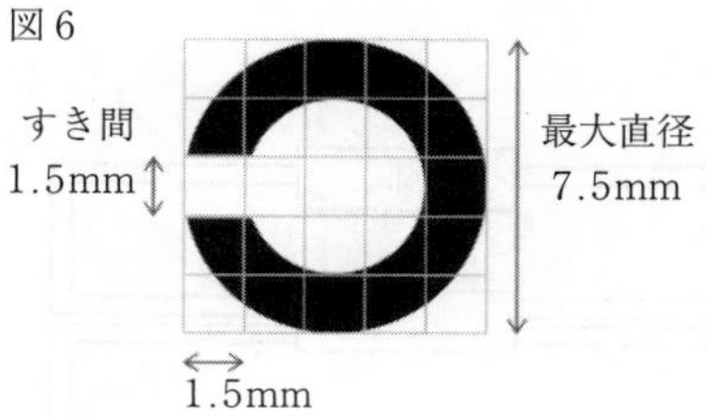

図7　視力検査表

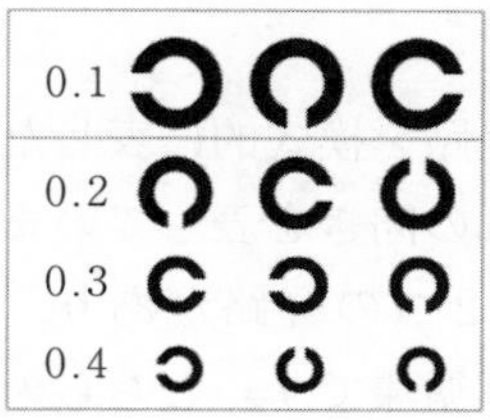

視力検査をする際に使用する，大小のランドルト環が並んでいるものを視力検査表といいます(図7)。視力検査表の視力，ランドルト環の最大直径，すき間の長さをまとめたものが図8です。

図8

視力	0.1	0.2	0.3	0.4	0.5	1.0
最大直径(mm)	75	37.5	25	18.75	15	7.5
すき間の長さ(mm)	15	7.5	5	3.75	3	1.5

問7　測定された視力が0.05のとき，視力検査表のランドルト環の最大直径とすき間の長さを答えなさい。

次に，図6に示された大きさのランドルト環1つを用いて，ランドルト環からの距離を変えて視力を測定しました。その結果をまとめたものが図9です。

図9

距離(m)	0.5	1	1.5	2	2.5	5
視力	0.1	0.2	0.3	0.4	0.5	1.0

ケニア南部からタンザニア北部にかけてマサイ族が生活しています。彼《かれ》らは広大な自然の中でヤギやヒツジを遊牧しており，遠くのものを見ることができます。

問8　マサイ族の中には，視力が8.0の人がいるといわれています。

(1)　この人は図6のランドルト環のすき間を最大で何m離れた場所から見分けることができますか。

(2)　この人の視力を視力検査表から5m離れた位置ではかる場合，すき間の長さが何mmのランドルト環が必要になりますか。小数第3位を四捨五入して小数第2位まで求めなさい。

4　ヒトの心臓と血液の循環《じゅんかん》について，以下の各問いに答えなさい。

図１はヒトの血液の循環経路を模式的に表したものです。矢印は血液の流れの向きを表しています。ヒトの血液の循環には２つの経路があり，１つは肺循環，もう１つは体循環です。どちらの循環でも，血圧は動脈の方が高く，血液を一方向に強く押《お》し流しています。一方，静脈《じょうみゃく》の血圧は低く，弁がついています。

図１

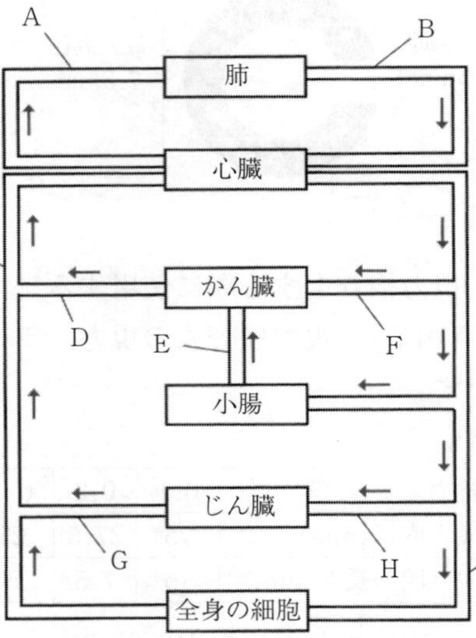

問１　静脈についている弁のつき方として適切なものを次のア，イから選び，記号で答えなさい。また，弁の役割について簡単に説明しなさい。

ア．

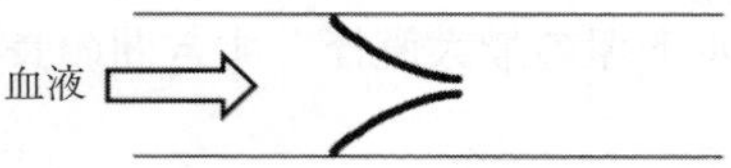

イ．

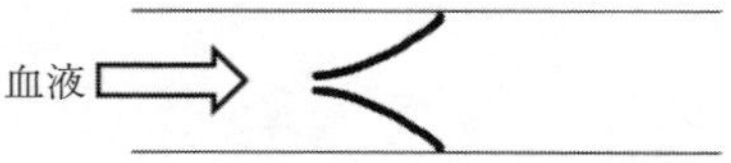

問２　酸素を多く含む血液を動脈血といいます。動脈血が流れている静脈を図１のＡ～Ｉの中から選び，記号で答えなさい。

問３　食事の後，栄養分が最も多く含まれる血液が流れる血管を図１のＡ～Ｉの中から選び，記号で答えなさい。

問４　二酸化炭素以外の老廃物《ろうはいぶつ》が最も少ない血液が流れている血管を図１のＡ～Ｉの中から選び，記号で答えなさい。

母体の子宮の中にいる胎児《たいじ》にも心臓があり，体内を血液が循環しています。しかし胎児は肺でガス交換《こうかん》をしておらず，必要な酸素は母体の血液中から得ています。

図２は，胎児の体と胎盤《たいばん》がへその緒《お》でつながっているようすを表した模式図です。へその緒には胎児の血管が通っており，胎児の体から胎盤へ血液が流れる血管をさい動脈，胎盤から胎児の体へ血液が流れる血管をさい静脈といいます。

図２

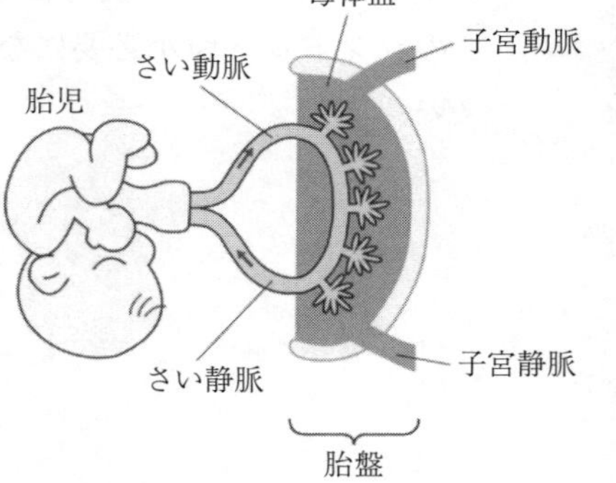

子宮動脈から胎盤内へ流れ出た母体血の中に胎児の血管が浸《ひた》っており，栄養分や老廃物，酸素や二酸化炭素の交換が行われています。

問５　次の①～③について，正しいものには○，誤っているものには×と答えなさい。

①　母体の血管と胎児の血管は直接つながっていて，母体の血液が胎児の体へ流れ込《こ》むことによって必要な酸素を胎児に送っている。

②　胎児の血管の壁《かべ》を通して母体から胎児へ酸素が移動し，胎児から母体へ二酸化炭素が移

動する。

③　さい動脈に流れている血液は動脈血である。

問６　胎児の血管は胎盤ではひだ状になっています。このような構造になっている理由を答えなさい。

図３は胎児を正面から見たときの心臓と肺の模式図です。胎児は肺でガス交換をしていないので，胎児の心臓には大人と違う構造が２ヶ所あります。１つは心臓の壁の一部に卵《らん》円孔《えんこう》という穴(すき間)があることです。もう１つは大動脈と肺動脈の間をつなぐ動脈管という血管があることです。

図３

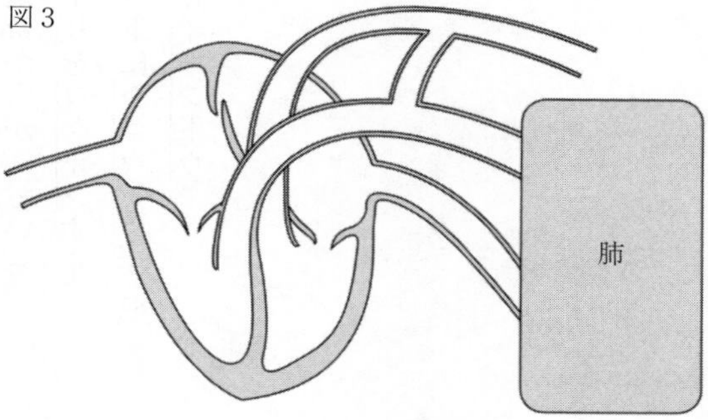

胎児が生まれて自分で呼吸を始めると，卵円孔と動脈管が自然と閉じ，徐々《じょじょ》に大人と同じ構造になっていきます。産声《うぶごえ》を上げることは，赤ちゃんが自分で呼吸をして肺循環を始めることなのです。

問７　下の文章は，卵円孔と動脈管について説明したものです。(①)～(⑤)に当てはまる適切な言葉を，ア～エの中からそれぞれ選び，記号で答えなさい。ただし，同じ記号を何度用いてもよいものとします。

ア．右心房《しんぼう》　　イ．右心室　　ウ．左心房　　エ．左心室

胎児の心臓に血液が入ってきたとき，多くの血液は(①)から卵円孔を通って(②)に流入します。その後，肺を経由せずに全身へ運ばれます。

赤ちゃんは生まれるとすぐに肺呼吸を開始します。肺の中に空気が入って肺が拡張すると，(③)から肺への血流量が増え，それによって肺から(④)への血流量も増えます。すると(⑤)の内圧が大きくなり卵円孔がふさがれます。その結果，(①)から(②)へ直接血液が流入しなくなります。また，このとき同時に動脈管もふさがれるため，生まれてきた赤ちゃんの血液循環は，大人のそれと同じになります。

問８　赤ちゃんが生まれた後，心臓の構造が大人と同じになっていくとき，閉じる血液の通り道が２ヶ所あります。解答らんの図中に×を入れてその場所を示しなさい。

「私」や「僕」などの主語を意識的に使うこと。たったこれだけでも述語は変わる。変わった述語は自分にフィードバックする。すると視界が変わる。新しい景色が見える。だから気づくことができる。世界は単純ではない。多面で多重で多層なのだ。だからこそ豊かで優《やさ》しいのだと。

（森　達也『集団に流されず個人として生きるには』）

問一　――線部①「一人ならば言えないことも言えるようになる」のはなぜですか、説明しなさい。

問二　――線部②「僕は一人称単数の主語を取り戻していたのだ。だから述語も変わる」とありますが、その結果どのようになると筆者は考えていますか。本文全体を読んで説明しなさい。

三　各文の――線部のカタカナを漢字に直しなさい。

(1) エジプト文明のキゲンを探る。
(2) コクソウ地帯が広がっている。
(3) 鳥のさえずりをロクオンする。
(4) クローゼットにシュウノウする。
(5) 教育のキカイキントウ。

これを言葉にするのは難しい。解放感よりは不安のほうが強かった。でも同時に、カメラのファインダーを覗《のぞ》く自分の視点が、それまでとは違うことは確かだった。②僕は一人称単数の主語を取り戻《もど》していたのだ。だから述語も変わる。そして結果として、このときの体験は僕にとって、とても大きな糧《かて》となった。

最近、保育の現場や障害者施設《しせつ》、刑務所《けいむしょ》などで虐待《ぎゃくたい》が行われていたというニュースが多いことにあなたは気づいているだろうか。加害者の多くは保育士や介護福祉士《かいごふくしし》に刑務官。保育士は子供好きだったはずだし、介護福祉士は社会的弱者への介護を自分の一生の仕事だと思っていたはずだ。そして刑務官は標準以上に正義感が強い人たちだったはずだ。

ところが、そんな人たちが日常的に虐待にふける。被害者《ひがいしゃ》は園児であり知的障害者であり受刑者だ。つまり弱い人たち。だから抵抗《ていこう》しない。できない。名古屋入管でウィシュマさんを虐待し、適切な医療《いりょう》につなげることすらしなかった入管職員たちも同じだろう。他にも多くの外国人たちが、入国を認められないままに虐待を受けていた。

躾《しつけ》や懲罰《ちょうばつ》のつもりがどんどんエスカレートする。でも加害している当人はそれに気づかない。集団の一部になっているからだ。一人称単数の主語をいつのまにか失っているからだ。この延長にホロコーストを含《ふく》めた多くの虐殺がある。多くのアイヒマンがいる。武力侵攻《しんこう》や戦争がある。

天敵への防衛策として始まった集団（群れ）は、近代において、組織や共同体を意味するようになった。具体的に書けば、会社や学校。組合やサークル。法人に町内会。派閥《はばつ》にグループ。まだまだいくらでもある。集団のラスボスは国家だ。国籍《こくせき》から逃《のが》れられる人はいない。

人はこうして、国家を頂点としたさまざまな組織や共同体に帰属しながら生きる。そう宿命づけられている。もしも南太平洋の無人島でたった一人で暮らすのなら、あなたはあらゆる集団から離脱《りだつ》できるかもしれない。でもそれは本来の人の生きかたではない。

集団の最大の失敗は戦争と虐殺だけど、それだけではない。虐待やいじめ。地球温暖化と環境破壊《かんきょうはかい》。温暖化ガスの弊害《へいがい》は明らかで毎年のように異常気象はニュースになるのに、僕たちは今の速度と方向を変えることができない。

あなたは「ティッピング・ポイント」という言葉を聞いたことがあるだろうか。この言葉の意味は、それまでの小さな変化が急激に変化するポイントのこと。日本語ならば「臨界点」や「閾値《いきち》」と言い換《か》えられる。

地球温暖化問題においても、温室効果ガスの量がある一定の閾値を超《こ》えると爆発的《ばくはつてき》に温暖化が進み、もはや後戻りができない事態に陥《おちい》ってしまうと言われている。

いつ「ティッピング・ポイント」は始まるのか。数十年後と言うコメンテーターもいれば、数年後と言う科学者もいる。いずれにしても、このままでは人類は、最悪の事態を迎《むか》えることになる。本当に取り返しのつかない事態になってから、なぜあのときにもっと真剣《しんけん》に対処しなかったのか、と天を仰《あお》ぐ可能性は高い。

その理由は集団だったから。自分の感覚よりも全体の動きに合わせていたから。自分の問題ではなく全体の問題だったから。みんなが温暖化ガスの排出《はいしゅつ》を止めなかったから。みんながユダヤ人を虐殺していたから。みんながこの戦争は祖国と国民を守るためだと言っていたから。

僕たちは集団から離《はな》れられない。それは大前提。でも集団に帰属しながらも、一人称単数の主語をしっかりと維持《いじ》できるのなら、暴走に気づくことができる。

それほど難しいことじゃない。「我々」や集団の名称を主語にせず、俺にお鉢《はち》が回ってくると、〝あいつなんかに……〟って陰口《かげぐち》が聞こえてきてな」

「それですねてるんだ」

「うんざりなんだよ、兄貴と比べられるのが！」

怒鳴ったあとで彼が黙り込んだ。そうして再び口を開く。

「俺の嘘の伝令はワコが黙ってくれてても、みんなには分かってたんだな」

それには応えず、ワコは言った。

「小原君て、やっぱりお菓子が好きなんだよね」

意外そうに彼がこちらを見る。

「さっき、お饅頭が床に落ちたら、手で汚れを払いながら拾ってたでしょ。これから捨てにいくはずのお饅頭なのに」

小原は無意識に自身がしたことに、今になって驚《おどろ》いていた。

「そういやあ、そうだな」

小原が声を上げて笑い出す。

「なにやってんだ、俺……」

④笑い続けている彼の目尻《めじり》に涙が滲《にじ》んでいた。

お菓子は廃棄《はいき》されてしまった。けれど、お客に食べてもらえるのがあんなに嬉しいなんて。それがワコの中に強く残った。

（上野　歩『お菓子の船』）

問一　――線部①「それは幸福ないそがしさだった」とは、どのようなことですか、説明しなさい。

問二　――線部②「ふたりは目こぼししてもらった」とありますが、ここではどのようなことですか、説明しなさい。

問三　――線部③「性根の曲がったやつを目覚めさせるため、ひと芝居打つことになったり」とありますが、これはどのようなことですか、説明しなさい。

問四　――線部④「笑い続けている彼の目尻に涙が滲んでいた」とありますが、今回のできごとを通して小原はどのように変化しましたか。きっかけをふくめて説明しなさい。

二　次の文章を読んで、後の問いに答えなさい。

一人称《いちにんしょう》単数の主語を持つということは、その一人称単数の主語に見合う述語で思考し、行動することでもある。もしも「我々」など複数代名詞や自分が帰属する集団が主語ならば、述語はまったく変わる。だって大きくて仲間がたくさんいて強いのだ。一人称単数の主語を明け渡《わた》せば、自分はほぼ匿名《とくめい》になれる。だから攻撃的《こうげきてき》になる。①一人ならば言えないことも言えるようになる。

例えばどんな述語が多くなるのか。成敗せよ。許すな。粉砕《ふんさい》せよ。立ち向かえ。……思いつくままに挙げたけれど、こうして一人称単数の主語を失いながら、人は選択《せんたく》を間違《まちが》える。悔《く》やんでも時間は巻《ま》き戻《もど》せない。

なぜ自分自身ではなく、複数の集団や組織の名称に主語を明け渡すのか。楽だからだ。だって一人称単数は孤独《こどく》だ。心細い。

僕はかつてテレビ・ディレクターだった。番組制作会社に所属していた。でもオウム真理教の信者たちを被写体《ひしゃたい》にしたテレビドキュメンタリーを撮《と》ろうとして会社から解雇《かいこ》されて、帰属していた組織を失った。一人になっても撮影《さつえい》は続け、結果としてこの作品は映画になった。僕にとって初めての劇場映画だ。

一人で撮影を続けたときの感覚は今も覚えている。予算はないけれど指示や命令もない。すべてを自分で決めなくてはならない。そしてその責任も自分に返ってくる。不安だった。心細かった。でも気がついた。会社や業界に帰属していたそれまでとは、明らかに視界が変わっていた。

曽我はなにも言わなかった。

「工場長が俺に教えようとしているのは、職人たちの扱い方だ。組織をどうまとめるかってことだ。今話したとおり、俺は自分の腕を磨くことだけを考えて生きてきたからな。そういう意味では、いろいろ学ばせてもらったよ。おかげで――」と鶴ヶ島が、しゃがんだままの小原を見やる。「③性根《しょうね》の曲がったやつを目覚めさせるため、ひと芝居《しばい》打つことになったり。もっとも、やり方が荒《あら》っぽくて、ワコにはかわいそうな役を振っちまったが」

どういうこと？　それじゃ、今度のことは、浅野さんが言ってたとおりだったの？　――「もしかしたら、ツルさんは、ワコに対して理不尽な仕打ちをすることで、小原の目を覚まさせようとしたのかも」

鶴ヶ島が珍《めずら》しく優しげな表情をワコに向ける。

「悪かったな」

ワコは戸惑《とまど》いながら、もはや涙が消えていた。

「ツル」と曽我が声をかける。「おまえがあえて憎《にく》まれ役になってくれたのを知りながら、怒鳴りつけてすまなかった」

鶴ヶ島が、曽我のほうを向いた。

「奥山堂の菓子をなにより大事にしているあんたは、ワコに菓子を捨てろと言うに違いない、と俺は考えた。修業を始めて九ヵ月ほどであんなじょうよ饅頭をつくっちまう娘《むすめ》が、あんたに菓子を捨てろと言われ、どんな反応をするのか？　実は興味があった」

今度は彼が、ワコに視線を寄越《よこ》す。

「俺なら、売れ残った菓子、汚《よご》れた菓子は迷わず捨てる。ところがワコは、菓子を捨てるのが嫌だと泣いた」

ワコは泣いたことが恥ずかしくて、またうつむいてしまう。

「俺は今さっき〝悪かったな〟と、確かにおまえに謝《あやま》った。一方でこうも思う。おまえの考え方は、あまりにも青く、ひとりよがりだ。それに作業場で、絶対に涙を見せるべきではない」

彼が相変わらずこちらを眺《なが》めていた。

「小僧の俺も、作業場では泣かなかったぞ。それが職人だ」

ワコははっとする。職人――ツルさんが、そう言ってくれた。

鶴ヶ島が、ゆっくりと足もとのほうを見やった。そこでは、まだ小原がしゃがみ込んでいる。

「おまえはどうなんだ小原？　おまえはこれから、菓子とどうやって付き合っていくつもりだ？」

小原が、くずおれるようにがくりと両手を床《ゆか》についた。

今度は、曽我が小原に向けて告げる。

「おまえの採用を決めたのは私だ。コネでおまえを預かったつもりはないぞ」

仕事を終え店の裏口を出ると、外に小原が立っていた。

「みんなの前で泣いちゃって、カッコ悪い」

ワコは照《て》れ隠《かく》しに舌を覗かせると、彼の横を通り過ぎようとした。

「どうして饅頭の数で俺が嘘の伝令したことを、工場長に言いつけなかったんだ？」

小原が言う。

「そうやってクビになって、実家のお店に帰りたかった？」

ワコが言葉を返すと、彼が鼻で笑った。

「実家に帰ったって、俺の居場所なんてあるもんかよ」

小原がちょっと考えてから言葉を続けた。

「俺には兄貴がいた」

「いた？」

と訊くと、「交通事故で死んじまったんだ」と応える。

「出来のいい兄貴で、みんなが店を継《つ》ぐもんだと思ってた。ところがその言葉に反発するように、鶴ヶ島が勢いよく曽我を見る。しかし、やはり黙ったままでいた。

今度は曽我がワコに顔を向けた。こんなに恐《おそ》ろしい表情の曽我を見たことがなかった。いまだにボックスを駅弁売りのように首から下げたままのワコは、ぽかんとするばかりだ。

「すぐにその饅頭を捨ててこい！」

ワコはなにを言われたのか理解できないでいた。

「外気に当てて乾燥《かんそう》し、路上の埃《ほこり》を被《かぶ》ったお菓子を売りつけるなんて、おまえは奥山堂の信用を傷つけかねないことをしたんだぞ！　そんなものさっさと捨ててしまえ！」

曽我の言うことはもっともだ。しかし……。

「嫌《いや》です」

とワコは言い返した。

「なんだと？」

さらに怒気《どき》を帯びた曽我の声は低くなった。

「お菓子を捨てるなんて嫌です！」

さらにワコは言う。

「〝おいしい〟って……お客さまから……、〝おいしい〟って言っていただいたお饅頭なんです」

ワコの頬《ほお》を涙《なみだ》が伝う。悔《くや》しかった。

曽我が背後を振り返って、「小原、おまえが捨ててこい！」と命令した。小原が、びくりと身体を震《ふる》わせてから、「はい」と聞こえるか聞こえないかの声で返事し、ワコのほうにやってくる。

小原がボックスを奪《うば》おうとすると、「イヤ！」ワコは身体を反転させた。小原と揉《も》み合《あ》う形になり、床《ゆか》にじょうよ饅頭がこぼれ落ちた。

「嫌です……捨てるなんて嫌です……」

ワコは泣いていた。小原がおろおろしながら饅頭を拾い集めている。

ワコは、作業場で泣いている自分が情けなくて仕方がない。捨てたくないなら、どうしたい？　また戻《もど》って売りたい？　自分で食べたい？　駄々《だだ》をこねているのは分かっていた。それでも、突《つ》っ立《た》ったまま泣きやむことができない。

ふいに鶴ヶ島が、誰に向けてでもなく語り始めた。とても静かな口調だった。

「生まれた家が貧しくてな、俺は中学を出ると働かなきゃならなかった。甘《あま》いもんが食べられるだろうって、それだけで金沢《かなざわ》の菓子屋に住み込みで勤めたんだ。その店は流れ職人が入れ代わり立ち代わりやってきて、小僧《こぞう》の頃は泣かない日がないくらい厳しい扱《あつか》いを受けた。なにしろ入れ代わりが激しいもんだから、誰に付けばいいのかも分からない。俺は泣きながらも、必ず一人前になってやるんだって決心した。そのためには、仕事はとにかく自分で覚えていくしかない。目で盗《ぬす》むのはもちろん、少ない給料をやり繰《く》りしながら職人が酒を飲むのに付き合ったり、酔《よ》った職人を介抱《かいほう》することで親しくなって、つくり方や配合を教えてもらった。だから俺は、酒が飲めない頃から赤ちょうちんに出入りしてた。そうした店の焼き鳥やおでんが晩飯だった」

いつの間にか作業場のみんなが鶴ヶ島の話に耳を傾《かたむ》けているようだ。ワコも肩《かた》を震わせながら聞いていた。

「勤め始めて四年もすると、すっかり仕事に慣れ、俺は次なる店の門を叩《たた》いていた。そうやって北陸だけでなく関西、関東と渡《わた》り歩いた。菓子は地域によってずいぶんと違う。東と西では甘さだって異なる。京の菓子は雅《みやび》な味だ。俺の師匠《ししょう》は、そんな中で出会った職人たちだ。誰というのではない、名もなく腕のよい職人とその菓子に接することで自分の技術を磨《みが》いてきた」

鶴ヶ島が曽我に顔を向けた。

「工場長、あんたもそのひとりだ」

と、浅野に詰問《きつもん》する。
「いえ、そういうことじゃないんですけど……あの……」
すると浅野がなにか思いついたような顔になり、「新人が度胸をつけるための研修なんです」と、出任せの言い訳をした。
「この並びにある奥山堂の者です。本当に申し訳ありません」
老舗の名店の者であることは、浅野の作務衣の胸に入ったネームで証明され、②ふたりは目こぼししてもらった。「あそこで商売するには、道路使用許可の申請手続きが必要なんだからね」と再び念を押されてから。
「なあワコ、じょうよ饅頭が三百って、ほんとは小原から嘘を伝えられたんだろ?」
店に向かって歩きながら浅野が言う。首からボックスを下げたワコは、はっとして大柄な浅野を見上げた。
「みんな薄々気づいてるよ。小原を締め上げて吐《は》かせ、クビにすれば簡単だ。けどな、小原の親父《おやじ》、小原菓寮《かりょう》の社長とうちの高垣《たかがき》社長はゴルフ仲間でな。自分のせがれを仕込んでくれって頼《たの》まれてんだ。いわば預りもんなんだよ、あいつは。だからそうもいかないんだ」
浅野は小さく息をついてから、「小原のやつ、自分で変わろうとしないと、一生ダメなまんまだろうな」とため息のように呟《つぶや》く。
ふたりでしばらく無言のまま歩いた。浅野がふと、ボックスに並んだ饅頭を見やって、「きれいにできたな」と優《やさ》しく言ってくれる。
「じょうよ饅頭ってな、基本を問われるお菓子だ。簡素だけど、いや、簡素だからこそつくった者の技量が問われる。山の芋の処理の仕方、粉との混ざり具合、そうした総合的な技術の集積から成る饅頭だ」
彼が笑った。
「――って、工場長からそう言われたよ、新入りの頃にな。俺が初めて生地からつくったじょうよ饅頭をハマさんところに持っていったら、蒸してくれなかったんだぜ」
目の下のまつ毛が長い浜畑《はまはた》の顔を、ワコは思い浮かべた。
「ハマさんは、俺よかひとつ上なだけだが、腕《うで》が認められて早くから蒸し方、焼き方を任せられてる。だから、プライドが高い」
浅野さんは、あたしを励《はげ》まそうとしてくれてるんだ。
「生地の具合を見、粉の加え方を塩梅《あんばい》し、空気を抱《だ》かせて、抱かせて混ぜる。すると、蒸した時、饅頭はふっくらと膨《ふく》らむ。皮が破れる寸前までな。ワコのつくったのは、そんなじょうよ饅頭だ。もちろん、ツルさんにも分かったはずだ。だからハマさんに蒸せって命じたし、外で売ってこいって無茶なことも言ったんだろう。商品に成り得るものだって認めたから。それに、もしかしたら……」
と浅野が少し考えてから口を開く。
「……もしかしたら、ツルさんは、ワコに対して理《り》不尽《ふじん》な仕打ちをすることで、小原の目を覚まさせようとしたのかも」
あのツルさんが……。
「ひとつもらおう」
浅野がボックスから饅頭を摘《つ》まみ上げる。
「おっと、カネはあとでちゃんと払《はら》うからな」
彼はひと口食べるごとに、「うまい、うまい」と言ってくれた。
店の作業場では、曽我《そが》が待っていた。どうやら、交番から確認《かくにん》の電話があったらしい。
「おまえたちはいったいなにをやっているんだ⁉」
鬼《おに》の形相で怒鳴《どな》る。
「おい、ツル！　おまえ、どういうつもりで、こんなことをさせた⁉」
鶴ヶ島が無言で目を背《そむ》けている。
「おまえは奥山堂のお菓子をなんだと思っているんだ⁉」

自分のお菓子をおカネを払《はら》って買ってくれるところを目にするのも、おいしいという声を耳にするのも初めての経験だった。それは、まさに天にも昇《のぼ》るような心地《ここち》である。ワコはしばらく、じょうよ饅頭をぱくつく女性の姿を一心に見つめていた。この饅頭は自分が蒸《む》したわけではない。餡子《あんこ》も自分で炊《た》いたわけではなかった。生地《きじ》をつくり、包餡しただけだ。なのに、こんなにも嬉《うれ》しくて仕方がない。だったら、すべて自分でつくったお菓子を食べてもらうって、いったいどんな気分なんだろう？

「お饅頭食べたい！」

五歳《さい》くらいの男の子の声がした。眼鏡の女性が饅頭を食べる姿を見て、羨《うらや》ましくなったのだろう。

「おいしいよ」

と眼鏡の女性が男の子に向かって言う。

すると、母親らしい若い女性が、「ヒロトは、餡子なんて好きじゃないでしょ」とたしなめる。けれど、ヒロトというその男の子は、「食べたーい」ときかなかった。

「仕方ないなあ」

母親がひとつ買ってくれる。

「ありがとうございます！」

母親から饅頭を受け取った男の子が、「おいしい！」と声を上げる。口の横に餡子を付けた男の子を見て、ワコは胸がいっぱいになった。

「私もひとつもらおうか」

年配のステッキをついた紳士《しんし》から声がかかる。

「こっちにもひとつ頂だい」

「俺《おれ》もひとつ」

たちまち周りに人垣《ひとがき》ができた。

「ありがとうございます」「ありがとうございます」ワコは急にいそがしくなって慌《あわ》てる。けれど、①それは幸福ないそがしさだった。

「ちょっとあなた、ここで商売する許可を取ってますか？」

突然《とつぜん》そう質問される。ワコが見やると制服を着た若い警察官だった。すぐ近くの交番からやってきたのだろう。

「あのう……あたし……」

ワコには応えるすべがない。

女性客のひとりが、「なによ、あんた！　お饅頭くらい売ったっていいじゃないのよ！」と警官に嚙《か》みついた。

「そうよ、おいしいお饅頭を頂こうって時に、無粋《ぶすい》なこと言わないの」

「いや、しかし、許可がないと」

思わぬ反発に遭《あ》って、警官はしどろもどろだ。だが、すぐにワコのほうに向き直った。

「とにかくあなた、一緒《いっしょ》に来て」

そのまま交番に連行されてしまったワコは、なにを訊かれてもだんまりを決め込んだ。店に迷惑《めいわく》をかけるわけにはいかない。大きなボックスを膝《ひざ》の上に置いてパイプ椅子《いす》に座り、無言のままでいる。多くの人波が、外を往《ゆ》き過ぎた。

先ほどの警官と、彼《かれ》の上役らしい年配の警官が並んで立ち、こちらを見下ろしている。年配の警官が、「黙《だま》ったままで、いつまでこうしているつもりなんだね？」と、何度目かの同じ言葉を投げかけてくる。その時だった。

「あれ、ワコ、どうした？」

作務衣《さむえ》姿の浅野が交番の中を覗き込んでいた。

「どうしてるかと思って、様子を見にきたら、おまえ、交番て……」

すると上役の警官が、「あなたですか、この女性にあんなところで饅頭を売らせたのは？」

2024年度

鷗友学園女子中学校

【国　語】〈第一回試験〉（四五分）〈満点：一〇〇点〉

【注意】問いに字数指定がある場合には、最初のマス目から書き始めてください。なお、句読点なども一字分に数えます。

一　次の文章を読んで、後の問いに答えなさい。

浅草の和菓子屋奥山堂《おくやまどう》で働く樋口和子《ひぐちわこ》（ワコ）は、製菓《せいか》学校を卒業してまだ九ヵ月の修業中《しゅぎょうちゅう》の身である。和菓子の世界は男性社会で、なかなか工房《こうぼう》に立たせてもらえなかったが、ようやく作業を任されるようになってきた。しかしある日、同期の小原《こはら》にワコが担当するじょうよ饅頭《まんじゅう》の数を本来より多く教えられた。余分に作った百五十個を奥山堂の名前は出さずに外で売ってくるよう、上司の鶴《つる》ケ《が》島《しま》（ツルさん）に命じられたワコが、雷門《かみなりもん》前にやってきた。

年の瀬《せ》で、たくさんの参拝客、観光客が雷門通りを行き交《か》い、仲見《なかみ》世《せ》へと吸い込《こ》まれていった。それとすれ違《ちが》うように、お参りを終えた人たちが雷門から出てくる。これだけの人が通るんだ、売れるかもしれない！　淡《あわ》い希望も芽生えた。

雷門の傍《かたわ》らで、駅弁を売るようにボックスを下げているのだが、しかし誰《だれ》も振《ふ》り向《む》きさえしてくれない。じっと立っていると足もとから冷気が伝わってきた。ボックスには紙にマジックで「おいしい！　じょうよ饅頭　1個300円（消費税サービス）」と書いた紙をテープでとめている。浅野のアイディアである。

ワコは試みに、「お饅頭です」と言ってみる。しかし、それは蚊《か》の鳴くような声だった。今度は意を決して、「お、お饅頭で、え、え、す!!」と声を張り上げた。しかし緊張《きんちょう》のため、威嚇《いかく》するようになってしまう。近くを通った若い男性が、ぎょっとしてこちらに顔を向けた。ワコと目が合うと、逃《に》げるように立ち去る。

ワコは恥《は》ずかしさで顔を紅潮させつつも、「おいしいお饅頭ですよー」と声を出し続けた。「じょうよ饅頭ってなんだ？」とか、「ひとつ三百円なんて、ずいぶん高いわね」といった声が時折耳に入るだけで、ひとつも売れない。

それでも一時間以上経《た》った頃《ころ》だろうか、「じょうよ饅頭って、山の芋《いも》のお饅頭だよね？」と、年配の眼鏡をかけた女性が声をかけてきた。

「はい、そうです」

ワコは夢中で応える。

彼女《かのじょ》はボックスを覗《のぞ》き込むと、「あら、おいしそ」と笑《え》みを浮《う》かべた。

初めての好感触《こうかんしょく》に、「おひとついかがでしょう？」とすかさず売り込む。

「じゃ、ひとつもらおうかしらね」

「ありがとうございます！」

抑《おさ》えきれずに明るい声が出てしまう。

代金を受け取ると、ワコはトングで女性の手にじょうよ饅頭をひとつ載《の》せた。

「あら、おいしい！」

ひと口食べた女性の感想に、「ほんとですか？」思わず訊《き》き返していた。

「やだよ、あんた。自分でつくったお饅頭を褒《ほ》められて、〝ほんとですか？〟ってことはないだろ」

「あ、いえ、そうじゃなくて……」

2024年度

鷗友学園女子中学校 ▶解説と解答

算　数　＜第１回試験＞（45分）＜満点：100点＞

解　答

[1] (1) $8\frac{7}{15}$　(2) $\frac{1}{10}$　[2] (1) 8000円　(2) 2040円　[3] 27度　[4] (1) 599　(2) 左から３番目，上から338番目　[5] 1808.64cm^3　[6] (1) 8 : 1 : 15　(2) $\frac{21}{88}$ cm^2　[7] (1) ７時59分30秒　(2) ７時58分40秒

解　説

[1] 四則計算，逆算

(1) $3\frac{4}{5}+\left(\frac{4}{3}-0.6\right)\div 2.75\times\left(3\frac{1}{2}-\frac{1}{6}\right)\times 5.25=3\frac{4}{5}+\left(\frac{4}{3}-\frac{3}{5}\right)\div 2\frac{3}{4}\times\left(\frac{7}{2}-\frac{1}{6}\right)\times 5\frac{1}{4}=3\frac{4}{5}+\left(\frac{20}{15}-\frac{9}{15}\right)\div\frac{11}{4}\times\left(\frac{21}{6}-\frac{1}{6}\right)\times\frac{21}{4}=3\frac{4}{5}+\frac{11}{15}\times\frac{4}{11}\times\frac{20}{6}\times\frac{21}{4}=3\frac{4}{5}+\frac{14}{3}=3\frac{4}{5}+4\frac{2}{3}=3\frac{12}{15}+4\frac{10}{15}=7\frac{22}{15}=8\frac{7}{15}$

(2) $1.875-7\frac{7}{8}\div\left(5-\frac{1}{2}\right)=1\frac{7}{8}-\frac{63}{8}\div\left(\frac{10}{2}-\frac{1}{2}\right)=1\frac{7}{8}-\frac{63}{8}\div\frac{9}{2}=1\frac{7}{8}-\frac{63}{8}\times\frac{2}{9}=1\frac{7}{8}-\frac{7}{4}=\frac{15}{8}-\frac{14}{8}=\frac{1}{8}$より，$\square\times\frac{25}{9}-\frac{1}{8}=\frac{11}{72}$，$\square\times\frac{25}{9}=\frac{11}{72}+\frac{1}{8}=\frac{11}{72}+\frac{9}{72}=\frac{20}{72}=\frac{5}{18}$　よって，$\square=\frac{5}{18}\div\frac{25}{9}=\frac{5}{18}\times\frac{9}{25}=\frac{1}{10}$

[2] 倍数算，比の性質

(1)　プレゼントを買う前のお金のやりとりは３人の間だけで行っているから，やりとりの前後で３人の所持金の和は変わらない。また，やりとりの前の所持金の比の和は，15＋２＋８＝25，やりとりの後の所持金の比の和は，８＋３＋３＝14である。よって，所持金の比の和が25と14の最小公倍数の，25×14＝350になるように比をそろえると，やりとりの前の所持金の比は，(15×14)：(２×14)：(８×14)＝210：28：112，やりとりの後の所持金の比は，(８×25)：(３×25)：(３×25)＝200：75：75となる。ここで，Ａさんの所持金は400円減っているので，そろえた比の，210－200＝10にあたる金額が400円とわかる。したがって，そろえた比の１にあたる金額は，400÷10＝40(円)だから，やりとりの後のＡさんの所持金は，40×200＝8000(円)と求められる。

(2)　やりとりの後のＢさんとＣさんの所持金はどちらも，40×75＝3000(円)である。よって，３人の所持金の和は，8000＋3000＋3000＝14000(円)なので，9200円のプレゼントを買った後の残りの所持金の和は，14000－9200＝4800(円)と求められる。したがって，Ｃさんの残りの所持金は，$4800\times\frac{2}{5+3+2}=960$(円)だから，Ｃさんが出した金額は，3000－960＝2040(円)である。

[3] 平面図形―角度

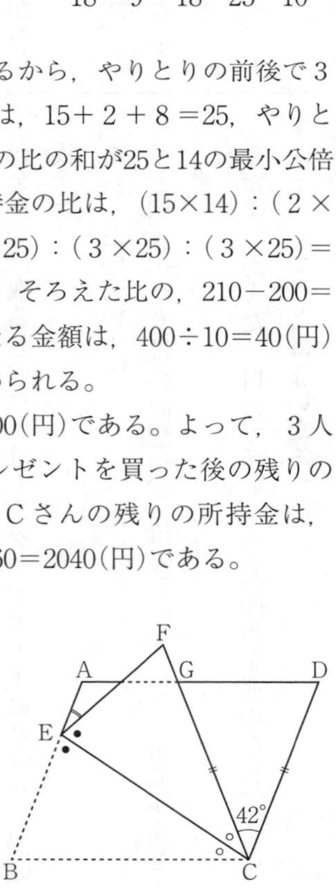

平行四辺形ABCDを折ったときの様子は，右の図のようになる。三角形CDGは二等辺三角形だから，角CDGと角CGDの大きさはどちらも，(180－42)÷２＝69(度)である。すると，角GCBの大きさは，角CGDの大きさと等しく69度になるので，○印をつけた角の大きさは，69÷２＝34.5(度)とわかる。さらに，角ABCの大きさは，角CDAの大きさと等しく69度だから，角CEBの大きさ(●印をつけ

た角の大きさ)は，180－(34.5＋69)＝76.5(度)と求められる。よって，角AEFの大きさは，180－76.5×２＝27(度)である。

4 数列，周期算

⑴ 整数は右の図の①～⑪の順に並んでおり，同じ並び方を６行ごとにくり返す。これを周期とすると，100÷６＝16余り４より，上から100番目の整数は，16＋１＝17(番目)の周期の上から４番目にあることがわかる。つまり，左から２番目，上から100番目の整数は，１番目の周期の23と同じ位置にある数である。また，１つの周期に並ぶ整数の個数は，６×６＝36(個)である。よって，左から２番目，上から100番目の整数は，36×16＋23＝599と求められる。

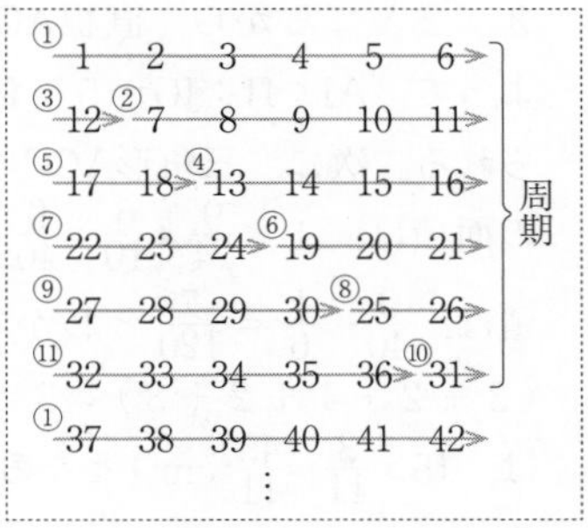

⑵ 2024÷36＝56余り８より，2024は，56＋１＝57(番目)の周期の左から３番目，上から２番目(１番目の周期の８と同じ位置)にある数とわかる。したがって，これは，左から**３番目**，上から，６×56＋２＝**338(番目)**である。

5 立体図形―相似，体積

問題文中の図２は直線 l を軸《じく》として線対称《せんたいしょう》な図形なので，右の図の三角形ABCと三角形ADEを１回転してできる立体について考えればよい。三角形ABCを１回転すると円すいになり，三角形ADEを１回転すると，円柱から２つの円すいを取り除いた形の立体になる。ここで，この図にあらわれる直角三角形の底辺と高さの比はいずれも，(６×３)：12＝３：２だから，AC＝(６×２)×$\frac{2}{3}$＝12×$\frac{2}{3}$＝８(cm)，AG＝AF＝６×$\frac{2}{3}$＝４(cm)とわかる。よって，三角形ABCを１回転してできる円すいの体積は，12×12×3.14×８÷３＝384×3.14(cm^3)，長方形DEFGを１回転してできる円柱の体積は，６×６×3.14×(４＋４)＝288×3.14(cm^3)，三角形ADGと三角形AEFを１回転してできる円すいの体積はどちらも，６×６×3.14×４÷３＝48×3.14(cm^3)となる。したがって，この立体の体積は，384×3.14＋288×3.14－48×3.14×２＝(384＋288－96)×3.14＝576×3.14＝1808.64(cm^3)と求められる。

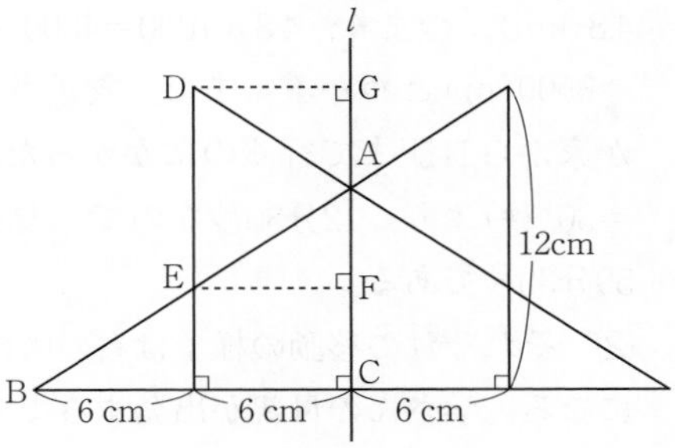

6 平面図形―相似，辺の比と面積の比

⑴ 問題文中の図で，ADとGC，AGとDCはそれぞれ平行だから，四角形AGCDは平行四辺形である。よって，右の図１で，BE，EF，FG，GCの長さをそれぞれ２，１，２，３とすると，AD＝GC＝３となる。はじめに，三角形AHDと三角形CHEは相似であり，相似比は，AD：CE＝３：(３＋２＋１)＝１：２なので，AH：HC＝１：２となる。また，三角形AKDと三角形CKFも相似であり，相似比は，AD：CF＝３：(３＋２)＝３：５だから，AK：KC＝３：５とわかる。したがって，ACの長さを，１＋２＝３と，３＋５＝８の最小公倍数の24にそろえると，直線AC上の比は下の図２のようになるので，AH：HK：KC＝８：(９－８)：15＝８：１：15と求められる。

図１

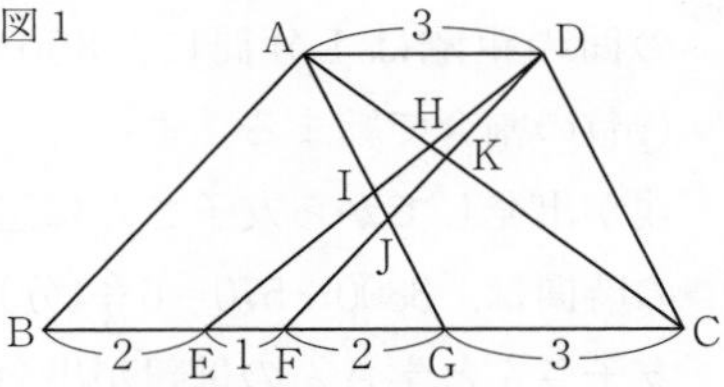

⑵　⑴と同様に考えて，直線AG上の比を求める。三角形AIDと三角形GIEの相似より，AI：IG＝３：（２＋１）＝１：１となり，三角形AJDと三角形GJFの相似より，AJ：JG＝３：２となるから，直線AG上の比は右の図３のようになる。よって，AI：IJ：JG＝５：（６－５）：４＝５：１：４と求められる。次に，三角形AGCの面積を１とすると，三角形AJKの面積は，$1\times\frac{9}{24}\times\frac{6}{10}=\frac{9}{40}$，三角形AIHの面積は，$1\times\frac{8}{24}\times\frac{5}{10}=\frac{1}{6}$となるので，四角形HIJKの面積は，$\frac{9}{40}-\frac{1}{6}=\frac{7}{120}$とわかる。また，台形ABCDと三角形AGCの面積の比は，（AD＋BC）：GC＝（３＋２＋１＋２＋３）：３＝11：３だから，台形ABCDの面積が15cm²のとき，三角形AGCの面積は，$15\times\frac{3}{11}=\frac{45}{11}$(cm²)となる。したがって，四角形HIJKの面積は，$\frac{45}{11}\times\frac{7}{120}=\frac{21}{88}$(cm²)と求められる。

図２
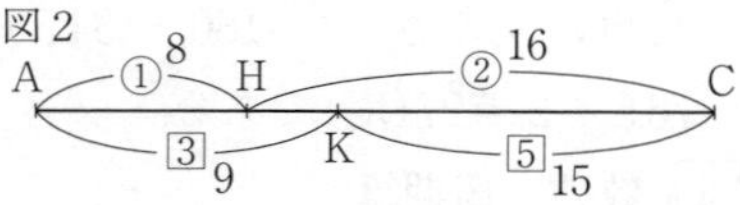

図３
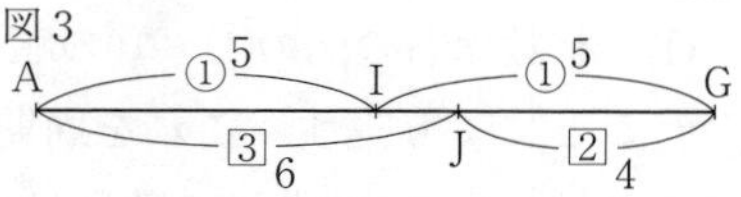

7　グラフ―速さと比，旅人算

⑴　電車がＡ駅を出発してからＢ駅に着くまでの時間は，８時－７時52分－２分＝６分，Ｂ駅を出発してからＣ駅に着くまでの時間は，８時５分－８時＝５分なので，Ａ駅からＢ駅まで距離《きょり》とＢ駅からＣ駅までの距離の比は６：５とわかる。よって，Ａ駅からＢ駅までの距離は，$8.8\times\frac{6}{6+5}=$4.8(km)，つまり，4.8×1000＝4800(m)なので，友子さんの家からＢ駅までの距離は，4800－1300＝3500(m)とわかる。また，友子さんの速さは分速，16.8×1000÷60＝280(m)なので，友子さんが家からＢ駅まで行くのにかかった時間は，3500÷280＝12.5(分)と求められる。これは，60×0.5＝30(秒)より，12分30秒なので，友子さんがＢ駅に到着《とうちゃく》した時刻は，７時47分＋12分30秒＝７時59分30秒である。

⑵　それぞれの移動の様子は右の図のようになる。学さんの母親が出発するまでに友子さんが進んだ時間は，７時52分－７時47分＝５分だから，その間に友子さんが移動した距離は，280×５＝1400(m)であり，学さんの母親が出発するときの２人の間の距離(ア)は，1100＋1300＋1400＝3800(m)とわかる。また，学さんの母親の速さは分速，51×1000÷60＝850(m)なので，２人の間の距離は１分間に，850－280＝570(m)の割合で縮まる。よって，学さんの母親が出発してから友子さんに追いつくまでの時間は，$3800\div570=6\frac{2}{3}$(分)と求められる。これは，$60\times\frac{2}{3}=40$(秒)より，６分40秒となるので，友子さんと学さんの母親が出会った時刻は，７時52分＋６分40秒＝７時58分40秒である。

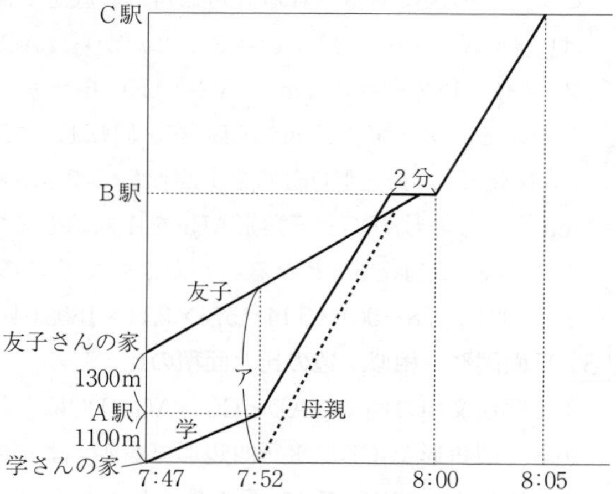

社　会　＜第１回試験＞（45分）＜満点：100点＞

解　答

1　**問１**　(1)　庄内　(2)　エ　(3)　（例）　おにぎりに加工して，道の駅で販売すること。　**問２**　(1)　（例）　自動車は，関連工場で製造された部品が組み立て工場に集められて製造される。関連工場と組み立て工場が近くにあった方が運搬しやすいから。　(2)　（例）　日本の自動車会社にとっては，日本国内で生産するよりも安く生産できる点。現地の東南アジアの人々にとっては，働く場所が増え，技術を学ぶこともできる点。　(3)　（例）　充電　**問３**　(1)　ア　(2)　イ　**問４**　エ　2　**問１**　①　墾田永年私財法　②　検地　**問２**　イ　**問３**　エ　**問４**　ア　**問５**　（例）　国内の御家人をまとめる役割。治安を維持する役割。　**問６**　ウ　**問７**　(1)　ア　(2)　（例）　幕府は年貢量が一定となり，財政が安定する利点があった。農民は凶作のときに年貢の割合が増え，生活が苦しくなったと考えられる。　**問８**　イ　**問９**　エ　**問10**　（例）　近年，生活必需品をふくめ，物価が上がっている。しかし，値段が上がっても，国民は生活のために購入しなければならないから。　3　**問１**　国政調査　**問２**　イ　**問３**　（例）　国会は国権の最高機関であり，国会議員は国民の代表である。そのため，政府の権力やそのほかの圧力により国会議員が不当に逮捕されると，民主的な政治がさまたげられるから。　**問４**　（例）　優先されるべき人の範囲を，高齢者だけでなく，妊婦や障がいのある人などにまで広げるようになったから。　**問５**　新しい人権　**問６**　ウ　**問７**　エ　**問８**　（例）　差別や偏見をふくむ内容が大量に入力された場合，それを反映した回答が生成されてしまうという問題がある。そのため，生成AIを利用する人は，自分でも調べたり確認したりして，生成AIの回答だけが正しいと思いこまないように気をつける必要がある。

解　説

1　第一次産業と最先端《さいせんたん》技術を結びつけた新しい取り組みについての問題

問１　(1)　最上《もがみ》川は，山形県を南東から北西にかけて貫くように流れている。その下流域に広がる庄内《しょうない》平野は，全国有数の米どころとして知られる。なお，最上川は富士川（長野県，山梨県，静岡県），球磨《くま》川（熊本県）とともに日本三急流の１つに数えられている。　(2)　2021年の農業産出額の割合の第１位は，東北地方と北陸地方は米だが，北海道は畜産（米は野菜に次いで第３位）である（エ…×）。　(3)　第１次・第２次・第３次それぞれの産業を結びつけ，農山漁村の活性化につなげようとする試みを，１×２×３の答えである６をとって「６次産業化」という。地元でとれた農林水産業の産物を加工した食品を，「道の駅」や通信販売《はんばい》で販売する例などがこれにあたる。稲作農家が６次産業化を意識して農業の多角化を行う場合，収穫《しゅうかく》した米をおにぎりに加工し，栽培《さいばい》農家の写真をつけて道の駅で販売することなどが考えられる。

問２　(1)　自動車工業は２～３万点の部品を組み立てる工業で，部品をつくる多くの関連工場を必要とする。そのため，組み立て工場の周辺には，短時間で部品を調達できるように，関連工場が集まっていることが多い。　(2)　東南アジア諸国は日本に比べて一般《いっぱん》に土地代や人件費が安いので，日本の自動車会社が東南アジアに進出すると，国内で生産するよりも安く生産できる。一方，工場の進出を受け入れる国の側は，雇用《こよう》が増え，生産技術を習得することもできるので，経済発展につながるという利点がある。　⑶　日本で電気自動車(EV)の普及《ふきゅう》があまり進まない原因の１つとしては，マンションに居住している場合は充電設備を簡単に設置できないなど，家庭での充電が難しいことが挙げられる。

問３　⑴　グラフＡは大豆，グラフＢは小麦の輸入先で，どちらも最大の輸入先(Ｘ)はアメリカ合衆国である。なお，日本の2020年の自給率は，大豆が６％，小麦が15％となっている。　⑵　大豆は大豆油(サラダ油やマーガリンなどに加工される)，アの菜種はアブラナの種子で菜種油(キャノーラ油など)，ウのひまわりはひまわり油(サンフラワー油)，エのやしはやし油(パーム油など)の原料となっている。じゃがいもは，ふくまれる油脂《ゆし》が少ないので油の原料には用いられず，デンプンなどの原料に用いられている。

問４　【資料１】で，50歳《さい》以上の年齢層の人数や全農業人口は示されていない(ア，イ…×)。「個人経営の農家として農業を始めた人」の人数は，年々減少している(ウ…×)。「農業団体や企業などに雇《やと》われて農業を始めた人」は，2019年から2021年までは増加しているが，2021年から2022年にかけては減少している(エ…○)。

２　税制の歴史についての問題

問１　①　奈良時代，農民の逃亡《とうぼう》によって口分田が荒廃《こうはい》したり，人口の増加によって口分田が不足したりした。そこで，朝廷は723年，新たにかんがい用の溝《みぞ》や池をつくって開墾《かいこん》した土地については３代，もとからある溝や池を使って開墾した土地については１代に限り私有を認める三世一身《さんぜいっしん》の法を定めた。しかし，あまり効果がなかったため，743年に墾田永年私財法を制定し，新たな土地を切り開いた場合には，永久に個人の財産として所有できるようにした。これにより，貴族や寺社が開墾を進めて私有地(後の荘園《しょうえん》)を拡大するようになった。　②　豊臣秀吉は，面積とますの単位を統一し，役人を派遣《はけん》して村ごとに田畑の面積，収穫高，耕作者を調査して検地帳(土地台帳)に記入させた。太閤《たいこう》検地と呼ばれるこの検地により，複雑な土地の権利関係が整理されて荘園制は消滅《しょうめつ》し，検地帳に記入された農民は耕作権が保障されたが，年貢を確実に納める義務を負い，土地からはなれることができなくなった。

問２　弥生時代に稲作が広がると，その収穫に写真イの石包丁が使われた。なお，アは飛鳥時代末期に発行された和同開珎《かいちん》である。ウは木簡で，紙が貴重品であった飛鳥時代から奈良時代にかけて使われた。エは黒曜石の矢じりで，縄文時代から弥生時代にかけて使用された。

問３　エは「東北」ではなく「都」が正しい。なお，兵役には北九州の大宰府《だざいふ》の警備にあたる防人《さきもり》もあったが，東北地方に常駐する兵役はなかった。

問４　平安時代，荘園が広がると，朝廷が地方に派遣した国司に税の管理を一任したため，国司の中には勝手に新たな税を農民に課す者も現れた(ア…○)。なお，平安時代に地方で銭はほとんど流通しなかった(イ…×)。また，日蓮《にちれん》宗(法華《ほっけ》宗)や禅《ぜん》宗が広まるのは鎌倉時代で，禅宗は主に武士の間に広まった(ウ…×)。平仮名は，宮廷の女官の間に広まった(エ…×)。

問５　1185年，平氏をほろぼした源頼朝は，不仲となった弟の義経をとらえるという名目で朝廷の許可を得て，地方の国ごとに守護を，荘園や公領ごとに地頭を置いた。守護は国内の御家人の統率や軍事・警察など，地頭は年貢の徴収《ちょうしゅう》や治安維持などが主な職務であった。

問６　室町時代には，第３代将軍足利義満の保護を受けた観阿弥《かんあみ》・世阿弥《ぜあみ》父子により，能(能楽)が大成された(ウ…○)。なお，雪舟《せっしゅう》は水墨《すいぼく》画を大成した画僧で，『唐獅子図屛風《からじしずびょうぶ》』は安土桃山時代に活躍《かつやく》した狩野永徳《かのうえいとく》が描いた障壁《しょうへき》画である（ア…×）。また，現在の和風建築のもとになったのは書院造で，寝殿《しんでん》造は平安時代の貴族の住まいに用いられた建築様式である（イ…×）。東大寺（奈良県）の南大門は，奈良時代につくられたが焼失したため，鎌倉時代に再建された（エ…×）。

問７　(1)【資料１】の「変更前」では，通常の年に比べて豊作の年には年貢量が増え，凶作《きょうさく》の年には年貢量が減っている（ア…○，イ…×）。その割合は，豊作の年には，60÷120×100＝50（％），通常の年には，40÷100×100＝40（％），凶作の年には，30÷80×100＝37.5（％）となっている（エ…×）。なお，アのような年貢量の決め方を検見《けみ》法，「変更後」の②（ウ）のような年貢量の決め方を定免《じょうめん》法という。　(2)「変更後」の場合，幕府は毎年決まった量の年貢を徴収できるので，財政が安定する。一方，農民は凶作のときに年貢の割合が増えるため，生活が苦しくなる。

問８　年表で，五箇条の御誓文の発表は1868年，内閣制度の開始は1885年，第一回帝国議会の開催は1890年，日清戦争は1894～95年の出来事である。よって，地租改正（1873年）はイに入る。

問９　写真エの日独伊三国軍事同盟の締結《ていけつ》は，第二次世界大戦（1939～45年）が行われていた期間（昭和時代の1940年）の出来事である。なお，アの日本初のメーデーの開催は1920年，イの米騒動《そうどう》は1918年，ウの全国水平社の設立は1922年で，いずれも大正時代の出来事である。

問10　消費税は，収入（所得）の多い少ないにかかわらず，購入する全ての商品（もの・サービス）に一律に課税される。【資料２】で，2022年度の消費税収の額が増えたのは，近年の物価の上昇《じょうしょう》にともなって，それぞれの商品に対する消費税額も増えたためだと考えられる。

3　国会と国民の権利についての問題

問１　国会は国の政治を調査する権限である国政調査権を持っており，証人の出頭や証言・記録の提出などを要求することができる。

問２　国務大臣の任命と罷免《ひめん》（やめさせること）は，ともに内閣総理大臣の役割である（イ…○）。なお，内閣総理大臣は，国会議員の中から国会の指名で選ばれる。第一党の党首を務める40歳以上の衆議院議員が就任する場合が多いが，憲法でそのように定められているわけではない（ア，ウ…×）。また，良心に従い独立して職権を行い，憲法と法律にのみ拘束《こうそく》されると規定されているのは裁判官である（エ…×）。

問３　国会は国権の最高機関であり，主権者である国民の代表者で構成されている。そのため，政治上の対立などが原因で，政府の権力やそのほかの圧力により国会議員が不当に逮捕《たいほ》されると，民主的な政治がさまたげられるおそれがあるので，国会議員には不逮捕特権が認められている。

問４　シルバーシートは，敬老の日に導入されたと述べられていることから，高齢者だけを対象としていたことがわかる。一方，【資料１】を見ると，優先席の対象は，高齢者だけでなく障がい者や妊婦，乳幼児連れの人，ヘルプマークをつけた人などに広がっていることがわかる。なお，ヘルプマークは，義足や人工関節の人，難病の患者，妊娠初期の女性など，外見からは援助や配慮《はいりょ》が必要であることがわかりにくい人々が，それを必要であることを周囲の人に知らせることができるようにするために考案された。

問５　日本国憲法制定後の社会の変化の中で認められるようになった人権を「新しい人権」といい，知る権利（情報の公開を求める権利）のほか，プライバシーの権利，環境権（日照権など），自己決定権などがある。

問６　団結権，団体交渉《こうしょう》権，団体行動権（争議権）を労働三権といい，公共交通機関の会社であっても働く人には労働三権が保障されている（X…誤）。また，労働基準法では，労働時間を１日８時間以内・１週40時間以内とすること（法定労働時間）が定められている（Y…正）。

問７　Aについて，フィンランドとスウェーデンは，もともとは非同盟・中立を国の基本方針としていたが，ロシアのウクライナ侵攻《しんこう》(2022年)により危機感を持ち，NATO(北大西洋条約機構)に加盟することになった。Bについて，1991年にソビエト連邦（ソ連）が崩壊《ほうかい》すると，連邦を構成していたロシア，ウクライナなどが独立国家共同体(CIS)を結成した。Cについて，ウクライナの南部，黒海沿岸に位置するクリミア半島はクリミア自治共和国を構成していたが，2014年，ロシアが武力侵攻してこれを併合《へいごう》することを宣言した。よって，年代の古い順にB（1991年）→【資料２】（2011年）→C（2014年）→【資料３】（2022年）→A（2023年）となる。

問８　「AIが作成する回答は，AIが学習するデータの情報量や情報の質に影響《えいきょう》される」とあることから，生成AIが差別や偏見《へんけん》に満ちたデータを大量に学習すれば，それを反映した偏《かたよ》った内容の回答が生成されると考えられる。よって，生成AIを利用する場合，それが正しい回答になっているかどうかを，自分で調査したり確認したりする必要がある。

理　科　＜第１回試験＞（45分）＜満点：100点＞

解　答

[1] **問１**　イ　**問２**　イ　**問３**　リュウモン岩　**問４**　ア　**問５**　A→D→C→B　**問６**　カ　**問７**　ハンレイ岩／**理由**…（例）等粒状組織なので，深成岩だとわかる。そのうちで，カンラン石，角セン石，キ石，斜長石が含まれるのはハンレイ岩だから。　[2] **問１**　（例）磁石に紙を巻いて，混合物をかき混ぜる。　**問２**　（例）鉄粉がさびたから。　**問３**　130 g　**問４**　42.6 g　**問５**　（例）炭素を多く含む物質　**問６**　45 g　**問７**　**実験７**…水素　**実験８**…二酸化炭素　**問８**　アルミニウムの粉　[3] **問１**　イ　**問２**　ウ，カ，ク　**問３**　解説の図を参照のこと。　**問４**　15cm　**問５**　**距離**…イ　**大きさ**…イ　**問６**　**厚さ**…薄くなる　**焦点距離**…長くなる　**問７**　**最大直径**…150mm　**すき間**…30mm　**問８**　(1)　40m　(2)　0.19mm　[4] **問１**　**記号**…ア　**役割**…（例）血液の逆流を防ぐこと。　**問２**　B　**問３**　E　**問４**　G　**問５**　①　×　②　○　③　×　**問６**　（例）表面積が大きくなり，酸素と二酸化炭素の交換や，栄養分と老廃物の交換を効率よく行えるから。　**問７**　①　ア　②　ウ　③　イ　④　ウ　⑤　ウ　**問８**　右上の図

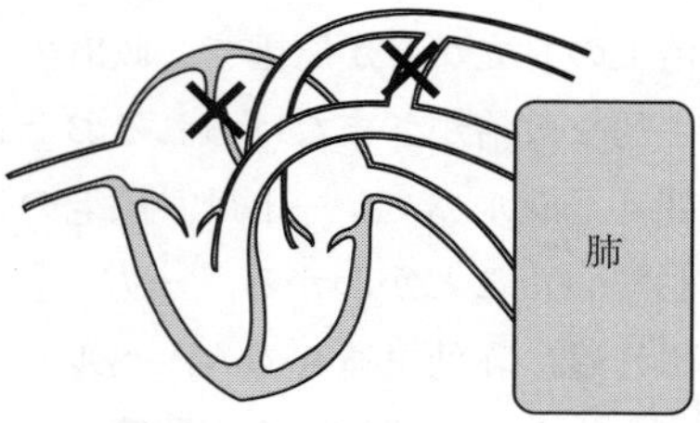

解　説

[1] **火成岩についての問題**

問１　マグマが冷えて固まってできた岩石を火成岩という。火成岩は，マグマが地下深いところでゆっくり冷えて固まってできた深成岩と，地上近くで急に冷えて固まってできた火山岩に分類される。火山岩は，急に冷えて固まるため鉱物の結晶《けっしょう》が大きくならず，図１の火成岩Xのように，小

さな鉱物の集まり(石基)のところどころに大きな結晶(斑《はん》晶)が散らばったつくり(斑状組織)をしている。一方，深成岩は，ゆっくり冷えて固まるため鉱物の結晶が大きく成長しやすく，火成岩Ｙのように，同じような大きさの結晶がつまったつくり(等粒《とうりゅう》状組織)をしている。

問２　図２で，有色鉱物上に存在する黒丸の数は８個なので，色指数は，$8 \div 21 \times 100 = 38.0\cdots$(%)となる。よって，イが選べる。

問３　火成岩の色は，有色鉱物の割合が大きいほど黒っぽくなり，無色鉱物の割合が大きいほど白っぽくなる。火山岩には①のゲンブ岩，②のアンザン岩，③のリュウモン岩などがある(この順に白っぽくなる)。一方，深成岩には④のハンレイ岩，⑤のセンリョク岩，⑥のカコウ岩などがある(この順に白っぽくなる)。

問４　マグマが高温のときにはすべての鉱物が液体になっており，このマグマの温度が下がってくると，まず，晶出温度が高い鉱物が結晶となる。その後，さらにマグマの温度が下がってくると，晶出温度が低い鉱物が結晶となる。

問５　図６で，鉱物Ａの結晶を３つの鉱物Ｄの結晶が取り囲んでいる部分があるので，鉱物Ａの結晶化は鉱物Ｄよりも早い。また，２つの鉱物Ｄの結晶のすき間に鉱物Ｃの結晶ができている部分があるので，鉱物Ｃの結晶化は鉱物Ｄよりも遅《おそ》い。さらに，鉱物Ｄ，鉱物Ｃのすき間に鉱物Ｂの結晶ができている部分があるので，鉱物Ｂの結晶化は鉱物Ｃよりも遅い。したがって，結晶化が早い順に鉱物Ａ→鉱物Ｄ→鉱物Ｃ→鉱物Ｂとなる。

問６　鉱物Ａ，鉱物Ｂ，鉱物Ｃは有色鉱物で，問５より，晶出温度は鉱物Ａ，鉱物Ｃ，鉱物Ｂの順に高いので，図５より，鉱物Ａはカンラン石かキ石と判断できる(つまり，ウ，カ，キのいずれかが正しい)。さらに，鉱物Ａがカンラン石ならば鉱物Ｃはキ石か角セン石，鉱物Ａがキ石ならば鉱物Ｃは角セン石なので，カがあてはまる。

問７　図６の火成岩は，結晶のつくりが等粒状組織なので，深成岩とわかる。また，図６の火成岩には，カンラン石，角セン石，キ石，斜《しゃ》長石が含《ふく》まれている。よって，図６の火成岩は，図３の④にあたるので，ハンレイ岩である。

２　混合物の分離《ぶんり》についての問題

問１　図１であげられている物質のうち，鉄粉だけは磁石に引きつけられる。したがって，後で磁石から鉄粉をはずしやすいようにするため，磁石を封筒やビニール袋などに入れ，これで混合物をかき混ぜると，鉄粉のみを取り出すことができる。

問２　混合物の中に含まれている塩化ナトリウム(食塩)は，鉄をさびやすく(酸素と結びつきやすく)するはたらきがある。そのため，実験２では鉄の赤さび(酸化鉄)ができて，溶液《ようえき》が赤茶色に変色する。

問３　実験２で，ろ紙上には水に溶《と》けない炭酸カルシウム(チョークの粉)とアルミニウムの粉が残っており，ろ液にはショ糖(砂糖)と塩化ナトリウムが溶けている。よって，実験２で得られたろ液450ｇ中の水の重さは，$450-(300+20)=130$(ｇ)と求められる。

問４　図３より，20℃の水100ｇに塩化ナトリウムは36ｇまで溶けるので，混合物に含まれている塩化ナトリウム20ｇは20℃の水130ｇにすべて溶ける。一方，20℃の水100ｇにショ糖は198ｇまで溶けるので，混合物に含まれているショ糖は20℃の水130ｇに，$198 \times \frac{130}{100} = 257.4$(ｇ)まで溶ける。したがって，実験３で得られた結晶の重さは，$300-257.4=42.6$(ｇ)と求められる。

問５　実験３のろ液には，ショ糖と塩化ナトリウムが溶けている。このろ液を実験４で加熱して煮《に》つめると，水が蒸発した後，ショ糖は褐色《かっしょく》の粘《ねば》り気のある液体に変化し，やがて黒くなって燃え，ショ糖がこげてできた黒っぽい色の物質(炭素を多く含む)が残る。一方，塩化ナトリウムは白い結晶となって残る。この蒸発皿に実験５で水100ｇを加えると，塩化ナトリウムはすべて溶けるが，黒っぽい色の物質は溶けない。よって，ろ紙上に残ったものは，炭素を多く含む物質である。

問６　実験５で得られたろ液には，塩化ナトリウム20ｇと水100ｇが含まれている。また，20℃の水100ｇに塩化ナトリウムは36ｇまで溶けるので，実験６で塩化ナトリウムが析出《せきしゅつ》したときの水の重さは，$100\times\frac{20}{36}=55\frac{5}{9}$（ｇ）となる。したがって，ろ液から結晶を析出させるためには，$100-55\frac{5}{9}=44\frac{4}{9}$（ｇ）より，45ｇ以上の水を蒸発させなければならない。

問７　実験２で得られたろ紙上の物質は，炭酸カルシウムとアルミニウムの粉である。これらの物質に実験７で水酸化ナトリウム水溶液を加えると，炭酸カルシウムは反応しないが，アルミニウムの粉は溶けて水素が発生する。よって，実験７のろ紙上の物質は炭酸カルシウムとなる。実験８では，ろ紙上の物質(炭酸カルシウム)が塩酸に溶け，二酸化炭素が発生する。

問８　アルミニウムの粉は，実験７のろ液に水酸化ナトリウム水溶液に溶けた(別の物質に変化した)状態で含まれているので，純粋《じゅんすい》な固体の物質として取り出すことができていない。

３　凸《とつ》レンズによってできる像についての問題

問１　凸レンズの光軸《こうじく》(凸レンズの中心を通り，凸レンズに垂直な直線)と平行にレンズに入射した光は，レンズを通過後に焦点《しょうてん》を通過して進むので，スクリーンに映る像はイのように上下左右が実物(穴の形)と逆になる。

問２　電球の各点から届く光はあらゆる方向に進んでいるので，レンズの半分をおおっても，おおっていない側を通ってスクリーンに届き，おおう前と同じ大きさの完全な像をつくる。ただし，レンズを通過する光の量が半分になるので，像は暗くなる。

問３　矢印の先端《せんたん》から出て，光軸に平行に進んで凸レンズに入る光は，凸レンズを通過後，焦点を通るように進み，矢印の先端から出て，凸レンズの中心に進んでレンズに入る光は，レンズを通過後，同じ方向に進む。これらの２つの光が交わる点で，矢印の先端の像ができる。ここで，図３より，凸レンズＢでは，板と凸レンズの距離《きょり》が20cmのときには凸レンズから60cmのところに像ができることがわかる。これらのことから，光の経路と焦点の位置は右上の図のように表せる。

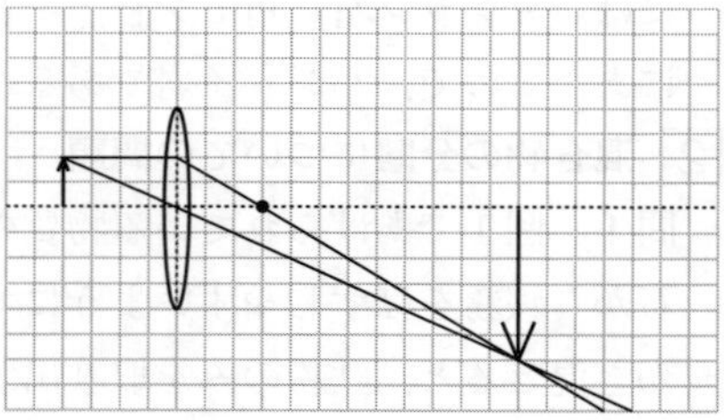

問４　右上の図で，凸レンズＢの焦点はレンズから15cmのところにある。なお，問３と同様に作図をしていくと，凸レンズに対して板と像(スクリーン)が対称《たいしょう》な位置になるとき，板(像)の位置は凸レンズの焦点距離の２倍の位置になることがわかる。

問５　図３から，板の位置を凸レンズから遠ざけると，像がはっきり映るスクリーンと凸レンズの距離は短くなる。また，このとき，問３でかいた図で，凸レンズの中心を通る線の傾《かたむ》きが小さくなるため，直線が交わる位置(像ができる位置)は凸レンズに近づき，できる像は小さくなる。

問６　水晶体と網膜《もうまく》の距離は，見るものの距離が変わっても変わらない。よって，図３より，遠くのものを見るときは水晶体の厚さを薄《うす》くすればよい。このとき，図２から，焦点距離は長くなることがわかる。

問７　図８より，視力検査表のランドルト環《かん》の最大直径，すき間の長さは，どちらも視力に反比例することがわかる。よって，測定された視力が0.05のとき，ランドルト環の最大直径は，$75 \div \frac{0.05}{0.1} = 150$(mm)，すき間の長さは，$15 \div \frac{0.05}{0.1} = 30$(mm)となる。

問８　⑴　図９より，距離と視力は比例することがわかる。したがって，視力が8.0の人は，図６のランドルト環のすき間を最大で，$5 \times \frac{8.0}{1.0} = 40$(m)離れた場所から見分けることができる。

⑵　問７で述べたように，視力検査表のランドルト環のすき間の長さは視力に反比例するので，$1.5 \div \frac{8.0}{1.0} = 0.1875$より，0.19mmと求められる。

4　ヒトの心臓と血液の循環《じゅんかん》についての問題

問１　静脈には血液の逆流を防ぐための弁があり，アのようについている。血液が矢印の方向に流れるときには弁が開き，血液が逆向きに流れようとすると弁が閉じる。

問２　心臓に入る血液が通る血管を静脈という。Ｂは肺静脈で，肺から心臓に向かう血液が通っている。その血液は，肺で酸素を取り入れたばかりの動脈血である。

問３　食事の後，食べ物が消化されると，栄養分は小腸の壁《かべ》にある柔毛《じゅうもう》の毛細血管から吸収され，Ｅの門脈(静脈の一種)を通ってかん臓に送られる。よって，Ｅが選べる。

問４　じん臓は，二酸化炭素以外の老廃《ろうはい》物(尿素《にょうそ》など)を血液中からこし取って排出《はいしゅつ》する器官である。したがって，Ｇがふさわしい。

問５　①　図２で，母体の血管と胎児《たいじ》の血管は直接つながっていないので，誤っている。　②　胎盤《たいばん》内の説明として正しい。　③　さい動脈は，胎児から送り出された血液が胎盤へと流れている血管である。この血液は，胎児が放出した二酸化炭素を多く含んでいる(酸素が少ない)静脈血なので，誤っている。

問６　ひだ状になると表面積が大きくなるので，酸素と二酸化炭素の交換《こうかん》や，栄養分と老廃物の交換を効率よく行うことができる。

問７　卵円孔《らんえんこう》が心臓の壁の一部にあることと，動脈管が大動脈と肺動脈の間をつなぐ血管であることが説明されているので，右の図のようになる。　①，②　胎児の心臓に入ってきた血液の多くは肺を経由せずに全身へ運ばれると述べられているので，血液の多くは，全身→大静脈→右心房《しんぼう》→卵円孔→左心房→左心室→大動脈→全身と流れると考えられる。　③　肺への血流量が増えると述べられているので，肺へ血液を送り出す右心室とわかる。　④，⑤　肺から送られてきた血液は，左心房に入る。すると，左心房の内圧が大きくなるため，卵円孔がふさがれる。

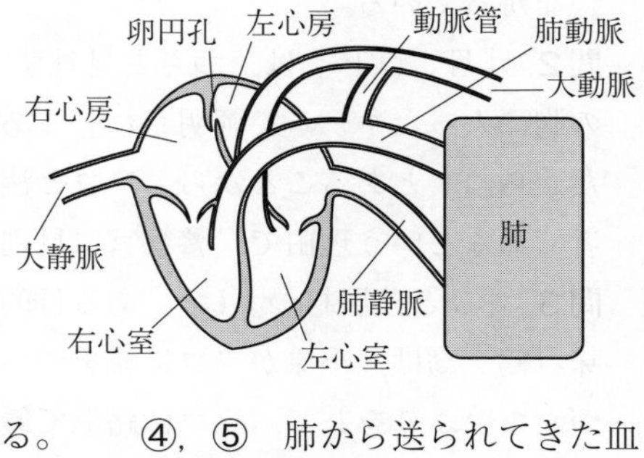

問８　胎児の血液循環は，卵円孔と動脈管がふさがれることで，大人のものと同じになると述べられている。よって，卵円孔と動脈管に×をつければよい。

国　語　＜第１回試験＞（45分）＜満点：100点＞

解　答

一　**問１**　（例）　客が増えて対応するのは大変だが，自分のつくった饅頭をお金を払って買ってくれ，おいしいと言ってくれることにうれしさを感じるということ。　**問２**　（例）　ワコと浅野が道路使用許可を得ずに菓子を販売したことを，老舗の名店の者なので警察官に見逃してもらえたということ。　**問３**　（例）　ツルさんは小原の嘘に気づかないふりをしてワコに饅頭を売らせ，理不尽なあつかいを受けても自分で責任をとろうと熱心に仕事に向き合うワコの姿を小原に見せて，修業に集中せず甘えがぬけない小原を反省させようとしたということ。　**問４**　（例）　実家では兄と比べられ居場所がないことからすねていたが，周囲の人達のお菓子への情熱や自分への期待にふれ，饅頭の汚れを無意識に払っていたことをワコに気づかされて，実はお菓子に愛着があると自覚した。　二　**問１**　（例）　仲間がたくさんいれば，自分の存在をかくすことができるので，発言に責任を負わなくてもすむから。　**問２**　（例）　すべてを自分で決め責任を持って行動することになって，視野が開け，世界の多面性や多層性に気づくようになると考えている。　三　下記を参照のこと。

●漢字の書き取り

三　⑴　起源　⑵　穀倉　⑶　録音　⑷　収納　⑸　機会均等

解　説

一　**出典：上野《うえの》 歩《あゆむ》『お菓子《かし》の船』**。鶴ヶ島《つるがしま》の命令で雷 門《かみなりもん》前で饅 頭《まんじゅう》を売っていたワコは，警察官にとがめられていたが，浅野に助けられる。

問１　前の部分では，饅頭が売れ出したためにワコが「急にいそがしくなって慌《あわ》て」ているようすや，「自分のお菓子をおカネを払《はら》って買ってくれるところを目にするのも，おいしいという声を耳にするのも初めての経験だった」というようすなどが描《えが》かれており，これらが傍線《ぼうせん》部①の気持ちにつながっている。

問２　「目こぼし」は，わざと見逃《のが》すこと。前後に「老舗《しにせ》の名店の者であることは，浅野の作務衣《さむえ》の胸に入ったネームで証明され」，「あそこで商売するには，道路使用許可の申請《しんせい》手続きが必要なんだからね」とあることから，ワコと浅野は道路使用許可を得ずに菓子を販売《はんばい》したが，老舗の名店の者であるという理由で，警察官に見逃してもらえたのだとわかる。

問３　「ひと芝居《しばい》打つ」は，“ある目的のために，計画的に人をだますような行動を取る”という意味。鶴ヶ島は，小原《こはら》がワコに嘘《うそ》をついて饅頭を余分につくらせたことに気づいていたが，わざと気づかないふりをして，ワコに路上で饅頭を売らせている。鶴ヶ島は，理不尽《りふじん》な仕打ちを受けても，小原のことを告げ口せず，自分で責任を取ろうとする真面目なワコの姿を小原に見せることで，菓子づくりにまともに取り組んでいなかった小原の目を覚まさせようとしたのだと考えられる。

問４　小原は，実家では死んだ兄と比べられ，居場所がないように感じてうんざりしていた。しかし，ワコをはじめとする周りの人々が菓子に真剣《しんけん》に向き合っていることを知り，鶴ヶ島が自分を目覚めさせるために芝居を打ったことや，曽我《そが》がコネで自分を預かったつもりはないと言ったことから，自分が期待されていることに気づき，それまでの自分の姿勢を反省している。さらに，ワコに指摘《してき》されて，捨てるはずの饅頭から無意識に汚《よご》れを払っていたことを思い出し，自分が本当は菓子を大切に思っていることを自覚している。

二 **出典：森達也《もりたつや》『集団に流されず個人として生きるには』**。集団の一部になることの危険性を指摘し，一人称《いちにんしょう》単数の主語を意識的に使うことの大切さを説明している。

問１　傍線部①の理由については，前で，「だって大きくて仲間がたくさんいて強いのだ。一人称単数の主語を明け渡《わた》せば，自分はほぼ匿名《とくめい》になれる」と述べられている。また，最初の一文に「一人称単数の主語を持つということは，その一人称単数の主語に見合う述語で思考し，行動することでもある」とあり，一人称単数の主語には責任がともなうことがわかる。これをふまえ，「仲間がたくさんいて強いうえ，自分はほぼ匿名になって発言に責任を負わなくてすむから」のようにまとめる。

問２　本文の最後の部分で筆者は，傍線部②のような考え方を読者に勧《すす》め，その結果について，「変わった述語は自分にフィードバックする。／すると視界が変わる。新しい景色が見える。だから気づくことができる。世界は単純ではない。多面で多重で多層なのだ。だからこそ豊かで優《やさ》しいのだと」と述べている。これをふまえ，「視野が開けて新しい景色が見えるようになり，世界は単純でなく多面で多重で多層だからこそ，豊かで優しいと気づくようになると考えている」のようにまとめる。

三 **漢字の書き取り**

⑴　ものごとの起こり。「起原」とも書く。　⑵　穀物をたくわえる倉。「穀倉地帯」は，穀物の生産量が非常に多い地域。　⑶　音声をメモリやディスクなどに記録すること。　⑷　中に入れ，しまっておくこと。　⑸　差別なく同一の機会を与《あた》えること。

Dr.福井の

入試に勝つ！脳とからだのウルトラ科学

記憶に残る“ウロ覚え勉強法”とは？

人間の脳には，ミスしたところが記憶に残りやすい性質がある。順調にいっているときの記憶はあまり残らないが，まちがえて「しまった！」と思うと，その部分がよく記憶されるんだ(これは，脳のヘントウタイという部分の働きによる)。その証拠に，おそらくキミたちも「あの問題を解けたから点数がよかった」ことよりも，「あの問題をまちがえたから点数が悪かった」ことのほうをよく覚えているんじゃないかな？

この脳のしくみを利用したのが“ウロ覚え勉強法”だ。もっと細かく紹介すると，テキストの内容を一生懸命覚え，知識を万全にしてから問題に取り組むのではなく，テキストにざっと目を通した程度(つまりウロ覚えの状態)で問題に取りかかる。もちろんかなりまちがえると思うが，それを気にすることはない。まちがえた部分はよく記憶に残るのだから……。言いかえると，まちがえながら知識量を増やしていくのが“ウロ覚え勉強法”なのである。

ここで，ポイントが2つある。1つは，ヘントウタイを働かせて記憶力を上げるために，まちがえたときは「あ〜っ！」とわざとらしく驚くこと。オーバーすぎるかな……と思うぐらいでちょうどよい。

もう1つのポイントは，まちがえたところをそのままにせず，ここできちんと見直すこと(残念ながら，驚くだけでは覚えられない)。問題の解説を読んで理解するのはもちろんだが，必ずテキストから見直すようにする。そうすれば，記憶力が上がったところで足りない知識をしっかり身につけられるし，さらにその部分がどのように出題されるかもわかってくる。頭の中の知識を実戦で役立てられるようにするわけだ。

Dr.福井(福《ふく》井《い》一成《かずしげ》)…医学博士。開成中・高から東大・文Ⅱに入学後，再受験して翌年東大・理Ⅲに合格。同大医学部卒。さまざまな勉強法や脳科学に関する著書多数。

2024年度 鷗友学園女子中学校

【算　数】〈第２回試験〉（45分）〈満点：100点〉

【注意】 円周率の値を用いるときは，3.14として計算しなさい。

1 次の ア ， イ に当てはまる数を求め，答えを解答欄に書きなさい。

(1) $\left(2025\times2.6-2025\div\frac{9}{11}\right)\div4\frac{3}{7}-4\frac{11}{50}\div0.01=\boxed{\text{ア}}$

(2) $9+7\frac{3}{16}\div\left\{2-\left(\boxed{\text{イ}}-2.2\right)\times\frac{5}{12}\right\}=15$

2 ある工場に，クッキーを作る機械ＡとＢがあります。Ａは１分間に30個，Ｂは１分間に40個のクッキーを作ることができます。Ａ，Ｂがクッキーを作る速さはそれぞれ一定です。

ある日，クッキーの注文を受けたため，ＡとＢを同時に１台ずつ使ってクッキーを作り始めました。しかし，途《と》中でＢが止まってしまったので，Ａ１台のみで作りました。Ｂは止まってから１時間後に再び動き始めました。その後はＡとＢのどちらも止まることなくクッキーを作り続けたところ，Ａのみを同時に２台使って同じ数のクッキーを作るときよりも，15分早く注文された数を作り終えることができました。注文されたクッキーの個数を求めなさい。

答えを出すために必要な式，図，考え方なども書きなさい。

3 次のような規則で逆三角形型に整数を並べます。

- １行目には，連続する４つの整数を左から小さい順に並べます。
- １行目の左から１番目と２番目の整数の和を，２行目の左から１番目の整数と決めます。
- 同じようにして，１行目の左から２番目と３番目の整数の和を，２行目の左から２番目の整数と決めます。
- ３行目，４行目も同じようにして整数を決めます。

１行目の左から１番目の整数がXのとき，４行目の整数を【X】と表します。

例えば，１行目の左から１番目の整数が２のとき，４行目の整数が28なので，【2】＝28です。

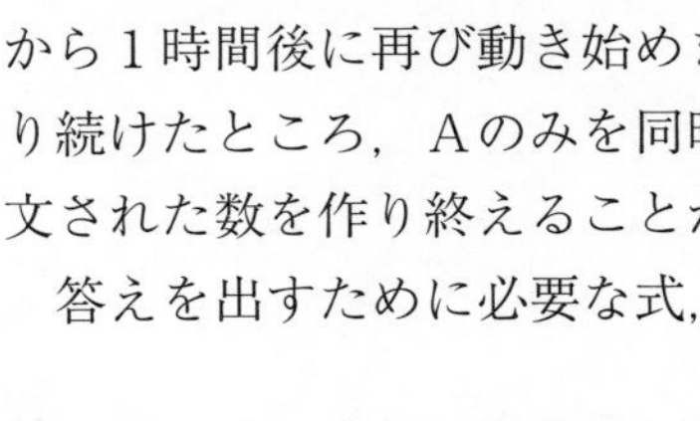

(1) 【1】と【3】をそれぞれ求めなさい。

答えを出すために必要な式，図，考え方なども書きなさい。

(2) 【1】＋【2】＋【3】＋…と，【1】から【20】までたしたとき，その和を求めなさい。

答えを出すために必要な式，図，考え方なども書きなさい。

4　図は底面の直径が４cmの円錐《すい》です。この円錐に，点Aから側面にそって，OAにたどり着くまで，図のようにひもを巻きつけます。このひもの長さが最も短くなるように巻きつけたとき，たどり着いたOA上の点をBとします。このとき，展開図を考えると，ひもABとOA，OBで囲まれた図形ができます。この図形の面積を求めなさい。

答えを出すために必要な式，図，考え方なども書きなさい。

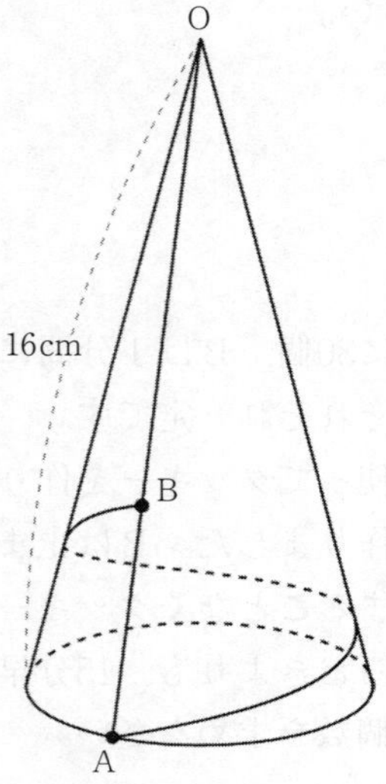

5　図の三角形ABCにおいて，AD：DB＝3：2，AE：EC＝3：5です。また，F，G，Hは辺BC上の点で，DFとAGとEHは平行で，台形DFHEの面積は三角形ABCの面積の$\frac{123}{248}$倍です。

(1)　DF：EHを，最も簡単な整数の比で表しなさい。
答えを出すために必要な式，図，考え方なども書きなさい。

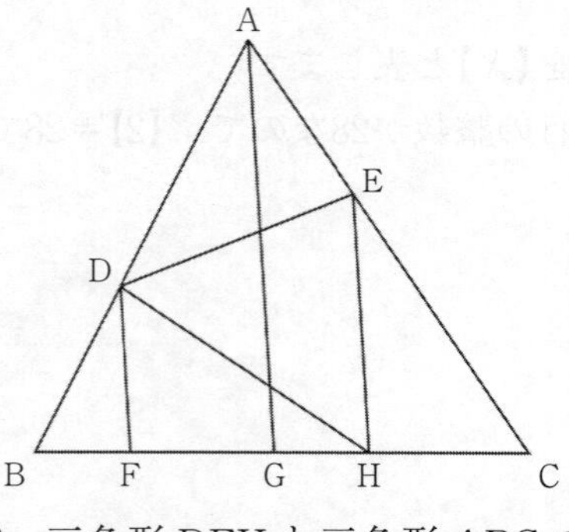

(2)　三角形DFHと三角形ABCの面積の比を，最も簡単な整数の比で表しなさい。
答えを出すために必要な式，図，考え方なども書きなさい。

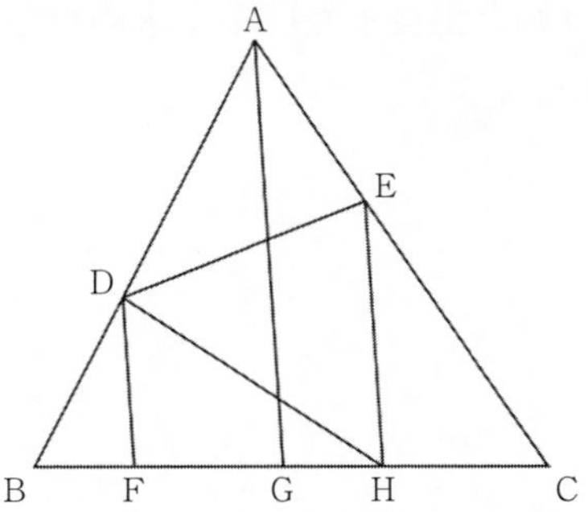

(3)　三角形 AFH と三角形 ABC の面積の比を，最も簡単な整数の比で表しなさい。
答えを出すために必要な式，図，考え方なども書きなさい。

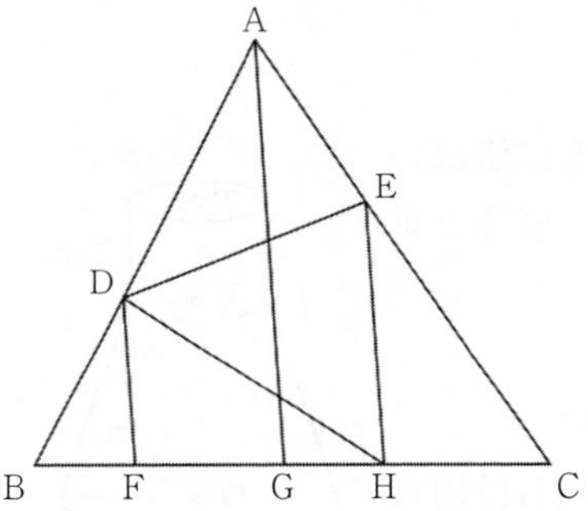

6　姉はＰ地点とＱ地点の間を，妹はＰ地点とＲ地点の間を往復しました。Ｐ地点とＱ地点は3600m離《はな》れています。また，Ｒ地点は，Ｐ地点とＱ地点の途中にあって，Ｐ地点から2400m離れています。

姉は９時にＰ地点を出発し，自転車を使って時速24kmの速さで，休まずに３往復しました。また，妹は９時にＰ地点を出発し，時速12kmの速さで走り，Ｒ地点に向かいました。妹がＲ地点に到《とう》着すると同時に，Ｐ地点に向かう姉がＲ地点を通過しました。その後，妹はひと休みし，姉が再びＲ地点を通過すると同時に，Ｐ地点に向かって歩いて戻ったところ，３往復を終える姉と同時にＰ地点に着きました。

グラフは姉と妹の移動の様子を表したものです。

(1)　妹はひと休みした後，時速何kmの速さで歩きましたか。
答えを出すために必要な式，図，考え方なども書きなさい。

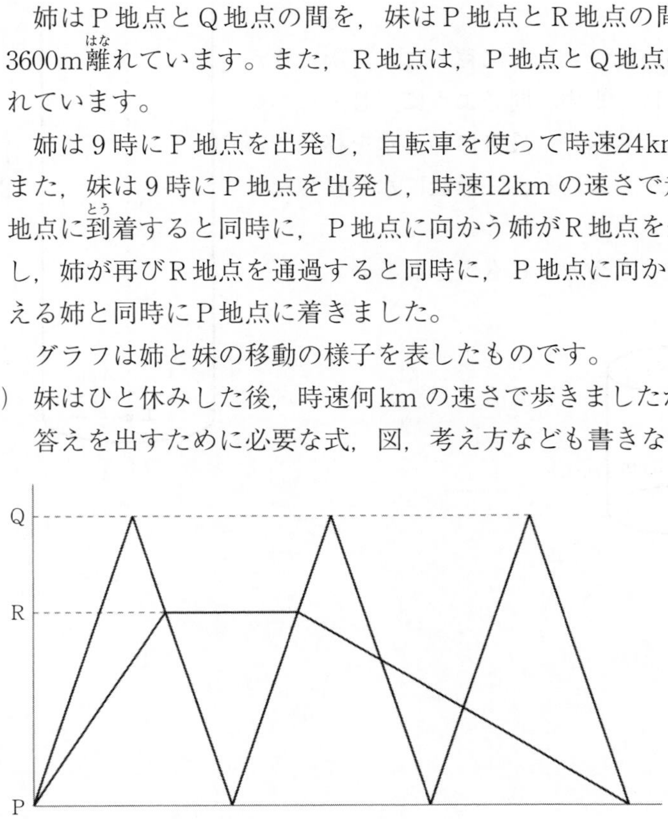

(2)　妹がR地点からP地点へ歩いているとき，Q地点に向かう姉と出会った時刻を求めなさい。
答えを出すために必要な式，図，考え方なども書きなさい。

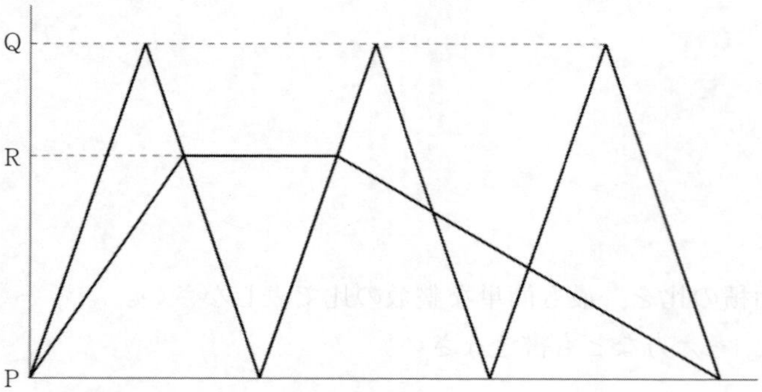

7　右の図のような，円柱と円錐の一部を組み合わせた容器Aに満ぱいに水が入っています。図の円**ア**，**イ**，**ウ**，**エ**の中心はすべて底面と垂直な同じ直線上にあります。

(1)　Aの容積を求めなさい。
答えを出すために必要な式，図，考え方なども書きなさい。

(2)　下の図のような２種類の容器B，Cがたくさんあります。Bは円錐の一部で，Cは円柱です。円**オ**と**カ**の中心を結ぶ直線は底面と垂直です。

はじめにAからBへ，水が満ぱいになるように移します。次にAからCへ，水が満ぱいになるように移します。同じように，B，Cへ交互《こ》に水を移していきます。これをくり返し，最後にCへ水を移している途中で，Aの水がなくなりました。このとき，最後に水を移したCの水面の高さを求めなさい。
答えを出すために必要な式，図，考え方なども書きなさい。

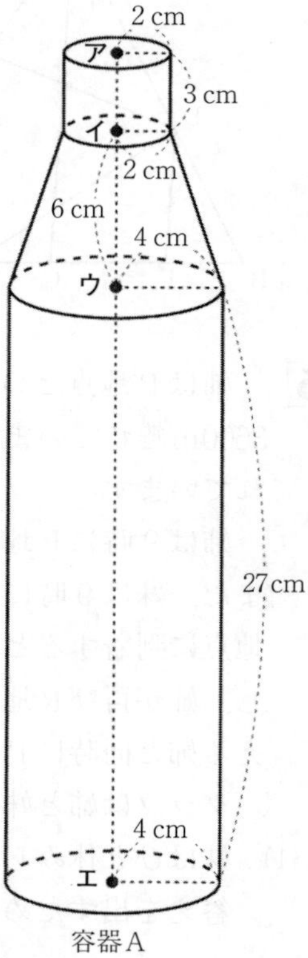

容器A

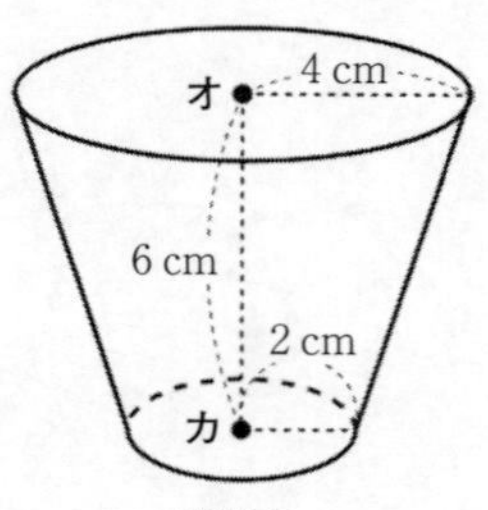

容器B

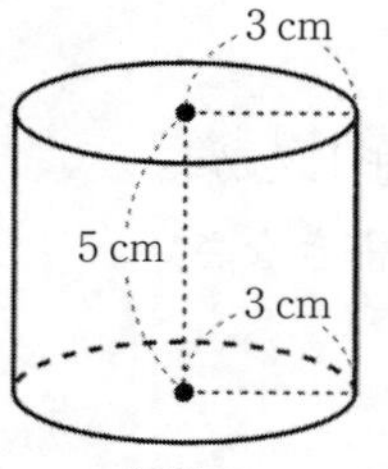

容器C

【社　会】〈第２回試験〉（45分）〈満点：100点〉

〈編集部注：実物の入試問題では，地図，グラフ，地形図，図はすべてカラー印刷です。〉

１　次の文章を読み，問いに答えなさい。

みなさんは，アニメ映画『もののけ姫《ひめ》』を観《み》たことはありますか。この作品には，(a)鉄づくりを行っている場面が出てきます。この製鉄法は「たたら製鉄」と呼ばれ，(b)中国地方を中心に発達した日本古来の製鉄法です。(c)江戸時代の頃《ころ》は，砂鉄を原料，木炭を燃料として多く用いていました。

この製鉄法が行われていた地域の一つに，現在の(d)島根県があります。島根県では，若い世代の(e)都市部への人口流出の課題に直面しています。

(f)この課題を解決し「人口減少に打ち勝ち，笑顔《えがお》で暮《く》らせる島根」を目指すために，さまざまな取り組みを始めています。例えば，日本海に位置している［　　　］諸島では，島留学や移住支援《しえん》といった，若い世代をひきつける取り組みを行っています。

問１　文中の［　　］にあてはまることばを答えなさい。

問２　下線部(a)について。**【資料１】**の**Ａ**～**Ｃ**は，鉄の主要原料である，鉄鉱石，石炭，石灰石《せっかいせき》のいずれかについて，日本が輸入する量の割合と日本の輸入先上位国(2021年)を示したものです。

【資料１】

		Ａ	Ｂ	Ｃ
日本が輸入する量の割合		100%	99.6%	０％
日本の輸入先上位国	１位	Ｘ	Ｘ	
	２位	ブラジル	インドネシア	
	３位	カナダ	ロシア	

（矢野恒太記念会『日本のすがた2023』，
二宮書店『地理統計要覧 2023年度版』をもとに作成）

(1)　**【資料１】**の**Ａ**～**Ｃ**にあてはまる組み合わせとして適切なものを次のア～カから１つ選び，記号で答えなさい。

ア．**Ａ**＝鉄鉱石　**Ｂ**＝石炭　**Ｃ**＝石灰石
イ．**Ａ**＝鉄鉱石　**Ｂ**＝石灰石　**Ｃ**＝石炭
ウ．**Ａ**＝石炭　**Ｂ**＝鉄鉱石　**Ｃ**＝石灰石
エ．**Ａ**＝石炭　**Ｂ**＝石灰石　**Ｃ**＝鉄鉱石
オ．**Ａ**＝石灰石　**Ｂ**＝鉄鉱石　**Ｃ**＝石炭
カ．**Ａ**＝石灰石　**Ｂ**＝石炭　**Ｃ**＝鉄鉱石

(2)　**【資料１】**のＸにあてはまる国の位置を地図中のア～エから１つ選び，記号で答えなさい。

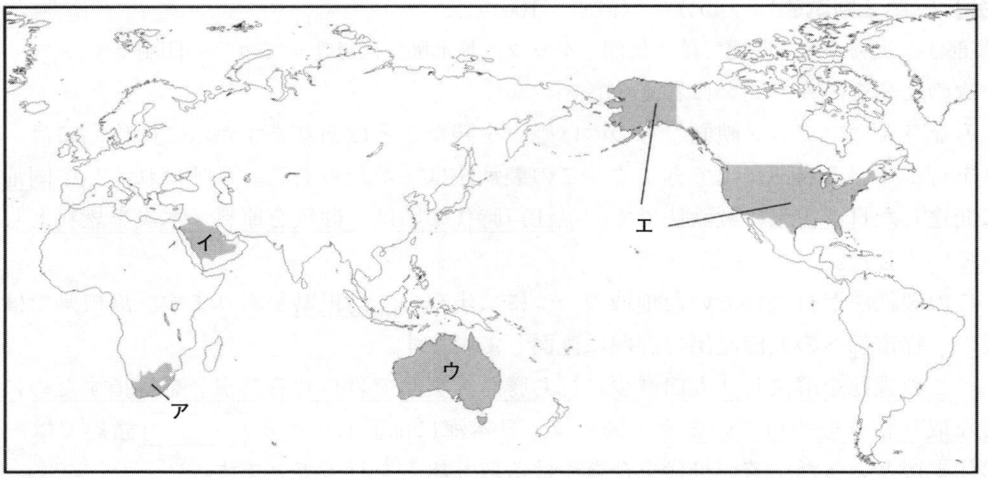

問３　下線部(b)に関連して。次の雨温図は，岡山市，高知市，札幌市，松本市のいずれかを示しています。岡山市の雨温図として正しいものを次のア～エから１つ選び，記号で答えなさい。

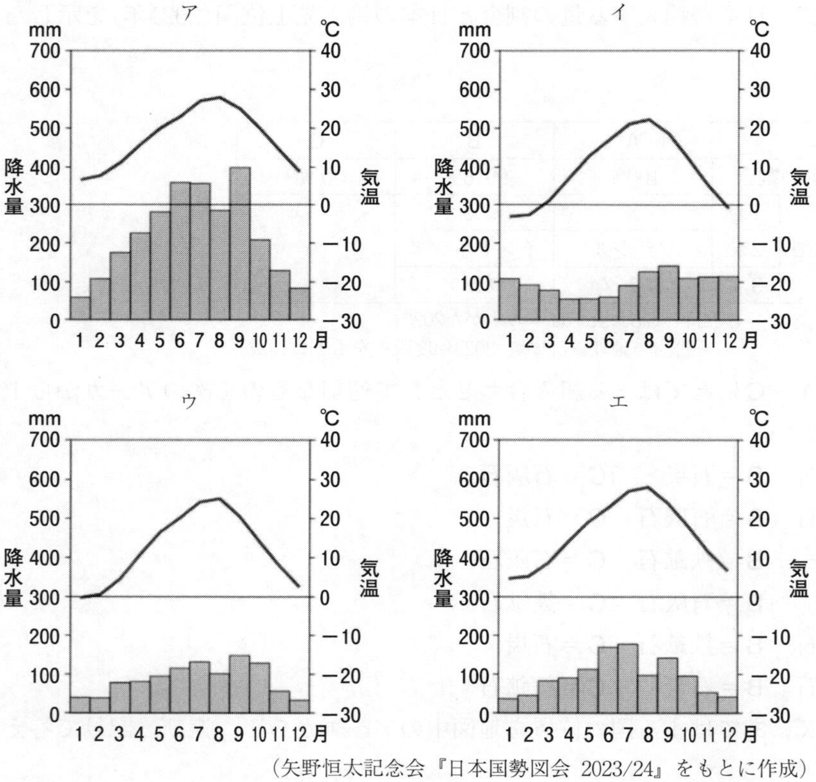

（矢野恒太記念会『日本国勢図会 2023/24』をもとに作成）

問４　下線部(c)について。**【資料２】**の**Ａ**・**Ｂ**は，「たたら製鉄」が行われていた島根県の地形図の一部で，**Ａ**は砂鉄を採取していた跡地《あとち》とその周辺，**Ｂ**は木炭を作るための樹木を伐採《ばっさい》していた跡地とその周辺です。

【資料２】について述べた**Ｘ**と**Ｙ**の文の内容が正しいか，誤っているかを判断し，その組み合わせとして適切なものを下のア～エから１つ選び，記号で答えなさい。

【資料２】

A

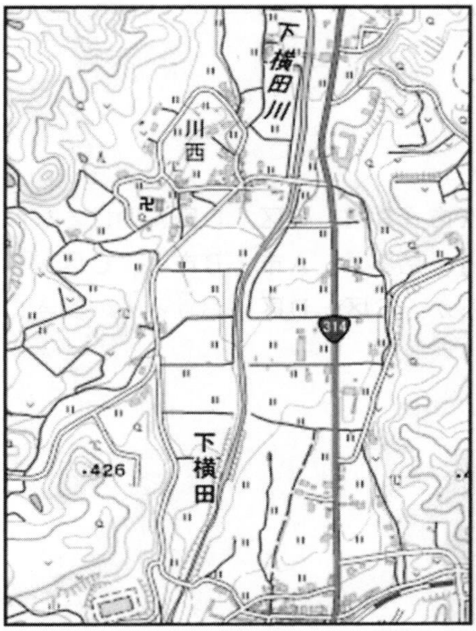

B

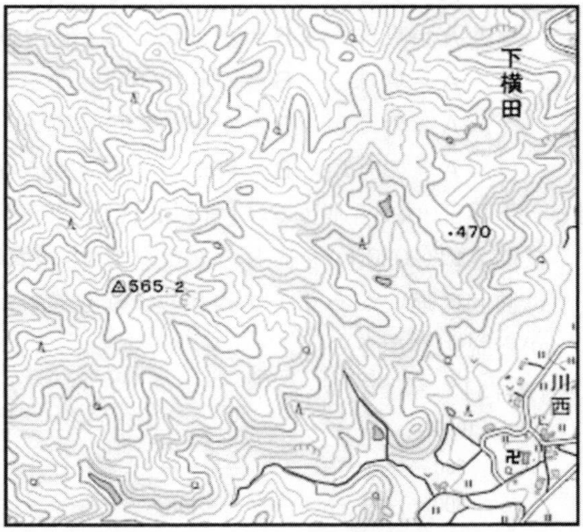

（国土地理院ウェブサイト https://maps.gsi.go.jp/をもとに作成）

X．Aの地域では，現在，棚田《たなだ》が見られる。 Y．Bの地域では，現在，荒《あ》れ地が見られる。

ア．X＝正しい　Y＝正しい　イ．X＝正しい　Y＝誤っている

ウ．X＝誤っている　Y＝正しい　エ．X＝誤っている　Y＝誤っている

問５　下線部(d)について。

(1)　島根県の県庁所在地を答えなさい。

(2)　宍道湖《しんじこ》では，しじみの養殖《ようしょく》がさかんに行われています。次のA～Cは，日本の主な養殖品目である，かき類，真珠《しんじゅ》，のり類の収穫量《しゅうかくりょう》と主産地の割合(2021年)を示したものです。A～Cにあてはまる養殖品目の組み合わせとして正しいものを下のア～カから１つ選び，記号で答えなさい。

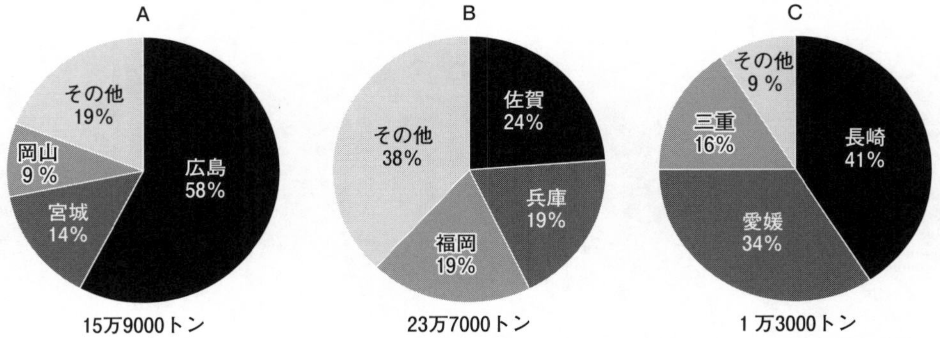

（矢野恒太記念会『日本国勢図会 2023/24』をもとに作成）

ア．A＝かき類　B＝真珠　　C＝のり類
イ．A＝かき類　B＝のり類　C＝真珠
ウ．A＝真珠　　B＝かき類　C＝のり類
エ．A＝真珠　　B＝のり類　C＝かき類
オ．A＝のり類　B＝かき類　C＝真珠
カ．A＝のり類　B＝真珠　　C＝かき類

問6　下線部(e)に関連して。**【資料3】**は，東京都の**A市**，**B市**，**C区**，**D区**における昼間人口と夜間人口(2020年)を表したグラフです。**【資料3】**を見ると，**A市・B市**と，**C区・D区**とでは傾向《けいこう》に違《ちが》いがあります。どのような違いがあるか，**C区・D区**における人の動きに触《ふ》れながら説明しなさい。

【資料3】

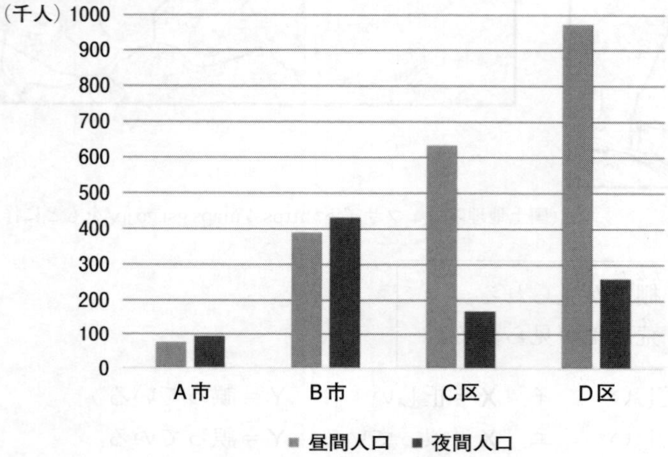

(東京都の統計をもとに作成)

問7　下線部(f)について。島根県の山間部では高齢《こうれい》化《か》が進み，山間部に住む高齢者は，日常生活を送る上での困りごとを抱えています。島根県はこの課題の解決に向けて，「小さな拠点《きょてん》づくり」に取り組んでいます。**【資料4】**は「小さな拠点づくり」に取り組む前のようす，**【資料5】**は「小さな拠点づくり」の取り組み例とイメージ図です。

【資料４】

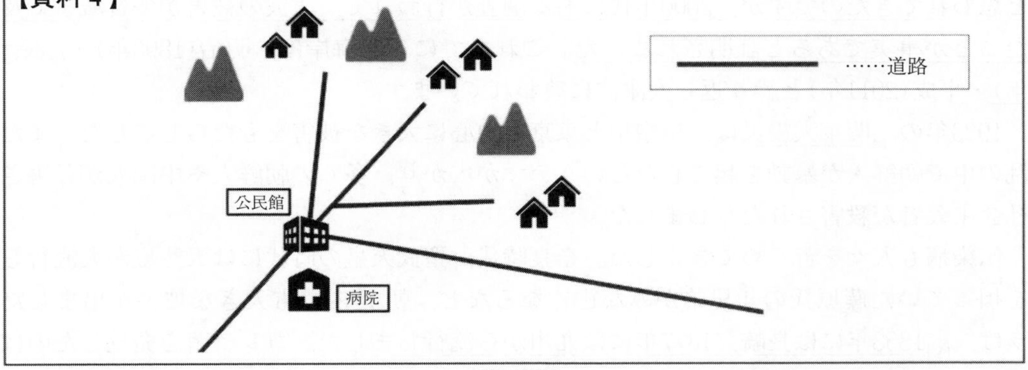

【資料５】　「小さな拠点づくり」の取り組み例とイメージ図

・公民館（コミュニティーセンター）を中心に必要な施設《しせつ》の整備をする。
・山間部の家と公民館を中心とした地区を送迎《そうげい》バスで結ぶ。

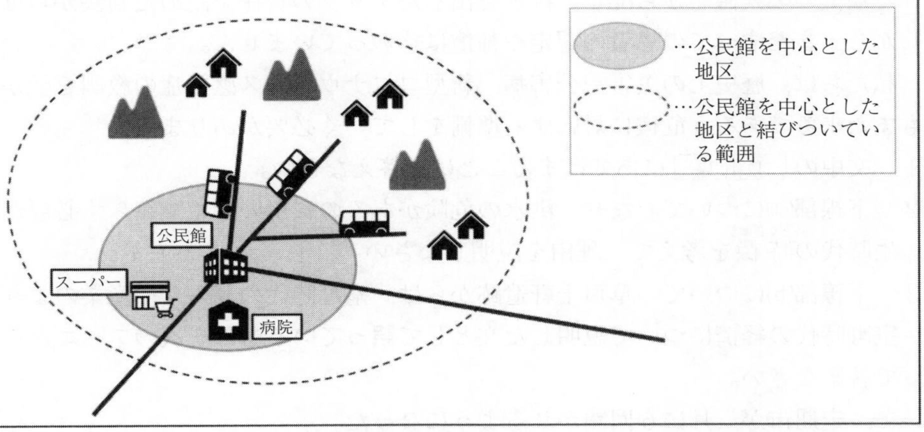

（【資料４】【資料５】ともに，島根県ホームページをもとに作成）

山間部に住む高齢者の日常生活を送る上での困りごとを１つ挙《あ》げ，**【資料５】**のような計画によってどのように改善されるかを説明しなさい。

２　次の文章を読み，問いに答えなさい。

人々がどのようにして災害や伝染病《でんせんびょう》に対して対策を練り，乗《の》り越《こ》えようとしてきたのかを見てみましょう。

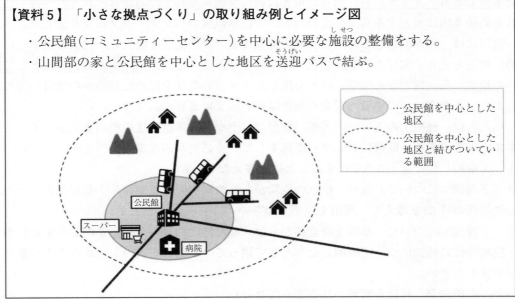

水害を防ぐことは，現在でも難しい技術です。弥生時代の遺跡《いせき》の中には，(a)何度も繰り返し洪水《こうずい》の被害《ひがい》にあった跡《あと》が残る遺跡があります。室町時代の遺跡には，洪水に飲み込《こ》まれたために人々の暮らしの跡が，そのまま残ったと言われる(b)草戸千軒《くさどせんげん》遺跡もあります。こうした洪水の被害を克服《こくふく》するために，堤防《ていぼう》を築いて川の流れを変える大工事をした甲斐《かい》国（現在の山梨県）の戦国大名である［　①　］もいました。

災害には，地震《じしん》もあります。平安時代，東北で貞観《じょうがん》地震と呼ばれる大地震があり，海岸線から遠い(c)多賀城《たがじょう》まで津波《つなみ》が来たという記録があります。(d)以前は「大げさに書いたものだ」と思われてきたのですが，2000年代にある調査が行われて，津波の被害が多賀城まで及んでいたことが事実であると証明されました。これまでに三陸海岸は，明治(1896年)・(e)昭和(1933年)・平成(2011年)と繰り返し大津波に襲《おそ》われています。

1923年の(f)関東大震災《だいしんさい》は，神奈川と東京を中心に大きな被害をもたらしました。また，大混乱の中で朝鮮人が暴動を起こしたというデマが広がり，多くの朝鮮人や中国人が殺害されたり，社会主義者が殺害されたりしました。

伝染病も人々を苦しめてきました。奈良時代，聖武天皇の時代には天然痘《てんねんとう》が大流行し，政権を担《にな》っていた藤原氏の４兄弟がみな亡《な》くなるなど，朝廷内《ちょうていない》でも大きな被害が出ました。コレラは，(g)1858年には長崎，1877年には九州から流行しました。コレラ菌《きん》を発見したのはドイツ人のコッホで，彼の教えを受けた［　②　］がペスト菌を発見しました。(h)インフルエンザは，発生源であるアメリカから，第一次世界大戦に参戦する兵士たちがヨーロッパへ持《も》ち込《こ》み，それを戦後本国に帰還《きかん》する兵士が広めたことで世界規模のパンデミックになりました。

病気には，人が引き起こした公害病もあります。経済発展を優先し，対策を後回しにしたために被害を大きく広げた経験を忘れてはなりません。すでに，(i)熊本県で公害病として認定《にんてい》された病気の公式確認《かくにん》から68年，排水《はいすい》を出したチッソの責任を認めた判決からは51年経《た》ちました。しかし，まだすべての患者《かんじゃ》の認定や補償は終わっていません。

私たちは，歴史上の災害や公害病，新型コロナウイルス感染症の教訓を活《い》かして，これからもまた来るであろう危機に対応する準備をしていく必要があります。

問１　文中の［①］［②］にあてはまることばを答えなさい。

問２　下線部(a)について。なぜ，洪水の危険があるのに川の近くで暮らす必要があったのか，弥生時代の特徴《とくちょう》を考えて，理由を説明しなさい。

問３　下線部(b)について。草戸千軒遺跡からは，室町時代の暮らしや産業のようすがわかります。室町時代の経済について説明した文として**誤っているもの**を次のア～エから１つ選び，記号で答えなさい。

ア．定期市が，月に６回開かれるようになった。

イ．幕府が発行した貨幣《かへい》が，取引などに用いられた。

ウ．手工業の同業者が集まって，座がつくられていた。

エ．土倉や酒屋が，庶民《しょみん》に高利で金を貸した。

問４　下線部(c)について。多賀城は，蝦夷《えみし》と戦うために置かれた朝廷側の拠点《きょてん》でした。ここを拠点として蝦夷と戦った征夷大将軍《せいいたいしょうぐん》の坂上田村麻呂を派遣《はけん》した天皇の名前を答えなさい。

問５　下線部(d)について。津波の被害が多賀城まで及んでいたことを証明することができた「ある調査」とはどのようなものか，**最もふさわしいもの**を次のア～エから１つ選び，記号で答えなさい。

ア．地域に残る古い言い伝えを集めて，その内容を調べた。

イ．石碑《せきひ》などの位置から，どこまで津波が来たのかを調べた。

ウ．他の歴史書にも，津波の被害の記録があるかを調べた。

エ．地層を分析《ぶんせき》して，津波が残した砂や泥《どろ》があるかを調べた。

問６　下線部(e)について。この津波が起きた年は，日本が国際連盟を脱退した年にあたります。

この年は，次の年表のどこにあてはまるか，次のア～エから１つ選び，記号で答えなさい。

普通《ふつう》選挙法が制定される
ア
世界恐慌《きょうこう》が起こる
イ
満州事変が起こる
ウ
日中戦争が始まる
エ

問７　下線部(f)について。**【資料１】**は関東大震災の被害地域，**【資料２】**は東京大空襲《だいくうしゅう》の被害地域を表した地図です。濃く塗《ぬ》られた被害地域では多くの人が亡くなりました。どちらも被害地域は，下町を中心に広がっています。

二つのできごとに共通する，下町で多くの人が亡くなった原因は何か，考えて答えなさい。また，より被害を拡大することになった，下町に共通する街や建物の特徴についても説明しなさい。

【資料１】

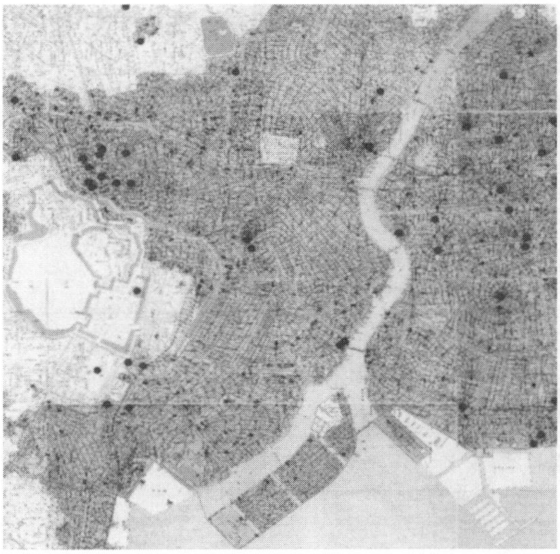

（内閣府ホームページをもとに作成）

【資料２】

（NHKアーカイブスをもとに作成）

問８　下線部(g)について，以下の問題に答えなさい。

(1)　1858年の長崎には多くの国からの船が来航し，そこから感染《かんせん》が広まったと考えられます。次の**X**と**Y**の文は，多くの外国船が来航した理由である日米修好通商条約について説明したものです。それぞれの文が正しいか，誤っているかを判断し，その組み合わせとして適切なものを下のア～エから１つ選び，記号で答えなさい。

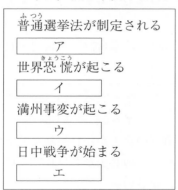

X．日米修好通商条約と同様の条約をイギリス・ロシア・ドイツ・オランダとも結んだ。
Y．日米修好通商条約で，開港地が函館・神奈川(横浜)・兵庫(神戸)・新潟・長崎とされた。

ア．X＝正しい　Y＝正しい　イ．X＝正しい　Y＝誤っている
ウ．X＝誤っている　Y＝正しい　エ．X＝誤っている　Y＝誤っている

(2) 1877年の九州からの流行は，西南戦争で勝利した政府軍の兵士が任務を終えて帰還したことで各地に広まったと言われます。農民出身者も含《ふく》む，この兵士たちは1873年に出された法令によって集められました。その法令の名前を答えなさい。

問9　下線部(h)について。当時，広まったインフルエンザは，最初に流行を発表した国の名前をとって「スペイン風邪《かぜ》」と呼ばれました。ドイツやイギリス，フランスでもインフルエンザの流行による死者が多く出ていましたが，そのことを各国政府は発表しませんでした。
【資料3】は，第一次世界大戦中のヨーロッパの国際関係を示した地図です。なぜ，スペイン以外のドイツやイギリス，フランスの政府が自分の国での流行を発表しなかったのか，その理由を考えて説明しなさい。

【資料3】

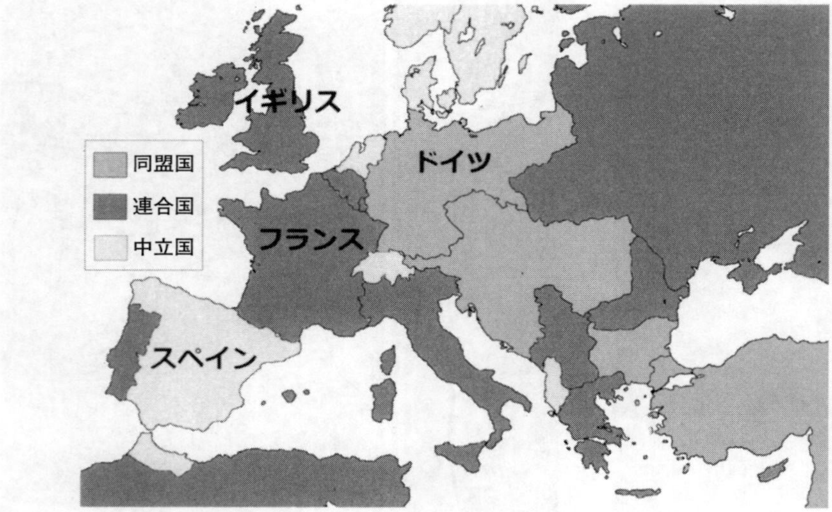

問10　下線部(i)について。この公害病の名前を答えなさい。

3　次の文章を読み，問いに答えなさい。

1945年に設立された(a)国際連合(国連)は，世界の平和や(b)人々の権利を守るなどのために，各機関がさまざまな活動を行っています。なかには成果を上げてきた分野もありますが，まだ不十分な分野もあります。

2015年，それまでのミレニアム開発目標に代わるものとして，「持続可能な開発のための2030アジェンダ」が採択《さいたく》されました。これまで個別に取り組まれてきた課題が，2030年までにすべきこととして整理されたのです。この「2030アジェンダ」のなかで，各分野での目標を具

体的に定めているのが「(c)持続可能な開発目標(SDGs)」です。SDGsは，17のゴール・169のターゲットから構成され，地球上の「誰《だれ》一人取り残さない」ことを誓《ちか》っています。

SDGsは，国連や各国政府だけが取り組むものではありません。例えば，日本においては(d)地方公共団体，企業《きぎょう》，非営利組織や私たち個人も取り組んでいくものです。ある調査機関が2023年に発表したレポートによると，(e)日本がこれまでに達成できた目標は，「質の高い教育をみんなに」と「産業と技術革新の基盤《きばん》をつくろう」の２項目《こうもく》だけです。2030年まで残された時間はわずかです。目標が達成できるよう，私たちはまず，(f)世界で起きていることや，自分たちの身の回りのことを振《ふ》り返《かえ》り，(g)できることから実行していくことが大切でしょう。

問１　下線部(a)について。次の**A**～**C**の文章は，国連憲章，世界人権宣言，女子差別撤廃《てっぱい》条約，それぞれの前文の一部です。その組み合わせとして正しいものを下のア～カから１つ選び，記号で答えなさい。

A.「（前略）アパルトヘイト，あらゆる形態の人種主義，人種差別，植民地主義，新植民地主義，侵略《しんりゃく》，外国による占領《せんりょう》及《およ》び支配並びに内政干渉《ないせいかんしょう》の根絶が男女の権利の完全な享《きょう》有《ゆう》に不可欠であることを強調し，（後略）」

B.「（前略）われらの一生のうちに二度まで言語に絶する悲哀《ひあい》を人類に与《あた》えた戦争の惨害《さんがい》から将来の世代を救い，（中略），これらの目的を達成するためにわれらの努力を結集することに決定した。（後略）」

C.「（前略）加盟国は，国際連合と協力して，人権及び基本的自由の普遍的《ふへんてき》な尊重及び遵《じゅん》守《しゅ》の促進《そくしん》を達成することを誓約《せいやく》したので，これらの権利及び自由に対する共通の理解は，この誓約を完全にするためにもっとも重要である（後略）」

ア．**A**＝国連憲章　**B**＝世界人権宣言　**C**＝女子差別撤廃条約
イ．**A**＝国連憲章　**B**＝女子差別撤廃条約　**C**＝世界人権宣言
ウ．**A**＝世界人権宣言　**B**＝国連憲章　**C**＝女子差別撤廃条約
エ．**A**＝世界人権宣言　**B**＝女子差別撤廃条約　**C**＝国連憲章
オ．**A**＝女子差別撤廃条約　**B**＝国連憲章　**C**＝世界人権宣言
カ．**A**＝女子差別撤廃条約　**B**＝世界人権宣言　**C**＝国連憲章

問２　下線部(b)について。人々が権利を行使する方法の一つとして選挙があります。選挙の問題点として死票が生じることが挙げられます。死票とは何か，説明しなさい。

問３　下線部(c)について。発電における持続可能とはどのようなことか，説明しなさい。

問４　下線部(d)について。日本国憲法には，地方公共団体の組織及び運営に関する事項《じこう》は法律で定めるという内容の条文があります。この条文に基《もと》づいて定められた法律名を答えなさい。

問５　下線部(e)について。日本が達成した目標がある一方，達成できていない目標もあります。その一つがジェンダー平等です。ジェンダー平等の指標として，ジェンダーギャップ指数というものがあります。これは，男性の数値に対する女性の数値の割合を示したもので，１に近づくほど平等となります。

【資料１】は，日本のジェンダーギャップ指数（棒グラフ）と順位（折れ線グラフ）の推移を表したグラフです。**【資料２】**は，2006年当時，日本と同じくらいの指数だった国の2023年の順位と，指数の推移を示しています。**【資料１】**を見ると，日本のジェンダーギャップ指数はあまり変化していないのに，順位は年々下がっていく傾向《けいこう》にあります。これはどのようなこと

を意味しているか，**【資料２】**を参考にして説明しなさい。

【資料１】

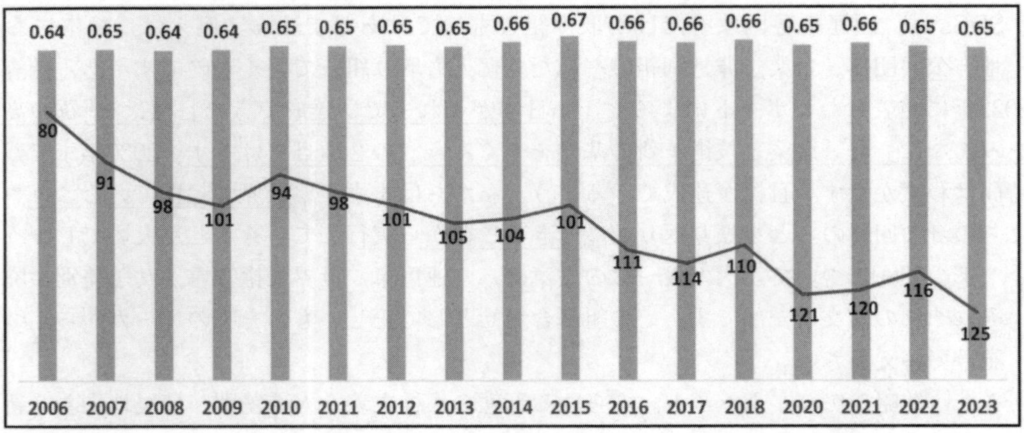

（注）　2019年のデータはありません。

【資料２】

国名（2023年の順位）	2006年	2015年	2023年
チリ（27位）	0.65	0.70	0.78
ジンバブエ（45位）	0.65	0.71	0.75

（**【資料１】【資料２】**ともに世界経済フォーラム『The Global Gender Gap Report』をもとに作成）

問６　下線部(f)について。2023年４月以降に起きたできごとを述べた文として**誤っているもの**を次のア～エから１つ選び，記号で答えなさい。

ア．アメリカ軍普天間《ふてんま》飛行場の名護《なご》市辺野古《へのこ》への移設工事をめぐる裁判で，最高裁判所は沖縄県勝訴《しょうそ》の判決を下した。

イ．これまで複数の役所が別々に行っていた子どもと子育てに関する事務を一つにまとめ，推進していくために，内閣府のもとにこども家庭庁が発足《ほっそく》した。

ウ．世界保健機関（WHO）が新型コロナ緊急《きんきゅう》事態宣言の終了《しゅうりょう》を宣言した。

エ．日本では，自転車利用者のヘルメット着用が努力義務化された。

問７　下線部(g)について。SDGsの目標を達成するために何ができるか，ということについて，「質の高い教育をみんなに」を通じて考えてみましょう。

(1)　母国パキスタンでタリバンによる女性教育弾圧《だんあつ》に反対したことを理由に銃撃《じゅうげき》を受け，その後イギリスに渡《わた》り基金を立ち上げ，史上最年少でノーベル平和賞を受賞した人物を次のア～エから１人選び，記号で答えなさい。

ア．グレタ・トゥーンベリ　　イ．マザー・テレサ

ウ．マララ・ユスフザイ　　エ．ナルゲス・モハンマディ

(2)　**【資料３】**は，Ａ国の教育に関する現状です。**【資料４】**は，「質の高い教育をみんなに」のターゲットの一部です。

【資料３】

・小学校に行く年齢《ねんれい》の子どもたちのなかで，学校に通っていない子どもは約９％である。そのうち半数以上が女子である。
・女子は，結婚《けっこん》や妊娠《にんしん》で学校を途中《とちゅう》で辞《や》める割合が高い。

【資料４】

2030年までに，男の子も女の子も，すべての子どもが，しっかり学ぶことのできる，公平で質の高い教育を無料で受け，小学校と中学校を卒業できるようにする。

（ユニセフホームページより）

あなたは，Ａ国の政府の一員で，**【資料３】**の現状を踏《ふ》まえて，**【資料４】**の内容を達成するための政策を作る立場にあるとします。あなたはどのような政策を提案するか，次の〔条件〕に従って答えなさい。

〔条件１〕　**【資料３】**から問題点を１つ指摘《してき》し，その解決に向けた政策を１つ具体的に提案すること。
〔条件２〕　その問題点を解決することは，**【資料４】**の目標のどの部分の達成に繋《つな》がるかを指摘すること。

【理　科】〈第２回試験〉（45分）〈満点：100点〉

〈編集部注：実物の入試問題では，グラフと写真はすべてカラー，図も大半はカラー印刷です。〉

1　地球内部の構造は，地表から中心に向かって，地かく，マントル，核《かく》の３層に分かれています（図１）。

図１

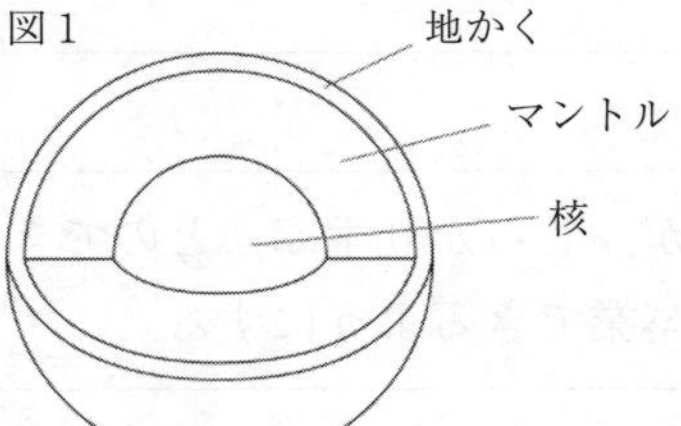

地震《じしん》とは，地かくやマントルの上層部の岩盤《がんばん》がずれたり，割れることで生じた揺《ゆ》れが地震波となって周囲に伝わっていく現象です。

地震が発生してから，地震波が観測地点に最初に到達《とうたつ》するまでの時間を走時といいます。地かく中を伝わる地震波の速さを調べるために，ある地域の地表で人工的に地震波を発生させました（図２）。この地域の地かくの厚さや密度は均一であるものとして，以下の各問いに答えなさい。

図２

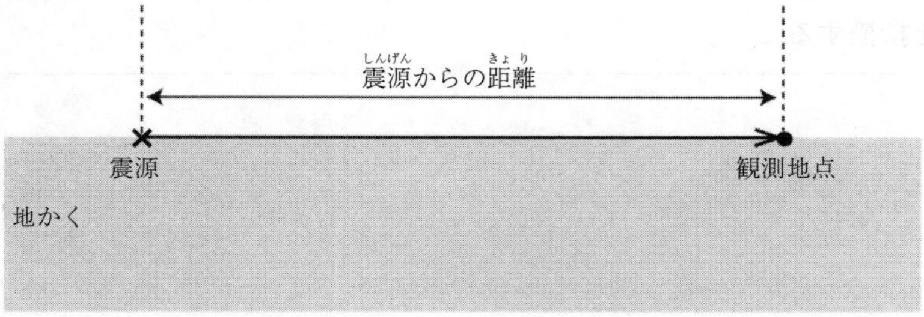

各観測地点での走時を調べたところ，結果は図３のようになりました。

図３

震源からの距離(km)	60	120	180
走時(秒)	10	20	30

問１　地かく中を伝わる地震波の速さは秒速何kmですか。

問２　問１の結果をもとにすると，震源からの距離が300kmの地点では，走時は何秒になると考えられますか。

図３よりさらに離《はな》れた観測地点での走時も調べたところ，震源からの距離と走時の関係は図４のようになりました。

図４

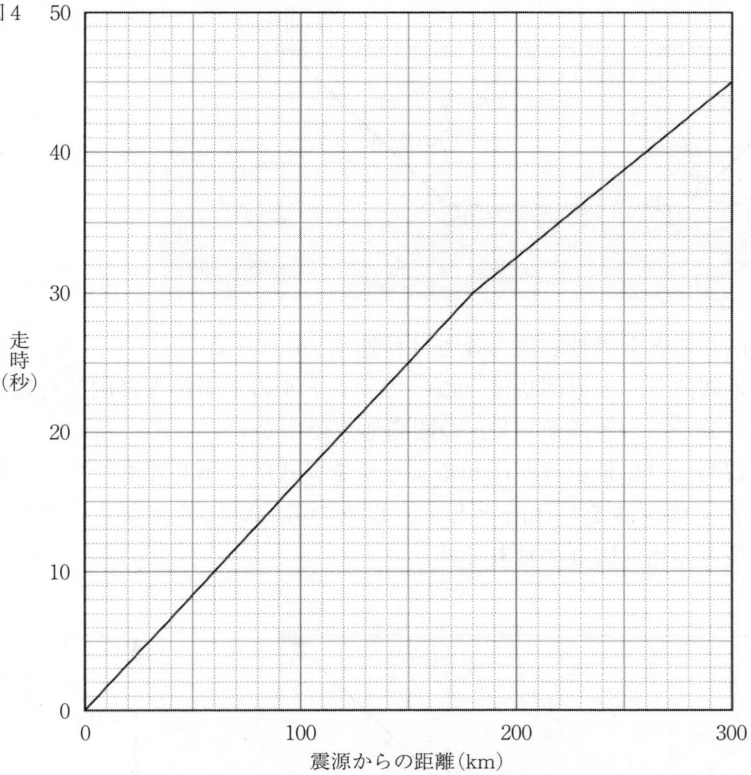

図４より，震源からの距離が300kmの観測地点での走時は，問２で求めた数値と異なることがわかります。これは，各観測地点に到達する地震波が，地かく中を伝わる波だけではないからです。

地震波の伝わる速さは，やわらかい物質中では遅《おそ》く，かたい物質中では速くなります。マントルの上層部は地かくよりもかたいため，地震波が地かく中からマントル中に伝わっていくとき，一部は地かくとマントルとの境界面で屈折《くっせつ》します(図５)。このとき，入射角が大きくなるほど屈折角は大きくなります。屈折角が90度となるときの入射角を臨界角といい，このときの屈折波を臨界屈折波といいます(図６)。

図５

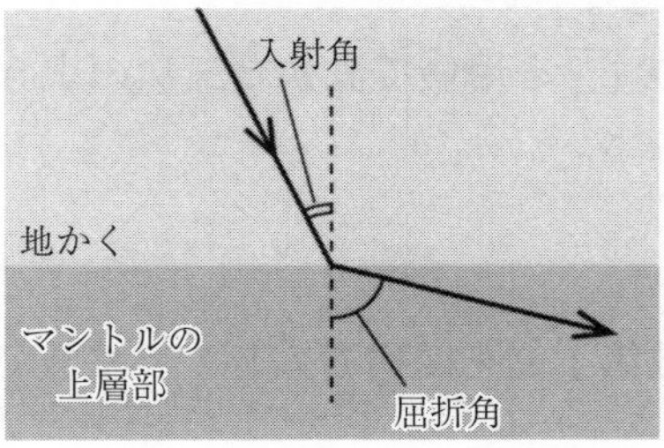

図６

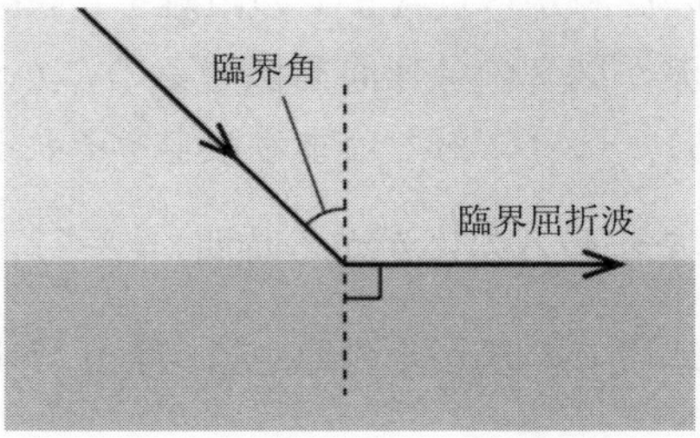

地震が起こると，震源から地震波が四方八方に伝わっていきます。その中には，マントルとの境界面で屈折し，臨界屈折波となってマントルの上層部を伝わった後に再び地表まで到達する地震波もあります。震源からの距離が大きい観測地点では，地かく中のみを伝わる地震波(図７のａ)よりも，臨界屈折波となってマントルの上層部を経由した地震波(図７のｂ)の方が早く到達します。図４のグラフが途中《とちゅう》で折れ曲がっているのはこのためです。

図7

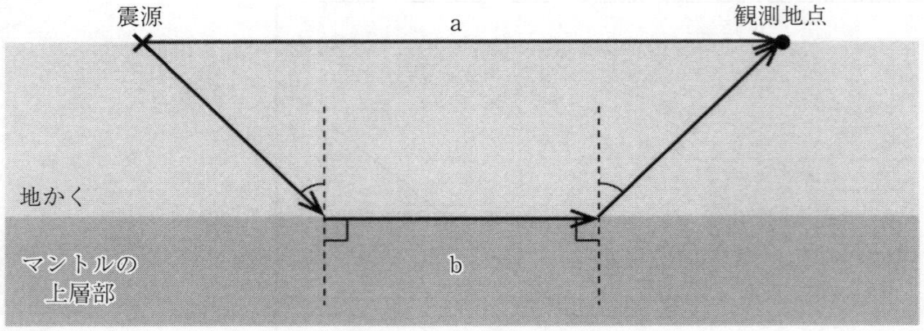

問3　マントルの上層部を伝わるときの地震波の速さは秒速何kmですか。

問4　地かくを直接伝わる地震波と，臨界屈折波となってマントルの上層部を経由した地震波が同時に到達するのは，震源からの距離が何kmの観測地点ですか。

図8は，問4で求めた観測地点に地震波が伝わるようすを模式的に示したものです。臨界角を45度，この地域での地かくの厚さを□kmとして，以下の各問いに答えなさい。ただし，直角二等辺三角形の辺の長さの比は図9の通りです。

図8

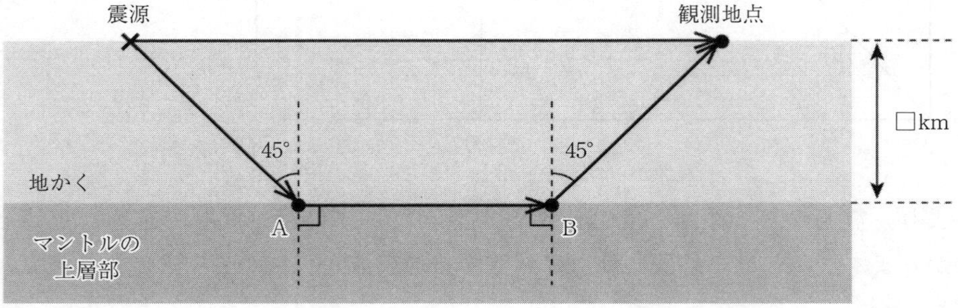

図9

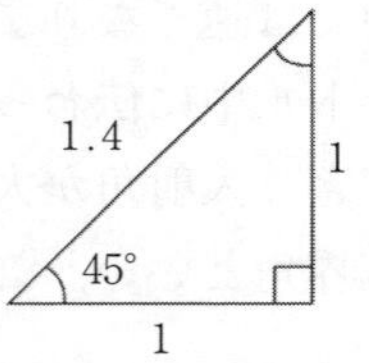

問5　図8の震源から点Aまでの距離を□を用いて表しなさい。

問6　地震波が図8のAB間を伝わるのにかかる時間を□を用いて表すと，次のようになります。(あ)，(い)にあてはまる数字をそれぞれ答えなさい。

(AB間を伝わるのにかかる時間)$=\dfrac{(\ \text{あ}\ )-\square}{(\ \text{い}\ )}$

問7　この地域での地かくの厚さは何kmですか。小数第1位を四捨五入して，整数で答えなさい。

2　二酸化炭素について，以下の各問いに答えなさい。

問1　次の文は二酸化炭素の性質の利用について説明したものです。正しいものを次のア～オの中から選び，記号で答えなさい。

ア．下方置換《ちかん》法で集めることができる性質を利用して，潜水艦《せんすいかん》に用いられている。

イ．集気びんに集めて火のついたマッチを入れると火が消えることから，消火設備に利用されている。

ウ．固体から直接気体になる性質を利用して，発熱時に貼《は》る冷却《れいきゃく》シートとして利用されている。

エ．水に溶《と》ける性質を利用して，乾燥剤《かんそうざい》に用いられる。

オ．無臭《むしゅう》の気体であることから，消臭剤《しょうしゅうざい》に用いられる。

ドライアイスを用いて【実験１】を行いました。

【実験１】

① ドライアイスの小片《しょうへん》4.4gをある温度でしばらく放置したところ，すべて気体になった。この気体の体積をはかると2.31Lであった。

② ドライアイスの小片をペットボトルに入れ，ふたを開けたままにして，ドライアイスの小片がなくなるまで放置した。次に水を半分ほど入れて，ふたを閉めよく振ったところ，ペットボトルがつぶれた。

③ 水の温度を変えながら②と同じ操作を行ったところ，温度が高くなるほど，ペットボトルはつぶれにくいことがわかった。

問２ 【実験１】①で，ドライアイスがすべて気体になると，体積は何倍になりましたか。ただし，ドライアイスの１cm^3あたりの重さは1.6gとします。

問３ 【実験１】③からわかることは何ですか。説明しなさい。

ある濃《こ》さの塩酸と二種類の物質(炭酸カルシウムと重そう)を用いて，二酸化炭素を発生させる【実験２】と【実験３】を行いました。

【実験２】

塩酸12mLの入ったビーカーを５つ用意し，それぞれに重さの異なる炭酸カルシウムを加えました。このとき発生した二酸化炭素の体積を調べた結果が図１です。

図１

炭酸カルシウム(g)	0.15	0.3	0.45	0.6	0.75
二酸化炭素(mL)	50	100	150	180	a

問４ 図１のaにあてはまる値を求めなさい。

問５ この塩酸18mLと過不足なく反応する炭酸カルシウムは何gですか。小数第２位まで求めなさい。

問６ この塩酸18mLに炭酸カルシウムを0.75g加えたとき，発生する二酸化炭素は何mLですか。

【実験３】

0.9gの重そうに，【実験２】と同じ濃さの塩酸を少しずつ加えていきました。12mL加えたところで，重そうはすべて反応し，二酸化炭素が360mL発生しました。

問７ 同じ体積の二酸化炭素を発生させるのに必要な炭酸カルシウムと，重そうの重さの比を最も簡単な整数比で答えなさい。ただし，塩酸は十分にあるものとします。

3 光合成は，二酸化炭素と水を用いてデンプンと酸素をつくる反応です。光合成について，以下の各問いに答えなさい。

問１　デンプンが含《ふく》まれていることを調べるための試薬を答えなさい。

問２　ワカメはソウ類のなかまです。次のア～オの中からワカメの写真を選び，記号で答えなさい。

ア．

イ．

ウ．

エ．

オ．

プリズムに太陽光を通過させると，異なる色の光に分かれます(図１)。これは太陽光に屈折《くっせつ》角の異なるさまざまな色の光が含まれているからです。また，ヒトの目では見ることができませんが，むらさきより屈折角の小さな光を紫外線《しがいせん》，赤より屈折角の大きな光を赤外線といいます。光の色は連続的に変化しますが，その見え方は個人によって異なるため，この問題では光の色を図２のように分けて考えます。

図１

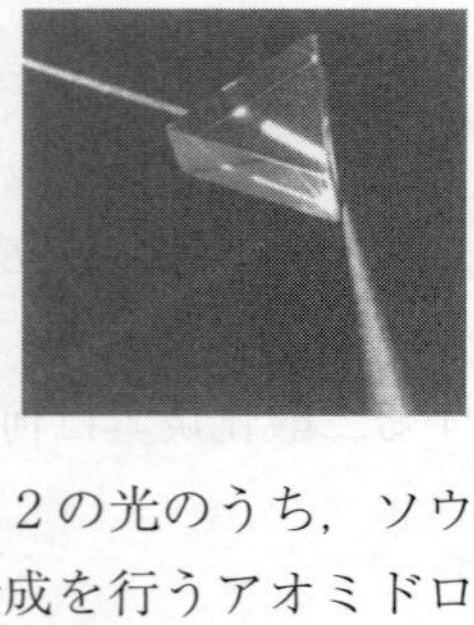

図２

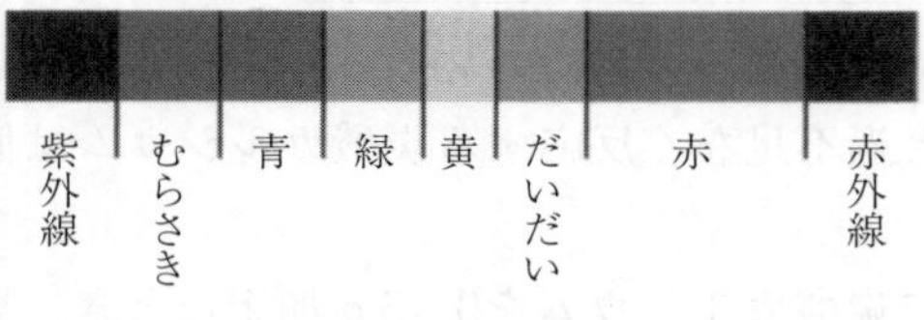

図２の光のうち，ソウ類がどの色の光を光合成に利用しているのかを調べるために，水中で光合成を行うアオミドロを用いて次のような実験を行いました。

【実験】　酸素が存在するところで生育する細菌《さいきん》(好気性細菌)とアオミドロを入れた水槽《すいそう》に太陽光を当てて観察したところ，好気性細菌はアオミドロの周辺で多く観察されました(図３)。次に，好気性細菌とアオミドロを入れた水槽に，プリズムを通過させた光を当てたところ，好気性細菌は図４のように観察されました。

図３

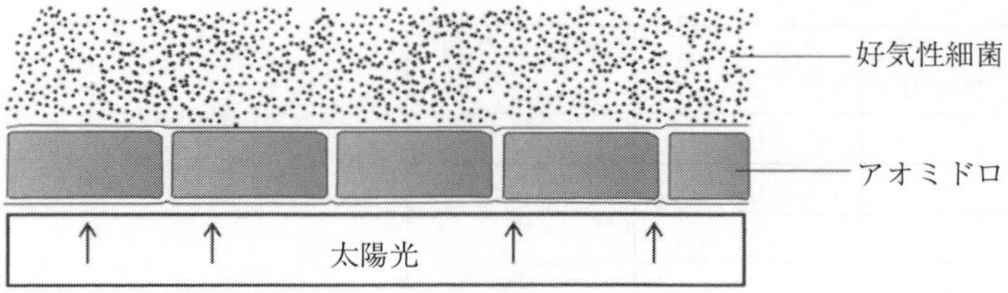

図４

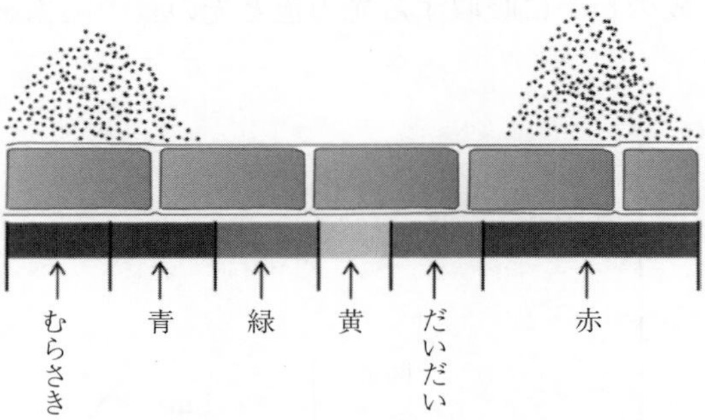

問３　アオミドロが光合成で利用する光の色はどれですか。次のア～カの中からすべて選び，記号で答えなさい。また，そのように考えた理由を「光合成」という言葉を用いて説明しなさい。

ア．むらさき　　イ．青　　　　ウ．緑

エ．黄　　　　　オ．だいだい　カ．赤

光合成を行うための色素を光合成色素といいます。光合成を行う生物は，すべてクロロフィルａという光合成色素をもっています。光合成色素には他にもさまざまな種類があり，光合成を行うために吸収する光の色は，色素ごとに異なります。図５は，色素Ｘ，Ｙ，Ｚが光合成のために吸収する光の色と光の量の関係を示したグラフです。

図５

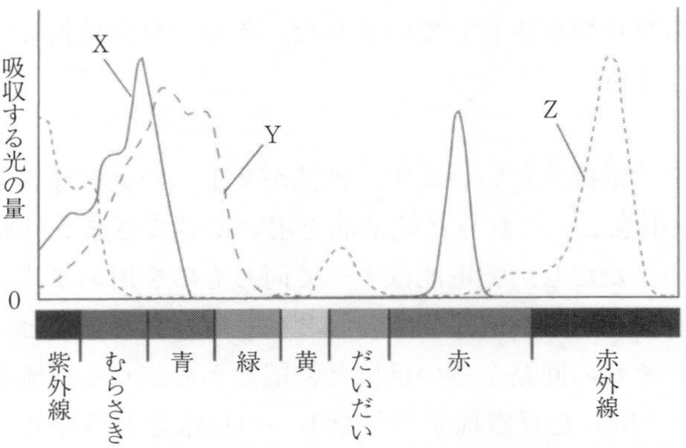

問４　アオミドロはクロロフィルａを利用して光合成を行っています。図５のＸ～Ｚの中からクロロフィルａを選び，記号で答えなさい。

海藻《かいそう》にはアオサなどのリョクソウ類，コンブなどのカッソウ類，ノリなどのコウソウ類などがあり，いずれも光合成を行っています。図６は，それぞれのソウ類がもつ色素を示したものです。

図6

	リョクソウ類（例：アオサ）	カッソウ類（例：コンブ）	コウソウ類（例：ノリ）
クロロフィルa	○	○	○
色素A		○	
色素B			○
色素C			○

図7は，図6の色素A～Cが光合成のために吸収する光の色と光の量の関係を示したものです。

図7
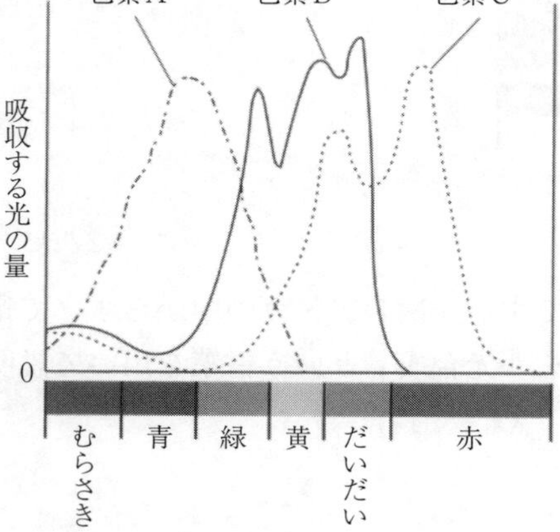

ある海岸付近にはリョクソウ類，カッソウ類，コウソウ類が生育しており，その分布は水深によって異なっていました。そこで1m，3m，10mの深さに届く光の色と光の強さの関係をそれぞれ調べたところ，図8のようになりました。

図8
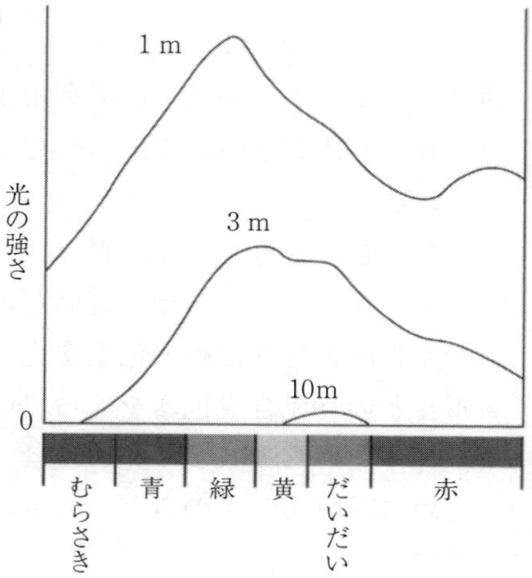

問5　この海岸付近には10mの深さにもソウ類が生育していました。そのソウ類は何ですか。また，そのように考えた理由を説明しなさい。

4　電流をさまたげるはたらきのことを「抵抗《ていこう》」といいます。抵抗が「1」の豆電球Aと抵抗が「2」の豆電球Bをそれぞれいくつか用意し，これらと乾電池《かんでんち》を用いてさまざまな回路をつくりました。以下の各問いに答えなさい。ただし，乾電池はすべて同じものを用います。

図1は豆電球Aを1つと，乾電池1つを用いた回路です。図2は豆電球Bを1つと，乾電池1つを用いた回路です。図3は，それぞれの回路全体の抵抗と乾電池から流れる電流をまとめたものです。「回路全体の抵抗」とは，用いた豆電球すべてを1つの豆電球とみなしたときの抵抗のことを表します。

図1
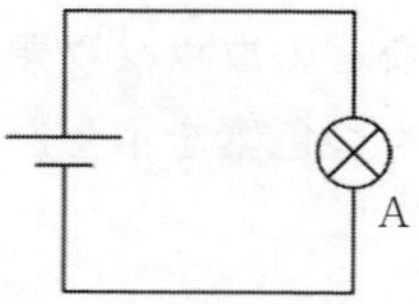

図2
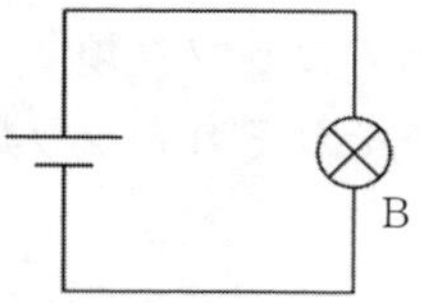

図3

	回路全体の抵抗	乾電池から流れる電流
図1	1	1
図2	2	$\frac{1}{2}$

図４～図６のような回路をつくりました。

図４

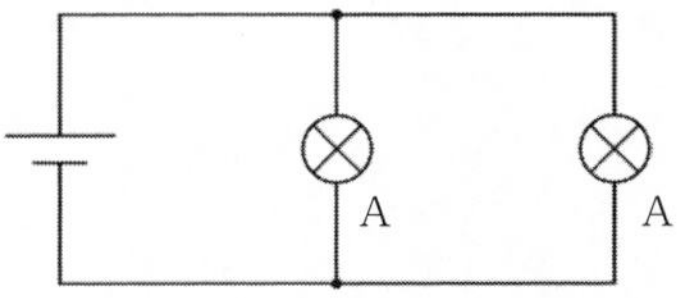

図５

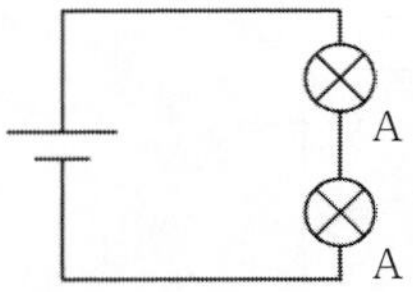

図６

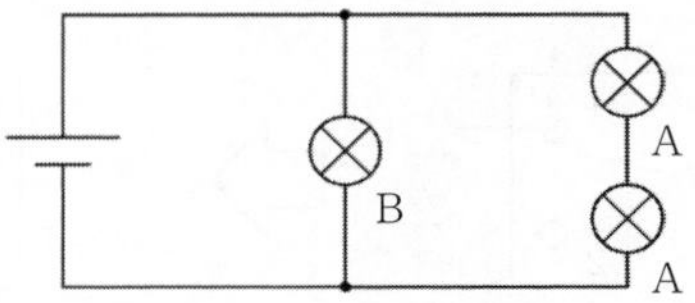

問１　図４の豆電球Ａは２つとも図１の豆電球Ａと同じ明るさになり，それぞれの豆電球Ａに流れる電流が「１」になることがわかりました。このとき，乾電池から流れる電流はいくつですか。

問２　図５の乾電池から流れる電流は，図１の乾電池から流れる電流の半分の大きさになりました。図５の回路全体の抵抗はいくつになりますか。

問３　図６の乾電池から流れる電流は，図１，図２，図４，図５の回路のうち，どの回路の乾電池から流れる電流と同じになりますか。

豆電球Ａを５つ用いて，図７の回路をつくりました。豆電球には左からA1，A2，A3，A4，A5と名前をつけました。また，図７のスイッチS1，S2，S3は，それぞれ独立に操作できます。

３つのスイッチをすべて切りました。

図７

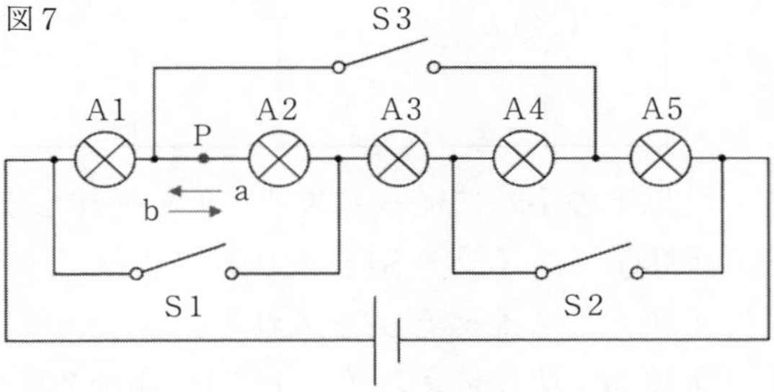

問４　図７の豆電球の明るさはどうなりますか。

次のア～エの中から正しいものを選び，記号で答えなさい。

ア．すべて図１の豆電球と同じ明るさになる。

イ．豆電球A1からA5に向かってだんだん暗くなる。

ウ．豆電球A1とA5の豆電球は図１の豆電球と同じ明るさで，他はそれより暗い。

エ．すべて図１の豆電球より暗く，その明るさは等しくなる。

図７のスイッチS1だけを入れたところ，豆電球A1，A2の明かりは消えました。続いて，スイッチS2を入れました。

問５　このとき，点灯している豆電球の名前を答えなさい。また，その明るさは，図１のときの豆電球の明るさを基準にしたとき，どうなりますか。次のア～ウの中から選び，記号で答えなさい。

ア．明るくなる　　イ．暗くなる　　ウ．同じ明るさになる

問６　図７のS1～S3のすべてのスイッチを入れました。

(1)　点灯している豆電球の名前をすべて答えなさい。

(2)　点Ｐの位置での電流はどうなりますか。次のア～エの中から選び，記号で答えなさい。

ア．ａの向きにだけ流れている

イ．ｂの向きにだけ流れている

ウ．ａの向きとｂの向きに交互《こうご》に流れている

エ．流れていない

図８は切り替《か》えスイッチです。このスイッチには２つの端子《たんし》があり，スイッチを切り替える

と，端子１に接続した回路から端子２に接続した回路に切り替えることができます。

図８

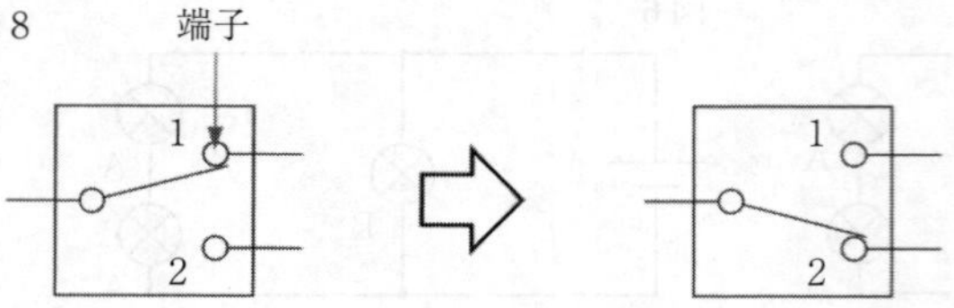

切り替えスイッチ T1，T2を用意しました。これらと豆電球Aを５つ，豆電球Bを４つ用いて，図９のような回路をつくりました。

図９

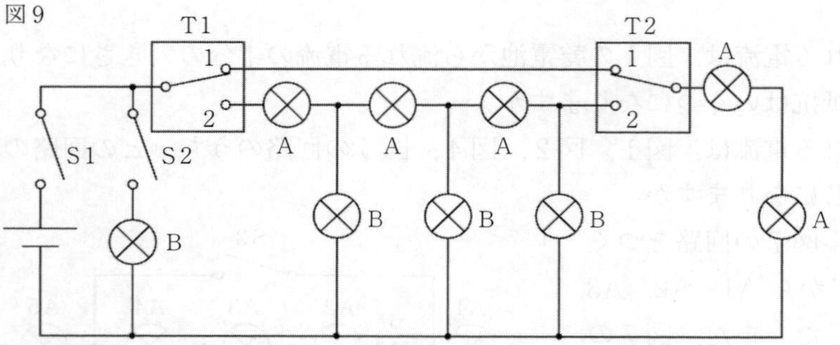

以下の手順に従ってスイッチを操作しました。

手順①：スイッチ S1を入れる。

手順②：スイッチ S2を入れる。

手順③：切り替えスイッチ T1を端子２につなげる。

手順④：切り替えスイッチ T2を端子２につなげる。

問７　手順②までを行ったときの乾電池から流れる電流の大きさは，手順①を行ったときと比べて何倍になりますか。

問８　手順④の後，乾電池から流れる電流の大きさは，手順②までを行ったときと比べて何倍になりますか。次のア～オの中から選び，記号で答えなさい。

ア．16倍　　イ．４倍　　ウ．１倍(等しい)

エ．$\frac{1}{4}$倍　　オ．$\frac{1}{16}$倍

たとえば、主人公が男性だからといって、女性が読めないわけではありませんよね。あるいは、殺人鬼《さつじんき》が主人公のミステリだとすれば、殺人鬼の考えに触《ふ》れたことをきっかけに、今まで見たことのなかった世界が広がるでしょう。

主人公以外の登場人物からも、③性格や考え方が各人で異なる、つまり多様性があることが、より具体的にわかるはずです。

実生活で、価値観がまったく違う人と出くわしたら戸惑《とまど》うでしょう。そんなとき、もし似たようなキャラを小説で読んでいたら、ああ、こういうタイプには、こう対応したらいいんじゃないかとひらめくかもしれません。

（真山　仁『〝正しい〟を疑え！』）

問一　――線部①「テーマパークのアトラクションより楽しい経験」とはどのような経験ですか、説明しなさい。

問二　――線部②「客観視の習慣のためにも小説を読んでほしいと思います」と筆者は述べていますが、「客観視の習慣」を身につける上でなぜ小説を読むことが有効なのですか、百字以内で説明しなさい。

問三　――線部③「性格や考え方が各人で異なる、つまり多様性があることが、より具体的にわかるはずです」とありますが、一の文章から二人の登場人物のちがいが表れているところを一つあげて、そのちがいを説明しなさい。

三

次の各文の――線部のカタカナを漢字に直しなさい。

(1) 公園をサンサクする。

(2) 借金をセイサンする。

(3) ハチクの勢いで進む。

(4) ジョマク式に列席する。

(5) ショウマッセツにこだわらない。

ます。

自分の人生は後戻り《あともど》できませんが、小説なら、あのときこうすれば良かったと振《ふ》り返《かえ》ることができます。

未来は誰にも予想がつかず、「絶対」なんてありえないと頭では理解しても、日々の暮らしでそのことを考える余裕《よゆう》に恵《めぐ》まれない。ですが、小説を読んでいるときは少し余裕があるはずです。このままだと、あの登場人物と同じことが起きそう、と予測できる場合だってあるでしょう。

人生は一度きりです。でも、小説を読めば読むほど、多くの人生を疑似《ぎじ》体験することになりますから、たくさんの人生を味わえます。それもまた、小説の魅力《みりょく》なのです。

極《きわ》めていけば、人生経験の豊かな大人より、人生について理解が深くなるかもしれません。

膨大《ぼうだい》な情報を受け取りながら絶え間なく続く日常生活の中で、立ち止まって違和感《いわかん》を確かめたり、確信が持てるまでじっくり考えたりするのは、容易ではありません。

でも、そういう時間を持つことはとても大切です。

小説なら、読むのをやめることによって主人公の時間を止められます。

そして、情報を整理したり、感じた違和感について考えたりすることもできます。

考えるために読むのをやめるというのは、実生活では、立ち止まって自分のことを客観的に見つめる姿勢につながります。

つまり、どっぷり感情移入しているときには見えていなかったものが、本から離《はな》れると見える。

この人はだまされているんじゃないの？　とか、なぜ違和感があるんだろう、と分析《ぶんせき》しているとき、登場人物や出来事を客観的にとらえているのです。

感情移入もできるし、その人物をドライに分析し批判できる。それが小説の良い点なので、実人生でもそんなふうに自分を客観視できるといいですよね。

そうすれば、失敗が減ります。たとえ失敗しても、それを冷静に分析する方法を身につけていたら、同じ失敗を繰《く》り返《かえ》さなくなるかもしれません。

実際のところ、多くの人が自分を客観視できずに失敗を繰り返しています。それどころか、「これが私の人生だから」と開き直ります。

客観視するには本人の自覚が必要で、習慣づけなければ、我が物となりません。スポーツ選手が、繰り返し練習して体に覚えさせるのと同じです。

②客観視の習慣のためにも小説を読んでほしいと思います。

小説を読む上で、私が最も重要だと考えているのは、多彩《たさい》な価値観を体験できる点です。

小説には、様々な登場人物が現れます。価値観も多種多様です。

そもそも主人公の価値観が、あなたとぴったり同じである小説は珍《めずら》しいはずです。

ですが、小説をたくさん読むようになると、「今回は、共感できない性格の人だけど、あえてそういう自分になってみよう」という実験もできるようになります。

り返《かえ》ると、車がゆっくり庭から出てきて、そのまま向こうへ遠ざかる。

なんだかすごいものを見たな、と美海子は思う。最後に一度だけ、と思い、ふたたびまあたらしい家の前を通る。玄関《げんかん》。窓。カーテン。室外機。軒下《のきした》。

家の下の地面のもっと下、ずっと奥深《おくふか》くに、営んできたいくつもの暮らしがある。両親が買った更地の前にもきっとだれかが住んでいて、その前にもだれかが住んでいて、そうしたすべての記憶が地面の下に眠《ねむ》っている。若かった両親の抱《いだ》いた夢も、抱《かか》えた困難も、家計簿に記されたすべての食事も、大きくなった子どもたちの成長も、反抗期《はんこうき》も、秘密も、なくなったのではなくて土地の奥で眠っている。それらの先に今があって、あの若い夫婦の日々につながっていく。そんな壮大《そうだい》なことを考えて、美海子はちょっと感動する。空き地に母と並んで、やけに広い空を見ておにぎりを食べたことを思い出す。あのとき私たちが見ていたのは、そんなふうに連綿と続く暮らしの断片《だんぺん》だったのかもしれない。

意味もなくお辞儀をして、ようやく家の前を離れる。私は私の日々をきちんと送ろうと、他人の家に励《はげ》まされたような気持ちで③美海子は軽快に歩く。

（角田光代『ゆうべの食卓』）

問一 ——線部①「あんたもいつかわかるわよ」とありますが、どのようなことが「わかる」のですか、説明しなさい。

問二 ——線部②「美海子は家計簿をつけるようになった」のはなぜですか。きっかけもふくめて説明しなさい。

問三 ——線部③「美海子は軽快に歩く」とありますが、このときの美海子の心情を説明しなさい。

二 次の文章を読んで、後の問いに答えなさい。

小説を読むと、たいていは登場人物の誰《だれ》かに感情移入することになります。こうしてますます小説の世界にのめり込《こ》む。それこそが、読書の醍醐味《だいごみ》です。

この面白《おもしろ》さにはまると、大袈裟《おおげさ》ではなく、①テーマパークのアトラクションより楽しい経験ができます。

小説の登場人物に感情移入して読み進めるというのは、その人物の人生を生きることに等しい。無論、フィクションの世界での話ですが、読んでいる間は、あなたと登場人物は一心同体です。

小説の舞台《ぶたい》がニューヨークであれば、あなたもニューヨークで暮らしている。明治維新《いしん》の小説なら、激動の時代を体験することになるでしょう。切ない恋愛《れんあい》小説なら、どうやって相手に告白しようかとドキドキするでしょうし、すれ違《ちが》いを歯がゆくも感じるでしょう。

こうして登場人物になりきっている間、実生活では絶対にわからない他人の人生を、自分ごととして感じ取っているはずです。

これは、すごく貴重な体験です。

当たり前ですが、あなたの人生は一つしかなく、やり直しはきかない。しかも、大半は自分で選べない環境《かんきょう》で生きています。おそらく長い人生では、たくさん後悔《こうかい》するでしょうし、失敗もするでしょう。

でも、いろんな経験を積んでいたら、そういう失敗を回避《かいひ》できるかもしれません。

小説なら、たとえ夢中になって読んでいても、登場人物に降りかかる出来事は自分の人生ではないので、失敗しても傷つくことはありません。

と同時に、一緒《いっしょ》に体験したわけですから、経験は我《わ》が物となってい起きて朝食の準備をしながら、雛起きなさーいと二階に向かって言いそうになるし、母に電話しようと思ってははっとする。

前年のお正月から、②美海子は家計簿をつけるようになった。これもちいさな変化である。時間の感覚がないというのはそのころから気づいていて、書いておかないと忘れてしまうと思ったのだ。買ったものと金額だけでなく、その日の夕食も書きこみ、ちょっとしたできごともメモしている。「夫発熱、検査は陰性《いんせい》」とか「ヒナ修学旅行」とか、かつて若い母がそうしていたように。

今年は二冊目になった。ときどき思い出して、前の年の一冊を開いてみる。家族旅行にいく回数も減ったし、友人との会食も減ったので、代《か》わり映《ば》えしない毎日が書き記されている。けれども書きつけた献立《こんだて》を見ていると、なかなかドラマチックだ。出前のピザの日は家事と仕事と夫が家にいるストレスが爆発《ばくはつ》したのだし、正月明けの天ぷらそばは、シニアマンションで母と食べた最後の食事になった。ラザニア、サラダ、トマトスープは雛がレシピ本と格闘《かくとう》して作り、「夏休み 沖《おき》縄《なわ》」という四日間は、たぶん最後の家族旅行になる。

今年の夏に、雛は帰ってこなかった。大学入学そうそうからコーヒーショップのアルバイトをはじめ、そのお金で、友だちになった子と北海道をまわったらしい。最近ビデオ電話で話したときは、「在学中にイギリス留学したい」と話していた。「目的を持たないと、ただ留学しても何もならないよ」ともっともらしく美海子は言ったが、ぜんぶやれ、と心のなかでは思っている。パンデミックで我慢《がまん》したぶん、これからぜんぶやってしまえと。

パンデミック、雛の進学と引っ越し、母の死、その後の片付けと手続き、と忙しいわりには、日が過ぎている気がしなかったので、実家の土地のことを美海子はすっかり忘れていた。

「この前、通りかかったら、もうあたらしいおうちが建ってたよ。雰《ふん》囲《い》気がぜんぜん違《ちが》うから、場所まちがえているのかと思っちゃった」と、姉の百々子から電話をもらって、美海子も驚《おどろ》いた。売りに出した年のうちに売れたのは美海子も知っているが、手続きは百々子がやってくれたから実感がなかった。不動産屋さんの事務室で売買手続きをしたそうだが、買ってくれたのは若い夫婦だったと百々子から聞いていた。それきり忘れていた。

晴れた秋の日曜日、美海子はふと思い立ち、もと実家のあったところを見にいくことにした。電車とバスを乗《の》り継《つ》ぎながら、自分のやっていることは酔狂《すいきょう》すぎかと不安になったが、久しぶりの商店街を歩いていると気持ちが弾《はず》んだ。帰りに濱中《はまなか》さんの唐揚《からあ》げを買おう、あたらしくできたケーキ屋さんもあとで寄ってみよう、ときょろきょろしながら美海子は歩く。

実家のあった場所に近づくと、どきどきした。まああたらしい家が見えてくる。雰囲気がぜんぜん違うと聞いてはいたものの、実際にその新築住宅の前に立つと、わああと声が出そうだった。白い壁に出窓のある二階建ての家に、塀《へい》や柵《さく》のないオープン外構で、庭には芝《しば》が敷かれ、木々が植えられていて、隅に自動車と自転車が止まっている。あたらしくておしゃれな家の出現に、周囲がぱっとあかるくなったみたいだ。

立ち止まってじろじろ見ていたらあやしい人だと思われるから、美海子は立ち止まらず、わああ、と思いながら通り過ぎ、くるりとふりむいて、もう一度、わああ、と胸のなかで言いながら通り過ぎる。角までいってもう一度きびすを返す。家の前を通るまさにそのとき、ドアが開き、若い男の人が出てくる。彼《かれ》が押《お》さえたドアから出てきた女の人のおなかが大きい。二人は鍵《かぎ》を閉め、そこに立っている美海子を見る。美海子はあわててお辞儀《じぎ》をして通り過ぎる。しばらく歩いて振《ふ》

ていくと、

「だってまだだれも買ってないだろ？」と言いながら母はバッグを開け、ピクニックシートを広げる。ステンレスボトルやビニールに包まれた何かを取り出していく。四合瓶《しごうびん》の日本酒も出てきたので美海子はぎょっとするが、母はそれを持って空き地内を歩き、四隅《よすみ》に酒をかけている。

「それ、何かの儀式《ぎしき》？」戻《もど》ってきてピクニックシートに座《すわ》る母に、美海子は訊いた。

「家を建てる前の地鎮祭《じちんさい》でね、お供えしたお酒やお塩を、四方にまいたんだよ。やりかたを教わって、そのとおりに。よろしくお願いしますってことじゃないのかね。だから今日は、今までありがとうございますってご挨拶《あいさつ》。お酒だけだけど」母は言い、ビニールから保存容器やアルミホイルを取り出す。容器の中身はお新香《しんこ》で、アルミホイルはおにぎりだった。

「寒くなったら、あったかいお茶もあるから」アルミホイルをむいて、おにぎりにかぶりつきながら母が言う。「こうまでなんにもないとすがすがしいね」

美海子もおにぎりに手をのばす。湿《しめ》った海苔《のり》とかすかな塩味がなつかしい。中身は焼きたらこだった。空は高く、雲ひとつなく晴れている。風は冷たいが、ふりそそぐ日射《ひざ》しはあたたかい。

「ここの土地を見にきたときもなんにもなかった。狭《せま》いのか広いのかわかんなくて、とうさんと二人で、棒きれで間取りを書いて、お風呂はここか、茶の間はここか、やったなあ」なんにもない地面を見つめて母が言う。子どものいない、まだ若い夫婦《ふうふ》の姿が美海子にも見えるようだった。「とうさんもおうちも、役目を終えたんだね。役目を終えられるってのはしあわせだね。終えられない人もものごとも、あるわけだからさ」だれに言うでもなく、母はつぶやく。かなしくもさみしくもないのに、美海子はふと泣きそうな気分になり、あわてて青い空を見上げる。

耳慣れない新型ウイルスが世界じゅうにまん延し、パンデミック宣言がなされてから、新塚美海子は時間の感覚がなくなった。日々はがらりと変わり、今までとは異なる忙《いそが》しさに追われるのだが、それで日が過ぎている気がしない。

夫は週の半分、美海子はほぼ毎日リモートワークになった。リビングとダイニングで仕事をするのはおたがい禁止にして、夫は寝室《しんしつ》、美海子は来客用の和室にパソコンを設置し、そこで仕事をする。昨年の夏の終わり、新規感染者《かんせんしゃ》数が減少した際に、夫は通常勤務に戻って、昼食を作らなくてよくなった美海子はほっとした。美海子はあいかわらず、週の大半、家で仕事をしている。

高校時代をマスク付きで過ごした娘の雛は、今年の春高校を卒業し、北海道の大学に進学した。中学の卒業式は行われたものの、高校の入学式は中止、雛が学校にいったのは夏休みが明けてからで、その年も翌年も、体育祭も文化祭も合唱コンクールも遠足もなかった。三年生のときにようやく行事は再開したが、全員にとってすべてがはじめてで、たのしさや充実《じゅうじつ》感よりも戸惑《とまど》いのほうが大きかったと雛は話していた。大学の授業はぶじ対面で続いているらしい。

そうして昨年、シニアマンションで暮らしていた母親が亡くなった。親族だけで葬儀《そうぎ》をしたが、一年間、感染させたらいけないと慎重《しんちょう》になって、数えるほどしか母に会いにいかなかったことが悔《く》やまれて、美海子は大泣きした。姉の百々子も弟の陸郎もおなじように泣いていた。

こんなにたくさんのことが起きたのに、時間の感覚だけがない。朝きっと泣いちゃうから、見にはいかないと百々子は言っていたが、泣くような気持ちに美海子はならなかった。真っ青な空を背景に、見慣れた家がどんどん壊されていくさまは圧巻だった。屋根が崩され、青空の分量がどんどん多くなるにつれ、母親が用意したさまざまな食事が思い出された。数か月前に片づけにきたときに、昔の家計簿を見たせいだろう。基本的に、食卓《しょくたく》はいつも茶色っぽかった。野菜と缶《かん》詰《づめ》を使った、どことなくさみしい料理が続いた時期も美海子は覚えているし、陸郎が育《そだ》ち盛《ざか》りになるとかさ増し料理が増えた。オーブンレンジを新製品に買い換えたときは、ローストポークや鶏《にわとり》と野菜のグリルといった、専用レシピ本を参考にした、しゃれた料理がこれでもかというくらい続き、百々子と美海子は歓声《かんせい》を上げたものだった。

「家が壊されるのを見ながら、食べたものを思い出すなんておかしいよね。雨漏《あまも》りとか、お風呂《ふろ》の扉《とびら》が開かなくなるとか、思い出はもっといろいろあるのにね」

　母親の暮らすシニアマンションのカフェテリアで、老いた母と向き合って美海子は話す。

「でもさ、五人で囲んだ食事なんて、本当にちょっとだよね。陸郎が中学に上がったときには百々子はひとり暮らしをはじめたし。あんたたちがいるときは、たいへんだったけど料理もしがいがあった。とうさんと二人になってからは、作りがいがなかったわねえ。ひとりになってからは、もう、料理すら億劫《おっくう》で、できあいをよく買った」と、引っ越してから妙《みょう》に若返ったような母が笑う。

「そんなもんかしらね」今まさに、毎日の家族の食事に追われている美海子はつぶやく。娘の雛は、太るといって揚《あ》げものは拒否《きょひ》するし、夫の準一《じゅんいち》は煮魚《にざかな》や野菜料理がメインだと夜中にカップラーメンを食べる。三人家族だけれど、朝と夜に何を食べるかでいつも頭を悩《なや》ませている。ひとりならどんなに楽だろう、好きなものを好きなだけ食べたり食べなかったりできるのにと、美海子はいつも考えているのだった。

「①あんたもいつかわかるわよ、ずーっと先のいつかにはね」母はうたうように言い、

「更地になった土地、もし見にいくなら誘《さそ》ってよ」と、ふと身を乗り出して美海子に笑いかける。

　更地になったもと実家を、約束どおり、美海子は母といっしょに見にいくことにした。百々子も誘ってみたが、さみしくなるかもしれないからいかない、という返事だった。

　仕事が休みの土曜日に、美海子は駅からタクシーに乗ってシニアマンションまで母を迎《むか》えにいき、そこから実家を目指した。母はピクニックにでもいくような四角いアウトドアバッグを用意していて、「お茶とかいろいろ入ってる」と言って美海子に渡す。

　タクシーで十五分ほど走ると、もと実家に着いた。会計をすませてタクシーを降り、「おおお」とつい美海子は声を上げた。

「あんらまあ」と、隣《となり》に立つ母も、素《す》っ頓狂《とんきょう》な声を出す。二人で顔を見合わせて、笑い出す。

「みごとになんにもない」

「こんなに広い土地だったかねえ」

　住宅街のそこだけ、歯が抜《ぬ》けたみたいになんにもない。売り地の看板がぽつりと立っているだけだ。壊されているときは、家族で囲んだ食事が次々と思《おも》い浮《う》かんだ美海子だが、これだけなんにもないと、ここに家があったということもうまく思い出せない。

「お茶にしよう」母が言い、躊躇《ちゅうちょ》なく空き地に入っていく。「ほら、荷物持ってきて」

「いいの？　勝手に入って」アウトドアバッグを持っておずおずつい

2024年度

鷗友学園女子中学校

【国語】〈第二回試験〉（四五分）〈満点：一〇〇点〉

【注意】問いに字数指定がある場合には、最初のマス目から書き始めてください。なお、句読点なども一字分に数えます。

一　次の文章を読んで、後の問いに答えなさい。

新塚美海子《にいづかみみこ》の築四十五年の実家は年明けに解体され、更地《さらち》にして売りに出されることになった。父が亡《な》くなった後、その家で一人暮らしをしていた母が夏にシニアマンションに引《ひ》っ越《こ》したためである。姉の百々子《ももこ》、弟の陸郎《りくろう》とそれぞれ分担をして実家の片づけを行った際、美海子は段ボール箱いっぱいに入った母の家計簿《かけいぼ》を見つけていた。片づけを終えたきょうだい三人は、年末に取《と》り壊《こわ》し間近の実家に集まった。

「そういえば、家計簿が出てきたんだ。モモが熱を出したとか、陸郎が立っちしたとか、いちいち書いてあって、処分するのに抵抗《ていこう》があったな。歴史が刻まれすぎてて」

「でも、とっておくわけにはいかないしね。あんたそういうの、つけてる？」百々子に訊《き》かれ、

「つけてないけど、つけといたほうがいいような気持ちになった」美海子は答える。

「でも、つけといたら雛《ひな》ちゃんが処分に困る」と陸郎が美海子の娘《むすめ》の名を挙げる。

「まあ、そうなんだよね」美海子は笑い、ふと、このがらんとした家にも、家計簿みたいに歴史が刻まれているのだと気づく。

「だれか立ち会うんだっけ、取り壊しの日」

「手続きは私がやるけど、立ち会いはしない」百々子が言う。「見たら泣いちゃうもん、きっと」

「この家でしあわせだったろうなあ」隅《すみ》の汚《よご》れた天井《てんじょう》を見上げて陸郎が言い、

「そうだねえ」と、百々子と美海子も声を揃《そろ》える。

実家が取り壊されるのを、新塚美海子はひとりで見にいった。取り壊しの期間は約一週間、大雨や暴風になる可能性も見越して多めにとってあるから、問題がなければそれより早く終わる、と美海子は姉の百々子から聞いていた。毎日仕事を休んで見にいくことはできないから、取り壊しの一日目、有給休暇《きゅうか》をもらって見にいくことにしたのである。

正月もあっという間に過ぎてしまい、年明けから二週間ほどしかたっていないのに、町は通常運転だ。電車を乗《の》り換《か》えて実家の最寄《もよ》り駅までいき、駅から続く商店街をぶらぶら歩く。年末にもきたばかりなのに、今日から家が取り壊されるという感傷からか、目の前の光景に、子どものころの記憶《きおく》が重なる。お年玉を握《にぎ》りしめて走ったおもちゃ屋さんも、学校帰りに買い食いしたたい焼き屋さんも今はもうないのに、はっきりと目に映る。

実家にたどり着くと、解体作業はもうはじまっている。家は白い防音用のシートで覆《おお》われているが、隙間《すきま》からなかが見える。ショベルカーが壁《かべ》を崩《くず》し屋根を崩し、離《はな》れた場所から業者が放水している。美海子は、近くにいた作業員に声を掛《か》け、差し入れ用にとコンビニエンスストアで買ったホットドリンクを渡《わた》し、見学の許可をもらう。

2024年度

鷗友学園女子中学校　▶解説と解答

算　数　＜第２回試験＞（45分）＜満点：100点＞

解　答

1 (1)　208　(2)　$4\frac{1}{8}$　2　20700個　3 (1)　【１】＝20，【３】＝36　(2)　1920
4　64cm^2　5 (1)　16：25　(2)　6：31　(3)　15：31　6 (1)　時速4.8km
(2)　９時39分　7 (1)　1570cm^3　(2)　$4\frac{4}{9}$cm

解　説

1　四則計算，計算のくふう，逆算

(1)　$2025\times2.6-2025\div\frac{9}{11}=2025\times\frac{13}{5}-2025\times\frac{11}{9}=2025\times\left(\frac{13}{5}-\frac{11}{9}\right)=2025\times\left(\frac{117}{45}-\frac{55}{45}\right)=2025\times\frac{62}{45}=45\times62$より，$45\times62\div4\frac{3}{7}-4\frac{11}{50}\div0.01=45\times62\div\frac{31}{7}-4.22\div0.01=45\times62\times\frac{7}{31}-422=630-422=208$

(2)　$9+7\frac{3}{16}\div\left\{2-(\square-2.2)\times\frac{5}{12}\right\}=15$より，$7\frac{3}{16}\div\left\{2-(\square-2.2)\times\frac{5}{12}\right\}=15-9=6$，$2-(\square-2.2)\times\frac{5}{12}=7\frac{3}{16}\div6=\frac{115}{16}\times\frac{1}{6}=\frac{115}{96}$，$(\square-2.2)\times\frac{5}{12}=2-\frac{115}{96}=\frac{192}{96}-\frac{115}{96}=\frac{77}{96}$，$\square-2.2=\frac{77}{96}\div\frac{5}{12}=\frac{77}{96}\times\frac{12}{5}=\frac{77}{40}$　よって，$\square=\frac{77}{40}+2.2=1\frac{37}{40}+2\frac{1}{5}=1\frac{37}{40}+2\frac{8}{40}=3\frac{45}{40}=3\frac{9}{8}=4\frac{1}{8}$

2　差集め算

　AとBを同時に１台ずつ使う作り方を㋐，Aのみを同時に２台使う作り方を㋑とする。この日，途《と》中《ちゅう》でBが１時間(＝60分)止まらなければ，㋐により，注文された個数よりも，40×60＝2400(個)多く作ることができたはずである。一方，㋑は，㋐と同じ時間しか機械を使わなければ，作る個数が注文された個数よりも，30×２×15＝900(個)少なくなる。すると，㋐と㋑について，㋐にかかる時間で作る個数の差は，2400＋900＝3300(個)になる。また，㋐と㋑について，１分間に作る個数の差は，(30＋40)－30×２＝10(個)である。よって，㋐にかかる時間は，3300÷10＝330(分)なので，実際は，Aを330分，Bを，330－60＝270(分)使ったとわかる。したがって，注文された個数は，30×330＋40×270＝20700(個)と求められる。

3　数列

図１

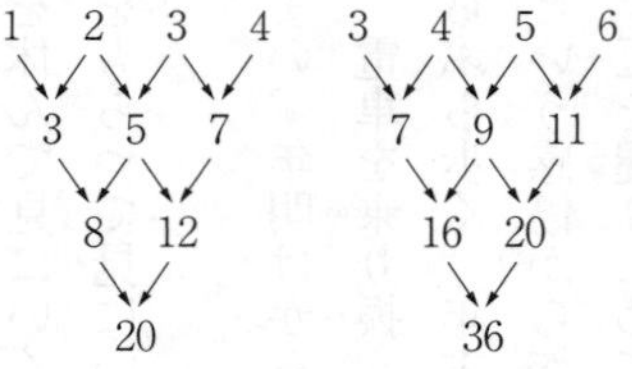

図２

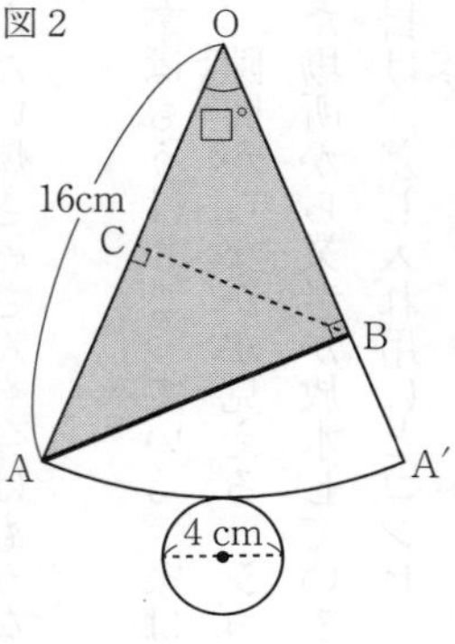

(1)　右の図１のようになるから，【１】＝20，【３】＝36とわかる。

(2)　【１】＝20，【２】＝28，【３】＝36より，Xが１増えるごとに，【X】は８増えることがわかる。よって，【20】＝20＋８×(20－１)＝172より，【１】＋【２】＋【３】＋…＋【20】＝20＋28＋36＋…＋172＝(20＋172)×20÷２＝1920と求められる。

4　立体図形―展開図，面積

展開図は上の図２のようになり，おうぎ形OAA′の弧《こ》AA′の長さは底面の円周と等しいので，中心角を□度とすると，$16\times2\times3.14\times\frac{\square}{360}=4\times3.14$より，$32\times\frac{\square}{360}=4$，$\square=4\div32\times360=45$(度)と求められる。また，ひもの長さが最も短くなるのは，ABがOA′と直角に交わるときだから，かげをつけた部分の面積を求めればよい。ここで，三角形OCBは直角二等辺三角形だから，BC＝OC＝16÷２＝８(cm)である。よって，かげをつけた部分の面積は，16×８÷２＝64(cm^2)とわかる。

5　平面図形―相似，辺の比と面積の比

図１

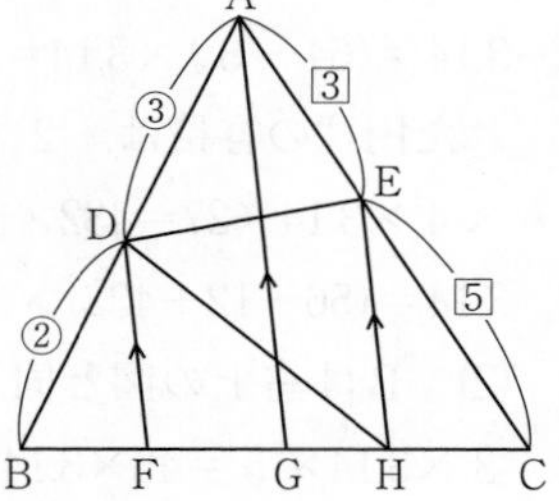

(1)　右の図１で，三角形ABGと三角形DBFは相似であり，相似比は，AB：DB＝(３＋２)：２＝５：２だから，AG＝１とすると，DF＝$1\times\frac{2}{5}=\frac{2}{5}$となる。また，三角形ACGと三角形ECHも相似であり，相似比は，AC：EC＝(３＋５)：５＝８：５なので，EH＝$1\times\frac{5}{8}=\frac{5}{8}$とわかる。よって，DF：EH＝$\frac{2}{5}:\frac{5}{8}$＝16：25と求められる。

(2)　三角形ABCの面積を248とすると，台形DFHEの面積は，$248\times\frac{123}{248}=123$になる。また，三角形DFHと三角形EHDは，それぞれの底辺をDF，EHとしたときの高さが等しい三角形だから，面積の比は底辺の比と等しく16：25とわかる。よって，三角形DFHの面積は，$123\times\frac{16}{16+25}=48$となるので，三角形DFHと三角形ABCの面積の比は，48：248＝６：31と求められる。

図２

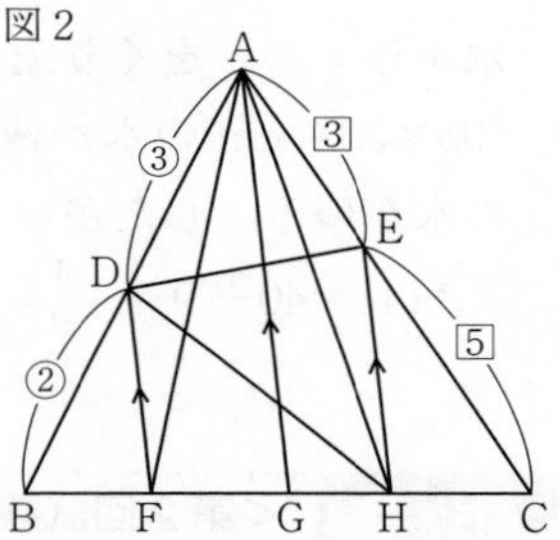

(3)　右の図２で，三角形AFHと三角形DFHは，底辺(FH)が共通で，高さの比が，AB：DB＝５：２だから，面積の比も５：２とわかる。よって，(2)の値を用いると，三角形AFHの面積は，$48\times\frac{5}{2}=120$なので，三角形AFHと三角形ABCの面積の比は，120：248＝15：31と求められる。

6　グラフ―旅人算

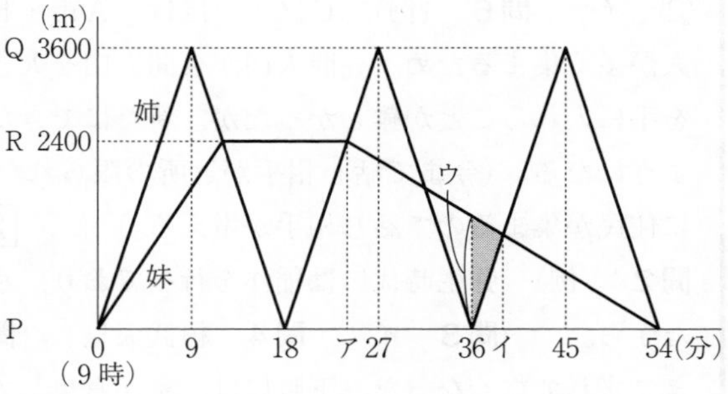

(1)　姉は分速，24×1000÷60＝400(m)だから，姉がPQ間の片道にかかる時間は，3600÷400＝９(分)であり，グラフは右のようになる。また，姉がPR間にかかる時間は，2400÷400＝６(分)なので，アの時間は，18＋６＝24(分)とわかる。よって，妹はひと休みした後，54−24＝30(分)で2400m歩いたから，このときの妹の速さは分速，2400÷30＝80(m)と求められる。これは，時速に直すと，80×60÷1000＝4.8(km)になる。

(2)　イの時刻を求める。アから36分までの時間は，36−24＝12(分)であり，その間に妹が歩いた道のりは，80×12＝960(m)なので，ウの道のりは，2400−960＝1440(m)とわかる。また，かげをつけた部分では，２人の間の道のりが１分間に，400＋80＝480(m)の割合で縮まる。よって，36分からイまでの時間は，1440÷480＝３(分)なので，イの時刻は，９時＋36分＋３分＝９時39分である。

7 立体図形―体積，相似，水の深さと体積

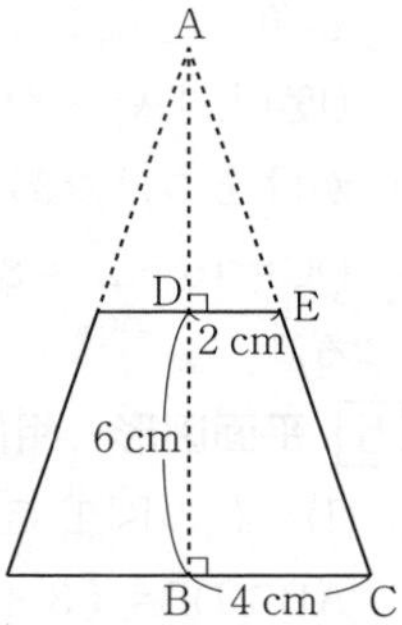

(1) はじめに，円イと円ウにはさまれた立体の容積を求める。これは正面から見ると右の図のようになり，円錐《えんすい》から円錐を切り取った形の立体（円錐台）である。この図で，三角形ABCと三角形ADEは相似であり，相似比は，BC：DE＝４：２＝２：１だから，AD：DB＝１：（２－１）＝１：１となり，ADの長さは６cmと求められる。よって，もとの円錐の体積は，４×４×3.14×（６＋６）÷３＝64×3.14（cm^3），切り取った円錐の体積は，２×２×3.14×６÷３＝８×3.14（cm^3）なので，この立体の容積は，64×3.14－８×3.14＝（64－８）×3.14＝56×3.14（cm^3）とわかる。次に，円アと円イにはさまれた円柱の容積は，２×２×3.14×３＝12×3.14（cm^3），円ウと円エにはさまれた円柱の容積は，４×４×3.14×27＝432×3.14（cm^3）である。したがって，Ａの容積は，56×3.14＋12×3.14＋432×3.14＝（56＋12＋432）×3.14＝500×3.14＝1570（cm^3）と求められる。

(2) Ｂは右上の図と同じ立体なので，その容積は（56×3.14）cm^3である。また，Ｃの容積は，３×３×3.14×５＝45×3.14（cm^3）である。よって，ＢとＣの容積の合計は，56×3.14＋45×3.14＝（56＋45）×3.14＝101×3.14（cm^3）となる。さらに，Ａの容積は（500×3.14）cm^3だから，ＢとＣに１回ずつ水を移すことをくり返すと，500÷101＝４余り96より，４回目までは完全に入れることができ，（96×3.14）cm^3の水が残ることがわかる。さらにＢに移すと，96×3.14－56×3.14＝40×3.14（cm^3）の水が残る。したがって，最後（５回目）にＣに移したときの水面の高さは，（40×3.14）÷（３×３×3.14）＝40÷９＝$4\frac{4}{9}$（cm）と求められる。

社 会 ＜第２回試験＞（45分）＜満点：100点＞

解 答

1 **問１** 隠岐 **問２** (1) ア (2) ウ **問３** エ **問４** イ **問５** (1) 松江 (2) イ **問６** （例） Ｃ区・Ｄ区は，Ａ市・Ｂ市に比べて会社や学校などが多くあって昼間に人が多く集まるため，昼間人口が夜間人口を大きく上回っている。 **問７** （例） 生鮮食料品を手に入れることが難しかったが，新たにできたスーパーに送迎バスを利用して買い物に行けるようになる。（今まで話し相手が近所の限られた住民だけであったが，公民館を中心とした地区に住民が集まるので話し相手が増える。） **2** **問１** ① 武田信玄 ② 北里柴三郎 **問２** （例） 弥生時代には稲作を行っており，水田に水を引くため川の近くで暮らす必要があったから。 **問３** イ **問４** 桓武天皇 **問５** エ **問６** ウ **問７** （例） 火災に巻きこまれて亡くなった。下町には，家が密集しており，木造家屋が多かったため火災が広がった。 **問８** (1) ウ (2) 徴兵令 **問９** （例） ドイツやイギリス，フランスは戦争の当事者だったため，自分の国での流行を公表することで，戦力が落ちていると知られたくなかったから。 **問10** 水俣病 **3** **問１** オ **問２** （例） 落選者に投じられた票のこと。 **問３** （例） 太陽光や風力のような，二酸化炭素をあまり排出せず，ずっと使い続けられるエネルギーを使って発電すること。 **問４** 地方自治法 **問５** （例） 他国がジェンダー平等の取り組みを進めて成果を上げた一方で，日本はその取り組みが不十分で成果が上がっていないということ。　**問６**　ア　**問７**　(1)　ウ　(2)（例）【資料３】より，小学校に通っていない子どもが約９％いるという問題が指摘できる。これを解決するために，小学校に通うのにお金がかからないように，授業料だけでなく，給食や教科書も無料にすることを提案する。これは，【資料４】の全ての子どもが無料で教育を受けられるようにするという目標の達成につながる。（【資料３】より，女子の方が教育の機会をうばわれているということが問題であるとわかる。そのため，結婚は中学校卒業以後にするという法律をつくることを提案する。これは，【資料４】の女子も小学校と中学校を卒業できるようにするという目標の達成につながる。）

解　説

1　島根県の「たたら製鉄」を題材とした問題

問１　直後に「諸島」とあるので，隠岐《おき》諸島(島根県)と判断できる。隠岐諸島は後鳥羽《ごとば》上皇や後醍《ごだい》醐《ご》天皇が流されたことで知られ，全域が大山《だいせん》隠岐国立公園に属している。

問２　(1)　Ａ，Ｂ　鉄鉱石，石炭はどちらもほぼ100％を輸入しており，輸入先上位３か国は鉄鉱石がオーストラリア，ブラジル，カナダの順，石炭がオーストラリア，インドネシア，ロシアの順となっている(2021年)。　Ｃ　資源に恵まれない日本にとって，石灰石は100％自給できる数少ない資源である。　(2)　オーストラリア(地図中のウ)は，日本のほぼ南に位置している。南半球にあるため，日本と季節が逆になる。なお，アは南アフリカ共和国，イはサウジアラビア，エはアメリカ合衆国である。

問３　夏の降水量が多いアは太平洋側の気候に属する高知市，冬の気温が低いイは亜《あ》寒帯の気候に属する札幌市(北海道)と判断できる。残ったウ，エについて，松本市(長野県)は中央高地(内陸性)の気候，岡山市は瀬戸内の気候に属し，どちらも年間降水量が少ないが，瀬戸内の気候は比較《ひかく》的温暖なのでエが岡山市となり，もう一方のウが松本市となる。

問４　山の斜面《しゃめん》に階段状につくられた水田を棚田《たなだ》(畑の場合は段々畑)という。【資料２】のＡの地域では，異なる標高の地点に水田(ıı)がいくつも見られる(Ｘ…○)。また，Ｂの地域では，水田のほかに畑(∨)，竹林(ᒐ)，針葉樹林(Λ)，広葉樹林(Q)などが見られるが，荒《あ》れ地(ılı)は見られない(Ｙ…×)。なお，「たたら製鉄」とは，日本において古代から近世にかけて発展した製鉄法で，炉《ろ》に空気を送りこむのに使われるふいご(送風器)が「たたら」と呼ばれていたことにその名が由来する。日本刀の原材料である「玉鋼《たまはがね》」の生産を目的に，現在でも島根県南東部の奥出雲《おくいずも》町で，この製鉄法が続けられている。

問５　(1)　島根県の県庁所在地は松江市で，中海と宍道《しんじ》湖の間に位置している。　(2)　かき類は広島県，真珠《しんじゅ》は長崎県，のり類は佐賀県が2021年の収穫《しゅうかく》量全国第１位となっている(イ…○)。

問６　【資料３】で，Ｃ区・Ｄ区は，Ａ市・Ｂ市に比べて昼間に人が多く集まっているため，会社や学校などが多くあり，昼間人口が夜間人口(常住人口)を大きく上回っていると考えられる。

問７　【資料４】では，公民館や病院のあるところから離《はな》れた山間部に家が散在しているため，高齢者は病院通いも買い物も困難である。一方，【資料５】では，公民館を中心とした地区にスーパーがつくられ，その地区と山間部の家が送迎《そうげい》バスで結ばれているので，高齢者は病院通いも買い物もできるようになり，公民館を利用すれば近所の人だけでなく多くの住民との交流が可能になる。

2　災害や伝染病への対策の歴史についての問題

問１　①　甲斐《かい》国(山梨県)の戦国大名であった武田信玄《しんげん》は，富士川の支流の釜無《かまなし》川・笛吹《ふえふき》川などの治水事業で知られる。信玄堤《づつみ》(霞堤《かすみてい》)は信玄がつくった堤防で，川岸に多くの短冊状の堤を設置し，水流の勢いを弱める工夫が施されている。　②　細菌《さいきん》学者の北里柴三郎《しばさぶろう》は，明治時代の中ごろにドイツへ渡り，結核菌やコレラ菌の発見で知られるコッホのもとで研究を行った。このとき，破傷風の血清療法《りょうほう》を確立したことで，北里は世界的に知られる研究者となった。帰国後は伝染《でんせん》病研究所・北里研究所・慶應義塾大学医学部などを創設し，1894年には香港《ホンコン》でペスト菌を発見するなど，医学や教育の場で広く活躍《かつやく》した。2024年に発行される予定の新千円札には，北里の肖像《しょうぞう》が採用される。

問２　弥生時代には稲作を行っており，水田に水を引くため，川の近くに集落をつくって暮らすようになった。

問３　室町時代には，明(中国)との貿易で流入した明銭が国内で広く使われた(イ…×)。これは，平安時代後半以降，朝廷が通貨を発行しなくなったことと，中国の貨幣《かへい》のほうが質がよかったことによるものである。なお，鎌倉時代には，宋(中国)との貿易で流入した宋銭が使われた。

問４　平安京(京都府)をつくった桓武《かんむ》天皇は，朝廷に従わない東北地方の蝦夷《えみし》を平定するために，坂上田村麻呂を征夷《せいい》大将軍に任命して派遣した。

問５　津波の被害があったことを証明するためには，その直接的な証拠《しょうこ》が必要である(エ…○)。なお，言い伝えや石碑《せきひ》，歴史書などは，人間がつくったものなので，事実誤認や噂《うわさ》話などがふくまれている可能性がある(ア～ウ…×)。

問６　年表の普通選挙法の制定は1925年，世界恐慌《きょうこう》の始まりは1929年，満州事変の発生は1931年，日中戦争の始まりは1937年の出来事である。日本が国際連盟の脱退を通告したのは1933年の出来事なので，ウに入る。

問７　「下町」は東京都東部の土地が低い地域のことで，木造家屋が密集していたため火災に弱かった。関東大震災(1923年)のときには，地震の発生時刻が午前11時58分で昼食のしたくをしていた家庭が多く，下町を中心に大火災が発生して被害が大きくなった。また，東京大空襲《くうしゅう》(1945年)のときには，アメリカ軍の爆撃《ばくげき》機B29の大編隊が東京に襲来し，焼夷弾《しょういだん》(火災を起こさせるための爆弾)による爆撃で下町を中心に大火災が発生したため，死者は約10万人におよんだ。

問８　(1)　X　「ドイツ」ではなく「フランス」が正しい。なお，これらの条約は「安政の五か国条約」とも呼ばれる。　Y　日米修好通商条約(1858年)による開港地の説明として正しい。なお，神奈川は東海道の宿場町で，外国人と日本人が出会うことによる混乱が予想されたことから，実際には隣接《りんせつ》する横浜が開港された。兵庫も同様の理由から，実際には隣接する神戸が開港された。

(2)　1873年，徴兵《ちょうへい》令が発布され，満20歳以上の男子は徴兵検査を受け，合格した者は３年間兵役につくこととされた。なお，1877年の西南戦争では，鹿児島の士族が，徴兵令によって農民などから組織された政府軍にやぶれた。

問９　【資料３】を見ると，スペインは中立国，ドイツは同盟国，イギリスやフランスは連合国となっている。第一次世界大戦(1914～18年)は同盟国と連合国との戦いで，インフルエンザの流行は戦力(生産力や戦意)の低下を意味するので，自国での流行を中立国は発表できても，戦争の当事国は発表しなかったと考えられる。

問10　有機水銀を原因とする水俣《みなまた》病(熊本県水俣市周辺)，新潟(第二)水俣病(新潟県阿賀野《あがの》川流域)，カドミウムを原因とするイタイイタイ病(富山県神通《じんずう》川流域)，亜硫酸《ありゅうさん》ガス(二酸化硫黄《いおう》)などを原因とする四日市ぜんそく(三重県四日市市)を四大公害病といい，いずれも主に高度経済成長期(1950年代半ば～1970年代前半)に発生した。

3　持続可能な開発目標(SDGs)についての問題

問１　Ａ　「男女の権利の完全な享有《きょうゆう》」という表現から，女子差別撤廃《てっぱい》条約(1979年)と判断できる。　Ｂ　「二度」の「戦争」は第一次世界大戦(1914～18年)と第二次世界大戦(1939～45年)を指していると考えられるので，国連憲章(1945年)である。　Ｃ　「人権及《およ》び基本的自由」とあるので，世界人権宣言(1948年)とわかる。

問２　死票とは，落選した候補者へ投じられた票(政治に反映されない票)のことである。特に衆議院の小選挙区選挙では，１つの選挙区から１人の議員しか選ばれないので，死票が多くなる。

問３　持続可能(性)とは，半永久的に利用できることをいう。火力発電では，使われる化石燃料(石油・石炭・天然ガスなど)は有限であり，地球温暖化の原因となる二酸化炭素の排出《はいしゅつ》量が多い。これに対して，太陽光，水力，バイオマス，風力，地熱などの，自然の力で回復し半永久的にくり返し使えるエネルギーを再生可能エネルギーといい，これによる発電では二酸化炭素の排出量が少ない。

問４　地方の政治が，その地域の住民自身の手で住民のために行われることを，地方自治という。現代の民主政治の基本原則の１つで，日本国憲法もその第８章(第92～95条)で地方自治の原則を保障しており，憲法の施行に合わせて，地方公共団体(地方自治体)の組織および運営に関する事項を定めた地方自治法が定められた。なお，大日本帝国憲法には地方自治の規定がなく，地方の政治を行う府知事や県令(のちの県知事)は中央から派遣された。

問５　【資料１】を見ると，2006年から2023年にかけて，日本のジェンダーギャップ指数は0.65前後でほとんど変わっていないが，世界順位は80位から125位まで下がっている。一方，【資料２】を見ると，2006年には日本とほぼ同じ0.65だったチリとジンバブエのジェンダーギャップ指数が，2023年には0.78と0.75に上がっている。これらの資料からは，他国がジェンダー平等の取り組みを進めて成果を上げた一方で，日本は取り組みが不十分で成果を上げていないことがわかる。

問６　2023年，沖縄県宜野湾《ぎのわん》市にあるアメリカ軍の普天間《ふてんま》飛行場の名護《なご》市辺野古《へのこ》への移転をめぐる裁判で，沖縄県の上告を最高裁判所が棄却《ききゃく》したため，沖縄県の敗訴《はいそ》が決まった(ア…×)。

問７　(1)　パキスタン出身のマララ・ユスフザイは，女性の教育権を求めた人権運動家で，史上最年少でノーベル平和賞を受賞した。なお，アのグレタ・トゥーンベリはスウェーデンの環境運動家，イのマザー・テレサはインドで貧困者などの救済活動にあたったカトリックの修道女，エのナルゲス・モハンマディはイランの人権運動家で，イ，エもノーベル平和賞を受賞している。　(2)　【資料３】では，小学校に通っていない子どもが約９％いる現状が説明されている。これを解決するためには，給食や教材にかかる費用もふくめ，教育費の無償《むしょう》化などを提案できる。これは，【資料４】の目標の「公平で質の高い教育を無料で」の達成につながる。また，【資料３】では，女子は男子より教育の機会をうばわれている現状が説明されている。これを解決するためには，結婚年齢の下限を定める法律の制定などを提案できる。これは，【資料４】の目標の「男の子も女の子も，すべての子どもが，しっかり学ぶ」の達成につながる。

理　科　＜第２回試験＞（45分）＜満点：100点＞

解　答

[1] **問１**　秒速６km　**問２**　50秒　**問３**　秒速８km　**問４**　180km　**問５**　1.4×□
問６　**あ**　90　**い**　4　**問７**　35km　[2] **問１**　イ　**問２**　840倍　**問３**　（例）温度が高くなると，二酸化炭素は水に溶けにくくなること。　**問４**　180　**問５**　0.81ｇ
問６　250mL　**問７**　６：５　[3] **問１**　ヨウ素液　**問２**　ウ　**問３**　**記号**…ア，イ，カ　**理由**…（例）アオミドロは光合成によって酸素を出している。図４で好気性細菌が集まっているのは，むらさき，青，赤の光が当たったところだから。　**問４**　Ｘ　**問５**　**生育しているソウ類**…コウソウ類　**理由**…（例）10mの深さには，黄とだいだいの光だけが届く。この２色の光を吸収できる色素は色素Ｂ，色素Ｃである。色素Ｂ，色素Ｃをもち，光合成できるのはコウソウ類だけだから。　[4] **問１**　２　**問２**　２　**問３**　図１　**問４**　エ　**問５**　**豆電球**…A3　**明るさ**…ウ　**問６**　(1)　A1，A2，A3，A4，A5　(2)　ア　**問７**　２倍
問８　ウ

解　説

[1] **地震《じしん》波についての問題**

問１　図３より，震源から60km離《はな》れた観測地点での走時が10秒なので，地かく中を伝わる地震波の速さは秒速，60÷10＝６(km)と求められる。

問２　問１より，震源からの距離《きょり》が300kmの地点では，走時は，300÷６＝50(秒)になる。

問３，問４　図４を見ると，震源からの距離が180kmの地点で，グラフのかたむきが変化していることがわかる。これは，震源からの距離が180kmをこえた観測地点では，図７のｂの地震波がａの地震波よりも早く到達《とうたつ》するからである。図４で，震源から観測地点までの距離が180km以上のとき，距離が，300－180＝120(km)長くなると，走時は，45－30＝15(秒)長くなるので，マントルの上層部を伝わるときの地震波の速さは秒速，120÷15＝８(km)と求められる。

問５　図８で，点Ａの真上の地点，震源，点Ａを結ぶと直角二等辺三角形になり，図９より，直角をはさむ２辺の長さは□km，斜辺《しゃへん》(直角と向かい合っている辺)の長さは(1.4×□)kmとなる。よって，震源から点Ａまでの距離は(1.4×□)kmである。

問６　問４より，図８の震源から観測地点までの距離は180kmである。さらに，問５より，AB間の距離は(180－２×□)kmとなる。したがって，地震波がAB間を伝わるのにかかる時間は，$(180-2\times\square)\div 8=\frac{180-2\times\square}{8}=\frac{90-\square}{4}$(秒)とわかる。

問７　図４より，地震波が震源→点Ａ→点Ｂ→観測地点と進むのにかかる時間は30秒とわかる。よって，$\frac{1.4\times\square}{6}+\frac{90-\square}{4}+\frac{1.4\times\square}{6}=30$が成り立ち，両辺を12倍すると，$\frac{1.4\times\square}{6}\times 12+\frac{90-\square}{4}\times 12+\frac{1.4\times\square}{6}\times 12=30\times 12$となる。したがって，1.4×□×２＋(90－□)×３＋1.4×□×２＝360，2.8×□＋90×３－□×３＋2.8×□＝360，(2.8－３＋2.8)×□＋270＝360，2.6×□＝360－270＝90，□＝90÷2.6＝34.6…より，この地域での地かくの厚さは35kmと求められる。

[2] **二酸化炭素の性質と発生量についての問題**

問１　二酸化炭素はものを燃やすはたらきがない気体なので，油や化学薬品の火災など，消火に水を使えない火災のための消火設備に利用されている。

問２　ドライアイスの１cm^3あたりの重さは1.6ｇなので，4.4ｇのドライアイスの体積は，$4.4 \div 1.6 = \frac{11}{4}$($cm^3$)である。よって，このドライアイスがすべて気体になったとき，体積は，$2.31 \times 1000 \div \frac{11}{4} = 840$(倍)になっている。

問３　実験１の②で，ドライアイスの小片がなくなったとき，ペットボトルは二酸化炭素で満たされている。ここに水を入れてふたを閉めよく振《ふ》ると，二酸化炭素の一部が水に溶《と》け，ペットボトル内の圧力がまわりの気圧より低くなるため，ペットボトルがつぶれる。このとき，実験１の③より，温度が高くなると，二酸化炭素は水に溶けにくくなることがわかる。

問４　図１で，炭酸カルシウムが0.45ｇ以下のときには，炭酸カルシウムを0.15ｇ増やすごとに，発生する二酸化炭素が50mLずつ増えている。しかし，炭酸カルシウムを0.45ｇから0.6ｇに増やしたときには，二酸化炭素は30mLしか増えていない。これは，炭酸カルシウムが0.6ｇのときには，塩酸がすべて反応して炭酸カルシウムが残っているからである。よって，aは，炭酸カルシウムが0.6ｇのときと同様に，180mLとなる。

問５　問４より，この塩酸12mLと，$0.15 \times \frac{180}{50} = 0.54$(ｇ)の炭酸カルシウムが過不足なく反応する。したがって，この塩酸18mLと過不足なく反応する炭酸カルシウムは，$0.54 \times \frac{18}{12} = 0.81$(ｇ)とわかる。

問６　問５より，この塩酸18mLに加えた0.75ｇの炭酸カルシウムはすべて反応する。よって，発生する二酸化炭素は，$50 \times \frac{0.75}{0.15} = 250$(mL)と求められる。

問７　実験３では，0.9ｇの重そうから二酸化炭素が360mL発生している。一方，炭酸カルシウムから二酸化炭素を360mL発生させるには，炭酸カルシウムが，$0.15 \times \frac{360}{50} = 1.08$(ｇ)必要である。したがって，同じ体積の二酸化炭素を発生させるのに必要な炭酸カルシウムと重そうの重さの比は，1.08：0.9＝６：５と求められる。

３　水中のソウ類と光合成についての問題

問１　ヨウ素液はもともとうすい褐色《かっしょく》(うす茶色)であるが，デンプンがあると青むらさき色に変化する。この反応はヨウ素デンプン反応とよばれている。

問２　ワカメはウのように，海水中で大きく縦に成長する。なお，ワカメは根，茎《くき》，葉の区別がなく，からだ全体で水を吸収したり光合成を行ったりしている。

問３　植物は，体内にある葉緑体で光のエネルギーを利用して，体内に取り入れた二酸化炭素と水を材料に，養分(デンプン)をつくり出している。このはたらきを光合成といい，このとき酸素もつくり出されて放出される。また，好気性細菌《さいきん》は，酸素が存在するところで生育すると説明されている。図４で，むらさき，青，赤の光を当てたアオミドロに好気性細菌が集まったことから，アオミドロは光合成でこの３色の光を利用しているとわかる。

問４　アオミドロが光合成で利用している３色(むらさき，青，赤)の光を，図５では色素Ｘが最もよく吸収しているので，色素Ｘがクロロフィルａと判断できる。

問５　図８より，黄とだいだいの光は10ｍの深さに届くことがわかる。また，この２色の光を吸収するのは，図７より，色素Ｂ，色素Ｃとわかる。よって，図６より，10ｍの深さで生育しているソウ類はコウソウ類と判断できる。

4 電気抵抗《ていこう》と流れる電流の大きさについての問題

問１　図４で，乾《かん》電池の＋極から出る電流は，２つの豆電球Ａに１ずつ分かれて流れ，乾電池の－極に入る。したがって，乾電池から流れる電流は，１＋１＝２となる。

問２　図２，図３より，抵抗が２の豆電球Ｂに乾電池をつなぐと，乾電池から流れる電流が$\frac{1}{2}$になる。よって，乾電池から流れる電流が，図１の半分の大きさになっている図５の回路全体の抵抗も，２とわかる。

問３　図６では，豆電球Ｂと，豆電球Ａ２つが直列につながれたものが，乾電池に並列につながれている。したがって，乾電池から流れる電流は，$\frac{1}{2}+\frac{1}{2}=1$なので，図１の乾電池から流れる電流と同じになる。

問４　図７で，３つのスイッチをすべて切ると，豆電球Ａ５つが直列につながれたものが乾電池と接続されるので，エが選べる。

問５　図７で，スイッチS1，スイッチS2を入れると，乾電池の＋極→スイッチS1→豆電球A3→スイッチS2→乾電池の－極という回路ができ，豆電球A1，豆電球A2，豆電球A4，豆電球A5には電流がほとんど流れないので，豆電球A3が図１の豆電球Ａと同じ明るさで点灯する。

問６　図７で，３つのスイッチをすべて入れると，右の図Ⅰと同じ回路になる。よって，豆電球はすべて点灯し，点Ｐではａの向きに電流が流れる。

図Ⅰ

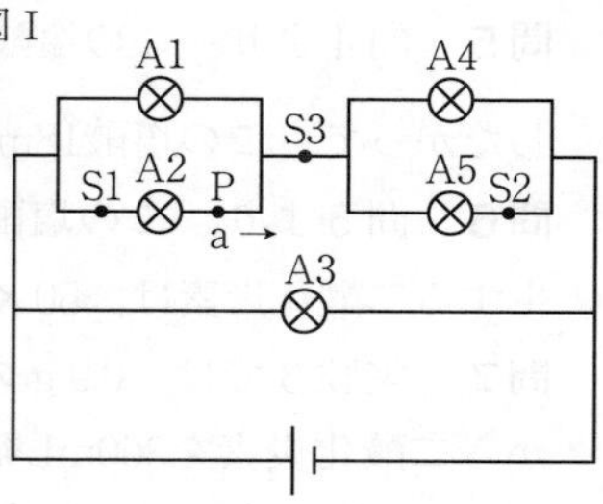

問７　図９の状態から手順①を行うと，乾電池の＋極→スイッチS1→切り替《か》えスイッチT1の端子《たんし》１→切り替えスイッチT2の端子１→豆電球Ａ→豆電球Ａ→乾電池の－極という回路ができるので，乾電池から流れる電流は図５と同様に$\frac{1}{2}$になる。次に，手順②を行うと，乾電池の＋極→スイッチS2→豆電球Ｂ→乾電池の－極という回路もできるので，乾電池から流れる電流は図６と同様に１になる。したがって，手順②までを行ったときの電流の大きさは，手順①を行ったときと比べて，$1\div\frac{1}{2}=2$（倍）になる。

問８　図９で，手順④まで行うと，右の図Ⅱと同じ回路になる。ここで図６より，豆電球A1，豆電球A2と，豆電球B1を合わせた部分の抵抗は１となり，豆電球Ａ１つと同じになる。よって，豆電球A1，豆電球A2，豆電球B1を合わせた部分は豆電球Ａ１つに置き換《か》えることができる。さらに，置き換えた豆電球Ａに豆電球A3と豆電球B2を加えた部分の抵抗も豆電球Ａ１つと同じになる。同様に考えていくと，回路全体の抵抗も豆電球Ａ１つと同じになることがわかる。したがって，手順④の後，乾電池から流れる電流の大きさは，手順②までを行ったときと比べて，１÷１＝１（倍）になる。

図Ⅱ

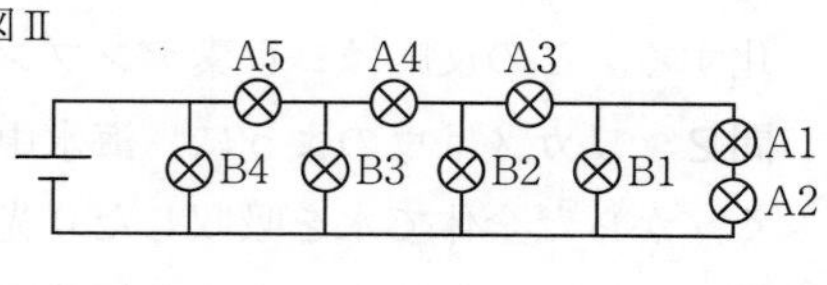

国　語　＜第２回試験＞（45分）＜満点：100点＞

解　答

一　**問１**　（例）　家族の食事をつくるのは大変だが，つくりがいがあるということ。　**問２**

（例）　パンデミック宣言後の数年間，今までと異なる忙しさに追われて時間の感覚がなくなっていることに気づいたので，母がしていたように家族の日常のできごとを書き留めておきたいと考えたから。　**問３**　（例）　実家のあとに建てられた新築の家を目にし，その地面の下には自分たちもふくめた，昔からの日々の暮らしの記憶が存在し，それが今につながっていると教えられたような気がして，今自分が住む場所でも日々の暮らしをていねいに積み重ねていこうと思っている。　二　**問１**　（例）　小説を読んでいる間にその登場人物になりきって，さまざまな他人の人生を自分ごととして感じることができる経験。　**問２**　（例）　絶え間なく情報を受け取る日常生活では，立ち止まって考えることは難しい。しかし，小説では読むのを中断して情報の整理や違和感の確認ができ，これを繰り返すことで実人生でも自分を客観視する姿勢が身につくから。　**問３**　（例）　実家の解体作業について，百々子は見ると泣くから見にいかないと言うのに対して，美海子は見にいこうとしているというちがい。　三　下記を参照のこと。

●漢字の書き取り

三　⑴　散策　⑵　清算　⑶　破竹　⑷　除幕　⑸　枝葉末節

解　説

一　**出典：角田光代《かくたみつよ》『ゆうべの食卓《しょくたく》』**。もと実家のあったところに新しい家が建っているのを見た美《み》海子《みこ》は，連綿と続く暮らしに思いをはせる。

問１　母と美海子のやりとりが，「あんたたちがいるときは，たいへんだったけど料理もしがいがあった」→「『そんなもんかしらね』今まさに，毎日の家族の食事に追われている美海子はつぶやく」→「あんたもいつかわかるわよ」という順に進んでいることに注意する。これをふまえ，「家族の食事づくりは大変だが，つくりがいがあるということ」のようにまとめる。

問２　傍線《ぼうせん》部②の理由は，二文後の「時間の感覚がないというのはそのころから気づいていて，書いておかないと忘れてしまうと思ったのだ」というものである。また，そのきっかけについては，少し前で，「パンデミック宣言がなされてから，新塚《にいづか》美海子は時間の感覚がなくなった。日々はがらりと変わり，今までとは異なる忙《いそが》しさに追われるのだが，それで日が過ぎている気がしない」と書かれている。これをふまえ，「パンデミック宣言後，時間の感覚がなくなっていることに気づいたので，母のように家族の日常のできごとを書き留めようと考えたから」のようにまとめる。

問３　美海子の心情は，直前の「私は私の日々をきちんと送ろうと，他人の家に励《はげ》まされたような気持ち」である。そして，この心情は「実家のあった場所」に建てられた「まあたらしい家」を見たことで生じており，美海子は「連綿と続く暮らし」の「記憶《きおく》が地面の下に眠《ねむ》っている」と感じている。これをふまえ，「実家のあった場所に建てられたまあたらしい家を見て，その地面の下には現在や未来にまで連綿と続く暮らしの記憶が存在していると感じ，自分も自分の日々をきちんと送ろうと励まされている」のようにまとめる。

二　**出典：真山仁《まやまじん》『“正しい”を疑え！』**。小説を読むことにより，客観視の習慣が身につき，多彩《たさい》な価値観を体験できると述べている。

問１　「経験」が，「小説を読む」ことで得られるものであることに注意する。「小説を読む」ことについて，少し後で「こうして登場人物になりきっている間，実生活では絶対にわからない他人の人生を，自分ごととして感じ取っているはずです」と述べられているので，これをふまえ，「小説を読んで登場人物になりきり，他人の人生を自分ごととして感じ取る経験」のようにまとめる。

問２　「客観視の習慣」を身につけることについては，直前で，「スポーツ選手が，繰《く》り返し練習して体に覚えさせるのと同じです」と述べられている。そして，少し前で，「日常生活の中」での「客観視」の難しさと，これに対する小説の効果が説明されている。これをふまえ，「日常生活の中では立ち止まって違和《いわ》感を確かめたり確信が持てるまで考えたりするのは容易でないが，小説では感情移入しながら読んだり，読むのをやめて考えたりでき，その往復の繰り返しが客観視の練習になるから」のようにまとめる。

問３　たとえば，実家の解体作業について，「手続きは私がやるけど，立ち会いはしない」「見たら泣いちゃうもん，きっと」と百々子《ももこ》は言っていたが，美海子は「実家が取り壊《こわ》されるのを～ひとりで見にいっ」ている。そして，美海子は解体作業を見ても「泣くような気持ち」にはならなかった。このような部分に注目することで，同じものごとに対して登場人物ごとに異なる感情を持ったり，個々の性格にもとづく多様な行動がありえたりすることがわかる。

三　漢字の書き取り

(1)　特に目的もなく，ぶらぶら歩くこと。　(2)　お金の貸し借りを整理して，あとしまつをつけること。　(3)　「破竹の勢い」は，竹の一節を割ると一気に割れていくことから，止められないほどの激しい勢いを表す。　(4)　記念碑《ひ》や像などが完成したときに，かぶせておいた布などを取り除くこと。　(5)　ものごとの主要ではない部分。

Memo

Memo

2023 年度 鷗友学園女子中学校

【算　数】〈第１回試験〉（45分）〈満点：100点〉

【注意】 円周率の値を用いるときは，3.14として計算しなさい。

1 　次の ア ， イ に当てはまる数を求め，答えを解答欄に書きなさい。

(1) $1.35\times\left\{\frac{5}{14}+2\frac{15}{16}\div\left(6.75-\frac{3}{2}\right)\right\}-\frac{3}{5}=\boxed{\text{ア}}$

(2) $\left\{4.7-\left(\boxed{\text{イ}}+4.5\right)\div\frac{5}{3}\right\}\times 2\frac{5}{6}+\frac{1}{3}=3\frac{11}{15}$

2 　ある商品を何個か仕入れたところ，仕入れ値の合計は41400円になりました。この商品をすべて１個150円で売ると，利益は仕入れ値の25％になります。はじめは１個150円でいくつか売りましたが，売れ残りそうだったため，残りを１個140円で売りました。その結果，すべて売ることができ，利益の総額は10000円でした。はじめに150円で売った個数を求めなさい。

答えを出すために必要な式，図，考え方なども書きなさい。

3 　図１のように，円と，その円周上に頂点がある正六角形があります。この正六角形の面積は15cm^{2}です。図１と同じ大きさの円を図２のように４つ重ねます。●はそれぞれの円の中心を表しています。斜《しゃ》線部分の面積の和を求めなさい。

答えを出すために必要な式，図，考え方なども書きなさい。

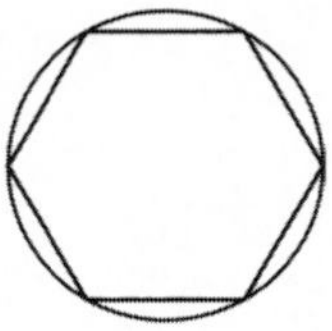

図１

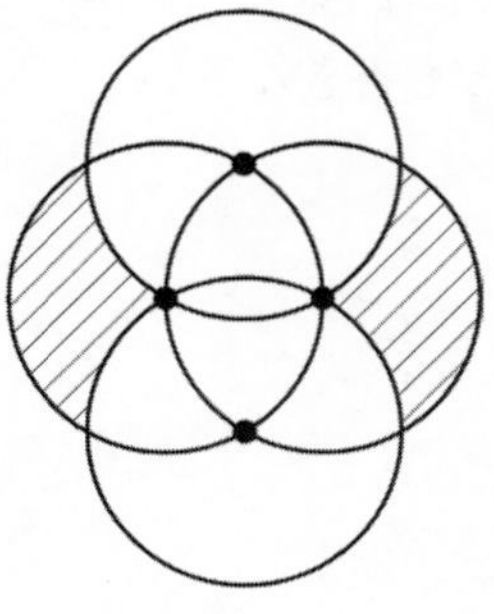

図２

4 　図のような AB＝AC の二等辺三角形 ABC があります。この三角形を，直線 m を軸《じく》として１回転してできる立体をＶとします。ただし，直線 m と辺 BC は垂直です。このとき，CD の長さと，立体Ｖの表面積を求めなさい。

答えを出すために必要な式，図，考え方なども書きなさい。

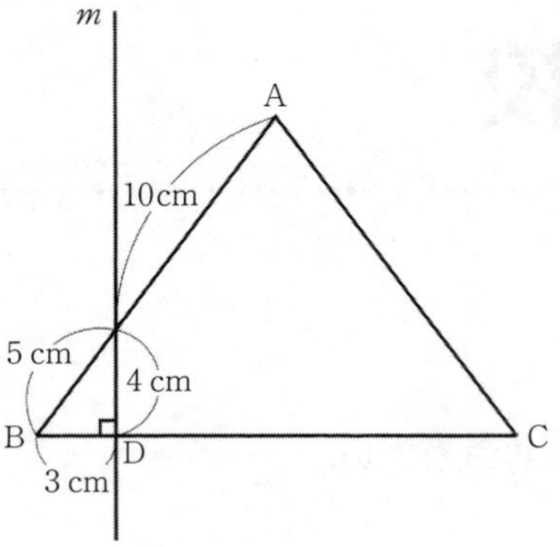

5　整数の列１，２，３，４，５，６，７，８，９，10，11，12，…，99，100，101，102，…について，次のように各桁《けた》の数字を分割して

１，２，３，４，５，６，７，８，９，１，０，１，１，１，２，…，９，９，１，０，０，１，０，１，１，０，２，…

という数の列を新しく作りました。この数の列について，次の問いに答えなさい。

(1)　はじめから200番目の整数を求めなさい。
答えを出すために必要な式，図，考え方なども書きなさい。

(2)　はじめから200番目の整数までの和を求めなさい。
答えを出すために必要な式，図，考え方なども書きなさい。

6　図の三角形 ABC において，AD：DB＝3：1，AE：EC＝2：3です。また，EF と CD，DE と GH，AB と EG はそれぞれ平行です。

(1)　AF：FD：DB を，最も簡単な整数の比で表しなさい。
答えを出すために必要な式，図，考え方なども書きなさい。

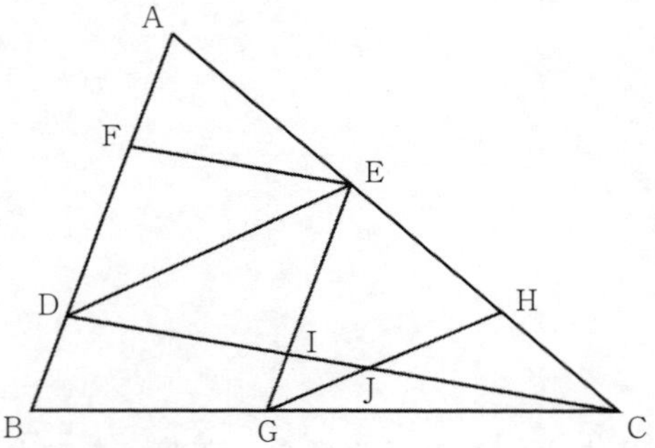

(2)　DI：IJ：JC を，最も簡単な整数の比で表しなさい。
答えを出すために必要な式，図，考え方なども書きなさい。

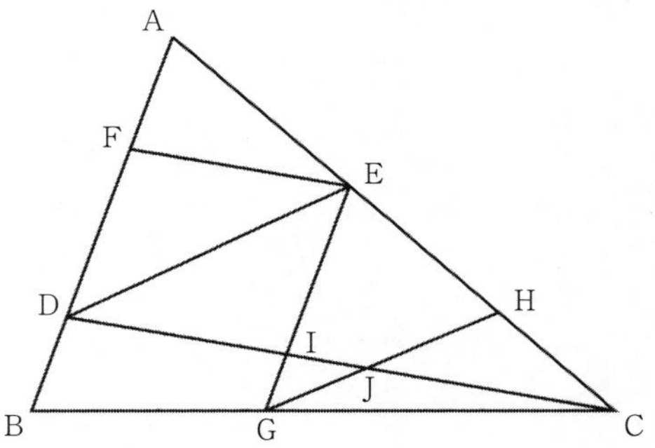

(3)　四角形 ADJE と三角形 ABC の面積の比を，最も簡単な整数の比で表しなさい。
答えを出すために必要な式，図，考え方なども書きなさい。

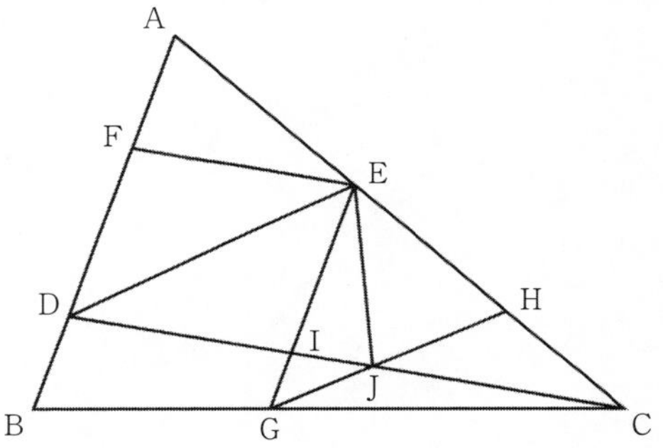

7　ある鉄道の路線には，普《ふ》通列車，快速列車と特急列車の３種類の列車が並行して走っています。この路線にはＡ駅，Ｂ駅，Ｃ駅，Ｄ駅の順に駅があり，普通列車はすべての駅に停車します。快速列車はＡ駅を出発した後，Ｂ駅とＤ駅に停車します。特急列車はＡ駅を出発した後，Ｂ駅とＣ駅には停車せず，Ｄ駅にのみ停車します。どの列車もＡ駅から出発し，停車駅で１分間停車し，終点のＤ駅に着くと３分間停車してから，Ａ駅行きの列車として，それぞれ行きと同じ駅に停車します。

ある日の朝，普通列車が７時にＡ駅を出発し，その後，特急列車が７時05分にＡ駅を出発しました。すると，Ｄ駅行きの普通列車がＣ駅を出発した１分30秒後に，Ｄ駅行きの特急列車がＣ駅を通りすぎました。また，特急列車がＡ駅を出発した後，快速列車がＡ駅を出発しました。

普通列車と快速列車は同じ速さです。すべての列車は区間にかかわらず，それぞれ一定の速さで走ります。また，列車の長さや駅のホームの長さは考えないものとします。Ａ駅からＤ駅までの距離《きょり》は10km です。

下の表は，７時にＡ駅を出発した普通列車の各駅での発車時刻を，グラフは各列車の時刻と位置の関係の一部を表したものです。

発車駅	Ａ駅	Ｂ駅	Ｃ駅	Ｄ駅	Ｃ駅	Ｂ駅
発車時刻	7:00	7:03	7:08	7:15	7:20	7:25

(1)　Ｂ駅とＣ駅の間の距離は何kmですか。

答えを出すために必要な式，図，考え方なども書きなさい。

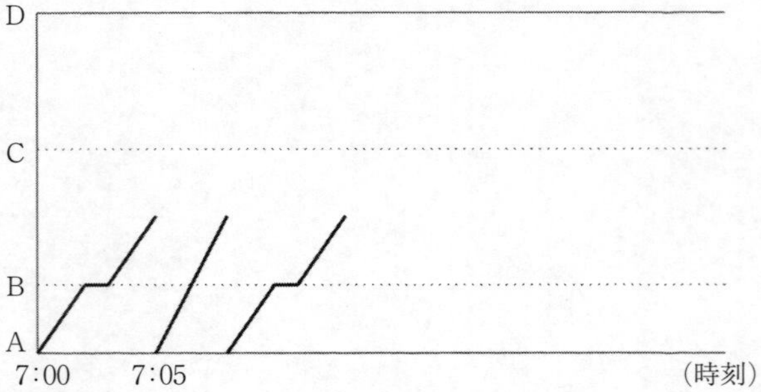

(2)　特急列車の速さは時速何kmですか。

答えを出すために必要な式，図，考え方なども書きなさい。

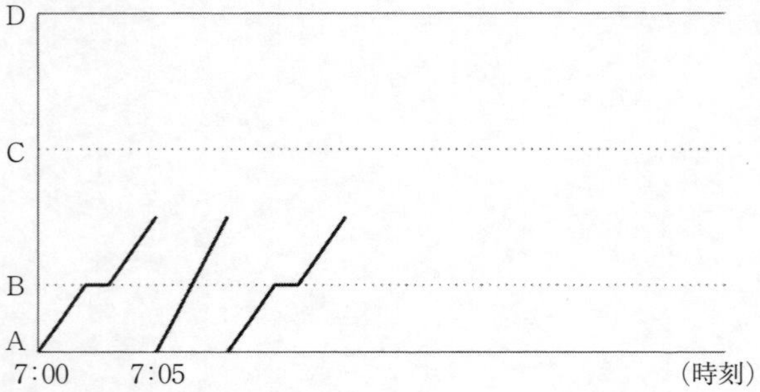

(3)　Ｄ駅を出発したＡ駅行きの特急列車が，７時15分にＤ駅を出発したＡ駅行きの普通列車に追いついたときに，Ｄ駅行きの快速列車とちょうどすれ違《ちが》いました。快速列車がＡ駅を出発した時刻は何時何分でしたか。

答えを出すために必要な式，図，考え方なども書きなさい。

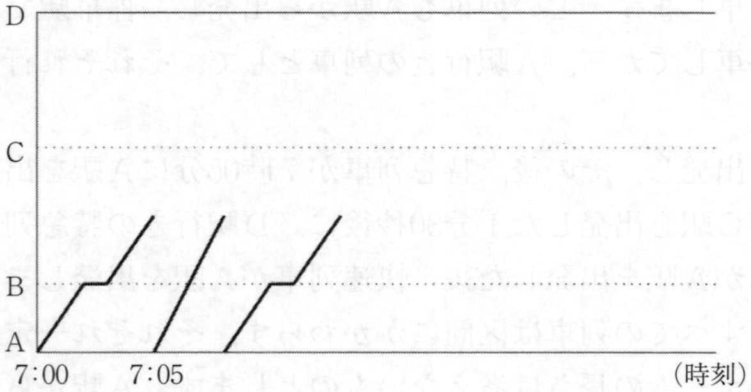

【社　会】〈第１回試験〉（45分）〈満点：100点〉

〈編集部注：実物の入試問題では，地形図はすべてカラー，図やグラフも大半はカラー印刷です。〉

1　次の文章を読み，問いに答えなさい。

日本で最も大きな湖は，［　①　］県の面積の６分の１を占《し》める琵琶湖《びわこ》です。

琵琶湖からは瀬田川《せたがわ》が流れ出て，(a)京都府で宇治川，(b)大阪府で淀川《よどがわ》と名前を変えて(c)大阪湾に注ぎこんでいます。琵琶湖では古くから漁業が盛《さか》んで，真珠《しんじゅ》などの(d)養殖《ようしょく》も行われています。また，(e)明治時代には琵琶湖と京都の間に琵琶湖疏水《そすい》が完成し，産業発展の礎《いしずえ》となりました。

［　①　］県は７月１日を「びわ湖の日」と定めています。かつて琵琶湖では，富栄養化によってプランクトンが異常に増え，水の色が変わる［　②　］が発生していました。その後「琵琶湖の富栄養化の防止に関する条例」が制定され，水質の改善への努力が行われてきました。「びわ湖の日」は琵琶湖への思いを共有し，環境《かんきょう》を守る取り組みを行う日となっています。

問１　文中の［①］［②］にあてはまることばを答えなさい。
なお，同じ番号には，同じことばが入ります。

問２　下線部(a)について。次の**Ａ**～**Ｃ**は，京都府，新潟県，山梨県のいずれかの府県庁所在地を通る南北の断面図です。**Ａ**～**Ｃ**にあてはまる府県の組み合わせとして正しいものを下のア～カから１つ選び，記号で答えなさい。

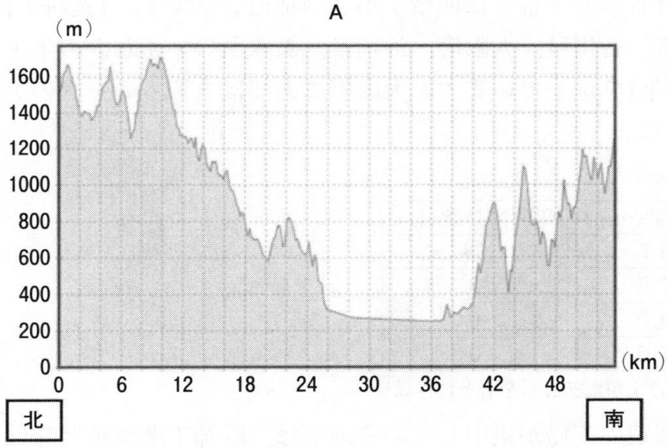

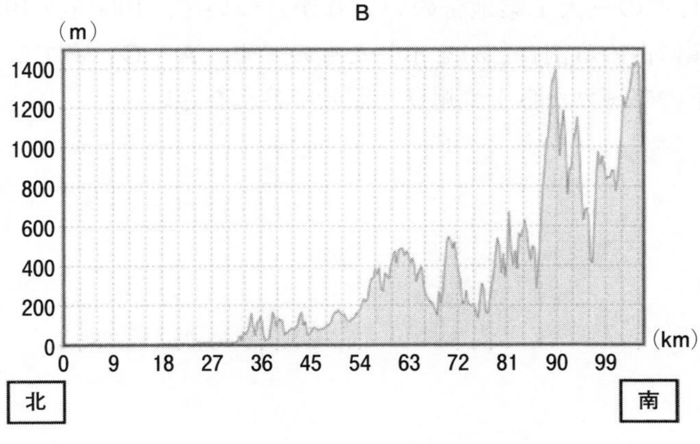

C

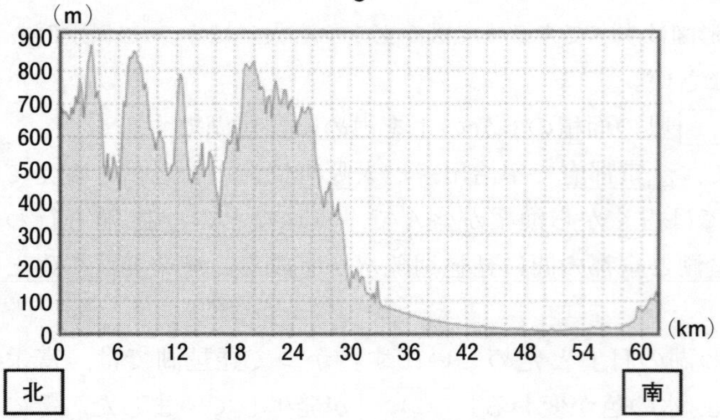

(国土地理院ウェブサイト　https://maps.gsi.go.jp/をもとに作成)

ア．A＝京都府　B＝新潟県　C＝山梨県
イ．A＝京都府　B＝山梨県　C＝新潟県
ウ．A＝新潟県　B＝京都府　C＝山梨県
エ．A＝新潟県　B＝山梨県　C＝京都府
オ．A＝山梨県　B＝新潟県　C＝京都府
カ．A＝山梨県　B＝京都府　C＝新潟県

問３　下線部(b)について。大阪府は日本で２番目に面積が小さい都道府県です。**【資料１】**のア～エは，面積が小さい府県である，香川県，大阪府，沖縄県，鳥取県のいずれかの年平均気温，年間降水量，年間雪日数(2019年)を示しています。大阪府にあてはまるものを次のア～エから１つ選び，記号で答えなさい。

【資料１】

府県	年平均気温(℃)	年間降水量(mm)	年間雪日数(日)
ア	16.0	1536.5	38
イ	17.3	927.5	3
ウ	17.6	1219.0	6
エ	23.9	2637.5	0

(総務省統計局「統計でみる都道府県のすがた2021」をもとに作成)

問４　下線部(c)について。大阪湾周辺の工場が集中している地帯は，阪神《はんしん》工業地帯と呼ばれています。**【資料２】**のA～Cは，日本の三大工業地帯のいずれかについて，1960年・1980年・2019年の全国の工業製品出荷《しゅっか》額《がく》に占める割合(％)を示したものです。A～Cにあてはまる組み合わせとして正しいものを下のア～カから１つ選び，記号で答えなさい。

【資料２】

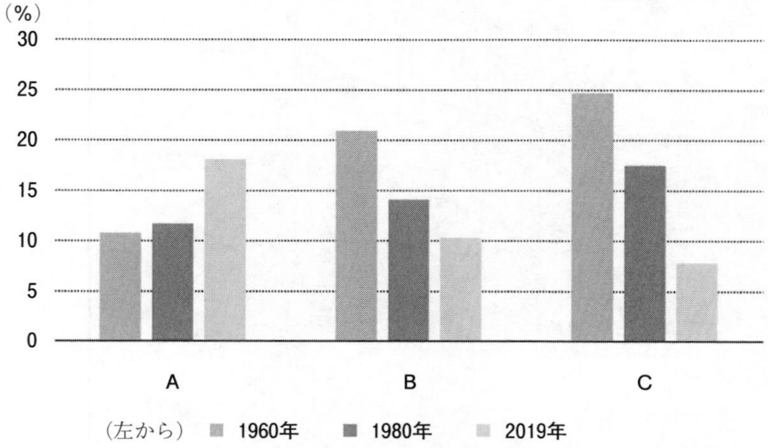

(矢野恒太記念会「日本のすがた2022」をもとに作成)

ア．A＝京浜《けいひん》工業地帯　B＝中京工業地帯　C＝阪神工業地帯
イ．A＝京浜工業地帯　B＝阪神工業地帯　C＝中京工業地帯
ウ．A＝中京工業地帯　B＝京浜工業地帯　C＝阪神工業地帯
エ．A＝中京工業地帯　B＝阪神工業地帯　C＝京浜工業地帯
オ．A＝阪神工業地帯　B＝京浜工業地帯　C＝中京工業地帯
カ．A＝阪神工業地帯　B＝中京工業地帯　C＝京浜工業地帯

問５　下線部(d)について。近年では「育てる漁業」として，養殖漁業(養殖業)に加え，栽培《さいばい》漁業も盛んに行われています。養殖漁業と栽培漁業について，それぞれ説明しなさい。

問６　下線部(e)について。琵琶湖疏水について調べたＡさんとＢさんの会話です。これを読んで，以下の問いに答えなさい。

Ａさん：人工的に作られた水路には運河もあると思うけど，疏水とどう違《ちが》うのかな？

Ｂさん：運河は［　①　］を目的として作られるけど，疏水は農業や生活などに使う水の供給が一番の目的といえそうだね。

Ａさん：ところで「琵琶湖疏水が産業発展の礎となった」といわれるのはなぜだろう？

Ｂさん：**【資料３】**の琵琶湖疏水周辺の地形図から考えてみよう。地形図中青色の点線と実線で示されている琵琶湖疏水をたどると，「蹴上《けあげ》駅」の北西方向に［　②　］の地図記号があることがわかるね。

Ａさん：なるほど。**【資料４】**は，琵琶湖疏水と同じく明治時代に作られた安積《あさか》疏水周辺の地形図だけど，「中山峠」付近にも同じく［　②　］の地図記号があるよ。

Ｂさん：水を色々な形で使っていたことがわかるね。

【資料３】　琵琶湖疏水周辺の地形図

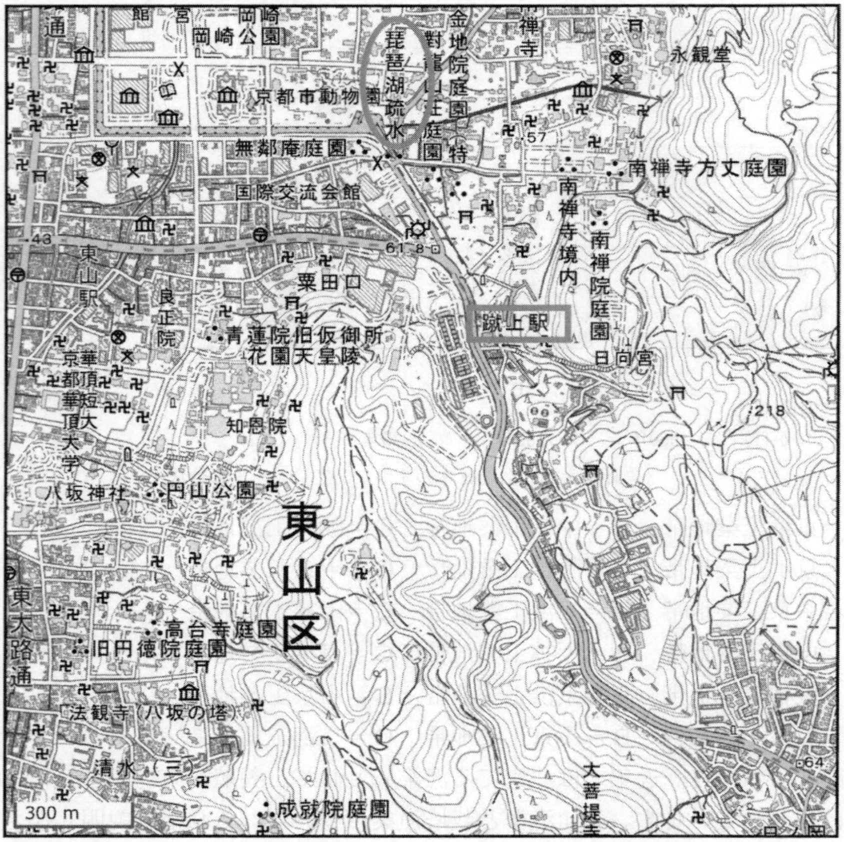

←青色の点線

（国土地理院ウェブサイト　https://maps.gsi.go.jp/をもとに作成）

【資料４】　安積疏水周辺の地形図

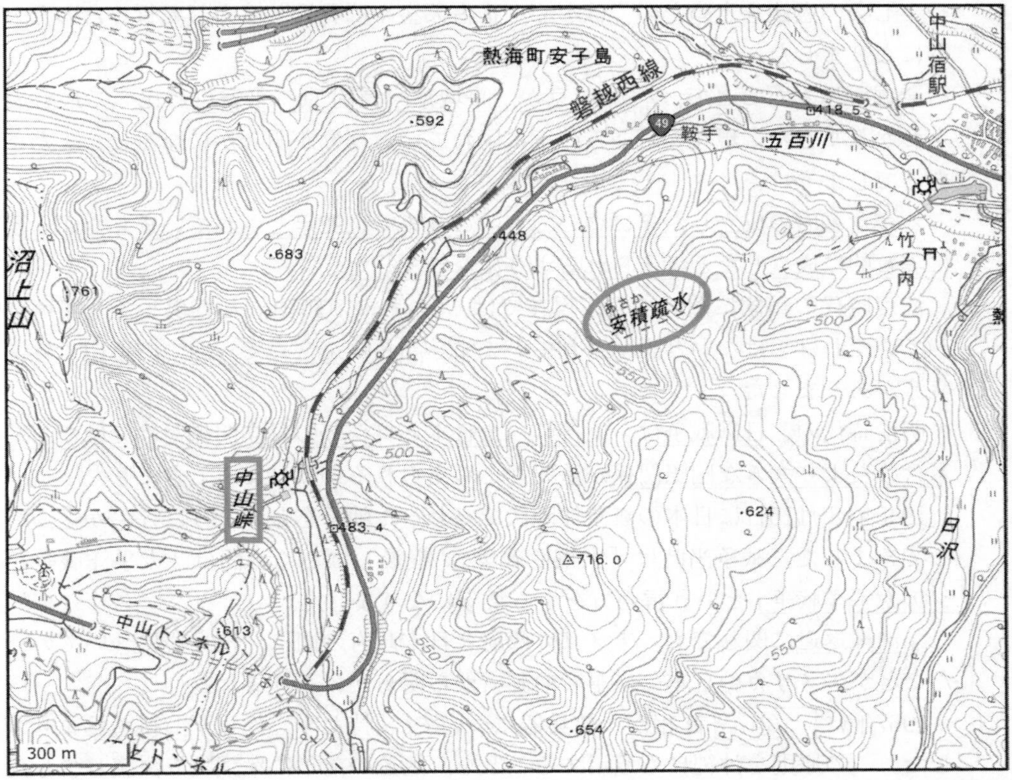

(国土地理院ウェブサイト　https://maps.gsi.go.jp/をもとに作成)

(1)　文中の ① にあてはまる内容を答えなさい。

(2)　文中の ② にあてはまることばを答えなさい。
　なお，同じ番号には，同じことばが入ります。

(3)　**【資料３】**・**【資料４】**の疏水の水源となる湖は，それぞれ東西のどちら側にあると考えられますか。地形図を読み取って考え，次のア〜エから１つ選び，記号で答えなさい。

ア．琵琶湖疏水の水源＝東側　安積疏水の水源＝東側
イ．琵琶湖疏水の水源＝東側　安積疏水の水源＝西側
ウ．琵琶湖疏水の水源＝西側　安積疏水の水源＝東側
エ．琵琶湖疏水の水源＝西側　安積疏水の水源＝西側

2　次の文章を読み，問いに答えなさい。

歴史は変わらないものだと思われていますが，実は研究が進むにつれて，新しい発見によって変わっていくこともあります。

縄文時代は狩《か》りが中心の生活だったというイメージが，500人規模の集落が1500年間も続いた青森県の ① 遺跡《いせき》が発見されたことで，大きく変わりました。

日本最大の古墳《こふん》は，かつて仁徳天皇陵《てんのうりょう》古墳と呼ばれていましたが，仁徳天皇の墓であるという証拠《しょうこ》がないという理由で，今は地名をとって大仙《だいせん》古墳と呼ばれています。内部を調査したら，誰《だれ》の墓かわかるかもしれません。

聖徳太子も，元々の名前である厩戸《うまやと》王(皇子《おうじ》)と呼ぶようになり，彼一人の力で(a)冠位十二階《かんいじゅうにかい》や十七条の憲法を定めたのではなく，推古《すいこ》天皇や蘇我《そが》氏と協力して行ったのだと考えられるようになりました。

発掘《はっくつ》が進んだことで，(b)藤原京《ふじわらきょう》が，平城京，長岡京《ながおかきょう》，平安京と比べて最も大きかったこともわかりました。現在の町並みの下に隠《かく》れている部分が明らかになると，またさらなる発見があるでしょう。

(c)鎌倉幕府の成立した年についても，これまで1192年とされていましたが，現在は，1185年に実質的に成立したと考えられるようになりました。

江戸時代の鎖国《さこく》に関しても，現在では，「いわゆる鎖国」と表現して，江戸幕府は国を閉《と》ざしていたわけではないと説明されています。(d)長崎を含《ふく》めて，四つの窓口で外国や他民族との交流がありました。

明治時代の(e)日露《にちろ》戦争は，直接戦った日本とロシアの対立関係だけではなく，それ以外の国も含めたより大きな国際関係が重要だと考えられるようになってきました。

1945年８月15日に日本の無条件降伏《こうふく》で終わった戦争をどのように呼ぶかも，いろいろと変わってきました。戦争当時は「大東亜《だいとうあ》戦争」，戦後しばらくの間は「太平洋戦争」，近年は(f)「アジア太平洋戦争」という言い方をするようになりました。

(g)沖縄返還《へんかん》に関しても，アメリカ政府と日本政府の間に，核兵器《かくへいき》についての「密約」があったことがアメリカや日本の当事者の証言から明らかになりました。

1967年に［　②　］首相《しゅしょう》が，核兵器について(h)「持たず，作らず，持ち込《こ》ませず」と答弁しました。この原則を沖縄にも適用することを，返還の前年に衆議院で決議しました。しかし，返還後も，アメリカが必要とする場合には(i)核兵器を再び持ち込むことを認めるとしていたのです。

今わかっていないこと，伏《ふ》せられていたことがいつか明らかになり，新しい事実に基《もと》づいて歴史は書き換《か》えられていくのです。

問１　文中の［　①　］［　②　］にあてはまることばを答えなさい。

問２　下線部(a)について。冠位十二階の制度ができたことで，地位の与え方が氏姓制度の時とは変わりました。氏姓制度と比較して，地位の与え方がどう変わったか説明しなさい。

問３　下線部(b)について。次のできごとと，それが起きた時の都の組み合わせとして正しいものを次のア～エから１つ選び，記号で答えなさい。

	できごと	当時の都
ア	平清盛が太政大臣《だいじょうだいじん》になった。	平城京
イ	『日本書紀』が編集された。	平安京
ウ	大宝律令《りつりょう》が制定された。	藤原京
エ	第１回遣隋使《けんずいし》が送られた。	長岡京

問４　下線部(c)について。鎌倉幕府が実質的に成立した年が，1185年と考えられるようになった理由を答えなさい。

問５　下線部(d)について。四つの窓口について説明した文として**誤っているもの**を次のア～エから１つ選び，記号で答えなさい。

ア．オランダと中国とは，長崎の出島で貿易を行った。

イ．対馬藩は，貿易の他，朝鮮通信使を江戸まで送り届けた。

ウ．松前藩は，蝦夷地でアイヌと交易を行った。

エ．薩摩藩は，琉球王国を通じて中国の品を手に入れた。

問6　下線部(e)について，以下の問いに答えなさい。

(1)　【資料1】は，日露戦争前のあるできごとを描いた「火中の栗」と呼ばれる風刺画です。日露戦争前のあるできごととは何か答えなさい。

(2)　【資料1】で左端の人物が焼いて食べようとしている「栗」は，どこの国を表しているか，当時の国名で答えなさい。

【資料1】

(『図説日本史通覧』)

問7　下線部(f)について。日本が関わった戦争の期間を示した次の表の【A】にあてはまるできごとを答えなさい。

	1931	1932	1933	1934	1935	1936	1937	1938	1939	1940	1941	1942	1943	1944	1945
満州事変		■	■												
【A】							■	■	■	■	■	■	■	■	■
第二次世界大戦									■	■	■	■	■	■	■
太平洋戦争											■	■	■	■	■

問8　下線部(g)について。1960年代後半，沖縄では祖国復帰運動とともに，ある戦争に対する反戦運動も盛り上がりました。この反戦運動はアメリカでも激しく起きていました。ある戦争とは何か，次のア～エから1つ選び，記号で答えなさい。

ア．朝鮮戦争　　　イ．ベトナム戦争

ウ．イラク戦争　　エ．湾岸戦争

問9　下線部(h)について。この原則を何と呼ぶか答えなさい。

問10　下線部(i)について。2022年6月に，第1回核兵器禁止条約締約国会議が開かれました。日本は条約に参加しておらず，会議にも参加しませんでした。【資料2】を読んで，問いに答えなさい。

【資料２】　日本の立場

> 条約には，核兵器を保有する国々が参加していない。日本が加わって議論をしても，実際に核廃絶にはつながらない。
>
> 日本としては，核兵器保有国と非保有国が加わる核拡散防止条約(NPT)の再検討会議の枠組みなどを通じて双方《そうほう》の橋渡しとなり，現実的に核軍縮を前に進めることを優先する。

【資料２】に**触れられていない**，日本が核兵器禁止条約に参加しない理由として考えられることを答えなさい。一方で，国内外から，日本こそ条約に参加するべきだという意見が数多く出る理由を，日本の歴史を踏まえて説明しなさい。

3　次の文章を読み，問いに答えなさい。

「人間の安全保障《ほしょう》に関する特別報告書」が(a)2022年２月，(b)国連開発計画(UNDP)によって発表されました。グローバル化が進んだ現在の国際社会では，国境を越《こ》えた問題や地球規模《きぼ》の課題に対して，国家がその国境と国民を守るという伝統的な「国家の安全保障」の考え方のみでは対応できません。そこで，国家の安全保障を補《おぎな》い，強化する考え方として，人間一人ひとりに焦点《しょうてん》を当てる「人間の安全保障」が重要となります。この考え方を反映《はんえい》させて，紛争《ふんそう》や(c)軍事衝突《しょうとつ》，(d)環境破壊《はかい》，難民《なんみん》問題などに対し，対策《たいさく》がとられています。

「人間の安全保障」という考え方では，恐怖《きょうふ》からの自由，欠乏《けつぼう》からの自由が重視《じゅうし》されます。これは(e)日本国憲法の前文とも共通する考え方です。「人間の安全保障」を日本の外交に本格的に位置づけたのは，1998年の小渕恵三《おぶちけいぞう》(f)内閣《ないかく》総理大臣の演説でした。(g)現在のさまざまな問題に対して，「人間の安全保障」の考え方を反映させてどのように対応すれば，人々が尊厳《そんげん》を持って生きることができるようになるのか，引き続き考えなければならないでしょう。

問１　下線部(a)について。2022年に起きたできごととして**誤っているもの**を次のア～エから１つ選び，記号で答えなさい。

ア．日中国交正常化から100周年を迎《むか》え，これを祝う行事が開催《かいさい》された。

イ．国連総会において，日本は安全保障理事会の非常任理事国に選出された。

ウ．沖縄県知事選挙が行われ，玉城《たまき》デニー氏が再選された。

エ．参議院議員通常選挙では，自民党が改選議席の過半数を獲得した。

問２　下線部(b)について。国連開発計画(UNDP)が取り組んできた問題の１つに，南北問題があります。南北問題とは何か，説明しなさい。

問３　下線部(c)に関連して。軍隊に対しては，その独走を防ぐしくみを設けておく必要があります。この目的のために，軍人ではない人が軍隊を指揮《しき》する原則を何というか，答えなさい。

問４　下線部(d)について。環境破壊については，これまでさまざまな研究が行われてきました。経済《けいざい》成長と環境汚染《おせん》の度合いの関係については，**【資料１】**のような分析《ぶんせき》があります。

【資料１】　経済成長と環境汚染の度合いの関係についての分析

> 経済成長が進んで１人あたりの所得が高くなってくると，それに伴《ともな》って環境汚染の度合いが高まっていく。ある程度，経済成長が進むと，環境汚染への対策が行われるようになるため，環境汚染の度合いは低くなっていく。

ここで述べられている経済成長と環境汚染の度合いの関係を表したグラフとして最も適切なものを次のア～エから１つ選び，記号で答えなさい。

ア．

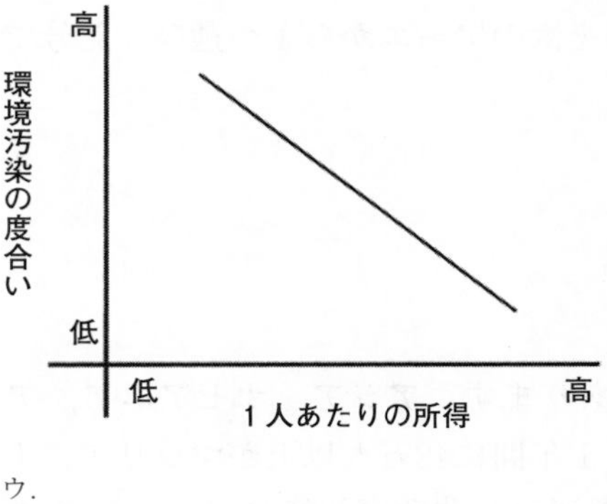

イ．

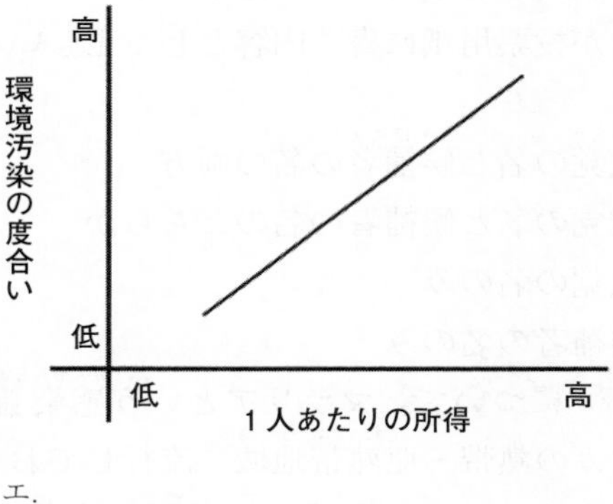

ウ．

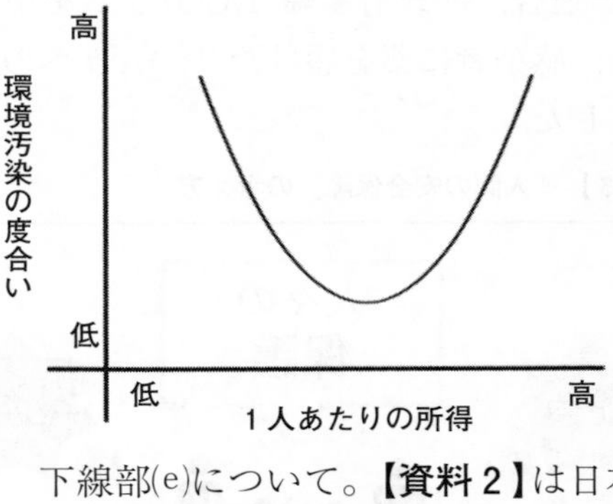

エ．

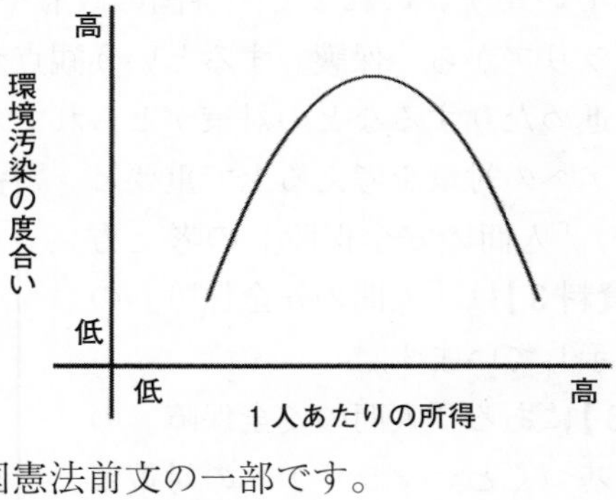

問５　下線部(e)について。**【資料２】**は日本国憲法前文の一部です。
次の［①］［②］にあてはまることばをそれぞれ答えなさい。
なお，同じ番号には，同じことばが入ります。

【資料２】　日本国憲法前文の一部

> 〔前略〕われらは，［　①　］を維持《いじ》し，専制《せんせい》と隷従《れいじゅう》，圧迫《あっぱく》と偏狭《へんきょう》を地上から永遠に除去《じょきょ》しようと努めている国際社会において，名誉《めいよ》ある地位を占《し》めたいと思う。われらは全世界の国民が，ひとしく恐怖と欠乏から免《まぬ》かれ，［　①　］のうちに［　②　］する権《けん》利《り》を有することを確認《かくにん》する。

問６　下線部(f)について。内閣総理大臣は，国会議員の中から，国会で指名されます。これに関連して，以下の問いに答えなさい。

(1)　次の**Ｘ**と**Ｙ**の文は，国会の本会議について述べたものです。それぞれの文が正しいか，誤っているかを判断し，その組み合わせとして適切なものを下のア～エから１つ選び，記号で答えなさい。

> Ｘ．本会議は，総議員の３分の１以上の出席で成立する。
> Ｙ．本会議では，特別な場合を除《のぞ》いて，出席議員の過半数の賛成で議決される。

ア．Ｘ＝正しい　　　Ｙ＝正しい
イ．Ｘ＝正しい　　　Ｙ＝誤っている
ウ．Ｘ＝誤っている　Ｙ＝正しい
エ．Ｘ＝誤っている　Ｙ＝誤っている

(2)　国会議員は有権者《ゆうけんしゃ》による選挙で選ばれます。衆議院《しゅうぎいん》議員総選挙の比例代表制において，有権者が投票用紙に書く内容として正しいものを次のア～エから１つ選び，記号で答えなさい。

ア．政党《せいとう》の名と候補者《こうほしゃ》の名の両方
イ．政党の名と候補者の名のどちらか
ウ．政党の名のみ
エ．候補者の名のみ

問７　下線部(g)について。マラリアという感染症《かんせんしょう》があります。アジア，オセアニア，アフリカ，南アメリカの熱帯・亜熱帯地域《あねったいちいき》で流行しており，１年間に42万人以上がマラリアによって命を落としています。これまで，各国の政府や国際連合，非政府組織（NGO）などを中心に，人々をマラリアから「保護」するという観点から，感染者に薬を届《とど》けたり，人々へのワクチン接種を進めたりするなどの対策がとられてきました。

【資料３】「人間の安全保障」の考え方

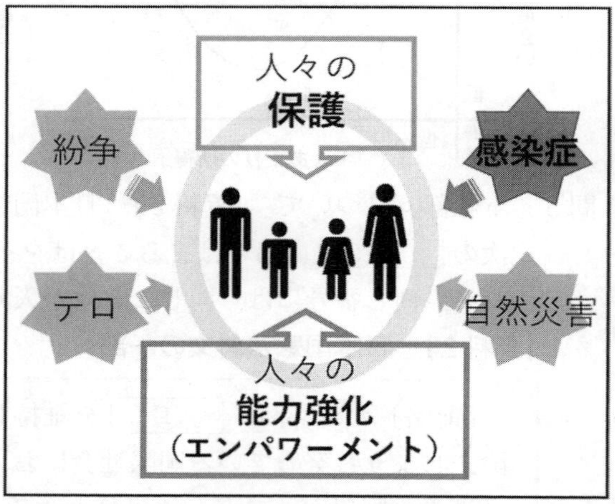

（外務省「2016年版開発協力白書」をもとに作成）

マラリアへの対策を考える上で重要となるのが，「人間の安全保障」の考え方です。**【資料３】**は「人間の安全保障」の考え方を示しています。

【資料３】にある「人間の安全保障」の考え方に基《もと》づくと，マラリアへの対策としては，人々に薬を届けるなどの「保護」だけでは不十分だと言えます。「保護」に加えて，人々の「能力強化（エンパワーメント）」を行うことが必要です。

マラリアの問題に対して，薬を届けるなどの，人々の「保護」を行う対策だけではなぜ不十分なのかを説明しなさい。その上で，「保護」に加えて必要とされる，人々の「能力強化（エンパワーメント）」を実現するために，各国の政府や国連，NGOなどが，どのようなことを行うとよいか，具体例を挙《あ》げて説明しなさい。

【理　科】〈第１回試験〉（45分）〈満点：100点〉

〈編集部注：実物の入試問題では，写真はすべてカラー，グラフや図も大半はカラー印刷です。〉

1　植物の多くは，ある決まった季節になると花芽を形成して花を咲《さ》かせ，実をつけます。以下の各問いに答えなさい。

問１　鷗友学園の周辺で，３月下旬《げじゅん》～４月頃《ごろ》に花を咲かせるものはどれですか。次のア～カの中から２つ選び，記号で答えなさい。

ア．ヒマワリ

イ．チューリップ

ウ．ヒガンバナ

エ．アブラナ

オ．コスモス

カ．アジサイ

問２　花は種子や果実をつくる重要な器官です。種子や果実はめしべのどの部分からできたものですか。それぞれ答えなさい。

①　種子　　②　果実

問３　東京で，春に種をまきその年の夏や秋に果実を実らせる植物はどれですか。次のア～カの中から２つ選び，記号で答えなさい。

ア．スイカ　　イ．モモ　　ウ．フキ

エ．カキ　　オ．ソラマメ　　カ．ツルレイシ（ゴーヤ）

植物の中には，１日の昼の長さ（日長）と夜の長さの変化を感じとって花芽をつくり花を咲かせるものがあります。

図１

昼の長さがしだいに長くなるのを感じとって花を咲かせる植物を長日植物といいます。反対に，昼の長さがしだいに短くなるのを感じとって花を咲かせる植物を短日植物といいます。

アサガオ（図１）は，東京では５月頃種をまき，７月～８月に花芽を形成し，その後数日で花を咲かせます。

問４　アサガオの種を５月にまき，毎晩明かりのついている電灯の下に置きました。毎日水やり

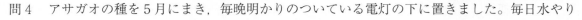

をし，枯《か》れることなく成長しましたが，アサガオは花芽を形成せず，花が咲きませんでした。

アサガオが花を咲かせなかったのはなぜですか。

植物に光が当たる時間帯を明期，光が当たらない時間帯を暗期といいます。調べてみると，植物の花芽形成は，連続した明期の長さによってではなく，**連続した暗期の長さによって引き起こされる**ことがわかりました。

長日植物では，花芽形成が起こる最長の暗期の長さを限界暗期といいます。また，短日植物では花芽形成に必要な最短の暗期の長さを限界暗期といいます。

【実験１】

限界暗期が13時間の長日植物と限界暗期が11時間の短日植物を用意しました。１日の明暗を①～④の条件にしてそれぞれの植物を育て，花芽の形成が起こるかを調べました。

① 明期が９時間，暗期が15時間

② 明期が15時間，暗期が９時間

③ 明期が１時間，暗期が６時間，明期が12時間，暗期が５時間

④ 明期が１時間，暗期が３時間，明期が８時間，暗期が12時間

問５ ①～④の条件で育てたとき，この長日植物と短日植物は，それぞれ花芽の形成が起こりますか。花芽の形成が起こる場合は○，起こらない場合は×と答えなさい。

【実験２】

ある短日植物を品種改良して，限界暗期が異なる品種Ａ，Ｂ，Ｃをつくりました。限界暗期は品種Ａが10時間，品種Ｂが12時間，品種Ｃが14時間です。これらの植物は，本葉で日長を感じることがわかっています。これらの植物の花芽形成の時期を東京と札幌《さっぽろ》で調べました。ただし，温度などの日長時間以外の条件は，東京と札幌で同じにしました。図２は，東京と札幌のそれぞれの日長時間を示しています。

図２

日付	東京の日長時間	札幌の日長時間
４月21日	13時間 7分	13時間28分
５月25日	14時間 6分	14時間46分
６月21日	14時間25分	15時間11分
７月25日	14時間 0分	14時間37分
８月21日	13時間12分	13時間35分
９月25日	11時間57分	11時間56分
10月21日	10時間58分	10時間40分

問６ 札幌で，品種Ｂの種を５月の①初旬，②中旬，③下旬にまきました。この品種Ｂの花芽が形成される時期として最も適当なものを次のア～カの中から選び，記号で答えなさい。

ア．①は５月下旬，②は６月下旬，③は７月下旬に花芽形成する

イ．①～③はどれも７月下旬に花芽形成する

ウ．①は６月下旬，②は７月下旬，③は８月下旬に花芽形成する

エ．①～③はどれも８月下旬に花芽形成する

オ．①は７月下旬，②は８月下旬，③は９月下旬に花芽形成する

カ．①～③はどれも９月下旬に花芽形成する

問７ 花芽形成をしていない苗《なえ》を用意しました。東京と札幌で，品種Ｃを５月下旬に，品種Ｂを６月初旬に，品種Ａを６月下旬にそれぞれ植えたとき，最も早い時期に花芽が形成される苗

はどれですか。場所と品種を答えなさい。ただし，場所は解答らんの正しい方を丸で囲みなさい。

問８　札幌で，品種Ａの種を５月中旬から９月上旬まで毎日まき，花芽形成までの日数を調べました。まいた日付を横軸《よこじく》に，種をまいた後，花芽形成が始まるまでに要する日数を縦軸《たてじく》にとったとき，その関係性を表すグラフはどれですか。次のア～カの中から最も適当なものを選び，記号で答えなさい。

ア.
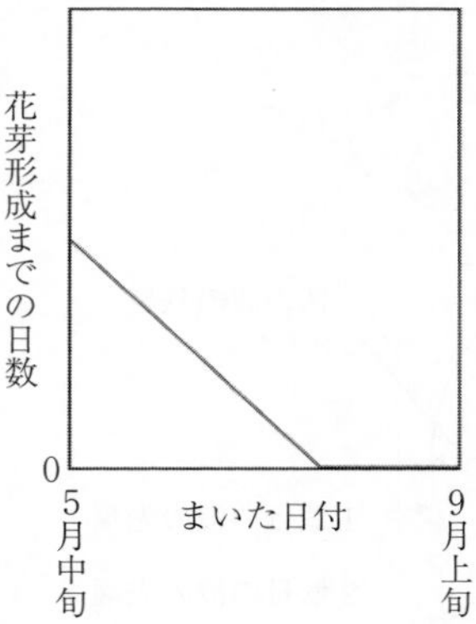

イ.
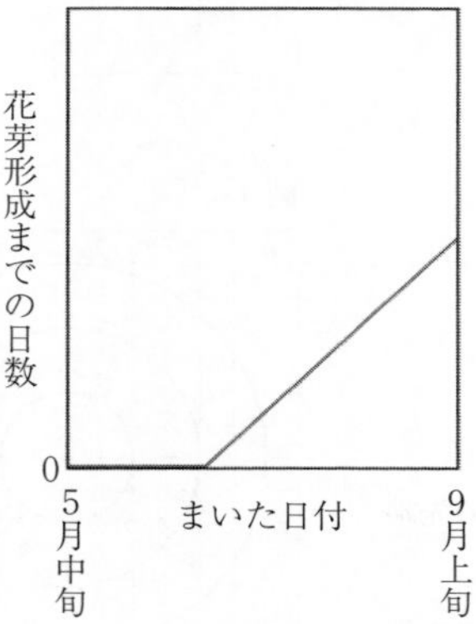

ウ.
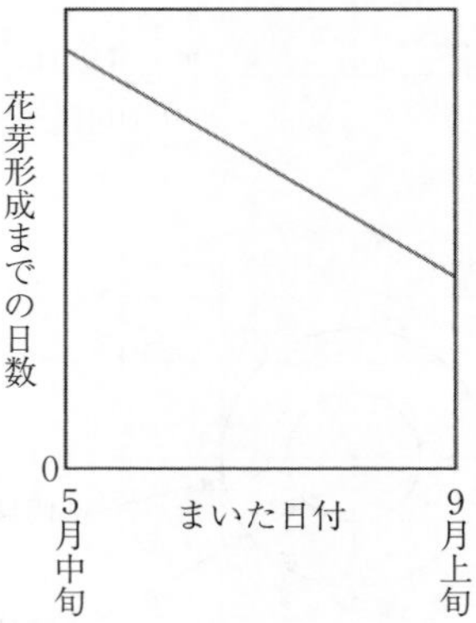

エ.
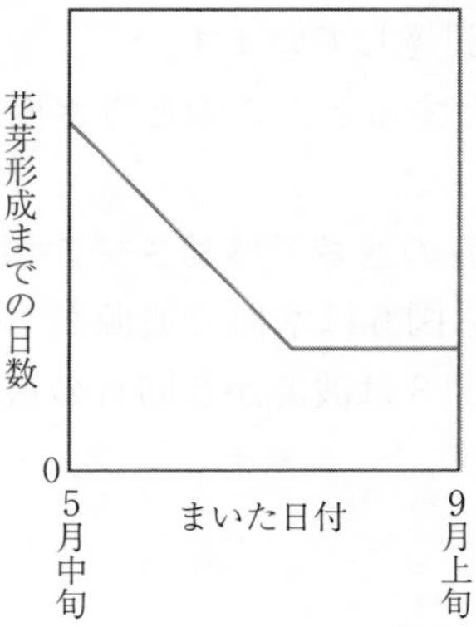

オ.
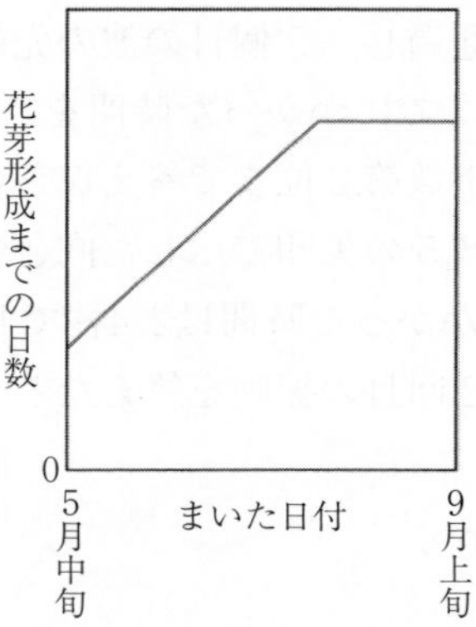

カ.
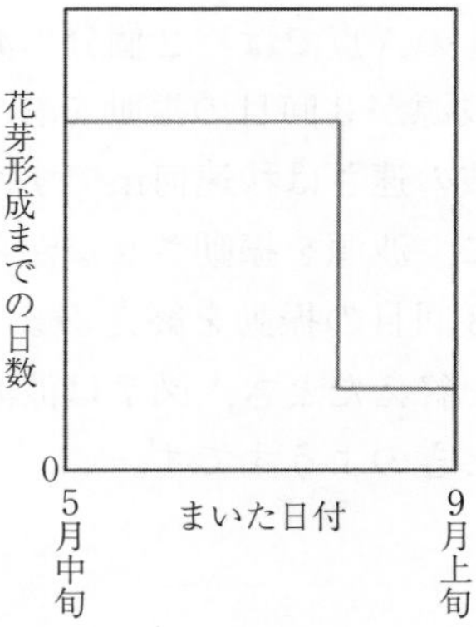

2　水面である点を振動《しんどう》させ，上から観察すると，振動を始めた点を中心に，円形に波が伝わっていくようすが見られます。このとき，振動を始めた点を波源といいます。図１は，波源が１回目の振動を始めた瞬間《しゅんかん》です。図２は，波源が１回目の振動を終えて，２回目の振動を始めた瞬間です。図中の円は，１回目の振動でできた波の先端《せんたん》部分です。図３は２回目の振動を終えた瞬間，図４は３回目の振動を終えた瞬間です。波の先端から次の波の先端までを「１個の波の長さ」といいます。図２～４では１個の波の長さは0.2mと分かります。

図1

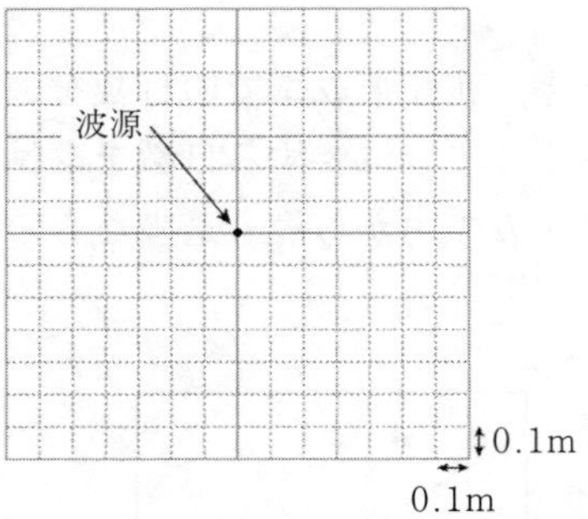

図2

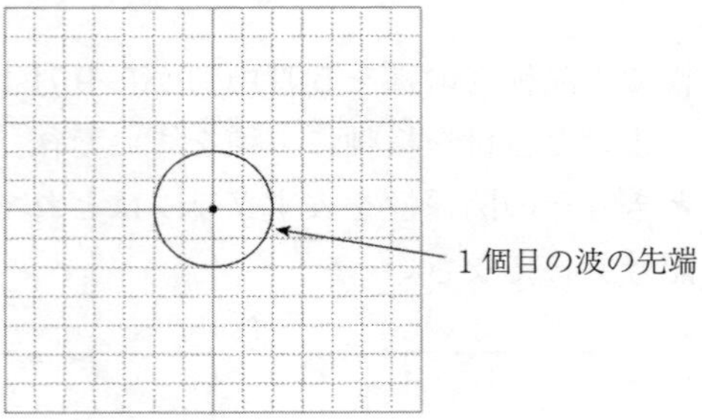

図3

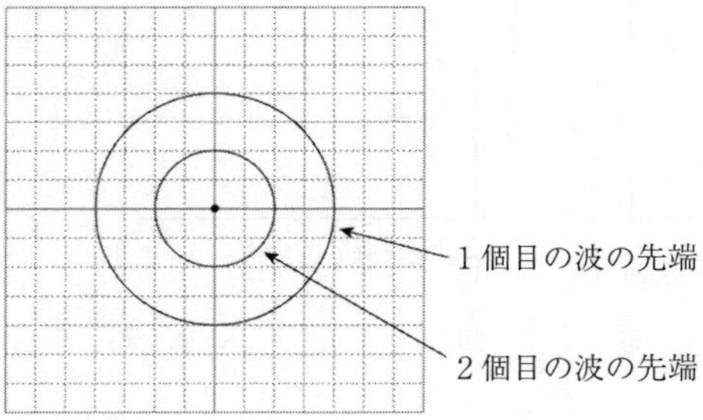

図4

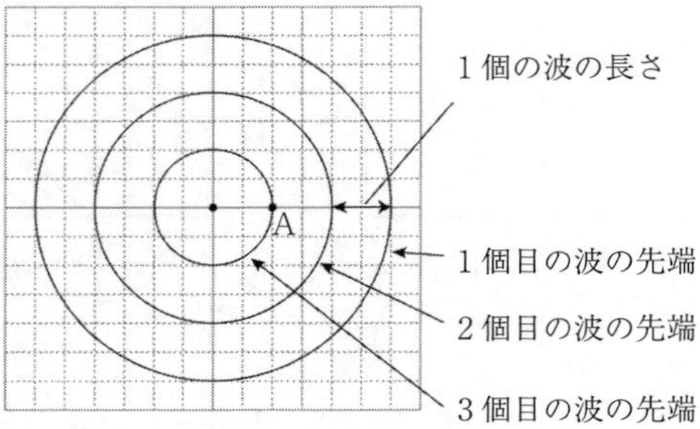

図4のA点では，2個分の波が通過し，3個目の波の先端が到達《とうたつ》しています。

問1　波源が3回目の振動を終えるまでにかかった時間を2.4秒とすると，このとき水面を伝わる波の速さは秒速何mですか。小数第2位まで答えなさい。

次に，波源を振動させながら，図5の矢印で示した向きに一定の速さで移動させました。波源が3回目の振動を終えるまでにかかった時間は2.4秒でした。図6は水面で波源が1回目の振動を終えたとき，図7は波源が2回目の振動を終えたとき，図8は波源が3回目の振動を終えたときのようすです。

図5

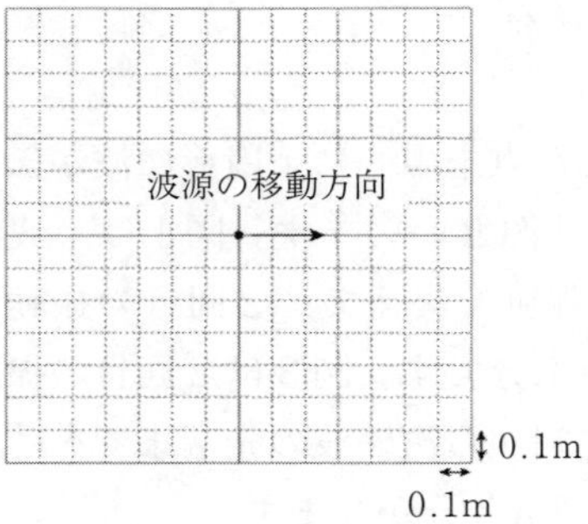

図6

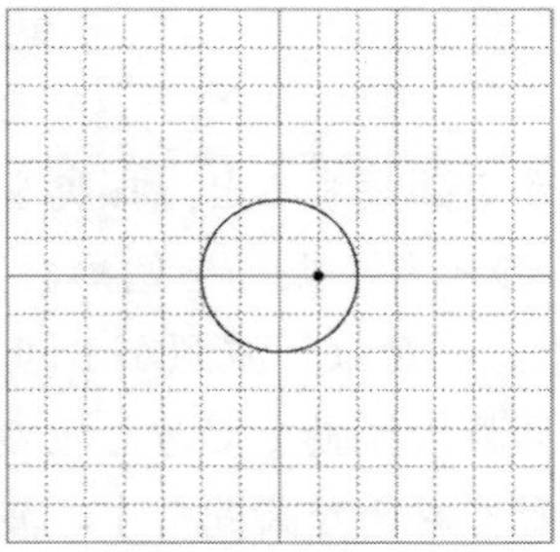

図７

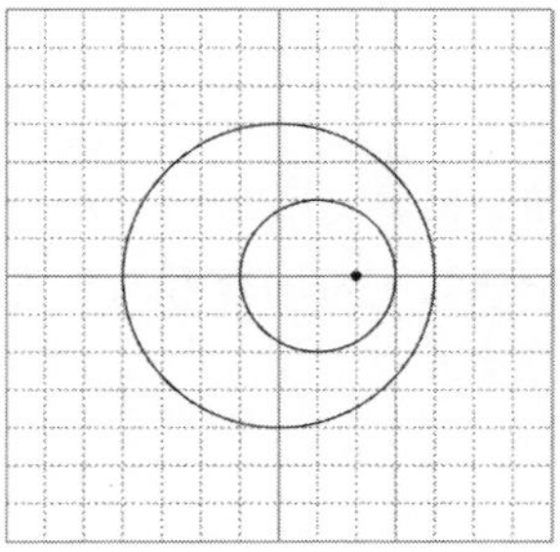

図８

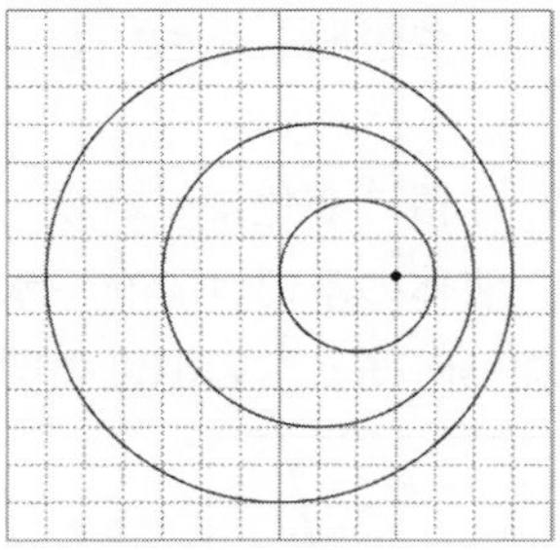

問２　次の①～③の文について，正しいものには○，誤っているものには×と答えなさい。

①　波源が移動する速さは秒速0.1mである。

②　波源が移動しても，波が水面を伝わる速さは変わらない。

③　波源が移動しても，水面にできる波の個数は変わらない。

スピーカーのように，音を出す物体を音源といいます。音は，音源から空気中に振動が伝わっていく波です。図９は，音源が鳴り続けているときに，音が空気中を伝わっていくときのようすを表した模式図です。

図９

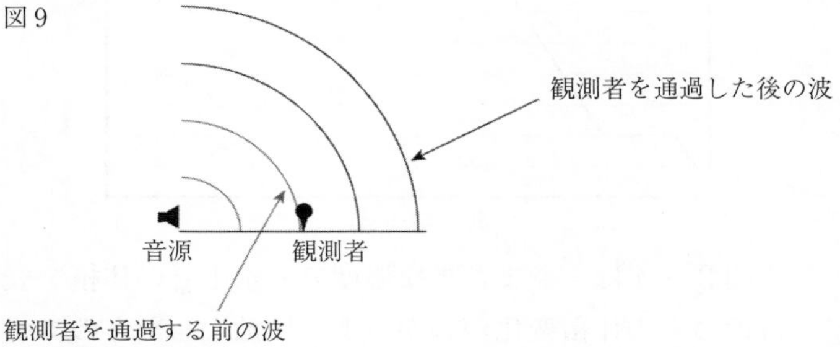

走行中の電車に乗っている観測者が踏切《ふみきり》の警報音を聞くとき，踏切に近づいていくときは本来の警報音よりも高い音で聞こえ，踏切から遠ざかっていくときは低い音で聞こえます。このように，音の高さがちがって聞こえる現象をドップラー効果といい，**聞こえる音の高さは，１秒間あたりに観測者を通過する波の個数で決まります。**

空気中を伝わる音の速さを秒速340m，音源が１秒間に発する波の個数を800個として，以下の各問いに答えなさい。ただし，音源は常に音を発しているものとします。

問３　音源から出る１個の波の長さは何mですか。小数第３位まで答えなさい。

図10は，静止した音源に観測機器が近づいていくようすを表したものです。

図10

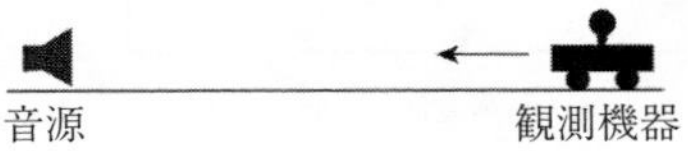

問４　観測機器が秒速20mの速さで近づいているとき，１秒間に何個の波が観測機器を通過しますか。小数第１位を四捨五入して，整数で答えなさい。

図11は，静止した観測機器に音源が近づいていくようすを表したものです。

図11

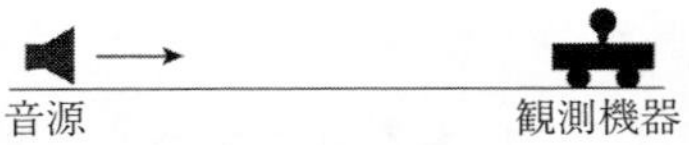

問５　静止した観測機器に，音源が秒速20mの速さで近づいているとき，観測機器を通過する１個の波の長さは何mになりますか。小数第１位まで答えなさい。

問６　静止している観測機器に，音源が一定の速さで近づいているとき，観測機器が測定する音の高さは，音源と観測機器両方が静止しているときと比べて高くなります。その理由を「１個の波の長さ」という言葉を用いて説明しなさい。

3　さまざまな温度での水の状態や体積の変化について，以下の各問いに答えなさい。ただし，問題文中の「水」という言葉は，液体の水だけでなく氷や水蒸気を意味する場合もあります。

図１は，水を加熱したときの加熱時間と水の温度の関係を表したグラフです。

図１
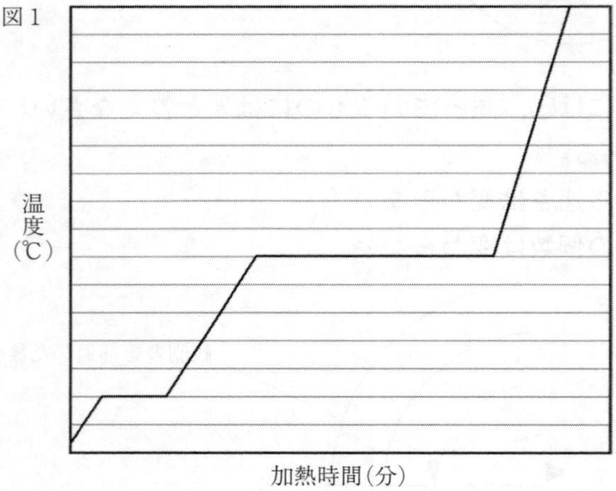

図２～４は，さまざまな温度での水１gの体積を表したグラフです。図３は，図２の温度①付近の水の体積変化がわかるように拡大したものです。また図４は，図２の温度③以上での温度と体積の関係を表しています。

図２
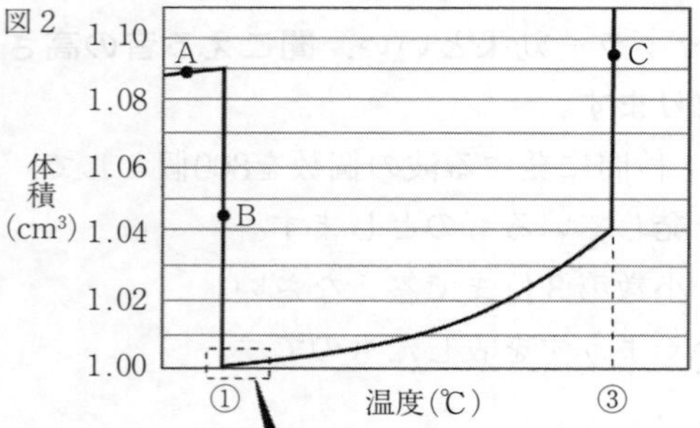

図４
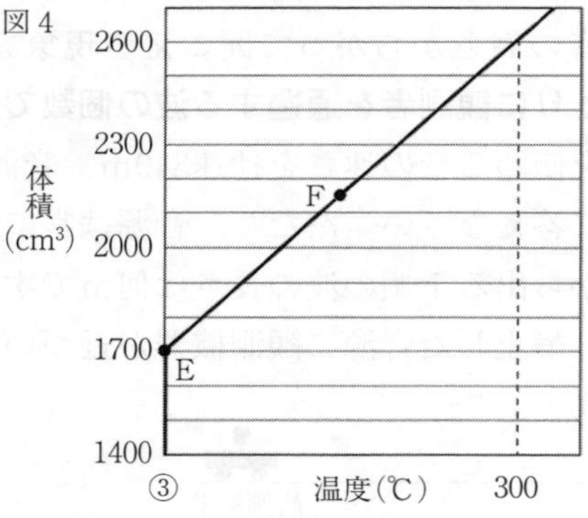

図３
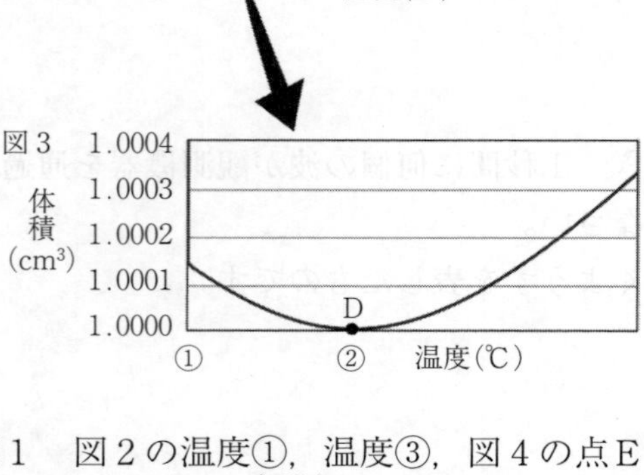

問１　図２の温度①，温度③，図４の点Eは，図１の中ではどこにあたりますか。温度①と温度③はグラフの縦軸《たてじく》上に黒丸(●)で示し，「①」または「③」と記入しなさい。また，点Eはグラフの上に黒丸(●)で示し，「E」と記入しなさい。

問２　図２～４の点A～Fの中で，水の密度(１cm³あたりの重さ)が最も大きいのはどれですか。

Ａ～Ｆの記号で答えなさい。

問３　図２の点Ａ，Ｂ，Ｃおよび図３のＤ，図４のＦでは，水はどのような状態になっていますか。次のア～カの中から最も適当なものをそれぞれ選び，記号で答えなさい。

ア．固体　　イ．液体　　ウ．気体

エ．固体と液体　　オ．液体と気体　　カ．固体と気体

問４　気体の水を冷やし続けたとき，もしも液体にも固体にもならなければ，気体のまま体積が小さくなり，いずれ体積が０ cm^3 になってしまう温度が存在することが，図２～４のグラフのいずれかからわかります。その温度に最も近いものはどれですか。次のア～カの中から選び，記号で答えなさい。また，答えを求めるための式をかきなさい。

ア．65℃　　イ．０℃

ウ．－165℃　　エ．－275℃

オ．－375℃　　カ．－575℃

問５　水の体積は，温度③を超《こ》えると急激に変化します。これを利用しているものはどれですか。次のア～カの中から最も適当なものを１つ選び，記号で答えなさい。

ア．アイロン　　イ．電子レンジ　　ウ．スプリンクラー

エ．消火器　　オ．蒸気機関車　　カ．熱気球

北海道には多くの湖がありますが，寒い場所では冬の平均最低気温が約－20℃，平均気温も－10℃を下回るため，冬は湖が厚い氷で覆《おお》われてしまいます。しかし，湖は真冬でも湖底まで完全に凍《こお》ることはなく，氷の下では魚などの生物が生き続けることができます。

問６　湖底の水が真冬でも凍らない理由を述べた次の文章の（ア）～（ウ）にあてはまる数字や言葉を答えなさい。

水は（　ア　）℃のときに最も密度が（　イ　）いので，湖底の水は常に（　ア　）℃に保たれている。それよりも水温が低い水は密度が（　ウ　）いので，湖面付近に集まり気温が下がると湖面だけが凍る。

図５は，湖に張った氷が春先にとけ始めたときのようすです。

図５

問７　次の文は，氷がとけるときに図５のような網《あみ》目状《めじょう》の亀《き》裂《れつ》が入る理由を説明したものです。文中の（１）～（４）に入る言葉の組み合わせとして正しいものを，あとのア～カの中から選び，記号で答えなさい。

湖が凍り始めるとき，はじめは湖面全体に氷が張った状態になるが，夜になって気温が下がると湖の氷は（　１　）ため亀裂が入り，この亀裂に薄《うす》い氷が張る。昼になると気温が上がるが，このとき気温の上昇《じょうしょう》により氷は（　２　）ので，夜間に亀裂部分に張った薄い氷が（　３　）。こうしたことが繰《く》り返されることで，円盤《えんばん》状で縁《ふち》の部分が（　４　）氷が，薄い氷で結合した状態になり，真冬には湖面全体が凍りつく。春先になって気温が上昇すると，この円盤状の氷を結びつけている部分が先にとけるため，図５のように網目状に亀裂が入った状態になる。

	（１）	（２）	（３）	（４）
ア	収縮する	膨張《ぼうちょう》する	せり上がる	盛り上がった
イ	収縮する	さらに収縮する	完全にとける	くぼんだ
ウ	収縮する	膨張する	完全にとける	盛り上がった
エ	膨張する	収縮する	完全にとける	くぼんだ
オ	膨張する	さらに膨張する	せり上がる	くぼんだ
カ	膨張する	収縮する	せり上がる	盛り上がった

4　河岸段丘《だんきゅう》について，以下の各問いに答えなさい。

川で洪水《こうずい》が起こると流域が広がり，運ばれてきたれきや砂や泥《どろ》が広い範囲《はんい》で川底にたい積します(図１a)。洪水が収まると流域の広さも元に戻《もど》ります。洪水後に大地が隆起《りゅうき》する変動が起こると，川がより深く川底を侵食《しんしょく》していきます(図１b)。さらに，長い年月をかけて川が蛇行《だこう》をすることで，より広い範囲を掘《ほ》り下げて崖《がけ》と新たな河原をつくります(図１c)。これを繰《く》り返してできたものが河岸段丘です(図１d)。段丘の上面のことを段丘面といいます。

図１

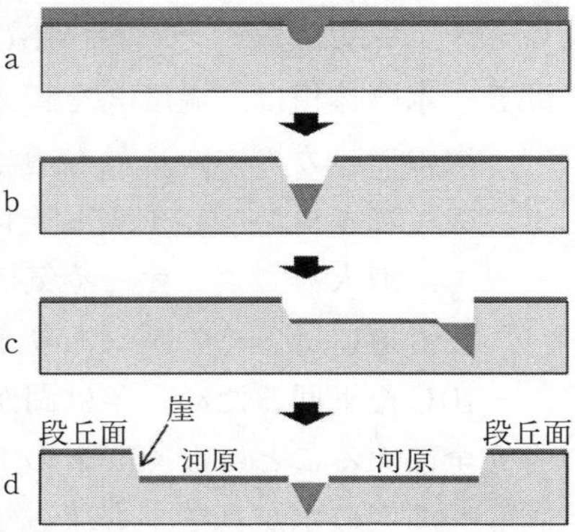

問１　下線部について，大地が隆起すると川の侵食作用が大きくなるのはなぜですか。最も適当なものを次のア～エの中から選び，記号で答えなさい。

ア．川の水が蒸発しやすくなるから。

イ．地下から地下水がわき上がってくるから。

ウ．陸地と海面の高低差が大きくなり，川の流速が増すから。

エ．川が水平方向に広がりやすくなるから。

問２　下線部の大地が隆起する変動以外にも，同じように河岸段丘ができる場合があります。それはどのようなときですか。次のア～エの中から選び，記号で答えなさい。

ア．海水面が上昇する寒冷な氷河期

イ．海水面が低下する寒冷な氷河期

ウ．海水面が上昇する温暖な間氷期(氷河期と氷河期の間)

エ．海水面が低下する温暖な間氷期

図２は，ある地域で見られる河岸段丘と，その地下を南側から見たときの断面の模式図です。この河岸段丘は，南北方向に流れている川によって形成されたものであり，現在の川の位置(Oの位置)を中心に西側と東側の地形が対称《たいしょう》になっています。たい積物Ａ～Ｄの厚さは，どの場所でも図２と同じ厚さになっています。また，段丘の地下には基盤《きばん》となるたい積岩Ｅが見られます。たい積物Ａ～Ｄは，いずれも上流域まで広がっているたい積岩Ｅが削《けず》られてできたものです。図中の点線は，10ｍ間隔《かんかく》で水平に引かれています。

図２

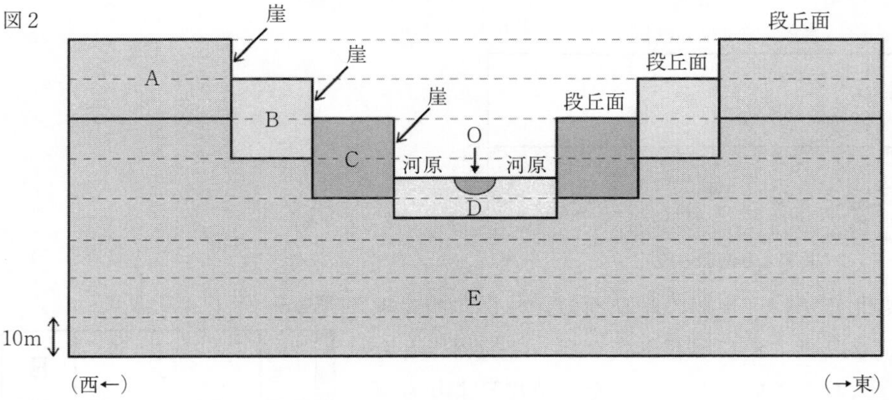

この地域の北側へ移動していくと，ある場所で河岸段丘を南北に分けるように切っている横ずれの断層が見られました。図３は，この断層付近を上空から見たときの，川よりも西側の段丘面を表したものです。この断層は過去２回の地震《じしん》によって水平方向にずれたことがわかっています。１回目の地震ではじめて断層がずれ，２回目の地震で同じ断層が１回目のずれと同じ向きにさらにずれました。そのため，断層を挟《はさ》んで北側と南側では段丘の形状が異なっています。縦の点線は，Oの位置を基準に10m間隔で引かれています。

図３

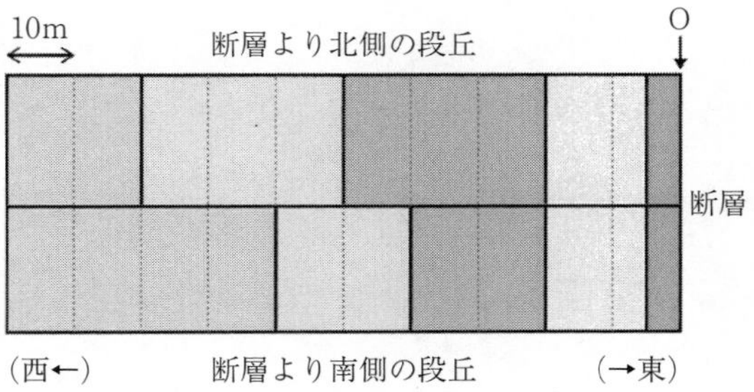

問３　次の①～③の文について，正しいものには○，誤っているものには×と答えなさい。

① 図２に見られる崖の高さは，いずれも同じ高さである。

② たい積物A～Cはどれも20mの厚さである。

③ たい積物A～Dを構成する粒《つぶ》の大きさはさまざまであるが，構成する物質の成分は同じである。

問４　１回目と２回目の地震で，断層はそれぞれ何mずれましたか。それぞれの地震について，次のア～オの中から選び，記号で答えなさい。ただし，同じ記号を選んでもよいものとします。

ア．10m　　イ．20m　　ウ．30m

エ．40m　　オ．50m

問５　次のア～カの出来事を起こった順に並べかえ，記号で答えなさい。

ア．Aのたい積　　イ．Bのたい積

ウ．Cのたい積　　エ．Dのたい積

オ．１回目の断層のずれ　　カ．２回目の断層のずれ

図３の断層は川よりも東側にも延びています。ただし，地震によってずれたのは断層よりも北側のみであり，南側は変わりません。また，新たに河原ができるときは，常にOの位置を中心にして西側と東側に対称にできます。

図４は，河岸段丘を上空から見たときの，川より東側の段丘面の一部を表したものです。

図４

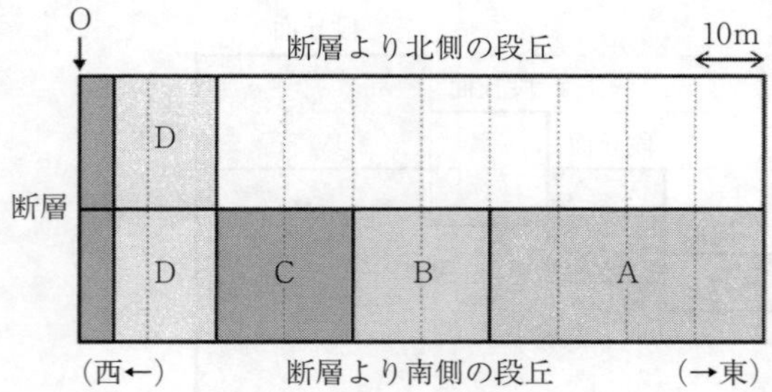

問６　断層よりも北側では，東側の段丘面のＡ～Ｃの境界線はどの位置になりますか。解答例にならって境界線とＡ，Ｂ，Ｃを書き入れなさい。ただし，たい積物Ｂよりも東側のたい積物はすべてＡであるとします。

解答例

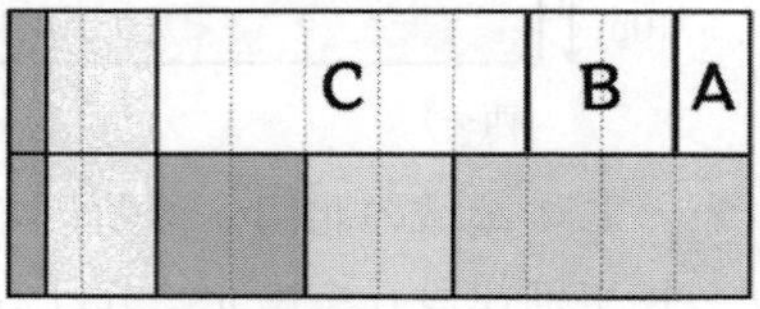

問一　――線部①「住宅で働く場所を確保することが意外と大変である」とありますが、それはなぜですか。【中略】までの文章をふまえて説明しなさい。

問二　――線部②「この、社会的、世界的な不幸をきっかけに、地域まちづくりが発展し、魅力あるコミュニティがますます日本中に増加していく」とはどのようなことですか。【中略】以降の文章をふまえて説明しなさい。

三　各文の――線部のカタカナを漢字に直しなさい。

(1)　オペラ座でカゲキをみる。
(2)　ジュクレンを要する仕事。
(3)　ノウリに浮かぶ。
(4)　提案に異議をトナえる。
(5)　このうわさはジジツムコンだ。

は外出の機会が減り、会議もオンラインになり、利用ニーズが激減しました。出張先で活用していた方も、出張がオンラインでの打ち合わせに変わり、自宅での仕事がしにくい会員も、より自宅に近い身近なところでその場を求め始めたのではないかと思います。こうしたリアルな場でのコミュニティが、オンラインのコミュニティに置《お》き換《か》わっていっている感覚があります。これまで、都心部のコワーキングオフィスの会員であった、少し先進的な活動をする人たちこそ、その動きに敏感《びんかん》なのではないでしょうか。

こうした場所が、住宅地の中心部や、暮らす場所の近くの駅前に今後も増加していくことで地域のあり方も、そして、コミュニティのあり方も少しずつ変化していくことでしょう。

【中略】

これからどのような「まちづくり」が求められるのでしょうか。これまで住宅のあるまちでは、住宅での役割として、睡眠《すいみん》をとる場、子供を育てる場、高齢者《こうれいしゃ》を介護《かいご》する場、など家庭生活をおくる場としてのものでよかったわけですが、通勤せずにテレワークとなると、そこに仕事をするという役割が生まれます。遠くや人ごみへの外出を控《ひか》えるようになると、住宅のある近くでの買い物や運動の場が求められるようになるでしょう。これは、それぞれのまちの機能として多くのことが求められるようになるということです。

住宅でのテレワークが難しければ、近くの地域でテレワークができる場所が求められ、身近な運動のために散策路の気持ち良さが求められ、コンビニのようなちょっとものが買えるお店が、重宝されるようになるでしょう。これは地域まちづくりに大きな変革をもたらします。極端《きょくたん》に言えば、これまで「寝《ね》られたらよかったまち」が、「働いて、遊べるまち」になることが求められているのです。

この変化は、人々のコミュニティの変化にもつながっていると思います。これまで仕事を中心として広がっていた人間関係も、テレワークが進むことで変化していくでしょう。これまで住宅のある地域に目を向けなかった人々が、地域での生活時間が長くなると、自然と地域での人間関係の繋《つな》がりにも、目を向けるに違《ちが》いありません。もちろん家族との関係性もそうでしょうし、これまで住宅中心の活動範囲《はんい》で動いていた家族がいれば、その家族とともに、地域のコミュニティにより深く関わることになるでしょう。

仕事場に左右されずに住宅を選ぶようになれば、本当に自分が生活したい地域を探すことになります。本当に生活したい場所は、きっと暮らして気持ちの良いまちに違いありません。求めて選んだまちには、積極的に関わることになるでしょう、そしてその思いを同じくする人々のコミュニティが生まれ、本気で皆《みな》が関わるコミュニティになっていくでしょう。住まいを固定する「住まい手」、そして二拠点《きょてん》や多拠点生活をおくる「来訪者」、お互《たが》いが気持ちよく地域で暮らすためには、地域での支え合いや、感謝しあえるコミュニティが求められます。

これまでよく、「まちづくり」は不幸な出来事から始まります、と言ってきました。それはマンション建設反対や、伝統的建築の消失がきっかけの場合が多かったからでした。今回はコロナという、いわば世界中の不幸が始まりで、日本中でも起こっている不幸な出来事ですから、この機会を活《い》かさない手はありません。②この、社会的、世界的な不幸をきっかけに、地域まちづくりが発展し、魅力《みりょく》あるコミュニティがますます日本中に増加していくことを願っています。

（藤本英子『公共空間の景観力』）

りそうだ。

④ぼくはお母さんが帰ってくるのを待てず、看護師さんに言って封筒と便箋《びんせん》をもらった。壮太にすぐに伝えたいことがあった。

壮太といる間、何度か「小さくたっていいじゃん」そう口にしようとした。遊びを考える天才で、みんなを笑わせることができる。壮太のその力は、背の低さなんて余裕《よゆう》で補えてるって思ってた。でも、壮太を傷つけたらと不安で、言えなかった。

だけど、壮太は病院にいるぼくに、この夏の暑さを伝えることができる。いなくなった後も、プレイルームのぼくたちを楽しませることができる。壮太はとにかく最高なんだ。壮太が壮太なら、小さくたっていい。そう。小さくたって全然いいのだ。

干からびたバッタを横に置いて、ぼくはベッドの上の小さな机の上で手紙を書いた。

これ以上ない暑い夏が、今、始まろうとしている。

（瀬尾まいこ『夏の体温』）

問一　――線部①「壮太が見当違いに褒めてくれるから」とありますが、ぼくはなぜ「見当違い」だと思ったのですか、説明しなさい。

問二　――線部②「いろんなところがじんと熱くなるのをこらえながら、ぼくは『まあね』と答えた」とありますが、このときのぼくの心情を説明しなさい。

問三　――線部③「壮太だ……」にこめられたぼくの心情を説明しなさい。

問四　――線部④「ぼくはお母さんが帰ってくるのを待てず、看護師さんに言って封筒と便箋をもらった。壮太にすぐに伝えたいことがあった」とありますが、壮太の手紙とその後の内容から、ぼくは壮太にどのような返事を書いたと考えられますか。ぼく（瑛介）になったつもりで書きなさい。

二　次の文章を読んで、後の問いに答えなさい。

①住宅で働く場所を確保することが意外と大変であることが、２０２０年春の緊急《きんきゅう》事態宣言下でわかってきました。テレワークの会議で聞くときはイヤフォンで対応できても、話すときに家庭の生活音が入ることなど、音の問題が一番大きいように思います。カメラで映る背景に、家庭の様子や、家族の様子が入ってしまう課題も見られました。何よりも子育て中の家庭では、子供たちの存在が仕事に集中しにくい環境《かんきょう》であったでしょう。外に仕事で出ていた人が、家で仕事をするのも不自由で、家にいた家族も、これまで仕事で出ていた家族が家にいることで、様々な不自由さを感じました。そう考えると、家庭に「仕事」という新たな機能が求められているのですが、すぐに対応できない日本の狭《せま》い住宅事情があります。そのため、ちょっと出かけると仕事のできる、自宅に近いサテライトオフィスのニーズが生まれ、次々と誕生しつつあるところです。これまでも、シェアオフィスとして、始まっていた事業もありましたが、これまでの利用者の多くは、フリーで事業をしている方や、出張先での仕事場として利用することが中心だったと思います。

しかし、都市部のサテライトオフィスはむしろ苦戦しているように思います。筆者も大阪《おおさか》駅前のコワーキングオフィスの会員ですが、これまでここでは遠方の方とのリアルな打ち合わせや、仲間との会合の場に会議室を借りていました。外出時にできた仕事の空き時間に、この場所で一人仕事をすることもありました。また、ふらっと顔を出すことで、知人や仲間にばったり会い、情報交換《こうかん》を行ったり、新たな出会いを紹介《しょうかい》いただいたりという場になっていたのです。コロナ禍《か》でぼくは一人でそう笑った。

月曜日の朝には、四歳くらいの男の子が低身長の検査入院でやってきた。母親の手を握《にぎ》って、不安そうにプレイルームに入ってくる。

「いろいろおもちゃあるよ」

ぼくが話しかけると、ほんの少しだけ解《ほど》けた顔をしてくれたけど、まだ母親の手を離《はな》さないままだ。

「そうだ、紙飛行機する？」

ぼくは箱いっぱいに詰《つ》め込んだ壮太作の紙飛行機を見せた。

「すごいね」

「だろう？　全部、顔も名前もあるんだよ」

「これ、変な顔」

男の子はおみそれ号をつかんで、少し笑った。

「こっちは『ずっこけ号』。もっと変な顔してるだろう？」

「うん」

男の子は「飛ばしていい？」と母親に聞く。母親がお兄ちゃんに聞いてごらんと言う前に、

「一緒にやろうよ」

とぼくは男の子に言った。

「じゃあ、ここからね。せーので飛ばそう」

「うん」

男の子が飛ばしたおみそれ号もぼくのずっこけ号も、ひょろひょろと少し飛んだだけでそのまま床に落ちた。

「だめだねー」

「本当だな。よし、じゃあ次、もっと飛びそうなの探そう」

ぼくが男の子と話していると、

「瑛介君、手紙来てるよ」

とプレイルームに入ってきた看護師さんに封筒《ふうとう》を渡《わた》された。

「手紙？」

なんだろうと封筒を見てみると、田波壮太と書かれている。ああ、壮太だ。名前を見ただけで壮太の顔と声が一気に頭の中によみがえった。

ぼくは男の子に「好きなだけ遊んでいいよ」と紙飛行機の箱を渡すと、大急ぎで部屋に戻った。いったい壮太は何を書いてきたのだろうか。早く読みたい。早く壮太の文字を見たいと封筒の中身を取り出して、ぼくは「うえ」と悲鳴を上げた。中からは、干からびた虫の死骸《しがい》が出てきた。茶色くなってパリパリになった死骸は、不気味でしかたない。おいおい、どんないやがらせだよと、手紙を読んでみる。

えいちゃんへ

2日間だったけど、超《ちょう》楽しかったよな。ありがとう。また遊べたらなーってそればっかり考えてる。チビは最悪だけど、えいちゃんと会えたし、チビでもいいことあるなって思ったよ。

えいちゃん、「外はどれくらい暑いんだろうな」って言ってたけど、マジでやばいぜ。毎日たおれそう。昨日おれの家の前でバッタがひからびてたから送る。な。本当に丸こげになるだろう。

壮太

ああ、壮太。ぼくもだ。もう一度遊べたらなってそればっかり考えてる。病気になってよかったことなど何もないけど、壮太と出会えたこと、それだけはラッキーだった。

それにしても、外は本当にすごい暑さなんだ。干しエビみたいに干からびたバッタの死骸はかわいそうだけど、暑さはよくわかる。いくらテレビで映像を見ても、気温を知らされてもわからなかったのに、このバッタを見ているだけで、頭の上が熱くなって喉がカラカラにな

「そこは次回の検査結果を見てからかな」

先生はそう答えた。

「はあ」

「どっちにしても一、二週間で帰れると思うよ」

先生は、「よくがんばったからね」と褒めてくれた。

一、二週間。ひとくくりにしてもらっては困る。一週間と二週間では、七日間も違うのだ。七日後にここを出られるのか、十四日間ここで過ごすのかは、まるで違う。ここでの一日がどれほど長いのかを、壮太のいない時間の退屈《たいくつ》さを、先生は知っているのだろうか。ぼくら子どもにとっての一日を、大人の感覚で計算するのはやめてほしい。

お母さんは診察室を出た後も、何度も「よかったね」と言った。ぼくは間近に退院が迫《せま》っているのに、時期があやふやなせいか、気分は晴れなかった。明日退院できる。それなら手放しで喜べる。だけど、一週間か二週間、まだここでの日々は続くのだ。

がっかりしながらも、病室に戻る途中《とちゅう》に西棟《とう》の入り口が見えて、ぼくは自分が嫌《いや》になった。何をぜいたく言っているのだ。遅《おそ》くとも二週間後にはここから出られるし、ここでだって苦しい治療を受けているわけじゃない。西棟には、何ヶ月も入院している子だっているのだ。それを思うと、胸がめちゃくちゃになる。病院の中では、自分の気持ちをどう動かすのが正解なのか、どんな感情を持つことが正しいのか、よくわからなくなってしまう。

就寝《しゅうしん》時間が近づいてくると、やっぱり気持ちが抑《おさ》えきれなくなってプレイルームに向かった。真っ暗な中、音が出ないようマットに向かっておもちゃ箱をひっくり返す。三つの大きな箱の中身をぶちまけるのだ。ただそれだけの行為《こうい》が、ぼくの気持ちを保ってくれた。悪いことだとはわかっている。でも、こうでもしないと、ぼくの中身が崩《くず》れてしまいそうだった。いつも、翌朝にはおもちゃは片付けられ、きれいにプレイルームは整えられている。きっと、お母さんか三園《みその》さんが直してくれているのだろう。それを思うと、ひどいことをしてるよなと申し訳ない。だけど、何かしないと、おかしくなりそうで止められなかった。

三つ目のおもちゃ箱をひっくり返し、あれ、と思った。

布の箱から、がさっと何かが落ちた。硬《かた》いプラスチックのおもちゃの音とはちがう。暗い中、目を凝《こ》らしてみると、紙飛行機だ。

ぼくは慌《あわ》てて電気をつけた。

③壮太だ……。赤青黄緑銀金、いろんな色の折り紙で作った紙飛行機は、三十個以上はある。片手に管を刺《さ》して固定していたから、使いにくい手で折ったんだろう。形は不格好だ。それでも、紙飛行機には顔まで描《か》かれていて、「おみそれ号」「チビチビ号」「瑛ちゃん号」「またね号」と名前まで付いている。

壮太は、知っていたんだ。ぼくが夜にプレイルームでおもちゃ箱をひっくり返していたことを。そして、壮太がいなくなった後、ぼくがどう過ごせばいいかわからなくなることも。

明日から、一つ一つ飛ばそう。三十個の紙飛行機。これを飛ばしている間、少しは時間を忘れることができそうだ。

土日の病院はしんとしていた。週末は低身長の検査の子もいないし、三園さんも休みだし、看護師さんの数も少ない。

静まり返ってこういうことだよな。ぼくは誰《だれ》もいないプレイルームで紙飛行機を飛ばしたり、漫画を読んだりして過ごした。紙飛行機は似顔絵が書かれた「三園さん号」が一番よく飛んだ。

「なんだよ、壮太。瑛ちゃん号がよく飛ぶように作ってくれたらいいのにさ」

と壮太も言った。

そのあと、昼食ができたと放送が流れ、ぼくたちはそれぞれ部屋に戻《もど》った。「またな」とは言えず、「じゃあ」とあいまいに微笑《ほほえ》みながら。

昼ごはんを食べ終えて歯を磨《みが》いた後、壮太が母親と一緒にぼくの病室にやってきた。壮太の母親は大きなバッグを持ち、壮太もリュックを背負っている。

「いろいろお世話になりました」

壮太の母親は、ぼくとぼくのお母さんに頭を下げた。

「ああ、退院ですね。お疲《つか》れさまでした」

ぼくのお母さんが言った。

「瑛介君に仲良く遊んでもらって、入院中、本当に楽しかったみたいで」

「うちもです。壮太君が来てくれてよかったです」

お母さんたちがそんな話をしている横で、ぼくたちはお互い顔を見合わせて、かといって今この短い時間で話す言葉も見当たらず、ただなんとなく笑った。

「行こうか。壮太」

母親に肩《かた》に手を置かれ、

「瑛ちゃん、じゃあな」

と壮太は言った。

「ああ、元気でな」

ぼくは手を振《ふ》った。

壮太は、

「瑛ちゃんこそ元気で」

そう言ってくるりと背を向けると、そのまま部屋から出て行った。

壮太たちがいなくなると、

「フロアの入り口まで見送ればよかったのに。案外二人ともお別れはあっさりしているんだね。ま、男の子ってそんなもんか」

とお母さんは言った。

お母さんは何もわかっていない。あれ以上言葉を発したら、泣きそうだったからだ。きっと壮太も同じなのだと思う。もう一言、言葉を口にしたら、あと少しでも一緒にいたら、さよならができなくなりそうだった。口や目や鼻。②いろんなところがじんと熱くなるのをこらえながら、ぼくは「まあね」と答えた。

壮太がいなくなったプレイルームには行く気がせずに、午後は部屋で漫画《まんが》を読んだ。時々、壮太は本当に帰ったんだな、もう遊ぶことはないんだなと気づいて、ぽっかり心に穴が空いていくようだった。これ以上穴が広がったらやばい。そう思って、必死で漫画に入り込もうとした。

二時過ぎからは診察《しんさつ》があった。この前の採血の結果が知らされる。

「だいぶ血小板が増えてきたね」

先生は優しい笑顔《えがお》をぼくに向けると、さもビッグニュースのように、

「あと一週間か二週間で退院できそうかな」

と言った。

「よかったです。ありがとうございます」

お母さんは頭を下げた。声が震《ふる》えているのは本当に喜んでいるからだろう。

やっとゴールが見えてきた。ようやく外に出られる。それはうれしくてたまらない。だけど、どうしても確認したくて、

「一週間ですか？　二週間ですか？」

とぼくは聞いた。

けた。

「ああ。血抜《ぬ》いたら、喉《のど》かわいたな」

壮太がナースステーション横の自販機《じはんき》を見てつぶやいた。

「水飲めないって、ちょっとつらいよな」

低身長の検査中は絶飲絶食だ。おなかがすくのは我慢《がまん》できるけど、水が飲めないのはしんどいらしく、子どもたちもよく「お茶ー！」「喉かわいたー」と叫《さけ》んでいる。ぼくもなんとなく気が引けて、壮太といる時やプレイルームに検査の子がいる時は水分を摂《と》らないようにしている。

「じゃあ、じゃんけんは休憩《きゅうけい》してゆっくり歩こう」

眠気に負けそうな壮太にぼくは言った。

「ああ、ごめんな。今日の俺あんまり楽しくないよな」

壮太はいつもよりおっとりした口調で言う。検査のための薬でこんなにしんどくなるんだ。いつも元気な壮太なだけに、つらさがよくわかる。

「眠くてぼんやりしてても、壮太は楽しいよ」

「そう？」

「もちろん」

「だといいけど。おもしろくないチビなんて終わってるもんな」

壮太はそう言って、とろんとした目で笑った。

「壮太はおもしろいけど、でも、おもしろくなくたって全然いいと思うよ」

「瑛ちゃんは、優《やさ》しいよな」

「まさか」

「瑛ちゃんといると、気持ちがのんびりする」

①壮太が見当違《けんとうちが》いに褒《ほ》めてくれるから、何だか居心地《いごこち》が悪くなって、ぼくは入院したてのころはわがままだったこと、最初は低身長の検査入院の子どもたちに冷たくしてたこと、今はなんとなくそのほうがここから早く出られるような気もして、みんなに優しくしてるだけだということを、正直に話した。

「そうか。じゃあ、俺はチビだからおもしろくなって、瑛ちゃんは入院が長いから優しくなったってことか。瑛ちゃんが病気で、俺が小さくてよかったー」

壮太の言うとおりかもしれない。だけど、やっぱり違う。ぼくは入院する前のほうが性格はよかった。「みんなはいいよな」って人をうらやむことはなかったし、「どうしてぼくばっかりなんだよ」といらつくこともなかった。それに、壮太が楽しいことに、身長は関係ない。背が高くて陽気じゃない壮太でも、ぼくは一緒《いっしょ》にいて楽しいって思うはずだ。そんなことを言おうと思ったけど、うまく伝えられる自信がなくてやめにした。

そんなことより、うっかり寝そうになる壮太を起こすことで精いっぱいだった。何度も廊下を往復したり、プレイルームに戻ってゲームをしてみたり、次から次へといろんなことをして壮太の眠気を覚ました。

「はーこれで、解放だ！」

十二時前、最後の採血が終わって、管を抜いてもらうと、壮太はプレイルームの床《ゆか》にごろんと寝転がった。

「おつかれ、壮太」

「サンキュー、瑛ちゃん」

「ぼくは何もしてないけどさ」

「なんか最終日に全然遊べなくてもったいなかったな」

「そんなことない。一緒に話してただけで楽しかったよ」

ぼくが言うと、

「うん。俺も半分頭は寝てたけど、楽しかった」

2023年度 鷗友学園女子中学校

【国語】〈第一回試験〉（四五分）〈満点：一〇〇点〉

【注意】問いに字数指定がある場合には、最初のマス目から書き始めてください。なお、句読点なども一字分に数えます。

一 次の文章を読んで、後の問いに答えなさい。

小学校三年生のぼく（瑛介《えいすけ》）は一ヶ月《かげつ》あまり入院している。今までに入院してきたのは四～五歳《さい》の子どもたちだけだったので、同い年の壮太《そうた》が入院してくると聞いて心待ちにしていた。二人はすぐに打ち解け、楽しく遊んで過ごし、壮太が三日間の検査入院を終える日を迎《むか》えた。

八月六日金曜日。プレイルームに行くとすでに壮太がいたけど、心なしかぐったりしていた。

「寝不足《ねぶそく》？」

「それもあるけど、今日検査で飲んだ薬、血糖値下げるらしくて、頭がぼんやりしてるんだ」

「ああ、そっか」

それで今日は壮太の母親もそばにいるのか。

検査入院している子たちは、薬を飲んだ後に採血する。薬の種類や体質によっては副作用があるようで、気分が悪くなって吐《は》いてしまう子も見たことがある。それに、検査中は寝てはいけないのに眠気《ねむけ》の襲《おそ》う薬が多いようで、母親たちが必死で子どもを起こしている姿には何度も出くわした。

「俺《おれ》、ほかの薬は平気なのに。この薬、一番副作用が強いやつなんだよな」

「じゃあ、ゆっくりできる遊びしよう」

「おう。でも、寝ちゃだめだから、いっぱい楽しもう」

壮太は眠そうな顔で笑った。

「ＯＫー」

だるいけどじっとしていると寝てしまいそうだという壮太と廊下《ろうか》に出て、じゃんけんに勝てば、グリコ・パイナップル・チョコレートと文字の数だけ進めるゲームをした。ゆっくりでも歩けば、眠るのは避《さ》けられるだろう。

「俺の足短いから、なかなか進まないな」

壮太は三歩進んでから言った。

「でも壮太のほうがじゃんけん勝ってるよ」

「そうだ！ グー、チョキ、パー、その文字から始まる言葉なら何でもいいことにしよう」

「いいね。そのほうがおもしろそう！」

「グー！ やったね。じゃあ、えっと、ぐつぐつよく煮《に》たスープ」

じゃんけんで勝った壮太は、少し調子が出てきたのか大股《おおまた》で進んだ。

「なんだよそれ。よし勝った。じゃあ、ぼくは、パンダを見に動物園に行くのは日曜日」

ぼくも負けじと長い文を考えて歩く。

「えー、そうなんだ。動物園は土曜日じゃダメなんだ。お、俺もパーか。えっと、パリパリのポテトチップスを買うのは水曜日」

「なんで、曜日しばり？」

ぼくらはグー、チョキ、パーで始まる言葉を言い合っては笑った。

ナースステーション前を通り過ぎようとすると、「ちょうどよかった。時間だよ」と、看護師さんにソファに座《すわ》らされ、壮太は採血を受

2023年度

鷗友学園女子中学校 ▶解説と解答

算　数　＜第１回試験＞（45分）＜満点：100点＞

解　答

1 (1) $\frac{51}{80}$　(2) $1\frac{1}{3}$　**2** 310個　**3** 10cm^2　**4** CDの長さ…15cm，表面積…1884cm^2　**5** (1) 0　(2) 907　**6** (1) 6 : 9 : 5　(2) 6 : 2 : 7　(3) 27 : 50　**7** (1) 4 km　(2) 時速80km　(3) 7時8分

解　説

1 四則計算，逆算

(1) $1.35\times\left\{\frac{5}{14}+2\frac{15}{16}\div\left(6.75-\frac{3}{2}\right)\right\}-\frac{3}{5}=1\frac{7}{20}\times\left\{\frac{5}{14}+\frac{47}{16}\div\left(6\frac{3}{4}-\frac{3}{2}\right)\right\}-\frac{3}{5}=\frac{27}{20}\times\left\{\frac{5}{14}+\frac{47}{16}\div\left(\frac{27}{4}-\frac{6}{4}\right)\right\}-\frac{3}{5}=\frac{27}{20}\times\left(\frac{5}{14}+\frac{47}{16}\div\frac{21}{4}\right)-\frac{3}{5}=\frac{27}{20}\times\left(\frac{5}{14}+\frac{47}{16}\times\frac{4}{21}\right)-\frac{3}{5}=\frac{27}{20}\times\left(\frac{5}{14}+\frac{47}{84}\right)-\frac{3}{5}=\frac{27}{20}\times\left(\frac{30}{84}+\frac{47}{84}\right)-\frac{3}{5}=\frac{27}{20}\times\frac{77}{84}-\frac{3}{5}=\frac{99}{80}-\frac{48}{80}=\frac{51}{80}$

(2) $\left\{4.7-(\square+4.5)\div\frac{5}{3}\right\}\times2\frac{5}{6}+\frac{1}{3}=3\frac{11}{15}$より，$\left\{4.7-(\square+4.5)\div\frac{5}{3}\right\}\times2\frac{5}{6}=3\frac{11}{15}-\frac{1}{3}=\frac{56}{15}-\frac{5}{15}=\frac{51}{15}=\frac{17}{5}$，$4.7-(\square+4.5)\div\frac{5}{3}=\frac{17}{5}\div2\frac{5}{6}=\frac{17}{5}\div\frac{17}{6}=\frac{17}{5}\times\frac{6}{17}=\frac{6}{5}$，$(\square+4.5)\div\frac{5}{3}=4.7-\frac{6}{5}=4.7-1.2=3.5$，$\square+4.5=3.5\times\frac{5}{3}=\frac{7}{2}\times\frac{5}{3}=\frac{35}{6}$　よって，$\square=\frac{35}{6}-4.5=\frac{35}{6}-\frac{9}{2}=\frac{35}{6}-\frac{27}{6}=\frac{8}{6}=\frac{4}{3}=1\frac{1}{3}$

2 売買損益，つるかめ算

1個150円｝合わせて
1個140円｝345個で51400円

仕入れた商品をすべて１個150円で売ったときの利益は，41400×0.25＝10350(円)だから，このときの売り上げは，41400＋10350＝51750(円)となり，仕入れた商品の個数は，51750÷150＝345(個)とわかる。また，実際の売り上げは，41400＋10000＝51400(円)である。よって，上の図のようにまとめることができ，１個140円で345個売ったとすると，売り上げは，140×345＝48300(円)となるので，実際よりも，51400－48300＝3100(円)少なくなる。そこで，１個140円のかわりに１個150円で売ると，売り上げは１個あたり，150－140＝10(円)ずつ多くなるから，１個150円で売った個数は，3100÷10＝310(個)と求められる。

3 平面図形―面積

右の図１のように，正六角形は同じ大きさの６個の正三角形に分けることができ，この正三角形１個の面積は，15÷６＝2.5(cm^2)となる。また，斜線《しゃせん》部分の一部を右の図２のように移動すると，斜線部分は図１の正三角形を４つ組み合わせたものになる。よって，斜線部分の面積の和は，2.5×４＝10(cm^2)と求められる。

図１

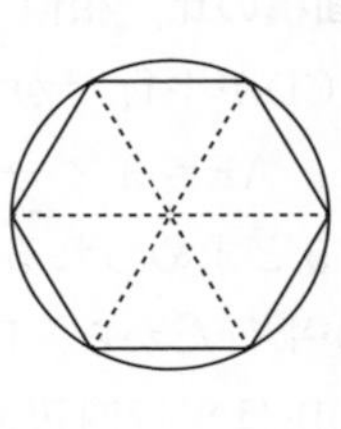

図２

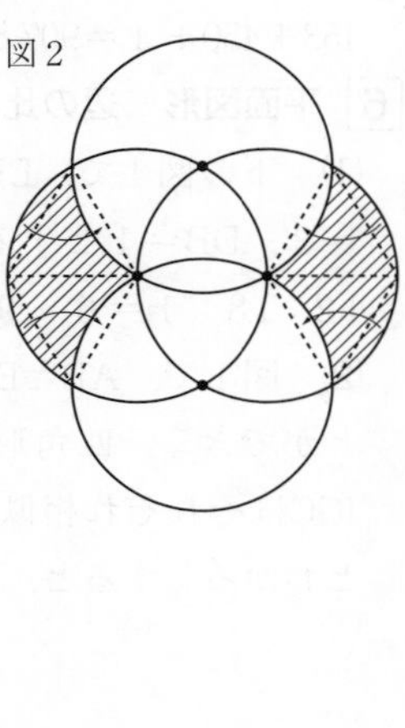

4 立体図形―相似，表面積

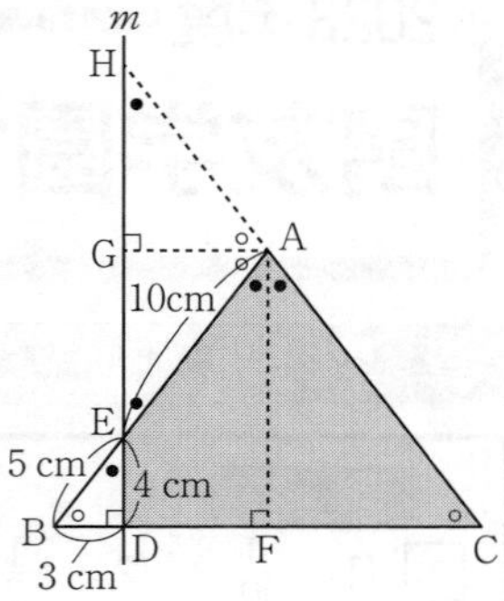

右の図で，○印と●印をつけた角の大きさはそれぞれ等しい。よって，三角形EBDと三角形EAGは相似であり，相似比は，EB：EA＝5：10＝1：2だから，AGの長さは，$3\times\frac{2}{1}$＝6(cm)とわかる。また，三角形ABFと三角形ACFは合同なので，BFとCFの長さはどちらも，3＋6＝9(cm)となり，CDの長さは，9＋6＝15(cm)と求められる。次に，立体Vの表面積を求める。立体Vはかげをつけた四角形を１回転してできる立体だから，AE，AC，DCを１回転してできる部分の面積の合計を求めればよい。ここで，三角形HGAと三角形EGAは合同だから，AEを１回転してできる部分の面積は，AHを１回転してできる部分の面積と等しい。よって，立体Vの表面積は，三角形HDCを１回転してできる円すいの表面積と等しくなる。さらに，AH＝AE＝10cm，AC＝AB＝10＋5＝15(cm)より，HCの長さは，10＋15＝25(cm)であり，円すいの側面積は，(母線)×(底面の円の半径)×(円周率)で求めることができるので，HCを１回転してできる部分の面積は，25×15×3.14＝375×3.14(cm^2)とわかる。したがって，立体Vの表面積は，375×3.14＋15×15×3.14＝(375＋225)×3.14＝600×3.14＝1884(cm^2)と求められる。

5 数列

(1)　1桁《けた》の整数(1～9)には9個の数字が使われている。また，2桁の整数(10～99)は，99－9＝90(個)あり，これらには数字が2個ずつ使われているから，2桁の整数に使われている数字の個数は全部で，2×90＝180(個)とわかる。よって，新しく作った数の列のはじめから200番目の整数は，3桁の整数を並べてから分割した部分の，200－(9＋180)＝11(番目)の数字とわかる。さらに，3桁の整数は100，101，102，103，…と並ぶので，11÷3＝3余り2より，はじめから200番目の整数は，103の左から2桁目の0とわかる。

(2)　はじめから200番目までの整数を，右の図のように並べ直す。アの列では，{1，2，…，9，0}の10個の数字が，102÷10＝10余り2より，10回くり返した後，1，2が並ぶ。また，＿の和は，1＋2＋…＋9＋0＝(1＋9)×9÷2＝45である。よって，アの列の整数の和は，45×10＋1＋2＝453となる。次に，イの列では1～9が10個ずつ並んでから0が4個並ぶので，イの列の整数の和は，1×10＋2×10＋…＋9×10＋0×4＝(1＋2＋…＋9)×10＝45×10＝450となる。さらに，ウの列の整数の和は，1×4＝4である。したがって，はじめから200番目の整数までの和は，453＋450＋4＝907と求められる。

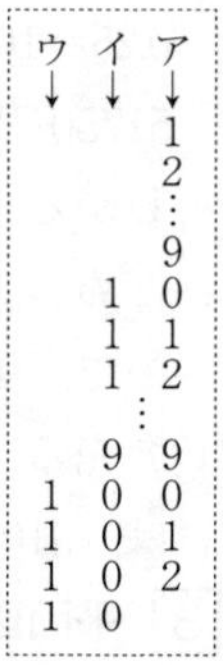

6 平面図形—辺の比と面積の比，相似

(1)　下の図1で，EFとCDが平行だから，AF：FD＝AE：EC＝2：3となる。したがって，AD＝3，DB＝1とすると，AF＝$3\times\frac{2}{2+3}$＝1.2，FD＝3－1.2＝1.8となるので，AF：FD：DB＝1.2：1.8：1＝6：9：5と求められる。

(2)　図1で，ABとEGが平行だから，DI：IC＝AE：EC＝2：3となり，下の図2のように表すことができる。四角形FDIEは平行四辺形なので，EI＝FD＝❾である。また，三角形DBCと三角形IGCはそれぞれ相似であり，相似比は，DC：IC＝(2＋3)：3＝5：3だから，IG＝❺×$\frac{3}{5}$＝❸とわかる。すると，かげをつけた2つの三角形の相似比は，EI：IG＝❾：❸＝3：1なので，IJ＝

$\boxed{2}\times\frac{1}{3}=\boxed{\frac{2}{3}}$となる。よって，DI：IJ：JC＝２：$\frac{2}{3}$：$\left(3-\frac{2}{3}\right)$＝６：２：７と求められる。

図１

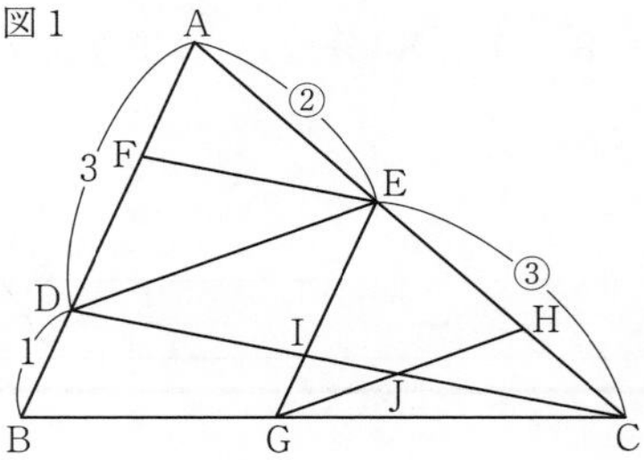

図２

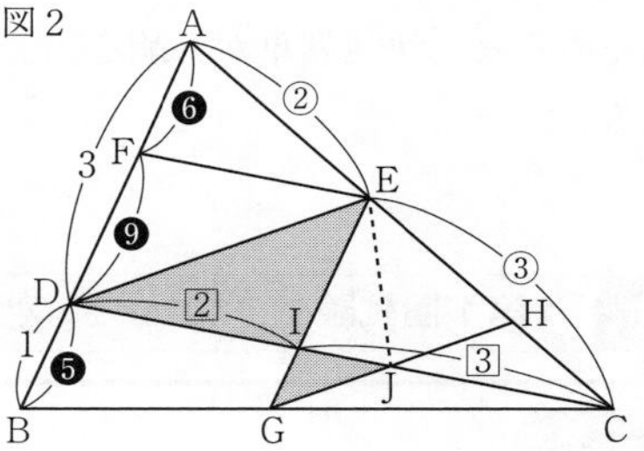

⑶　三角形ABCの面積を１とすると，三角形ADCの面積は，$1\times\frac{3}{3+1}=\frac{3}{4}$となる。また，⑵より，DJ：JC＝(６＋２)：７＝８：７とわかるから，三角形EJCの面積は，$\frac{3}{4}\times\frac{3}{2+3}\times\frac{7}{8+7}=\frac{21}{100}$と求められる。よって，四角形ADJEの面積は，$\frac{3}{4}-\frac{21}{100}=\frac{27}{50}$なので，四角形ADJEと三角形ABCの面積の比は，$\frac{27}{50}$：１＝27：50である。

7　グラフ―旅人算

⑴　普通《ふつう》列車がＡ駅を出発した時間を０分とすると，普通列車と特急列車の進行のようすは右の図１のようになる。普通列車がAB間にかかる時間は２分，BC間にかかる時間は，７－３＝４(分)，CD間にかかる時間は，12－８＝４(分)である。よって，AB間，BC間，CD間の距離《きょり》の比は，２：４：４＝１：２：２だから，BC間の距離は，$10\times\frac{2}{1+2+2}=4$(km)とわかる。

図１

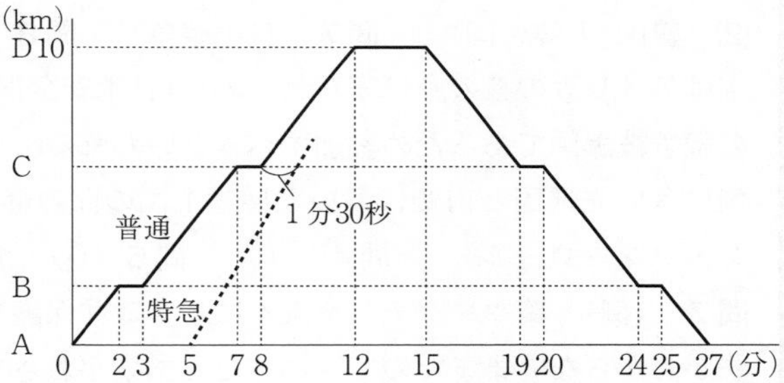

⑵　特急列車がＣ駅を通りすぎたのは，$8+1\frac{30}{60}=9.5$(分後)なので，特急列車がAC間にかかった時間は，9.5－５＝4.5(分)とわかる。また，AB間の距離は，$4\times\frac{1}{2}=2$(km)だから，AC間の距離は，２＋４＝６(km)である。よって，特急列車の速さは分速，$6\div4.5=\frac{4}{3}$(km)と求められる。これは，時速に直すと，$60\times\frac{4}{3}=80$(km)になる。

⑶　特急列車がAD間にかかる時間は，$10\div\frac{4}{3}=7.5$(分)なので，特急列車がＤ駅を出発したのは，５＋7.5＋３＝15.5(分後)である。よって，普通列車と特急列車がＤ駅を出発した後のようすは右の図２のようになる。ここで，普通列車の速さは分速，２÷２＝１(km)だから，普通列車が，15.5－15＝0.5(分)で走る距離(ア)は，１×0.5＝0.5(km)となる。したがって，斜線部分の時間は，$0.5\div\left(\frac{4}{3}-1\right)=1.5$(分)と求められ，その間に特急列車が走った距離は，$\frac{4}{3}\times1.5=2$(km)とわかる。つまり，快速列車が特急列車と

図２

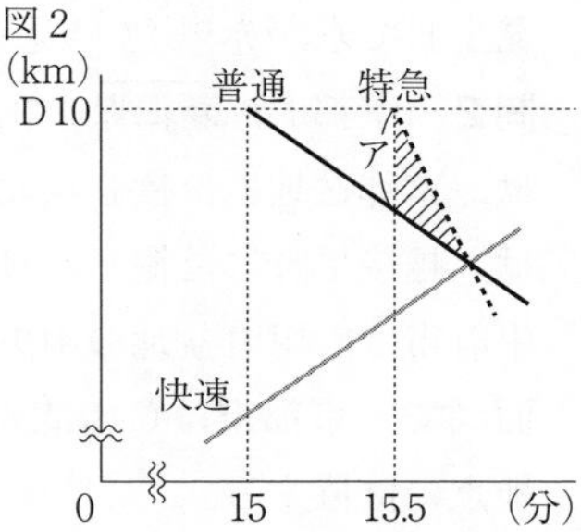

すれ違《ちが》ったのは，15.5＋1.5＝17（分後）であり，その場所はＡ駅から，10－２＝８（km）の地点とわかる。さらに，快速列車が８km走るのにかかる時間は，８÷１＝８（分）だから，Ｂ駅での停車時間をふくめると，快速列車がＡ駅を出発したのは，17－８－１＝８（分後），つまり，７時８分と求められる。

社　会　＜第１回試験＞（45分）＜満点：100点＞

解　答

1　**問１**　①　滋賀（県）　②　赤潮　**問２**　オ　**問３**　ウ　**問４**　エ　**問５**　（例）養殖漁業は，稚魚を出荷するまでいけすで育てる漁業である。栽培漁業は，稚魚を海に放流し，自然の中で成魚になるまで待ってからとる漁業である。　**問６**　(1)　（例）　物を運ぶこと　(2)　発電所　(3)　イ　**2**　**問１**　①　三内丸山（遺跡）　②　佐藤栄作　**問２**　（例）氏姓制度では家柄に応じて地位を与えられていたが，冠位十二階の制度では能力のある人に地位を与えるように変わった。　**問３**　ウ　**問４**　（例）　1185年に源頼朝が朝廷の許可を得て，全国に守護・地頭を置いたため。　**問５**　ア　**問６**　(1)　（例）　日英同盟が結ばれた。　(2)　韓国（大韓帝国）　**問７**　日中戦争　**問８**　イ　**問９**　非核三原則　**問10**　（例）　日本はアメリカの核の傘に守られている（日米安全保障条約がある）ため参加しない。一方で，唯一の戦争被爆国であるため参加すべきといわれる。　**3**　**問１**　ア　**問２**　（例）　地球の北側に多い先進国と南側に多い発展途上国の間の経済格差の問題。　**問３**　文民統制（シビリアン・コントロール）　**問４**　エ　**問５**　①　平和　②　生存　**問６**　(1)　ア　(2)　ウ　**問７**　（例）　薬やワクチンを人々に与える「保護」だけでは，人々はマラリアへの感染対策の方法がわからないままなので，いったん感染がおさまっても，再び感染が広がる可能性が高い。そのため，各国の政府や国連，NGOなどは，人々に定期的な検診の重要性を伝えるなどの教育を行うのがよい。

解　説

1　**琵琶《びわ》湖を題材とした問題**

問１　①　滋賀県の中央にある琵琶湖は日本最大の湖で，県の面積の約６分の１を占《し》める。　②　生活排水などにふくまれるリンや窒素《ちっそ》などが原因で海水や湖水が富栄養化し，プランクトンが異常発生して水が赤褐色《せっかっしょく》に見える現象を赤潮という。

問２　京都府，新潟県，山梨県の府県庁所在地はそれぞれ京都市，新潟市，甲府市である。京都市は，京都盆地に位置し，北に標高600～800m程度の丹波《たんば》高地があるので，Ｃと判断できる。新潟市は，越後平野に位置し，日本海に面しており，南に高く険しい越後山脈があるので，Ｂとわかる。甲府市は，甲府盆地の中央に位置し，北も南も高い山地に囲まれているので，Ａである。なお，断面図で，京都市はＣの北から約38km，新潟市はＢの北から０km，甲府市はＡの北から約28kmの地点に位置する。

問３　年間雪日数が最も多いアは，日本海側の気候に属する鳥取県。年間雪日数が最も少なく，年平均気温が最も高いエは，亜《あ》熱帯の気候に属する沖縄県である。残った香川県と大阪府は，どちらも瀬戸内の気候に属するため年間降水量が少ないが，香川県のほうがより少ないので，イが香川県，ウが大阪府となる。

問４　Aは，現在，全国の工業製品出荷額に占める割合が最も高い中京工業地帯である。Cは，1960年代の高度経済成長期に全国の工業出荷額に占める割合が最も高かった京浜工業地帯である。残ったBは，阪神工業地帯である。

問５　養殖《ようしょく》漁業は，稚魚《ちぎょ》や稚貝などが大きくなるまでいけすで育てる漁業である。一方，栽培《さいばい》漁業は，人工的にふ化させた稚魚や稚貝をある程度まで育ててから川や海に放流し，自然の中で大きくしてからとる漁業である。一般《いっぱん》に，養殖漁業は近海魚，栽培漁業は回遊魚に適している。

問６　(1)　運河は，おもに船の航行のために，人工的に土地を切り開いてつくられた水路である。なお，田畑に水を引くかんがい用水や，水害を防ぐための排水《はいすい》路としても利用されている。　(2)「☼」は発電所の地図記号である。　(3)【資料３】で，東側には山地があり，西側には京都市の市街地が広がっているので，琵琶湖疏水《そすい》はおおむね北西の向きに流れていると判断できる。疏水の流路の点線部分は，トンネルである。また，【資料４】で，西側の発電所は標高約470m，東側の発電所は標高約400mの地点にあるので，安積《あさか》疏水はおおむね東の向きに流れているとわかる。なお，琵琶湖疏水と安積疏水は，愛知県の明治用水とともに「明治三大用水」に数えられる。

2　歴史の新しい発見についての問題

問１　①　青森県で発見された三内丸山遺跡は，日本最大級の縄文時代前～中期の遺跡である。最大で500人前後が住んでいたと考えられている集落跡で，大型掘立《ほったて》柱建物跡や大型竪穴《たてあな》住居跡などが発掘《はっくつ》されているほか，クリやマメなどを栽培していたことが確認されている。　②「核兵器を持たず，作らず，持ち込ませず」という日本政府の核兵器に関する基本方針を非核三原則という。1967年の国会答弁で佐藤栄作首相が表明したのが始まりで，1971年には衆議院本会議において決議が採択《さいたく》され，以後，日本政府の核兵器に関する基本方針となっている。なお，佐藤は1972年に沖縄の本土復帰を実現して退陣し，1974年にノーベル平和賞を受賞している。

問２　ヤマト政権においては，豪族たちが一族ごとに氏《うじ》とよばれる集団をつくり，大王《おおきみ》が氏ごとに家柄《いえがら》や地位を表す姓《かばね》を与《あた》えて豪族たちを統制していた。こうしたやり方は氏姓制度とよばれる。これに対し，聖徳太子（厩戸《うまやと》王・厩戸皇子）は603年，能力のある豪族を役人にするために冠位《かんい》十二階の制度を定め，身分や家柄にとらわれず，能力や功績に応じて位を与えることにした。

問３　ア　平清盛が太政《だいじょう》大臣になったのは平安時代末期の1167年で，この時期の都は平安京（京都府）である。　イ『日本書紀』は奈良時代初期に編さんされ，720年に完成した。この時期の都は平城京（奈良県）である。　ウ　大宝律令が制定された701年には都が藤原京（奈良県）にあり，710年に平城京に都が移された。　エ　第１回遣隋使《けんずいし》が送られた600年には，飛鳥（奈良県）に都があった。なお，長岡京（京都府）は，平城京と平安京の間の時期（784～94年）の都である。

問４　源頼朝は，1185年に壇ノ浦《だんのうら》の戦いで平氏を滅《ほろ》ぼすと，不仲となった弟の義経をとらえるという名目で朝廷の許可を得て，地方の国ごとに守護を，荘園《しょうえん》や公領（国司の支配がおよぶ土地）ごとに地頭を置いた。鎌倉幕府が実質的に成立した年が1185年と考えられるようになったのは，守護・地頭が鎌倉幕府による全国支配の基礎となったためである。

問５　江戸時代の鎖国中，長崎を唯一《ゆいいつ》の貿易港として，キリスト教の布教を行わないオランダと清（中国）にかぎり，幕府と貿易することが認められた。オランダ人商人は出島（扇形《おうぎがた》の埋《う》め立て地）

に居住区が限定され，中国人は長崎郊外の唐人《とうじん》屋敷《やしき》に収容されて自由な行動は許されなかった。つまり，出島で貿易を行ったのはオランダだけなので，アが誤っている。

問６　⑴，⑵　【資料１】の絵は，1902年に結ばれた日英同盟と，日露戦争(1904～05年)直前の国際情勢を風刺している。左端《ひだりはし》のロシア人が焼いている火中の栗《くり》は大韓帝国(韓国)を表しており，それをイギリス人が日本人に取りにいかせようとして肩をおしてけしかけているようすと，イギリス人の背後からアメリカ人がそれをのぞいているようすが描かれている。

問７　1937年７月，北京《ペキン》郊外の盧溝橋《ろこうきょう》で日中両軍が衝突《しょうとつ》した。盧溝橋事件とよばれるこのできごとをきっかけに，日本は中華民国(中国)との全面戦争に突入した(日中戦争)。

問８　沖縄のアメリカ軍基地は，ベトナム戦争(1965年に激化，1973年に終結宣言)のさいに利用されたため，反戦運動の対象となった。なお，アの朝鮮戦争は1950～53年，ウのイラク戦争は2003年，エの湾岸戦争は1991年のできごとである。

問９　問１の②の解説を参照のこと。

問10　アメリカは核兵器を持っているが，日本は核兵器を持っていない。また，日米安全保障条約により，アメリカには日本を守る義務がある。このような状態から，日本はアメリカの「核の傘《かさ》」の下に置かれていると表現される。日本が核兵器禁止条約に参加しない理由としては，この「核の傘」があげられる。一方で，日本の参加を望む声が大きいのは，戦争で核兵器による攻撃を受けた，世界で唯一の被爆国であるということがその背景にある。

3　**「人間の安全保障」についての問題**

問１　日本と中国(中華人民共和国)の国交は1972年の日中共同声明によって正常化したので，2022年はこの50周年にあたる。よって，アが誤っている。

問２　「南北問題」は先進国と発展途上国との経済的な格差を表す言葉で，先進国が北半球，発展途上国が南半球に多いことからこのようによばれる。

問３　軍事的な重要事項について決定する権限を，軍人ではない文民(シビリアン)が持つという原則を文民統制(シビリアン・コントロール)という。日本の場合，文民統制の原則により，自衛隊の指揮《しき》権は文民である内閣総理大臣と防衛大臣が持っている。

問４　【資料１】より，経済成長が進む(１人あたりの所得が高くなる)と環境《かんきょう》汚染《おせん》の度合いが高まり，さらに経済成長が進むと環境汚染の度合いが低くなるので，エがふさわしい。

問５　【資料２】は日本国憲法の前文の第２段落の後半で，平和的生存権について述べた部分である。①には「平和」，②には「生存」が入る。

問６　⑴　X，Y　日本国憲法第56条は，国会の「定足数」(会議を開くのに必要な最低出席数)と「表決」について規定している。その１項では，本会議の定足数は総議員の３分の１以上であることが，２項では，議決には原則として出席議員の過半数の賛成が必要であることが定められている。

⑵　衆議院議員総選挙では，小選挙区選挙と比例代表選挙を組み合わせた制度である「小選挙区比例代表並立制」が採用されている。小選挙区選挙は１つの選挙区から１人の当選者を出すしくみで，有権者は投票用紙に候補者個人の名前を記入する。一方，比例代表選挙は得票数に応じて各政党に議席を割り当てるしくみで，拘束名簿《こうそくめいぼ》式というしくみが採用されている衆議院議員総選挙の場合，有権者は政党名を記入する。なお，参議院の比例代表選挙では，政党名と候補者名のどちらでも投票できる。

問７　マラリアが流行する地域の人々は，薬やワクチンを与えられる「保護」だけでは，感染対策がわからないままである。そのため，各国の政府や国連，NGOなどは，人々に定期的な検診の重要性を伝えるなどの教育を行うと，人々がみずから感染対策に取り組めるようになる，つまり「能力強化(エンパワーメント)」を実現できると考えられる。

理　科　＜第１回試験＞（45分）＜満点：100点＞

解　答

1　**問１**　イ，エ　**問２**　①　はいしゅ　②　子ぼう　**問３**　ア，カ　**問４**　（例）　電灯の明かりがあり，昼の長さがしだいに短くなるのを感じとれなかったから。　**問５**　（長日・短日の順に）　①　×・○　②　○・×　③　○・×　④　○・○　**問６**　カ　**問７**　場所…東京　品種…Ａ　**問８**　エ　**2**　**問１**　秒速0.25m　**問２**　①　×　②　○　③　○　**問３**　0.425m　**問４**　847個　**問５**　0.4m　**問６**　（例）　音源が近づくときは１個の波の長さが短くなるため，１秒間あたりに観測機器を通過する波の個数が多くなるから。
3　**問１**　右の図Ⅰ　**問２**　Ｄ　**問３**　**Ａ**　ア　**Ｂ**　エ　**Ｃ**　オ　**Ｄ**　イ　**Ｆ**　ウ　**問４**　エ　**問５**　オ　**問６**　**ア**　４℃　**イ**　大き(い)　**ウ**　小さ(い)　**問７**　ア　**4**　**問１**　ウ　**問２**　イ　**問３**　①　×　②　○　③　○　**問４**　**１回目**…ア　**２回目**…ア　**問５**　ア→イ→オ→ウ→カ→エ　**問６**　右の図Ⅱ

図Ⅰ

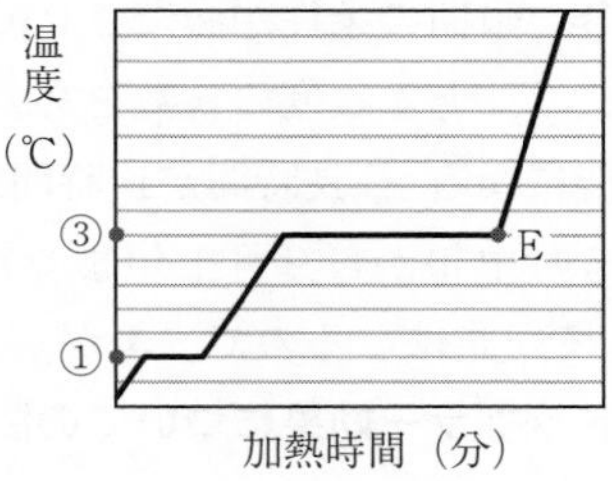

図Ⅱ

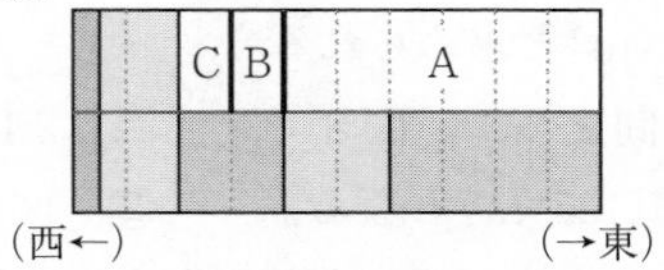

解　説

1　**植物の開花についての問題**

問１　東京では，ヒマワリは７月～８月，チューリップは４月頃《ごろ》，ヒガンバナは９月中旬《じゅん》，アブラナは２月～４月，コスモスは９月～10月，アジサイは６月～７月に花を咲《さ》かせる。

問２　めしべの根元のふくらんだ部分を子ぼうといい，中にははいしゅが入っている。種子ははいしゅが，果実は子ぼうが成長してできたものである。

問３　スイカとツルレイシ(ゴーヤ)はどちらもウリ科の植物で，春に種をまいて苗《なえ》をつくり，その苗を畑などに植えて育て，夏に果実を収穫《しゅうかく》する。なお，モモやカキは植えてから数年後に果実が木に実り，モモは夏，カキは秋に収穫する。また，フキは多年草で，地下茎《けい》を植えつけて栽培《さいばい》し，果実は春にできる。ソラマメはふつう種を秋にまき，初夏に果実ができる。

問４　１年のうちで日長が最も長いのは夏至の日(６月21日頃)で，この日を過ぎると日長はしだいに短くなっていく。したがって，７月～８月に花芽を形成すると述べられているアサガオは，短日植物とわかる。アサガオを毎晩明かりのついている電灯の下に置くと，アサガオは昼の長さがしだいに短くなるのを感じとることができないので，花芽を形成しないと考えられる。

問５　①～④のそれぞれの暗期は，①は15時間，②は９時間，③は最長６時間，④は最長12時間と

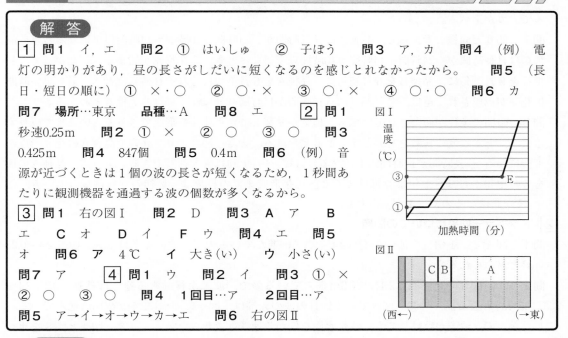

なっている。限界暗期が13時間の長日植物は，暗期が13時間以下のときに花芽形成が始まるので，②～④のとき花芽ができ，①のとき花芽はできない。一方，限界暗期が11時間の短日植物は，暗期が11時間以上のときに花芽形成が始まるので，①，④のとき花芽ができ，②，③のとき花芽はできない。

問６　品種Ｂは，限界暗期が12時間の短日植物なので，夜の長さが12時間以上になるとき，つまり，日長時間が，24時間－12時間＝12時間以下になるときに花芽形成が始まる。また，札幌《さっぽろ》の日長時間は，８月21日には13時間35分，９月25日には11時間56分なので，９月下旬に12時間以下になる。よって，カが選べる。

問７　問６と同様に考えると，品種Ａは日長時間が，24時間－10時間＝14時間以下になるとき，品種Ｃは日長時間が，24時間－14時間＝10時間以下になるときに花芽形成が始まる。したがって，品種Ｃを５月下旬に，品種Ｂを６月初旬に，品種Ａを６月下旬にそれぞれ植えたとき，最も早い時期に花芽が形成される苗は，７月25日に日長時間が14時間０分になる東京の品種Ａとわかる。

問８　暗期の条件が満たされていても，植物が発芽してから花芽を形成できるくらいにまで成長するには，ある程度の日数を必要とすると考えられる。また，図２より，札幌で品種Ａの花芽形成が可能になる（日長時間が14時間以下になる）のは，８月上旬以降と判断できる。よって，品種Ａの種を５月中旬から９月上旬まで毎日まくと，花芽形成までの日数は，最初のうちは減っていき，途《と》中《ちゅう》で一定になるので，エがふさわしい。

２　ドップラー効果についての問題

問１　図４で，１個目の波の先端《せんたん》は2.4秒で0.6ｍ進んでいるので，波の速さは秒速，0.6÷2.4＝0.25（ｍ）と求められる。

問２　①　図８で，波源は2.4秒で0.3ｍ進んでいるので，波源が移動する速さは秒速，0.3÷2.4＝0.125（ｍ）となる。　②　図８で，１個目の波の先端は，図４と同様に2.4秒で0.6ｍ進んでいる。したがって，波源が移動しても，波が水面を伝わる速さは変わらない。　③　図４と図８を比べると，波源が移動しても，水面にできる波は３個で同じなので，波の個数は変わらない。

問３　音の速さは秒速340ｍなので，音源が音を１秒間発すると，音源から340ｍ先までに波が800個並ぶ。よって，１個の波の長さは，340÷800＝0.425（ｍ）とわかる。

問４　観測機器が音源に秒速20ｍの速さで近づくと，0.425÷(340＋20)＝$\frac{17}{14400}$（秒）ごとに波が観測機器を通過する。したがって，１÷$\frac{17}{14400}$＝847.0…より，１秒間に847個の波が観測機器を通過する。

問５　音源が観測機器に秒速20ｍの速さで近づくとき，音源が音を１秒間発すると，音を発してから１秒後には，１個目の波は出発地点から340ｍ先まで進み，800個目の波（最後に発せられた波）は出発地点から20ｍ先のところにある。よって，観測機器を通過する１個の波の長さは，(340－20)÷800＝0.4（ｍ）と求められる。

問６　１個の波の長さは，問３で求めたもの（0.425ｍ）よりも問５で求めたもの（0.4ｍ）の方が短い。そのため，１秒あたりに観測機器を通過する波の個数は，問５のときの方が問３のときよりも多い。よって，問５のときの方が，問３のときよりも音の高さが高くなる。

３　水の状態と体積の変化についての問題

問１　水が氷になると体積が約1.09倍になるので，図２より，温度①は０℃とわかる。また，水が水蒸気になると体積が約1700倍になるので，図４より，温度③は100℃とわかる。図１は，水(氷)を加熱したときのグラフなので，最初の水平部分の温度が０℃，次の水平部分の温度が100℃である。また，図４の点Ｅでは，水がすべて水蒸気になっているので，図１での点Ｅの位置は，２番目の水平部分の右端になる。

問２　水の密度が最も大きいのは，水１ｇの体積が最も小さいとき，つまり，図２の点Ｄのときで，このときの温度②は４℃である。

問３　図２で，点Ａは，温度が０℃より低いので，すべて氷の状態で，点Ｂは，温度が０℃なので，氷と水がどちらも存在している状態である。点Ｃは，温度が100℃なので，水と水蒸気がどちらも存在している状態である。図３で，点Ｄは，温度が４℃なので，すべて水の状態とわかる。図４で，点Ｆは，温度が100℃より高いので，すべて水蒸気の状態になる。

問４　図４より，2600cm^{3}の水蒸気(気体の水)を，300－100＝200(℃)冷やすと，体積が，2600－1700＝900(cm^3)減って1700cm^{3}になる。したがって，$200\times\frac{1700}{900}=377.7\cdots$より，この水蒸気を100℃からさらに約378℃冷やしてマイナス約，378－100＝278(℃)にすると体積が０cm^{3}になるので，エが選べる。

問５　ア　アイロンは，底の部分にあるヒーターに電気を通すことで発生する熱を布などに当てて，しわをのばす。　イ　電子レンジは，電磁波の一種であるマイクロ波を使って，食品にふくまれている水の粒《つぶ》を高速に振動《しんどう》させることで，食品を温める。　ウ　スプリンクラーは散水器のことで，水圧によりノズルから広い範囲《はんい》に水をまく。　エ　消火器は，粉末や液体，泡《あわ》などの消火剤《ざい》を燃えているものに吹《ふ》きつけ，空気中の酸素が燃えているものに接しないようにすることで，火を消す。　オ　蒸気機関車では，ボイラーで石炭を燃やして水を水蒸気にしたときに，体積が急激に大きくなることを利用して，機関車を動かしている。　カ　熱気球では，中の空気を熱して温度を上げることで，空気が膨張《ぼうちょう》することを利用して，熱気球を上昇《じょうしょう》させている。

問６　水の密度は４℃で最も大きくなるので，湖底には４℃の水がたまっている。また，図３より，水の温度が４℃より低くなって０℃に近づくと，体積が大きくなる(密度が小さくなる)ので，上昇して湖面付近に集まり，湖面だけが凍《こお》る。

問７　**１**　氷は温度が下がると収縮する。　**２**　氷は温度が上がると膨張する。　**３**　氷が膨張すると，亀裂《きれつ》部分に張った薄《うす》い氷が周りから押《お》されてせり上がる。　**４**　１～３が繰《く》り返されると，縁《ふち》の部分が盛り上がった円盤状の氷ができる。

4 **河岸段丘《だんきゅう》についての問題**

問１　大地が隆起《りゅうき》すると，隆起した部分の標高が高くなり，陸地と海面の高低差が大きくなるので，川の流速が増す。そのため，川の侵食《しんしょく》作用が大きくなる。

問２　海水面が低下するときにも，陸地と海面の高低差が大きくなるので，河岸段丘ができると考えられる。寒冷な氷河期には，海水の多くが氷となって海水の量が減るので，海水面が低下する。

問３　①　図２には，高さ10ｍの崖《がけ》が４か所，高さ15ｍの崖が２か所見られる。　②　たい積物Ａ～たい積物Ｃは，どれも20ｍの厚さである。　③　たい積物Ａ～たい積物Ｄは，いずれもたい積岩Ｅが削《けず》られてできたものであると述べられているので，構成する物質の成分は同じである。

問４　図３で，たい積物Ｃの段丘面の幅《はば》について，断層の南側では北側よりも，30－20＝10(ｍ)せまくなっている。この差は，２回目の地震《じしん》で横ずれの断層ができた後，たい積物Ｃの東側が川により侵食されたことで生じたので，２回目の断層のずれは10ｍとわかる。同様に，たい積物Ｂの段丘面の幅の差から，１回目の断層のずれは，30－20＝10(ｍ)と求められる。

問５　問４で述べたように，たい積物Ｃの段丘面の幅の差は，２回目の断層のずれにより生じており，たい積物Ｂの段丘面の幅の差は，１回目の断層のずれにより生じている。また，たい積物Ｂがたい積する前に，たい積物Ａがたい積している。さらに，たい積物Ｄは，断層のずれの影響《えいきょう》を受けていない。よって，ア→イ→オ→ウ→カ→エとなる。

問６　図３，図４より，川の西側と東側の，たい積物Ｃの段丘面の幅の和は，20×２＝40(ｍ)となる。また，図３で，たい積物Ｃの段丘面の幅は，断層より北側では30ｍとなっている。よって，図４で，たい積物Ｃの段丘面の幅は，断層より北側では，40－30＝10(ｍ)となる。同様に考えると，図４でのたい積物Ａ，たい積物Ｂの段丘面の幅は，断層より北側ではそれぞれ，40×２－20＝60(ｍ)，20×２－30＝10(ｍ)となる。したがって，東側の段丘面は解答の図Ⅱのようになる。

国　語　＜第１回試験＞（45分）＜満点：100点＞

解　答

一　**問１**　（例）　壮太は優しいとほめたが，入院したてのころからぼくはわがままで，今も早く退院するためにみんなに優しくしているだけだから。　**問２**　（例）　壮太とお別れをするのが悲しく，一言でも発すると涙が出てしまうのをがまんしながら，母親の前では「まあね」と言うことで強がっているという心情。　**問３**　（例）　ぼくが入院生活による不安定な気持ちから毎夜おもちゃ箱をひっくり返していたことを知った壮太が，自分の退院後にぼくが発見することを予測して，おもちゃ箱の中に紙飛行機を入れておいたことに気づいておどろくとともに，壮太の思いやりに対して感謝を感じている。　**問４**　（例）　ぼくも二日間，超楽しかった。壮太がいなくなってからも，紙飛行機のおかげでなんとかやれてるよ。バッタ，びっくりしたけど外の暑さがよくわかったよ。こんなアイディアがうかぶなんて，壮太はやっぱり天才だよ。壮太が壮太なら，小さくたって全然気にすることないんだからな。退院したら絶対遊ぼうな。　二　**問１**　（例）　日本の住宅では，テレワークの場合，生活音や家庭のようすの映像が入り，子どもの存在が仕事への集中をさまたげ，同居する家族も不自由を感じるという問題が生じるから。

問２　（例）　コロナ禍によるテレワークの導入で，仕事場によらず選んだ本当に生活したい地域が，寝に帰るのではなく仕事や遊び場などの役割を持ち，地域中心の暮らしで人間関係のつながりもでき，住まい手と来訪者が支え合い，感謝し合えるコミュニティが増加すること。

三　下記を参照のこと。

●漢字の書き取り

三　⑴　歌劇　⑵　熟練　⑶　脳裏　⑷　唱　⑸　事実無根

解　説

一　**出典は瀬尾《せお》まいこの『夏の体温』による。**重い病気のため小児病棟《びょうとう》に長期入院している「ぼく」(瑛介《えいすけ》)と，低身長症《しょう》のために検査入院してきた壮太《そうた》との友情が描《えが》かれている。

問１　「ぼく」が「見当違《ちが》い」だと思った理由については，続く部分で「ぼく」が「正直に話し」ているので，その内容をまとめる。

問２　このときの「ぼく」の心情は，「お母さんは何もわかっていない」から傍線《ぼうせん》部②の直前までの部分で描かれている。「ぼく」が壮太との別れを悲しんでいることと，母親に対しては「まあね」と強がっていることを中心にまとめる。

問３　「ぼく」は，入院中のストレスから「何かしないと，おかしくなりそう」だったので，毎晩プレイルームに行っておもちゃ箱をひっくり返していた。退院した壮太はそのことに気づいていたので，後で「ぼく」がおもちゃ箱をひっくり返したときに出てくるようにと，大量の紙飛行機を入れておいた。そのため「ぼく」は，大量の紙飛行機におどろくとともに，壮太の思いやりに心を打たれて，「壮太だ……」とつぶやいたのだと考えられる。

問４　壮太の手紙には「２日間だったけど，超《ちょう》楽しかったよな」，「また遊べたらなーってそればっかり考えてる」とあり，「ぼく」もまったく同じように感じている。また，壮太が置いていった紙飛行機や，干からびたバッタのことにもふれたはずである。さらに，壮太は「遊びを考える天才」で，「壮太が壮太なら，小さくたっていい」と「ぼく」が思っていることが伝わる内容にするとよい。

二　**出典は藤本英《ふじもとひで》子《こ》の『公共空間の景観力―人を呼び込《こ》む街，人が住みたくなる街のデザイン』による。**2020年春の緊急《きんきゅう》事態宣言下でわかってきたことを指摘《してき》し，今後どのような「まちづくり」が必要になるかについて考察している。

問１　傍線部①の理由については，直後の三文でおもに説明されている。働く人の大変さだけでなく，同居する家族の大変さもふまえてまとめる。

問２　今後の「地域まちづくり」では，「これまで『寝《ね》られたらよかったまち』が，『働いて，遊べるまち』になることが求められている」と述べられている。また，「魅力《みりょく》あるコミュニティ」については，「住まいを固定する『住まい手』，そして二拠点《きょてん》や多拠点生活をおくる『来訪者』，お互《たが》いが気持ちよく地域で暮らすためには，地域での支え合いや，感謝しあえるコミュニティが求められます」と説明されている。これらの点にふれながら説明すればよい。

三　**漢字の書き取り**

⑴　歌を中心として展開する舞台《ぶたい》劇。オペラ。　⑵　よくなれていて上手なこと。　⑶　頭の中。心の中。　⑷　音読みは「ショウ」で，「唱和」などの熟語がある。　⑸　事実にまったくもとづいていないこと。

Dr.福井の

入試に勝つ！脳とからだのウルトラ科学

意外！　こんなに役立つ“替え歌勉強法”

病気やケガで脳の左側（左脳）にダメージを受けると，字を読むことも書くことも，話すこともできなくなる。言葉を使うときには左脳が必要だからだ。ところが，ふしぎなことに，左脳にダメージを受けた人でも，歌を歌う（つまり言葉を使う）ことができる。それは，歌のメロディーが右脳に記憶されると同時に，歌詞も右脳に記憶されるからだ。ただし，歌詞は言葉としてではなく，音として右脳に記憶される。

そこで，右脳が左脳の10倍以上も記憶できるという特長を利用して，暗記することがらを歌にして右脳で覚える“替え歌勉強法”にトライしてみよう！

歌のメロディーには，自分がよく知っている曲を選ぶとよい。キミが好きな歌手の曲でもいいし，学校で習うようなものでもいい。あとは，覚えたいことがらをメロディーに乗せて替え歌をつくり，覚えるだけだ。メロディーにあった歌詞をつくるのは少し面倒かもしれないが，つくる楽しみもあって，スムーズに暗記できるはずだ。

替え歌をICレコーダーなどに録音し，それを何度もくり返し聞くようにすると，さらに効果的に覚えることができる。

音楽が苦手だったりして替え歌がうまくつくれない人は，かわりに俳句（川柳）をつくってみよう。五七五のリズムに乗って覚えてしまうわけだ。たとえば，「サソリ君，一番まっ赤は，あんたです」（さそり座の１等星アンタレスは赤色――イメージとしては，運動会の競走でまっ赤な顔をして走ったサソリ君が一番でゴールした場面）というように。

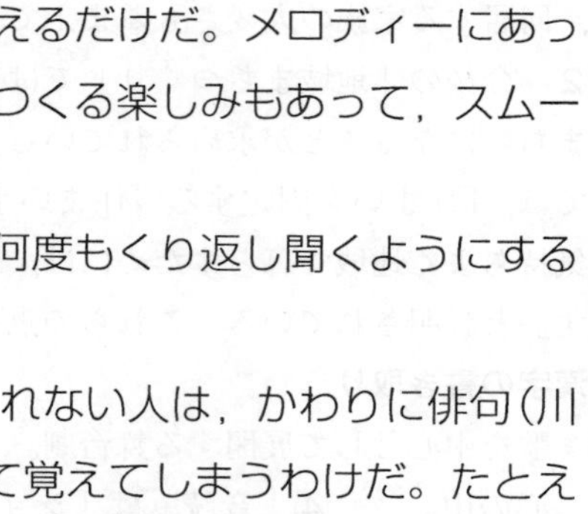

Dr.福井（福《ふく》井《い》一成《かずしげ》）…医学博士。開成中・高から東大・文Ⅱに入学後，再受験して翌年東大・理Ⅲに合格。同大医学部卒。さまざまな勉強法や脳科学に関する著書多数。

2023年度 鷗友学園女子中学校

【算　数】〈第２回試験〉（45分）〈満点：100点〉

【注意】　1．円周率の値を用いるときは，3.14として計算しなさい。

　　　　　2．配られた定規は問題を解くときに使ってください。

1　次の問いに答えなさい。

(1)　次の $\square$ に当てはまる数を求め，答えを解答欄に書きなさい。

$$3.14-\frac{1}{15}\times\left(36-\square\div\frac{7}{10}\right)=\frac{5}{6}$$

(2)　整数 X を５で割ったときの余りを $<X>$ で表します。例えば，$<3>=3$，$<5>=0$，$<12>=2$ です。X を10以上21以下の整数とするとき，$<<X>+2>=1$ となるような整数 X をすべて求め，答えを解答欄に書きなさい。

2　あるお店では，商品Ａ，Ｂに，それぞれ２割の利益を見込《こ》んで定価をつけましたが，Ａは定価の１割引き，Ｂは定価の15％引きで売ることにしました。Ａ２個とＢ１個が売れると192円の利益が，Ａ１個とＢ２個が売れると132円の利益が出ます。商品Ａ，Ｂの原価をそれぞれ求めなさい。

　答えを出すために必要な式，図，考え方なども書きなさい。

3　図１のように，ふたのない透《とう》明な直方体の容器に水が入っています。

(1)　図２のようになるまで容器を傾《かたむ》けると，容器から水が 576cm^3 だけこぼれました。図１の水の深さは何cmでしたか。

　答えを出すために必要な式，図，考え方なども書きなさい。

図１

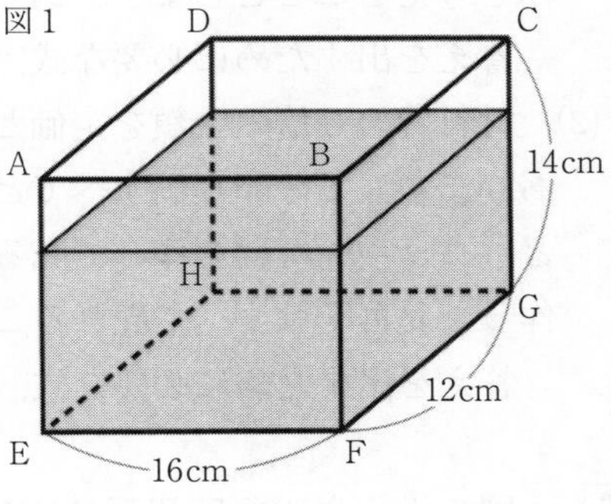

図２

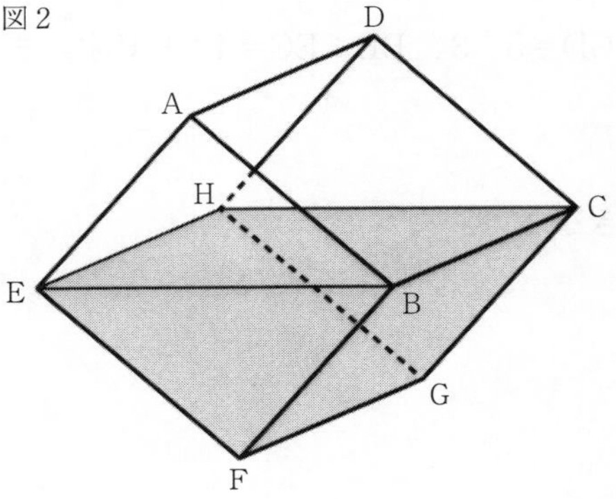

(2)　さらに，図３のように，FP，GQ の長さが９cm になるまで容器を傾けました。このとき，こぼれた水は何cm^3ですか。

答えを出すために必要な式，図，考え方なども書きなさい。

図３

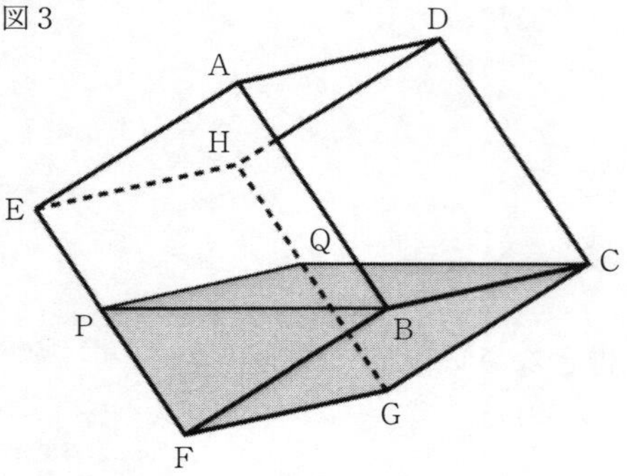

4　ある店では，マドレーヌとクッキーの２種類のお菓《か》子を作って売っています。表１はマドレーヌ６個とクッキー６枚を作るために必要な４種類の材料とその分量を表しています。また表２は，その材料の原価を表しています。

表１　材料とその分量

	マドレーヌ	クッキー
砂糖	120 g	20 g
小麦粉	120 g	160 g
バター	126 g	45 g
卵	120 g	30 g

表２　材料の原価

砂糖	１kg につき200円
小麦粉	１kg につき250円
バター	900 g につき1000円
卵	１個（60 g）につき20円

(1)　マドレーヌ６個を作るときの材料費の合計はいくらですか。ただし，材料費は使用した分のみを考えることとします。例えば，砂糖を200 g 使用した場合の材料費は40円です。

答えを出すために必要な式，図，考え方なども書きなさい。

(2)　材料費の６倍の金額を定価として売ります。いま，卵が６個あり，その他の材料はたくさんあります。この卵６個すべてと，その他の材料を使用して，マドレーヌだけを作って売るときと，クッキーだけを作って売るときでは，どちらの方がどれだけ利益が大きいですか。ただし，作ったお菓子はすべて売れることとします。

答えを出すために必要な式，図，考え方なども書きなさい。

5　図のような平行四辺形 ABCD があります。AG：GD＝5：3，BE：EC＝4：1 です。また，AC と HE は平行です。

(1)　AF：FC を，最も簡単な整数の比で表しなさい。

答えを出すために必要な式，図，考え方なども書きなさい。

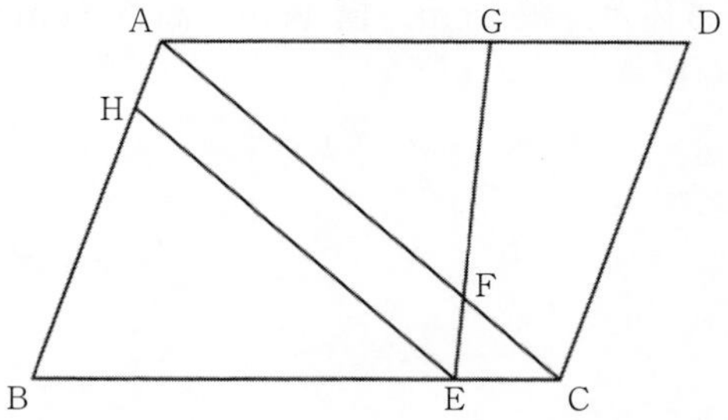

(2)　平行四辺形 ABCD と四角形 AHEF の面積の比を，最も簡単な整数の比で表しなさい。
答えを出すために必要な式，図，考え方なども書きなさい。

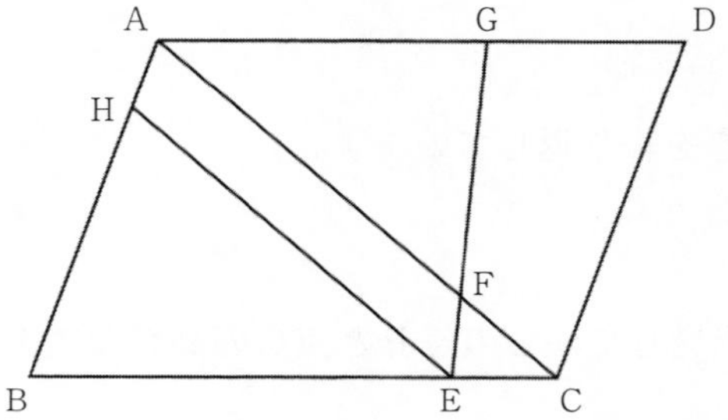

6　点Oを中心とする円があります。この円の周上を，点Pは時計回りに１周４分の速さで，点Qは反時計回りに１周６分の速さで，点Rは時計回りに１周10分の速さで動きます。３つの点は点Aから同時に動き出します。

(1)　動き出してから，１回目に点Pと点Qが重なるのは何分何秒後ですか。
答えを出すために必要な式，図，考え方なども書きなさい。

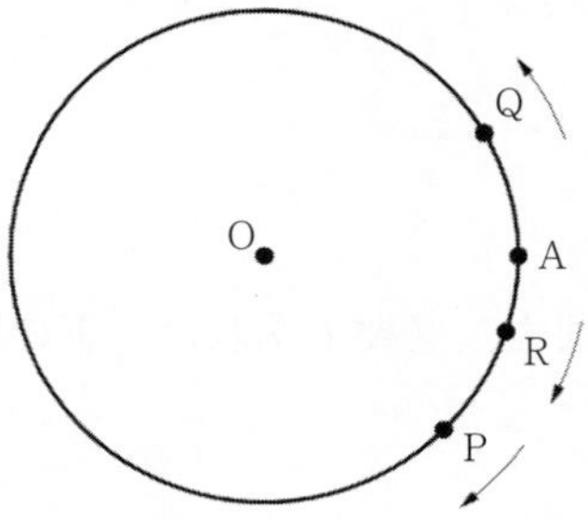

(2)　動き出してから，２回目に点Pと点Qが重なったとき，点Oと点Pを結ぶ線と，点Oと点Rを結ぶ線の間の角度を求めなさい。
答えを出すために必要な式，図，考え方なども書きなさい。

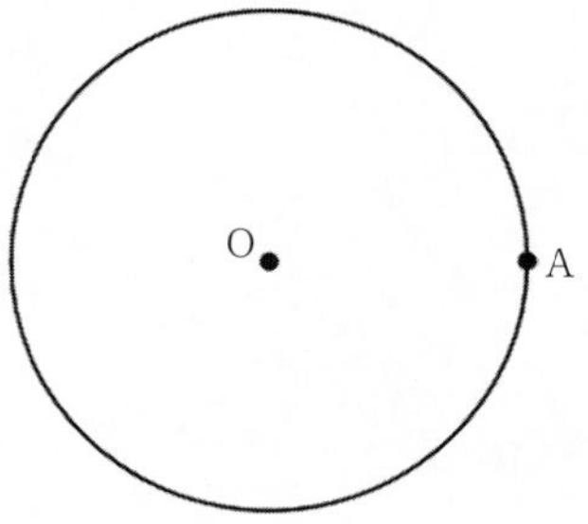

7　図のような，縦１cm，横２cm，高さ６cm の直方体と，縦１cm，横４cm，高さ２cm の直方体があります。

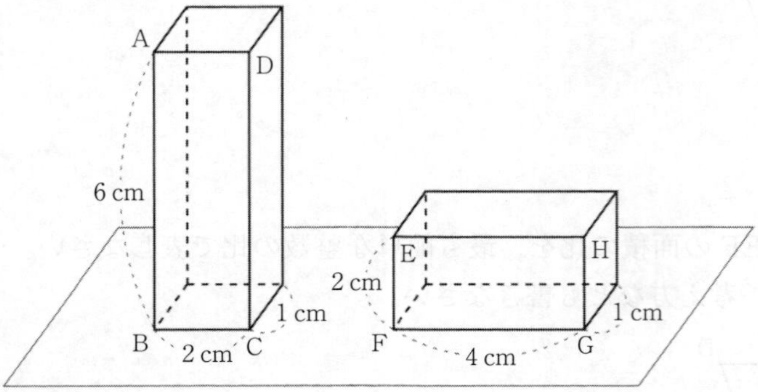

点Ｐと点Ｑは，同時に出発し，以下のような動きを繰《く》り返しています。

Ｐ：Ａ→Ｂ→Ｃ→Ｄ→Ａ→Ｂ→…

Ｑ：Ｅ→Ｆ→Ｇ→Ｈ→Ｅ→Ｆ→…

点Ｑの速さは毎秒１cm です。次のグラフは，出発してからの点Ｐと点Ｑの高さの差を６秒後まで表したものです。

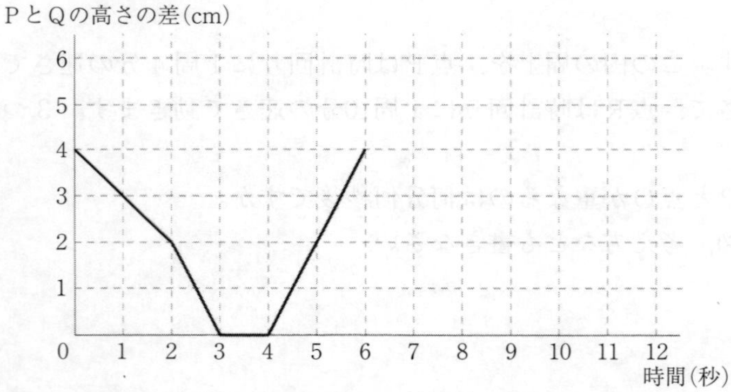

(1)　点Ｐの速さは毎秒何 cm ですか。

答えを出すために必要な式，図，考え方なども書きなさい。また，必要であれば，下の図を用いなさい。

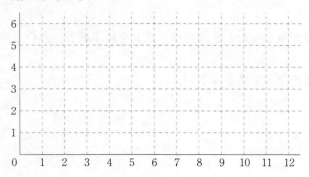

(2)　グラフの続きを12秒まで，解答欄の図に定規を使ってかきなさい。

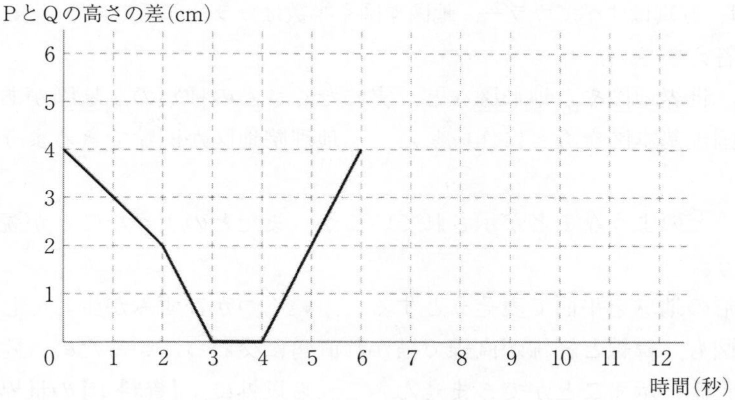

【社　会】〈第２回試験〉（45分）〈満点：100点〉

〈編集部注：実物の入試問題では，写真はすべてカラー，地図や図も半数はカラー印刷です。〉

1　次の文章を読み，問いに答えなさい。

私たちの身の回りには，(a)世界地図や(b)地形図など，実にたくさんの種類の(c)地図がありま す。さらに最近では，電子国土基本図をもとに作成した，(d)地理院地図が閲覧《えつらん》できるようにもなりました。

それぞれの地図を通して，どのようなことが示されているか，またどのようなことが読み取れるかを考えていきましょう。

問１　下線部(a)について。球形の地球を平面で表そうとすると，いくつかひずみが生じてしまいます。**【資料１】**の世界地図も，緯線《いせん》と経線が直線で描《えが》かれ直角に交わっているため，陸や海の形，方角，距離《きょり》などを正確に示すことができません。これら以外に，**【資料１】**の世界地図で正確に示すことができていないものを，１つ答えなさい。

【資料１】

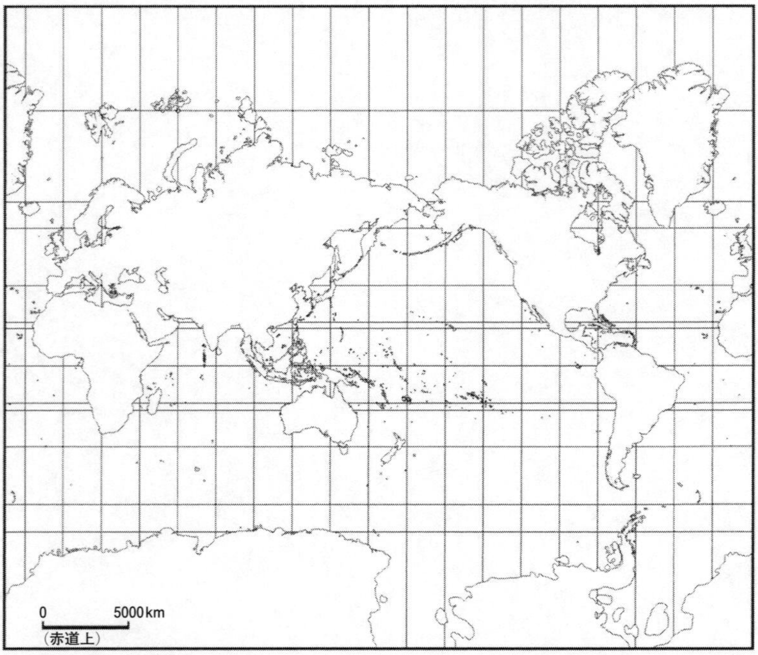

問２　下線部(b)について。地形図にはさまざまな地図記号が使用されています。**【資料２】**には，2019年に新しく登場した地図記号が描かれています。

【資料３】は，日本のある地域の衛星写真ですが，**【資料２】**の地図記号が何か所も記されています。

【資料２】

【資料３】

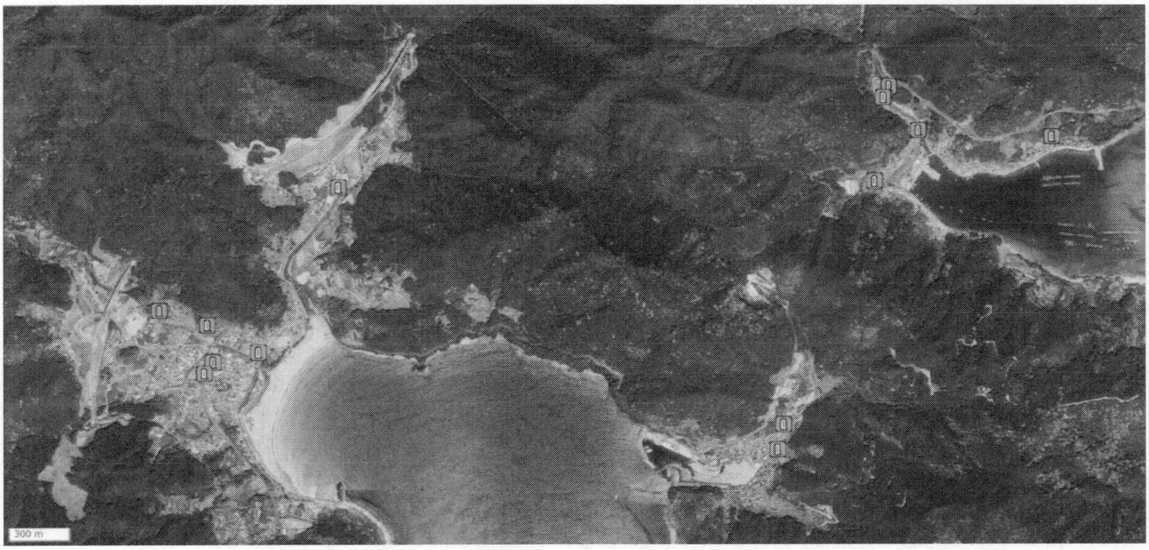

（国土地理院ウェブサイト　https://maps.gsi.go.jp/）

【資料３】中に，**【資料２】**の地図記号が記されている理由を，以下の条件に従って説明しなさい。

〔条件１〕　**【資料２】**の地図記号が何かを答えること。
〔条件２〕　**【資料３】**から読み取れることを１つ挙《あ》げること。

問３　下線部(c)について。一般的《いっぱんてき》に，地図には縮尺《しゅくしゃく》が記されています。「１万分の１の縮尺」とはどのような意味か説明しなさい。

問４　下線部(d)について。**【資料４】**の地理院地図は，茶の栽培《さいばい》が盛《さか》んな静岡県牧ノ原付近の地図です。静岡県に関連した，下の問いに答えなさい。

【資料４】

（国土地理院ウェブサイト　https://maps.gsi.go.jp/）

(1)　**【資料４】**から読み取れる，茶の栽培にとって好ましい条件を，地形的特徴《とくちょう》を挙げながら説明しなさい。

(2)　静岡県はかつて茶の産出額日本一でしたが，2019年にある県が茶の産出額で静岡県を上回りました。ある県とはどこか，答えなさい。

(3)　静岡県は，茶以外にも，みかん栽培やレタス栽培，漁業が盛んなことでも知られます。**【資料５】**の**Ａ**～**Ｃ**は，みかんの収穫量《しゅうかくりょう》，レタスの収穫量，海面漁獲量《ぎょかくりょう》(2019年)のいずれかを表しています。**Ａ**～**Ｃ**の組み合わせとして正しいものを下のア～カから１つ選び，記号で答えなさい。

【資料５】

	A	B	C
１位	北海道	和歌山県	長野県
２位	茨城県	愛媛県	茨城県
３位	長崎県	**静岡県**	群馬県
４位	宮城県	熊本県	長崎県
５位	**静岡県**	長崎県	兵庫県
６位	三重県	佐賀県	**静岡県**

（『データブック オブ・ザ・ワールド 2022年度版』をもとに作成）

ア．A＝みかんの収穫量　B＝レタスの収穫量　C＝海面漁獲量
イ．A＝みかんの収穫量　B＝海面漁獲量　C＝レタスの収穫量
ウ．A＝レタスの収穫量　B＝みかんの収穫量　C＝海面漁獲量
エ．A＝レタスの収穫量　B＝海面漁獲量　C＝みかんの収穫量
オ．A＝海面漁獲量　B＝レタスの収穫量　C＝みかんの収穫量
カ．A＝海面漁獲量　B＝みかんの収穫量　C＝レタスの収穫量

(4)　次のXとYの文は，静岡県の製造業について説明したものです。それぞれの文が正しいか，誤っているかを判断し，その組み合わせとして適切なものを下のア～エから１つ選び，記号で答えなさい。

> X．都道府県別製造品出荷額《しゅっかがく》(2019年)では，愛知県，東京都に続いて全国３位である。
> Y．県西部の浜松市《はままつし》では，楽器やオートバイの製造が盛んである。

ア．X＝正しい　Y＝正しい　イ．X＝正しい　Y＝誤っている
ウ．X＝誤っている　Y＝正しい　エ．X＝誤っている　Y＝誤っている

問５　私たちが日頃《ひごろ》生活をしていく上で使う地図の種類はさまざまです。さまざまな種類の地図が存在する理由を説明した，次の文の［　　］にあてはまることばを考えて答えなさい。

> さまざまな種類の地図があるのは，１枚の地図に情報が多く盛《も》り込《こ》まれすぎるとかえって使いづらいため，［　　］に合わせて使えるように作られているから。

2　次の文章を読み，問いに答えなさい。

人間の営みの中では，紛争《ふんそう》とよばれるさまざまな争いが生まれます。過去の人々はその紛争を裁判という形で解決しようとしました。長い歴史の中でどのような裁判や司法の制度があったのか，見てみましょう。

原始の時代における裁判の実態は不明ですが，(a)中国の歴史書には，邪馬台国《やまたいこく》に刑罰《けいばつ》が存在していたことが分かる記述があります。

古墳時代の人々はすべてのものに神が宿っているとして，その神を信仰《しんこう》していたため，人を裁くのも人ではなく，神でした。

奈良時代には，(b)律令《りつりょう》に基《もと》づく司法の制度がつくられました。しかし，現代とは異なり，司法と行政は一体化していたため，裁判官ではなく，役人が裁判を行っていました。

(c)平安時代に入ると，社会の変化に応じて，それまでの律令を修正したり，追加する動きが

ありました。

鎌倉時代に入ると，幕府によって裁判制度が整えられていきます。(d)1232年には武家の法典『御成敗式目《ごせいばいしきもく》』が定められました。この式目によって，将軍個人や少数の御家人《ごけにん》の考えで判断するのではなく，式目という法の基準にのっとった裁判へと変化しました。

室町時代には，幕府が裁判を取《と》り扱《あつか》っていましたが，15世紀後半以降，戦国大名が各地を支配しはじめると，自ら裁判権を持つ(e)戦国大名も現れました。

江戸時代，幕府の実際の訴訟《そしょう》を担《にな》っていたのは(f)三奉行《ぶぎょう》でした。17世紀後半には，８代将軍 ① が公事方《くじかた》御定書《おさだめがき》をつくり，裁判制度を改革しました。

明治時代になると，大日本帝国《ていこく》憲法が制定され，司法権は，天皇の名において法律により裁判所が行使することが定められました。しかし，この時代の裁判制度は，対外関係とは無関係ではありませんでした。たとえば， ② の撤廃《てっぱい》を実現する条約改正の交渉《こうしょう》過程において，外国人の裁判官を認めようとする動きがありました。また，(g)訪日中のロシア皇太子が大津《おおつ》市で警備の警察官によって切りつけられ負傷した事件の裁判では，大きな問題が発生しました。

第二次世界大戦後，1946年に日本国憲法が制定され，それまでの天皇主権は国民主権と改められ，国民には基本的人権が保障されるようになりました。(h)それに伴《ともな》い，占領期《せんりょうき》にはさまざまな制度の民主化が進み，裁判制度も民主化されました。

また，敗戦後にアメリカ領となった沖縄では，琉球《りゅうきゅう》政府がつくられ，琉球民裁判所が設置され，(i)1972年に日本へ返還《へんかん》されるまで機能しました。

現代の裁判，司法の制度においても，さまざまな課題があり，それらに対する改革が進められています。私たちの社会では，必ず紛争といった問題が生じます。その問題をどのように解決するかという点も，よりよい社会を築いていくためには不可欠なものなのです。

問１　文中の ① ② にあてはまることばを答えなさい。

問２　下線部(a)について。次の**X**と**Y**の文は，この中国の歴史書に記述されている邪馬台国について述べたものです。それぞれの文が正しいか，誤っているかを判断し，その組み合わせとして適切なものを下のア～エから１つ選び，記号で答えなさい。

> **X**．100余りの国々に分かれていて，定期的に貢《みつ》ぎ物《もの》を持ってあいさつに来ている。
> **Y**．人々は税を納めていて，市も開かれている。

ア．**X**＝正しい　　　**Y**＝正しい
イ．**X**＝正しい　　　**Y**＝誤っている
ウ．**X**＝誤っている　**Y**＝正しい
エ．**X**＝誤っている　**Y**＝誤っている

問３　下線部(b)について。律令政治の下で裁判を担当した役所を次のア～エから１つ選び，記号で答えなさい。

ア．治部《じぶ》省　　イ．法務省
ウ．司法省　　エ．刑部《ぎょうぶ》省

問４　下線部(c)について。平安時代の文化として**あてはまらないもの**を次のア～エから１つ選び，記号で答えなさい。

ア

イ

ウ

エ

（『新詳日本史』一部改変，『最新日本史図表四訂版』）

問５　下線部(d)について。御成敗式目は武士の時代になったから生まれたのではなく，当時のさまざまな社会情勢に対応するために制定されました。

【資料１】と**【資料２】**の□には同じ内容が入ります。□に入る内容としてふさわしいものを下のア～エから１つ選び，記号で答えなさい。

【資料１】　御成敗式目が制定された頃《ころ》の社会情勢

> 1230年にも天候不順が続き，洪水《こうずい》，暴風雨などが全国各地で発生し，大ききんが起きた。この大ききんでは日本の人口の３分の１が犠牲《ぎせい》になったといわれる。都や鎌倉では死人が多数出たという公家《くげ》の記録などが多く残っている。
>
> 大ききんによって多くの人々の生活が苦しくなり，生き抜《ぬ》くために手段を選ばない人々も出てきた。
>
> このような中，□をめぐって，御家人同士や，御家人と農民，荘園《しょうえん》領主との間で多くの紛争が起き，裁判が増加した。

【資料２】　御成敗式目全51条の内訳

・守護などの職務について…条文数３
・犯罪処罰《しょばつ》について　　　…条文数17
・朝廷《ちょうてい》との関係について　…条文数２
・［　　　　　］に関する裁判基準について…条文数25
・その他　　　　　　　　…条文数４

ア．土地の所有，財産，相続
イ．旧仏教と新仏教の間に起こった論争
ウ．伝染病《でんせんびょう》の拡大を防止する規定
エ．承久《じょうきゅう》の乱後の恩賞

問６　下線部(e)について。尾張《おわり》国の戦国大名であった織田信長は，勢力を広げる中で自治都市だった堺を支配しました。信長が堺を支配した理由を**【資料３】【資料４】**を用いて説明しなさい。

【資料３】

・鉄砲本体は当初海外から輸入していたが，国内で製造できる町や村が現れはじめ，国産化が急速に進んでいった。
・戦国大名の武田氏は鉄砲を数多く入手したが，硝石《しょうせき》を入手することができず，大量の鉄砲を使用することができなかった。

【資料４】

	原材料	入手先
鉄砲玉	鉛《なまり》	国内だけでなく海外からも入手
火薬	硫黄《いおう》	国内から入手
	硝石	海外から入手
	木炭	国内から入手

※当時の火薬の主原料は，硫黄・硝石・木炭などであった。

問７　下線部(f)について。三奉行のうち，江戸の政治，警察，裁判を担当した奉行を答えなさい。

問８　下線部(g)について。**【資料５】**は，この事件の裁判の経緯《けいい》を①～④で示しています。この中には，現代の司法や裁判の観点から問題となるできごと・行為《こうい》があります。問題だと考えられる番号を①～④から１つ選び，その番号のどのようなできごと・行為が，なぜ問題であるのかを説明しなさい。

【資料５】

①　当時の刑法《けいほう》では，ロシア皇太子を襲《おそ》った警察官の罪は「計画的に人を殺そうとした」ことであり，その刑罰は「無期限で刑を受ける」であった。

↓

②　日本政府側はロシアの仕返しを恐《おそ》れ，その警察官を死刑にすることを担当裁判官に要求した。

↓

③　大審院《だいしんいん》院長（現在の最高裁判所長官）は，刑法の規定通り，「無期限で刑を受ける」刑罰にするよう担当裁判官を説得した。

↓

④　最終的に，大津地方裁判所で警察官に対する刑罰は，「無期限で刑を受ける」となった。

問９　下線部(h)について。当時進められた「裁判の民主化」としてあてはまるものを次のア～エから１つ選び，記号で答えなさい。

ア．最高裁判所裁判官に対する国民審査《しんさ》制度の導入　　イ．裁判官弾劾《だんがい》制度の廃止《はいし》

ウ．裁判員制度の導入　　エ．極東国際軍事裁判の実施《じっし》

問10　下線部(i)について。**【資料６】【資料７】**は，沖縄の地元の新聞社が発行した新聞の紙面です。これら２つの新聞の見出しにはどちらも同じことばが入ります。**【資料６】【資料７】**を見て，どのような見出しが入るか，ふさわしいことばを考えて答えなさい。

【資料６】　1972年５月15日発行の紙面

琉球新報
見出し
いま 祖国に帰る
沖縄県 きびしい前途
なお残る「核」の不安

（1972年５月15日付『琉球新報』）

【資料７】　2022年５月15日発行の紙面

復帰50年特別号
琉球新報
The Ryukyu Shimpo
見出し
いま 日本に問う
沖縄の民意届かず
軍事優先 暮らし犠牲

（2022年５月15日付『琉球新報』）

（**【資料６】【資料７】**は問題作成の都合上一部改変）

3　次の文章を読み，問いに答えなさい。

政府は1981年以来，「国民生活に関する世論調査」を行っています。2021年の調査によると，日常生活での不安について「感じていない」「どちらかと言えば感じていない」と回答した人は16.7％と過去最低を記録しました。新型コロナウイルスによる不安や経済の落《お》ち込《こ》みなどが影響《えいきょう》し，前回調査から大きく減少したと分析《ぶんせき》されています。この調査で，日常生活での不安について「感じていない」「どちらかと言えば感じていない」と回答した人が50％を超《こ》えたのは，［　　　　　］にあたる1991年の１度だけです。

では，日常生活での悩みや不安は，どうすれば減らしていくことができるでしょうか。この調査では，政府が力を入れるべき政策として，(a)国内や国外の経済動向に対する景気対策をあげている人が多くいます。他《ほか》にも，高齢《こうれい》社会への対策や(b)社会保障の充実などがあげられています。

日常生活の不安を減らすためには，さまざまな社会問題に対して，(c)法律が制定されたり，公正な(d)選挙が行われ，人々の意見が政治に反映されたりすることも大切です。

なによりも，世の中が「平和」であることが重要です。私たちは，(e)日本国憲法にも示されているように，恒久《こうきゅう》の平和を念願しています。(f)2022年のロシアによるウクライナ侵攻《しんこう》は私たちに大きな衝撃《しょうげき》と不安を与えました。国際社会が平和を構築する時代は終わってしまったのでしょうか。いや，そうではないはずです。

みなさんの多くが，成人となり，選挙権を得るまで，あと６年です。どんな日本にしたいか，どんな世界にしたいかの判断を迫《せま》られる時期は，そう遠くはないのです。

問１　文中の［　　］にあてはまる内容として正しいものを次のア～エから１つ選び，記号で答えなさい。

ア．新三種の神器といわれる家電などの普及率《ふきゅうりつ》が大幅《おおはば》に上昇《じょうしょう》した時期

イ．金融政策・成長戦略などからなるアベノミクスにより景気が上昇した時期

ウ．国民保険の制度が確立し，将来への不安が減った時期

エ．日本の土地の価格や株価などが大幅に上昇したバブル景気の時期

問２　下線部(a)について。世界的な気候変動による価格の変化や外国為替《かわせ》レートの変動は，国内外の経済に影響を与えます。

次の商品Ａを，日本で円で購入《こうにゅう》する場合，①の時と②の時では，どれだけの価格変化がおこるか，解答欄《かいとうらん》の形式に従って答えなさい。

① 商品Ａがアメリカで100ドルで販売《はんばい》されていました。この時，円とドルの為替レートは，１ドルが120円でした。

半年後

② 気候変動による穀物の価格上昇や，原油や天然ガスなどのエネルギー資源の価格上昇の影響を受け，アメリカで商品Ａの価格が，①の時と比べ，20%高騰《こうとう》しました。
更に，アメリカの高金利政策の影響で，円とドルの為替レートは，１ドルが150円となりました。

問３ 下線部(b)について。これまでさまざまな新型コロナウイルスへの対策が行われてきました。その一つにワクチン接種があります。これは，社会保障のうちのどれにあてはまるか，正しいものを次のア～エから１つ選び，記号で答えなさい。

ア．公衆衛生　　イ．社会福祉《ふくし》
ウ．社会保険　　エ．公的扶助《ふじょ》

問４ 下線部(c)について。法律は，国会で審議《しんぎ》され成立します。成立した法律を国民に周知することを，何というか答えなさい。

問５ 下線部(d)について。2022年７月に参議院議員通常選挙が行われました。
【資料１】は，ある政党の比例代表の当選者の一部を示しています。

【資料１】 2022年７月参議院議員通常選挙のある政党の比例代表の当選者の一部

当選	Ａ氏	(元)鳥取県議	――票
当選	Ｂ氏	(元)高知県議	――票
当選	Ｃ氏	漫画家	528053票
当選	Ｄ氏	全国郵便局長相談役	414370票
当選	Ｅ氏	参議院経済産業委員会理事	373786票

資料中の「――票」の表記は，個人の得票数が関係ないことを示しています。

（『朝日新聞デジタル』2022年７月11日付をもとに作成）

次の**Ｘ**と**Ｙ**の文は，2022年７月の参議院議員通常選挙の内容について述べたものです。**【資料１】**を見て，それぞれの文が正しいか，誤っているかを判断し，その組み合わせとして適切なものを下のア～エから１つ選び，記号で答えなさい。

Ｘ．Ａ氏・Ｂ氏は特定枠《わく》による当選者である。この枠の候補者は，非拘束名簿《めいぼ》とは別に，あらかじめ政党の決めた順位に従って優先的に当選できる。
Ｙ．一票の格差を是正《ぜせい》するため，鳥取県と高知県を一つの選挙区とする合区が導入されている。

ア．**Ｘ**＝正しい　**Ｙ**＝正しい　　イ．**Ｘ**＝正しい　**Ｙ**＝誤っている
ウ．**Ｘ**＝誤っている　**Ｙ**＝正しい　　エ．**Ｘ**＝誤っている　**Ｙ**＝誤っている

問６　下線部(e)について。**【資料２】**は，日本国憲法第９条の条文です。

次の［　　］にあてはまることばを答えなさい。

【資料２】　日本国憲法第９条

> 日本国民は，正義と秩序《ちつじょ》を基調とする国際平和を誠実に希求し，国権の発動たる戦争と，武力による威嚇《いかく》又《また》は武力の行使は，国際紛争を解決する手段としては，永久にこれを放棄《ほうき》する。
>
> ２　前項《ぜんこう》の目的を達するため，陸海空軍その他の戦力は，これを保持しない。国の［　　］権は，これを認めない。

問７　下線部(f)について。次の文章を読んで，下の問いに答えなさい。

> 2022年２月からのロシアによるウクライナ侵攻に対し，国際連合は有効な対策をとれていません。安全保障理事会で常任理事国のロシアが拒否権《きょひけん》を発動しているのも原因の一つです。そのため，第二次世界大戦を防げなかった国際連盟の反省をふまえて成立した国際連合は，機能していないのではないかという意見もあります。

(1)　国際連合の安全保障理事会は常任理事国の拒否権を認めています。拒否権を認めていることには問題もありますが，利点もあると考えられます。利点とはどのようなことか，以下の条件に従って説明しなさい。

> 〔条件１〕　国際連合が中心となって，国際的な諸問題を平和的に解決していくためには，どのようなことが必要かについて，述べること。
>
> 〔条件２〕　第二次世界大戦を防げなかった国際連盟の反省とは何か，具体的に触《ふ》れること。

(2)　国際連合は発足から80年近くになり，世界の情勢は，発足当初とは異なります。安全保障理事会の改革など，国際連合にはさまざまな改革が必要だという意見もあります。この立場から，国際連合の具体的な改革案を，安全保障理事会の改革以外で１つ挙げなさい。

【理　科】〈第２回試験〉（45分）〈満点：100点〉

【注意】作図には，配られた定規を使いましょう。また，この定規は試験終了後，持ち帰ってください。

〈編集部注：実物の入試問題では，写真はすべてカラー，グラフや図も大半はカラー印刷です。〉

１　田植えが終わったばかりの水田には，図１のようなウキクサがよく見られます。

図１

ウキクサには緑色の丸い葉のように見える部分があります(図２)。これは葉と茎《くき》が一緒《いっしょ》になった葉状体です。<u>葉状体の裏面からは根が長く垂れ下がっており，これはおもりのはたらきもしています</u>。

図３は葉状体の断面です。葉状体の下側には，空気の入った空洞《くうどう》が並んでいます。そのため，ウキクサは水に沈《しず》みにくくなっています。また，上側の細胞《さいぼう》の緑色の部分には，葉緑体がたくさんあり，光合成をしています。

図２

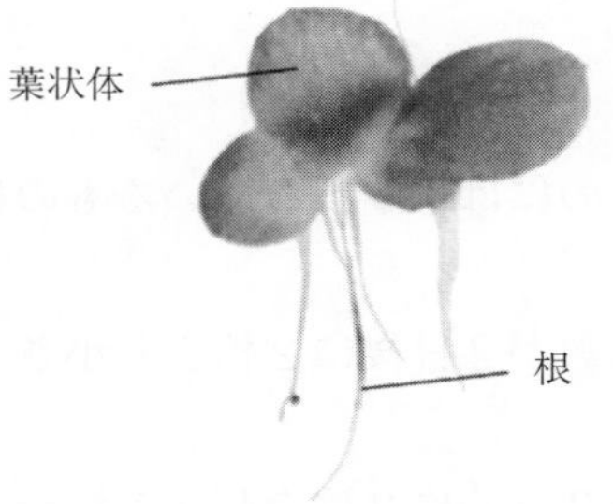

図３

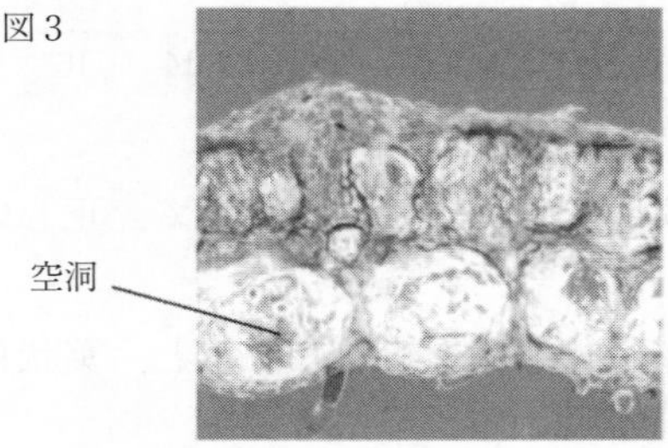

問１　下線部のような構造は，ウキクサにとってどのような利点があると考えられますか。

問２　ウキクサの気孔《きこう》は葉状体の表と裏のどちら側に多くありますか。解答らんの正しい方を丸で囲みなさい。また，その理由も答えなさい。

問３　気孔から取り入れている光合成に必要な物質の名前を答えなさい。

ウキクサは次々と葉状体の数を増やしていきます。

問４　ウキクサの葉状体が２日後に２倍の数に増え，その２日後，さらに２倍の数に増えるとします。このまま増え続けた場合，はじめ20枚ある葉状体は，20日後に何枚になりますか。ただし，この間ウキクサは枯《か》れることなく増え続けるものとします。

ウキクサの葉状体の数が，20日間で実際にはどのように増えるのかを調べました。

【実験】

①　水槽《すいそう》に水を張り，ウキクサが20日間成長するのに充分《じゅうぶん》な量の肥料を入れた。

②　水槽に20枚の葉状体を入れ，日当たりのよい窓際に置いた。

③　２日ごとに葉状体の数を記録した。

④　最初に入れる葉状体の数を50枚，200枚に変えて，同様の実験を行った。

実験の結果をまとめると図４のようになりました。

図４

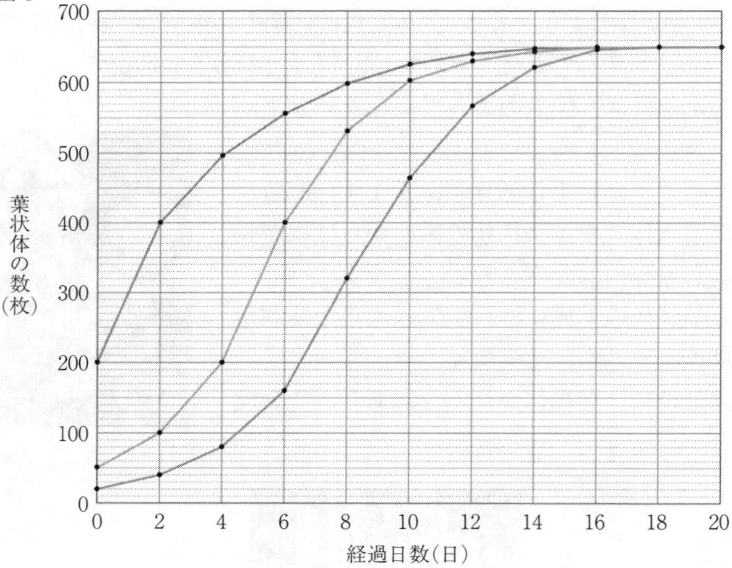

問５　図４のグラフを説明した以下の文について，正しいものには○，誤っているものには×と答えなさい。

①　最初に入れる葉状体の数を少なくすると，葉状体の数が２日後に２倍より小さくなる日が早く訪れる。

②　最初に入れる葉状体の数を増やすと，葉状体の数が２日後に２倍を超《こ》える場合がある。

③　最初に入れる葉状体の数が何枚でも，20日後の葉状体の数は等しくなる。

④　最初に入れる葉状体の数が何枚でも，日数が経過するにしたがって葉状体は増えにくくなる。

問６　20日後の葉状体の数が，問４で求めた数に比べて少なくなったのはなぜだと考えられますか。

問７　ウキクサのない水田と，ウキクサのある水田を比べました。ウキクサのない水田には，たくさんの雑草が生えていましたが，ウキクサのある水田では雑草の芽が出てもそれ以上は成長していないことがわかりました。その理由として考えられることを答えなさい。

2　図１のような装置を使って，棒の動きを調べる実験を行いました。この棒は支点を中心になめらかに回ります。そこに穴の開いたさまざまな重さの金属のおもりをはめました。図２はおもりの拡大図です。おもりは棒にはめると固定できるので，棒を傾《かたむ》けてもずれません。また，棒が回転してもおもりは支柱には接触《せっしょく》しません。

おもりをはめる位置は，向かって左側から等間隔《とうかんかく》にＡ～Ｍとし，支点の位置は自由にかえることができます。また，棒の重さとおもりの体積は考えないものとします。

図１
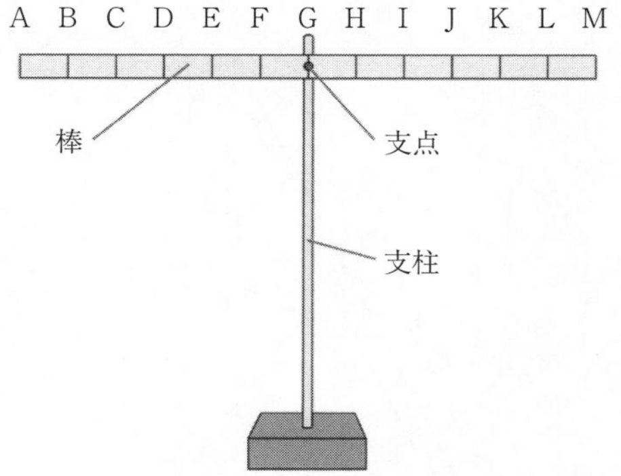

図２
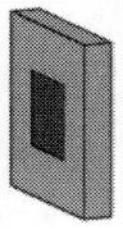

図３のようにＡの位置に20ｇのおもりをはめました。

図３
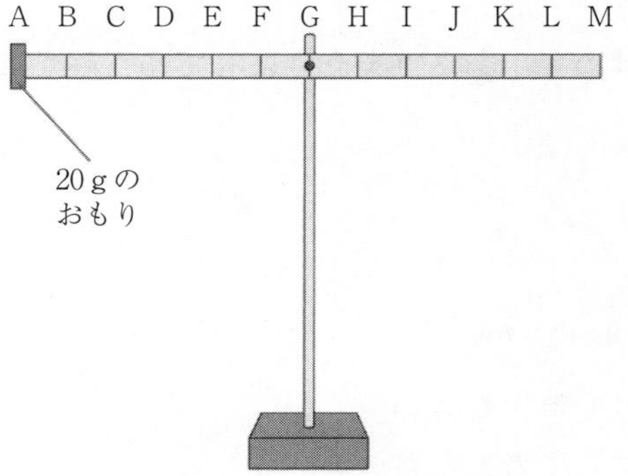

問１　40ｇのおもりを使って棒を水平につり合わせるためには，図３のどの位置におもりをはめればよいですか。Ａ～Ｍの記号で答えなさい。

図４のようにＢの位置に40ｇのおもりをはめました。次に，Ｈの位置に80ｇのおもりをはめたところ，棒はつり合いませんでした。

図４
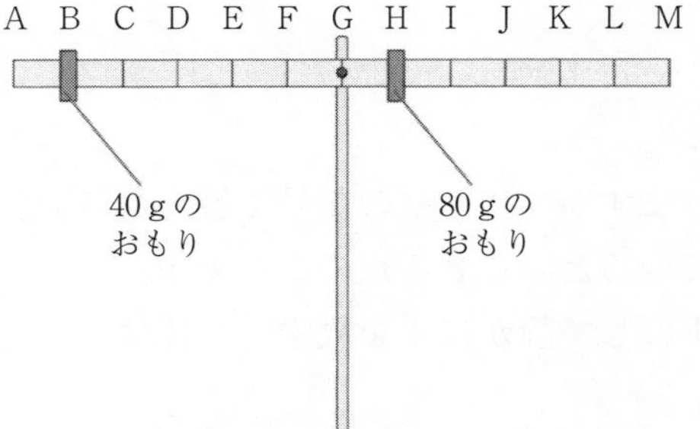

問２　棒を水平につり合わせるためには，図４のＩの位置にさらに何ｇのおもりをはめればよいですか。

図５はメトロノームです。往復するふりこの部分を抜《ぬ》き出すと，ふだん隠《かく》れている部分にはおもりがついています(図６)。このふりこにはめたレバーの位置を調節すると，支点を中心に往復する時間が変化し，一定の拍子《ひょうし》を刻むことができます。以下の問いでは図７のように，これまで考えてきた棒のＡの位置に60ｇのおもりをあらかじめはめておき，メトロノームのふりこのモデルとします。ただし，支柱の図は省略しています。

図５

図６

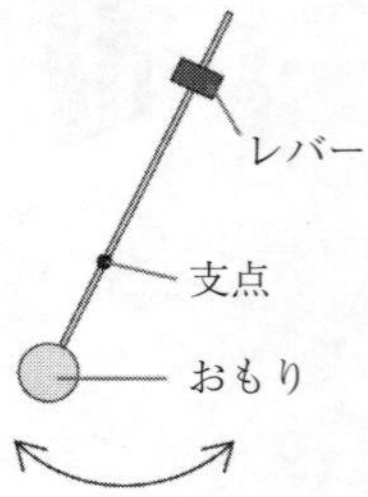

図７

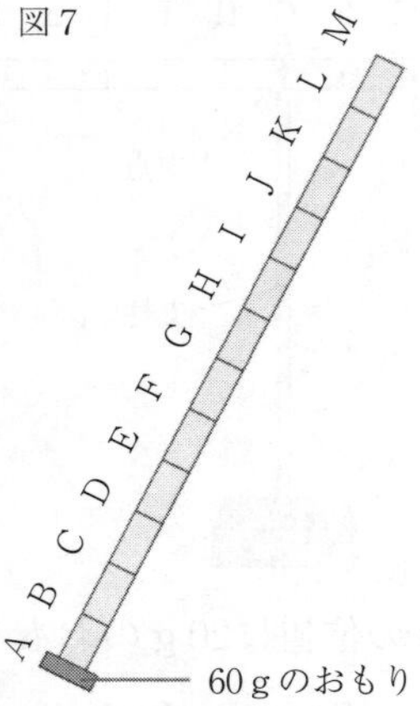

図８のように，Ｍの位置に20ｇのおもりをはめて，ある点を支点にしてから静かに手を放したところ，棒は動きませんでした。

図８

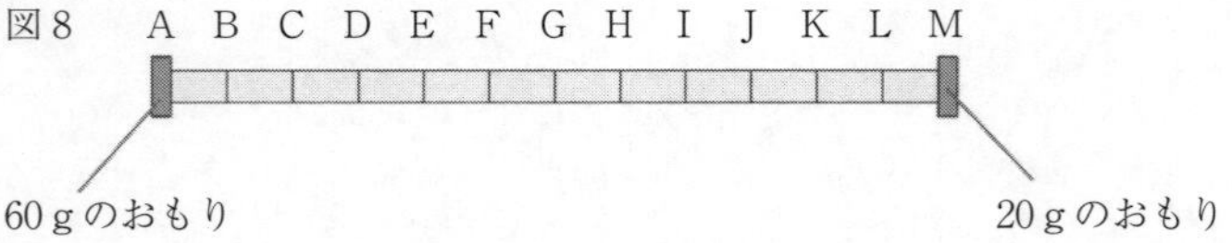

問３　このとき，棒の支点の位置をＡ～Ｍの記号で答えなさい。

以下の問いでは問３で答えたところを支点にして考えなさい。

問４　Ｍの位置に20ｇのおもりをはめると，棒はどの傾きで静かに手を放しても静止したままになります。その理由を「比」ということばを用いて説明しなさい。

図９のように，20ｇのおもりをＩの位置までずらしました。

図９

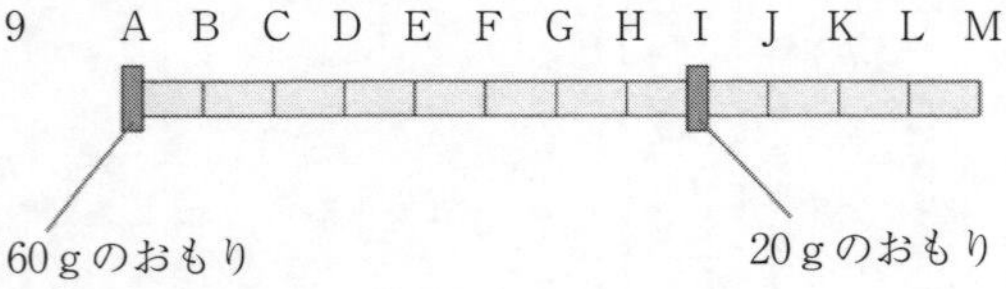

問５　このとき，全体の重心の位置はどこになりますか。Ａ～Ｍの記号で答えなさい。なお，重心とは物体全体の重さがその一点に集中しているとみなせる点のことです。

図９の位置におもりをつけたまま，棒を水平にして静かに手を放すと，棒は支点を中心に左右対称《たいしょう》のふりこ運動をしました。

問６　なぜふりこ運動になるのかを，重心の位置が支点より右側にきた場合と左側にきた場合の違《ちが》いに着目して説明しなさい。

問７　図９の棒がふりこ運動をするとき，ふりこが一往復する時間を基準とします。次の①，②の場合，ふりこが一往復するのにかかる時間はどうなりますか。下のア～ウの中からそれぞれ選び，記号で答えなさい。また，その理由をエ～カの中からそれぞれ選び，記号で答えなさい。

①　20ｇのおもりをＩの位置からＨの位置にずらしたとき

②　①の後，さらに５ｇのおもりをＫの位置にはめたとき

【結果】　ア．長くなる。　　イ．短くなる。　　ウ．変わらない。

【理由】 エ．図９におけるＡ側の棒を下に傾けるはたらきが，Ｍ側の棒を下に傾けるはたらきと比べて小さくなるから。
オ．図９におけるＡ側の棒を下に傾けるはたらきが，Ｍ側の棒を下に傾けるはたらきと比べて大きくなるから。
カ．図９におけるＡ側の棒を下に傾けるはたらきと，Ｍ側の棒を下に傾けるはたらきが同じ大きさになるから。

3 地球の運動と地球から見た太陽の動きについて以下の問いに答えなさい。

図１は，日本で（ ① ）を迎《むか》えたときの地球の模式図です。地球は地じくを中心に（ ② ）の方向に自転しています。

図１

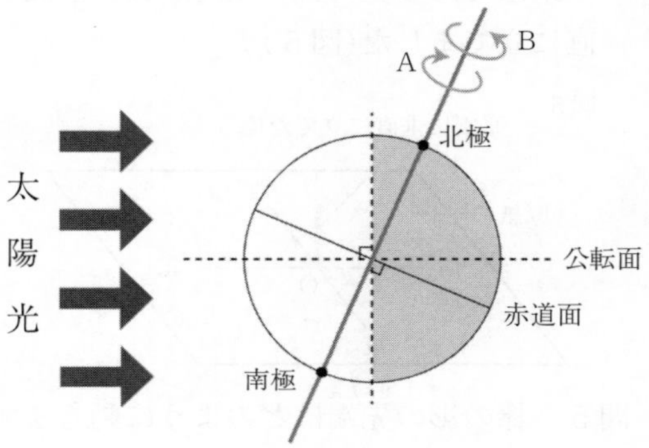

問１ 文中の①，②に当てはまる語句として正しい組み合わせを，次のア～カの中から選び，記号で答えなさい。

	①	②
ア	春分	A
イ	春分	B
ウ	夏至	A
エ	夏至	B
オ	冬至	A
カ	冬至	B

図１と同じ日に，北半球の地点Ｘで太陽を観察しました（図２）。

図２

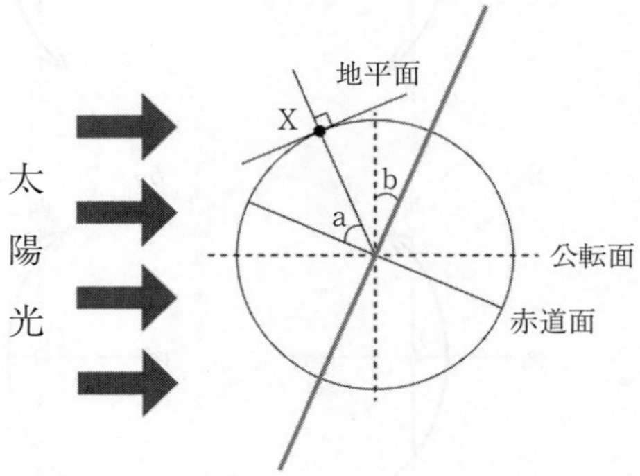

問２ 地点Ｘの南中高度を表す角度はどのように表せますか。次のア～エの中から選び，記号で答えなさい。

ア．∠ａ＋∠ｂ
イ．90°－（∠ａ＋∠ｂ）
ウ．∠ａ－∠ｂ
エ．90°－（∠ａ－∠ｂ）

問３ 地球が図１の位置にあるとき，太陽の光が１日中当たる範囲《はんい》を線で囲み，例のように斜線《しゃせん》を引きなさい。

（例）

東京で透明《とうめい》半球を用いて太陽の動きを観察しました。午前７時から観察を始め，１時間ごとに透明半球に太陽の位置の印をつけました（図３）。また，太陽が真南に来たときの位

図３

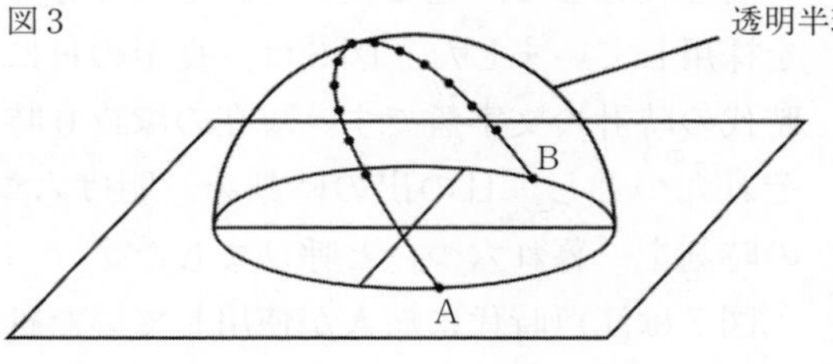

置も記録しました。これを紙テープに写し取って点と点の間の長さを測った結果が図４です。

図４

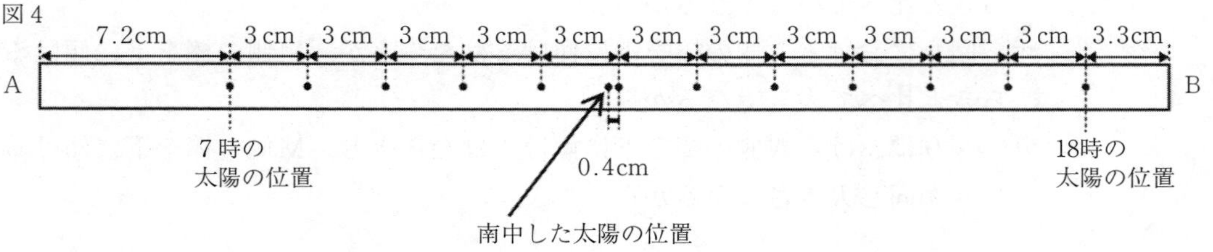

問４　この日，太陽が南中した時刻は何時何分ですか。

東京である夏の日の太陽の動きを調べるため，厚紙を水平な地面の上に置き，中心に棒を垂直に立てました(図５)。

図５

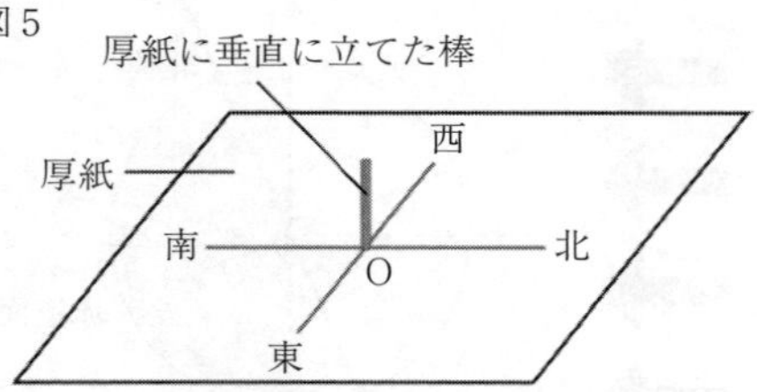

問５　棒の影《かげ》の先端《せんたん》はどのように動きますか。次のア～クの中から選び，記号で答えなさい。

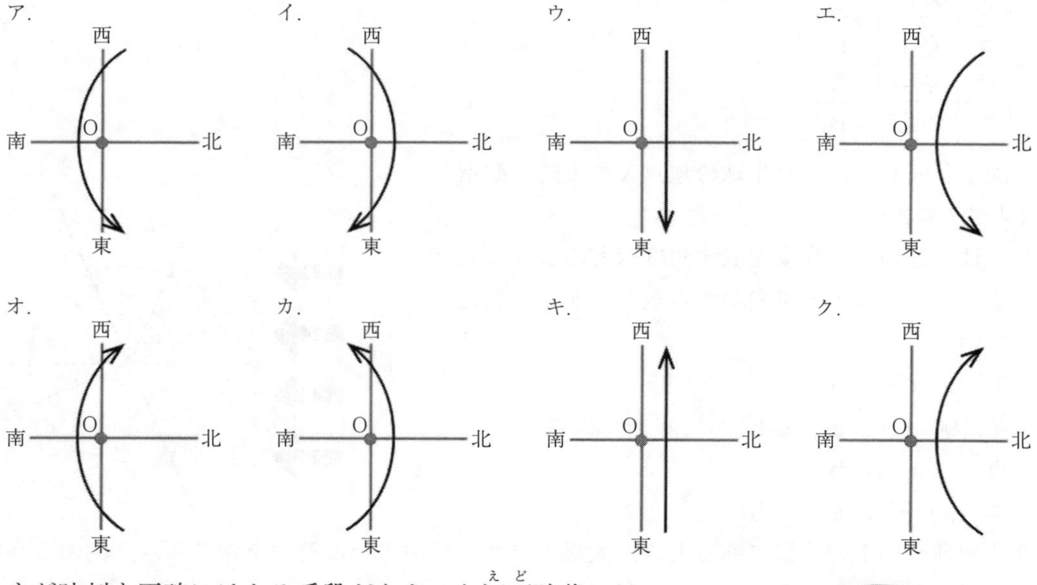

まだ時刻を正確にはかる手段がなかった江戸《えど》時代の日本では，太陽が昇《のぼ》っている時間を昼，太陽が沈《しず》んでいる時間を夜として，昼と夜をそれぞれ６等分する時間制度を採用していました。図６は，夏至の日に使われた江戸時代の時計の文字盤《もじばん》です。現在の深夜０時と正午をそれぞれ九つ《ここのつ》とし，日の出の時刻を『明け六つ《あけむっつ》』，日の入りの時刻を『暮れ六つ《くれむっつ》』と呼びました。

図６

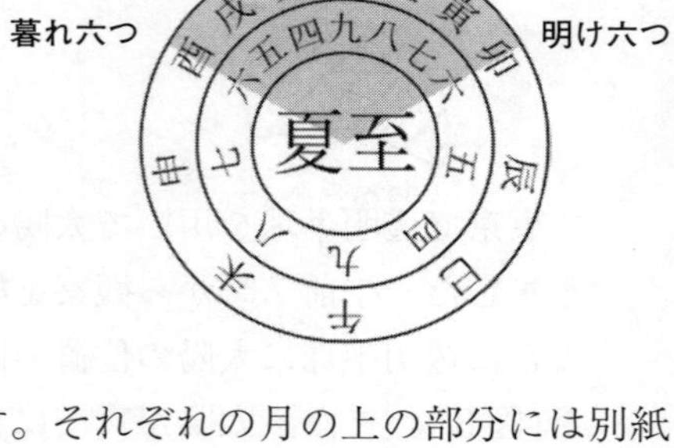

図７は江戸時代に旅人が使用していた紙製の日時計です。それぞれの月の上の部分には別紙

の黒い紙が貼《は》り付けてあります(図８)。この黒い紙を垂直に立てて影をつくり(図９)，その影の長さを利用しておおよその時刻を調べます。各月の列の中には時刻の目安となる漢数字と線が書かれています。ただし，この月は旧暦《きゅうれき》で表しています。例えば旧暦の正月は，現在の１月下旬《げじゅん》〜２月中旬にあたります。

図７

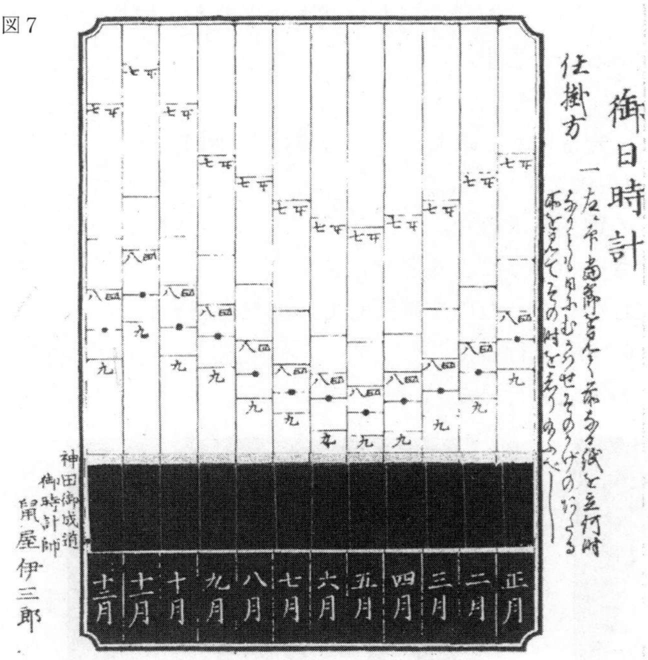

図８

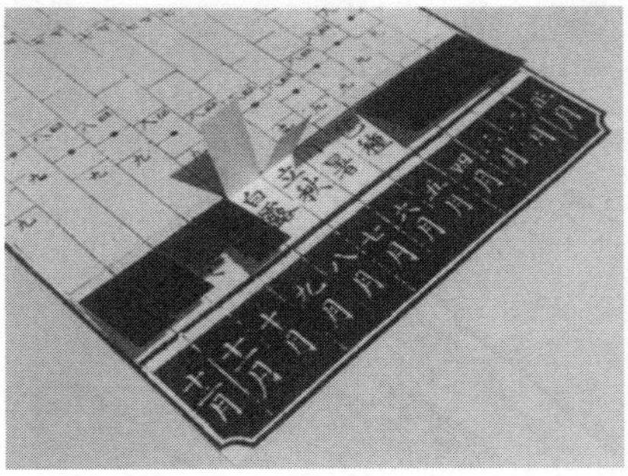

図９

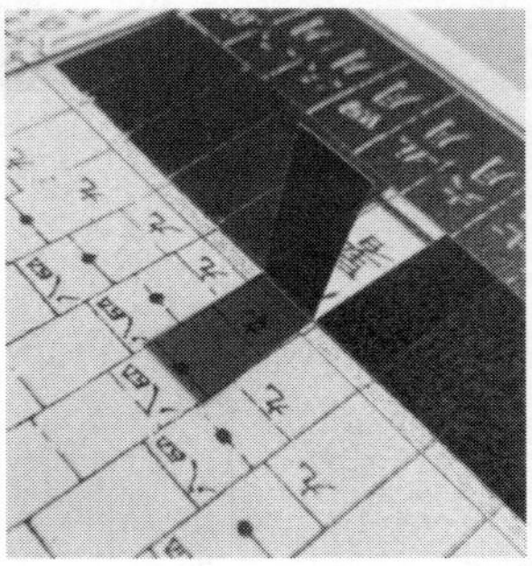

問６　図７の日時計で，九つの線の位置が月ごとに変わる理由を「地じく」という言葉を使って説明しなさい。

2022年11月28日は，日の出が６時29分，日の入りが16時29分でした。この時刻を江戸時代の時間制度で考えてみます。

問７　この日の時計の文字盤に，図６のように時刻を表す漢数字を並べると，どのようになりますか。解答例にならって明け六つから暮れ六つまでの時刻の漢数字を書き入れ，正確な位置がわかるように円の中心から線を引きなさい。また，円の中の夜の時間帯には斜線を引きなさい。ただし，解答らんに示した「九」は現在の深夜０時です。また，解答例は春分の日の場合です。

解答例

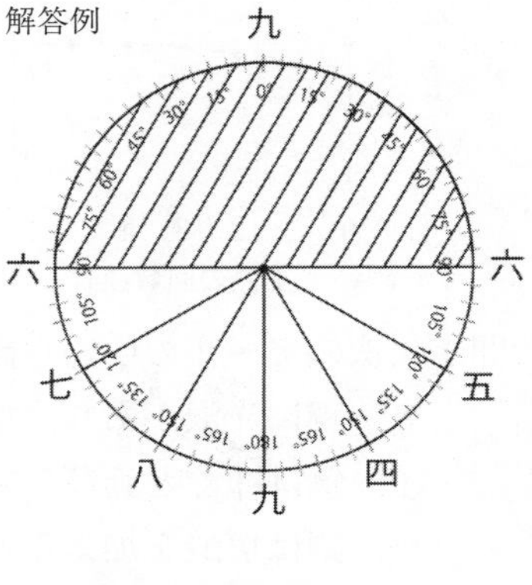

問８　「おやつ」という言葉は，江戸時代の時間制度の「八つ《やっつ》」が語源といわれています。この

日の八つは現在の時間制度では何時何分になりますか。24時間表記で答えなさい。ただし，太陽は九つに南中するものとします。

4　銅やマグネシウムを空気中で加熱すると，酸素と結びつきます。こうしてできた物質を酸化物といいます。以下の各問いに答えなさい。ただし，銅もマグネシウムも，加熱によってできた酸化物は，それぞれ１種類のみであるとします。

【実験１】

①　赤色の銅粉末をステンレス皿に一定量はかり取り，うすく広げた(図１)。
②　①をガスバーナーでよく加熱した(図２)。
③　よく冷ました後，加熱後の物質の重さを求めた。
④　ステンレス皿上の物質を，こぼさないようによく混ぜた。
⑤　②～④を繰《く》り返し，重さが変化しなくなったのを確認して，加熱を終えた。
⑥　銅粉末の重さを変えて，①～⑤の実験を行った。
⑦　マグネシウムについても，同様の実験を行った。

図１

図２

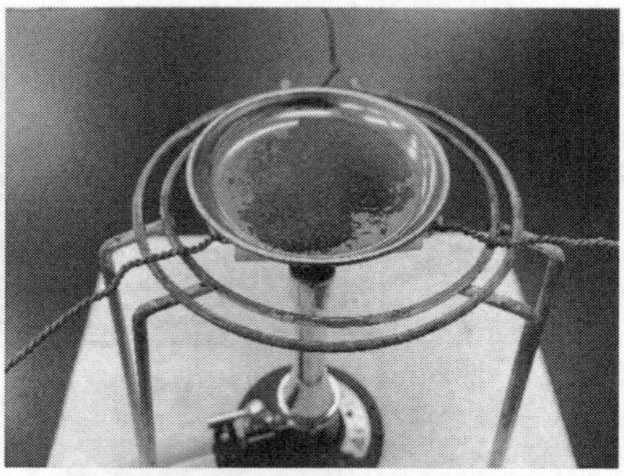

図３は，ある重さの銅とマグネシウムについて，加熱回数と加熱後の重さをグラフに表したものです。また図４，５は，銅やマグネシウムの重さと，それを十分に加熱してできた酸化物の重さをグラフに表したものです。

図３

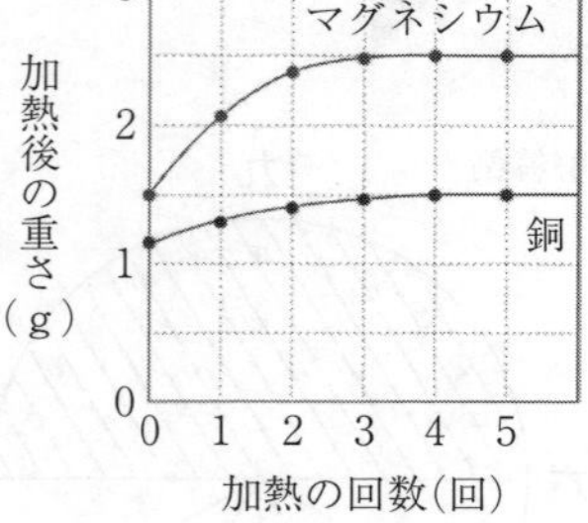

図４

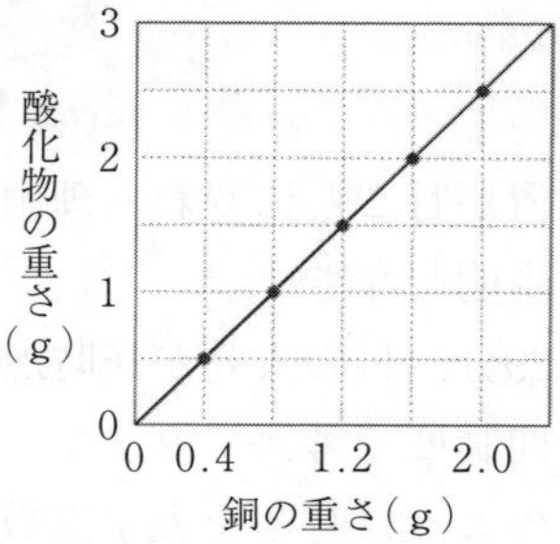

図５

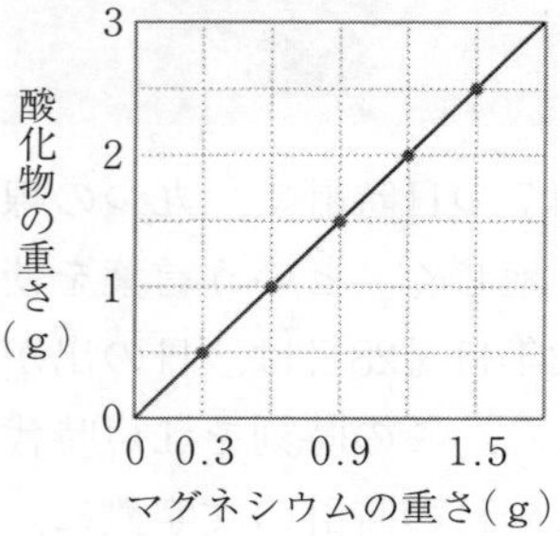

問１　次のア～オの中から**誤っているもの**を選び，記号で答えなさい。

ア．銅は光沢《こうたく》があり，電気をよく通す。
イ．銅は叩《たた》くと延び，磁石にはつかない。
ウ．銅は塩酸を加えると，気体を発生しながら溶《と》ける。
エ．【実験１】でできた銅の酸化物は黒色である。
オ．【実験１】でできた銅の酸化物は水に溶けない。

問２　【実験１】の結果から考えられることを述べた以下の文について，正しいものには○，誤っているものには×と答えなさい。

①　一定量の金属に結びつくことのできる酸素の重さには，限界がある。

②　１回の加熱では十分に反応しないのは，粉末の内部が空気に触《ふ》れにくいためである。

③　同じ重さの銅とマグネシウムをそれぞれ十分に加熱すると，銅の酸化物の方がマグネシウムの酸化物より重くなる。

問３　銅の重さと，結びつく酸素の重さの比を，最も簡単な整数比で答えなさい。また，マグネシウムの重さと，結びつく酸素の重さの比を，最も簡単な整数比で答えなさい。

【実験２】

銅の酸化物を酸化銅といいます。酸化銅の粉末４ｇに，いろいろな重さの炭素の粉末を混合し，図６のように試験管の中で加熱しました。すると酸化銅と炭素が反応して，酸化銅は酸素を失い，赤色の銅になりました。このとき気体Ｘも発生しました。これを石灰水《せっかいすい》に通したところ，ビーカー内の石灰水は白くにごりました。

図６

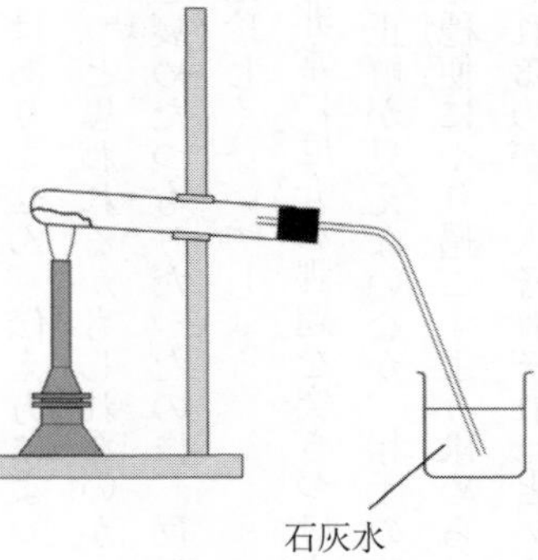

気体Ｘの発生が終わるまで加熱を続けたのち，試験管の中に残った物質の重さを測定しました。その結果を表したものが，図７です。ただし，炭素は空気中の酸素とは反応せず，酸化銅とだけ反応するものとします。

問４　気体Ｘと同じ気体を発生させる方法を，次のア～オの中から選び，記号で答えなさい。

ア．鉄くぎにうすい塩酸を加える。

イ．塩化アンモニウムと水酸化カルシウムの混合物を加熱する。

ウ．二酸化マンガンにうすい過酸化水素水を加える。

エ．重曹《じゅうそう》にうすい塩酸を加える。

オ．アルミニウムにうすい水酸化ナトリウム水溶液《すいようえき》を加える。

図７

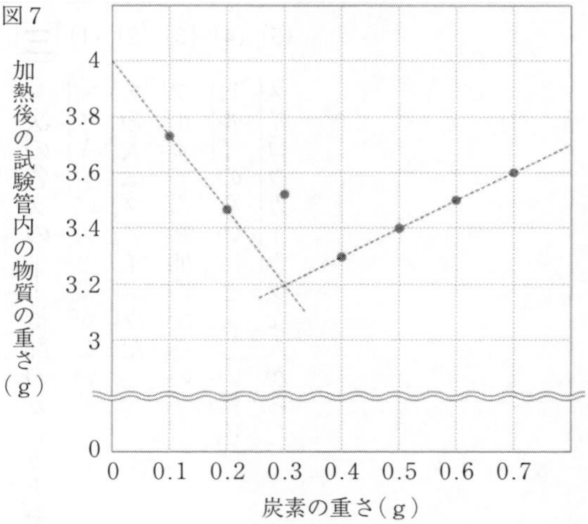

図７では，炭素が0.3ｇのとき，加熱後の試験管内の物質は3.53ｇになっています。しかしこの結果から，酸化銅の一部が未反応だったのではないかと考え，改めて実験を行いました。すると，炭素が0.3ｇのとき，加熱後の試験管内の物質は3.2ｇとなり，このとき酸化銅と炭素は過不足なく反応していることがわかりました。

問５　酸化銅と炭素が過不足なく反応するとき，加えた炭素と酸化銅が失った酸素の重さの比を，最も簡単な整数比で答えなさい。

問６　加熱後の試験管内の物質の重さが3.53ｇのとき，発生した気体Ｘは何ｇですか。

問７　加熱後の物質が3.53ｇのとき，酸化銅の何％が反応したと考えられますか。整数で答えなさい。

重しない行為」と解釈《かいしゃく》されかねないからです。だからこそ私たちは、相手の考え方や行動を否定しないよう細心の注意を払《はら》います。

　このような傾向《けいこう》は、若者の友人関係に顕著《けんちょ》に表れています。日本では、一九八〇年代から、友人と深く関わろうとせず、互いに傷つけ合わずに、場を円滑《えんかつ》にやり過ごすことに重きをおく友人関係が目立つようになりました。土井隆義《どいたかよし》さんはこのような友人関係を、お互いの感覚のみに依拠《いきょ》し、相手を傷つけないよう過剰《かじょう》に配慮する「優《やさ》しい関係」と表現しています。場を円滑にやり過ごすには、相手を否定しない、あるいは、傷つけないコミュニケーションの技法が有効なのです。

　とはいえ、「否定しない」というのは、そう簡単にできることではありません。もちろん、明確な否定表現や中傷表現は避《さ》ける、「べき論」は避けるといった形で、簡単な予防は可能です。しかし、相手を否定したかどうかの判定は、多くのコミュニケーションにおいて、曖《あい》昧《まい》な領域に留め置かれたままです。というのも、なんらかの表現に対する否定判定は、結局のところ、発せられた言葉や行動を受け止める相手の気持ちにゆだねられているからです。

　たとえば、友だちから進路についての相談を受けたとしましょう。このとき、友だちの話す進路について「あまりよくない」と思ったとしても、それを伝えるのは容易ではありません。伝え方によっては、相手に「自分のことを否定された」と思われるかもしれないからです。もっと簡単な例で言うと、相手を褒《ほ》めたつもりだったのに、反対の受け取られ方をする、ということは珍《めずら》しくないでしょう。

　このような状況《じょうきょう》は、私たちに非常に厄介《やっかい》な課題を突《つ》きつけます。私たちは、コミュニケーションの正解が見えないなか、相手の感情を損《そこ》なう表現を避けつつ、その場を穏便《おんびん》にやり過ごすよう求められているのです。このような場で重宝されるのが「人それぞれ」という表現、または立ち位置です。「人それぞれ」という言葉は、相手の意向を損なわずに受容するという難題に対して、最適解を提供してくれます。

　相手の考え方に違和感《いわかん》をもったとしても、「人それぞれ」と言っておけば、ひとまず対立を回避《かいひ》して、その場を取《と》り繕《つくろ》うことができます。「べき論」を使って、規範《きはん》を押《お》しつけてくる人よりも、「人それぞれ」と言って、相手を受け入れてくれる人のほうが好まれるでしょう。私たちは「人それぞれ」という言葉を使うことで、さまざまな場を穏便にやり過ごしているのです。

（石田光規『「人それぞれ」がさみしい』）

問一　――線部①「今の社会は『個を尊重する社会』と言えるでしょうか」とありますが、ここでの「個を尊重する社会」とはどのようなものですか。六十字以内で説明しなさい。

問二　――線部②「『個を尊重』したからこそ、『人それぞれ』に陥ってしまう」とありますが、それはなぜですか、説明しなさい。

三　次の各文の――線部のカタカナを漢字に直しなさい。

(1) マイキョにいとまがない。
(2) あの人はブアイソウだ。
(3) フルってご参加ください。
(4) ヒルイのないほど美しい景色。
(5) メイロウカイカツな人がらだ。

二　次の文章を読んで、後の問いに答えなさい。

では、①今の社会は「個を尊重する社会」と言えるでしょうか。私たちが、拘束力《こうそくりょく》が強く閉鎖的《へいさてき》な集団を脱《だっ》し、「一人」になることを求めた理由の奥底《おくそこ》には、「集団ではなく個を尊重したい」という願望がありました。

たしかに、かつての社会より、多様な主義や信念は尊重されるようになりました。性的指向については、多様性に配慮《はいりょ》する方向で変化が進んでいます。一〇年前であれば、性的マイノリティを表す「LGBTQ」などといっても何のことか分からない人も多かったでしょう。一九八〇年代であれば、結婚《けっこん》しない人生を貫《つらぬ》き通《とお》すことはけっこう大変だったかもしれません。結婚しない人に「一人前ではない」と厳しい言葉が投げかけられたり、昇進《しょうしん》で差別されたりすることもありました。そう考えると、私たちは「個を尊重する社会」に生きているように感じます。

しかし、何でも自由に言えるようになったかというと、そうでもない気もします。たとえば、友人であっても気を遣《つか》って、なかなか深い話ができない、ということはないでしょうか。会社で管理職に就《つ》いている人であれば、「今は何でもハラスメントにされてしまうから、部下とどう接したらいいかわからない」という人もいるでしょう。

「個を尊重する社会」というのは、一人ひとりがそれぞれに独立した意見をもち、それを率直《そっちょく》にぶつけられる社会という意味合いもありました。誰《だれ》もが、気を遣いつつも、率直に意見をぶつけ合うことで、よりよい社会を築いていく。そういった対話のある社会が目指されてきたのです。

果たしてそういった社会は実現できたのでしょうか。世の中を見渡《みわた》してみると、実際に到来《とうらい》したのは、目の前の他者に対して意見や批判をすることを憚《はばか》り、それぞれが自分の殻《から》に閉じこもる社会、あるいは、検索《けんさく》をつうじて、互《たが》いに意見の合致《がっち》している人のみが結びつき、意見の合わない人は寄せ付けない分断型の社会ではないかと思うこともあります。そこからは、個を尊重する姿勢を読み取ることはできません。

では、なぜこのようなことが起きてしまったのでしょうか。この謎《なぞ》を読み解く鍵《かぎ》として、本書では「人それぞれ」という言葉に着目します。

個人化と「人それぞれ」に強い親和性があるように、「人それぞれの社会」と「個を尊重する社会」は、じつは非常に近い位置にあります。というのも、②「個を尊重」したからこそ、「人それぞれ」に陥《おちい》ってしまう、ということがたびたびあるからです。詳《くわ》しくみていきましょう。

「個を尊重する社会」とは、個々人の選択《せんたく》や決定を尊重する社会です。「一人」の生活の浸透《しんとう》とともに、生活のさまざまな場面で、個人の希望や選択がとりわけ重視されるようになりました。私たちは、集団ではなく自らの意思にしたがって、なんらかの行動を起こすことができるようになったのです。

このような社会では、いわゆる「べき論」を使って、相手の行為《こうい》や主義・信条に申し立てをすることはあまりできません。具体的に言うと、「男性ならばこうあるべき」、「部下ならばこうあるべき」などといった形で、なんらかのカテゴリーを持ち出して他者に意見をすることは、こんにちでは容易ではないのです。皆《みな》さんも思い当たるのではないでしょうか。他者が表出した意見や行動は、いったん受け止めるというのが、個を尊重する社会の流儀《りゅうぎ》なのです。

このように、個人の希望や選択が重視されるようになると、誰かの希望や選択に対して、否定的な意見をなかなか言い出せなくなります。というのも、相手の考えを否定する行為は、「相手の考えや行動を尊悲しい。

おばあちゃんや弟妹達に内緒で一人だけ食べるというのも、嬉しいのだがうしろめたい。

どんなに好きなものでも、気持が晴れなければおいしくないことを教えられたのは、この鰻屋だったような気もするし、反対に、多少気持はふさいでも、おいしいものはやっぱりおいしいと思ったような気もする。どちらにしても、食べものの味と人生の味とふたつの味わいがあるということを初めて知ったということだろうか。

今でも、昔風のそば屋などに入って鏡があると、ふっとあの日のことを考えることがある。

暗い臙脂のビロードのショールで衿元をかき合せるようにしながら、私の食べるのを見るともなく見ていた母の姿が見えてくる。その前に、セーラー服の上に濃いねずみ色と赤の編み込み模様の厚地のバルキー・セーターを重ね着した、やせて目玉の大きい女の子が坐っていて、それが私である。母はやっと三十だった。髪もたっぷりとあり、下ぶくれの顔は、今の末の妹そっくりである。赤黄色いタングステンの電球は白っぽい蛍光灯に変り、鏡の中にかつての日の母と私に似たおやこを見つけようと思っても、たまさか入ってくるおやこ連れは、みな明るくアッケラカンとしているのである。

母の鰻丼のおかげか、父の煙草断ちのご利益か、胸の病の方は再発せず今日に至っている。

空襲の方も、ヤケッパチの最後の昼餐の次の日から、B29は東京よりも中小都市を狙いはじめ、危いところで命拾いをした形になった。それにしても、人一倍食いしん坊で、まあ人並みにおいしいものも頂いているつもりだが、さて ④心に残る "ごはん" をと指を折ってみると、第一に、東京大空襲の翌日の最後の昼餐。第二が、気がねしい

しい食べた鰻丼なのだから、我ながら何たる貧乏性かとおかしくなる。おいしいなあ、幸せだなあ、と思って食べたごはんも何回かあったような気もするが、その時は心にしみても、ふわっと溶けてしまって不思議にあとに残らない。

釣針の「カエリ」のように、楽しいだけではなく、甘い中に苦みがあり、しょっぱい涙の味がして、もうひとつ生き死ににかかわりのあったこのふたつの「ごはん」が、どうしても思い出にひっかかってくるのである。

（向田邦子「ごはん」『向田邦子ベスト・エッセイ』より）

(注1) 女学校の三年生…現在の十四、五歳にあたる。

(注2) 隣組…戦時中に数軒を一つのグループとした地域組織のこと。主に配給や防火訓練を一緒に行った。

(注3) 余燼…燃え残った火

(注4) 昼餐…昼食

問一 ──線部① 「かまわないから土足で上れ！」とありますが、父がこのように言ったのはなぜですか、説明しなさい。

問二 ──線部② 「父は、そうしなくてはいられなかった」とは、どのようなことですか。筆者が考える父の心情をふくめて説明しなさい。

問三 ──線部③ 「私は病院を出て母の足が鰻屋に向うと、気が重くなった」とありますが、それはなぜですか。この時の心情をふくめて説明しなさい。

問四 ──線部④ 「心に残る "ごはん" をと指を折ってみると、第一に、東京大空襲の翌日の最後の昼餐。第二が、気がねしいしい食べた鰻丼なのだ」とありますが、なぜこの二つが心に残っているのですか、説明しなさい。

わが家の隣《とな》りは外科《げか》の医院で、かつぎ込《こ》まれた負傷者も多く、息を引き取った遺体もあった筈《はず》だ。被災《ひさい》した隣り近所のことを思えば、昼日中から、天ぷらの匂《にお》いなどさせて不謹慎《ふきんしん》のきわみだが、②父は、そうしなくてはいられなかったのだと思う。

母はひどく笑い上戸《じょうご》になっていたし、日頃は怒《おこ》りっぽい父が妙《みょう》にやさしかった。

「もっと食べろ。まだ食べられるだろ」

おなかいっぱい食べてから、おやこ五人が河岸《かし》のマグロのようになって昼寝をした。

畳の目には泥がしみ込み、藺草《いぐさ》が切れてささくれ立っていた。そっと起き出して雑巾《ぞうきん》で拭《ふ》こうとする母を、父は低い声で叱った。

「掃除《そうじ》なんかよせ。お前も寝ろ」

父は泣いているように見えた。

自分の家を土足で汚し、年端《としは》もゆかぬ子供たちを飢《う》えたまま死なすのが、家長として父として無念だったに違《ちが》いない。それも一個人ではどう頑張《がんば》っても頑張りようもないことが口惜《くや》しかったに違いない。学童疎開《がくどうそかい》で甲府《こうふ》にいる上の妹のことも考えたことだろう。一人だけでも助かってよかったと思ったか、死なばもろとも、なぜ、出したのかと悔《くや》んだのか。

部屋の隅《すみ》に、前の日に私がとってきた蛤や浅蜊が、割れて、干《ひ》からびて転がっていた。

戦争。

家族。

ふたつの言葉を結びつけると、私にはこの日の、みじめで滑稽《こっけい》な最後の(注4)昼餐《ちゅうさん》が、さつまいもの天ぷらが浮《う》かんでくるのである。

はなしがあとさきになるが、私は小学校三年生の時に病気をした。肺門淋巴腺炎《りんぱせんえん》という小児結核《しょうにけっかく》のごく初期である。

病名が決《きま》った日からは、父は煙草《たばこ》を断《た》った。

長期入院。山と海への転地。

「華族《かぞく》様の娘《むすめ》ではあるまいし」

親戚《しんせき》からかげ口を利《き》かれる程《ほど》だった。

家を買うための貯金を私の医療費《いりょうひ》に使ってしまったという徹底《てってい》ぶりだった。

父の禁煙《きんえん》は、私が二百八十日ぶりに登校するまでつづいた。

広尾《ひろお》の日赤病院に通院していた頃、母はよく私を連れて鰻屋《うなぎや》へ行った。病院のそばの小さな店で、どういうわけか客はいつも私達だけだった。

隅のテーブルに向《むか》い合って坐ると、母は鰻丼《うなどん》を一人前注文する。肝《きも》焼《やき》がつくこともあった。鰻は母も大好物だが、

「お母さんはおなかの具合がよくないから」

「油ものは欲《ほ》しくないから」

口実はその日によっていろいろだったが、つまりは、それだけのゆとりがなかったのだろう。

保険会社の安サラリーマンのくせに外面《そとづら》のいい父。親戚には気前のいいしゅうとめ。そして四人の育《そだ》ち盛《ざか》りの子供たちである。この鰻丼だって、縫物《ぬいもの》のよそ仕事をして貯《た》めた母のへそくりに決っている。

③私は病院を出て母の足が鰻屋に向うと、気が重くなった。

鰻は私も大好物である。だが、小学校三年で、多少ませたところもあったから、小説などで肺病というものがどんな病気かおぼろげに見当はついていた。

今は治っても、年頃になったら発病して、やせ細り血を吐《は》いて死ぬのだ、という思いがあった。

少し美人になったような気もした。鰻はおいしいが肺病は甘《あま》くもの

や料理の本なんぞといってはいられなくなってきた。火が迫《せま》ってきたのである。

「空襲」

この日本語は一体誰《だれ》がつけたのか知らないが、まさに空から襲《おそ》うのだ。真赤な空に黒いＢ29。その頃《ころ》はまだ怪獣《かいじゅう》ということばはなかったが、繰り返し執拗《しつよう》に襲う飛行機は、巨大《きょだい》な鳥に見えた。

家の前の通りを、リヤカーを引き荷物を背負い、家族の手を引いた人達《ひとたち》が避難《ひなん》して行ったが、次々に上る火の手に、荷を捨ててゆく人もあった。通り過ぎたあとに大八車《だいはちぐるま》が一台残っていた。その上におばあさんが一人、チョコンと坐《すわ》って置き去りにされていた。父が近寄った時、その人は黙《だま》って涙《なみだ》を流していた。

炎《ほのお》の中からは、犬の吠《ほ》え声《ごえ》が聞《きこ》えた。

飼犬は供出《きょうしゅつ》するようにいわれていたが、こっそり飼っている家もあった。連れて逃げるわけにはゆかず、繋《つな》いだままだったのだろう。犬とは思えない凄《すさ》まじいケダモノの声は間もなく聞えなくなった。

火の勢いにつれてゴオッと凄まじい風が起り、葉書《はがき》大の火の粉が飛んでくる。空気は熱く乾《かわ》いて、息をすると、のどや鼻がヒリヒリした。今でいえばサウナに入ったようなものである。

乾き切った生垣《いけがき》を、火のついたネズミが駆け廻《まわ》るように、火が走る。水を浸した火叩《たた》きで叩き廻りながら、うちの中も見廻らなくてはならない。

「①かまわないから土足で上れ！」

父が叫んだ。

私は生《うま》れて初めて靴をはいたまま畳《たたみ》の上を歩いた。

「このまま死ぬのかも知れないな」

と思いながら、泥足《どろあし》で畳を汚《よご》すことを面白《おもしろ》がっている気持《きもち》も少しあったような気がする。

こういう時、女は男より思い切りがいいのだろうか。父が、自分でいっておきながら爪先立《つまさきだ》ちのような半端《はんぱ》な感じで歩いているのに引きかえ、母は、あれはどういうつもりだったのか、一番気に入っていた松葉の模様の大島の上にモンペをはき、いつもの運動靴ではなく父のコードバンの靴をはいて、縦横に走り廻り、盛大《せいだい》に畳を汚していた。母も私と同じ気持だったのかも知れない。

三方を火に囲まれ、もはやこれまでという時に、どうしたわけか急に風向きが変《かわ》り、夜が明けたら、我が隣組だけが嘘《うそ》のように焼け残っていた。私は顔中煤《すす》だらけで、まつ毛が焼けて無くなっていた。

大八車の主が戻《もど》ってきた。父が母親を捨てた息子《むすこ》の胸倉《むなぐら》を取り小突《こづ》き廻している。そこへ弟と妹が帰ってきた。

両方とも危《あやう》い命を拾ったのだから、感激の親子対面劇があったわけだが、不思議に記憶《きおく》がない。覚えているのは、弟と妹が救急袋《きゅうきゅうぶくろ》の乾《かん》パンを全部食べてしまったことである。うちの方面は全滅《ぜんめつ》したと聞き、お父さんに叱られる心配はないと思って食べたのだという。

孤児《こじ》になったという実感はなく、おなかいっぱい乾パンが食べられて嬉《うれ》しかった、とあとで妹は話していた。

さて、このあとが大変で、絨毯爆撃《じゅうたんばくげき》がいわれていたこともあり、父は、この分でゆくと次は必ずやられる。最後にうまいものを食べて死のうじゃないかといい出した。

母は取っておきの白米を釜《かま》いっぱい炊《た》き上げた。私は埋《う》めてあったさつまいもを掘り出し、これも取っておきのうどん粉と胡麻油《ごまあぶら》で、精《しょう》進揚《じんあげ》をこしらえた。格別の闇ルートのない庶民《しょみん》には、これでも魂《たましい》の飛ぶようなご馳走《ちそう》だった。

昨夜の名残《なご》りで、ドロドロに汚れた畳の上にうすべりを敷《し》き、泥人形のようなおやこ五人が車座になって食べた。あたりには、昨夜の(注3)余燼《よじん》がくすぶっていた。

2023年度　鷗友学園女子中学校

【国　語】〈第二回試験〉（四五分）〈満点：一〇〇点〉

【注意】問いに字数指定がある場合には、最初のマス目から書き始めてください。なお、句読点なども一字分に数えます。

一　次の文章を読んで、後の問いに答えなさい。

今から三十二年前の東京大空《だいくう》襲《しゅう》の夜である。

当時、私は（注1）女学校の三年生だった。軍需《ぐんじゅ》工場に動員され、旋盤工《せんばんこう》として風船爆弾《ばくだん》の部品を作っていたのだが、栄養が悪かったせいか脚気《かっけ》にかかり、終戦の年はうちにいた。

空襲も昼間の場合は艦載機《かんさいき》が一機か二機で、偵察《ていさつ》だけと判《わか》っていたから、のんびりしたものだった。空襲警報のサイレンが鳴ると、飼猫《かいねこ》のクロが仔猫《こねこ》をくわえてどこかへ姿を消す。それを見てから、ゆっくりと本を抱《かか》えて庭に掘《ほ》った防空壕《ぼうくうごう》へもぐるのである。

本は古本屋で買った「スタア」と婦人雑誌の附録《ふろく》の料理の本であった。クラーク・ゲーブルやクローデット・コルベールの白亜《はくあ》の邸宅《ていたく》の写真に溜息《ためいき》をついた。

私はいっぱしの軍国少女で、「鬼畜《きちく》米英」と叫《さけ》んでいたのに、聖林《ハリウッド》だけは敵性国家ではないような気がしていた。シモーヌ・シモンという猫みたいな女優が黒い光る服を着て、爪先《つまさき》をプッツリ切った不思議な形の靴《くつ》をはいた写真は、組んだ脚《あし》の形まで覚えている。

料理の本は、口絵を見ながら、今日はこれとこれにしようと食べたつもりになったり、材料のあてもないのに、作り方を繰返《くりかえ》し読みふけった。頭の中で、さまざまな料理を作り、食べていたのだ。「コキール」「フーカデン」などの食べたことのない料理の名前と作り方を覚えたのも、防空壕の中である。

「シュー・クレーム」の頂きかた、というのがあって、思わず唾《つば》をのんだら、

「淑女《しゅくじょ》は人前でシュー・クレームなど召《め》し上《あが》ってはなりません」

とあって、がっかりしたこともあった。

三月十日。

その日、私は昼間、蒲田《かまた》に住んでいた級友に誘《さそ》われて潮干狩《しおひがり》に行っている。寝《ね》入《い》りばなを警報で起《おこ》された時、私は暗闇《くらやみ》の中で、昼間採ってきた蛤《はまぐり》や浅蜊《あさり》を持って逃《に》げ出《だ》そうとして、父にしたたか突《つ》きとばされた。

「馬鹿《ばか》！　そんなもの捨ててしまえ」

台所いっぱいに、蛤と浅蜊が散らばった。

それが、その夜の修羅場《しゅらば》の皮切りで、おもてへ出たら、もう下町の空が真赤《まっか》になっていた。我家《わがや》は目黒の祐天寺《ゆうてんじ》のそばだったが、すぐ目と鼻のそば屋が焼夷弾《しょういだん》の直撃《ちょくげき》で、一瞬《いっしゅん》にして燃え上った。

父は（注2）隣組《となりぐみ》の役員をしていたので逃げるわけにはいかなかったのだろう、母と私には残って家を守れといい、中学一年の弟と八歳《さい》の妹には、競馬場あとの空地《あきち》に逃げるよう指示した。

駆《か》け出《だ》そうとする弟と妹を呼びとめた父は、白麻《しろあさ》の夏布団《なつぶとん》を防火用水に浸《ひた》し、たっぷりと水を吸わせたものを二人の頭にのせ、叱《しか》りつけるようにして追い立てた。この夏掛《なつが》けは水色で縁《ふち》を取り秋草を描《えが》いた品のいいもので、私は気に入っていたので、「あ、惜《お》しい」と思ったが、さっきの蛤や浅蜊のことがあるので口には出さなかった。

だが、そのうちに夏布団や浅蜊どころではなくなった。「スタア」

2023年度

鷗友学園女子中学校 ▶解説と解答

算 数 ＜第２回試験＞（45分）＜満点：100点＞

解 答

1 (1) $\frac{49}{50}$ (2) 14，19 **2** A…1050円，B…1200円 **3** (1) 10cm (2) 588 cm^3 **4** (1) 234円 (2) クッキーの方が2730円だけ利益が大きい **5** (1) 25：8 (2) 1650：257 **6** (1) ２分24秒後 (2) 100.8度 **7** (1) 毎秒２cm (2) 解説の図２を参照のこと。

解 説

1 逆算，約束記号，整数の性質

(1) $3.14-\frac{1}{15}\times\left(36-\square\div\frac{7}{10}\right)=\frac{5}{6}$ より，$\frac{1}{15}\times\left(36-\square\div\frac{7}{10}\right)=3.14-\frac{5}{6}=\frac{314}{100}-\frac{5}{6}=\frac{942}{300}-\frac{250}{300}=\frac{692}{300}=\frac{173}{75}$，$36-\square\div\frac{7}{10}=\frac{173}{75}\div\frac{1}{15}=\frac{173}{75}\times\frac{15}{1}=\frac{173}{5}$，$\square\div\frac{7}{10}=36-\frac{173}{5}=\frac{180}{5}-\frac{173}{5}=\frac{7}{5}$ よって，$\square=\frac{7}{5}\times\frac{7}{10}=\frac{49}{50}$

(2) $\langle X\rangle+2=Y$ とする。ここで，$\langle X\rangle$ の値は０以上４以下だから，Y の値は，$0+2=2$ 以上，$4+2=6$ 以下になる。また，与《あた》えられた式は，$\langle Y\rangle=1$ となるので，Y は５で割ったときの余りが１になる整数である。よって，$Y=6$ と決まるから，$\langle X\rangle=6-2=4$ とわかる。したがって，X は５で割ったときの余りが４になる整数なので，10以上21以下では{14，19}の２個ある。

2 売買損益，消去算

Ａ，Ｂ１個あたりの利益をそれぞれⒶ円，Ⓑ円とすると，右の図のア，イの式を作ることができ，アの式の等号の両側を２倍した式とイの式を比べると，Ⓐは，(384−132)÷(4−1)＝84(円)となる。すると，イの式より，Ⓑは，(132−84×1)÷２＝24(円)とわかる。また，Ａの利益は原価の，(1＋0.2)×(1−0.1)−1＝0.08(倍)，Ｂの利益は原価の，(1＋0.2)×(1−0.15)−1＝0.02(倍)である。よって，Ａの原価は，84÷0.08＝1050(円)，Ｂの原価は，24÷0.02＝1200(円)と求められる。

{Ⓐ×２＋Ⓑ×１＝192(円)…ア
Ⓐ×１＋Ⓑ×２＝132(円)…イ

⬇

{Ⓐ×４＋Ⓑ×２＝384(円)…ア×２
Ⓐ×１＋Ⓑ×２＝132(円)…イ

3 水の深さと体積

(1) 正面から見た図で考える。下の図①を傾《かたむ》けると下の図②のようになり，図②の斜線《しゃせん》部分の体積が576cm^3である。ここで，正面から見たときの奥《おく》行きの長さは12cmなので，図②の斜線部分の面積は，576÷12＝48(cm^2)となり，△＝48×２÷16＝６(cm)とわかる。また，図①と図②の太線で囲んだ部分は高さが等しい台形と考えることができるから，□＋□＝△＋14より，□＋□＝６＋14＝20，□＝20÷２＝10(cm)と求められる。

(2) 図②を傾けると下の図③のようになり，図③の斜線部分の水がこぼれる。図③の斜線部分の面積は，(16−９)×14÷２＝49(cm^2)なので，こぼれた水の体積は，49×12＝588(cm^3)と求められる。

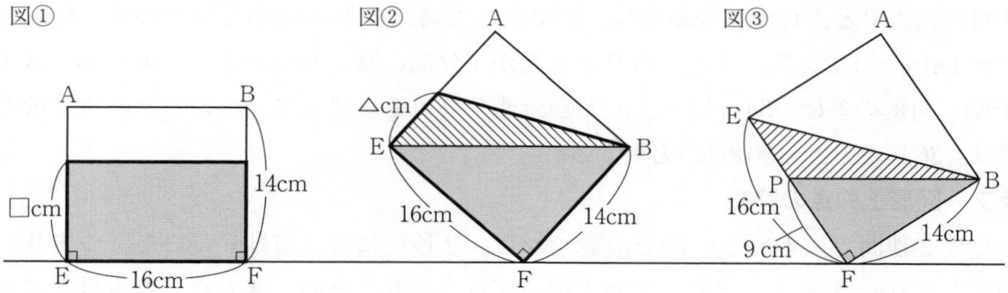

4 正比例と反比例，売買損益

⑴　マドレーヌ６個を作るのに必要な砂糖の重さは，１kg(＝1000ｇ)の$\frac{120}{1000}$倍だから，砂糖にかかる費用は，$200\times\frac{120}{1000}=24$(円)となる。同様に考えると，小麦粉，バター，卵にかかる費用はそれぞれ，$250\times\frac{120}{1000}=30$(円)，$1000\times\frac{126}{900}=140$(円)，$20\times\frac{120}{60}=40$(円)となる。よって，材料費の合計は，$24+30+140+40=234$(円)と求められる。

⑵　⑴と同様に考えると，クッキー６枚を作るときの材料費の合計は，$200\times\frac{20}{1000}+250\times\frac{160}{1000}+1000\times\frac{45}{900}+20\times\frac{30}{60}=4+40+50+10=104$(円)となる。卵が６個，つまり，$60\times6=360$(ｇ)あり，その他の材料がたくさんあるとき，材料費で考えると，マドレーヌは，$234\times\frac{360}{120}=702$(円)ぶんまで，クッキーは，$104\times\frac{360}{30}=1248$(円)ぶんまで作ることができる。また，材料費の６倍の金額を定価として売ると，利益は材料費の，$6-1=5$(倍)になる。よって，マドレーヌだけを作って売るときと，クッキーだけを作って売るときでは，クッキーの方が，$1248\times5-702\times5=(1248-702)\times5=546\times5=2730$(円)だけ利益が大きい。

5 平面図形―相似，辺の比と面積の比

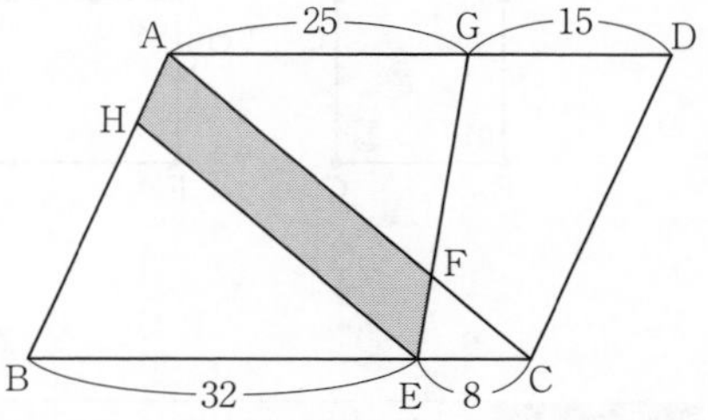

⑴　右の図で，ADとBCの長さを，$5+3=8$と，$4+1=5$の最小公倍数の40とすると，AG：GD＝５：３＝25：15，BE：EC＝４：１＝32：８となる。三角形AFGと三角形CFEは相似であり，相似比は，AG：CE＝25：８だから，AF：FC＝25：８とわかる。

⑵　平行四辺形ABCDの面積を１とすると，三角形ABCの面積は$\frac{1}{2}$なので，三角形FECの面積は，$\frac{1}{2}\times\frac{1}{4+1}\times\frac{8}{25+8}=\frac{4}{165}$となる。また，三角形ABCと三角形HBEは相似であり，相似比は，BC：BE＝(４＋１)：４＝５：４だから，面積の比は，(５×５)：(４×４)＝25：16である。よって，三角形HBEの面積は，$\frac{1}{2}\times\frac{16}{25}=\frac{8}{25}$となるので，四角形AHEFの面積は，$\frac{1}{2}-\left(\frac{4}{165}+\frac{8}{25}\right)=\frac{257}{1650}$と求められる。したがって，平行四辺形ABCDと四角形AHEFの面積の比は，$1:\frac{257}{1650}=1650:257$である。

6 平面図形―図形上の点の移動，旅人算，角度

⑴　点Ｏを中心として，点Ｐは毎分，$360\div4=90$(度)，点Ｑは毎分，$360\div6=60$(度)，点Ｒは毎分，$360\div10=36$(度)の割合で動く。１回目に点Ｐと点Ｑが重なるのは，点Ｐと点Ｑが動いた角度の和が360度になるときなので，動き出してから，$360\div(90+60)=2.4$(分後)とわかる。これは，$60\times0.4=24$(秒)より，２分24秒後となる。

(2)　２回目に点Ｐと点Ｑが重なるのは，(1)で求めた時間のさらに2.4分後なので，動き出してから，2.4×２＝4.8(分後)である。また，点Ｐと点Ｒが１分間に動く角度の差は，90－36＝54(度)なので，4.8分で動く角度の差は，54×4.8＝259.2(度)と求められる。よって，このときの角PORの小さい方の角度は，360－259.2＝100.8(度)とわかる。

7　グラフ―図形上の点の移動

(1)　点Ｑは２秒間で，１×２＝２(cm)動くから，２秒後には点ＱはＦにいる。つまり，２秒後の点Ｑの高さは０cmである。また，問題文中のグラフより，そのときの点Ｐと点Ｑの高さの差が２cmなので，２秒後の点Ｐの高さは，０＋２＝２(cm)とわかる。よって，点Ｐは２秒間で，６－２＝４(cm)動くから，点Ｐの速さは毎秒，４÷２＝２(cm)である。

(2)　６秒間で，点Ｐは，２×６＝12(cm)，点Ｑは，１×６＝６(cm)動くから，６秒後には下の図１の位置にいる。その後，点Ｐは１秒間に２cmずつ，点Ｑは１秒間に１cmずつ動くので，７秒後，８秒後，…，12秒後の位置を調べると，それぞれ⑦～⑫のようになる。すると，７秒後には点Ｐの高さは６cm，点Ｑの高さは１cmになるので，７秒後の高さの差は，６－１＝５(cm)と求められる。同様に考えると，８秒後の高さの差は，６－２＝４(cm)，９秒後の高さの差は，４－２＝２(cm)，10秒後の高さの差は，２－２＝０(cm)，11秒後と12秒後の高さの差はどちらも，２－０＝２(cm)とわかる。よって，グラフの続きを12秒後までかくと，下の図２のようになる。

図１
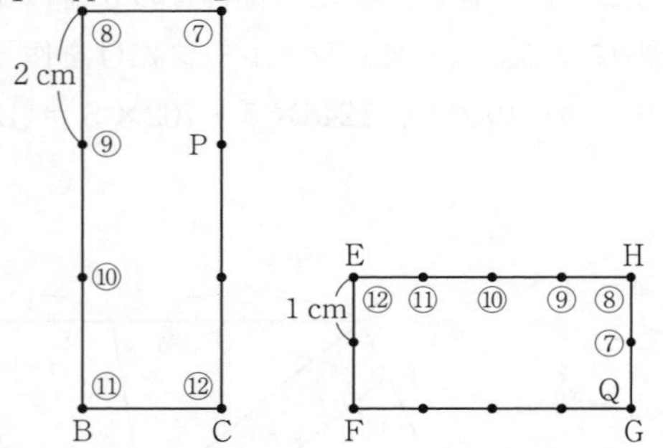

図２
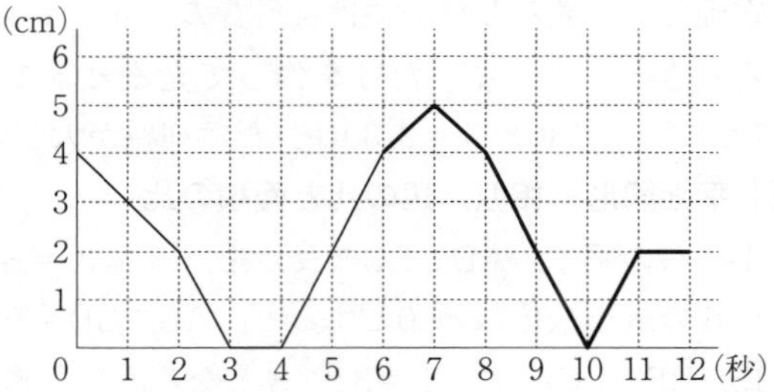

社　会　＜第２回試験＞（45分）＜満点：100点＞

解　答

1　**問１**　(例)　面積　**問２**　(例)　地図記号は自然災害伝承碑で，その記号は【資料３】の川の近くにあり，かつて津波の被害を受けた地域と考えられるから。　**問３**　(例)　実際の長さを１万分の１に縮めた地図であるという意味。　**問４**　(1)　(例)　日当たりのよい南向きの斜面。　(2)　鹿児島(県)　(3)　カ　(4)　ウ　**問５**　(例)　目的　**2**　**問１**　①　徳川吉宗　②　領事裁判権　**問２**　ウ　**問３**　エ　**問４**　イ　**問５**　ア　**問６**　(例)　堺は鉄砲の代表的な産地である。また，硝石をはじめ，必要な原材料を海外から入手する必要があるため，当時南蛮貿易で栄えていた堺を支配し，鉄砲での戦いを有利にしておきたかったから。　**問７**　町奉行(江戸町奉行)　**問８**　(例)　②／日本政府が担当裁判官に死刑判決を要求したことは司法権の独立を侵害しているため。(③／大審院院長が，その裁判を担当している裁判官を説得する行為は，裁判官の独立を侵害しているから。)　**問９**　ア　**問10**　(例)　変わらぬ基地　続く苦悩　**3**　**問１**　エ　**問２**　(①の時に比べ，)円安(や物価上昇の影響により，②の時では)6000(円)高くなった(。)　**問３**　ア　**問４**　公布　**問５**　イ　**問６**　交戦　**問７**　(1)　(例)　平和的な解決のためには外交が必要である。国際連盟では，常任理事国である日本の脱退などにより，話し合いの場としての役割をはたすことができなくなった。拒否権を認めていることの利点としては，意見が対立したさいに，大国が話し合いの場から離脱して，話し合い自体ができなくなってしまうのを防止できることが考えられる。　(2)　(例)　総会の権限を強める。(分担金の負担方法を変える。)

解　説

1　地図を題材とした問題

問１　【資料１】の世界地図では，高緯度に向かうにつれて距離や面積が拡大されている。また，北極点や南極点が描かれていない。なお，【資料１】の世界地図は，メルカトル図法とよばれる方法で描かれている。

問２　【資料２】は自然災害伝承碑の地図記号で，津波や洪水，火山災害など，過去に発生した自然災害にかかわることがらが記載されている石碑などを表記したものである。【資料３】をみると，自然災害伝承碑が入り江(湾)に面した低地や川の流域に分布していることがわかる。よって，【資料３】は地震の発生にともなう津波の被害を受けた地域と考えられる。

問３　「縮尺」とは，実際の距離を縮めた割合である。よって，１万分の１の縮尺の地形図では，長さが１万分の１になっている。たとえば，実際の距離が100mである場合，地図上では１cmの長さになる。

問４　(1)　【資料４】をみると，北西部に標高108mを示す標高点(・108)があり，南部に標高95mを示す標高点(・95)があるので，おおむね日当たりのよい南向きのゆるやかな斜面《しゃめん》になっていることがわかる。　(2)　茶の収穫《しゅうかく》量は静岡県と鹿児島県が上位２位を占《し》めており，これらの２県で全国生産量のほぼ７割を占めている。統計資料は『日本国勢図会』2022／23年版による(以下同じ)。

(3)　【資料５】のＢは和歌山県・愛媛県・静岡県の３県が上位にあるのでみかんの収穫量，Ｃは長野県・茨城県・群馬県の３県が上位にあるのでレタスの収穫量と判断できる。よって，カが選べる。

(4)　Ｘ　都道府県別製造品出荷額(2019年)では，愛知県が第１位で，以下，神奈川県，大阪府，静岡県が続く。なお，東京都は第16位となっている。　Ｙ　静岡県西部の浜松市は楽器やオートバイの製造がさかんで，静岡県の臨海部に広がる東海工業地域の中心都市の１つとなっている。

問５　地図はその用途や目的によって，形態が異なる。

2　裁判や司法の歴史についての問題

問１　①　公事方《くじかた》御《お》定書《さだめがき》は裁判の基準となる法令で，江戸幕府の第８代将軍徳川吉宗が享保《きょうほう》の改革(1716～45年)の中で定めた。　②　日本にいる外国人が罪を犯しても日本の法律で裁かれない権利を，治外法権という。その国の領事が裁判を行うことから，領事裁判権ともよばれる。日米修好通商条約など，幕末に結ばれた安政の五か国条約は，日本にいる外国人に領事裁判権(治外法権)を認め，日本に関税自主権がないという不平等条約であった。

問２　邪馬台国《やまたいこく》について記されているのは，中国の歴史書『魏志《ぎし》』倭人伝である。３世紀初め，女王の卑弥呼《ひみこ》が30余りの小国を従えていたことや，刑罰が存在していたことのほか，Ｙの内容などが記述されている。Ｘは紀元前１世紀の倭《わ》(日本)のようすで，中国の歴史書『漢書』地理志に記されている。

問３　律令制度では，神をまつる仕事を神祇《じんぎ》官，政治を太政《だいじょう》官が担当した。また，太政官の下には，裁判を担当する刑部《ぎょうぶ》省や，仏事・外交事務を担当する治部《じぶ》省など，八省の役所があった。

問４　イは唐招提寺《とうしょうだいじ》(奈良県)にある「鑑真和上《がんじんわじょう》像」で，奈良時代につくられたものなので，あてはまらない。鑑真は奈良時代に渡来した唐(中国)の高僧である。なお，アは平等院(京都府)の鳳凰《ほうおう》堂，ウは平泉(岩手県)にある中尊寺の金色《こんじき》堂の内部，エは「源氏物語絵巻」の一場面で，いずれも平安時代の文化財である。

問５　1232年，鎌倉幕府の第３代執権《しっけん》北条泰時《やすとき》は，最初の武家法である御成敗式目《ごせいばいしきもく》(貞永《じょうえい》式目)を定めた。51か条からなるこの法令は，武家社会の慣習・道徳などをもとに，御家人のつとめや領地についての決まり，裁判の基準などをわかりやすく示しており，その後の武家法の手本とされた。

問６　堺(大阪府)は南蛮《なんばん》貿易の交易港として栄え，鉄砲の産地でもあった。【資料３】，【資料４】から，火薬の主原料の１つである硝石《しょうせき》は，海外から輸入していたことがわかる。これらのことから，織田信長が堺を支配したのは，鉄砲や硝石の流通を統制するためだったと考えられる。

問７　江戸幕府には「三奉行」(寺社奉行・勘定《かんじょう》奉行・町奉行)とよばれる役職が置かれた。寺社奉行は寺社・寺社領の管理や宗教統制など，勘定奉行は幕府の財政や天領(幕府の直轄《ちょっかつ》地)の管理，代官の支配など，町奉行は町方の政治・警察・裁判などを担当した。

問８　日本国憲法では「裁判官(司法権)の独立」の原則がうたわれており，裁判官は自己の良心に従い，憲法と法律にのみ拘束《こうそく》されると定められている。この観点からみると，【資料５】の②は行政権による司法権の独立の侵害であり，③は大審院院長による裁判官の独立の侵害といえる。

問９　最高裁判所裁判官の国民審査は，主権者である国民が裁判や裁判所のあり方を監視することを目的とするものなので，日本国憲法の国民主権の原則にもとづいているといえる。よって，アが選べる。なお，イの裁判官弾劾《だんがい》制度も，アと同様に日本国憲法の制定時に導入された。ウの裁判員制度は，2009年から導入された。エの極東国際軍事裁判(東京裁判)は，日本の戦争犯罪についての裁判で，連合国により行われた。

問10　【資料６】は1972年の沖縄返還のとき，【資料７】は2022年の沖縄返還50周年のときの新聞紙面である。それぞれの紙面の右側の縦書きの見出しに「沖縄県　きびしい前途　なお残る『核』の不安」「沖縄の民意届かず　軍事優先　暮らし犠牲《ぎせい》」とあることから，米軍基地問題についての見出しが入ると考えられる。

３　「国民生活に関する世論調査」をもとにした問題

問１　続く部分に「1991年」とあるので，「バブル景気」(1980年代後半～1990年代初め)について述べているエがあてはまる。なお，アの「新三種の神器《じんぎ》」(カラーテレビ・クーラー・自動車)が普《ふ》及《きゅう》したのは，高度経済成長期(1950年代後半～1970年代初め)の後半。イのアベノミクスは，安倍晋三《しんぞう》首相の在任中の2012～20年の政策。ウの国民皆保険(国民健康保険)の制度が実現したのは，1961年のことである。

問２　１ドル＝120円であったものが１ドル＝150円になるような変化を円安・ドル高という。１ドルを円と交換《こうかん》するのに，それまで120円でよかったものが150円必要になるのだから，ドルに対する円の価値がそれだけ下がった(円が安くなった)ことになる。①の時，商品Ａを日本で円で購入《こうにゅう》すると，120×100＝12000(円)になる。また，②の時，商品Ａをアメリカでドルで購入すると，100×(１＋0.2)＝120(ドル)になり，これを日本で円で購入すると，150×120＝18000(円)になる。この価格は，①の時よりも，18000－12000＝6000(円)高い。

問３　社会保障制度は，社会保険・社会福祉《ふくし》・公的扶助《ふじょ》(生活保護)・公衆衛生の「四本柱」から成り立っている。社会保険は医療《いりょう》保険や年金保険など，社会福祉は身体障がい者などに対する公的な援助，公的扶助は生活困窮《こんきゅう》者に生活費などを支給するもの，公衆衛生は伝染病の予防や環境の整備をはかるものである。ワクチン接種は伝染病の予防にあたるので，アが選べる。

問４　国会で成立した法律を国民に周知することを，公布という。法律の公布は，天皇の国事行為《こうい》である。

問５　Ｘ　「特定枠《わく》」の説明として正しい。参議院議員通常選挙は，原則として各都道府県を選挙区とする選挙区選挙と，全国を１選挙区とする比例代表選挙で行われる。参議院の比例代表選挙では，候補者に順位をつけない非拘束名簿《こうそくめいぼ》式がとられ，有権者は投票用紙に政党名か候補者名のどちらかを記入し，票数の合計で各政党の議席数が決まり，原則として個人名での票数が多かった候補者から順に当選となる。「特定枠」は，その順位よりも優先される規則である。　Ｙ　参議院の選挙区選挙は各都道府県を選挙区として行われるが，2016年の通常選挙から鳥取県と島根県，徳島県と高知県をそれぞれ合区としてあつかうことになった。

問６　【資料２】の日本国憲法第９条は平和主義について具体的に規定した条文で，その１項で戦争と武力の行使を放棄《ほうき》することを，その２項で陸海空軍その他の戦力を保持しないことと，国の交戦権を認めないことを規定している。

問７　(1)　第二次世界大戦(1939～45年)後に発足した国際連合は，1920年に発足した国際連盟が機能しなかったことの反省をふまえて成立した。国際連盟は発足当初からアメリカが加盟しておらず，常任理事国として加盟した日本が1933年に脱退するなど，大国の足並みがそろわなかった。また，全会一致制をとっていたため採決に時間がかかり，しかも侵略国に対する制裁としては経済制裁しかできなかった。このような経緯から，国際連合はすべての加盟国が平和的に問題を解決するための話し合いの場を確保することを第一とし，安全保障理事会の常任理事国には採決を無効にする「拒否《きょひ》権」を認めることで，大国が離脱することを防ぐようにした。　(2)　現在の国連がかかえる問題と改革について，安全保障理事会の改革以外では，全加盟国で構成される総会の権限を強めることなどが考えられる。国連分担金の負担割合が一部の先進国にかたよる傾向があることや，国連の仕事が増えていて組織が複雑化していることなども考えられるので，分担金の負担方法を変えることや，組織の整理が必要ともいえる。

理　科　＜第２回試験＞(45分)＜満点：100点＞

解　答

１　**問１**　(例)　ウキクサがひっくり返ることなく安定してうかんでいられる。　**問２**　表側

／**理由**…(例)　葉の裏側は水に触れていて，表側でしか気体の出入りができないから。　**問３**　二酸化炭素　**問４**　20480枚　**問５**　①　×　②　×　③　○　④　○　**問６**　(例)　ウキクサが水槽いっぱいに広がり，生活空間が不足したから。　**問７**　(例)　ウキクサがあると，光がさえぎられ，雑草が光合成をすることができなくなるから。　**２**　**問１**　J　**問２**　60ｇ　**問３**　D　**問４**　(例)　棒をどの傾きにしても，おもりの重さの比と，支点からのきょりの比が逆比になるから。　**問５**　C　**問６**　(例)　重心が支点より右にあるときは時計回りに，左にあるときは反時計回りに棒が回転しようとするから。　**問７**　①　**結果**…イ　**理由**…オ　②　**結果**…ア　**理由**…エ　**３**　**問１**　カ　**問２**　イ　**問３**　右の図Ⅰ　**問４**　11時52分　**問５**　イ　**問６**　(例)　公転面に対して地じくが傾いているため，地球が公転していくと太陽の南中高度が変化していくから。　**問７**　右の図Ⅱ　**問８**　13時40分　**４**　**問１**　ウ　**問２**　①　○　②　○　③　×　**問３**　(銅：酸素＝)４：１／(マグネシウム：酸素＝)３：２　**問４**　エ　**問５**　３：８　**問６**　0.77ｇ　**問７**　70％

図Ⅰ

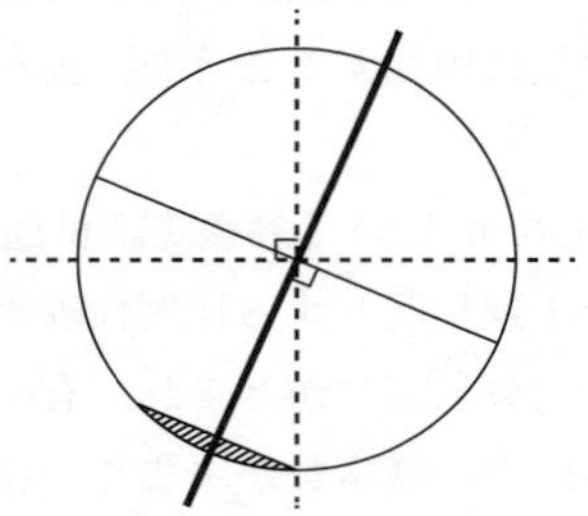

図Ⅱ

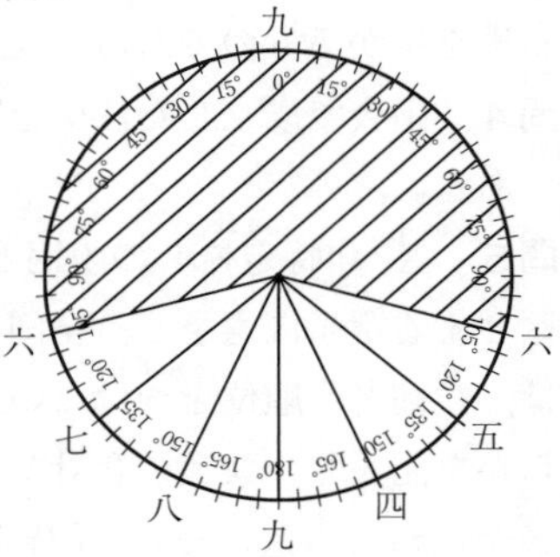

解　説

１　ウキクサの増え方についての問題

問１　根はおもりのはたらきもしているので，根が長く垂れ下がることによって，重心(重さが集中していると考えることができる点)の位置が低くなる。そのため，ウキクサはひっくり返ることなく安定して浮《う》くことができる。

問２　ウキクサの葉の裏側は水に触《ふ》れているため，葉の裏側にある気孔《きこう》からは酸素や二酸化炭素の出入りが難しい。そのため，気孔は葉の表側に多くあると考えられる。

問３　植物は，体内にある葉緑体で光のエネルギーを利用して，気孔から取り入れた二酸化炭素と根から吸った水を材料に，養分(でんぷん)をつくり出している。このはたらきを光合成といい，このとき酸素もつくり出されて放出される。

問４　２日後に２倍の数に増えることを繰《く》り返すと，20÷２＝10より，20日後に葉の数は，２×２×２×２×２×２×２×２×２×２＝1024(倍)になる。よって，はじめ20枚ある葉状体は，20日後に，20×1024＝20480(枚)になる。

問５　①　最初に入れる葉状体が20枚，50枚，200枚のそれぞれの場合について，葉状体の数が２日後に２倍より小さくなる日は８日後～10日後，６日後～８日後，２日後～４日後となっている。②　最初に入れる葉状体の枚数や経過日数によらず，葉状体の数は２日後に２倍以下になっている。③　最初に入れる葉状体の枚数によらず，20日後の葉状体は650枚になっている。　④　最初に入れる葉状体が20枚，50枚，200枚のそれぞれの場合について，８日後以降，６日後以降，２日後以降のようすと合う。

問６　ウキクサが水槽《すいそう》の水面いっぱいに広がってしまうと，葉が重なり合うなどして満足な生活空間が得られなくなる。そのため，20日後の葉状体の数が20480枚に比べて少なくなったと考えられる。

問７　ウキクサが水面にあると，その分だけ日光がさえぎられる。そのため，雑草は十分な光合成ができず，成長できない。

２　棒のつり合い，メトロノームの運動についての問題

問１　棒のつり合いは，棒を回転させようとするはたらき（以下，モーメントという）で考えられる。モーメントは，（加わる力の大きさ）×（回転の中心からの距離《きょり》）で求められ，左回りと右回りのモーメントが等しいときに棒はつり合って静止する。図３で，40ｇのおもりを支点から右に□目盛りの位置にはめたとすると，20×６＝40×□が成り立ち，□＝120÷40＝３（目盛り）となるので，Ｊにおもりをはめればよい。

問２　図４で，Ｉの位置に□ｇのおもりをはめたとすると，40×５＝80×１＋□×２が成り立ち，□＝(200−80)÷２＝60(ｇ)と求められる。

問３　図８で，棒がつり合うのは，支点から左右のおもりまでの距離の比が，左右のおもりの重さの比の逆比になるときである。また，左右のおもりの重さの比は，60：20＝３：１である。したがって，支点から左右のおもりまでの距離の比は，$\frac{1}{3}:\frac{1}{1}=1:3$なので，支点はＡから右に，$12\times\frac{1}{1+3}=3$（目盛り）の位置，つまり，Ｄである。

問４　Ｍの位置に20ｇのおもりをはめると，棒をどの傾《かたむ》きにしても，支点から左右のおもりまでの水平距離の比（１：３）が，左右のおもりの重さの比（３：１）の逆比になる。そのため，手を放したときにつねに静止したままになる。

問５　図９で，Ａから右に，$8\times\frac{1}{1+3}=2$（目盛り）の位置，つまり，Ｃで棒を支えると，棒が静止する。よって，重心の位置はＣとわかる。

問６　図９の棒を，支点（Ｄ）で支えて静かに手を放すと，重心が支点の下側にくる。このとき，重心の位置が支点より右側にきた場合には，重心を最下点までもどそうとする左向きの力がはたらくため，棒は時計回りに回転しようとする。逆に，重心の位置が支点より左側にきた場合には，重心を最下点までもどそうとする右向きの力がはたらくため，棒は反時計回りに回転しようとする。そのため，棒はふりこ運動をする。

問７　①　棒が図９の状態のとき，20ｇのおもりによる右回りのモーメントは，20×５＝100である。おもりをＩの位置からＨの位置に動かすと，右回りのモーメントが，20×４＝80となるから，棒を右回りに回そうとするはたらきが小さく（棒のＡ側を下に傾けようとするはたらきが大きく）なり，ふりこが一往復するのにかかる時間は短くなる。　②　①の後，５ｇのおもりをＫの位置にはめると，右回りのモーメントは，20×４＋５×７＝115になり，図９の状態より右回りのモーメントが大きくなる。よって，棒のＡ側を下に傾けようとするはたらきが小さくなるので，ふりこが一往復するのにかかる時間は長くなる。

３　季節と太陽の動き，江戸時代の時間制度についての問題

問１　①　図１で，地じくの北極側が太陽の反対側に傾いているので，北半球の日本で太陽が南中したときの高度は低くなる。したがって，このとき日本では冬至を迎《むか》えていると考えられる。

② 地球は北極側から見て左回り（Ｂの方向）に自転している。

問２ 北半球での太陽の南中高度は，春分の日・秋分の日には{90－(その地点の緯度《いど》)}となり，冬至の日にはそれより地じくの傾きの分だけ低く，夏至《げし》の日にはそれより地じくの傾きの分だけ高くなる。よって，図２では，角ａが緯度，角ｂが地じくの傾きを表しているから，冬至の日の地点Ｘでの太陽の南中高度は(90－角ａ－角ｂ)で求められるので，イが選べる。

問３ 図１で，かげのつけられている部分は夜である。したがって，太陽の光が１日中当たる範囲《はんい》は解答の図Ⅰのようになる。

問４ 正午は午前７時の，12－７＝５（時間）後なので，図４で，７時の太陽の位置の，３×５＝15(cm)後の点が正午にあたる。南中した太陽の位置は，正午にあたる点より0.4cmＡ側にあるので，この日に太陽が南中した時刻は，正午よりも，$60\times\frac{0.4}{3}=8$（分）だけ早い。よって，その時刻は，12時－８分＝11時52分と求められる。

問５ 夏の日の太陽は，真東より北寄りの位置から昇《のぼ》り，南の空を通り，真西より北寄りの位置に沈《しず》む。したがって，棒の影《かげ》の先端《せんたん》は，朝には真西より南寄りの位置，昼には棒の北側，夕方には真東より南寄りの位置を通るので，イがふさわしい。

問６ 地球は公転面に対して地じくを傾けた状態のまま公転しているので，月ごとに太陽の南中高度が変化し，正午のときの影の長さも変化する。そのため，図７の日時計では，「九つ」の線の位置が月ごとに変わっている。

問７ この日の昼の長さは，16時29分－６時29分＝10時間なので，時計の文字盤の昼の部分の中心角は，$360\times\frac{10}{24}=150$（度）であり，明け六つから暮れ六つまでの時刻は，正午（九つ）を中心として，150÷６＝25（度）間隔《かんかく》で並ぶ。さらに，解答例を参考にして時刻の漢数字を書き入れると，解答の図Ⅱのようになる。

問８ ここでは夜の「九つ」が深夜０時なので，昼の「九つ」は正午と考える。よって，$24\times\frac{25}{360}=1\frac{2}{3}$（時間），$60\times\frac{2}{3}=40$（分）より，この日の「八つ」は，現在の時間制度では正午（九つ）の１時間40分後，つまり，12時＋１時間40分＝13時40分となる。

4 銅やマグネシウムの燃焼についての問題

問１ 銅に塩酸を加えても反応は見られず，気体が発生することもない。よって，ウが誤っている。

問２ ① 図３で，加熱後の重さが最終的に，銅は1.5ｇ，マグネシウムは2.5ｇで一定になっているので，正しい。 ② 図３で，銅，マグネシウムのどちらも，加熱の回数を増やすと，４回目までは加熱後の重さが増えている。これは，粉末の内部が空気に触れにくく，加熱を繰《く》り返すたびに酸素が金属に結びつくためだと考えられるので，正しい。 ③ 図４，図５より，1.2ｇの銅とマグネシウムを十分に加熱すると，銅の酸化物は1.5ｇ，マグネシウムの酸化物は2.0ｇできるので，誤っている。

問３ 問２の③より，銅の重さと結びつく酸素の重さの比は，1.2：(1.5－1.2)＝４：１となる。また，マグネシウムの重さと結びつく酸素の重さの比は，1.2：(2.0－1.2)＝３：２となる。

問４ 石灰水を白くにごらせたことから，気体Ｘは二酸化炭素とわかる。エのように，重曹《じゅうそう》（炭酸水素ナトリウム）にうすい塩酸のような酸性の水溶液《すいようえき》を加えると，二酸化炭素が発生する。なお，アとオは水素，イはアンモニア，ウは酸素が発生する。

問５ 0.3ｇの炭素を加えて加熱したときに，酸化銅と炭素が過不足なく反応していることから，加熱後に残った3.2ｇの物質は銅だけであり，４－3.2＝0.8（ｇ）の酸素が酸化銅から失われたことがわかる。したがって，加えた炭素と酸化銅が失った酸素の重さの比は，0.3：0.8＝３：８と求められる。

問６　反応の前後で物質の重さの合計は変化しないので，４ｇの酸化銅に0.3ｇの炭素を加えて4.3ｇになったものが3.53ｇに減ったのは，発生した二酸化炭素が試験管の外に出たからである。よって，発生した二酸化炭素の重さは，4.3－3.53＝0.77（ｇ）と求められる。

問７　十分に加熱すると，4.3－3.2＝1.1（ｇ）の二酸化炭素が発生するはずなので，反応した酸化銅の割合は，0.77÷1.1×100＝70（％）とわかる。

国語　＜第２回試験＞（45分）＜満点：100点＞

解答

一　**問１**　（例）　外の生垣の火を消しながら，家の中も見回らなくてはならず，いちいち靴を脱いだりはいたりしていては間に合わないから。　**問２**　（例）　空襲により家族の死を覚悟した父は，一個人ではどうしようもない戦争で，幼い子供たちを飢えたまま死なせるのが家長として無念であったため，不謹慎と思われようが，せめて最後は家族においしいものをおなかいっぱい食べさせようとしたということ。　**問３**　（例）　家計が厳しい中，母が貯めたへそくりで，家族には内緒で自分一人だけ鰻を食べるのはうしろめたく思われ，母がそれほどの気づかいを見せるほど自分は深刻な病なのだと悲しみを感じるから。　**問４**　（例）　二つのごはんが，単においしかったというだけではなく，うしろめたさや悲しさとともに，死を身近に感じながら食べたものだから。　二　**問１**　（例）　一人ひとりが自分の意見を持ち，他者を気づかいながら，よりよいものを目指して率直に意見をぶつけ合うという対話のある社会。　**問２**　（例）　個人の希望や選択を重視し，相手を否定しないことが「個を尊重する社会」の流儀だが，否定されたかどうかの判断は受け手側がするので，相手の感情を損なわないために，「人それぞれ」という言葉を使って穏便にやりすごすしかないから。　三　下記を参照のこと。

●漢字の書き取り

三　⑴　枚挙　⑵　無愛想　⑶　奮　⑷　比類　⑸　明朗快活

解説

一　**出典は向田邦子《むこうだくにこ》の『向田邦子ベスト・エッセイ』所収の「ごはん」による。**「ごはん」に関する二つの思い出をつづっている。

問１　「東京大空襲《くうしゅう》」では，「焼夷弾《しょういだん》」により東京中が火の海となった。直前の「乾《かわ》き切った生垣《いけがき》を，火のついたネズミが駆《か》け廻《まわ》るように，火が走る。水を浸《ひた》した火叩《ひたた》きで叩き廻りながら，うちの中も見廻らなくてはならない」のような状況《じょうきょう》では，靴《くつ》を脱《ぬ》いだり履《は》いたりしている暇《ひま》はなかったので，父は「かまわないから土足で上れ！」と言ったのだと考えられる。

問２　傍線《ぼうせん》部②の「そう」は，父の「この分でゆくと次は必ずやられる。最後にうまいものを食べて死のうじゃないか」という提案をうけて，一家で「ご馳走《ちそう》」を食べたことを指している。また，筆者が考える父の心情は，「自分の家を土足で汚《よご》し，年端《としは》もゆかぬ子供たちを飢《う》えたまま死なすのが，家長として父として無念だったに違《ちが》いない。それも一個人ではどう頑張《がんば》っても頑張りようもないことが口惜《くや》しかったに違いない」の部分で描《えが》かれている。これらをまとめながら説明すればよい。

問３　傍線部③の理由は，「ゆとりがなかった」，「この鰻丼《うなどん》だって，縫物《ぬいもの》のよそ仕事をして貯《た》めた母のへそくりに決《きま》っている」，「おばあちゃんや弟妹《ていまい》達に内緒《ないしょ》で一人だけ食べるというのも，嬉《うれ》しいのだがうしろめたい」などから読み取れる。また，このときの「私」の心情は自分の「肺病」についてのもので，「今は治っても，年頃《としごろ》になったら発病して，やせ細り血を吐《は》いて死ぬのだ，という思いがあった」と描かれている。これらをまとめながら説明すればよい。

問４　傍線部④の理由は，最後の段落で，「釣針《つりばり》の『カエリ』のように，楽しいだけではなく，甘《あま》い中に苦みがあり，しょっぱい涙《なみだ》の味がして，もうひとつ生き死ににかかわりのあったこのふたつの『ごはん』が，どうしても思い出にひっかかってくるのである」と述べられている。この内容を中心に説明すればよい。

二　出典は石田光規《いしだみつのり》の『「人それぞれ」がさみしい―「やさしく・冷たい」人間関係を考える』による。今の社会は「個を尊重する社会」になっていないと述べ，相手を否定しない「人それぞれ」という態度が分断型の社会をもたらしたのではないかと考察している。

問１　「個を尊重する社会」とはどのようなものであるかについては，四つ後の段落で，「『個を尊重する社会』というのは，一人ひとりがそれぞれに独立した意見をもち，それを率直《そっちょく》にぶつけられる社会という意味合いもありました。誰《だれ》もが，気を遣《つか》いつつも，率直に意見をぶつけ合うことで，よりよい社会を築いていく。そういった対話のある社会が目指されてきたのです」と述べられている。

問２　続く部分で，「個を尊重する社会」では「個人の希望や選択《せんたく》が重視される」ので，「否定的な意見をなかなか言い出せなくなります」と述べられている。そして，「相手を否定したかどうかの判定」は，「結局のところ，発せられた言葉や行動を受け止める相手の気持ちにゆだねられている」ので，「相手の感情を損《そこ》なう表現を避《さ》けつつ，その場を穏便《おんびん》にやり過ごす」ために，「私たちは『人それぞれ』という言葉を使う」ことが説明されている。このような事情が，傍線部②の理由になっているといえる。

三　漢字の書き取り

⑴　「枚挙にいとまがない」は，“たくさんありすぎて数え切れない”という意味。「枚挙」は，一つひとつ数え上げること。「いとま」は，時間の余裕《よゆう》のこと。　⑵　人に対してそっけない態度を取るさま。　⑶　音読みは「フン」で，「奮起」などの熟語がある。　⑷　「比類(の)ない」で，比較《ひかく》できるものがないほどすばらしいようす。　⑸　明るくほがらかで，生き生きしていること。

Memo

Memo

2022年度　鷗友学園女子中学校

〔電　話〕 (03) 3420－０１３６
〔所在地〕 〒156-8551　東京都世田谷区宮坂１－５－30
〔交　通〕 東急世田谷線－「宮の坂駅」より徒歩４分
小田急線－「経堂駅」より徒歩８分

【算　数】〈第１回試験〉（45分）〈満点：100点〉

【注意】 円周率の値を用いるときは，3.14として計算しなさい。

1　次の問いに答えなさい。

(1)　次の ア に当てはまる数を求め，答えを解答欄に書きなさい。

$$7.5 \div 2\frac{2}{5} - \left\{7 \times \left(\boxed{\quad ア \quad} - \frac{1}{8}\right) + 1 \div \frac{5}{2}\right\} = 2\frac{3}{8}$$

(2)　２つの整数A，Bに対して，A☆BはAとBのうち，大きい方から小さい方を引いた数を表すものとします。

例えば，５☆３＝２，１☆５＝４，７☆７＝０です。このとき

（ イ ☆12）☆５＝３☆７

となる イ に当てはまる数をすべて求め，答えを解答欄に書きなさい。

2　友子さんは，毎日同じ枚数の色紙にイラストをかいています。イラストがある程度の枚数たまったので，学さんにプレゼントすることにしました。毎日同じ枚数のイラストをかくことを続けながら，毎日６枚ずつプレゼントしていくと，ちょうど12日でなくなります。毎日15枚ずつプレゼントしていくと，ちょうど３日でなくなります。

毎日５枚ずつイラストをプレゼントしていくと，イラストはちょうど何日でなくなりますか。

答えを出すために必要な式，図，考え方なども書きなさい。

3　下の図は，OA ＝ AB ＝ 8 cm の直角二等辺三角形 OAB を，O を中心として135°回転したものです。辺 AB が通過した部分（図の斜《しゃ》線部分）の面積を求めなさい。

答えを出すために必要な式，図，考え方なども書きなさい。

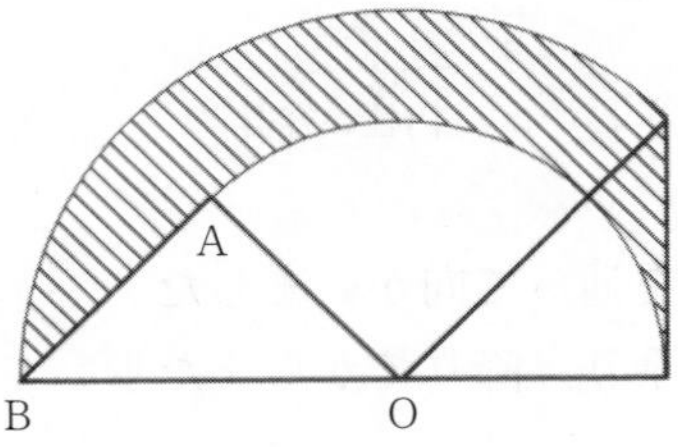

4　１から10までの整数をすべてかけてできる数は3628800です。この数では，一の位から数えて最初に０でない数字が現れるのは３番目です。

１から100までの整数をすべてかけてできる数では，一の位から数えて最初に０でない数字が現れるのは，何番目ですか。

答えを出すために必要な式，図，考え方なども書きなさい。

5　図の平行四辺形 ABCD は，AE：EB ＝ 1：3，AG：GD ＝ 3：1，BF：FC ＝ 3：2 です。

(1)　BH：HI：ID を，最も簡単な整数の比で表しなさい。
答えを出すために必要な式，図，考え方なども書きなさい。

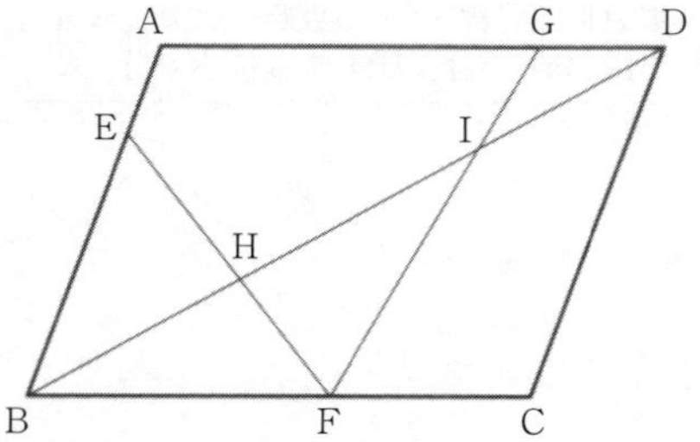

(2)　四角形 HFCI の面積は平行四辺形 ABCD の面積の何倍ですか。
答えを出すために必要な式，図，考え方なども書きなさい。

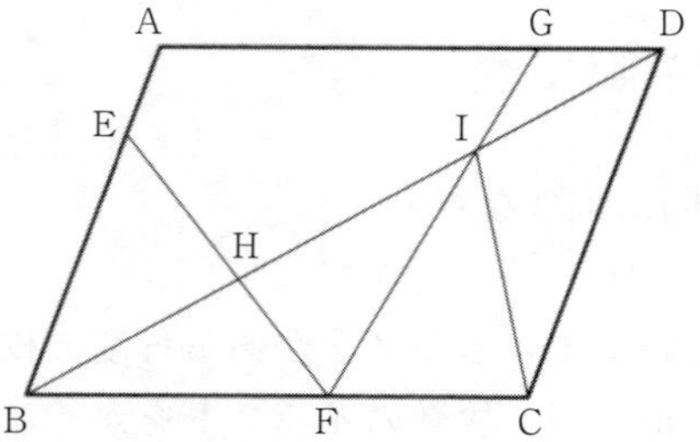

6　半径 6 cm，高さ35cm の円柱の容器に，底面から15cm の高さまで水が入っています。この中に半径 2 cm，高さ25cm の円柱の鉄の棒を１本ずつまっすぐに立てて入れていきます。

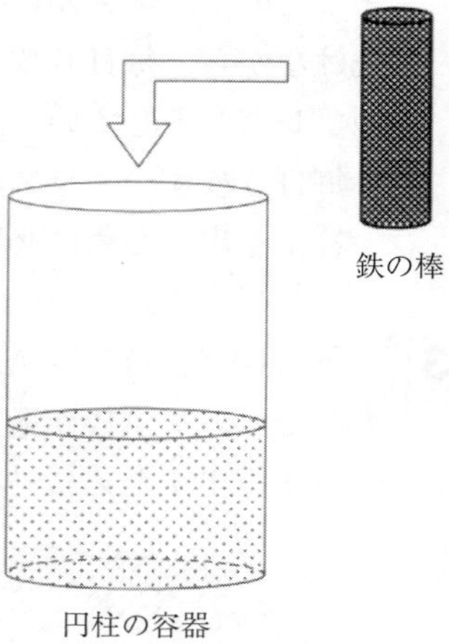

(1)　鉄の棒を１本入れたとき，水面は何 cm 上昇《しょう》しますか。
答えを出すために必要な式，図，考え方なども書きなさい。

(2)　入れた鉄の棒のすべてが，初めて完全に水の中に入るのは，鉄の棒を何本入れたときですか。また，そのときの水面の高さを求めなさい。
答えを出すために必要な式，図，考え方なども書きなさい。

7　友子さんと弟の学さんは家から学校へ，同じまっすぐな道を通って向かいました。

友子さんは歩いてバス停に行き，６分間待ってからバスに乗り，降りてからまた歩いて学校へ向かいました。

学さんは，友子さんが出発してから16分後に自転車で学校に向かい，校門でちょうど追いつきました。

グラフは，友子さんが家を出発してからの時間と友子さんと学さんの距離《きょり》の関係を表したものです。

歩く速さ，バスの速さ，自転車の速さはそれぞれ一定です。

(1)　友子さんの歩く速さは分速何 m ですか。

答えを出すために必要な式，図，考え方なども書きなさい。

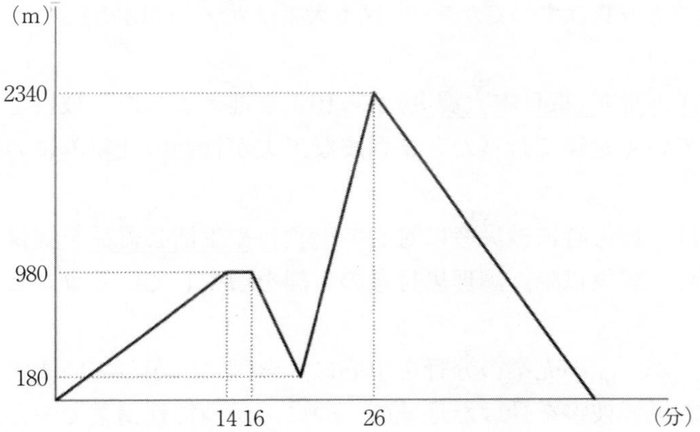

(2) バスの速さは時速何kmですか。

答えを出すために必要な式，図，考え方なども書きなさい。

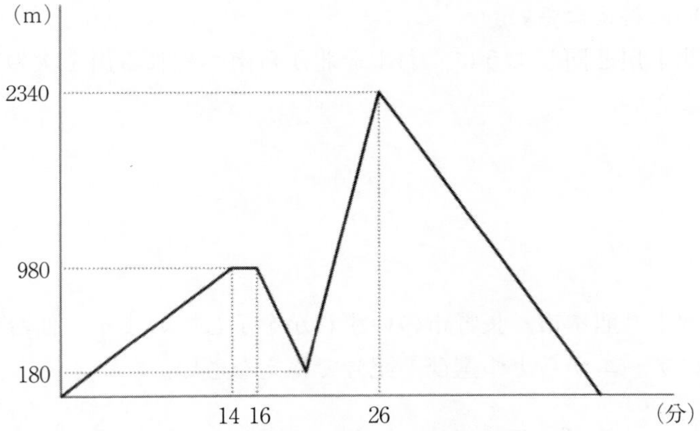

(3) 家から学校までの距離は何kmですか。

答えを出すために必要な式，図，考え方なども書きなさい。

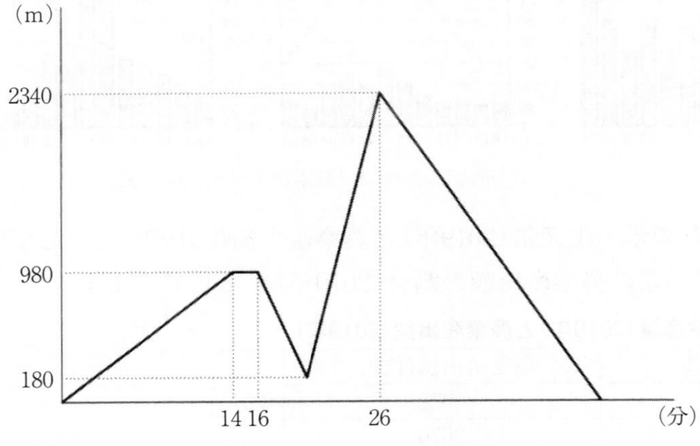

【社　会】〈第１回試験〉（45分）〈満点：100点〉

〈編集部注：実物の入試問題では，グラフと写真はすべてカラー，図も大半はカラー印刷です。〉

1　次の文章を読み，問いに答えなさい。

2021年３月に，(a)東北地方太平洋沖地震《おきじしん》(東日本大震災《だいしんさい》)から10年を迎《むか》えました。被害《ひがい》を受けた(b)宮城県や岩手県では，復興していく過程で行ったさまざまな工夫《くふう》が社会の仕組みにいかされ，多くのことが変化しました。

例えば，コンビニエンスストアは，震災時に被災者《ひさいしゃ》に対して(c)食料や生活必需品《ひつじゅひん》を提供する重要な役割を担《にな》いました。そのため，震災以降，調理場付きの店舗《てんぽ》を増やしているコンビニエンスストアもあります。

このような復興支援《しえん》のための工夫が，(d)小売業の分野を中心に，全国に広がっています。

問１　下線部(a)について。東日本大震災で被害を受けた地域の一つに，かつて鉄鋼業で栄えた岩手県釜石《かまいし》市があります。鉄鋼を生産する際に利用する，石炭を蒸《む》し焼《や》きにしてできるものを何というか，答えなさい。

問２　下線部(b)に関して，以下の問いに答えなさい。

(1)　岩手県から宮城県を流れる北上川と同じように，およそ北から南へ流れる川を次のア～エから１つ選び，記号で答えなさい。

ア．信濃川

イ．天竜川

ウ．最上川

エ．吉野川

(2)　次の雨温図は，仙台市，金沢市，熊本市，長野市のいずれかを示しています。仙台市の雨温図として正しいものを次のア～エから１つ選び，記号で答えなさい。

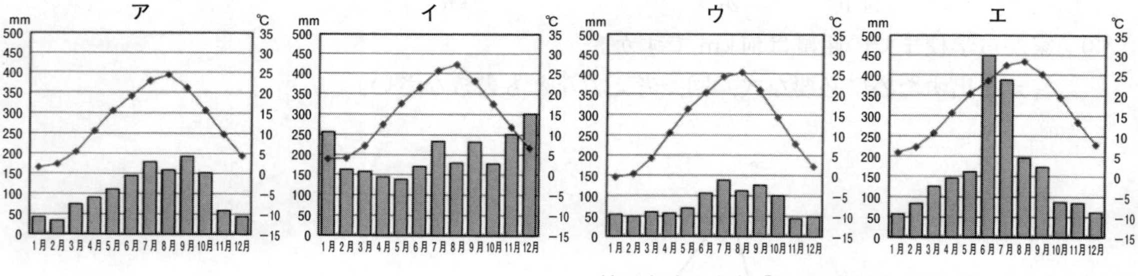

（矢野恒太記念会『日本国勢図会 2021/22』をもとに作成）

(3)　**【資料１】**は，宮城県と岩手県の米の生産量(2019年)と農業産出額(2019年)を示しています。**【資料２】**は，宮城県と岩手県の農業産出額の割合(2019年)を示しています。

【資料１】　宮城県と岩手県の米の生産量(2019年)と農業産出額(2019年)

	米の生産量(トン)	農業産出額(億円)
宮城県	376900	1932
岩手県	279800	2676

（農林水産省「令和元年度生産農業所得統計」，
矢野恒太記念会『日本国勢図会 2021/22』をもとに作成）

【資料２】　宮城県と岩手県の農業産出額の割合(2019年)　　(単位％)

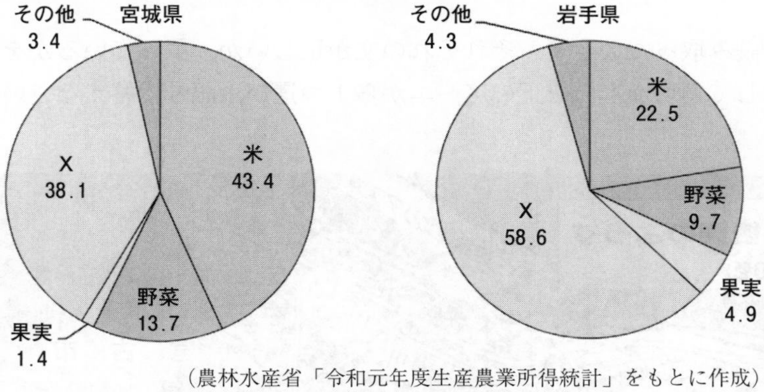

（農林水産省「令和元年度生産農業所得統計」をもとに作成）

【資料１】を見ると宮城県は岩手県より米の生産量が多いことが読み取れます。しかし，宮城県の方が米の生産量が多いのに，農業産出額は岩手県の方が多くなっています。

岩手県の方が宮城県より農業産出額が多くなる理由を，以下の〔条件〕に従《したが》って説明しなさい。

〔条件１〕　**【資料２】**中の**X**が何かを答えること。
〔条件２〕　**【資料２】**から読み取れることを１つ挙《あ》げること。

(4) **【資料３】**の２枚の地図は，岩手県宮古市田老《たろう》地区の震災からの復興のようすを示したものです。

これらの資料を読み取った**X**と**Y**，それぞれの文が正しいか，誤っているかを判断し，その組み合わせとして適切なものを下のア～エから１つ選び，記号で答えなさい。

【資料３】

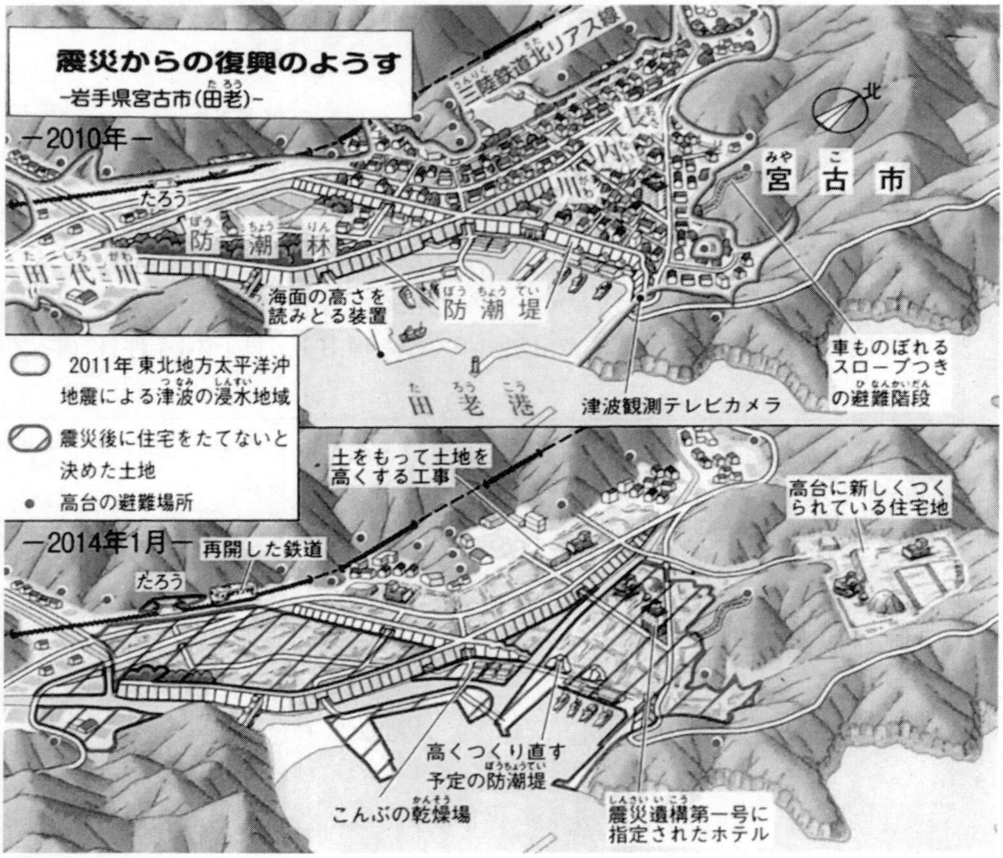

(『中学校社会科地図』一部改変)

> **X**．津波《つなみ》の浸水《しんすい》地域を見ると，津波が防潮堤《ぼうちょうてい》や防潮林を越《こ》えてきたことがわかる。
> **Y**．震災後は，高台に三陸鉄道北リアス線の線路と新しい住宅地が作られている。

ア．**X**＝正しい　　**Y**＝正しい
イ．**X**＝正しい　　**Y**＝誤っている
ウ．**X**＝誤っている　**Y**＝正しい
エ．**X**＝誤っている　**Y**＝誤っている

問３　下線部(c)について，以下の問いに答えなさい。

(1) **【資料４】**は，岩手県の地場産業の商品として販売《はんばい》されている「サヴァ缶《かん》」です。

次の文章は，地場産業について説明したものです。［①］［②］にあてはまることばをそれぞれ考えて答えなさい。

地場産業とは，ある製品を作る工場などが一定の［　①　］に集まっている産業のことです。**【資料４】**は，岩手県釜石市に工場を持つ二つの会社が，被災地《ひさいち》の三陸から国産のサバを使った加工品を全国に発信しよう，と考えて開発されました。このように，開発された製品が新たに［　②　］になることもあります。

【資料４】

⑵　食料や生活必需品を生産する分野は軽工業に分類されます。**【資料５】**中の**Ａ～Ｃ**はそれぞれ，せんい工業，食品工業，機械工業のいずれかを表しています。それぞれの組み合わせとして正しいものを下のア～カから１つ選び，記号で答えなさい。

【資料５】　日本の工業生産額の割合の変化

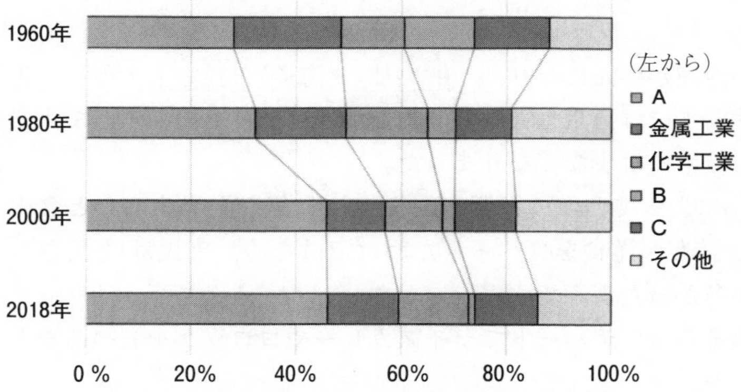

（矢野恒太記念会『日本国勢図会 2021/22』をもとに作成）

ア．Ａ＝せんい工業　Ｂ＝食品工業　Ｃ＝機械工業
イ．Ａ＝せんい工業　Ｂ＝機械工業　Ｃ＝食品工業
ウ．Ａ＝食品工業　Ｂ＝せんい工業　Ｃ＝機械工業
エ．Ａ＝食品工業　Ｂ＝機械工業　Ｃ＝せんい工業
オ．Ａ＝機械工業　Ｂ＝せんい工業　Ｃ＝食品工業
カ．Ａ＝機械工業　Ｂ＝食品工業　Ｃ＝せんい工業

問４　下線部⒟について。現在では，消費者の手に商品が届くまでの方法が多様化しました。次の図は生産者から消費者までの商品が移動するルートを示したものです。

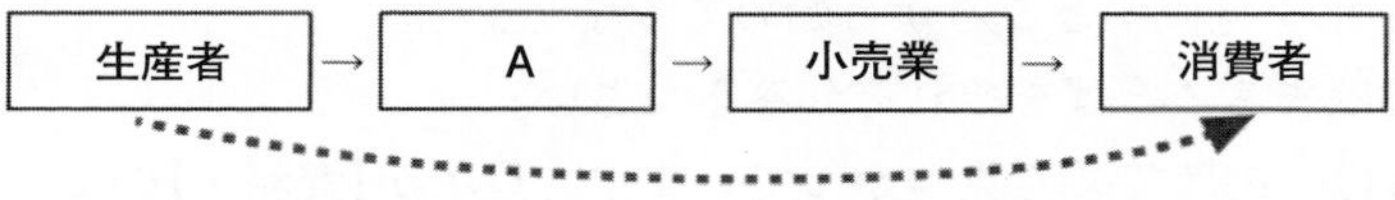

安くて良い農作物が手に入るなどの理由から，┅┅▶のように，農家などの生産者から直接農作物を購入《こうにゅう》することが多くなっています。図中の［Ａ］を明らかにして，なぜ，生産者から商品を購入すると安くなるのか，説明しなさい。

2　次の文章を読み，問いに答えなさい。

人々が食べてきたものや食に関することから歴史を見てみましょう。

縄文時代の人々が何を食べていたかは，(a)貝塚《かいづか》から出土するものを調べるとわかります。弥生時代までには稲作《いなさく》が伝わり，米を食べる文化が始まりました。

６世紀前半に［　①　］が伝わり，その教えの影響《えいきょう》を受けて，天武天皇が「肉食禁止令」を出しました。この禁止令の影響は，明治の初めまで続きました。

奈良時代，平城京の貴族の屋敷《やしき》から見つかった木簡《もっかん》には，各地から(b)干しアワビや牛乳などさまざまな食品が運ばれてきていたことが記《しる》されていました。

平安時代に書かれた(c)『枕草子《まくらのそうし》』には，夏に「削《けず》り氷に甘《あま》い汁《しる》をかけて食べるのがよい」という記述があり，冬の氷を夏まで保存する技術があったことが分かります。

鎌倉時代，中国から(d)禅宗《ぜんしゅう》とともに茶も伝わってきました。当時の茶は薬として用いられていましたが，室町時代には茶の湯として発展し，安土・桃山時代に［　②　］によって侘《わ》び茶(茶道《さどう》)として大成しました。

戦国時代には，(e)南蛮人《なんばんじん》によって，カステラ，金平糖《こんぺいとう》，天ぷらなどの新しい食べ物が日本に伝わりました。

江戸時代になると全国の海運が盛んになり，(f)蝦夷地《えぞち》(北海道)の昆布《こんぶ》も大阪まで運ばれるようになりました。江戸時代前半には，京や大阪の酒や醤油《しょうゆ》が「下《くだ》りもの」として大量に船で江戸に運ばれていましたが，後半には少なくなりました。

明治時代には(g)文明開化によって西欧《せいおう》の影響が広まり，牛鍋《ぎゅうなべ》が登場するなど食生活が大きく変化しました。しかし，誰もが洋食を食べられたわけではなく，庶民《しょみん》は徴兵《ちょうへい》されて，軍隊で初めて洋食を食べた人が多かったようです。

大正時代になると，家族そろってデパートでライスカレーやコロッケを食べるなど，洋食が生活の中に浸透《しんとう》してきました。

戦争中は国民の気持ちを戦争へと向かわせるために，「欲しがりません勝つまでは」や「ぜいたくは敵だ」といった標語を作っていました。(h)食料不足の中，子どもに向けても，「おいもは大切な主食物」と宣伝されました。

戦後も食料難は続き，都市に住む人々は闇市《やみいち》や買い出し列車で農村部にまで出かけて食料を手に入れようとしました。(i)農地改革が行われると，明治以来続いた農村の姿が大きく変化しました。日本国内で米が自給できるようになるのは1960年代のことでしたが，1970年からは(j)減反《げんたん》政策がとられはじめ，2017年まで続きます。

戦後の高度成長期には食生活も大きく変化し，インスタント食品や冷凍《れいとう》食品も広く利用されるようになりました。一方で，現在の食品ロスの問題は，すぐにでも解決していかねばならない課題です。まず，日々の食卓《しょくたく》を見直すところから始めてみましょう。

問１　文中の［①］［②］にあてはまることばをそれぞれ答えなさい。

問２　下線部(a)について。貝塚は，内陸で多く見つかっています。貝塚が**【資料１】**のような分布になっている理由を，縄文時代の気候に触《ふ》れて説明しなさい。

【資料１】

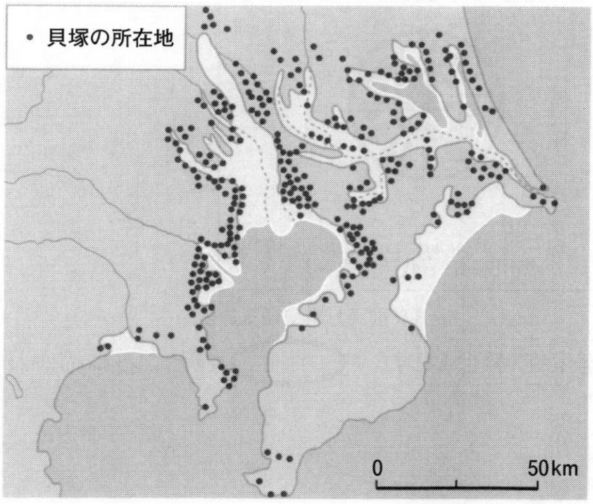

(『詳説日本史図録』一部改変)

問３　下線部(b)について。干しアワビは，税として都へ運ばれたものです。このような産物や地名の由来などが書かれた奈良時代の書物の名前を答えなさい。

問４　下線部(c)について。次の**Ａ**～**Ｄ**の人物の中から，『枕草子』が書かれた時期の人物を１人選び，解答欄《かいとうらん》の形式に従って記号で答えなさい。

人物**Ａ**：唐《とう》が衰《おとろ》えたため，危険の多い遣唐使《けんとうし》は廃止《はいし》すべきだと提言を行った。

人物**Ｂ**：極楽往生《ごくらくおうじょう》することを願って，平泉に中尊寺金色堂を作った。

人物**Ｃ**：新皇《しんのう》と名乗り，新しい政権を作ろうとして関東で大規模な反乱を起こした。

人物**Ｄ**：天皇の母方の祖父となって権力を握《にぎ》るために，４人の娘《むすめ》を天皇の后《きさき》とした。

問５　下線部(d)について。次の**Ｘ**と**Ｙ**の文は，禅宗について説明したものです。それぞれの文が正しいか，誤っているかを判断し，その組み合わせとして適切なものを下のア～エから１つ選び，記号で答えなさい。

> **Ｘ**．栄西が開いた臨済宗は，鎌倉幕府だけでなく室町幕府にも保護された。
> **Ｙ**．座禅《ざぜん》を組むことを重視した曹洞宗《そうとうしゅう》は，日蓮《にちれん》によって開かれた。

ア．**Ｘ**＝正しい　　　**Ｙ**＝正しい
イ．**Ｘ**＝正しい　　　**Ｙ**＝誤っている
ウ．**Ｘ**＝誤っている　**Ｙ**＝正しい
エ．**Ｘ**＝誤っている　**Ｙ**＝誤っている

問６　下線部(e)について。当時日本を訪れた南蛮人には，商人やイエズス会の人々がいました。**【資料２】**は，イエズス会と関係の深かった大名たちが用いたローマ字のはんこです。

【資料２】

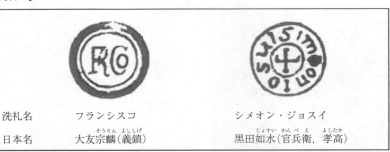

洗礼名	フランシスコ	シメオン・ジョスイ
日本名	大友宗麟《そうりん》(義鎮《よししげ》)	黒田如水《じょすい》(官兵衛《かんべえ》，孝高《よしたか》)

(『図説日本史通覧』)

【資料３】は，イエズス会が建てた南蛮寺《なんばんじ》(教会)です。⬭のところに描かれているのが，イエズス会の人々です。

【資料３】

(『図説日本史通覧』)

大名たちとイエズス会が互いにつながりを深めようとした目的を，それぞれの立場から，以下の〔条件〕に従って説明しなさい。

〔条件１〕　大名がイエズス会とどのような形でつながりを持ったかに触れること。
〔条件２〕　イエズス会と関係の深い大名が，当時何と呼ばれていたかに触れること。

問７　下線部(f)について。昆布をはじめとする蝦夷地の産物を大阪まで運ぶ船を何と呼んだか答えなさい。

問８　下線部(g)について。**【資料４】**は，1871（明治４）年に出版された牛鍋を広めた本である『安《あ》愚《ぐ》楽《ら》鍋《なべ》』のさし絵です。この絵に描かれているものの中で西欧の影響を受けている例として**ふさわしくないもの**を下のア～エから１つ選び，記号で答えなさい。

【資料４】

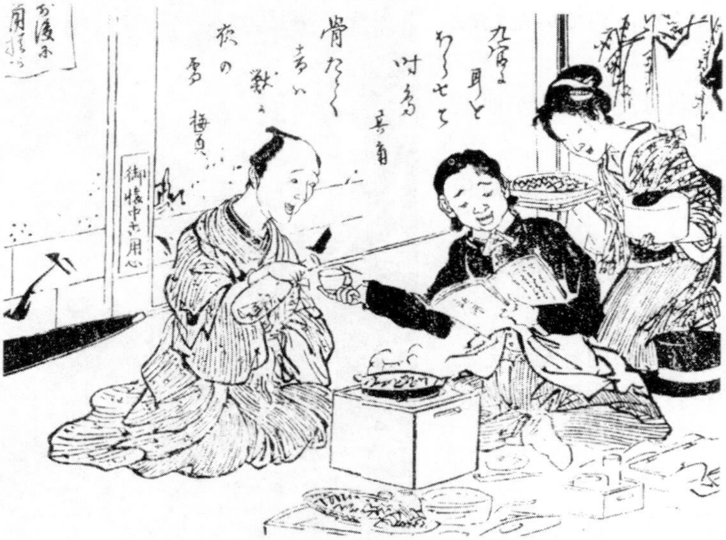

（『つながる歴史』）

ア．ちょん髷《まげ》を切って，ざんぎり頭にしている。

イ．靴下をはいている。

ウ．長袖の上着とシャツを着ている。

エ．床に座って食事をしている。

問９　下線部(h)について。**【資料５】**は，「食料戦にも勝ち抜こう」と出版された『決戦食生活工夫集』です。配給米が不足した分をおかゆにして増やす方法やキャベツの芯《しん》の調理の仕方，カボチャの種の食べ方などまで紹介《しょうかい》されています。

　この本が出版された時期は，年表のどこにあてはまるか，次のア～エから１つ選び，記号で答えなさい。

【資料５】

（奈良県立図書情報館ホームページより）

柳条湖《りゅうじょうこ》事件が起きる
　ア
盧溝橋《ろこうきょう》事件が起きる
　イ
東条英機内閣が成立する
　ウ
ポツダム宣言を受諾《じゅだく》する
　エ
マッカーサーが来日する

問10　下線部(i)について。**【資料6】**を参考にして，農地改革について述べた文として**誤っているもの**を次のア～エから1つ選び，記号で答えなさい。

ア．戦前は小作地が半分近くを占めていたため，農民は貧しかった。

イ．借りていた小作地の買収は，小作人が地主と直接交渉して行った。

ウ．小作地を地主が手放すことで，農地の約9割が自作地となった。

エ．農地改革は，GHQの民主化政策の指令を受けて日本政府が行った。

問11　下線部(j)について。減反政策の内容を答えなさい。また，この政策が行われた背景を説明しなさい。

【資料6】　農地改革をすすめるポスター(1947年)

(『つながる歴史』)

3　次の文章を読み，問いに答えなさい。

第二次世界大戦後から今日までの，日本の原子力政策の流れを見てみましょう。

(a)1950年代に「原子力利用は平和目的に限る」とする原子力基本法が(b)議員立法で成立し，原子力発電の開発が始まりました。日本の(c)経済成長に伴《ともな》って電力の需要《じゅよう》が高まり，原子力発電所が建てられていきました。1970年代に2度のオイルショックが起こると，石油の代わりとなるエネルギーが求められ，原子力への期待は高まりました。

1970年代末以降，世界や日本で原子力発電に関わる重大な事故が起こりました。しかし，(d)世界全体で地球温暖化に対する問題意識が高まるなかで，温室効果ガスを排出《はいしゅつ》しないクリーンなエネルギーとして，原子力発電は注目され続けました。日本でも，2009年の(e)衆議院議員総選挙の結果成立した民主党を中心とする連立政権が，総発電電力量に占《し》める原子力発電の割合を高める方針を掲《かか》げました。

しかし，2011年に東北地方太平洋沖地震の影響《えいきょう》で福島第一原発事故が発生すると，日本の原子力政策は大きな見直しを迫《せま》られ，(f)2012年には原子力規制委員会が設置されました。民主党は「『原発ゼロ社会』を目指す」としましたが，その後，「原発ゼロ」を事実上撤回《てっかい》することになりました。

2012年に政権交代が起こり，自民党と公明党の連立政権が成立しました。2021年に(g)閣議決定されたエネルギー基本計画では，脱炭素《だったんそ》社会の実現に向けた電源の一つとして，原子力の活用が掲げられています。

今後も原子力政策の動向に注目する必要があります。

問1　下線部(a)に関連して。1954年，太平洋のビキニ環礁《かんしょう》で，日本の漁船がアメリカの水爆《すいばく》実験による放射能を帯《お》びた「死の灰」を浴び，その後，乗組員の一人が亡《な》くなる事件が起こりました。この事件を何というか，解答欄の形式に従って答えなさい。

問２　下線部(b)について。**【資料１】**の**Ａ～Ｄ**は，2018年から2020年の通常国会における議員提出法律案の提出件数と成立件数，内閣提出法律案の提出件数と成立件数のいずれかを表しています。議員提出法律案の成立件数を表しているものを**Ａ～Ｄ**から１つ選び，記号で答えなさい。

【資料１】

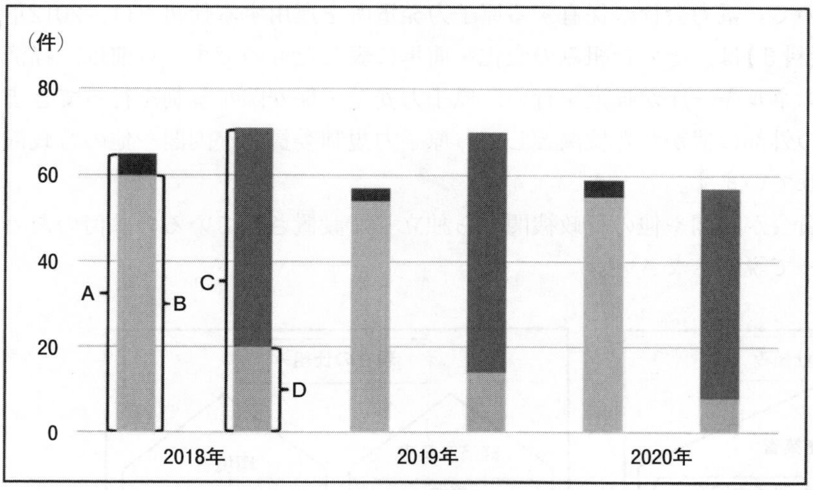

（内閣法制局「過去の法律案の提出・成立件数一覧」をもとに作成）

問３　下線部(c)について。日本国憲法では「経済活動の自由」が保障されています。**【資料２】**は日本国憲法第22条第１項の条文です。次の□にあてはまることばを答えなさい。

【資料２】　日本国憲法第22条第１項

何人《なんぴと》も，□に反しない限り，居住，移転及び職業選択《せんたく》の自由を有する。

問４　下線部(d)について。地球温暖化などの環境《かんきょう》問題については，世界のさまざまな国の代表が集まって，その対策について議論を行ってきました。地球環境をめぐる国際会議やそこで定められた内容として**誤っているもの**を次のア～エから１つ選び，記号で答えなさい。

ア．ストックホルムで開かれた国連人間環境会議では，「かけがえのない地球」をスローガンに，人間環境宣言が採択《さいたく》された。

イ．ウィーンで開かれた国連環境開発会議(地球サミット)では，「持続可能な開発」という考えのもと，世界人権宣言が採択された。

ウ．地球温暖化防止京都会議において，温室効果ガスの削減《さくげん》目標を国別に設定した京都議定書が採択されたが，後にアメリカが離脱《りだつ》した。

エ．世界の平均気温の上昇《じょうしょう》を抑《おさ》えることを目標としてパリで開かれた会議で，参加したすべての国が温室効果ガス削減の努力をすることを定めた協定が結ばれた。

問５　下線部(e)について。2021年10月31日に衆議院議員総選挙が行われました。この選挙までの経過について述べた次の文の ① ② にあてはまることばを，解答欄の形式に従って**それぞれ漢字で**答えなさい。なお，同じ番号の空欄には同じことばが入ります。

10月４日午前に菅義偉《すがよしひで》内閣が［　①　］し，その日の午後に岸田文雄内閣が発足《ほっそく》した。岸田首相は，衆議院議員の任期満了前に衆議院の［　②　］を発議《はつぎ》し，憲法第７条に基づいて，10月14日に衆議院が［　②　］された。その後，総選挙について10月19日に公示がなされ，10月31日に投開票が行われた。

問６　下線部(f)について。電力会社が保有する原子力発電所を運用する仕組みは，2012年に改められました。**【資料３】**は，その仕組みの変化を簡単に表したものです。以前は，経済産業省に置かれた資源エネルギー庁が推進を行い，原子力安全・保安院が規制を行ってきました。現在は，環境省の外部に置かれた機関として，原子力規制委員会が内閣や他の行政機関から独立して設置されています。

原子力規制委員会が内閣や他の行政機関から独立して設置されているのは何のためか，解答欄の形式に従って説明しなさい。

【資料３】

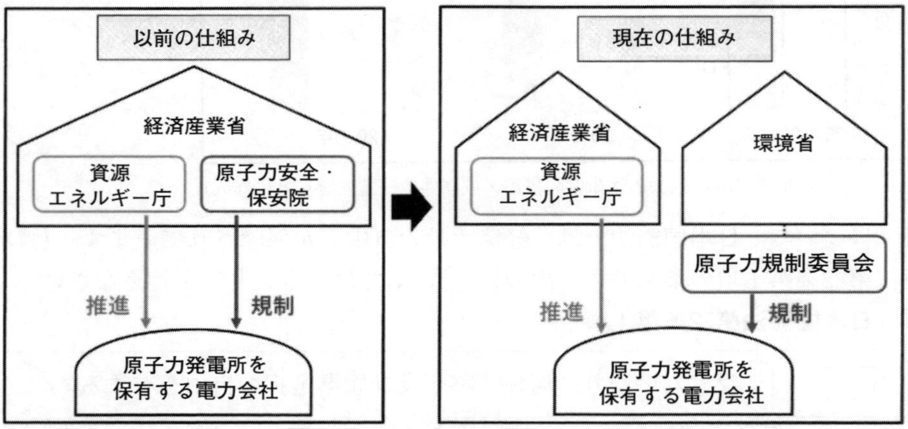

（左側）　（右側）

なお，図中の［（左側）］は推進機関，［（右側）］は規制機関を表す

（『日本経済新聞』2012年９月18日付をもとに作成）

問７　下線部(g)について。次の**X**と**Y**は，閣議について述べたものです。それぞれの文が正しいか，誤っているかを判断し，その組み合わせとして適切なものを下のア～エから１つ選び，記号で答えなさい。

X．閣議は，内閣総理大臣が中心となって，国務大臣が全員出席して行われる会議で，そのようすは常に公開される。

Y．閣議は，政策や方針など行政についての決定を行う会議で，その決定には原則として多数決制がとられている。

ア．**X**＝正しい　　**Y**＝正しい　　イ．**X**＝正しい　　**Y**＝誤っている

ウ．**X**＝誤っている　**Y**＝正しい　　エ．**X**＝誤っている　**Y**＝誤っている

問８　これまで，日本の原子力政策は，主に行政府や電力会社，原子力の専門家などを中心に進められてきました。

一方，原子力発電所である東海第二発電所が立地する茨城県の東海村では，近年，**【資料**

４】のような会議が行われるようになりました。この会議の参加者は，東海第二発電所について考え，話し合います。この会議は2020年12月に第１回が開催《かいさい》されてから，複数回行われてきました。

【資料４】　東海村で行われている会議

・有権者の名簿から抽選《ちゅうせん》で選ばれた東海村の住民が参加者となり，東海第二発電所のあり方やそれに関する問題について自由に話し合う。

・それぞれの参加者の主張や立場を理解しながら，具体的な問題の解決に向けて，「個人でできること」や「地域でできること」から考える。

（東海村公式ホームページをもとに作成）

この会議は，東海第二発電所を稼働《かどう》するべきかどうかを決めたり，民意を測《はか》ったりすることが目的ではありません。しかし，この会議は，参加者にとって，ある重要な意味を持っています。それはどのような意味か，以下の〔条件〕に従って，考えて答えなさい。

〔条件１〕　参加者が，東海第二発電所のあり方やそれに関する問題を，どのように捉《とら》えるようになると考えられるか，**【資料４】**に触れて答えること。

〔条件２〕　参加者が，会議に参加した後に起こすと予想される行動の例を，具体的に１つ挙げること。

【理　科】〈第１回試験〉（45分）〈満点：100点〉

〈編集部注：実物の入試問題では，グラフと写真はすべてカラー，図も半数はカラー印刷です。〉

1　電熱線と電池を使っていろいろな回路をつくりました。

すべての回路で，電池は同じ種類のものを１個だけ使いました。また，電熱線は，材質は同じですが，断面積や長さが異なるものを用意しました。図１は電熱線の断面積と長さを示したものです。

図１
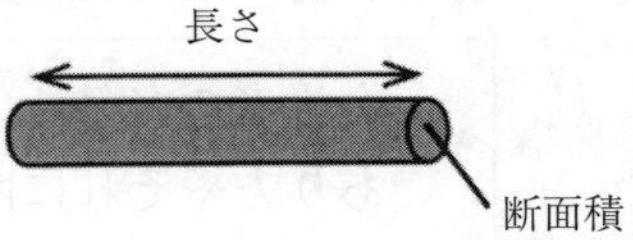

以下の回路図では，電熱線を長さや断面積の大きさに関《かか》わらず，のように表します。

図２
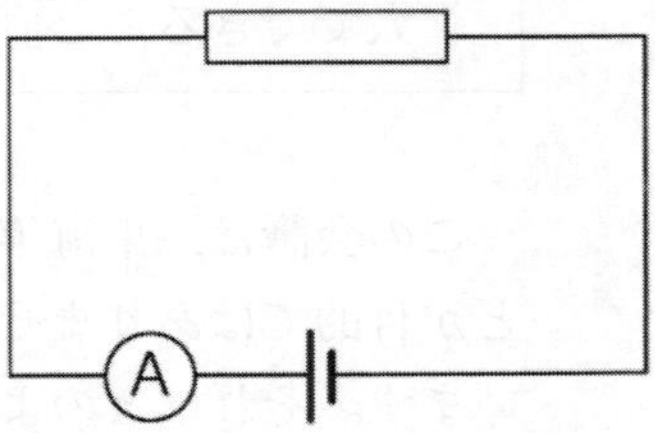

図２のように，電熱線A（長さ10cm，断面積0.1mm^2）を電池と電流計につなぎ，電流の値を測定すると0.3Aになりました。

長さや断面積が異なる電熱線B～Gについても，同様に測定しました。それらの結果をまとめたものが図３です。

図３

電熱線の種類	長さ（cm）	断面積（mm^2）	電流の値（A）
電熱線A	10	0.1	0.3
電熱線B	20	0.1	0.15
電熱線C	30	0.1	0.1
電熱線D	40	0.1	0.075
電熱線E	10	0.2	0.6
電熱線F	10	0.3	0.9
電熱線G	10	0.4	1.2

問１　電熱線Aを２本用意し，図４のように直列につないだとき，電流計の示す値を答えなさい。また，図３のどの電熱線と同じ電流の値になりますか。電熱線B～Gの中から選び，記号で答えなさい。

図４
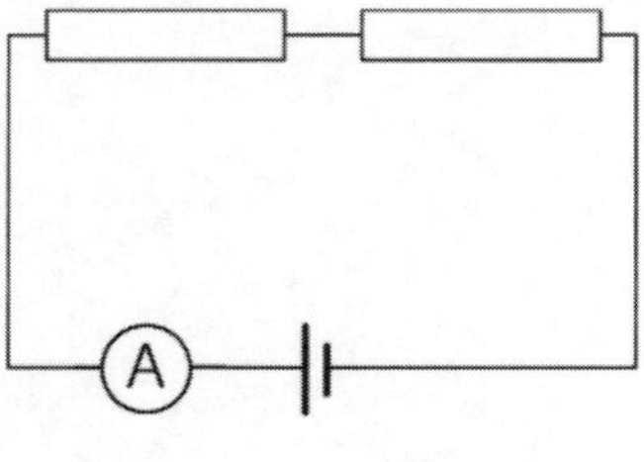

図５
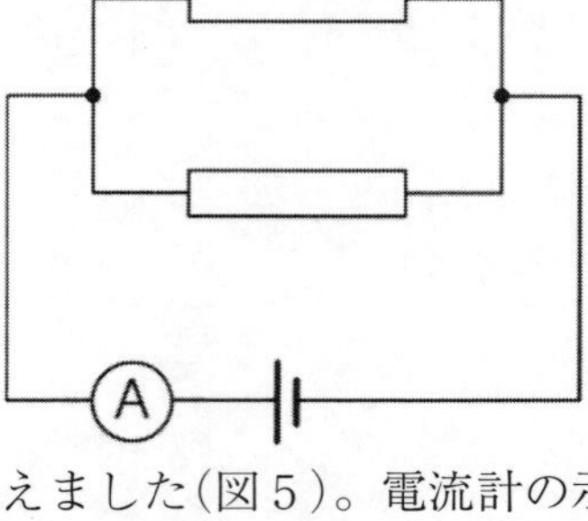

問２　図４の回路を並列につなぎ変えました（図５）。電流計の示す値を求めなさい。また，図３のどの電熱線と同じ電流の値になりますか。電熱線B～Gの中から選び，記号で答えなさい。

問３　図３より，電熱線の長さと電流の値の関係をグラフにしたものはどれですか。次のア～オの中から最も適当なものを選び，記号で答えなさい。

ア.

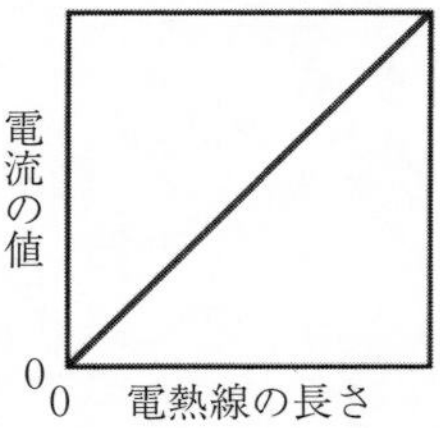

イ.

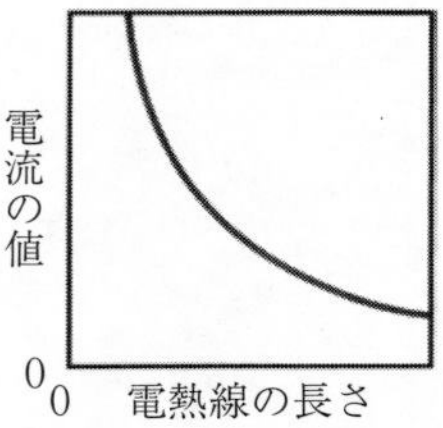

ウ.

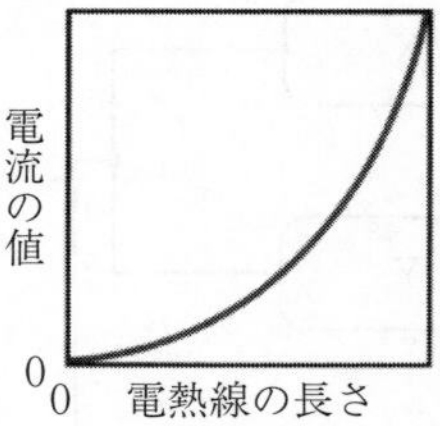

エ.

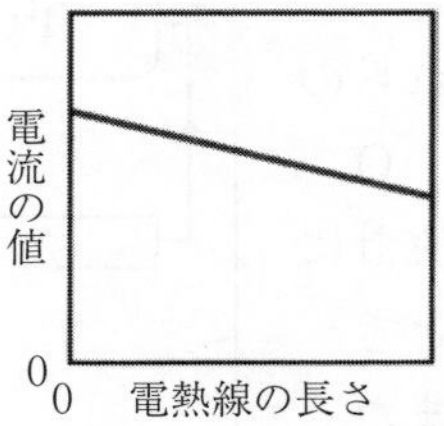

オ.

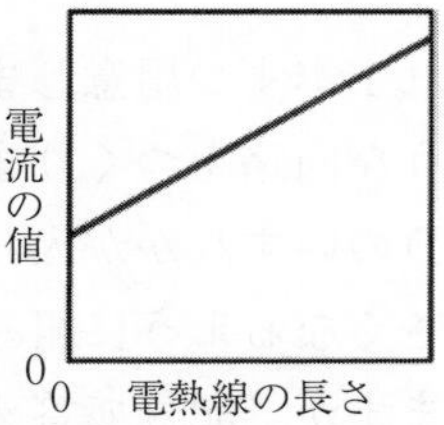

問４　図３より，電熱線の断面積と電流の値の関係をグラフにしたものはどれですか。次のア～オの中から最も適当なものを選び，記号で答えなさい。

ア.

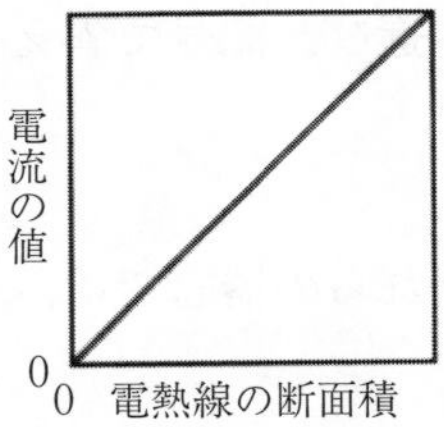

イ.

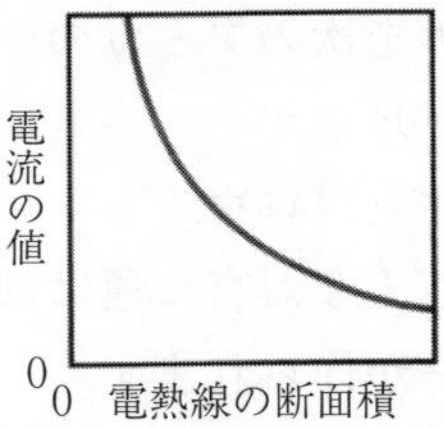

ウ.

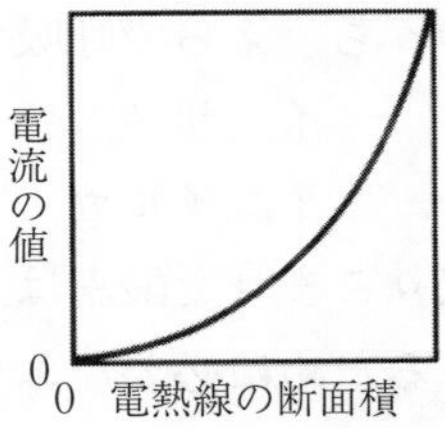

エ.

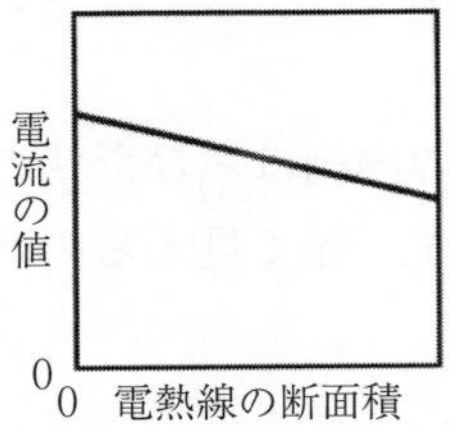

オ.

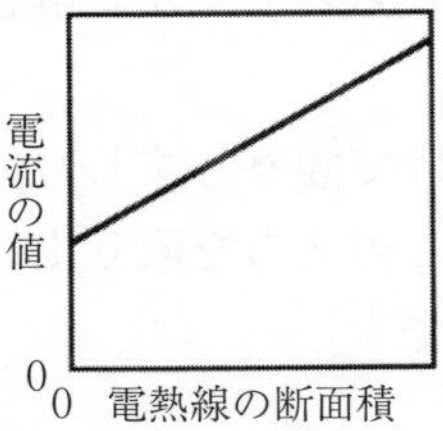

問５　電熱線ＢとＤを１本ずつ用意し，図６のように直列につなぎました。電流計の示す値を答えなさい。

図６

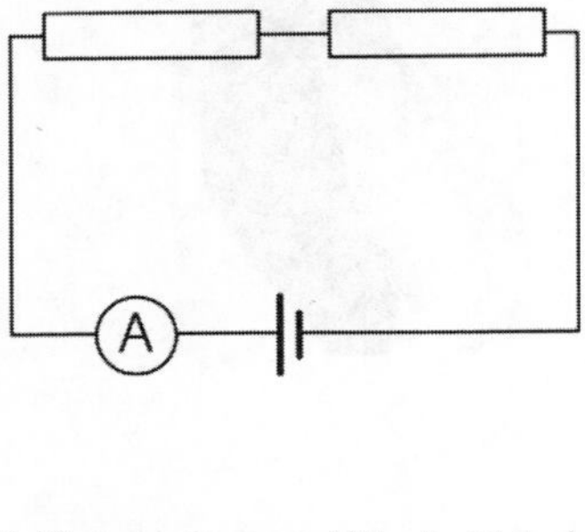

問６　電熱線Ｂ，Ｄ，Ｆの３本を用意しました。図７のようにつないだとき，電流計の示す値を答えなさい。

図７

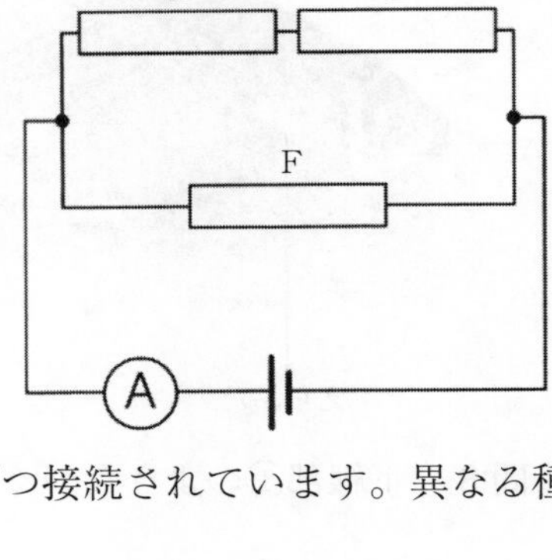

問７　図８のＸ，Ｙの部分には電熱線Ａ～Ｇのいずれかが１本ずつ接続されています。異なる種

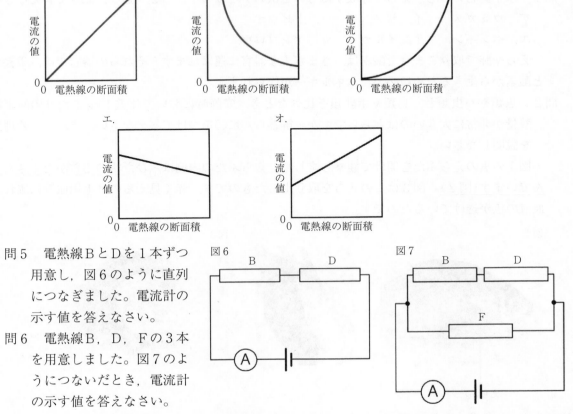

類の電熱線をつないだとき，電流計に流れる電流の値が最も大きくなるＸとＹの組み合わせを答えなさい。また，そのとき電流計の示す値を答えなさい。

図８

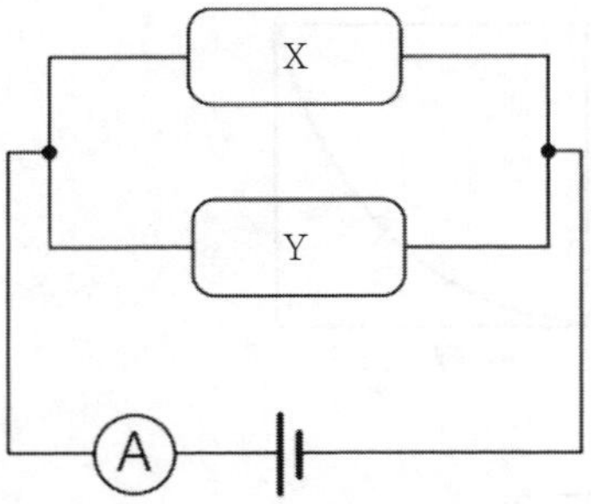

問８　電熱線Ａ～Ｄをそれぞれ１本ずつ用意しました。それらの電熱線を用いて図９のような回路をつくりました。Ｐ，Ｑ，Ｒの部分には電熱線Ｂ～Ｄのいずれかが入ります。電流計に流れる電流の値が最も小さくなるように組み合わせたとき，Ｒにはどの電熱線が入りますか。記号で答えなさい。また，そのとき電流計の示す値を小数第２位まで答えなさい。

図９

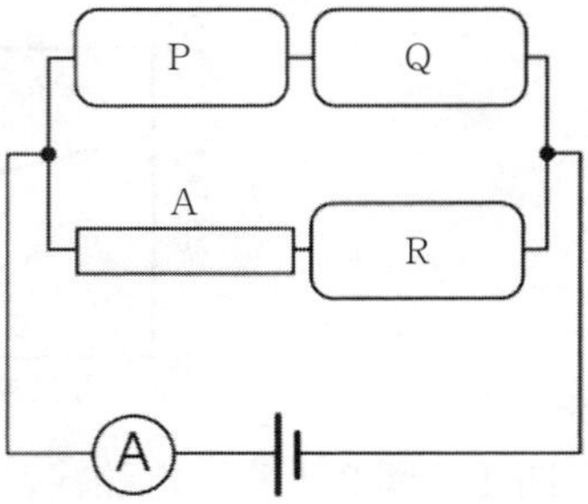

2　呼吸に関する次の問いに答えなさい。

問１　水生動物のうち，えらで呼吸するものを次のア～カの中から２つ選び，記号で答えなさい。

ア．ウミガメ　　イ．サメ　　ウ．トビウオ

エ．ペンギン　　オ．イルカ　　カ．ゲンゴロウ

えらや肺で取りこまれた酸素は，さまざまな器官に運ばれます。それらの器官では，栄養分と酸素から生きるために必要なエネルギーが作られます。

問２　魚類やハ虫類と，鳥類やホ乳類を比べたとき，安静時において体重１kgあたりの酸素消費量が非常に大きいのはどちらですか。解答らんに○をつけて答えなさい。また，その理由を説明しなさい。

図１の魚のえらぶたを開けて観察しました。えらぶたの内側は①ひだ状のえらがたくさん並んでいます(図２)。図３はこのえらを取り出したものです。赤く見えるのは毛細血管に流れる血液の色が透《す》けているためです。

図１

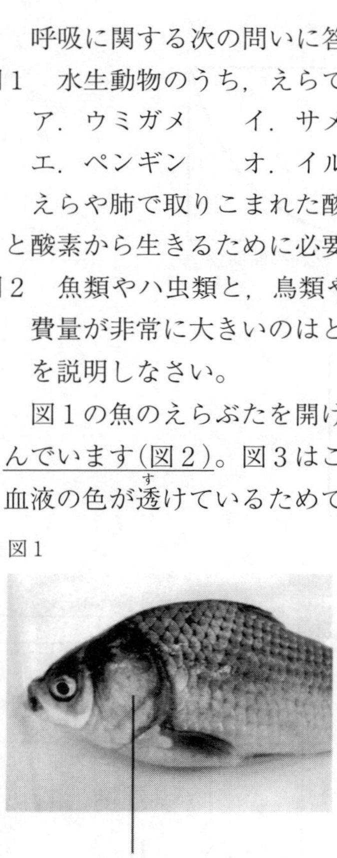

図２

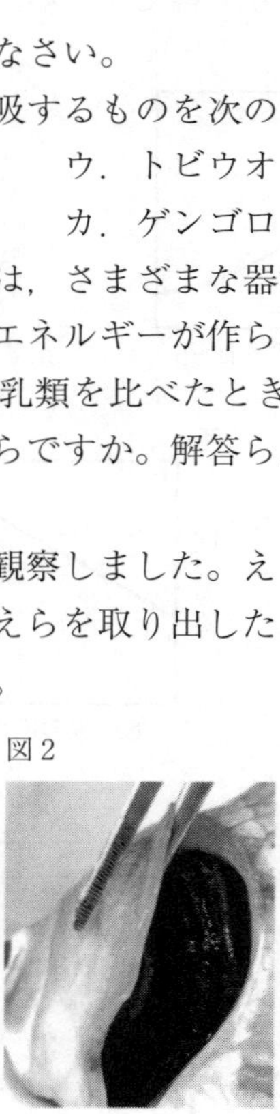

図３

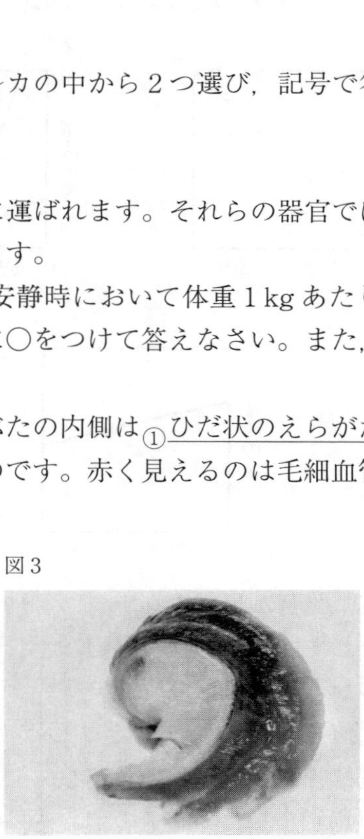

問３　下線部①のようなつくりになっている利点を答えなさい。

②金魚やメダカなどは，えらぶたを動かしながらえらに水を送っています。一方，回遊魚とよばれる③マグロやカツオなどは，えらぶたを動かす筋肉が発達していないので，海の中をひたすら泳ぎ続けることでえらに水を送っています。

問４　下線部②，③の魚は，どのようにして水をえらに送っていますか。正しいものを次のア～カの中からそれぞれ選び，記号で答えなさい。

ア．口を閉じたまま，えらぶたを開け閉めする。

イ．えらぶたを閉じたまま，口を開け閉めする。

ウ．口とえらぶたを同時に開けた後，同時に閉じる。

エ．口を開けると同時に，えらぶたを閉じる。口を閉じると同時に，えらぶたを開ける。

オ．口もえらぶたも開けたままにする。

カ．口もえらぶたも閉じたままにする。

えらを通る水流の向きと，えらの毛細血管の血流の向きとの関係を調べるために，図４と図５のモデルを考えました。

図中の赤い管（内側）には，血液が流れています。また，青い管（外側）には，酸素を含《ふく》んだ水が流れています。血液が流れている管は，血管と似たような性質をもった膜《まく》でできており，水に溶《と》けている酸素はこの膜を通過して血液に移ることができます。

図４は血流と水流が同じ向きに流れている場合（並流），図５は血流と水流が逆向きに流れている場合（向流）のモデルです。

図中の数値は，血液と水のそれぞれに溶ける酸素の最大の重さを100としたとき，実際に溶けている酸素の重さの割合（％）です。この数値から，えらに入った血液がえらから出るまでの間に，接触《せっしょく》した水からどのくらいの酸素を受け取ることができるのかがわかります。

図４（並流）

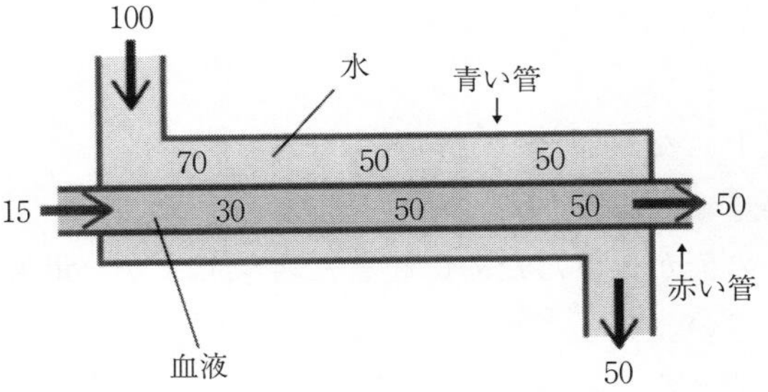

図５（向流）

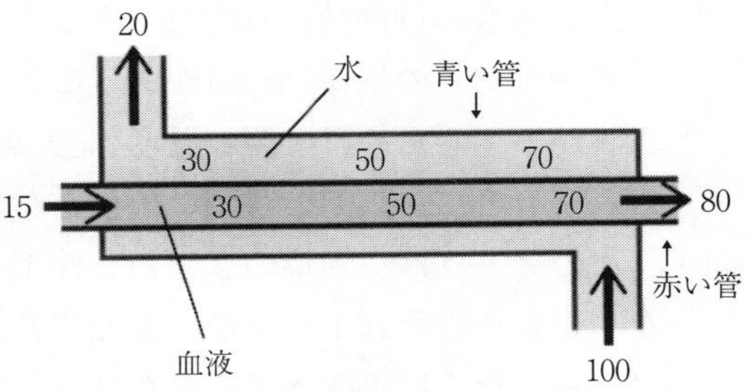

問５　血流と水流の特ちょうについて述べた①～③の文のうち，正しいものに○，誤っているものに×と答えなさい。

①　並流と向流のどちらでも，水流と血管が接する部分では血液に含まれる酸素の量は常に増加する。

②　並流では，接する部分が長くなるほど，血液が受け取れる酸素の量が多くなる。

③　最終的に血液が受け取れる酸素の量は，並流よりも向流の方が多い。

ある魚は１分間に300mL の水を取りこみます。この水１Ｌには酸素が最大量まで溶けており，その重さは10mg です。また，この魚が安静時に呼吸するのに必要な酸素の重さは１分間あたり1.8mg であることがわかっています。

問６　この魚が安静時に呼吸するのに必要な酸素の重さは，えらを通る前の水に含まれている酸素の重さの何％ですか。ただし，水中の酸素の減少分はすべて血液に移動したものとします。

また，この魚の血流と，えらを通る水流の向きの関係は，図４と図５のどちらになりますか。図４または図５で答えなさい。

図６は，この魚のえらの薄《うす》い膜と血管，膜の間を通りぬける水の流れを表した模式図です。えらの薄い膜の中を通る毛細血管は ------ で表しています。血液は，血管①または②から流れこみ， ------ で示された毛細血管を通り，もう一方の血管から出ていきます。

問７　血液は毛細血管中を図６のア，イどちらの向きに流れていますか。記号で答えなさい。また，図６の①，②は動脈血，静《じょう》脈血のいずれかが流れる血管です。動脈血が流れる血管はどちらですか。番号で答えなさい。

図６

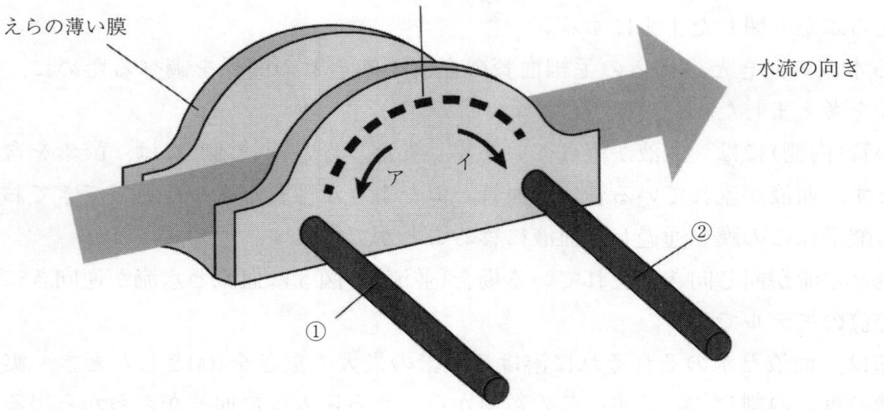

3　燃焼《ねんしょう》には次の３つの条件のすべてを満たすことが必要です。

①　燃えるもの(可燃性の物質)があること

②　燃やすための気体(酸素)があること

③　物が燃えるために必要な温度(発火点)以上になること

これをもとに，以下の各問いに答えなさい。

問１　次のア～ウは，燃焼の３つの条件①～③の何が欠けたために起きた現象ですか。最も適当なものをそれぞれ１つ選び，番号で答えなさい。

ア．ろうそくに霧吹《きりふ》きで水をかけると火が消える。

イ．ろうそくの芯《しん》をピンセットで強くつまむと火が消える。

ウ．ろうそくの炎《ほのお》に金網《かなあみ》をかぶせると金網の上には炎が出ず，金網が芯にふれると火が消える。

図１(a)は，ろうそくの炎を模式的に表したものです。また，図１(b)は，ろうそくの炎の写真です。

ろうそくの炎の側面にゆっくりと乾《かわ》いた割りばしを近づけると，図２(a)の位置で割りばしの先に火がつきました。

また，ろうそくの炎の上方から同じようにゆっくりと乾いた割りばしを近づけたところ，図２(b)の位置で割りばしの先に火がつきました。しばらく割りばしを炎の上方にかざし，火がついたようすを表したのが図２(c)です。

図１(a)

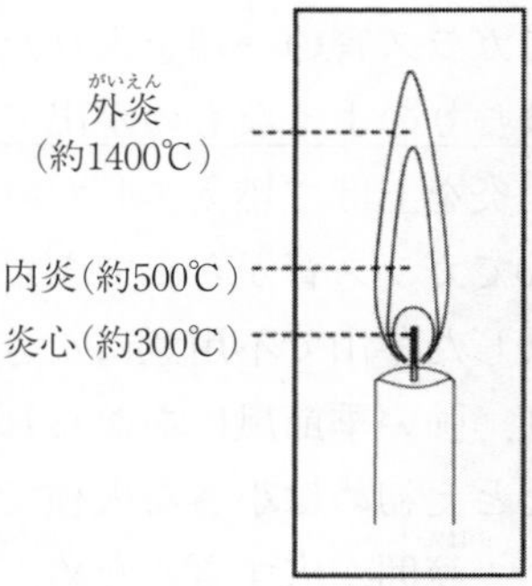

図１(b)

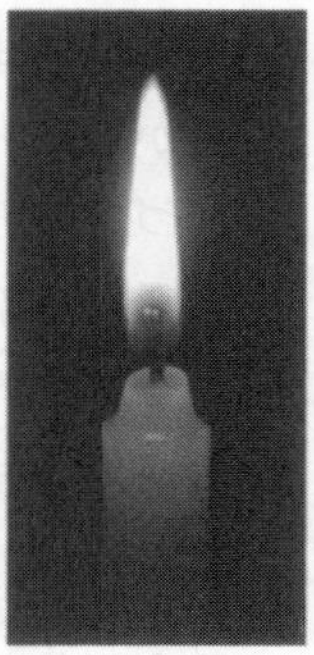

図２(a)

図２(b)

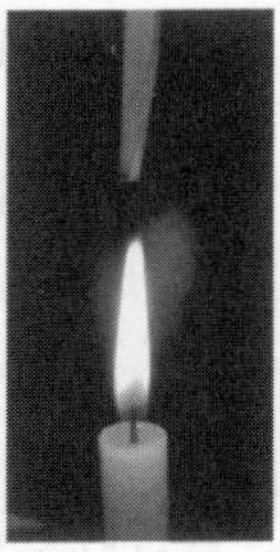

図２(c)

問２　内炎が明るく光るのはなぜですか。

問３　図１(b)において外炎に相当する部分を線で囲み，例のように斜線《しゃせん》で示しなさい。

(例)

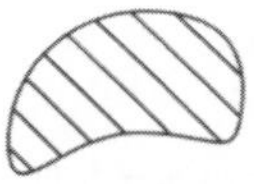

火のついたろうそくにガラスのコップをかぶせ，固定したカメラで炎のようすを撮影《さつえい》しました(図３)。コップをかぶせた直後の炎が図４(a)，かぶせてから４秒後の炎が図４(b)，７秒後の炎が図４(c)です。９秒後には炎は消えました。

図３

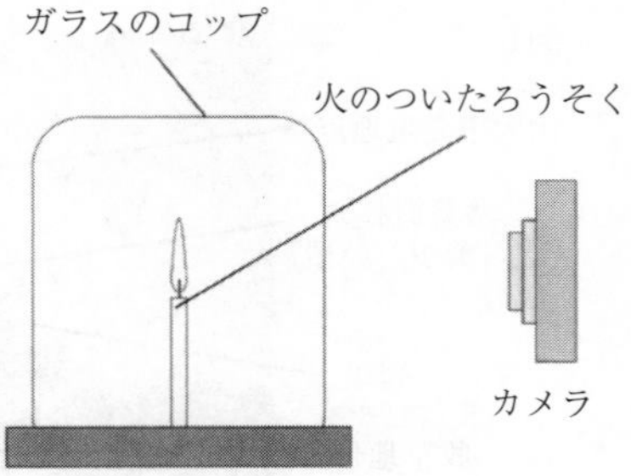

図４(a)

図４(b)

図４(c)

問４　図４(b)のように，４秒後の炎は少しだけ大きく明るくなります。それはなぜですか。

次に，ガラス管をろうそくの炎の中にゆっくりと入れたところ，図５の位置までガラス管の一端《いったん》を入れたときに(A)ガラス管のもう一方の端《はし》から白いけむりのようなものが出てきました。出てきたものに火を近づけると，炎を上げて燃えました。

図５

問５　下線部(A)でガラス管から出てきたものは何ですか。

空気が乾燥《かんそう》した冬山で不用意にたき火を行うと，(B)乾いた落ち葉に火が燃え移り，強い季節風にあおられて，簡単に燃え広がる可能性があります。たとえ初めは小さな火種であっても，ひとたび山火事になってしまうと，範囲《はんい》が広すぎるため，消火するために十分な量の水や消火剤《ざい》をまくことができません。そのため延焼《えんしょう》を食い止めるのは極《きわ》めて困難です。

問６　下線部(B)について，乾いた落ち葉と湿《しめ》った落ち葉では，湿った落ち葉の方が燃えにくい理由を「水分」，「熱」という言葉を使って説明しなさい。

問７　乾いた落ち葉が燃えやすいのには，問６で問われたこと以外にも理由があります。その理由を「酸素」という言葉を使って説明しなさい。

図６のような山の頂上で山火事が起こりました。この火事は，北寄りの風にあおられて，南側の斜面《しゃめん》に燃え広がりました。この山の南側の斜面は落葉樹林ですが，東側と西側の斜面は岩場で植物はほとんど生えていません。また南側の山のふもとには牧草地帯が広がり，その先には民家があります。この火事は数日後にはふもとの牧草地帯に到達《とうたつ》することが予想されます。しかし，折からの強風のためヘリコプターを使って消火剤をまくことができません。また，範囲が広いため，十分な放水もできません。

図６

問８　火が民家に到達する前に延焼を食い止めるためには，水や消火剤をまく以外にどのような方法が考えられますか。ただし，消火作業にあたる人手は十分にあり，安全に避難《ひなん》する場所も確保されています。また，地上で作業するのに必要な機材等はすべて用意されており，作業に必要な時間も足りているものとします。

4　いろいろな天文現象について次の各問いに答えなさい。

2021年５月26日(水)，３年ぶりに日本で皆既《かいき》月食が観測できました。このとき見えた月は2021年に見える月の中で最も大きく見える「スーパームーン」と呼ばれる満月でした。

図１

月食は，地球の影《かげ》がかかることによって月の一部または全部が欠けたように見える現象です。また，皆既月食は，地球の影が月を完全におおい，図１のように赤黒く見える現象です。

問１　ふだん地球から見る月は，明るく光って見えます。それはなぜですか。

月は地球の周りを完全な円軌道《きどう》ではなく，だ円軌道で回っているため，月と地球の距離《きょり》はいつも同じではありません。「スーパームーン」は，一年の中で地球に最も接近したときの月であり，そのときの地球との距離は約36万 km です。また，地球と月が最も遠くなるときには，約40万 km まで離《はな》れます。

問２　スーパームーンの月食が観測できたのは，月の軌道と月と地球の位置関係がどのようになっていたからですか。最も適当なものを，次のア～エの中から選び，記号で答えなさい。ただし，図の天体の大きさや距離は実際の比率とは大きく異なります。

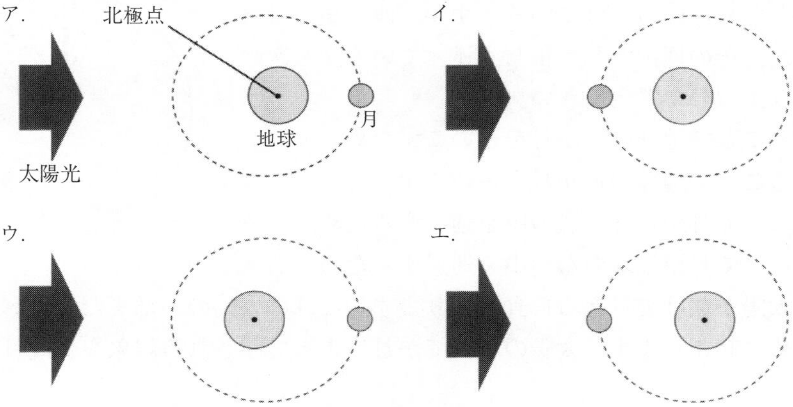

図２は，北極星側から太陽，地球，月を見たときの位置関係を表しています。図中の①，②の矢印は地球の公転の方向を，③，④の矢印は月の公転の方向を示しています。

図２

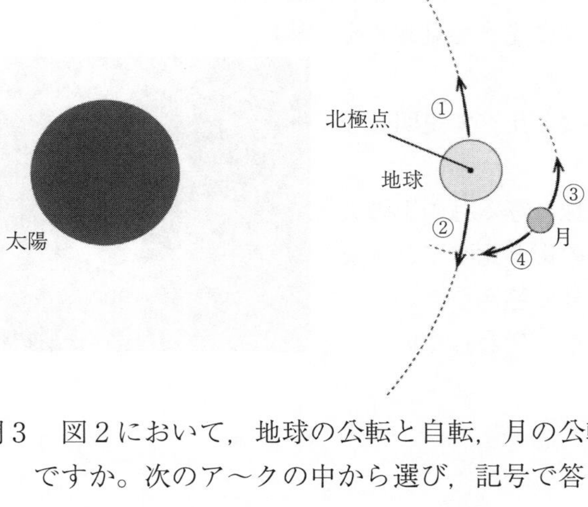

問３　図２において，地球の公転と自転，月の公転が正しい組み合わせになっているものはどれですか。次のア～クの中から選び，記号で答えなさい。

	地球の公転	地球の自転	月の公転
ア	①	時計回り	③
イ	①	時計回り	④
ウ	①	反時計回り	③
エ	①	反時計回り	④
オ	②	時計回り	③
カ	②	時計回り	④
キ	②	反時計回り	③
ク	②	反時計回り	④

図３は，地球上から天体を観測するときの方角を示しています。地球上では，どの場所でも北極の方向が必ず北になります。

図３

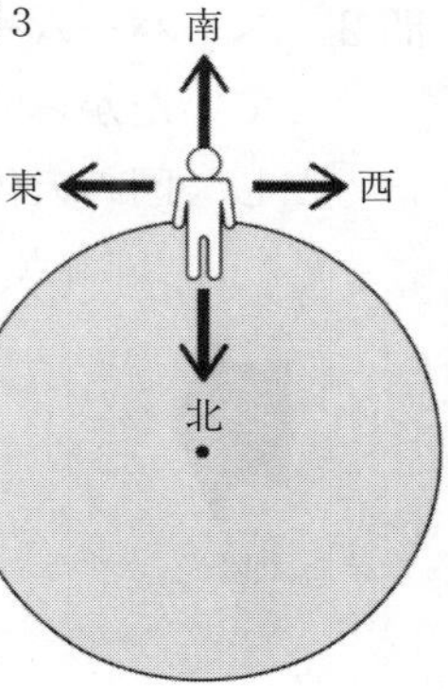

問４　地球上のある場所から月食を観測したとき，月は観測者から見て，西側，東側のどちら側から欠けていきますか。西，または東で答えなさい。また，その理由として正しく述べている文を次のア～エの中から選び，記号で答えなさい。

ア．地球が公転することで地球の影が月を追いこすため。

イ．地球が自転することで地球の影が月を追いこすため。

ウ．月が公転することで月が地球の影の中を通過するため。

エ．月が自転することで月が地球の影の中を通過するため。

別の天文現象に，太陽が欠けて見える日食があります。これは太陽の一部またはすべてが月によって隠《かく》されるために起こります。太陽のすべてが月によって隠される現象を皆既日食といいます。

問５　北半球のある場所から皆既日食を観測します。このときの太陽，地球，月の位置関係はどのようになりますか。次のア～ウの中から選び，記号で答えなさい。また，太陽は観測者から見て，西側，東側のどちら側から欠けていきますか。西または東で答えなさい。

ア．月―地球―太陽　　イ．地球―月―太陽　　ウ．地球―太陽―月

日食には，月が太陽を隠しきれず輪のように光って見える金《きん》環《かん》日食という現象もあります(図４)。

図４

問６　金環日食が観測される理由を，皆既日食と比べて説明しなさい。

問７　問６から考えて，金環日食のときに地球に写る月の影の大きさは，皆既日食のときに地球に写る月の影と比べてどうなりますか。次のア～ウの中から選び，記号で答えなさい。

ア．大きくなる　　イ．小さくなる　　ウ．変わらない

図５は，太陽光線が地球に届き，その反対側に地球の影ができているようすを模式的に示したものです。

地球の影は図５のＡ点まで届きます。

地球から太陽までの距離は，地球から月までの距離の約400倍です。また，月の大きさは地球の大きさの約$\frac{1}{4}$倍，太陽の大きさは地球の大きさの約100倍です。

図５

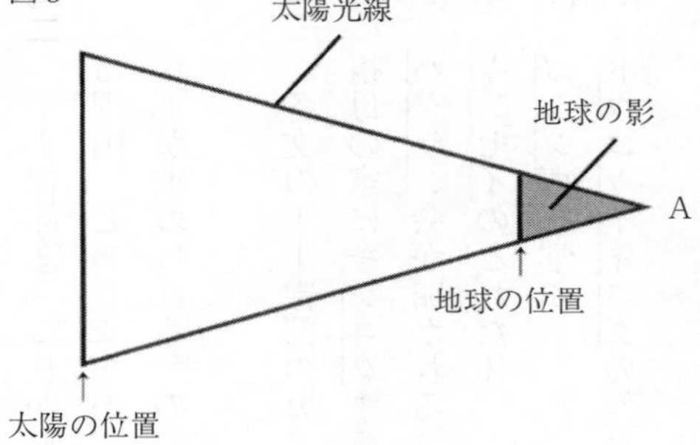

問８　地球からＡ点までの距離は，地球から月までの距離の約何倍ですか。整数で答えなさい。

問９　仮に図６のような「金環月食」が起こるためには，月は今の約何倍の大きさが必要と考えられますか。整数で答えなさい。

図６

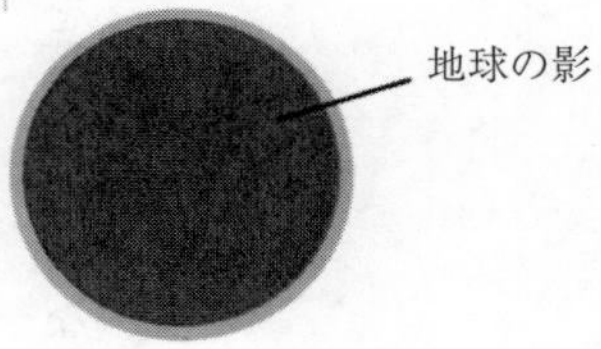

国が「正解の決まった問題を解く力」から「正解のない問題に取り組む力」を伸ばそうと考えているのは、まさにそうした変化に対応できる人間にならないと生き残れない社会が、現実問題としてすぐそこに来ているからにほかなりません。しかも、そもそも「正解の決まった問題を解く力」はＡＩの最も得意とするところ、ですよね。

正解のない問題に取り組む＝不確定な未来を見通すためには、答えを導き出すための材料(引き出し)が必要です。正しい情報や自分に必要な情報を適切に取捨選択《しゅしゃせんたく》できるメディアリテラシーはその材料探しの基盤《きばん》になるもの。子どもの頃から習慣的に鍛《きた》えておくべき「生きる力」の一つだと思います。

（新庄秀規・藤山純久『伝える技術はこうみがけ！』一部抜粋）

（注１）リテラシー…ある分野に関する知識や能力
（注２）ソムリエ…客の相談を受けてワインを選定・提供する専門職

問一　――線部①「『初心者向け』のメディアだと私たちは考えています」とありますが、新聞のどのような点が「初心者向け」なのですか、説明しなさい。

問二　――線部②「これからの社会でメディアリテラシーが求められる理由」とありますが、なぜ「これからの社会でメディアリテラシーが求められる」のですか、百字以内で説明しなさい。

三　各文の――線部のカタカナを漢字に直しなさい。

(1) 祖母の家にキシュクする。
(2) ハクラン会が開かれる。
(3) キンセイのとれた体。
(4) ゴシン術を学ぶ。
(5) ドウコウイキョクの作品。

のか。スマホの画面に映るその先を想像できる目がなければ、効率的に情報を集めるのは難しいばかりか、デマにだまされてしまう、なんてことも起きるかもしれません。

一つ、たとえ話をしましょう。

レストランでワインを注文しようとしたときに、分厚いワインリストを手渡《てわた》され、「どれにしますか?」って言われたら、みなさんはどう感じますか?

ワインに対する知識やこだわりがない人はきっと困惑《こんわく》しちゃいますよね。「いや、細かい銘柄《めいがら》とかわからんし……」という声もあるでしょうし、そもそも、リストに載《の》っている値段が適正なものかどうかも分かりません。

逆にワインに詳《くわ》しい人であれば、分厚いワインリストは苦にならないし、むしろ情報量が多い方が楽しめるかもしれません。リストの中から自分の好みや料理に合うワインを探したり、場合によっては、見たことがない未知のワインに挑戦《ちょうせん》したりして楽しむこともあるでしょう。

つまり、新聞は新聞社がニュースの（注2）ソムリエになって、読者のみなさんに世の中で起きている出来事を、責任をもって伝える媒体《ばいたい》なのです。特にＫＯＤＯＭＯ新聞や中高生新聞といった、世代ごとに作られている新聞は、それぞれの世代に必要な情報を厳選して紹介《しょうかい》することを心がけています。

長くＫＯＤＯＭＯ新聞、中高生新聞の編集に携《たずさ》わってきた記者として、最も理想とする目標は、読者のみなさんが、新聞を通じて、ウェブを含《ふく》め、様々なメディアを使いこなせる基礎的《きそてき》なメディアリテラシーを培《つちか》い、将来、自己実現を果たしてほしいということです。

少し話がそれますが、「自己実現」と「メディアリテラシー」という言葉が出てきたので、②これからの社会でメディアリテラシーが求められる理由について、記者の立場から考えていこうと思います。

いま、日本の教育は大きな転換点《てんかんてん》を迎《むか》えています。ざっくり言えば、従来のような「正解を素早《すばや》く、正確に導き出す力」よりも、「正解のない問題に主体的に取り組める力」を伸《の》ばす教育に変えていこうという流れです。その中でも具体的に注目されているのが、「思考力」「判断力」「表現力」といった力ですね。

でも、なぜ国はそのような力を伸ばそうとしているのか。

いろいろ理由はありますが、私たちが出前授業で中高生や先生方に問いかけているのは、「あなたが今、描《えが》いている将来の夢は、20年後も今と同じように存在すると思うか」ということです。

人工知能（ＡＩ）を含む科学技術の進歩で、私たちの暮らしは急激に進化しています。この傾向《けいこう》は今後も加速度的に進む見通しで、野村総合研究所とイギリス・オックスフォード大学の共同研究では、10〜20年後には、日本の労働人口の49%が就《つ》いている職業がＡＩやロボットに代替《だいたい》されうるとの試算も出ています。

つまり、私たちが今、見ている社会は子どもたちが大人になる頃《ころ》には大きく姿を変えている可能性がある。ＡＩによって代替される職業もあれば、技術の進歩で新たに生まれる職もあるでしょう。さらに、２０２０年には新型コロナウイルス問題が発生。私たちの暮らしや働き方は大きく変わりました。10代にとって、いわゆる「昭和の人生すごろく」のように、良い大学に行って、良い企業《きぎょう》に就職して、結婚《けっこん》して、子どもを作って、定年まで働く——みたいな未来予想図を描くことはますます難しくなっています。

この急激な変化の波にどう対応すべきなのか。答えはすごくシンプルです。自分の責任で考え、自分が正しいと思う答えを導き出すしかない。１００人いれば１００通りの答えや考え方が生まれるでしょう。

「しつこい！」

湯太郎が船に乗りこんだ。汽笛が鳴り、ゆっくりと船が動き出す。

二人は、湾をぬけた船が小さな点になるまで、目を細めて見送った。

④一年後、三人は卒業式のあとクスノキに集合した。

「まず、俺からいくで」

一平は手にしたナイフで、父親たちの文字の横に「一」の字を刻みこんだ。次に俊介が「俊」の字を、最後に湯太郎が「湯」の字を。

永　葉　純
一　俊　湯

クスノキに刻まれた六文字を見ていると、なにかしら愉快《ゆかい》な気持ちになってきた。「ふふふ、できたの」「ああ、できた」「浜中《はまちゅう》卒業や」「うん、卒業や」「万歳《ばんざい》でもするか」「ああ、しよう」「浜中卒業、万歳！」

「バンザーイ！」

「バンザーイ！」

三人が放り投げた学帽《がくぼう》は風に乗り、思ったよりも長く宙を舞《ま》った。

（平岡陽明『道をたずねる』）

（注）コバケン…湯太郎の担任

問一　――線部①「じつは昨晩、葉造さんとうちの親父が激しく口論してな」とありますが、「葉造」と「うちの親父(永伍)」の主張を具体的に説明しなさい。

問二　――線部②「湯太郎はみるみる表情を喪っていった」とありますが、湯太郎の変化を、そのきっかけもふくめて説明しなさい。

問三　――線部③「一平の策士ぶり」とはどのようなことですか、具体的に説明しなさい。

問四　――線部④「一年後、三人は卒業式のあとクスノキに集合した」とありますが、三人は何のために、この日に「クスノキに集合した」のですか、説明しなさい。

二　次の文章を読んで、後の問いに答えなさい。

新聞は実は、世の中のことを知ったり、メディア(注1)リテラシーを身につけたりする上で①「初心者向け」のメディアだと私たちは考えています。

「新聞＝古い／大人向け」「ネット＝新しい／若者向け」という先入観でつい見落としがちになってしまうのですが、世の中で起きていることについて、自分なりに考えることができるようになるには、世の中の動きに関する基本的な知識が必要です。

いま何が起き、いま世の中は何に関心があり、将来、どんな方向に向かおうとしているのか。そうしたことを考えるベースになる情報をニュースのプロが無駄《むだ》なくざっくり選んでくれるのが新聞なのです。

この章の最初でも話しましたが、世の中の動きを効率的に集められるメディア。それが紙の新聞です。

対して、ウェブはニュース上級者向けのメディアです。日々、リアルタイムに更新《こうしん》される膨大《ぼうだい》なニュースの中から、自分にとって重要な情報をピックアップするのは大変なことですし、それだけではなく、その情報が信用できるかどうかのリテラシーも求められます。最近のウェブメディアでは、ユーザーの好みを分析《ぶんせき》して、そのユーザーが好きそうな記事を目立つ場所に置いていることが多いです。これでは知識に偏《かたよ》りが生まれる恐《おそ》れがあります。

学校の教科書とは違《ちが》って、ネット上には膨大な情報と多様な意見があふれかえっています。誰《だれ》がどんな考えで、どんな情報を流している

「そっか……。じゃあ、うん。ありがたく乗らせてもらうわ。やっぱり別府を離れるのは嫌《いや》やし」
　よしっ、と一平が拳《こぶし》を叩いた。「ところで、それでも今日お前は大阪に発《た》つん？」
　湯太郎は四時の汽船で大阪に向かう予定だった。
「うん。こうなったらおじさんに現状を説明せんといけんし、せっかく大阪を見るチャンスやもん」
「やったらあとで見送りに行こう」
　と一平が言った。俊介は頷《うなず》いた。
「わかっちょんち思うけど、今日の誓いのことは他言無用。一生、三人の胸の中にしまっちょこうな」

　俊介はうちに戻ると、花奈に握《にぎ》り飯《めし》をつくってもらい、それを持って家を出た。別府港は目と鼻の先である。
　俊介は桟橋《さんばし》あたりに腰をおろした。砂浜《すなはま》では気の早い人たちが水着姿になって、貸天幕《テント》の下で砂湯を楽しんでいる。砂湯の効能はつとに有名で、とくに神経症《しんけいしょう》に効くという。
　湾内に目を移すと、湯治船《とうじぶね》が停泊《ていはく》していた。その名のとおり湯治が目当てで、愛媛《えひめ》あたりの漁村から瀬戸内海《せとないかい》を漕《こ》ぎ渡《わた》ってきた船だ。湯に浸《つ》かる時と買い物の時しか陸には上がらない。船内で寝起《ねお》きしながら、長ければ数ヶ月も湾内に逗留《とうりゅう》する。
　――船の暮らしは、住所のない世界。それじゃ地図屋は商売上がったりやな。
　そんなことを思いながら二人を待っていると、
「おい、一人でなにニヤニヤしよん。気持ち悪いぞ」と一平の声がした。
「お、来たか」
「あれが湯太郎の乗る船か」
　一平が船着き場の汽船をさした。全長七十メートル、二〇〇〇トン級。この船が明朝には、湯太郎を大阪に届けてくれる。
　やがて湯太郎も到着《とうちゃく》した。どちらが背負われているのかわからないほど大きなリュックを背負って。
「でか過ぎんか、それ」と俊介は言った。
「どうせ帰りはお土産《みやげ》を持たされるけん、これで行けっちコバケンが」
「なるほどな。ほれ、餞別《せんべつ》を持ってきたぞ」
　一平が尻《しり》ポケットからクラスの集合写真を取り出した。「愛《いと》しの人を眺めちょれば、旅も寂しくないやろ」一平と葉山紀見子は同じクラスである。
「要《い》るかっ！」
　湯太郎は写真を突《つ》っ返《かえ》した。
「遠慮禁物っちいうルールをまた忘れたか」
「断固ことわる」
「なんか。せっかく持ってきちゃったに」
　一平はしぶしぶ写真を収めた。どこまでが本気で、どこからが冗《じょう》談《だん》なのかよくわからない。
「あっ、乗船がはじまったで。ほれ、こっちは本物の餞別や。親父から預かってきた」
　一平が湯太郎のポケットに封筒《ふうとう》をぐいとねじ込《こ》んだ。
「こっちは握り飯や」
　俊介も湯太郎のリュックに握り飯を入れ、ポンと背中を押す。「じゃ、行ってこい」
「ありがとう」
「ほんとに葉山の写真持って行かんでいいんか」

い」と言った。

「二十六年前、このクスノキの上で誓《ちか》いを結んだ三人の十五歳《さい》の男がおった。うちの親父と、俊介の親父と、純一さんちいう人や。十五ちいえば昔の元服《げんぷく》。大人になってそれぞれの道を歩み始める頃《ころ》よ。そこで親父たちは言《い》い交《か》わした。『道は違えど、永遠の友であることに変わりはない。誓いを結ぼう』とな。約束は三つあった。一つ、友のピンチは助けること。助けられる側も遠慮《えんりょ》したらいけん。二つ、友の頼《たの》みは断らんこと。三つ、友に隠《かく》し事《ごと》をせんこと。どげえな、俊介は聞いたことあるか？」

俊介はかぶりを振った。初めて聞く話だ。

「もう一人の純一さんち人は、死んだんやっけ？」と湯太郎が訊ねた。

「ああ。満州で戦争の犠牲《ぎせい》になったらしい。お前みたいに頭の冴《さ》えた人やったそうや。うちの親父が兵隊に取られるとき、三人は『死んだらあのクスノキでまた逢《あ》おう』と誓い合ったそうやが、結局その純一さんだけが亡《な》くなった。それはともかく、しょせん一人の人間に出来ることなんかタカが知れちょん。扶《たす》け合わねば生きていけん。どげえな。誓いを結ぶか、結ばんのか」

「もちろん、結ぼう」と俊介は言った。

「僕もオーケーよ」と湯太郎が続く。

「それでは天沢一平は、この三箇条《かじょう》を誓う」

「合志俊介も誓う」

「Yutaro Niwai, too」

湯太郎の巻き舌が可笑《おか》しくて、

「なんな、それ」

と俊介は噴《ふ》き出《だ》した。二人の高らかな笑い声があとに続く。

少年たちは、世間の大人が欲《ほ》しがるものは何ひとつ持っていなかった。けれども若葉は香《かお》り、春風は頬をくすぐって、笑い合える友がいた。それだけで充分《じゅうぶん》だった。

「それでは早速《さっそく》、誓いを発動させてもらうぞ」

と一平が言った。「湯太郎。お前は俺と一緒に小倉《こくら》の志學館《しがくかん》へ進学しよう。学資はうちの親父がもつち言いよん」

「えっ⁉」

これには俊介も驚《おどろ》いた。志學館といえば全寮制《ぜんりょうせい》の男子校で、文武両道の私学として名高い。

「親父はお前が社会に出るまで、一切合切《いっさいがっさい》の面倒《めんどう》をみるっち約束した。東大でも通訳でも、好きなものを目指せ」

「でも……」

「こら、遠慮は禁物ち約束したはずで。それにうちの親父はむかしから家に書生を置くのが夢での。いつか、そういう分限になりたいち言いよった。やけん葬式《そうしき》でお前を見て『よし、俺が面倒をみよう』ちなったわけよ。志學館の寮に入るまでの一年は、うちの離《はな》れに住め。ちょうど住《す》み込《こ》みの社員がひとり出て行ったばっかりや。共同生活になるけど、構わんやろ」

俊介は③一平の策士ぶりに舌を巻いた。絵を描き、根回しをして、機が熟すのを待っていたのだ。

「でも、そんなん悪いわ」と湯太郎が言った。

「気にするな。いつか借りを返してもらう日もくる。決まりでいいんな？」

「やけど……」

「なんなん。志學館が気に食わんの？」

「そんなことない。単に申し訳ないだけよ」

「何度も言わせるな。遠慮するんは誓いを立てた相手に失礼で。俺は将来自分が困ったとき、お前らに全財産を質《しち》に入れてでも、助けてもらうつもりよ。男同士の約束とは、そげえもんじゃ」

お前は一人や。それはどれくらい不安なん？　寂しいか？　哀しいか？　お前の本当の気持ちはどうなん？」

俊介が訊ねると、②湯太郎はみるみる表情を喪《うしな》っていった。利発な湯太郎が言葉を見失うことじたい、珍《めずら》しいことだった。やがて湯太郎の目から、ツーっと涙《なみだ》が流れた。透明《とうめい》なしずくは静かに、しかし止め処《ど》なく頬《ほお》をつたい、芝生のうえに滴《したた》り落《お》ちていった。

うおっ、と一平が太い涙をあふれさせた。

「泣け、湯太郎！　思う存分、泣け！」

湯太郎は膝《ひざ》のあいだに顔をうずめて叫《さけ》んだ。

「なんで母さんは死んでしまったんよ！」

続けて叫ぶ。

「なんで母さんやないといけんかったん？」

俊介も熱いものが頬を伝った。一緒《いっしょ》に泣くことしかできない自分の無力が恨《うら》めしかった。涙が引くと三人は芝生に寝《ね》そべり、空を見上げた。塩気のぬけた体は虚脱感《きょだつかん》につつまれ、しばらく立ち上がれそうになかった。

海風によって靄《もや》が払《はら》われると、ぽっかり青空がのぞいた。青かった。吸い込まれてしまいそうなほどの青だ。俺はこの空の青さを、きっと生涯《しょうがい》忘れないだろうと俊介は思った。

空に向かって、一平がつぶやくように言った。

「俺に考えがある。ちっとう時間をくれんか」

その晩、葉造から「話があるけん座れ」と言われた。きた、と俊介は思った。進学を命ぜられたら、一度は抗弁《こうべん》するつもりだった。父の前に膝を折ると、花奈《はな》が二人にお茶を淹《い》れて台所に下がった。

「一つずつ、譲《ゆず》り合《あ》おう」

と葉造が言った。

「お前は高校に行くことで、俺に一つ譲れ。俺はお前が高校卒業後、まだキョーリンに入りたいち言うんなら、永伍に掛け合って入れちゃる。これで貸し借りなしっちうことで、どうな」

「わかりました」

俊介は頭で考えるよりも先に、口が返事をしていた。葉造が頭ごなしに進学を押《お》しつけてこなかったことが嬉《うれ》しかった。それであっさり折れてしまった自分は、どうしても就職したい訳ではなかったのだと気づいた。

「あしたはトンカツを揚《あ》げましょうね」

やりとりを見守っていた花奈が、嬉しそうに言った。

終業式のあと、三人は裏山へ向かった。

上履《うわば》きや教科書でパンパンに膨《ふく》らんだカバンを根本に放り投げ、クスノキによじ登る。昼前から気温が上がり、この調子なら明日にでも桜のつぼみが開きそうだ。

「こういう日を、春風駘蕩《しゅんぷうたいとう》ち言うんじゃろうな」

樹上から湯太郎が周囲を睥睨《へいげい》して言った。

俊介は胸いっぱいに空気を吸い込んだ。たしかに春の甘《あま》い味がする。

「春風駘蕩か。さすがにオール五の人間は言うことが違《ちが》うな」と一平が言った。

湯太郎の通信簿《つうしんぼ》は主要五科目がオール五で、それ以外はだいたい四。俊介は体育が五のときがあったりなかったりで、あとはばらばら。

一平は国語がつねに五だった。というのも一平は読書家で、とくに吉川英治《よしかわえいじ》や山岡荘八《やまおかそうはち》の歴史小説を好んで読む。時おり、「武蔵《むさし》はやはり剣《けん》の達人やったち思うな」とか、「本多忠勝《ほんだただかつ》ちうのはなかなかの人物や。家康が天下を獲《と》れたのは家臣団のお陰《かげ》よ」などと言う。

一平はちぎった葉っぱを銜《くわ》え、「集まってもらったんはほかでもな教会のドアが開き、授業を受けていた人たちがぱらぱらと出てきた。高校生の姿が目立つが、市民講座なので大人や子どもも混じっている。最後に湯太郎が、デーケン神父と話しながら出てきた。

「おーい、湯太郎」

二人は立ち上がって手を振《ふ》った。

「あれ、来ちょったん？　神父、ご紹介《しょうかい》します。僕《ぼく》の同級生です」

絵に描《えが》いたように謹厳《きんげん》な風貌《ふうぼう》をした神父は、二人に微笑《ほほえ》みかけると、「See Yu-taro」と湯太郎の肩《かた》を叩《たた》いて、中へ戻《もど》っていった。

「いまのはSee youとYutaroを引《ひ》っ掛《か》けたんよ」と湯太郎が言った。

「それくらい解説されんでもわかるわ。なあ、一平」

「いや、全然わからんかった」

「ありゃりゃ」

三人は声をあげて笑った。

芝生のうえに、車座になって座《すわ》る。

「さっきお前の家を訪ねたけど、住んでる気配はなかったぞ。いまはどこに住んじょるん？」と一平が訊ねた。

「(注)コバケンの家。春休みに入るまで置いてもらうことになったんよ。休みに入ったら大阪《おおさか》のおじさんのところへ行って、今後の相談をしてくる」

「どげな相談な？」

「住む場所のこと、お金のこと、将来のこと。そういうこと全部よ」

「やっぱりおじさんの事務所で働くことになるん？」と俊介が訊ねた。

「たぶんな。じつは神父さんが僕を引き取って跡《あと》を継がせてくれるち言うたんやけど、丁重《ていちょう》にお断りした。『そんなんじゃ将来、メシが食えへんぞ』ちおじさんが言うけん」

湯太郎の声には落ち着きがあった。母の看取《みと》りを経て、いくらか大人びたようだ。

「やけん、ひょっとしたら新学期から大阪に転校することになるかもしれんよ」

「え⁉」

二人は同時に声をあげた。

「お前はそれでいいんか？」と一平が訊ねる。

「よかないけど、仕方ないやんか」

「よかないよな。葉山紀見子もいることやし」

一平が湯太郎の片思いの相手の名前をだすと、湯太郎は「関係ないやろ！」と首筋まで真っ赤に染めて怒《おこ》った。

「すまんすまん」

一平が小さくなって謝《あやま》る姿に、俊介は微笑《びしょう》を誘《さそ》われた。いつものパターンだが、幼年時代から続くこの光景が、あと数日で終止《しゅうし》符《ふ》を打たれるかもしれないのだ。

湯太郎が、いなくなる。

遠くへ行き、会えなくなる。

俊介の心は真空のようになってしまった。

「なあ、湯太郎」

俊介は真空心地《ここち》のまま呼びかけた。

「ひとつ訊《き》きたいことがあるんやけど、いいか」

「いいとも」

「変な質問で」

「ノー・プロブレム」

「やったら訊くけど、お前はいまどれほど不安なん？」

「えっ？」

「一人になるっちゅうんは、どういうことか、お前の身になって想像してみようとしたんやけど、うまくいかんのよ。俺や一平には、養ってくれる親父がいる。毎日メシをつくってくれるお袋《ふくろ》がいる。やけど

二〇二二年度　鷗友学園女子中学校

【国　語】〈第一回試験〉（四五分）〈満点：一〇〇点〉

【注意】 問いに字数指定がある場合には、最初のマス目から書き始めてください。なお、句読点なども一字分に数えます。

一　次の文章を読んで、後の問いに答えなさい。

別府《べっぷ》市立浜岡《はまおか》中学校に通う合志《ごうし》俊介《しゅんすけ》・天沢《あまざわ》一平《いっぺい》・庭井《にわい》湯太郎《ゆたろう》の三人は同じ町内で育った幼なじみである。俊介の父（葉造《ようぞう》）と一平の父（永伍《えいご》）は、地図製作会社キョーリンを共に立ち上げた。葉造は地形を調べる調査員のリーダーとして、永伍は社長として働いている。次の場面は病死した湯太郎の母親の葬儀《そうぎ》が終わって数日経《た》ったところである。

湯太郎の忌引《きび》きはなかなか明けなかった。あと数日で三学期も終わるという土曜の午後、俊介と一平は湯太郎の長屋を訪ねた。

窓も戸も閉じられており、人が暮らしている気配はなかった。

一平が首を傾《かし》げた。

「どこへ行きよったんやろ、あいつ」

「教会へ行ってみらん？　今日は英語の授業があったはずで」

「おー、行ってみよう。英語狂《きょう》やけん、教会《あっち》には出ちょんかもの」

十五分ほど坂道を登り、見晴らしのいい教会についた。むかし別府へ静養に来たイギリス人技師が景色に惚《ほ》れこんで設計したもので、簡素なつくりが好ましい。いまの神父も「デーケンさん」と市民に親しまれている。

一平が窓から中を覗《のぞ》き込《こ》み、

「おっ、いたいた」

と川で岩魚《いわな》でも見つけたように言った。「終わるまで待つか」

二人は庭園の花壇《かだん》のレンガに腰《こし》をおろした。色とりどりのチューリップが咲《さ》きみだれ、芝生《しばふ》の青い匂《にお》いが鼻をつく。

「①じつは昨晩、葉造さんとうちの親父《おやじ》が激しく口論してな。原因はお前っちゃ」

「俺《おれ》の……就職？」

「ああ。やっぱり葉造さんは、お前を高校へ行かせたいっち。うちの親父が『本人の希望を優先してやれ』ち言うても、てんで耳を貸さん。うちの親父に『あんな頑固者《がんこもの》はおらん』ち言わせるんやけん相当なもんで。それにしても、なんで葉造さんはそこまで進学にこだわるかの」

「なんでち思う？」俊介は訊《たず》ねた。

「一般的《いっぱんてき》にいえば、父親は息子《むすこ》が自分の仕事を継《つ》ぐことを歓《よろこ》ぶはずや」

「そうっちゃ。お前んちもそうか」

「うちは家業やけん尚更《なおさら》な」

「でもお前は、大学まで行けち言われちょんのやろ」

「ああ。親父はキョーリンがいまだに銀行から融資《ゆうし》を受けられんのは、自分に学歴がないせいもあるっち思うちょん」

「そうなん？」

「どうやろう。それもあるかもしれんの」

俊介は春霞《はるがすみ》にもやる別府湾《べっぷわん》を見おろして、ため息をついた。将来社長になる者には学歴が必要かもしれないが、調査員になりたい者には無用の長物ではなかろうか。あるいは葉造も自分の無学にコンプレックスを感じており、息子に仇《かたき》をとらせたいのか。

2022年度

鷗友学園女子中学校　▶解説と解答

算　数　＜第１回試験＞（45分）＜満点：100点＞

解　答

1 (1) $\frac{7}{40}$　(2) 3，11，13，21　2 18日　3 75.36cm^2　4 25番目
5 (1) 17：19：15　(2) $\frac{43}{170}$倍　6 (1) $1\frac{7}{8}$cm　(2) 4本，$26\frac{1}{9}$cm　7 (1) 分速70m　(2) 時速33.6km　(3) 5.6km

解　説

1 逆算，約束記号

(1) $7.5\div2\frac{2}{5}=7.5\div2.4=\frac{7.5}{2.4}=\frac{75}{24}=\frac{25}{8}$，$1\div\frac{5}{2}=1\times\frac{2}{5}=\frac{2}{5}$より，$\frac{25}{8}-\left\{7\times\left(\square-\frac{1}{8}\right)+\frac{2}{5}\right\}=2\frac{3}{8}$，$7\times\left(\square-\frac{1}{8}\right)+\frac{2}{5}=\frac{25}{8}-2\frac{3}{8}=\frac{25}{8}-\frac{19}{8}=\frac{6}{8}=\frac{3}{4}$，$7\times\left(\square-\frac{1}{8}\right)=\frac{3}{4}-\frac{2}{5}=\frac{15}{20}-\frac{8}{20}=\frac{7}{20}$，$\square-\frac{1}{8}=\frac{7}{20}\div7=\frac{7}{20}\times\frac{1}{7}=\frac{1}{20}$　よって，$\square=\frac{1}{20}+\frac{1}{8}=\frac{2}{40}+\frac{5}{40}=\frac{7}{40}$

(2)　3☆7＝7－3＝4より，イ☆12＝Xとすると，与《あた》えられた式は，X☆5＝4と表すことができる。ここで，Xが5よりも小さいとすると，X＝5－4＝1となり，Xが5よりも大きいとすると，X＝5＋4＝9となるから，右の図の①，②の場合が考えられる。①で，イが12よりも小さいとすると，イ＝12－1＝11となり，イが12よりも大きいとすると，イ＝12＋1＝13となる。同様に考えると，②の場合は，イ＝12－9＝3，または，イ＝12＋9＝21となる。よって，イに当てはまる数は{3，11，13，21}である。

①　イ☆12＝1
②　イ☆12＝9

2 ニュートン算

1日にかく枚数を①枚とする。1日に6枚ずつプレゼントするときには，12日で，①×12＝⑫(枚)かき，その間に，6×12＝72(枚)をプレゼントして，すべてなくなる。同様に，1日に15枚ずつプレゼントするときには，3日で，①×3＝③(枚)かき，その間に，15×3＝45(枚)をプレゼントして，すべてなくなる。よって，右上の図のように表すことができ，⑫－③＝⑨(枚)にあたる枚数が，72－45＝27(枚)とわかるから，①＝27÷9＝3(枚)となり，はじめの枚数は，72－3×12＝36(枚)と求められる。また，1日に5枚ずつプレゼントすると，はじめの枚数から1日に，5－3＝2(枚)ずつ減っていく。したがって，なくなるまでの日数は，36÷2＝18(日)とわかる。

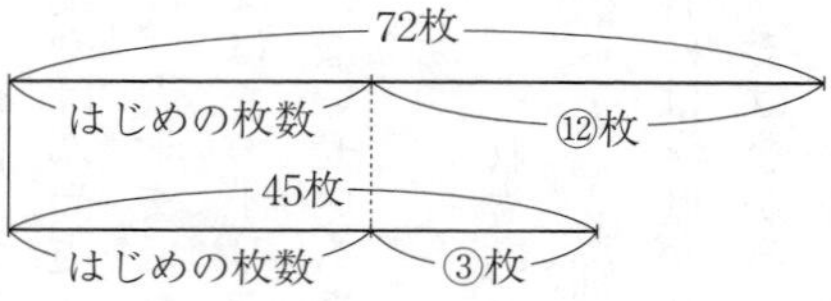

3 平面図形―面積

右の図で，☆印の部分をかげの部分に移動すると，斜線《しゃせん》部分の面積は，OBを半径とする中心角が135度のおうぎ形から，OAを半径とする中心角が135度のおうぎ形を除いた部分の面積と等し

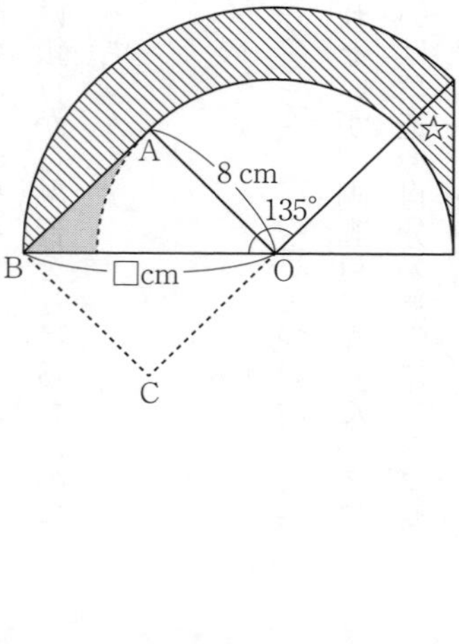

くなる。ここで，正方形OABCの面積は，８×８＝64(cm²)であり，正方形の面積は，(対角線)×(対角線)÷２で求められるから，OBの長さを□cmとすると，□×□÷２＝64(cm²)と表すことができる。よって，□×□＝64×２＝128(cm²)なので，斜線部分の面積は，$□×□×3.14×\frac{135}{360}-8×8×3.14×\frac{135}{360}=128×3.14×\frac{3}{8}-64×3.14×\frac{3}{8}=48×3.14-24×3.14=(48-24)×3.14=24×3.14=75.36$(cm²)と求められる。

4 素数の性質

１×２×…×100を素数の積で表したとき，２と５の組み合わせが１組できるごとに，一の位から続けて０が１個増える。また，100÷５＝20，100÷(５×５)＝４より，１から100までに５の倍数は20個，25の倍数は４個ある。素数で表したときの５は，５の倍数には20個，25の倍数には５の倍数で数えたもの以外にもう４個ふくまれるので，全部で，20＋４＝24(個)となる。そして，素数で表したときの２は，100÷２＝50(個)以上ある(つまり，５の個数よりも多い)。よって，一の位から24個の０が並び，24＋１＝25(番目)に最初に０でない数字が現れる。

5 平面図形―相似，辺の比と面積の比

(1)　ADとBCの長さを，３＋１＝４と，３＋２＝５の最小公倍数の20とすると，AG：GD＝３：１＝15：５，BF：FC＝３：２＝12：８となるから，右の図１のように表すことができる。はじめに，三角形GIDと三角形FIBは相似であり，相似比は，GD：FB＝５：12なので，BI：ID＝12：５となる。次に，DAとFEを延長して交わる点をＪとすると，三角形JEAと三角形FEBは相似になる。このとき，相似比は，AE：BE＝１：３だから，JA＝$\boxed{12}×\frac{1}{3}=\boxed{4}$とわかる。さらに，三角形JHDと三角形FHBも相似であり，相似比は，JD：FB＝($\boxed{4}+\boxed{15}+\boxed{5}$)：$\boxed{12}$＝２：１なので，BH：HD＝１：２となる。よって，BDの長さを，12＋５＝17と，１＋２＝３の最小公倍数の51とすると，BI：ID＝12：５＝36：15，BH：HD＝１：２＝17：34となるから，上の図２のように表すことができる。したがって，BH：HI：ID＝17：(36－17)：15＝17：19：15と求められる。

図１

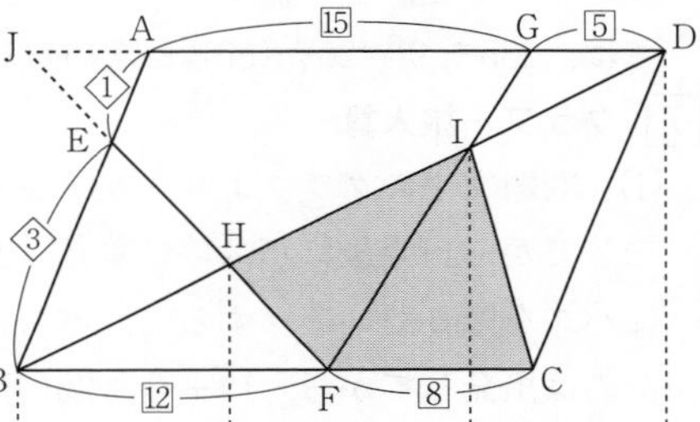

図２

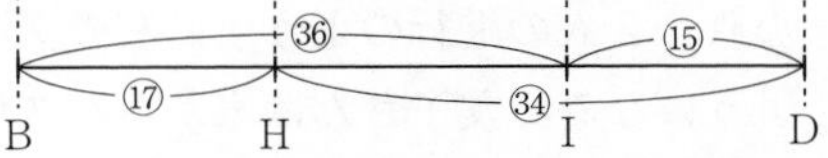

(2)　平行四辺形ABCDの面積を１とすると，三角形DBCの面積は$\frac{1}{2}$になる。また，三角形HBFの面積は，三角形DBCの面積の，$\frac{BH}{BD}×\frac{BF}{BC}=\frac{1}{3}×\frac{3}{3+2}=\frac{1}{5}$(倍)なので，$\frac{1}{2}×\frac{1}{5}=\frac{1}{10}$とわかる。さらに，三角形DICの面積は，三角形DBCの面積の，$\frac{DI}{DB}=\frac{5}{5+12}=\frac{5}{17}$(倍)だから，$\frac{1}{2}×\frac{5}{17}=\frac{5}{34}$と求められる。よって，四角形HFCIの面積は，$\frac{1}{2}-\left(\frac{1}{10}+\frac{5}{34}\right)=\frac{43}{170}$なので，四角形HFCIの面積は平行四辺形ABCDの面積の，$\frac{43}{170}÷1=\frac{43}{170}$(倍)である。

6 水の深さと体積

(1)　容器と棒の底面の円の半径の比は，６：２＝３：１だから，容器と棒の底面積の比は，(３×３)：(１×１)＝９：１となる。この比を用いると，容器に入れた水の体積は，９×15＝135となる。また，下の図１で，水が入っている部分の底面積は，９－１＝８だから，このときの水面の高さは，

135÷８＝$16\frac{7}{8}$(cm)と求められる。よって，棒を１本入れると水面は，$16\frac{7}{8}$－15＝$1\frac{7}{8}$(cm)上昇《じょうしょう》する。

図１

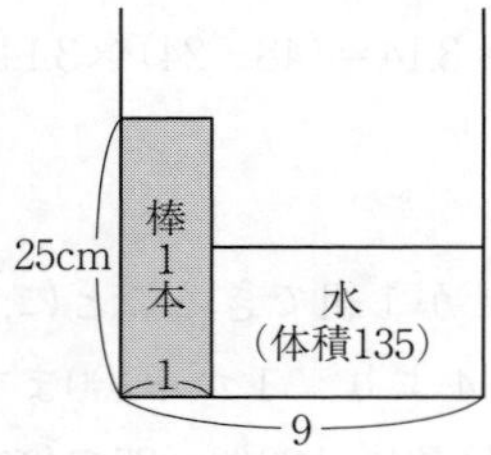

図２

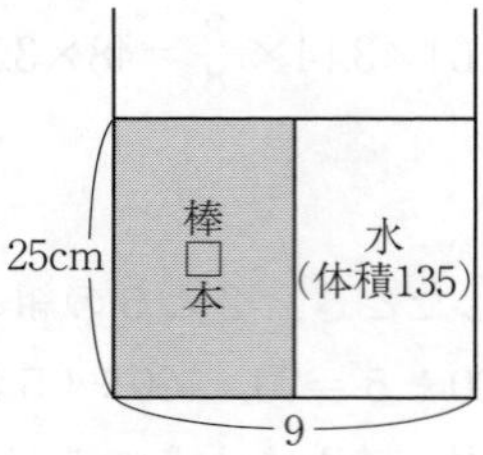

図３

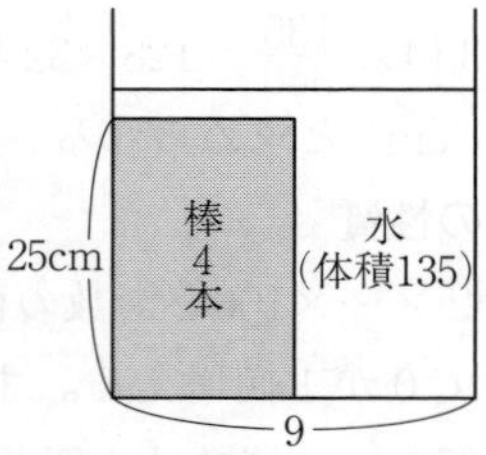

(2) 上の図２のように，水面の高さがちょうど25cmになるときを考える。このとき，水が入っている部分の底面積は，135÷25＝5.4だから，棒の底面積の合計は，９－5.4＝3.6となる。よって，このようになるのは棒を，3.6÷１＝3.6(本)入れたときなので，入れた棒のすべてが初めて完全に水の中に入るのは，棒を４本入れたときとわかる。次に，棒を４本入れると，上の図３のようになる。このとき，水の体積と棒の体積の合計は，135＋１×25×４＝235だから，このときの水面の高さは，235÷９＝$26\frac{1}{9}$(cm)と求められる。

7 グラフ―旅人算

(1) 問題文中のグラフより，友子さんは出発してから14分後にバス停に着き，26分後にバスを降りている。すると，バスに乗ったのは出発してから，14＋６＝20(分後)となり，２人の進行のようすは右のグラフのようになる。友子さんは家からバス停までの980mを14分で歩いたので，友子さんの歩く速さは分速，980÷14＝70(m)と求められる。

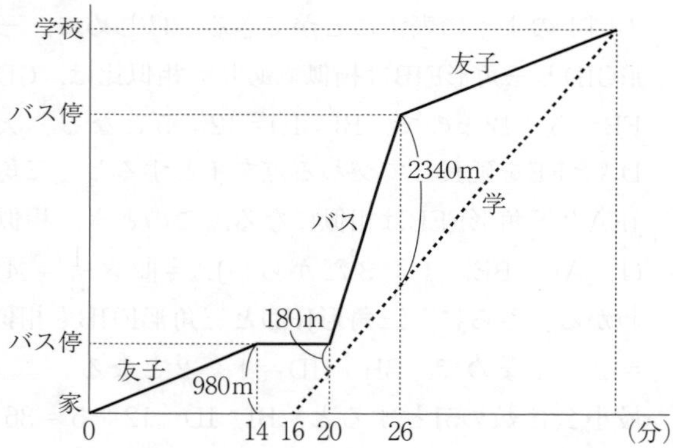

(2) 学さんは家を出発してから，20－16＝４(分)で，980－180＝800(m)進んだから，学さんの速さは分速，800÷４＝200(m)である。また，20分後から26分後までの間にバスと学さんが進んだ距離《きょり》の差は，2340－180＝2160(m)なので，バスと学さんの速さの差は分速，2160÷(26－20)＝360(m)とわかる。よって，バスの速さは分速，200＋360＝560(m)であり，これを時速に直すと，560×60÷1000＝33.6(km)になる。

(3) 学さんと友子さんの速さの差は分速，200－70＝130(m)なので，友子さんがバスを降りてから学校に着くまでの時間は，2340÷130＝18(分)とわかる。よって，学さんが出発してから学校に着くまでの時間は，(26－16)＋18＝28(分)なので，家から学校までの距離は，200×28÷1000＝5.6(km)と求められる。

社　会　＜第１回試験＞（45分）＜満点：100点＞

解　答

1　**問１**　コークス　**問２**　(1)　イ　(2)　ア　(3)　（例）　Xは畜産である。岩手県のほうが宮城県よりも農業産出額が多いのは，農業産出額の多い畜産の割合が高いからである。　(4)　イ　**問３**　(1)　①　（例）　地域　②　（例）　特産品(名産品)　(2)　オ　**問４**　（例）　Aは卸売業である。卸売業と小売業を通さないことで，その間にかかる費用を省くことができるため，生産者から商品を購入すると安くなる。　**2**　**問１**　①　仏教　②　千利休　**問２**　（例）　縄文時代は，今より温暖で海面が上昇していたため，海岸線が現在より内陸側にあったから。　**問３**　風土記　**問４**　（人物）D　**問５**　イ　**問６**　（例）　大名は，信者となることでイエズス会とつながり，貿易を有利にしようとした。彼らはキリシタン大名とよばれていた。イエズス会は，大名を通じて布教しようとしていた。　**問７**　北前船　**問８**　エ　**問９**　ウ　**問10**　イ　**問11**　（例）　農家に，米の作付面積を減らさせた。これには，米の消費量が減って，米が余っていたという背景がある。　**3**　**問１**　第五福竜丸(事件)　**問２**　D　**問３**　公共の福祉　**問４**　イ　**問５**　①　総辞職　②　解散　**問６**　（例）　(原子力発電所の規制を)内閣やほかの行政機関からの介入を受けずに行う(ため。)　**問７**　エ　**問８**　（例）　参加者が抽選で選ばれることで，東海第二発電所について，この問題にもともと関心のある人だけでなく，これまで関心のなかった人も，自分に関わることとして捉えるようになる。それにより，自分たちで東海第二発電所についての勉強会を開くといった行動につながる。

解　説

1　東北地方の自然や産業についての問題

問１　石炭を高温で蒸《む》し焼きにしたものをコークスという。鉄鋼業では，鉄鉱石(鉄の原料)，コークス，石灰石を高炉《こうろ》(溶鉱炉)に入れて加熱することで鉄がつくられる。

問２　(1)　諏訪《すわ》湖(長野県)を水源とする天竜川は，赤石山脈と木曽山脈の間を南流し，静岡県西部を流れて遠州灘(太平洋)に注ぐ。なお，アの信濃《しなの》川とウの最上《もがみ》川は，おおむね南から北へ流れる。また，エの吉野川は，四国地方を流れるものはおおむね西から東へ，奈良県を流れるもの(紀ノ川の上流)はおおむね東から西へ流れる。　(2)　イは，冬の降水量(降雪量)が多いので，日本海側の気候に属する金沢市(石川県)のものとわかる。ウは，年間降水量が少ないので，中央高地(内陸性)の気候に属する長野市があてはまる。残ったアとエのうち，気温がより低いアが仙台市(宮城県)，もう一方のエが熊本市となる。　(3)　岩手県は畜産業がさかんなので，【資料２】のXは「畜産」と判断できる。岩手県が宮城県よりも農業産出額が多いのは，畜産業は農業産出額が多く，その影響が大きいためと考えられる。　(4)　X　上側の地図(2010年)で，「2011年東北地方太平洋沖地震による津波の浸水《しんすい》地域」が防潮堤や防潮林よりも内陸側に広がっているので，正しい。Y　上側の地図と下側の地図(2014年１月)で，三陸鉄道北リアス線の線路の位置は変わっていないので，誤っている。

問３　(1)　①，②　地場産業は，特定の業種の中小企業が特定の地域に集まり，その地域の原料・技術・労働力と結びついて発達した産業である。伝統工業と重なる場合も多いが，伝統工業が江戸時代(あるいはそれ以前)から続いているものを指すのに対し，地場産業には近代工業として発展してきたものもふくまれる。地場産業でつくられるものは，その地域の特産品や名産品となることが多い。　(2)　高度経済成長期(1950年代後半～1970年代前半)以降に大きく割合を増やしたＡは機械工業，逆に大きく割合を減らしたＢはせんい工業，変化の少ないＣは日常生活に欠かせない食品工業であると判断できる。

問４　Ａの卸売《おろしうり》業が生産者と小売業の仲立ちとなることで，生産者・小売業ともに数多くの相手と取引をする手間が省ける。一方，この卸売業と小売業を通さずに消費者が直接生産者から商品を購入《こうにゅう》すると，卸売業や小売業に払う費用がかからないため，商品の価格が安くなるという長所がある。

２　人々が食べてきたものや食に関する歴史についての問題

問１　①　６世紀に朝鮮半島の国の一つであった百済《くだら》から日本に仏教が伝わると，仏教の受け入れに関して積極的な蘇我《そが》氏が，受け入れに反対する物部《もののべ》氏を破って権力を握《にぎ》り，豪族たちが多くの寺院や仏像をつくるようになった。　②　安土桃山時代に茶の湯を茶道(侘《わ》び茶)として大成した千利休《せんのりきゅう》は，堺(大阪府)の商人出身で，織田信長や豊臣秀吉に仕えて多くの大名を弟子としたが，晩年，秀吉と対立し，切腹させられた。

問２　貝塚は一般的に海岸沿いの地域に見られ，関東地方では利根川や荒川などの河川の沿岸部を中心として，内陸にも多く分布している。これは，寒冷な気候が続いた氷河期が終わり，縄文時代に地球上の気温が上昇した結果，南極や高山などの氷がとけて海水面が上がり，海岸線が現在よりも内陸寄りにあったためである。

問３　奈良時代，朝廷は地方の国ごとに『風土記《ふどき》』をまとめさせた。これは各国の地名の由来や産物，伝承などを記したもので，出雲《いずも》(島根県東部)など５国のものが現存している。

問４　藤原氏による摂関《せっかん》政治が全盛期を迎《むか》えた平安時代中期には国風文化が栄え，かな文字が広まって国文学が発達した。一条天皇のきさきの定子《ていし》に仕えた清少納言《せいしょうなごん》は，宮廷のようすや自然のようすをするどい観察眼でつづった随筆『枕草子《まくらのそうし》』を著した。よって，Ｄで説明されている藤原道長があてはまる。なお，Ａは菅原道真《すがわらのみちざね》で平安時代前期，Ｂは藤原清衡《きよひら》で平安時代後期の人物。Ｃは平将門《まさかど》で，平安時代中期の935年に反乱を起こした。

問５　Ｘ　臨済《りんざい》宗は，鎌倉幕府の保護を受けて武士の間に広まった。室町時代になると，足利尊氏が信仰したことなどからさらに栄え，第３代将軍足利義満のときには五山の制が設けられて幕府の統制と保護を受けた。　Ｙ　「日蓮《にちれん》」ではなく「道元」が正しい。日蓮は日蓮宗(法華《ほっけ》宗)の開祖である。

問６　日本に来航するポルトガル人やスペイン人は南蛮《なんばん》人とよばれ，平戸や長崎など九州の港に来航して貿易を行った。これを南蛮貿易といい，キリスト教の布教活動と一体となって行われたため，貿易を望む大名はキリスト教を保護し，なかには自身がキリスト教徒になった大名もいた。このような大名をキリシタン大名という。なお，イエズス会はカトリック(旧教)の修道会で，ヨーロッパで始まったプロテスタント(新教)による宗教改革に対抗《たいこう》して創立され，東洋への布教を使命の一つとしていた。

問７　江戸時代には海上交通が発達し，東廻《まわ》り航路や西廻り航路などの航路が整備された。このうち西廻り航路では，北前船とよばれる船が蝦夷《えぞ》地(北海道)や東北地方の物資を日本海側の各地や大坂(大阪)などに運んだ。

問８　西欧では室内でも靴《くつ》を脱《ぬ》がないため，床《ゆか》に座る習慣がなく，食事をするときは椅子《いす》に座り，テーブルに食べ物が置かれる。一方，日本では室内で履物《はきもの》を脱ぎ，素足で過ごすため，古くから床に座って食事をしていた。

問９　1937年に日中戦争が始まると，翌38年に国家総動員法が制定され，政府は議会の議決なしに物資の生産，配給，輸送など，経済や国民生活全般にわたる統制を行うことが認められた。そして，戦争のため軍需《ぐんじゅ》物資の生産が優先された結果，食料品や日用品が不足し，配給制や切符制がしかれるようになった。太平洋戦争(1941～45年)末期には，配給が少なくなったり遅れたりしたので，東条英機内閣の成立(1941年)とポツダム宣言の受諾《じゅだく》(1945年８月14日)の間のウが選べる。なお，満州事変のきっかけとなった柳条湖《りゅうじょうこ》事件が起きたのは1931年，日中戦争のきっかけとなった盧溝橋《ろこうきょう》事件が起きたのは1937年，マッカーサーが来日したのは1945年８月30日のことである。

問10　GHQ(連合国軍最高司令官総司令部)の民主化政策の一つとして行われた農地改革では，政府が地主の農地を強制的に買い上げ，実際にそこを耕作していた小作人に安く売り渡したため，小作人の多くは自分の農地を持つ自作農になった。よって，イが誤っている。

問11　第二次世界大戦後，生産技術の向上などによって米の生産量が増加する一方，日本人の食生活の西洋化が進み，米の消費量は減少した。その結果，米の生産過剰《かじょう》によって，政府が農家から買い取った米の在庫が増加したため，政府は1970年ごろから米の作付面積を減らす減反政策を本格的に行うようになった。

３　**日本の原子力政策の流れを題材にした問題**

問１　1954年，南太平洋のビキニ環礁《かんしょう》でアメリカが水爆実験を行い，付近で操業していた日本の漁船第五福竜《ふくりゅう》丸が「死の灰」とよばれる放射性物質を浴び，乗組員１名が帰国後に死亡した。

問２　議員提出法律案(議員立法)と内閣提出法律案(閣法)はどちらも，提出件数が成立件数より多いので，ＡとＣが提出件数，ＢとＤが成立件数である。また，閣法は議員立法よりも可決される割合が高い。これは，閣法は担当の省庁が必要に応じて法案を練り上げ，提出の前におもに与党の議員の了解を得ていることの影響が大きい。よって，Ｂが閣法，Ｄが議員立法の成立件数とわかる。なお，こうした状況《じょうきょう》は，立法権(国会)に対する行政権(内閣)の優越《ゆうえつ》につながり，議会制民主主義の本来の目的に反するものであると批判されることも多い。

問３　自由であることや自由な行動が，ほかの人や社会の迷惑《めいわく》になったり社会のルールに反したりする場合は，制限を受けることがある。日本国憲法でも，自由権などの基本的人権は，「公共の福《ふく》祉《し》」(国民全体の幸福や利益)に反するときには制限される。

問４　イは，「ウィーン」ではなく「リオデジャネイロ」，「世界人権宣言」ではなく「環境と開発に関するリオ宣言」や「アジェンダ21」などが正しい。なお，世界人権宣言は，人権保障の規範《きはん》となるものとして，二度にわたる世界大戦に対する反省にもとづいて作成され，1948年に国連(国際連合)総会で採択《さいたく》された。

問５　①，②　衆議院が解散されたときは，解散の日から40日以内に衆議院議員総選挙が行われ，その選挙の日から30日以内に特別国会(特別会)が召集《しょうしゅう》される。特別国会では，最初に解散したときの内閣が総辞職し，その後，内閣総理大臣の指名選挙が衆参両院で行われる。菅義偉《すがよしひで》内閣と岸田文雄内閣は2021年10月４日のうちに交替《こうたい》しているので，このときに衆議院の解散はなかったとわかる。よって，①は「総辞職」となる。また，10月31日に衆議院議員総選挙が行われているので，②は「解散」と判断できる。

問６ 【資料３】の「以前の仕組み」の図を見ると，推進機関（資源エネルギー庁）と規制機関（原子力安全・保安院）が同じ行政機関（経済産業省）のもとに設置されている。このようなしくみになっていると，原子力発電所を規制するさいに，内閣やほかの行政機関からの介入《かいにゅう》を受けやすくなる。これを避《さ》けるため，原子力規制委員会はほかの行政機関から独立して設置されたと考えられる。

問７ 閣議は内閣の基本方針を決定する会議で，内閣総理大臣が主宰《しゅさい》し，すべての国務大臣（閣《かく》僚《りょう》）が出席する。閣議は原則として非公開で行われ，その決定は全員一致により行われる。

問８ 〔条件１〕について，抽選《ちゅうせん》で選ばれた人の集まりであることから，東海第二発電所に対する関心の度合いや意見はさまざまでも，自分に関わる問題として捉《とら》えるようになると推測できる。また，〔条件２〕について，「個人でできること」としては，自分で東海第二発電所のこれまでの経緯を調べて今後のあるべき姿を考えることなど，「地域でできること」としては，自分たちで勉強会や討論《とうろん》会を開いたり，地域住民にそれらの内容を知らせたりすることなどが考えられる。

理　科　＜第１回試験＞（45分）＜満点：100点＞

解　答

1 **問１** 0.15A，電熱線Ｂ　**問２** 0.6A，電熱線Ｅ　**問３** イ　**問４** ア　**問５** 0.05A　**問６** 0.95A　**問７** 電熱線ＦとＧ，2.1A　**問８** 電熱線Ｄ，0.12A　**2** **問１** イ，ウ　**問２** 鳥類やホ乳類／**理由**…(例) 体温を一定に保つためにエネルギーを使うから。　**問３** (例) 水にふれる面積が増えるので，酸素を取り入れやすくなる。　**問４** ② エ　③ オ　**問５** ① ×　② ×　③ ○　**問６** 60%／**向き**…図５　**問７** **向き**…ア　**血管**…①　**3** **問１** ア ③　イ ①　ウ ③　**問２** (例) 不完全燃焼によって生じたすすが高温になり光っているから。　**問３** 右の図　**問４** (例) コップの中の酸素が減り，ろうが不完全燃焼してすすが増えたから。　**問５** (例) 芯の部分で気体になったろう　**問６** (例) 湿った落ち葉に含まれている水分が蒸発するために熱が使われ，発火点以上の温度になりにくいから。　**問７** (例) 乾いた落ち葉の層にはすき間が多く，燃焼に必要な酸素が供給されやすいから。　**問８** (例) 山とふもとの牧草地との間の土を掘り，燃えるものがない場所を帯状につくって火をくい止める。　**4** **問１** (例) 太陽の光を月が反射しているから。　**問２** ア　**問３** ウ　**問４** 東側，ウ　**問５** イ，西側　**問６** (例) 地球から月までの距離が，皆既日食のときより金環日食のときの方が大きいから。　**問７** イ　**問８** 約４倍　**問９** 約３倍

解　説

1 電熱線の長さ・断面積と流れる電流の大きさについての問題

問１ 電熱線Ａを２本直列につないだものは，長さ20cm，断面積0.1mm^2の電熱線と考えることができるので，電熱線Ｂと同じ0.15Ａの電流が流れる。

問２　電熱線Ａを２本並列につないだものは，長さ10cm，断面積0.2mm^{2}の電熱線と考えることができるので，電熱線Ｅと同じ0.6Ａの電流が流れる。

問３　図３の電熱線Ａ～電熱線Ｄについて，10×0.3＝３，20×0.15＝３，30×0.1＝３，40×0.075＝３より，断面積0.1mm^{2}の電熱線の長さと電流の値は反比例する。よって，イがふさわしい。

問４　図３の電熱線Ａ，電熱線Ｅ～電熱線Ｇについて，0.3÷0.1＝３，0.6÷0.2＝３，0.9÷0.3＝３，1.2÷0.4＝３より，長さ10cmの電熱線の断面積と電流の値は比例する。したがって，アが選べる。

問５　電熱線Ｂと電熱線Ｄを直列につないだものは，長さ，20＋40＝60(cm)，断面積0.1mm^{2}の電熱線と考えることができる。また，問３より，電熱線の長さと電流の値は反比例する。よって，電流計の示す値は，$0.3\div\frac{60}{10}=0.05$(Ａ)となる。

問６　電流計に流れる電流の値は，電熱線Ｂと電熱線Ｄに流れる電流と，電熱線Ｆに流れる電流の和となる。電熱線Ｂと電熱線Ｄに流れる電流は問５より0.05Ａ，電熱線Ｆに流れる電流は図３より0.9Ａなので，電流計の示す値は，0.05＋0.9＝0.95(Ａ)と求められる。

問７　電流計に流れる電流の値は，Ｘに流れる電流とＹに流れる電流の和となる。したがって，電流計に流れる電流の値が最も大きくなるのは，ＸとＹを電熱線Ｆと電熱線Ｇの組み合わせにしたときで，このとき電流計の示す値は，0.9＋1.2＝2.1(Ａ)となる。

問８　Ｒが電熱線Ｂのとき，ＰとＱは一方が電熱線Ｃ，もう一方が電熱線Ｄとなり，電熱線ＡとＲは長さ，10＋20＝30(cm)，ＰとＱは長さ，30＋40＝70(cm)の電熱線(断面積0.1mm^2)と考えることができるので，電流計の示す値は，$0.1+0.3\div\frac{70}{10}=0.142\cdots$(Ａ)となる。次に，Ｒが電熱線Ｃのとき，ＰとＱは一方が電熱線Ｂ，もう一方が電熱線Ｄとなり，電熱線ＡとＲは長さ，10＋30＝40(cm)，ＰとＱは長さ，20＋40＝60(cm)の電熱線(断面積0.1mm^2)と考えることができるので，電流計の示す値は，$0.3\div\frac{40}{10}+0.3\div\frac{60}{10}=0.125$(Ａ)となる。さらに，Ｒが電熱線Ｄのとき，ＰとＱは一方が電熱線Ｂ，もう一方が電熱線Ｃとなり，電熱線ＡとＲは長さ，10＋40＝50(cm)，ＰとＱは長さ，20＋30＝50(cm)の電熱線(断面積0.1mm^2)と考えることができるので，電流計の示す値は，$0.3\div\frac{50}{10}+0.3\div\frac{50}{10}=0.12$(Ａ)となる。よって，電流計に流れる電流の値が最も小さくなる組み合わせは，Ｒに電熱線Ｄを入れたときで，電流計の示す値は0.12Ａとなる。

２　セキツイ動物の呼吸についての問題

問１　サメとトビウオは魚類で，えらで呼吸する。ウミガメはハ虫類，ペンギンは鳥類，イルカはホ乳類で，肺で呼吸する。ゲンゴロウはこん虫で，気管で呼吸する。

問２　魚類やハ虫類はまわりの温度変化にともなって体温が変化する変温動物，鳥類とホ乳類はまわりの温度変化にかかわらず体温を一定に保つ恒温《こうおん》動物である。安静時において同じ体重で比べたとき，鳥類やホ乳類は体温を一定に保つためにエネルギーを使うので，魚類やハ虫類よりも酸素消費量が大きい。

問３　水がえらを通るとき，えらの中にある毛細血管を流れる血液に酸素が取り入れられ，血液に含《ふく》まれていた二酸化炭素が水中に出される。えらがひだ状になっていると，表面積が大きくなり，水にふれる面積が大きくなるので，水中の酸素を取り入れやすくなる。

問４　②　金魚やメダカなどはゆっくり泳ぎ，１か所にとどまっていることも多い。そのため，えらぶたを閉じて口から水を取り入れ，その後，口を閉じてえらぶたを開け，そこから水を押《お》し出している。　③　マグロやカツオなどは，口もえらぶたも開けたまま泳ぐことで，えらに水を送っている。

問５　①，②　図４より，並流では血液に含まれる酸素の重さが15→30→50→50→50となっているので，誤っている。　③　最終的に血液が受け取れる酸素の重さは，図４が50，図５が80なので，正しい。

問６　この魚が１分間に取りこむ水には，$10\times\frac{300}{1000}=3$(mg)の酸素が含まれている。したがって，この魚が安静時に呼吸するのに必要な酸素の重さは，えらを通る前の水に含まれている酸素の重さの，1.8÷３×100＝60(％)と求められる。また，問５の③より，図４では安静時でも呼吸するのに必要な酸素の重さがたりないので，図５が選べる。

問７　問６より，えらを通る水流は向流なので，血液は毛細血管をアの向きに流れている。また，動脈血は酸素を受け取ったあとの血液なので，①を流れている。

3 ろうそくの燃焼についての問題

問１　**ア**　ろうそくに火をつけると，固体のろうが熱せられて液体になり，その液体のろうが芯《しん》を伝ってのぼっていき，芯の先で気体のろうになって燃える。燃えているろうそくに水をかけると，液体のろうや気体のろうが発火点以下に冷やされるため，炎《ほのお》が消える。　**イ**　ろうそくの芯をピンセットで強くつまむと，液体のろうが芯をのぼれなくなるため，炎が少しずつ小さくなり，やがて消える。　**ウ**　ろうそくの炎に金網《かなあみ》をかぶせると，気体のろうが発火点以下に冷やされるため，金網の上には炎が出ない。また，金網が芯にふれると，液体のろうが冷やされて気体にならなくなるため，炎が消える。

問２　内炎《ないえん》は不完全燃焼している部分で，発生したすす(炭素のつぶ)が熱せられてかがやくために最も明るく光る。

問３　外炎は，空気中の酸素を取り入れて完全燃焼している最も温度が高い部分で，青白い炎のため目に見えにくい。図２(a)～図２(c)より，最も明るく光っている内炎の外側に外炎があることがわかるので，これをふまえて図示する。

問４　コップをかぶせてから４秒後には，コップの中の酸素が減る。そのため，ろうが不完全燃焼して発生するすすの量が増えるので，炎が少しだけ明るくなる。

問５　図５では，ガラス管の一端《いったん》を炎心に入れている。ここには芯の先で気体になったろうがあるため，これがガラス管を通ってもう一方の端から出てくる。そのさい，気体のろうが冷やされて液体や固体の小さなつぶができるため，白いけむりのように見える。

問６　湿《しめ》った落ち葉が燃えるときには，落ち葉に含まれていた水分が蒸発する。このときに熱がうばわれ，温度が上がりにくいので，湿った落ち葉の方が乾《かわ》いた落ち葉よりも燃えにくい。

問７　湿った落ち葉は水分を含んで重く，落ち葉の層にすき間が少ないので，燃焼に必要な酸素が供給されにくく，燃えにくい。一方，乾いた落ち葉は層にすき間が多いので，燃焼に必要な酸素が供給されやすく，燃えやすい。

問８　水や消火剤《ざい》をまく方法は，問１の燃焼の３つの条件のうちの条件②や条件③を取りのぞく方法にあたる。これら以外の方法なので，条件①，つまり，燃えるものを取りのぞく方法を考えればよい。よって，枯《か》れた牧草に燃え広がった火が民家に到達《とうたつ》するのを防ぐため，牧草地帯を帯状に掘り返し，燃えるものがない場所をつくって火を食い止めることなどが考えられる。

4 月食と日食についての問題

問１　月は，みずから光を出さないが，太陽の光を反射して光って見える。

問２　スーパームーンは，１年のうちで月が地球に最も接近したために非常に大きく見える満月である。また，月食は，太陽―地球―月がこの順で一直線上に並ぶ満月のときに，地球の大きな影《かげ》の中に月が入りこむために見られる現象である。したがって，アが選べる。

問３　地球や月の公転・自転の向きは，いずれも北極星側から見て反時計回りである。

問４　問３で述べたように，月は北極星側から見て反時計回りに公転している。そのため，月食のとき，月は地球の影の中を西から東へ通過するので，月は東側から欠けていき，東側から満ちていく。

問５　日食は，地球―月―太陽がこの順に一直線上に並ぶ新月のときに，太陽の一部またはすべてが月に隠《かく》される現象である。また，地球が西から東の向きに自転しているため，太陽も月も東から西の向きに動く。ここで，日の出の時刻は１日ではほとんど変わらないが，月の出の時刻は１日に約48分遅《おそ》くなることから，地球から見たときの月の動きは，太陽よりも遅いことがわかる。よって，日食のとき，太陽は動きの遅い月を追い越《こ》すように動くので，太陽は西側から欠けていき，西側から満ちていく。

問６　地球や月の軌道《きどう》（公転の通り道）はだ円軌道なので，地球と太陽の距離《きょり》や，地球と月の距離は，わずかながら変化する。そのため，日食が見られるさい，地球と月の距離が比較《ひかく》的近い場合には，太陽の方が月よりも見かけの大きさが小さくなるので，太陽のすべてが月に隠される皆既《かいき》日食が見られる。そして，この逆の場合には，太陽のへりが月からはみ出して細い光の輪のようになる金環《きんかん》日食が見られる。また，皆既日食や金環日食が見られる地域の周辺では，太陽が部分的に欠ける部分日食が見られる。

問７　問６より，金環日食のときの月の見かけの大きさは，皆既日食のときより小さい。したがって，金環日食のときに地球にできる月の影の大きさも，皆既日食のときより小さくなると考えられる。

問８　右の図で，三角形ABCと三角形ADEは相似であり，相似比は，BC：DE＝１：100である。ここで，地球から太陽までの距離を１とすると，地球からＡ点までの距離は，$1\times\frac{1}{100-1}=\frac{1}{99}$となる。また，地球から月までの距離は，$1\times\frac{1}{400}=\frac{1}{400}$と表せるので，地球からＡ点までの距離は，月までの距離の，$\frac{1}{99}\div\frac{1}{400}=4.0\cdots$より，約４倍と求められる。

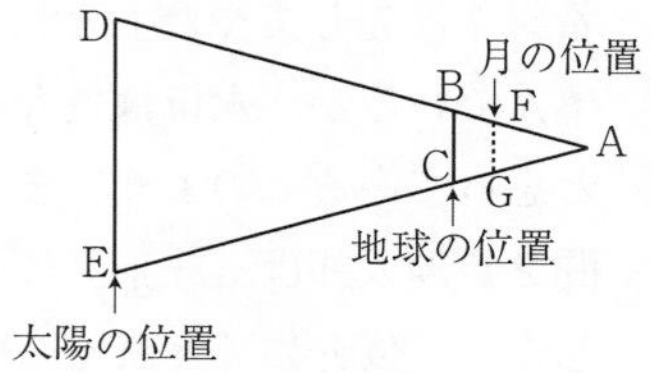

問９　三角形ABCと三角形AFGは相似であり，相似比は問８より，４：（４－１）＝４：３なので，$FG=BC\times\frac{3}{4}$となるから，FGの長さは地球の大きさの約$\frac{3}{4}$倍である。また，今の月の大きさは地球の大きさの約$\frac{1}{4}$倍だから，図６のような金環月食が起こるためには，月は今のおよそ，$\frac{3}{4}\div\frac{1}{4}=3$（倍）の大きさが必要と考えられる。

国　語　＜第１回試験＞（45分）＜満点：100点＞

解　答

一　**問１**　（例）　葉造は息子の俊介を高校に進学させたいと考えているが，永伍は，俊介の希望通りに卒業後キョーリンで働かせてもよいと考えている。　**問２**　（例）　初めは落ち着いて自分のこれからについて話していたが，友人の俊介から本当の気持ちを聞かれ，心の奥にしまっていた，母を亡くした悲しみがこみ上げてきている。　**問３**　（例）　友のピンチは助ける，遠慮はしないという誓いを湯太郎と結んだうえで，一平の父が湯太郎の学資を持つことや，一平の家の離れに湯太郎が住むことを持ちかけ，提案を湯太郎に受け入れさせたこと。　**問４**　（例）　大人への一歩をふみ出す中学卒業の日に，父親たちが誓いを結んだクスノキに集まって自分たちも名前を刻みこみ，今後もお互いを助け合う仲間でいようという誓いを再確認するため。

二　**問１**　（例）　世の中で起きていることについて自分なりに考えられるようになるために必要な情報を，ニュースのプロが無駄なく効率的に選んでいる点。　**問２**　（例）　科学技術の進歩により急激に変化する社会においては，未来を見通して自分なりの答えを出す必要がある。そのための材料探しの基盤になるのは，情報を適切に取捨選択できるメディアリテラシーという力だから。　三　下記を参照のこと。

●漢字の書き取り

三　⑴　寄宿　⑵　博覧　⑶　均整　⑷　護身　⑸　同工異曲

解　説

一　**出典は平岡陽明《ひらおかようめい》の『道をたずねる』による。**母親を亡《な》くしたのに悲しみを押《お》し殺している湯太郎《ゆたろう》の気持ちに俊介《しゅんすけ》が寄りそい，湯太郎が転校しなくてすむように一平《いっぺい》が一計を案じる場面である。

問１　葉造《ようぞう》(俊介の父)は俊介を「高校へ行かせたい」が，俊介自身は進学せず父親の「仕事を継《つ》ぐ」つもりである。また，葉造といっしょにキョーリンを立ち上げた永伍《えいご》(一平の父)は，「本人の希望を優先《ゆうせん》してやれ」と言っている。これをもとに，「葉造は息子の俊介が高校に進学することを望んでいるが，永伍は俊介の希望を優先して，中学を卒業したらキョーリンで働かせてやればいいと思っている」のようにまとめる。

問２　湯太郎は，一平，俊介を相手に，今後のことについて「落ち着き」のある声で話していた。しかし，俊介に「どれくらい不安なん？　寂《さび》しいか？　哀《かな》しいか？　お前の本当の気持ちはどうなん？」と聞かれた直後，「表情を喪《うしな》って」涙《なみだ》を流し，「なんで母さんは死んでしまったんよ！」と叫《さけ》んでいる。これをふまえ，「不安や寂しさをおさえ，今後のことを落ち着いたようすで俊介と一平に話していたが，俊介から本当の気持ちを聞かれたことで，母を亡くした悲しみがあふれてきた」のように整理する。

問３　「策士」は，巧《たく》みに策略をめぐらす人。湯太郎が永伍の援助《えんじょ》を断れないようにするため，一平が先に「誓《ちか》い」を結んだことを，このように表現している。そして，「誓い」の内容は，「一つ，友のピンチは助けること。助けられる側も遠慮《えんりょ》したらいけん。二つ，友の頼《たの》みは断らんこと。三つ，友に隠《かく》し事をせんこと」というものである。誓いの内容と，湯太郎の進学や生活への援助との関係をおさえ，「湯太郎の進学や生活は一平の父親が手助けするという提案を，湯太郎が受け入れやすいように，友のピンチは助ける，助けられる側は遠慮しないという誓いを前もって三人で結んだこと」のようにまとめる。

問４　続く部分で三人は，クスノキに父親たちが刻んだ文字に並べて，一平の「一」，俊介の「俊」，湯太郎の「湯」の字を刻んでいる。また，一年前の誓いの日，一平は「しょせん一人の人間に出来ることなんかタカが知れちょん。扶《たす》け合わねば生きていけん」と言っている。これらをふまえ，「卒業の日に，父親たちのやり方にならって名前を刻み，これからも助け合っていこうと三人で確かめるため」のようにまとめる。

二　**出典は新庄《しんじょう》秀規《ひでき》・藤山純久《ふじやまよしひさ》の『伝える技術はこうみがけ！　読売KODOMO新聞・読売中高生新聞の現場から』による。**新聞は初心者向け，ウェブは上級者向けのメディアであることを述べ，いまメディアリテラシーがなぜ必要かを説明している。

問１　傍線《ぼうせん》部①については続く二つの段落で，「世の中で起きていることについて，自分なりに考えることができるようになるには，世の中の動きに関する基本的な知識が必要」だとしたうえで，「情報をニュースのプロが無駄《むだ》なくざっくり選んでくれる」新聞を読めば，「世の中の動きを効率的に集められる」と述べられている。これをもとに，「世の中の動きに関する基本的な情報をニュースのプロが無駄なく選んでいる新聞は，自分なりに考えるために必要な知識が効率的に集められるメディアであるという点」のようにまとめる。

問２　続く部分では，「科学技術の進歩で，私たちの暮らしは急激に進化しています」と述べられており，「不確定な未来を見通すため」には「正しい情報や自分に必要な情報を適切に取捨選択《せんたく》できるメディアリテラシー」が必要であることが説明されている。これをふまえ，「いま私たちの社会は，科学技術の進歩で急激に変化している。不確定な未来を見通して変化に対応していくには，情報を適切に取捨選択する必要があり，その基盤《きばん》になるのがメディアリテラシーだから」のようにまとめる。

三　**漢字の書き取り**

⑴　他人の家に身を寄せて暮らすこと。学校や会社などの寄宿舎に入って共同生活をすること。

⑵　「博覧会」は，さまざまな生産品や工芸品などを一般《いっぱん》の人々に見せることで，産業や文化の振《しん》興《こう》をはかったり，販路《はんろ》を開拓《かいたく》したりすることを目的に開催《かいさい》される会。　⑶　全体のつりあいがとれて整っていること。　⑷　「護身術」は，相手から危害を加えられたときに自分の身を守るための技術。　⑸　音楽を奏《かな》でる手法は同じでも，味わいが異なること。転じて，見た目が違《ちが》うだけで，内容は似たり寄ったりであること。

Dr.福井の 入試に勝つ！脳とからだのウルトラ科学

右の脳は10倍以上も覚えられる！

手や足，目，耳に左右があるように，脳にも左右がある。脳の左側，つまり左脳は，文字を読み書きしたり計算したりするときに働く。つまり，みんなはおもに左脳で勉強していることになる。一方，右側の脳，つまり右脳は，音楽を聞き取ったり写真や絵を見分けたりする。

となると，受験勉強に右脳は必要なさそうだが，そんなことはない。実は，右脳は左脳の10倍以上も暗記できるんだ。これを利用しない手はない！　つまり，必要なことがらを写真や絵などで覚えてしまおうというわけだ。

この右脳を活用した勉強法は，図版が数多く登場する社会と理科の勉強のときに大いに有効だ。たとえば，歴史の史料集には写真や絵などがたくさん載っていて，しかもそれらは試験に出やすいものばかりだから，これを利用する。やり方は簡単。「ふ〜ん，これが○○か…」と考えながら，載っている図版を５秒間じーっと見つめる。すると，言葉は左脳に，図版は右脳のちょうど同じ部分に，ワンセットで記憶される。もし，左脳が言葉を忘れてしまっていたとしても，右脳で覚えた図版が言葉を思い出す手がかりとなる。

また，項目を色でぬり分け，右脳に色のイメージを持たせながら覚える方法もある。たとえば江戸時代の三大改革の内容を覚えるとき，享保の改革は赤，寛政の改革は緑，天保の改革は黄色というふうに色を決め，チェックペンでぬり分けて覚える。すると，「“目安箱”は赤色でぬったから享保の改革」というように思い出すことができ，混同しにくくなる。ほかに三権分立の関係，生物の種類分け，季節と星座など，分類されたことがらを覚えるときもピッタリな方法といえるだろう。

Dr.福井(福井《ふくい》一成《かずしげ》)…医学博士。開成中・高から東大・文Ⅱに入学後，再受験して翌年東大・理Ⅲに合格。同大医学部卒。さまざまな勉強法や脳科学に関する著書多数。

2022年度　鷗友学園女子中学校

〔電　話〕　(03) 3420－０１３６
〔所在地〕　〒156-8551　東京都世田谷区宮坂１－５－30
〔交　通〕　東急世田谷線－「宮の坂駅」より徒歩４分
　　　　　　小田急線－「経堂駅」より徒歩８分

【算　数】〈第２回試験〉（45分）〈満点：100点〉

【注意】 円周率の値を用いるときは，3.14として計算しなさい。

1　次の $\boxed{\text{ア}}$，$\boxed{\text{イ}}$ に当てはまる数を求め，答えを解答欄に書きなさい。

(1)　$20.22 \div \dfrac{1}{100} + \left(7.36 - 1\dfrac{16}{75} \times \dfrac{3}{14}\right) - 0.1 = \boxed{\text{ア}}$

(2)　$(0.6 \times 1.3 - 0.36) \times \left(6 \div \dfrac{48}{11} \times \boxed{\text{イ}} - \dfrac{1}{7}\right) = 1.26$

2　ある日，文具店Ａでは，１冊95円のノートを150冊，１本110円のペンを150本仕入れました。ノートは２割の利益，ペンは３割の利益を見込《こ》んで，定価をつけました。午前は定価のままで売ったところ，ノートもペンも売れ残りました。そこで，売れ残ったノート１冊とペン２本ずつを袋《ふくろ》に入れたところ，余りなくちょうど袋づめできました。午後には，これらの袋を，ノート１冊とペン２本の定価の合計の２割引きで売りました。その結果すべて売り切ることができ，１日の利益の総額は5000円でした。この袋をいくつ売りましたか。

答えを出すために必要な式，図，考え方なども書きなさい。

3　下の図は，半径５cmと３cmのおうぎ形を重ねた図形です。弧《こ》AB，弧BC，弧CDの長さは等しいです。斜《しゃ》線部分の面積を求めなさい。

答えを出すために必要な式，図，考え方なども書きなさい。

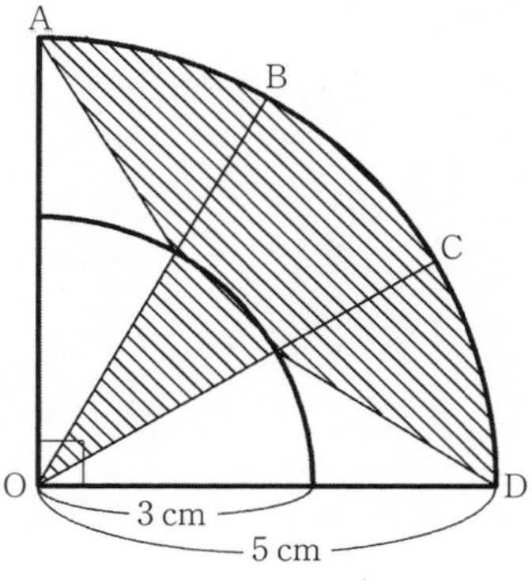

4　１から順に整数を並べます。

１，２，３，４，５，６，７，８，９，10，11，…

並んでいる整数から，２の倍数と３の倍数と５の倍数をとりのぞいてできた数の列について，次の問いに答えなさい。

(1)　61は最初から数えて何番目の整数ですか。

答えを出すために必要な式，図，考え方なども書きなさい。

(2)　200より大きく300より小さい整数は何個ありますか。
答えを出すために必要な式，図，考え方なども書きなさい。

5　図の四角形 ABCD は平行四辺形で，面積は300cm^{2}です。三角形 ACE の面積は45cm^2，三角形 DEF の面積は70cm^{2}です。

(1)　AE：ED を，最も簡単な整数の比で表しなさい。
答えを出すために必要な式，図，考え方なども書きなさい。

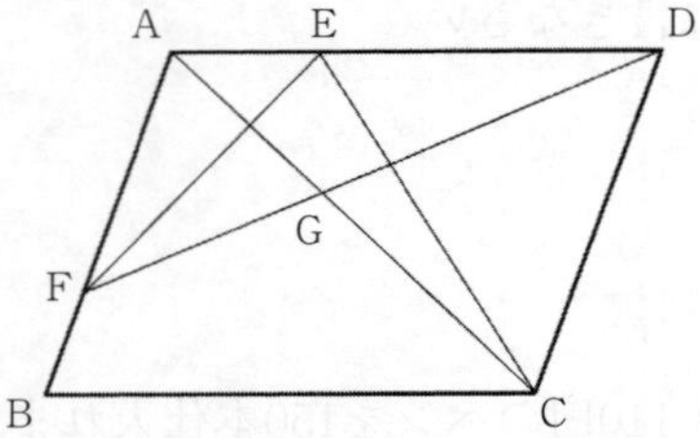

(2)　四角形 BCGF の面積は何 cm^{2}ですか。
答えを出すために必要な式，図，考え方なども書きなさい。

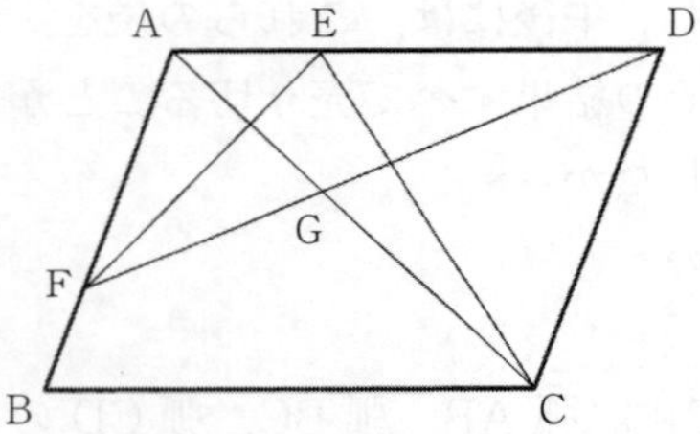

6　図１は底面の直径が６cm，高さが３cm の円柱です。また，図２の立体の上の面は直径が６cm，下の面は直径が４cm の円で，高さは３cm です。

図１の円柱から図２の立体をくり抜《ぬ》いたところ，図３の立体ができました。図３の立体の体積を求めなさい。

答えを出すために必要な式，図，考え方なども書きなさい。

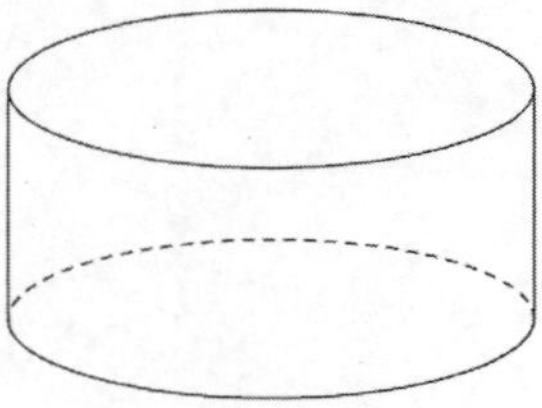
図１

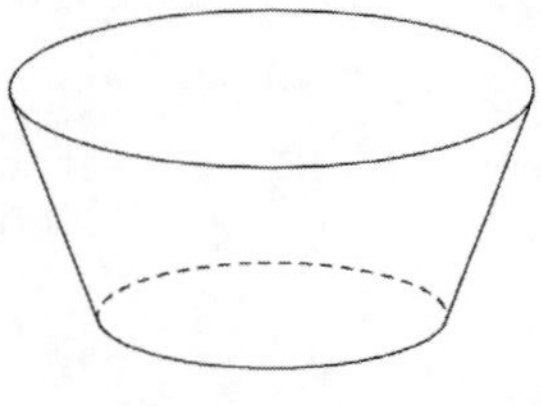
図２

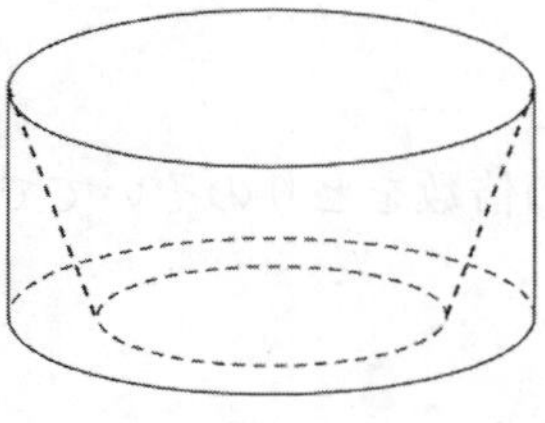
図３

7　姉と弟が家から2.3km離《はな》れた駅まで同じ道を往復します。

姉は14時に家を出て，歩いて駅に向かいました。その途《と》中，公園で友だちと出会い，その場で10分間立ち話をして，その後再び駅に向かいました。

弟は14時10分に家を出て，自転車で駅に向かいました。その途中，姉が立ち話をしている間に公園を通り過ぎ，その後，本屋に５分間立ち寄り，再び駅に向かいました。

弟は駅に着いてすぐに折り返し，駅に向かう姉と出会い，その場で３分間立ち話をしました。その後，姉は弟の乗ってきた自転車で駅に向かい，弟は歩いて家に向かいました。

姉は駅に着いてすぐに折り返し，弟に追いつきました。そこからは２人で歩いて家に帰りました。

２人とも歩く速さは分速75m，自転車の速さは分速250mで，それぞれ一定です。また，グラフは姉と弟の移動の様子の一部を表したものです。

(1)　駅から折り返してきた弟が駅に向かう姉と出会った時刻を求めなさい。
答えを出すために必要な式，図，考え方なども書きなさい。

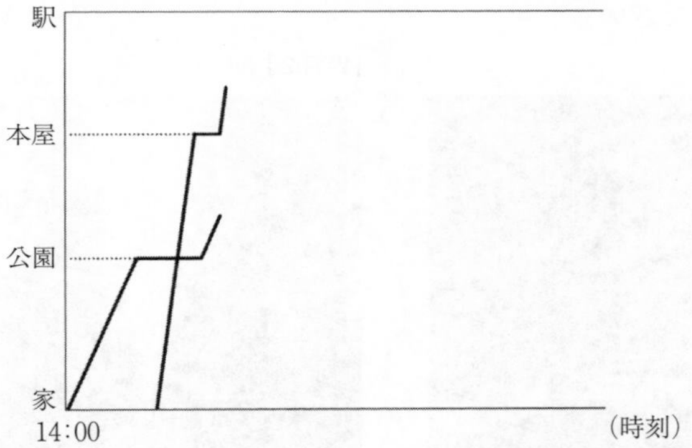

(2)　歩いて帰っている弟に駅から折り返してきた姉が追いついたのは，駅から何mの場所ですか。
答えを出すために必要な式，図，考え方なども書きなさい。

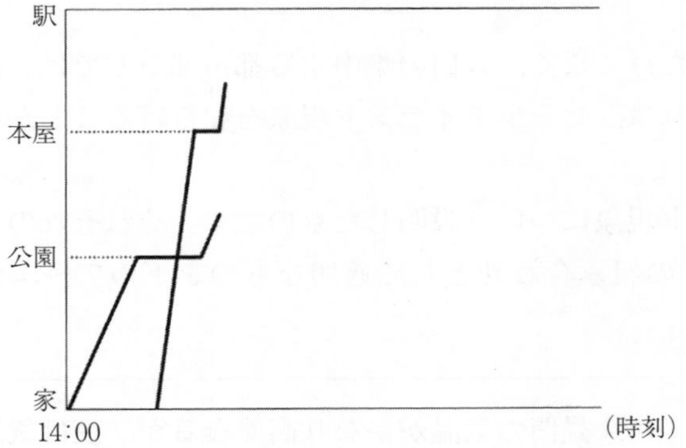

【社　会】〈第２回試験〉（45分）〈満点：100点〉

〈編集部注：実物の入試問題では，写真，地図，グラフ，図はすべてカラー印刷です。〉

1　次の文章を読み，問いに答えなさい。

都道府県の木，花を通して，各地のようすをみてみましょう。

たとえば，東京都の木はイチョウです。東京都内でイチョウの(a)街路樹を見たことがある人も多いでしょう。(b)北海道の木はエゾマツ，山形県の花はベニバナ，富山県の花はチューリップ，□県は木も花もオリーブです。このような例を見ると，地域の(c)自然環境《かんきょう》や特産物と関わっていることがわかります。

一方，マツやスギを道府県の木として定めているところも多くあります。北海道，岩手県，秋田県など北に位置する道県だけでなく，(d)島根県，岡山県などでも，(e)マツやスギを県の木と定めています。

都道府県の木や花を調べることで，それぞれの地域の自然の特徴がわかってきます。

問１　文中の□にあてはまることばを答えなさい。

問２　下線部(a)について，以下の問いに答えなさい。

(1)　街路樹は，幹線道路沿いや，**【資料１】【資料２】**のように，住宅街に植えられていることもあります。その役割は，大気汚染や騒音といった公害の防止，または二酸化炭素の吸収などです。

これ以外に考えられる街路樹の役割を，**【資料１】【資料２】**を参考にして１つ答えなさい。

【資料１】

【資料２】

(2)　最近では，道路沿いに植物を植えるだけでなく，人口の集中する都市部などでは，建物の屋上の緑化も進められています。これは，ヒートアイランド現象を和《やわ》らげることが目的の一つです。

次の**X**と**Y**の文は，ヒートアイランド現象について説明したものです。それぞれの文が正しいか，誤っているかを判断し，その組み合わせとして適切なものを下のア～エから１つ選び，記号で答えなさい。

> **X**．コンクリートで舗装《ほそう》された道路では，昼間の気温がかなり高くなるが，夜は気温が急激に下がる。
>
> **Y**．気温が上昇する原因の一つとして，各家庭のエアコン，自動車や工場などから排出される熱が考えられている。

ア．**X**＝正しい　**Y**＝正しい　　イ．**X**＝正しい　**Y**＝誤っている

ウ．**X**＝誤っている　**Y**＝正しい　　エ．**X**＝誤っている　**Y**＝誤っている

問３　下線部(b)について。北海道では，明治時代以降の開拓《かいたく》の際，客土《きゃくど》が行われた地域があります。客土とはどのようなことか，解答欄《らん》の形式に従って説明しなさい。

問４　下線部(c)に関連して。各地の自然環境は，さまざまな自然現象によって影響を受けます。
立春《りっしゅん》を過ぎた頃に南から風が吹くと，気温が上昇します。立春を過ぎた頃に吹く，その年最初の南風のことを一般に何と呼ぶか，答えなさい。

問５　下線部(d)について。次のページの①～③の文は，**【資料３】【資料４】**を読み取ったものです。それぞれの文が正しいか，誤っているかを判断し，その組み合わせとして適切なものを下のア～クから１つ選び，記号で答えなさい。

【資料３】

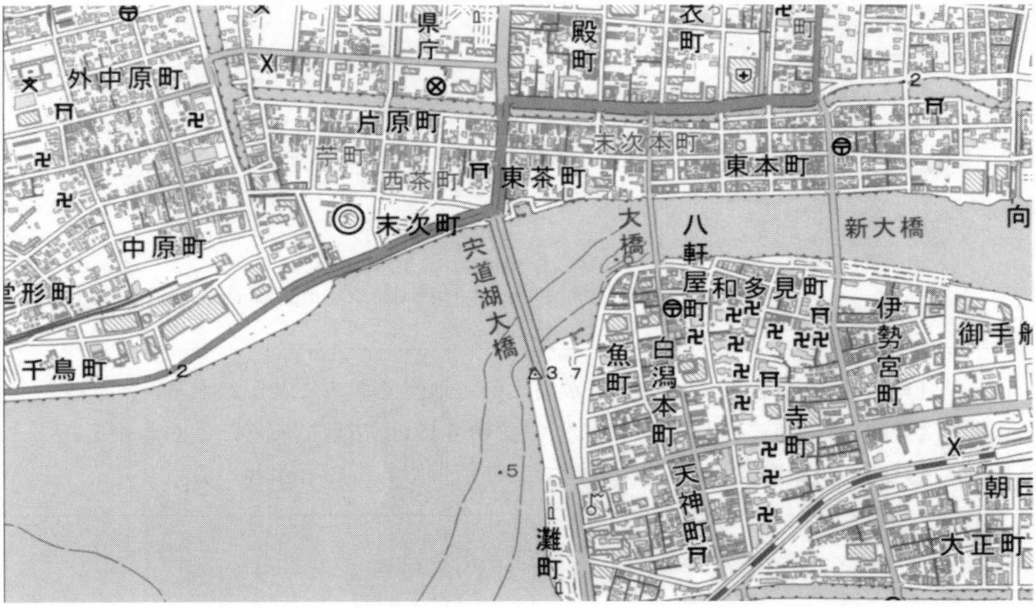

【資料４】

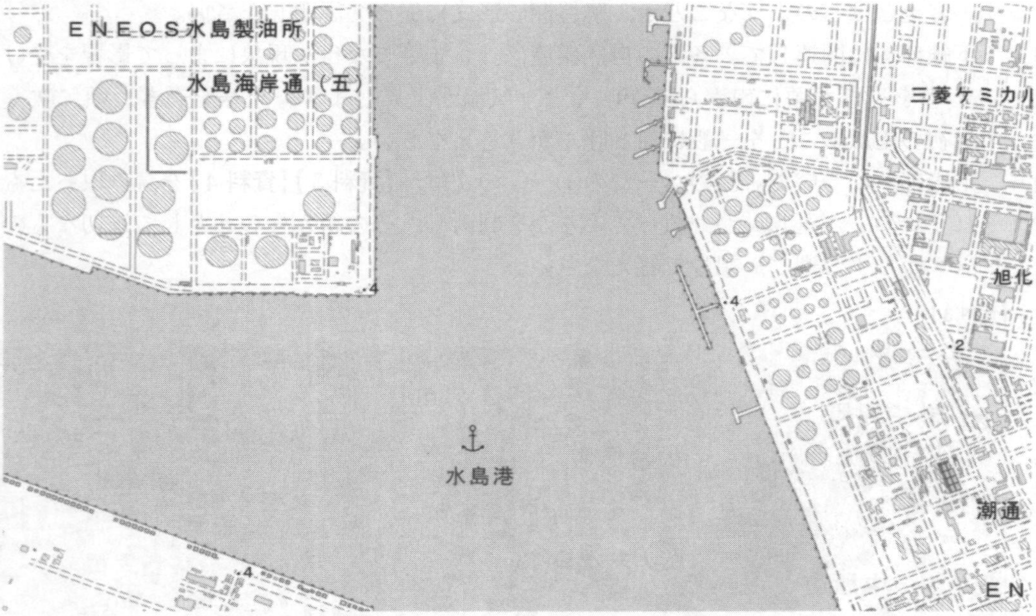

（「地理院地図データ」（国土地理院）(https://maps.gsi.go.jp/)をもとに作成）

①　**【資料３】**が島根県，**【資料４】**が岡山県の地図であることがわかる。 ②　**【資料３】**は海に面している地域，**【資料４】**は干拓地《かんたくち》であることがわかる。 ③　**【資料３】【資料４】**とも，大規模な工業地帯であることがわかる。

ア．①＝正しい　②＝正しい　③＝正しい
イ．①＝正しい　②＝正しい　③＝誤っている
ウ．①＝正しい　②＝誤っている　③＝正しい
エ．①＝正しい　②＝誤っている　③＝誤っている
オ．①＝誤っている　②＝正しい　③＝正しい
カ．①＝誤っている　②＝正しい　③＝誤っている
キ．①＝誤っている　②＝誤っている　③＝正しい
ク．①＝誤っている　②＝誤っている　③＝誤っている

問６　下線部(e)について。マツやスギは，一般的に東北地方の北端《ほくたん》から北海道地方で多く見られる植物です。しかし，マツやスギを道府県の木と定めている例には，富山県，京都府，奈良県などがあります。このことから，東北地方の北端から北海道地方以外でも，マツやスギの生育地域があることがわかります。

【資料５】は，北緯45度から北緯25度あたりまで，高度ごとにどのような植物が生育しているかを示した図です。**【資料５】**中の**A**は森林がほとんど見られません。**B**は針葉樹林が，**C**は落葉広葉樹林が，**D**は常緑広葉樹林が多く見られます。

【資料５】

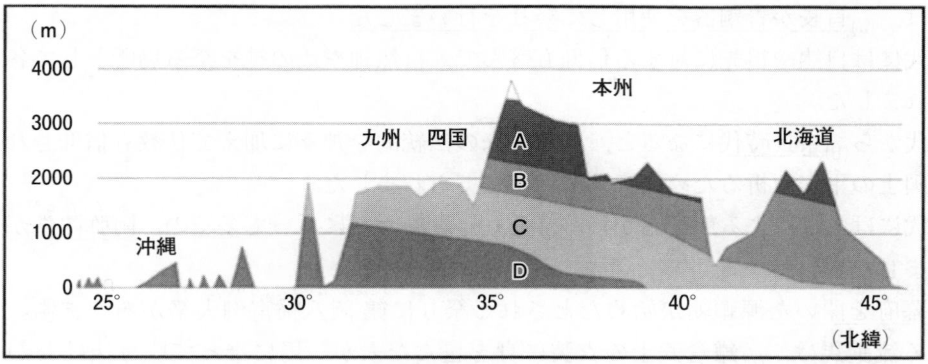

(環境省自然環境局生物多様性センターの資料をもとに作成)

マツやスギが【資料５】中のＡ～Ｄのどこに生育するかを示し，東北地方の北端から北海道地方以外でもマツやスギの生育地域がある理由を，【資料５】を使って説明しなさい。その際，東北地方の北端から北海道地方の気候の特徴にも触れること。

問７　【資料６】は農家１戸あたりの耕地面積(2015年)，水田率(2018年)，第二次産業人口割合(2015年)を表しています。また，表中のＡ～Ｃは，北海道，山形県，富山県のいずれかを示しています。

【資料６】

	農家１戸あたり耕地面積(ha)	(注)水田率(%)	第二次産業人口の割合(%)	Ｘ(億円)
Ａ	25.81	19.4	17.9	61
Ｂ	2.47	95.5	33.6	22
Ｃ	2.62	79.0	29.1	705
全国平均	2.09	54.4	25.0	全国計 8450

(注)　耕地面積に対する水田面積の割合

(『地理データファイル2020年度版』をもとに作成)

(1)　Ａ～Ｃの道県名の正しい組み合わせをア～カから１つ選び，記号で答えなさい。

ア．Ａ＝北海道　Ｂ＝山形県　Ｃ＝富山県

イ．Ａ＝北海道　Ｂ＝富山県　Ｃ＝山形県

ウ．Ａ＝山形県　Ｂ＝北海道　Ｃ＝富山県

エ．Ａ＝山形県　Ｂ＝富山県　Ｃ＝北海道

オ．Ａ＝富山県　Ｂ＝山形県　Ｃ＝北海道

カ．Ａ＝富山県　Ｂ＝北海道　Ｃ＝山形県

(2)　表中のＸはそれぞれの道県で生産している，あるものの産出額，または生産額(2017年)を示しています。Ｘにあてはまるものを次のア～エから１つ選び，記号で答えなさい。

ア．果実産出額　　イ．野菜産出額

ウ．林業産出額　　エ．パルプ，紙・紙加工品生産額

2　次の文章を読み，問いに答えなさい。

私たちは一年の始まりや四季の節目などに，祭りをして祈《いの》りを捧《ささ》げる習慣があります。そのような日本の「祭り」に関わる歴史についてみていきましょう。

縄文時代には生命の誕生や大地の実りなどを願って，土偶《どぐう》が祭りの道具としてつくられ，弥生時代には，(a)首長が青銅器を使用して祭りを行いました。

古墳時代には自然や祖先に対する信仰《しんこう》も盛んで，自然神や氏《うじ》の神を祭る場所として各地で社《やしろ》がつくられました。

飛鳥時代から(b)奈良時代になると，日本古来の伝統的な神々に加えて仏教も信仰されるようになり，国土の平安を祈るために各地に寺が建てられました。

平安時代には上皇による熊野詣《くまのもうで》が行われたり，貴族たちによって多くの(c)阿弥陀堂《あみだどう》がつくられたりしました。

(d)鎌倉幕府を開いた源頼朝が始めたとされる祭りに鶴岡八幡宮例大祭《つるがおかはちまんぐうれいたいさい》があります。この中で行われる流鏑馬《やぶさめ》は，(e)鎌倉武士の衣装に身を包んだ人が，馬に乗って駆《か》け抜《ぬ》けながら的を次々と射貫《いぬ》く神事《しんじ》です。

室町時代には(f)能や狂言《きょうげん》が発展し，また，盆踊《ぼんおど》りなども各地で行われるようになりました。京都の祇園祭《ぎおんまつり》は平安時代から行われていた伝統的な祭りですが，15世紀後半に起きた(g)応仁の乱で一時中断されたこともありました。

江戸時代になると，各地で盛んに祭りが行われ，江戸では，神田祭《かんだまつり》，深川祭《ふかがわまつり》，山王祭《さんのうまつり》は江戸三大祭とよばれて多くの人でにぎわいました。また，(h)街道が整備されたこともあり，神社や寺を訪れる人が増えました。

(i)江戸時代中期に発展した国学の影響も受け，明治時代になると新政府は神と仏を区別して考える方針をとりましたが，両方の要素をもった祭りは残っています。また，(j)明治時代から大正時代にかけては宗教的な色合いから少し離《はな》れて，屋台《やたい》が並ぶ縁日《えんにち》のような祭りも増えていきました。

近年，(k)無形文化遺産として登録された日本の祭りもあります。みなさんの住む町にも古くから残る祭りや踊《おど》り，芸能など今も大切にしているものがあると思います。ぜひ，それらについての歴史や意味などを調べてみてください。

問１　下線部(a)について。むらの祭りに使ったと考えられる，つりがね型の青銅器は何と呼ばれるか答えなさい。

問２　下線部(b)について。この時代のできごとを述べた文として正しいものを次のア～エから１つ選び，記号で答えなさい。

ア．持統《じとう》天皇が大規模な都である藤原京を築いた。

イ．蘇我馬子《そがのうまこ》によって飛鳥寺が建立された。

ウ．朝廷は第一回の遣唐使を中国に派遣《はけん》した。

エ．開墾《かいこん》した土地を永久に私有することを認める法令が出された。

問３　下線部(c)について。阿弥陀堂である宇治の平等院鳳凰《ほうおう》堂を建てた人物を答えなさい。

問４　下線部(d)について。鎌倉に幕府を開いた理由を**【資料１】**を参考にして，地形的な観点から説明しなさい。

【資料１】 当時の鎌倉を復元した模型

(神奈川県立歴史博物館)

問５　下線部(e)について。次の**A**～**C**は，鎌倉時代の武士の役職について述べたものです。**A**～**C**が示すそれぞれの役職の正しい組み合わせを下のア～カから１つ選び，記号で答えなさい。

A．将軍の補佐《ほさ》をする。

B．国ごとに置かれ，御家人《ごけにん》を取《と》り締《し》まる。

C．荘園《しょうえん》の管理や税の取り立てを行う。

ア．**A**＝守護　**B**＝執権　**C**＝地頭

イ．**A**＝守護　**B**＝地頭　**C**＝執権

ウ．**A**＝地頭　**B**＝執権　**C**＝守護

エ．**A**＝地頭　**B**＝守護　**C**＝執権

オ．**A**＝執権　**B**＝守護　**C**＝地頭

カ．**A**＝執権　**B**＝地頭　**C**＝守護

問６　下線部(f)について。能や狂言について説明した次の文中の□にあてはまることばを答えなさい。

> 能や狂言は，もともと**【資料２】**の◯に描かれている，田植えのときに豊作を祈って踊る□や，祭りのときに演じられた猿楽《さるがく》から発展したものです。

【資料２】

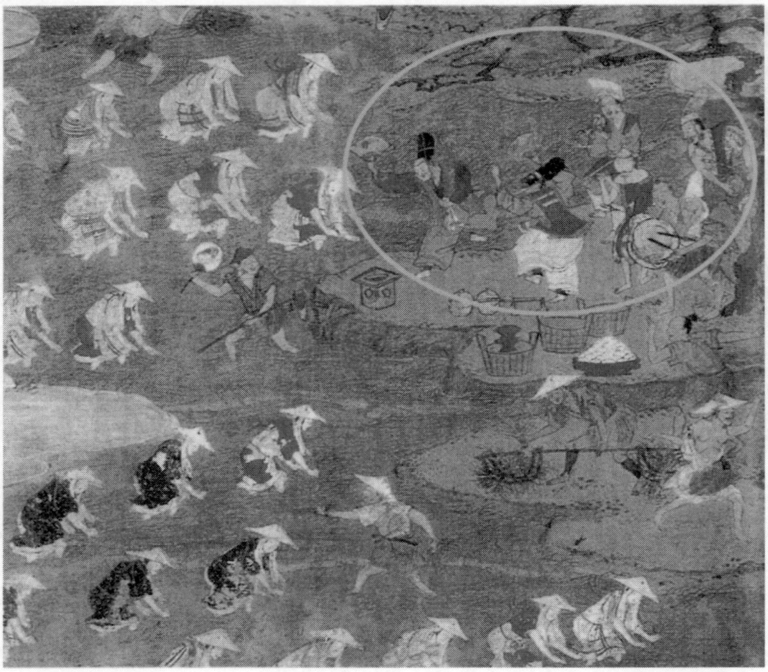

(『新詳日本史』)

問７　下線部(g)について。京都で始まった応仁の乱は，全国に戦乱が広がり11年間続きました。この戦乱を，以下の〔条件〕に従って説明しなさい。

〔条件１〕　応仁の乱の原因を，当時の将軍の名と有力守護大名の氏《うじ》の名を挙《あ》げながら答えること。
〔条件２〕　多くの守護大名が任国(領国)を奪われた背景に触れて答えること。
〔条件３〕　応仁の乱後，戦国時代へと変わる原因となる当時の風潮を答えること。

問８　下線部(h)について。幕府は江戸の日本橋を起点として五街道を定めました。五街道を利用して江戸から下諏訪《しもすわ》に向かい，その後，京都を目指す場合，利用した街道として正しいものを次のア～エから１つ選び，記号で答えなさい。

ア．中山道　　イ．奥州街道　　ウ．東海道　　エ．日光街道

問９　下線部(i)について。江戸時代中期に生まれた菅江《すがえ》真澄《ますみ》という人物がいます。彼は，東北地方，蝦夷《えぞ》地(北海道)などを旅しながら，その土地の風土や年中行事，人々の暮らしのようすなどを，文章だけでなく絵も入れながら書き記しました。

例えば，**【資料３】**の ◯ の場所を旅している途中で，ある民家を訪れたときには**【資料４】**のような旅日記を残しています。**【資料４】**は，彼がどこを訪れたときに何を書き記したものか，解答欄の形式に従って答えなさい。

【資料3】

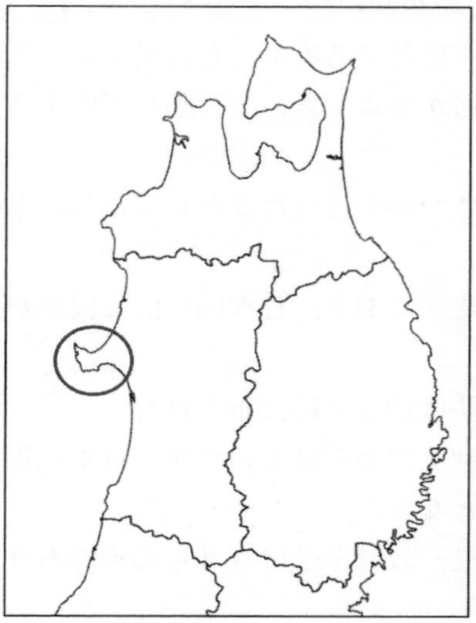

【資料4】

問10　下線部(j)について。明治・大正時代に起こったできごとについて述べたア～ウの文を，古いできごとから時代順に並《なら》べ替《か》え，解答欄の形式に従って記号で答えなさい。

ア．陸奥《むつ》宗光《むねみつ》がイギリスを相手に条約改正交渉を成功させた。

イ．新渡戸《にとべ》稲造《いなぞう》が国際連盟で事務次長に就任した。

ウ．渋沢栄一《しぶさわえいいち》が日本で最初の銀行を設立した。

問11　下線部(k)について。無形文化遺産を保護することを事業の一つとする国際連合の専門機関を何というか，答えなさい。

3　次の文章を読み，問いに答えなさい。

憲法は，立法・行政・司法について定めた統治機構に関する規定と，国民の権利を定めた人権の規定と，大きく２つに分けられます。日本の憲法としては，(a)大日本帝国《ていこく》憲法と日本国憲法があります。

憲法は国の最高法規とされており，司法が法律や条令などが憲法に違反《いはん》していないか判断する役割を担《にな》っています。司法の(b)違憲《いけん》立法審査権《しんさけん》は，ドイツのように具体的な訴訟《そしょう》がなくても合憲かどうか審査できる国と，日本のように具体的な訴訟を通じて合憲かどうかを審査する国があります。ドイツには憲法裁判所があり，日本では一般《いっぱん》の裁判所が審査します。

憲法を改正する規定も憲法に定められています。日本国憲法は，(c)衆参両院の総議員の３分の２以上の賛成で国会が発議し，国民投票で過半数が賛成すれば改正が実現します。日本と同様に(d)多くの国が，一般の法律より憲法改正の手続きを厳しくしています。

日本国憲法は施行《しこう》以来一度も改正されていませんが，近年，憲法改正に関する議論が高まり，2007年には国民投票法が公布されました。この法律では，投票期日や投票権者，投票の方式，国民投票運動などが定められています。国民投票法は何度か改正されています。(e)2014年の改正では投票権年齢《ねんれい》が変更《へんこう》されました。また，(f)2021年に改正されたときには，(g)国民投票での賛否を呼びかける運動におけるコマーシャル(CM)などの規制についても議論されました。

憲法を改正するかどうかを最終的に判断するのは，主権者である私たち国民です。憲法改正によって，何が変わるのか，望ましい国のあり方とは何かをよく考えて行動していく必要があるでしょう。

問１　下線部(a)について。大日本帝国憲法と日本国憲法について述べた文として正しいものを次のア～エから１つ選び，記号で答えなさい。

ア．大日本帝国憲法は君主によって定められた民定憲法であり，日本国憲法は国民が制定する欽定《きんてい》憲法である。

イ．大日本帝国憲法は1889年に発布され，日本国憲法は1947年に公布された。

ウ．大日本帝国憲法では，法律の範囲内《はんいない》で自由や権利は認められていたが，日本国憲法では，基本的人権として侵《おか》すことのできない永久の権利となった。

エ．国民の義務は，大日本帝国憲法では，納税と兵役《へいえき》，教育を受けさせる義務であり，日本国憲法では勤労，納税である。

問２　下線部(b)について。違憲立法審査権は日本国憲法第81条で定められています。**【資料１】**の［　　］にあてはまることばを答えなさい。

【資料１】　日本国憲法第81条

［　　　　］は，一切《いっさい》の法律，命令，規則又《また》は処分が憲法に適合するかしないかを決定する権限を有する終審裁判所である。

問３　下線部(c)について，以下の問いに答えなさい。

(1)　国会は衆議院と参議院の二つの院から成り立っています。二院制がとられている理由を説明しなさい。

(2)　衆議院議員を選ぶ選挙は総選挙といわれ，参議院議員を選ぶ選挙は通常選挙といわれるのはなぜか，それぞれ説明しなさい。

問４　下線部(d)に関連して。日本は多くの国々と貿易を通じて結びついています。**【資料２】**は，1989年から2019年までの日本の貿易額の推移を表したグラフです。

【資料２】を読み取った文として正しいものを下のア～エから１つ選び，記号で答えなさい。

【資料２】　1989年から2019年までの日本の貿易額の推移

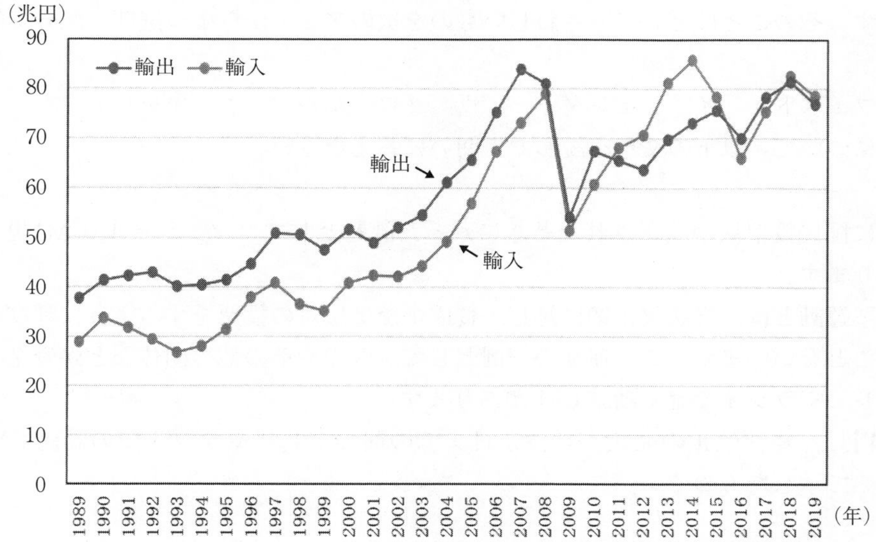

(財務省貿易統計をもとに作成)

ア．2010年まで輸出額が輸入額を上回っており，貿易黒字が続いていた。

イ．全期間を通して，前年から輸入額が減った年は輸出額も減っている。

ウ．2008年まで輸入額が増え続けているのは，日本政府が外国との貿易摩擦を回避するための政策をとってきたからである。

エ．2019年の輸出額は，30年前の1989年と比べると約３倍となっている。

問５　下線部(e)について。投票権年齢はどのように変更されたか，解答欄の形式に従って答えなさい。

問６　下線部(f)について，以下の問いに答えなさい。

(1)　2021年に起きた国内外のできごとを述べた文として正しいものを次のア～エから１つ選び，記号で答えなさい。

ア．日本では新しく，行政のデジタル化を推《すい》進《しん》するデジタル庁が発足《ほっそく》した。

イ．日本では，人口の半数以上が，新型コロナワクチンの３回目の接種を完了した。

ウ．ミャンマーで国軍がクーデターを起こしたが，多国籍軍によって鎮圧《ちんあつ》された。

エ．バイデン大統領が，シリアからアメリカ軍を撤退《てったい》させる指示を出した。

(2)　**【資料３】**は，東京オリンピック・パラリンピック競技大会組織委員会の新しい会長に，橋本聖子氏が就任したことを伝える新聞記事の一部です。

【資料３】

橋本新会長
平等 実現を期待
スポーツ界 歓迎の声

(『読売新聞』2021年２月19日付大阪朝刊
(問題作成上一部改変))

【資料３】の［　　］には，「社会・文化面からみた男女の性別，性差」という意味のことばが入ります。そのことばとしてふさわしいものを次のア～エから１つ選び，記号で答えなさい。

ア．マニフェスト　　イ．ジェンダー　　ウ．グローバル　　エ．キャリア

問７　下線部(g)について。以下の文章を読んで，問いに答えなさい。

2021年に国民投票法が改正されたときに残った課題としてコマーシャル(CM)規制の問題があります。

国民投票運動とは，憲法改正案に対し，賛成または反対の投票をするように呼びかける運動のことをいいます。この運動の一例として，政党やその他の団体などが資金を出して，テレビやラジオで流す勧誘CMがあります。

【資料４】は，憲法改正の発議から投票日までの間のテレビやラジオでの勧誘CMの扱いについて示したものです。

【資料４】

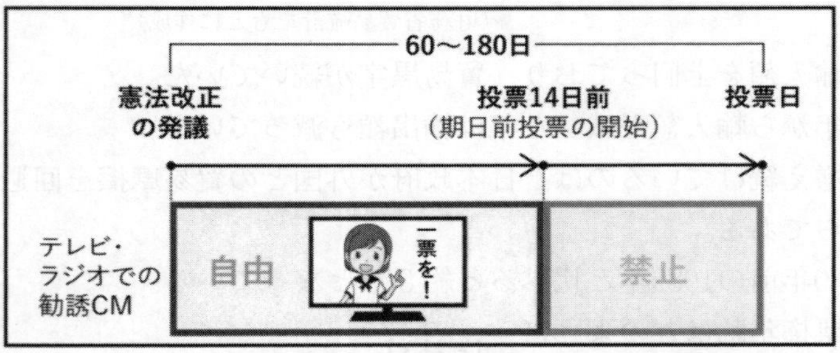

（『朝日新聞』2021年６月23日付をもとに作成）

【資料４】の［　　　］(右側)の期間である投票14日前からは，勧誘CMは禁止されます。［　　　］(左側)の期間にあたる，憲法改正の発議から投票15日前までの間の勧誘CMは原則自由です。それは，国民の［　　］を保障するためと考えられています。

(1)　文中の［　　］にあてはまることばを答えなさい。

(2)　**【資料４】**の［　　　］(左側)の期間にも，政党やその他の団体などが資金を出して，テレビやラジオで流す勧誘CMに，一定の規制を設けた方が良いとの指摘もあります。それにはどのような理由があると考えられるか，説明しなさい。

【理　科】〈第２回試験〉（45分）〈満点：100点〉

【注意】　配られた定規は作図などに使いましょう。また，この定規は試験終了後，持ち帰ってください。

〈編集部注：実物の入試問題では，図の大半とグラフ，写真はカラー印刷です。〉

1　地震《じしん》は地下の岩盤《がんばん》がずれることによって発生します。この岩盤のずれ方によって地震の規模が決まります。地震の規模を表す数値を（　あ　）といいます。また，地震が発生すると各地に揺《ゆ》れが伝わります。各地に伝わった揺れの程度は（　い　）で表します。

地震が発生した場所を震源《しんげん》といい，震源真上の地表の地点を震央《しんおう》といいます（図１）。地震を観測した地点と震源の間の距離《きょり》を震源距離，観測した地点と震央までの距離を震央距離といい，震央から震源までの距離を震源の深さといいます。

図１

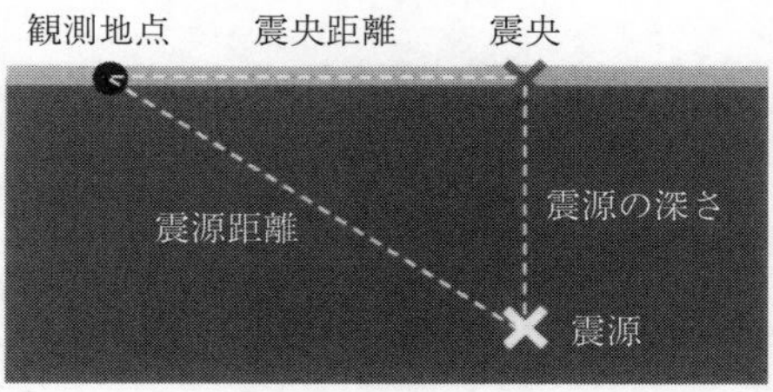

図２と図３は，同じ震源で２つの異なる（　あ　）の地震が発生したときの（　い　）の分布を表しています。図中の数値は（　い　）の階級を表しています。

図２

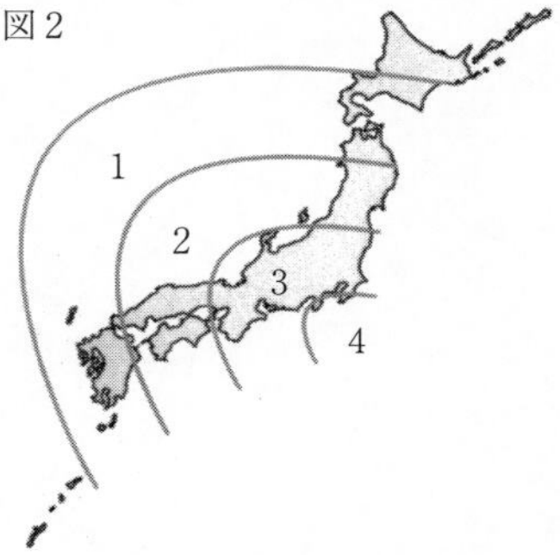

（　あ　）が大きい地震の（　い　）の分布

図３

（　あ　）が小さい地震の（　い　）の分布

問１　空らん（あ）（い）に当てはまる言葉を入れなさい。

問２　図２と図３について述べた文のうち，**誤っているもの**を次のア～エの中から選び，記号で答えなさい。

ア．図２も図３も，震央から遠ざかると，（い）が小さくなる傾向《けいこう》がある。

イ．（あ）の値が大きい図２の地震の方が，より遠くまで揺れが伝わる。

ウ．（あ）の値が大きい図２の地震の方が，震央付近の（い）の階級が大きい。

エ．図２と図３で，同じ２地点の（い）を比較《ひかく》すると，必ずその階級が異なる。

ある地域で地震が発生しました。図４は，この地震が起こった地域のＡ～Ｇ地点（●）の位置と２か所に設置された地震計（▲）の位置を表しています。マスの１辺の長さは10km を表しています。

地震が発生すると震源からＰ波とＳ波の２つの地震波が同時に発生し，周囲に伝わっていきます。図５は，発生したＰ波とＳ波が図４のＡ～Ｇの各地点に届くまでの時間を表しています。

図４

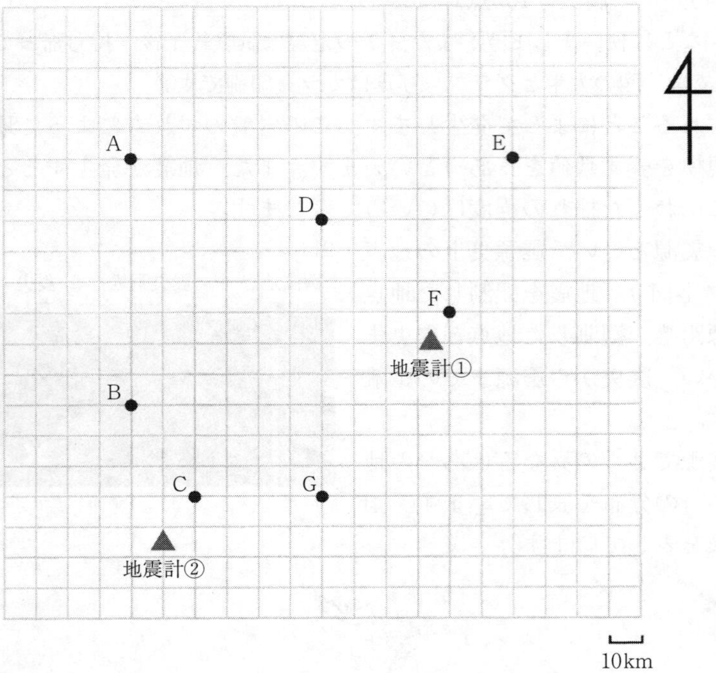

図５

地点	地震発生から Ｐ波が届くまでの時間	地震発生から Ｓ波が届くまでの時間
A	13.5秒	27秒
B	9秒	18秒
C	8秒	16秒
D	9秒	18秒
E	13.5秒	27秒
F	8秒	16秒
G	6.25秒	12.5秒

問３　図５より，Ｂ地点とＤ地点は震源距離が等しいことがわかります。震央が存在する可能性のある所を直線(―)で示しなさい。ただし，解答の直線以外に補助線を引く場合はすべて点線(----)で表しなさい。

問４　この地震の震央は図４のどこにあると考えられますか。解答らんに●で表しなさい。ただし，補助線を引く場合はすべて点線(----)で表しなさい。

図６は，この地震が起こった地域に設置された２つの地点の地震計①，地震計②の記録をグラフで表しています。グラフの縦軸《たてじく》は震源距離で，横軸《よこじく》は地震が発生してからの時間を表しています。震源に近い方に設置されていた地震計の震源距離は56km，遠い方に設置されていた地震計の震源距離は80kmでした。図中の直線Ｐはそれぞれの地震計にＰ波が届いた時間を線で結んで延長したものであり，直線Ｓはそれぞれの地震計にＳ波が届いた時間を線で結んで延長したものです。

図６

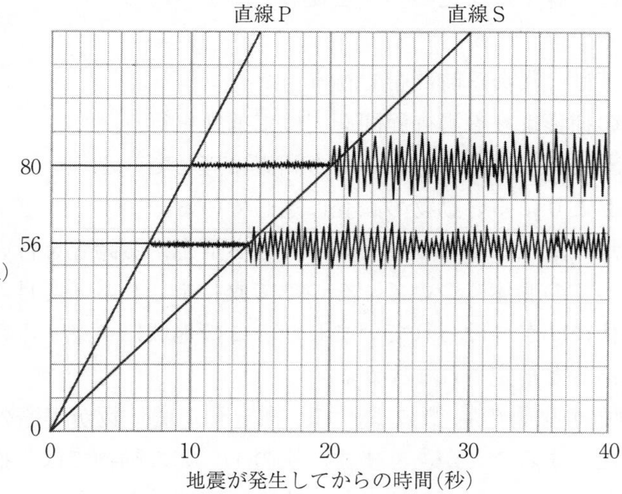

問５　Ｐ波とＳ波はそれぞれ１秒あたり何km進みますか。図６から計算して，答えなさい。

問６　問５の結果をもとに計算すると，Ｇ地点の震源距離は何kmになりますか。

問７　この地震の震源の深さは何kmですか。ただし，直角三角形の以下の辺の比を用いてよい。

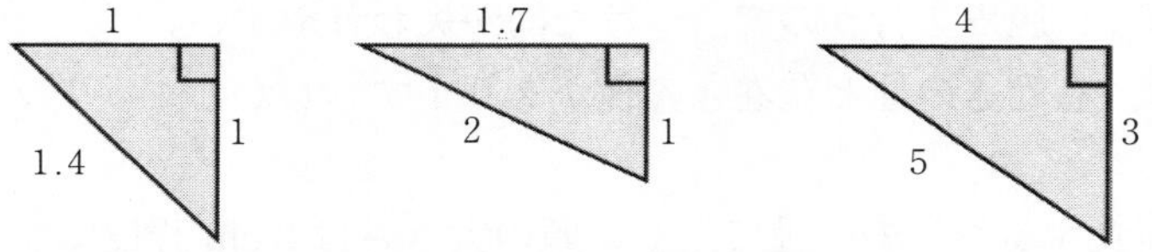

緊急《きんきゅう》地震速報は，全国各地に設置した地震計のうちの２つにＰ波が到着し，その情報を解《かい》析《せき》した上でＳ波がやってくるまでの時間などを発表します。図４の地震計①，②のうち，震源から遠い方の地震計にＰ波が到着した瞬間《しゅんかん》から10秒後に緊急地震速報が各地に届けられたとします。

問８　Ｓ波が到着する前に緊急地震速報が間に合ったのはＡ～Ｇ地点のどの地点ですか。すべて選びＡ～Ｇの記号で答えなさい。

2　マイマイ(カタツムリ)とその捕食者《ほしょくしゃ》について，次の問いに答えなさい。

問１　カタツムリは背骨をもたない動物です。背骨をもたない動物を，次のア～カの中から２つ選び，記号で答えなさい。

ア．ミドリガメ　　イ．メダカ　　ウ．アメリカザリガニ

エ．キタキツネ　　オ．ムラサキウニ　　カ．ウシガエル

ある範囲《はんい》の場所に生育する動物の個体の数を推定するための方法として，標識再捕法があります。標識再捕法では，ある数の個体を捕獲《ほかく》して，ペンなどで印をつけて環境《かんきょう》に戻《もど》します。これを１度目の捕獲とします。そして一定期間たったのち，２度目の捕獲を行います。このとき，２度目に捕獲できたすべての個体のうち，印がついていた個体の数から全体の個体数を推定します。

問２　標識再捕法について，正しく述べているものを次のア～カの中から２つ選び，記号で答えなさい。

ア．遠くから見てもわかるように，鮮《あざ》やかな色のペンを使って印をつける。

イ．簡単には消えない印をつける。

ウ．１度目の捕獲と２度目の捕獲は，異なる時間帯で行う。

エ．２度目の捕獲では，１度目の捕獲よりも調査範囲を広げて捕獲を行う。

オ．捕獲しやすいフジツボのような固着生活を行う動物の調査に適している。

カ．調査期間中に死亡や出生がおこりにくい動物の調査に適している。

問３　標識再捕法を利用して，ある地域に生息するカタツムリの数を推定する調査を行いました。１度目は52個体を捕獲でき，すべての個体について印をつけて放しました。２度目の捕獲では，45個体を採取した中の13個体に印がつけられていました。この地域に生息するカタツムリのすべての個体数は何個体であると推定されますか。

問４　標識再捕法では，調査する対象の動物の特徴《とくちょう》によって，推定した個体数が実際の個体数より多くなったり，少なくなったりすることがあります。次の①，②の動物では，推定した個体数が実際の個体数より多くなりますか，少なくなりますか。解答らんに○をつけて答えなさい。

①　対象となる動物の移動能力が高く，調査地から外に移動したり，調査地の中に移動する特徴をもつ。

②　対象となる動物はひんぱんに脱皮《だっぴ》を行うので，つけた印が失われやすい。

図１のようなカタツムリには，右巻きの種と左巻きの種があります。しかし，カタツムリのほとんどは右巻きの種です。

セダカヘビはカタツムリを捕食するヘビの一種で，その頭の大きさは２cm 程度です。カタツムリを捕食するとき，セダカヘビは図２のように必ず左に首をかたむけて後ろから近づきます。そして大きく口を開けて破線で示された付近に殻《から》ごと噛《か》みつき，下あごの歯がカタツムリの身体に刺《さ》さります。セダカヘビは，図３の矢印のように，左の下あごと右の下あごを別々に動かすことができます。このように下あごを動かすことで，カタツムリの中身を殻から引きずり出し，中身だけを食べます。

図１

右巻き

左巻き

図２（下あご側から見た図）

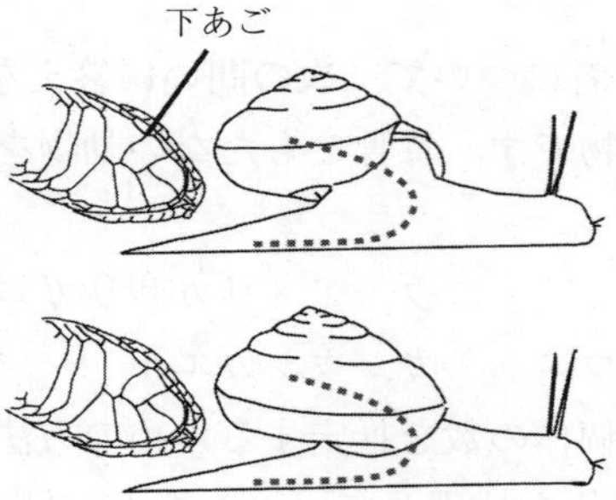

図３（下あごの骨格）

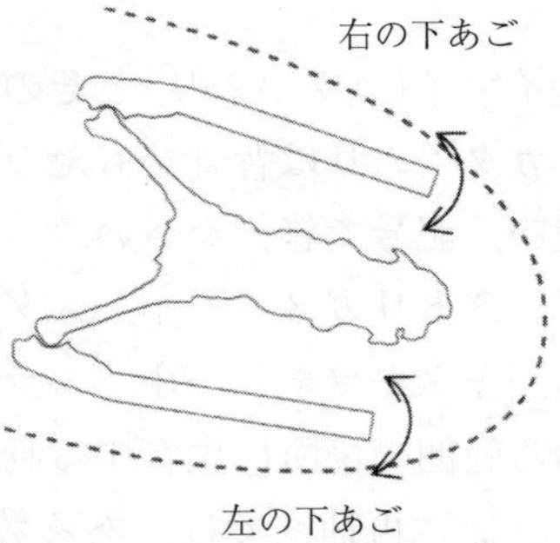

これらの特徴から，セダカヘビは右巻きまたは左巻きのカタツムリに対して捕食のしやすさに差があると考えられます。それを確認《かくにん》するために次のような実験を行いました。

【実験】　セダカヘビの飼育箱に，殻の大きさが２cm ほどの右巻きと左巻きのカタツムリを10個体ずつ入れて観察する。そして，セダカヘビがカタツムリを食べるのにかかった時間と，捕食されたカタツムリの数を調べる。

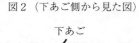

【結果】　セダカヘビがカタツムリを食べるのにかかった時間は（　１　）の方が長い。また，セダカヘビに食べられたカタツムリの数は，（　２　）の方が多い。

問５　この実験の結果はどのようになると考えられますか。（１），（２）に入る語句の組み合わせを次のア～エの中から選び，記号で答えなさい。

	（１）	（２）
ア	右巻き	右巻き
イ	右巻き	左巻き
ウ	左巻き	右巻き
エ	左巻き	左巻き

さらに，セダカヘビの下あごの骨と歯を観察すると，歯の本数やつき方は右巻きまたは左巻きのいずれか一方のカタツムリを食べるのに適したつくりであることがわかりました。

問６　下あごのつくりとして最も適当なものを次のア～エの中から選び，記号で答えなさい。なお，図中の上側が右の下あご，下側が左の下あごです。また，歯の本数についても参考にしなさい。

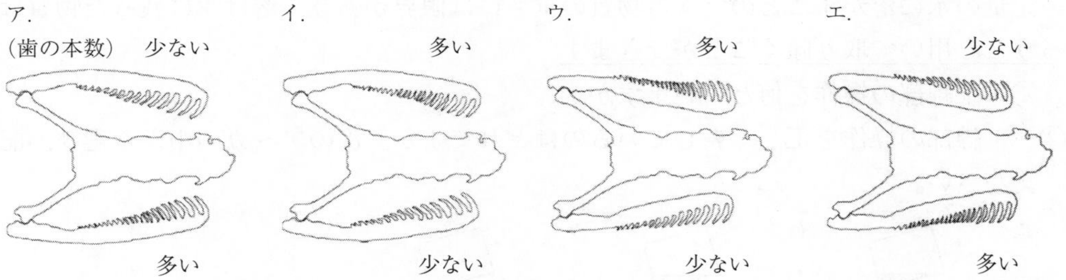

カタツムリは右巻きの種がほとんどですが，左巻きの種は次の例のような過程を経て生じると考えられています。

> 右巻きのカタツムリであるＡ種においても，まれに左巻きの個体が生まれます。しかし，左巻きの個体は左巻きどうしでないと子孫を残せません。そのため，数の少ない左巻き個体は増えません。
>
> 左巻きの個体が増えやすい環境では，左巻きどうしが出会う機会が増え，左巻きの子孫を次第に残しやすくなる場合があります。それらが子孫を残し続けると，長い年月を経て，新たに「左巻きのＢ種」が生じます。

カタツムリの巻き方とセダカヘビの分布との関係を知るため，世界に分布するカタツムリ496種について調べました。続いて，その496種を殻の大きさの最大値で３つのグループに分けました。さらに，それぞれのグループをセダカヘビの分布の有《う》無《む》で分け，左巻きの種数とその割合を調べたものが図４です。

図４

調べた種の合計	殻の大きさの最大値	カタツムリの種数	セダカヘビの分布	カタツムリの種数（うち左巻きの種数）	左巻きの種の割合
496	１cmより小さい	158	あり	24（０）	0%
			なし	134（０）	0%
	１cm～２cm	140	あり	28（１）	4%
			なし	112（２）	2%
	２cmより大きい	198	あり	57(12)	21%
			なし	141（１）	1%

問７　セダカヘビが分布している地域において，殻の大きさの最大値が１cmより小さいと左巻きの種は見られない理由と，２cmより大きいと左巻きの種の割合が大きい理由を，それぞれ答えなさい。

（図２～４と問６の選択肢《せんたくし》の図は，東海大学出版会『フィールドの生物学⑥』より引用）

3　物質を水に溶《と》かすと，水溶液《すいようえき》ができます。このとき，水に溶かした物質を溶質《ようしつ》，溶かしている水を溶媒《ようばい》といいます。

一定量の水に溶かすことのできる物質の重さには限界があり，溶けずに残った物質は，ろ紙とろうとを用いて取り除くことができます。

問１　①　下線部の操作を何といいますか。

②　下線部の操作を正しく表しているのはどれですか。次のア～カの中から選び，記号で答えなさい。

ア.

イ.

ウ.

エ.
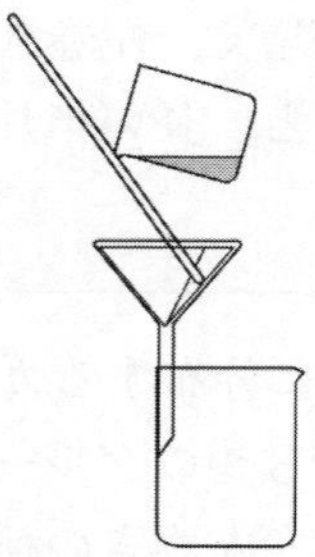
オ.
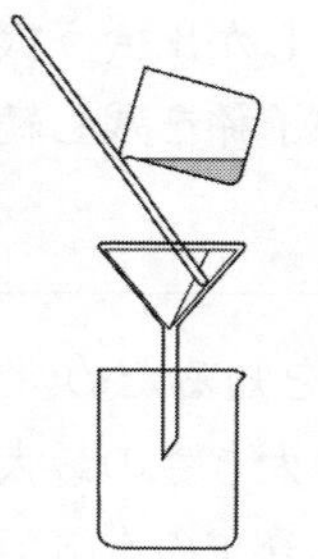
カ.

物質が限界まで水に溶けた状態を飽和《ほうわ》といい，このときの水溶液を飽和水溶液といいます。また，水100ｇに溶ける物質の重さの最大値を，その物質の溶解度《ようかいど》といいます。溶解度は，物質の種類や水の温度によって異なります。図１は４種類の物質Ａ～Ｄの溶解度が，温度によってどのように変化するかを表したグラフです。ただし，以下の問いにおいて，実験中の水温は

物質が溶けても変化しないものとします。

図１

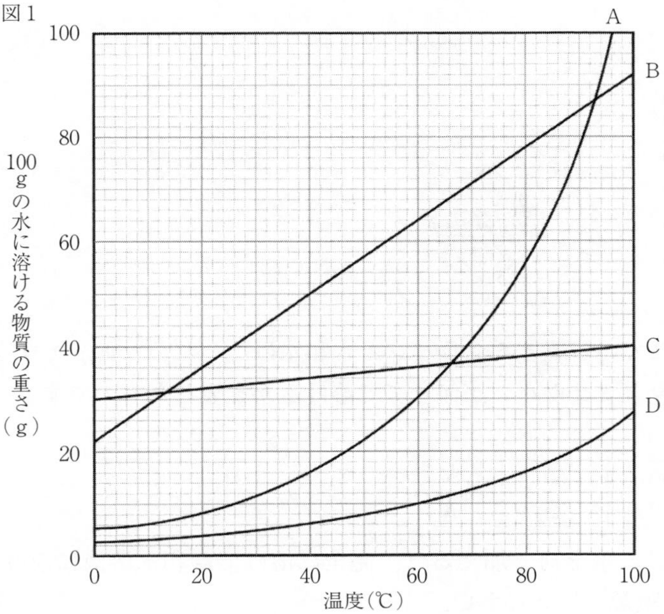

問２　物質Ａ～Ｄを30ｇずつ用意し，それぞれを40℃の水100ｇに溶かしました。すべてが溶けきらずに残るものはどれですか。次のア～クから選び，記号で答えなさい。

ア．Ａのみ　　イ．Ｃのみ　　ウ．Ｄのみ　　エ．ＡとＢ

オ．ＢとＣ　　カ．ＣとＤ　　キ．ＢとＤ　　ク．ＡとＤ

問３　60℃で，水150ｇに図１の物質のいずれか１つを限界まで溶かしたところ，水溶液全体の重さは195ｇになりました。溶かした物質はどれですか。Ａ～Ｄの中から選び，記号で答えなさい。

問４　物質Ａ～Ｄをそれぞれ100ｇの水に溶かして80℃の飽和水溶液をつくりました。20℃まで冷やしたとき，出てくる結晶《けっしょう》の量が多いものから順に，Ａ～Ｄを並べかえなさい。

一般的《いっぱんてき》なミョウバンには，結晶が正八面体の構造をしている生ミョウバン(図２)と，白色粉末の焼きミョウバン(図３)があります。

図２

図３

100ｇの生ミョウバンを加熱すると，結晶が崩《くず》れて水蒸気が発生し，54ｇの焼きミョウバンができます。このことから生ミョウバンの結晶には，焼きミョウバンと水が含《ふく》まれていることがわかります。このように，結晶中に含まれている水を「水和水」といい，水和水をもつ物質を「水和物」といいます(図４)。水和物が水に溶けると，水和水は溶媒である水の一部になります(図５，６)。したがって，水に「生ミョウバンの結晶100ｇ」を加えることは，水に「焼きミョウバン54ｇと水46ｇ」を加えたことと同じになります。

図４

図５

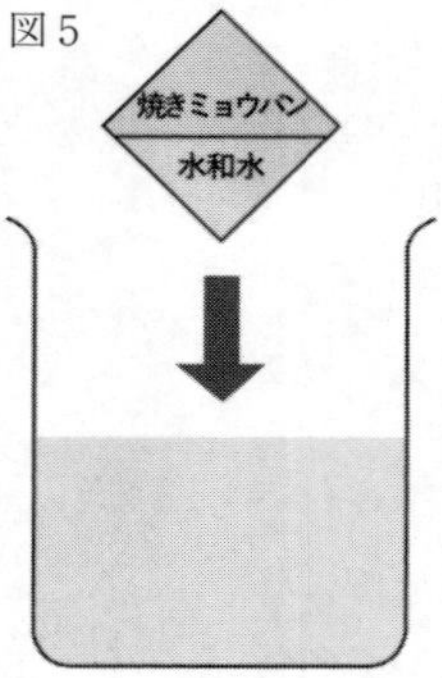

図６

問５　生ミョウバン250ｇ中に含まれている焼きミョウバンと水和水は，それぞれ何ｇですか。

図７は，ある温度の水100ｇに焼きミョウバンが何ｇまで溶けるかを表したものです。

図７

温度(℃)	20	40	60	80
焼きミョウバン(ｇ)	6	12	25	70

問６　100ｇの焼きミョウバンに80℃の水を何ｇ加えると，完全に溶けて飽和水溶液になりますか。小数第１位を四捨五入して整数で答えなさい。

飽和水溶液から水をゆっくり蒸発させていくと，溶けきれなくなったミョウバンが出てきます。このミョウバンは，溶媒の水を取りこんでいるので，生ミョウバンです。

問７　60℃の飽和水溶液125ｇから水をゆっくり蒸発させていったところ，液体の水はすべてなくなり，ミョウバンはすべて生ミョウバンとして出てきました。得られた生ミョウバンは何ｇですか。小数第１位を四捨五入して整数で答えなさい。

問８　60℃の水100ｇに生ミョウバンは何ｇまで溶かすことができますか。問７で答えた数値を用いて計算し，小数第１位を四捨五入して整数で答えなさい。

4　アルミニウムでできた直方体の物体Ａと，ポリ塩化ビニルでできたＴ字型の物体Ｂがあります(図１)。どちらの物体も高さが10cm，体積は100cm^{3}です。これらの物体を糸でばねはかりにつるし，重さをはかりました。その結果，物体Ａの重さは270ｇ，物体Ｂの重さは140ｇでした。ただし，糸の重さや体積は無視できるものとします。

図１

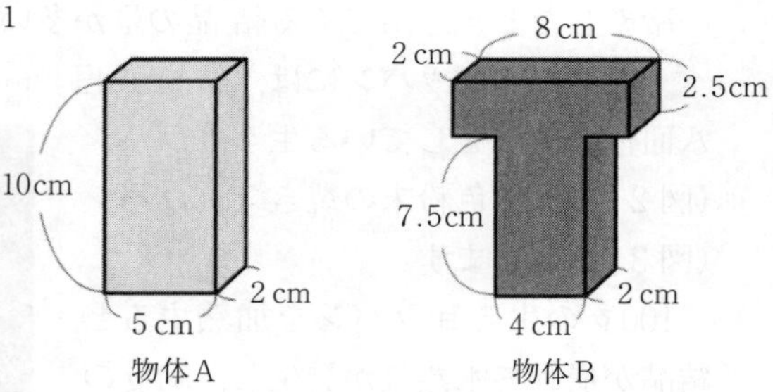

密度は，１cm^{3}あたりの重さで表します。例えば，１cm^{3}あたりの重さが１ｇである水の密度は，１g/cm^3(グラム毎立方センチメートル)と表します。

問１　アルミニウムの密度は何g/cm^{3}ですか。

図２のように物体を水の中に沈《しず》めていくと，ばねはかりの示す値は入れる前よりも小さくなっていきます。これは，物体が水から浮力《ふりょく》を受けるからです。

図２

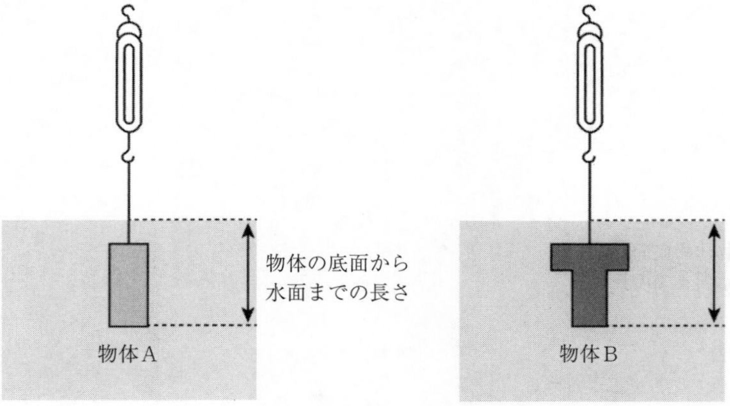

図２のように，物体Ａと物体Ｂを，底面から水面までの長さが12cm になるまで沈めていき，ばねはかりの示す値を調べました。その結果が図３です。

図３

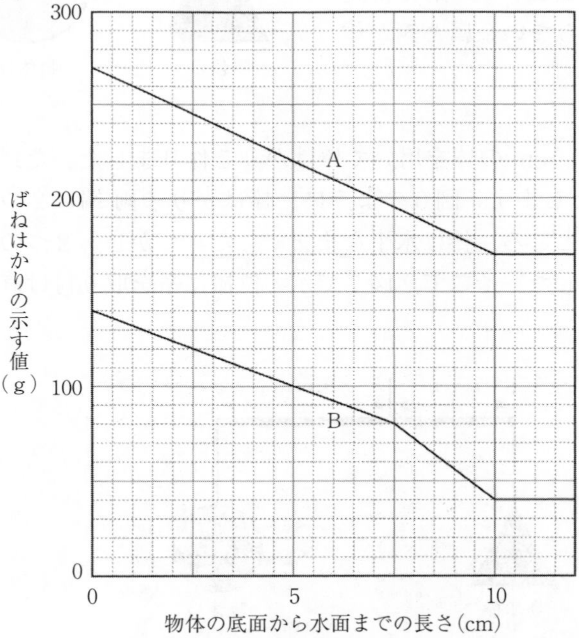

問２　物体Ａの底面から水面までの長さが５cm になったとき，物体Ａが受ける浮力の大きさは何ｇですか。

問３　次の①～③の文章で，正しいものには○，誤っているものには×を答えなさい。

①　ポリ塩化ビニルの方がアルミニウムよりも密度が小さい。

②　物体を５cm 沈めたとき，Ｂの方が，Ａよりも大きな浮力を受ける。

③　物体をすべて水中に沈めたとき，ＡとＢが受ける浮力の大きさは等しい。

問４　図４のように，物体Ｂの上下を逆さまにして，底面から水面までの長さが12cm になるまで沈めていき，ばねはかりの示す値を調べました。その結果をグラフで表しなさい。ただし，解答用紙の赤い点線は図３の物体Ｂのグラフと同じです。

図４

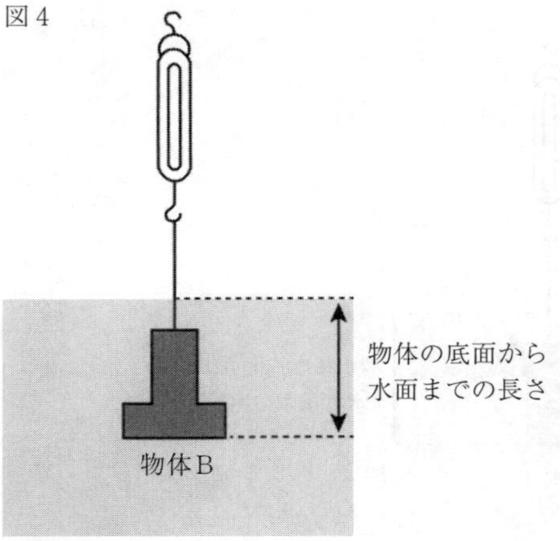

次に，銅のみでできた四角すいの物体Cと，２種類の異なる金属でできた球形の物体Dを用意しました(図５)。重さはどちらも486ｇです。物体Cの底面積は30cm^2で，銅の密度は９g/cm^3です。物体Dは，密度のわからない金属と銅が体積比10：１で混ざっています。

図５

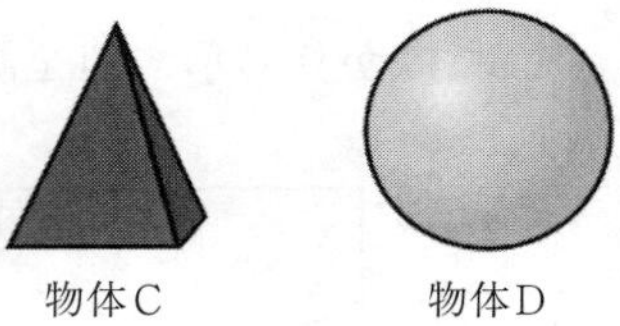

問５　物体Cの高さは何cmですか。

物体Dの体積を調べるために，長さ17.1cmの棒を用いて棒はかりを作りました。ただし，棒と糸の重さと体積は無視できるものとします。図６のように，棒はかりの両端《りょうたん》に２つの物体を取り付け，棒の中央を糸でつるしたところ，棒は水平なままでした。しかし，２つの物体を水中に沈めると，棒は傾《かたむ》いてしまいました。そこで，図７で示す位置に糸を取り付け直したところ，棒は再び水平になりました。

図６

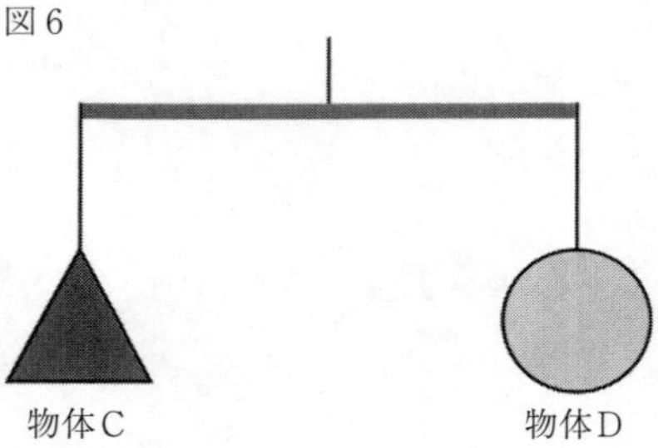

図７

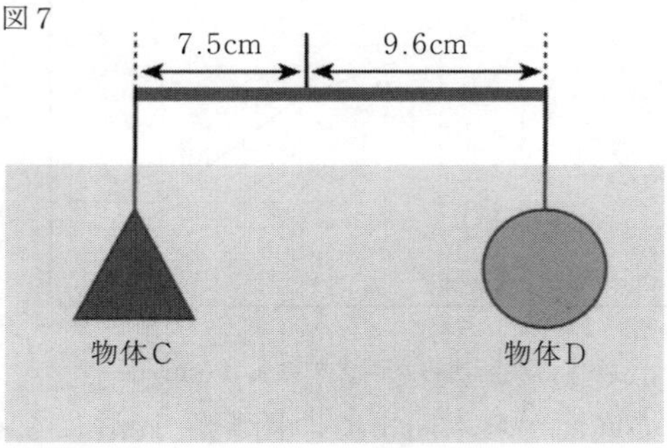

問６　図７のとき，物体Cは棒の左端《ひだりはし》を何ｇで引っ張っていますか。

問７　図７のとき，物体Dが受けている浮力の大きさは何ｇですか。小数第１位まで答えなさい。

問８　物体Dの重さ486ｇのうち，銅の重さは何ｇですか。小数第１位まで答えなさい。

ミ』に描かれたオオカミは眠ってはいても、つねにあたりに気を配り、いつでも危機におうじる用意のある、野生そのもののオオカミでした。そして、ヨーロッパにはすでにない、アメリカ大陸の野生を象徴《しょうちょう》していたのです。にもかかわらず、この作品がサロンに入選したのは、パリの大物画家である審査員には、シートンの絵のメッセージが理解できなかったからでした。審査員はただ、シートンの絵のたぐいまれな写実性と、技量の高さだけを評価して入選にしたのです。

一方、『オオカミの勝利』のメッセージは、パリの人々に確実に誤解される新しい着想でした。つまり、シートンはオオカミの復讐《ふくしゅう》を描くことで、そこまでオオカミを(すなわち自然を)追いこんだ、人間の暴力をあばきだそうとしたのです。やがて人間は、自然から猛烈《もうれつ》なしっぺがえしを受けることになると、シートンはいいたかったのです。でも、パリの人々は、人間が自然になにをしたかを考えたことすらなく、キリスト教の教えのとおり、自然を支配するのは人間の使命と信じていました。

画壇の長老、ウィリアム・ブライナーは、「魂《たましい》のない野生動物の犠《ぎ》牲者《せいしゃ》として魂をもつ人間を描くことは、神ではなく自然が支配者であると主張するのにひとしい。すなわち、異端《いたん》である。シートンの作品はぜったいに受け入れられない」といったと伝えられています。キリスト教的な人間中心主義の考えにひたりきったパリの世界を、シートンの『オオカミの勝利』はあばきだしたのです。

落選におどろきはしたものの、それはシートンには、なかば覚悟《かくご》のことでもありました。シートンにとってたいせつなことは、評価されることではなく、世界を知ることでした。どのようなことをパリの画家が考えているかが、わかればよかったのです。

ある日、シートンはルーブル美術館ですごして、自分がパリの画壇の人間とは、まるで異質であることを感じていました。ルーブル美術館にかざられた巨匠《きょしょう》たちの絵を見て、シートンはこんな感想をもちました。

その日の午後、私はルーブル美術館でずっとすごし、巨匠たちの作品をつぎつぎと見ながら、じつに豊かな才能と個性を感じていました。また、これらの不滅《ふめつ》の作品を描《えが》きだした人物は、自分自身(と個性)をも大きく育てていたことも知りました。それは私に強烈《きょうれつ》な印象をあたえ、ひるがえって、いまの私は、ノルウェーでヤシノキを育てようとしているようなものでした。あわれな私のヤシは霜《しも》のたびにしおれ、芽をのばしては枯《か》れてしまいました。私は自分がなれないものになろうとしてきた、とようやく気づきました。私は私で、気を楽にして、②アメリカのマツを大きくすればいいのです。

(今泉吉晴『シートン　子どもに愛されたナチュラリスト』)

(注) ウルフ…ロンドンで知り合った動物画家。

問一 ——線部①「自信作『オオカミの勝利』は、金メダルどころか入選さえしませんでした」とありますが、その理由を、シートンがこの絵にこめた思いもふくめて説明しなさい。

問二 ——線部②「アメリカのマツを大きくすればいいのです」とはどのようなことですか、説明しなさい。

三 次の各文の——線部のカタカナを漢字に直しなさい。

(1) タンジョウ日を祝う。
(2) 想像力にトんだ人。
(3) テツボウの練習をする。
(4) パソコンで本の在庫をショウカイする。
(5) ニソクサンモンでゆずり受ける。

（注１）なかんずく…とりわけ。特に。

（注２）二燭光…ろうそくを二本ともしたときと同じぐらいの明るさの電球。

（注３）行火…小さな箱に炭火を入れて手足を暖める道具。

問一 ――線部①「その乏しい光の中で、部屋は二倍の大きさに拡大した」とは、どのようなことですか、説明しなさい。

問二 ――線部②「この状態は一変した」とありますが、これはどのようなことですか、七十字以内で説明しなさい。

問三 ――線部③「ああ、おもしろかった」とありますが、これはどのような気持ちですか。そのような気持ちになった理由もふくめて説明しなさい。

問四 ――線部④「このようにうまく行く場合はむしろ稀といってよかった」とありますが、それはなぜですか、説明しなさい。

二 次の文章を読んで、後の問いに答えなさい。なお、この文章はアメリカの動物文学者であるシートン（一八六〇～一九四六）の生《しょう》涯《がい》について書かれたものの一部です。

翌年一月に、シートンは自由主義的な芸術学校、ジュリアン・アカデミーに登録し、ジーン・レオン・ジェロームに色、光、そして筆づかいについての指導を受けながら、絵を描《か》きはじめました。けれど、シートンは動物の美しさは描きましたが、あいかわらず肖像《しょうぞう》画《が》はいっさい描きませんでした。

パリですごしてすぐにわかったのは、ロイヤル・アカデミーのときと同じだということでした。パリに滞在《たいざい》して二ヵ月もたたないうちに、もうアメリカの友人にだした手紙に、「もう一度、マニトバの大平原や、サンドヒルに行きたいという願望に押《お》しつぶされそうになる」と書くありさまでした。（注）ウルフが忠告してくれたとおり、パリには動物好きな画家はひとりもいませんでした。

もっとも今度は、パリがいやになったというだけでは帰りませんでした。サロンに挑戦《ちょうせん》し、大賞をものにするという目的はゆるぎませんでした。動物の絵しか描かず、パリの画壇《がだん》におもねることもなく、流行や古典派の様式にも無関心という、シートンの絵にたいする姿勢そのものが、サロンへの挑戦でした。シートンはサロンに入選すること自体が目的なのではなく、絵の入選をとおして、自分の理想をアピールすることを考えていたのです。

シートンはまず、二×四フィート（一フィートは約三〇・五センチ）のカンバスに、ほんもののオオカミをモデルに描いた『眠れるオオカミ』を、一八九一年のサロンに提出して入選しました。

これに力をえて、一八九二年のサロンには、四・五×七フィートの大きなカンバスに、オオカミが人の頭にかじりついている姿を描いた『オオカミの勝利』を、これで大賞の金メダルはまちがいなしとばかりにもちこみました。この大作は、ピレネー山脈でオオカミにおそわれた、木こりのニュースに着想をえたものでした。シートンはこの絵を描くために、パリ郊外《こうがい》に野外セットまでつくりました。バケツいっぱいのウシの血をもらい、雪原にばらまき、悲劇の現場を再現したのです。

ところが前の年に、それほど力を入れなかった『眠れるオオカミ』が入賞したのに、①自信作『オオカミの勝利』は、金メダルどころか入選さえしませんでした（ただ、同時に提出した小品のいくつかは入選しました）。

『眠れるオオカミ』が入選して、力を入れた『オオカミの勝利』が落選したのは、シートンの絵の姿勢にたいするサロンの審査員《しんさいん》の回答であって、むしろ当然のことだったかもしれません。『眠れるオオカていた時期があった。夕食を済まして七畳半の部屋にきてみると、すでに蒲団はぎっしりと敷かれている。服を着たまま、その掛蒲団の下にはいって、一人勝手に、人工の暗闇の中をもぐりまわるのである。蒲団はぴったりと接して敷かれていたし、掛蒲団にしろむしろ重複してかけてあったから、隙間《すきま》から光がはいってきたり、外が見えてしまうということは完全になかった。

　それでも、蒲団の下で単に往復していては方向感覚が乱れることもないから、私はできるかぎりぐるぐるまわったり、斜《なな》めに進んだり、急に横転したりした。それでも、頭のどこかで、今どちらに向《むか》っているのかという作用がどうしても働いてしまうから、ときには動くのをやめ、三分間ほどもぜんぜん別のことを考え、またすばやく向きを変えて、もぞもぞといざったり後退したりもしてみた。

　そうやって、かなりの努力と苦労の挙げ句、うまくすると、このまえとそっくりの、自分の位置から、頭が部屋のどちらの方へ向いているのかさえ、ぜんぜんわからないという事態がふいに起こることがあった。

　そのときは、ごく嬉《うれ》しかった。なんともいえない奇妙《きみょう》で不可解な意識が全身をひたした。その呪縛《じゅばく》されたような意識の中で、じっと、果たしてこのまま進めばどこへ出るのかを全霊《ぜんれい》をこめて考えるのである。服のまま長いこともぐって動きまわっているため、じっとりと汗《あせ》までかいている。いくら耳をすましても、厚い掛蒲団のせいで柱時計の秒を刻む音も聞こえてこない。そして、いくら考えても、ついに方角の見当がつかないとわかった瞬間《しゅんかん》、およそ愚《おろ》かしいぞくぞくするような喜悦《きえつ》がやってくる。それから、やはりこの向うは押し入れに面していると仮定を立てて進んでいって蒲団の端《はし》に辿《たど》りつき、相当のスリルを覚えつつ首を突《つ》きだしてみると、予想がまったく逆だったときの、たとえようもない不可思議な嬉しさ。一体、あれは何であったのか。

　もっとも、④このようにうまく行く場合はむしろ稀《まれ》といってよかった。せっかく方向を失いかけているときに、柱時計がボーン、ボーンと鳴りだせば、すべてはお終《しま》いである。或いは、それまで居間にいたはずの従兄たちが、足音としゃべり声を立てていつもの通路の電話室からやってくれば、やはり御破算《ごはさん》になるのである。

　そんなことよりも、意識的には懸命《けんめい》に方角を失おうとして、闇雲に動いたり、他のことを考えたりしているのだが、同じ行為を何回も試みているうちに、頭の一隅《いちぐう》ではどうしても、今はこちら側へ行った、今度は半回転したと執拗《しつよう》に自然に考えてしまうらしく、重たい蒲団の下でいくら汗をかいても、なかなか迷子になれないことが多かった。せっかくうまくゆきかけても、しかしやはりこの自分の頭は電話室に向っていると判断して、首を突きだしてみるとやはりその通りだったりしたときは、異常なくらいがっかりした。比較的《ひかくてき》うまく行った場合であっても、これは玄関《げんかん》に面した唐紙のいちばん端に出ると思って、実際に首を出してみると、方角はちゃんと当っていて、せいぜい唐紙の位置が一枚ずれているくらいのことが多くなってきてしまった。

　そのため、私はこの遊びを、わりあい短期間でやめてしまったようだ。しかし、成功率が低かっただけ、ごく稀に完全に方角がわからなくなり、重たい蒲団の下の暗黒の中で目を瞠《みひら》きながら、懸命に考えに考え、そのくせその予想が完全に裏切られたときの喜びは、ひときわ大きかったように覚えている。

　私は臆病《おくびょう》な子で、従兄たちがこないときの、がらんとした七畳半の夜が怕かった。彼らがきてくれたときのみ、七畳半はにぎにぎしい歓楽《かんらく》の場所となってくれた。いわば私はその上に安住して、つかのま、ひたすら暗闇の世界を、また目ざす先が行方《ゆくえ》も知れないという奇妙な体験を、わくわくする気分をもって味わいたかったのかも知れない。

（北　杜夫『まっくらけのけ』）

「ワッ、こわい」

などという声があがる。

繰《く》り返《かえ》すが、いつもはだだっ広く殺風景に感じられたこの七畳半の部屋が、私にとっても怖いとか寂《さび》しい場所とはまったく逆の、なんとも愉《たの》しくにぎわしい、ほとんど天国のような存在に変じたことは確かなことであった。

その年齢のころであったろう。私は一つの遊びを発明した。

元はといえば、婆やがうるさく騒ぎすぎる子供たちを、一刻も早く寝床に追いやろうとする習慣が生んだものかも知れない。ともかく、私と二人の従兄くらいが、先に寝巻に着替えて床にはいった。しかし、時刻があまりといえば早すぎた。他の子供たちは、まだ何かをして別室で遊んでいた。

あれは冬であったにちがいない。なぜなら、あの遊びには、ぶ厚い掛蒲団《かけぶとん》、外光を完全に遮断《しゃだん》する蒲団が必要であったから。

先に述べたように、暖房《だんぼう》とてまったくない昔の話だから、冬の掛蒲団はぶ厚いのが二枚もかかっていたと記憶する。それはかなり重たかった。まして小さな子供の身にとっては。

私たちは、早く寝床に入れられた腹いせもあって、自分らの離《はな》れ離《ばな》れの枕におとなしくつこうとはしなかった。まだ電燈も明るいのが点《とも》されていた。そこで私らは、ぶ厚い掛蒲団の下をもぐって、六人分用の敷蒲団のうえを這《は》いずりまわった。もともと大人用の蒲団であったし、一緒に寝るべき半数の者がいないとなると、まして掛蒲団の下の人工の暗闇の中を這いずってみると、その面積は意外と広く感じられた。小さな体が、七畳半にすぎないが、それよりずっと広い面積と思える暗黒の箇所《かしょ》を、のろのろと不器用に、いわば潜水《せんすい》しながら這いずるのは、いとも不可思議な思いを覚えさせた。

もとより、唐突《とうとつ》に足がからまったり、頭が真向《まっこう》からぶつかったりすることもある。そんなとき、私たちはわざと大形《おおぎょう》な悲鳴をあげてみたり、格闘《かくとう》の真似事をしあったりした。

あるとき、ふと気づくと、従兄たちはそれを完全な潜行遊戯《せんこうゆうぎ》、または光もとどかぬ深海に於《お》ける潜水艦《せんすいかん》合戦とでも合点《がてん》したらしく、ひっそりと音も立てなくなっていた。そう私が気づいてみると、彼《かれ》らの存在が不明なのも不気味であったが、それよりも、自分のいる位置が一体どこいら辺りなのか、皆目《かいもく》わからなくなっているのが、いっそう不安であった。否《いな》、驚異《きょうい》であるといってもよかった。

こんな体験はかつてなかった。私の生まれた家のそばには、広大な青山墓地があって、その樹木の鬱蒼《うっそう》とする土地の中で、迷子になりかかって恐《おそ》ろしかった経験はある。しかし、七畳半の部屋、それよりは面積の少い蒲団の中で、一体自分がどこにいるのか、どちらの方向を向いているのか、それこそぜんぜんわからないという感覚は、想像もつかないことであった。

そのときは、おそるおそる、私は重たい掛蒲団の下を移動していって、蒲団のはずれに出た。掛蒲団を押《お》しのけてみると、そこは部屋のいちばん外れの、電話室と呼ばれている二階への階段下の小部屋へ通ずる唐紙《からかみ》の前であった。呆然《ぼうぜん》としたおののき、驚異につながるものは瞬時《しゅんじ》にして消え去り、ほっとした安堵《あんど》以上に、「③ああ、おもしろかった」という意識が訳もなく全身をひたした。

私はその体験というより、心底からおもしろいと思った蒲団もぐりの遊び方を——なぜならその当時の行為《こうい》はすべて遊びにつながっていたから——従兄たちや姉や妹にも話したはずだ。だが、みんなはいくらか同じ動作を試みたあと、なぜかそれを真似ようとしなかった。あの頃は、たとえば蜜柑を焼いて食べるという単純な行為にしろ、争《あらそ》ってみんなが同じようにしていたというのに。

それゆえ、一時的ではあったが、私はただ一人でその遊びを行なっっていると、そういうときこそ柱時計の音がいやに大きく耳に聞こえだすのだった。

ところで、三人の従兄《いとこ》たちが家に泊《とま》りがけで遊びにくるとなると、②この状態は一変した。子供の数が二倍になればそのにぎやかさは二倍どころか、それこそ四倍にも五倍にもなる。まして、従兄たちはすべてかなり悪戯《いたずら》好きの男の子で、私たちとちょうど同年齢《どうねんれい》くらいであったから、これは相当な騒《さわ》ぎとなるのが当然である。

私たち子供たちは、昼から夜まで、およそ子供の考えつくありとあらゆる遊びをやった。屋内で遊ぶ場合は、やはりその七畳半の部屋が根拠地《こんきょち》であった。

私が夜の寝床をごく冷く、かつ怕く思っていた幼いころ、みんながどんな遊びをやっていたかはよく覚えていない。従兄たちが遊びにきていた期間は私が中学の後半に至るまでのかなりの歳月であったから、どういう遊びをどの時代にやっていたかは、記憶を探ってみてもすこぶる曖昧《あいまい》である。

とにかく、目隠《めかく》しをして「鬼《おに》さんこちら」もやったし、或《ある》いは柱が陣地《じんち》であって、柱に摑《つか》まっているときは安全という鬼ごっこもやった。共にみんなが幼いころの遊びであったろう。まさか小学校も上になって、七畳半の部屋の中を六人の子供が柱から柱へドタバタと走りまわったとは考えられぬから。

もう一つ覚えているのは、確か姉が、蜜柑《みかん》を焼いて食べることを発明したことである。蜜柑というのは冷いからおいしいのだと今は思うが、その頃《ころ》はみんな夢中になってこれを真似《まね》た。蜜柑を火鉢の炭火のうえに直接のせる。炭火が乏しいから、一度に二つくらいしかのせられない。それで、

「これはあたしのよ」

「この次はぼくの番だ」

とか言いながら、火鉢のまわりをぐるりと囲んで、焼けるのを待っていた。

すると、特有な、甘酸《あまず》っぱさと香《こう》ばしさの交ったような匂《にお》いが漂《ただよ》ってくる。蜜柑の底がこんがり黒くなったころ食べるのである。皮の半分は柔《やわら》かくなっていて、それをむくと、湯気の立つ実の房《ふさ》が現れた。特にそれがうまかろうはずもないが、私たちはすばらしい味だと思っていた。

夜には、七畳半の部屋に一同が寝た。細長い部屋の、それこそ一面にぎっしりと蒲団が敷《し》かれていたことが強い印象として残っているが、果《はた》して六人分の敷蒲団《しきぶとん》が敷かれたかどうかは定かではない。しかし、いつもはがらんと感じられたその部屋は、蒲団だけでも一杯《いっぱい》になって、まして六人の子供のかもしだすうわついた熱気に満ち、怕いどころの話とは縁遠《えんどお》くなった。もちろん婆やはいるところがなくなって、他の部屋に寝るのだったが、従兄たちがいるかぎり、うるさいお目付役がいなくなるのはむしろ有難《ありがた》い感じであった。

だが、その頃、私たちはまだ小さかったから、夕食が済んでろくに時間も経《た》たぬうち、その婆やがやってきて、半ば強制的に私たちを寝床に追いこむのはやむを得ないことであった。部屋一杯の蒲団は、私たちの夕食中に、すでに敷かれていたような気もする。

だが、無理強《むりじ》いに寝床に入れられてしまっても、私たちはおとなしくすぐ寝つきはしなかった。誰か一人が、意味もなく笑いだすと、それがたちまち感染《つたわ》っていって、ついにはみんなが突拍子《とっぴょうし》もない声で変な笑い声の合唱となる。或いは、向《むこ》うで、

「アッ、オバケ」

という声がすると、こちら側で、

「ヒュウ、ドロドロ」

二〇二二年度　鷗友学園女子中学校

【国語】〈第二回試験〉（四五分）〈満点：一〇〇点〉

【注意】問いに字数指定がある場合には、最初のマス目から書き始めてください。なお、句読点なども一字分に数えます。

一　次の文章を読んで、後の問いに答えなさい。

これは、ほんのたわいもない暗闇《くらやみ》についての話である。半月ほどまえ、ひょいと、私はこの古い記憶《きおく》を思いだした。

私の生《うま》れた家で、二歳違《さいちが》いの姉と妹と私の三人の子供らが寝《ね》る部屋は、七畳《じょう》半の細長い間取りであった。私が小学校も半ばを過ぎるまで、古くからいる主のような年老いた婆《ばあ》やも一緒《いっしょ》に寝てくれた。兄はずっと歳《とし》が上だったから、二階に自室を持っていた。

幼な心にはかなり広く思えた私たちの寝る部屋には、簞笥《たんす》が一つと、古風な柱時計があるだけで、他には何もなかった。いま考えてみると、八畳の客間より小さいのだから、あれだけ広く感じられたのがふしぎだが、机一つなかったことと、なにより細長い変則な間取りのせいであったろう。

とにかくその部屋は、幼い私にとって、異様にだだっ広く、がらんとして、殺風景であった。（注１）なかんずく夜には。

婆やがそばに寝にきてくれるまで、正直のところ怖《こわ》かった。ある時間がくると、電燈《でんとう》は（注２）二燭光《しょっこう》のごく小さいものだけにされてしまう。①その乏《とぼ》しい光の中で、部屋は二倍の大きさに拡大した。

そして、振子《ふりこ》のついた柱時計が、秒を刻む音がいやにはっきりと耳に伝わってきた。昼間は意識もしないその音は、薄闇《うすやみ》の空間が暗いなりにまるきり透明《とうめい》になってしまって、あるいは距離《きょり》を失って、直接、耳元に響《ひび》いてくるような感じがした。

刻《とき》を告げるとき、その柱時計は、まずジーという音を立てた。かなりの間ジーといっていてから、おもむろに鳴りだすのであった。ボーン、ボーン、ボーンと、ごく平凡《へいぼん》に。

そのジーという機械音がまた、私の心細さを助長させた。ボーンという音はずっと親しみが抱《いだ》けた。だが、それが鳴り終わってしまったあと、ぽっかりと空間に穴ぼこがあいたかのようで、それから酷薄《こくはく》に秒を刻む音が、更《あらた》めて響きだすのであった。

寒い冬でも、この部屋には火鉢《ひばち》ひとつ置かれなかったと記憶する。火鉢が置かれるのは、子供らの誰《だれ》かが風邪《かぜ》を引いて熱を出したときくらいのことではなかったか。もっとも小さい子供のことゆえ、次々と感染《かんせん》して、姉も私も妹も、枕《まくら》を並べて寝こむということが多かった。そうすると、この部屋にも火鉢が持ちこまれ、炭火の上に洗面器をかけて湯気を立てさせるのが当時の習慣であった。

蒲団《ふとん》に湯たんぽが入れられたのも、毎晩ではなかったように思う。いや、ずっと少《すくな》いことだったと思う。なぜなら、厳冬の蒲団にはいってからしばらく、なんとも寒くて堪《たま》らなかったことを非常にはっきりと覚えているからだ。

小学校二、三年ころ、別室の（注３）行火《あんか》に寝巻をかけておき、それを着ると実に暖かく快い感触《かんしょく》だったことも覚えているから、もっと幼いあの当時は、衣服を脱《ぬ》がされて冷《つめ》たい寝巻に着代《きが》えさせられていたような気がする。

なにしろ、寝床《ねどこ》にもぐりこんでも、寝巻も蒲団も冷えに冷えていて、やっとぬくもりだすまで、五体が震《ふる》え、歯がカチカチと鳴った。そのうち、ようやく人心地《ひとごこち》がついてきて、なかなか訪《おとず》れてこない眠気《ねむけ》を待

2022年度

鷗友学園女子中学校　▶解説と解答

算　数　＜第２回試験＞（45分）＜満点：100点＞

解　答

1 (1)　2029　(2)　$2\frac{2}{7}$　**2**　35袋　**3**　12.125cm²　**4** (1)　17番目　(2)　26個　**5** (1)　3 ： 7　(2)　110cm²　**6**　25.12cm³　**7** (1)　14時28分　(2)　$1764\frac{2}{7}$m

解　説

1　**四則計算，逆算**

(1)　$20.22\div\frac{1}{100}+\left(7.36-1\frac{16}{75}\times\frac{3}{14}\right)-0.1=20.22\times100+\left(7.36-\frac{91}{75}\times\frac{3}{14}\right)-0.1=2022+\left(7.36-\frac{13}{50}\right)-0.1$
$=2022+(7.36-0.26)-0.1=2022+7.1-0.1=2022+7=2029$

(2)　$0.6\times1.3-0.36=0.78-0.36=0.42$，$6\div\frac{48}{11}=6\times\frac{11}{48}=\frac{11}{8}$より，$0.42\times\left(\frac{11}{8}\times\square-\frac{1}{7}\right)=1.26$，$\frac{11}{8}\times\square-\frac{1}{7}=1.26\div0.42=3$，$\frac{11}{8}\times\square=3+\frac{1}{7}=3\frac{1}{7}$　よって，$\square=3\frac{1}{7}\div\frac{11}{8}=\frac{22}{7}\times\frac{8}{11}=\frac{16}{7}=2\frac{2}{7}$

2　**売買損益**

仕入れ値の合計は，95×150＋110×150＝30750(円)で，利益の総額は5000円だから，売り上げの合計は，30750＋5000＝35750(円)となる。また，ノート１冊の定価は，95×(１＋0.2)＝114(円)，ペン１本の定価は，110×(１＋0.3)＝143(円)なので，すべて定価通りに売ったとすると，売り上げの合計は，114×150＋143×150＝38550(円)になる。よって，袋《ふくろ》に入れて２割引きにして売ることで，売り上げの合計が，38550－35750＝2800(円)減ったことになる。ここで，袋に入れた分について，定価の合計は，114＋143×２＝400(円)だから，１袋あたり，400×0.2＝80(円)ずつ値引きしている。したがって，袋に入れて売った数は，2800÷80＝35(袋)とわかる。

3　**平面図形―面積**

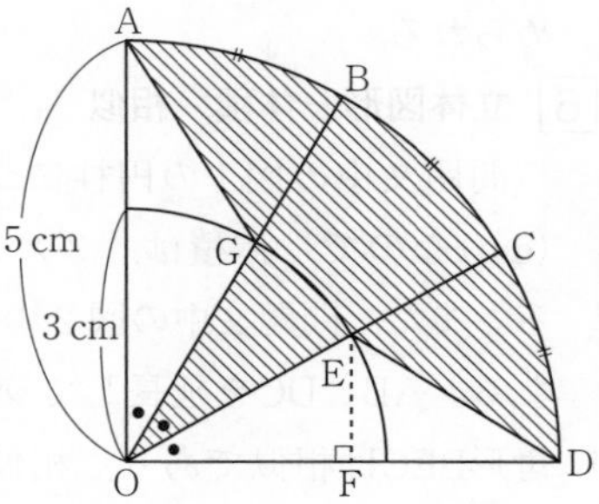

右の図で，●印をつけた角の大きさはすべて，90÷３＝30(度)である。よって，ＥからODと直角に交わる線EFを引くと，三角形EOFは，１辺の長さが３cmの正三角形を半分にした形の三角形になる。すると，EFの長さは，３÷２＝1.5(cm)となり，三角形EODの面積は，５×1.5÷２＝3.75(cm²)と求められる。また，三角形EODと三角形GAOは合同なので，三角形GAOの面積も3.75cm²である。さらに，おうぎ形ODAの面積は，$5\times5\times3.14\times\frac{90}{360}=6.25\times3.14=19.625$(cm²)である。したがって，斜線《しゃせん》部分の面積は，19.625－3.75×２＝12.125(cm²)とわかる。

4　**数列**

(1)　２と３と５の最小公倍数である30ごとに組にすると，下の図のように，１つの組に８個ずつあることがわかる。61は，３組の１番目の数なので，最初から数えて，$8 \times 2 + 1 = 17$（番目）となる。

(2)　$200 \div 30 = 6$余り20より，200以下で最も大きい数は★の位置にあるので，200以下の数は全部で，$8 \times 6 + 6 = 54$（個）ある。また，$300 \div 30 = 10$より，300以下の数は全部で，$8 \times 10 = 80$（個）ある。よって，200より大きく300より小さい数は，$80 - 54 = 26$（個）とわかる。

（１組）1，7，11，13，17，19，23，29
（２組）31，37，41，43，47，49，53，59
（３組）61，…，…，…，…，…，…，…
⋮　　⋮
（６組）…，…，…，…，…，…，…，…
（７組）…，…，…，…，…，★

5　平面図形―辺の比と面積の比，相似

(1)　右の図１で，平行四辺形ABCDの面積が$300cm^2$だから，三角形ACDの面積は，$300 \div 2 = 150$（cm^2）となり，三角形ECDの面積は，$150 - 45 = 105$（cm^2）とわかる。よって，三角形ACEと三角形ECDの面積の比は，$45 : 105 = 3 : 7$なので，AE：EDも３：７とわかる。

図１
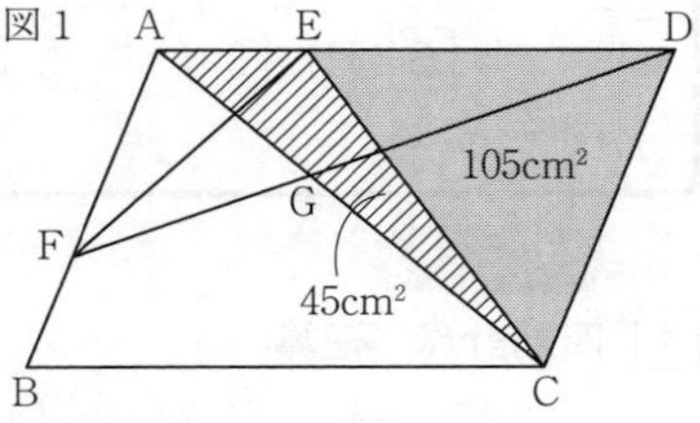

(2)　右の図２で，三角形AFEと三角形DEFの面積の比は３：７だから，三角形AFEの面積は，$70 \times \frac{3}{7} = 30$（$cm^2$），三角形AFDの面積は，$30 + 70 = 100$（$cm^2$）とわかる。また，三角形ABDの面積は平行四辺形ABCDの面積の半分の$150cm^2$なので，三角形FBDの面積は，$150 - 100 = 50$（cm^2）と求められる。よって，三角形AFDと三角形FBDの面積の比は，$100 : 50 = 2 : 1$だから，AF：FBも２：１となり，右の図３のように表すことができる。図３で，三角形AFGと三角形CDGは相似であり，相似比は，$AF : CD = 2 : (2 + 1) = 2 : 3$だから，AG：GC＝２：３となる。したがって，三角形AFGの面積は三角形ABCの面積の，$\frac{2}{2+1} \times \frac{2}{2+3} = \frac{4}{15}$（倍）である。さらに，三角形ABCの面積は$150cm^2$なので，三角形AFGの面積は，$150 \times \frac{4}{15} = 40$（$cm^2$）となり，四角形BCGFの面積は，$150 - 40 = 110$（$cm^2$）と求められる。

図２
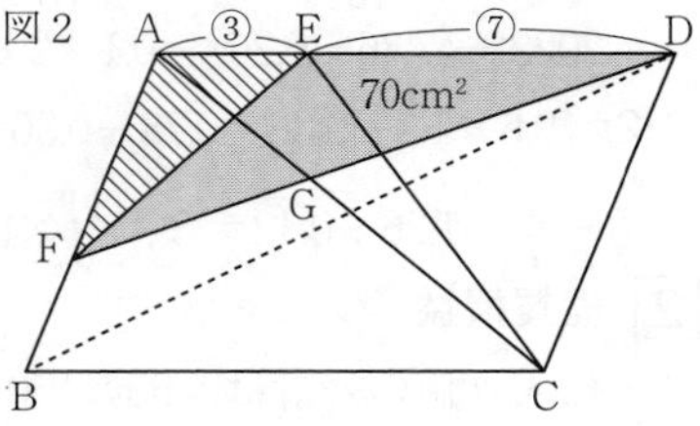

図３
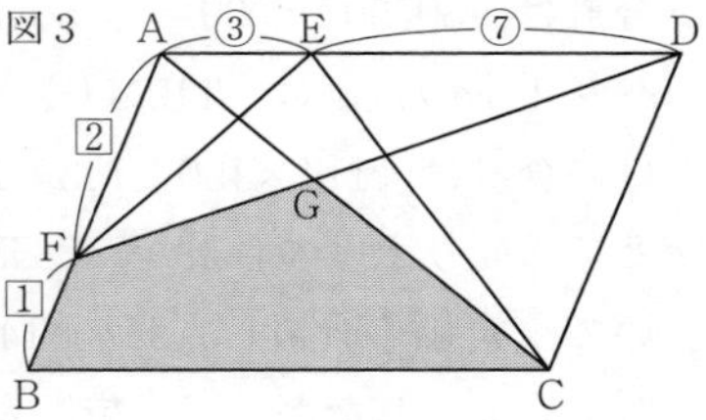

6　立体図形―体積，相似

問題文中の図１の円柱について，底面の円の半径は，$6 \div 2 = 3$（cm）なので，体積は，$3 \times 3 \times 3.14 \times 3 = 27 \times 3.14$（$cm^3$）と求められる。また，問題文中の図２の立体を正面から見ると，右の図のようになる。ABとDCを延長して交わる点をＥとすると，三角形AEDと三角形BECは相似であり，相似比は，$AD : BC = 3 : 2$なので，$AB : BE = (3 - 2) : 2 = 1 : 2$となり，$BE = 3 \times \frac{2}{1} = 6$（cm）とわかる。よって，図２の立体は，底面の円の半径が３cmで高さが，$3 + 6 = 9$（cm）の円すいから，底面の円の半径が２cmで高さが６cmの円すいを取り除いた形の立体（円すい台）なので，その体積は，$3 \times 3 \times$

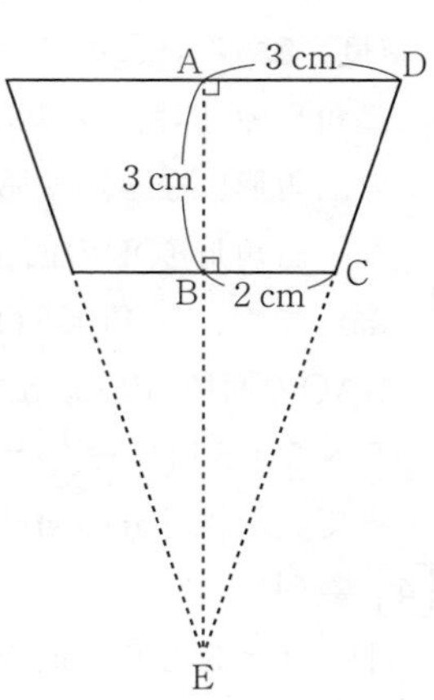

3.14×９÷３－２×２×3.14×６÷３＝27×3.14－８×3.14＝(27－８)×3.14＝19×3.14(cm^3)と求められる。したがって，問題文中の図３の立体の体積は，27×3.14－19×3.14＝(27－19)×3.14＝８×3.14＝25.12(cm^3)となる。

７ グラフ―旅人算

(1)　横軸《よこじく》を姉が出発してからの時間にすると，グラフは右のようになる。自転車で2300m走るのにかかる時間は，2300÷250＝9.2(分)なので，ア＝10＋9.2＋５＝24.2(分)とわかる。よって，アの時間までに姉が歩いた時間は，24.2－10＝14.2(分)だから，イ＝75×14.2＝1065(m)，ウ＝2300－1065＝1235(m)となる。したがって，かげをつけた部分の時間は，1235÷(250＋75)＝3.8(分)なので，エ＝24.2＋3.8＝28(分)と求められる。つまり，駅から折り返してきた弟が駅に向かう姉と出会った時刻は14時28分である。

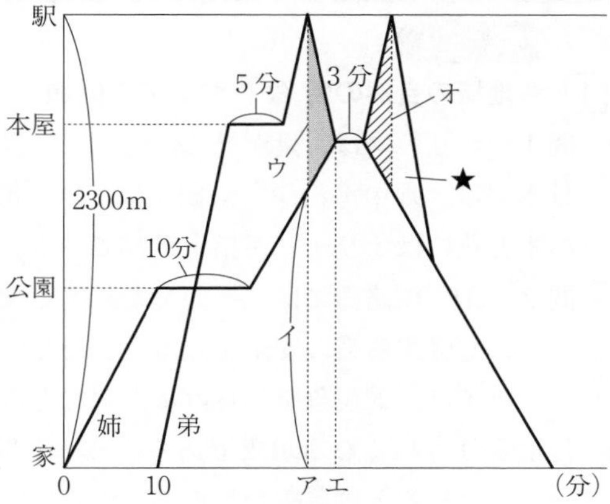

(2)　かげをつけた部分と斜線をつけた部分は合同なので，オの距離《きょり》はウの距離と等しく1235mとわかる。よって，★印の部分の時間は，1235÷(250－75)＝$\frac{247}{35}$(分)だから，★印の部分で自転車が走った距離は，250×$\frac{247}{35}$＝$\frac{12350}{7}$＝$1764\frac{2}{7}$(m)と求められる。つまり，駅から折り返してきた姉が弟に追いついたのは，駅から$1764\frac{2}{7}$mの場所である。

社　会　＜第２回試験＞（45分）＜満点：100点＞

解　答

１　**問１**　香川(県)　**問２**　(1)　(例)　景観をよくする役割　(2)　ウ　**問３**　(例)　(客土とは，)ほかの地域から養分のある土を運んできて(，土地を改良することである。)　**問４**　春一番　**問５**　エ　**問６**　(例)　マツやスギは【資料５】中のＢに生育する。東北地方の北端から北海道地方は冬の寒さが厳しい亜寒帯気候に属し，それ以外の地域でも標高が高い地域では気温が低くなるため，マツやスギの生育地域がある。　**問７**　(1)　イ　(2)　ア　**２**　**問１**　銅鐸　**問２**　エ　**問３**　藤原頼通　**問４**　(例)　三方を山で囲まれ，一方が海に面しているので，守りやすいから。　**問５**　オ　**問６**　田楽　**問７**　(例)　応仁の乱の原因は，将軍足利義政の後継ぎをめぐる争いや，有力守護大名である山名氏と細川氏の対立であった。多くの守護大名は自分の任国から離れていたため，家臣が力をつけて任国をうばう下剋上の風潮が起こった。　**問８**　ア　**問９**　(彼が)男鹿(半島を訪れた時に民家で行われていた，年中行事である)なまはげ(を描いたもの。)　**問10**　ウ→ア→イ　**問11**　国連教育科学文化機関(ユネスコ，UNESCO)　**３**　**問１**　ウ　**問２**　最高裁判所　**問３**　(1)　(例)　一つの院の議決をもう片方の院がさらに検討することによって，審議を慎重に行うため。　(2)　(例)　衆議院はすべての議員を選び直すため，総選挙といわれる。参議院は３年に１回，議員の半数が改選されるため，通常選挙といわれる。　**問４**　ア　**問５**　(満)20(歳以上から，満)18(歳以上に変更された。)　**問６**　(1)　ア　(2)　イ　**問７**　(1)　(例)　表現の自由　(2)　(例)　多くの資金を持っている団体のCMはよく目にするので，有権者はそのCMの影響を受けやすくなってしまうから。

解　説

1　各地域の自然の特徴《とくちょう》についての問題

問１　オリーブは，夏が暑く乾燥《かんそう》したスペインやイタリアなどの地中海沿岸が代表的な産地である。日本では，地中海沿岸と気候が似ている瀬戸内海の小豆《しょうど》島(香川県)での生産がさかんで，香川県の木と花にはオリーブが指定されている。

問２　(1)　街路樹には，景観をよくする役割のほか，夏の日差しをさえぎる役割，災害が起こったときに避難《ひなん》する道の安全を守る役割などがある。また，都市部では，周囲の気温上昇をおさえてヒートアイランド現象を和らげる役割もある。　(2)　ヒートアイランド現象は，都心部の気温が周辺部よりも高くなる現象である。ヒートは「熱」，アイランドは「島」を意味する英語で，気温の分布図で見ると等温線が都市部を中心に閉じた形になり，気温の高い部分が島のように見えることからつけられた。コンクリートやアスファルトが熱をためこむこと，高層ビル群によって海からの風が弱まったこと，エアコン・自動車・工場から排出される人工熱が増加したことなどを原因として起こり，夜間になっても気温が高い状態が続く。

問３　土地改良などのために，質のよくない土にほかの土地のよい土をまぜたり，土を入れかえたりすることを，客土という。北海道の石狩《いしかり》平野は，客土による土地改良の結果，農業に向かない泥《でい》炭《たん》地から稲作の中心地へと変化をとげた。

問４　立春(２月４日ごろ)から春分(３月21日ごろ)までの間に最初に吹《ふ》く強い南風を春一番といい，この風が吹くと気温が上昇する。

問５　①　【資料３】は，「宍道《しんじ》湖大橋」があることから，島根県とわかる。宍道湖は島根県の北東部にある海跡《かいせき》湖で，その東側に位置する中海《なかうみ》(島根県・鳥取県)とつながっている。塩分をわずかにふくんだ汽水湖で，しじみの産地として知られる。【資料４】は，「ENEOS水島製油所」などがあることから，倉敷《くらしき》市(岡山県)と判断できる。倉敷市の水島地区では，埋《う》め立て地を中心に鉄鋼と石油化学のコンビナートが形成されている。　②　【資料３】は，湖に面している地域である。また，【資料４】は，陸地に標高４ｍを示す標高点(・４)があるので，干拓地ではなく埋め立て地と判断できる。なお，干拓地は標高が０ｍ以下になる。　③　【資料４】は工業地帯といえるが，【資料３】は市街地である。

問６　マツやスギは針葉樹なので，Ｂにあてはまる。東北地方の北端から北海道地方は，冬の寒さが厳しい亜《あ》寒帯の気候に属している。【資料５】で，本州の標高2000ｍ付近の地域もＢにふくまれているのは，標高が高くなるほど気温が低くなるからである。

問７　(1)　Ａは農家１戸あたり耕地面積が特に大きいことから北海道，Ｂは水田率が95.5％と高いことから水田単作地帯の広がる富山県，残ったＣは山形県と判断できる。　(2)　Ｃの山形県の額が多いことから，果実産出額とわかる。山形県は盆地が多く，昼と夜の気温差，夏と冬の気温差が大きいため果実の栽培に適しており，さくらんぼは全国生産量の約４分の３を占《し》めて第１位，ぶどうの生産量は第３位となっている。統計資料は『日本国勢図会』2021／22年版による（以下同じ）。

2 日本の祭りに関わる歴史についての問題

問１　銅鐸《どうたく》はつりがねの形をした青銅器で，弥生時代に宗教的な儀式《ぎしき》に用いられたと考えられている。表面に建物や人物などの絵が描かれているものも見られる。

問２　奈良時代，農民の逃亡《とうぼう》によって口分田が荒廃《こうはい》したり，人口の増加によって口分田が不足したりした。そこで，朝廷は723年，新たにかんがい用の溝《みぞ》や池をつくって開墾《かいこん》した土地については３代，もとからある溝や池を使って開墾した土地については１代に限り私有を認める三世一身《さんぜいっしん》の法を定めた。しかし，あまり効果がなかったため，743年に墾田永年私財法を制定し，新たな土地を切り開いた場合には，永久に個人の財産として所有できるようにした。なお，ア〜ウは飛鳥時代のできごと。

問３　平等院鳳凰《ほうおう》堂は，藤原頼通《よりみち》が11世紀の中ごろに現在の京都府宇治市にある別荘を平等院という寺とし，この世に極楽浄土《じょうど》を再現して阿弥陀《あみだ》仏をまつるために建てたお堂で，伝説上の鳳凰という鳥が羽を広げたような形をしていることから，鳳凰堂とよばれるようになった。

問４　【資料１】を見ると，鎌倉は，北・東・西の三方を山で囲まれ，南は海（相模《さがみ》湾）に面している。そのため，敵から守りやすく防御上有利な地形で，馬がやっと通れるほど道が狭《せま》くなっているところもあった。

問５　Ａ　鎌倉幕府では，将軍を補佐する役職である執権《しっけん》に北条氏が代々就任し，源氏の将軍が３代で絶えると，北条氏は執権のままで政治の実権をにぎった（執権政治）。　Ｂ，Ｃ　1185年，平氏を滅《ほろ》ぼした源頼朝は，不仲となった弟の義経をとらえるという名目で朝廷の許可を得て，地方の国ごとに守護を，荘園や公領ごとに地頭を置いた。守護は国内の御家人の統率や軍事・警察など，地頭は年貢の徴収や治安維持などがおもな職務であった。

問６　能（能楽）は，寺社の祭礼に奉仕する猿楽《さるがく》に，田植えのときの踊《おど》りから発展した田楽を取り入れた芸能である。室町時代前半，第３代将軍足利義満の保護を受けた観阿弥《かんあみ》・世阿弥《ぜあみ》父子によって大成された。また，能の合間には，当時の話しことばを使った滑稽《こっけい》な劇である狂言《きょうげん》が演じられた。

問７　1467年，室町幕府の第８代将軍足利義政の後継《あとつ》ぎをめぐる争いに，有力な守護大名であった細川氏と山名氏の対立などがからんで応仁の乱が起こった。戦いは，諸国の守護大名が東西両軍に分かれ，京都を中心に11年も続いたため，京都の町はすっかり荒れはててしまった。また，当時，守護大名は自分の任国（領国）ではなく京都にいることが多かったため，各地では家臣が実力でその国の支配権をうばう下剋上《げこくじょう》の風潮が広まった。

問８　江戸時代には，江戸の日本橋を起点に五街道（ア〜エの街道と甲州街道）が整備された。アの中山道は江戸から木曽地方（長野県）を通って京都に，イの奥州街道は江戸から白河（福島県）に，ウの東海道は江戸からおおむね太平洋側を通って京都に，エの日光街道は江戸から日光（栃木県）に，甲州街道は江戸から下諏訪《しもすわ》（長野県）にいたった。よって，アが選べる。

問９　【資料３】の秋田県西部に位置する日本海に突《つ》き出た半島は，男鹿《おが》半島である。【資料４】は男鹿半島とその周辺地域の伝統行事である「なまはげ」で，全国各地の同様の９つの行事とともに，「来訪神：仮面・仮装の神々」としてユネスコ（国連教育科学文化機関）の無形文化遺産に登録されている。

問10　アの陸奥宗光《むつむねみつ》は，日清戦争（1894〜95年）の開始直前の時期に外務大臣としてイギリスとの間で日英通商航海条約に調印し，治外法権(領事裁判権)の撤廃《てっぱい》に成功した。イの新渡戸稲造《にとべいなぞう》は，第一次世界大戦(1914～18年)終戦直後の1920年，国際連盟が発足すると事務次長に就任した。ウの渋沢栄一は，明治時代初期の1873年に日本初の民間銀行となる第一国立銀行を設立するなど，日本の資本主義の確立に大きく貢献《こうけん》した。したがって，ウ→ア→イの順となる。

問11　ユネスコは国際連合の専門機関の一つで，世界遺産や無形文化遺産などを認定している。

3　憲法や政治のしくみについての問題

問1　ア　国王などの君主が定める憲法を欽定《きんてい》憲法といい，国民が定める憲法を民定憲法という。大日本帝国憲法は欽定憲法，日本国憲法は民定憲法である。　イ　日本国憲法は1946年11月3日に公布され，翌47年5月3日に施行された。現在，11月3日は文化の日，5月3日は憲法記念日として国民の祝日になっている。　ウ　大日本帝国憲法は，天皇を元首(最高権力者)，国民を臣民《しんみん》(天皇の家来)としていたため，臣民の権利は天皇から与えられるものとされ，「法律の範囲《はんい》内で保障」と制限が設けられていた。一方，日本国憲法は，基本的人権を「侵《おか》すことのできない永久の権利」(第11条)として保障している。　エ　大日本帝国憲法では，納税の義務と兵役の義務が国民(臣民)の義務として明記されていた。日本国憲法では，納税の義務，子どもに普通教育を受けさせる義務，勤労の義務の三つが国民の義務として明記されている。

問2　法律などが憲法に適合するかどうかを，裁判所が具体的な事件を通して審査する権限を違憲立法審査権という。下級裁判所(高等裁判所，地方裁判所，家庭裁判所，簡易裁判所)にもこの権限が認められているが，最終的な判断を下すのは最高裁判所であることから，最高裁判所は「憲法の番人」ともよばれる。

問3　(1)　日本の国会が二院制をとっているのは，一つの議院の議決をもう一方の議院が検討《けんとう》することで，審議を慎重に行うためである。なお，二院制には，国民の意思を問う機会である選挙を増やせるという長所もある。　(2)　衆議院議員の任期は4年で，任期途中での解散がある。衆議院議員の選挙は，すべての議員が選び直されるので，総選挙とよばれる。一方，参議院議員の任期は6年で，任期途中での解散はなく，3年ごとにその半数を改選する。参議院議員の選挙は，定期的に議員が選び直されるので，通常選挙とよばれる。

問4　ア　輸入額より輸出額が多い場合は貿易黒字，逆の場合は貿易赤字とよばれる。【資料2】で，2010年までは輸出額が輸入額を上回っている。　イ　1991年，1992年，2015年にはあてはまらない。　ウ　2000年代に輸入額が増えているのは，原油などエネルギー価格の値上がりがおもな原因である。　エ　2019年の輸出額(約77兆円)は，1989年(約38兆円)と比べると約2倍となっている。

問5　2014年，国民投票法の改正法が成立し，2018年，投票権年齢が満20歳以上から満18歳以上に引き下げられた。

問6　(1)　ア　2021年9月，日本の行政データを統一的に運用するため，デジタル庁が設置された。イ　日本で新型コロナウイルスのワクチンを3回接種した人が過半数となったのは，2022年4月のことである。　ウ　2021年2月にミャンマーで国軍がクーデターを起こしたが，多国籍軍などは介入《かいにゅう》していない。　エ「シリア」ではなく「アフガニスタン」が正しい。　(2)　生物学的な性差に対し，「男らしさ」「女らしさ」のように，社会的・文化的につくられた性差のことをジェンダーといい，ジェンダー平等は国際的な目標としてSDGs(持続可能な開発目標)にも掲《かか》げられている。なお，アのマニフェストは，具体的な数値目標や実施期限などを示した政権公約。ウのグローバルは「世界的な」「地球規模の」などを意味する言葉で，経済や文化が国境を越《こ》えて広がることをグローバル化という。エのキャリアは，専門的な知識や技術を必要とする職業のことである。

問７　(1)　自分の考えを伝えたり発表したりすることができる権利を表現の自由といい，日本国憲法第21条１項で，「集会，結社及《およ》び言論，出版その他一切の表現の自由は，これを保障する」と定められている。　(2)　CM（コマーシャル）は，広告主が資金を出して流すものなので，資金力のある団体のCMが多く流れることになる。これにより，有権者への影響力に差ができて不公平が生じると考えられる。

理　科　＜第２回試験＞（45分）＜満点：100点＞

解　答

1　**問１**　あ　マグニチュード　　い　震度　　**問２**　エ　　**問３，問４**　下の図①　　**問５**　**Ｐ波**…８km　　**Ｓ波**…４km　　**問６**　50km　　**問７**　40km　　**問８**　Ａ，Ｅ　　**2**　**問１**　ウ，オ　　**問２**　イ，カ　　**問３**　180個体　　**問４**　①　多くなる　　②　多くなる　　**問５**　ウ　　**問６**　イ　　**問７**　（例）　１cmより小さいと，右巻きと左巻きで食べられやすさに差がなく，左巻きの種は生じにくい。２cmより大きいと，左巻きの方が右巻きより食べられにくく，左巻きが生存しやすいため，左巻きの種が生じやすい。　　**3**　**問１**　①　ろ過　　②　エ　　**問２**　ク　　**問３**　Ａ　　**問４**　Ａ＞Ｂ＞Ｄ＞Ｃ　　**問５**　**焼きミョウバン**…135ｇ　　**水和水**…115ｇ　　**問６**　143ｇ　　**問７**　46ｇ　　**問８**　58ｇ　　**4**　**問１**　2.7ｇ/cm^3　　**問２**　50ｇ　　**問３**　①　○　　②　×　　③　○　　**問４**　下の図②　　**問５**　5.4cm　　**問６**　432ｇ　　**問７**　148.5ｇ　　**問８**　121.5ｇ

図①

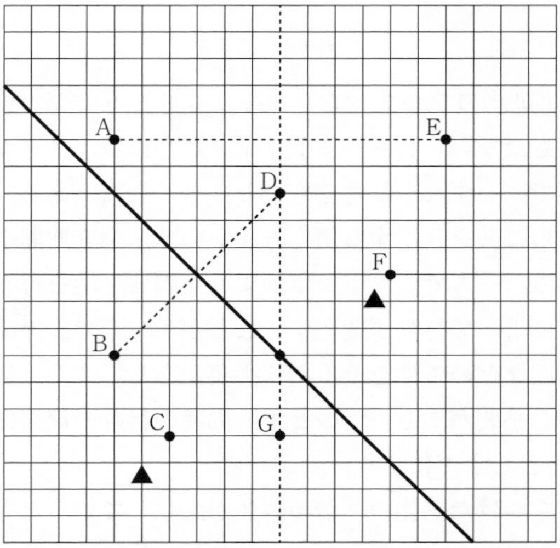

図②

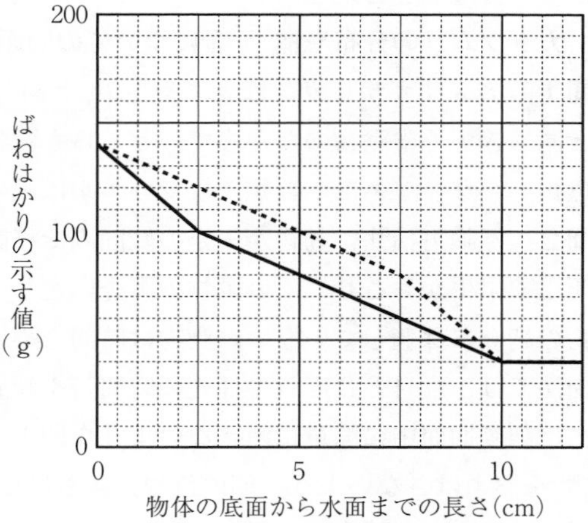

解　説

1　**地震《じしん》についての問題**

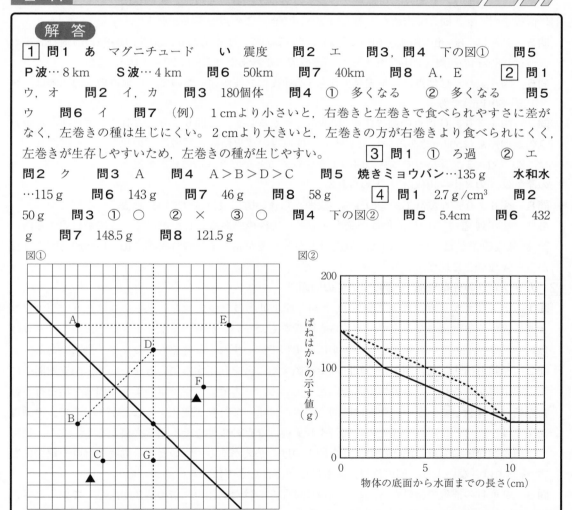

問１　地震そのものの規模(放出したエネルギーの大きさ)を示す尺度をマグニチュードといい，記号「M」で表す。マグニチュードは，１つの地震については１つの値が定まり，値が１大きくなると地震の規模は約32倍になる。また，各地点の地震の揺《ゆ》れの程度を示す値を震度といい，０～４，５弱，５強，６弱，６強，７の10段階で表される。震度は震源からの距離《きょり》や地盤《じばん》のかたさなどによって異なる。

問２　たとえば，東京23区は図２でも図３でも震度が３なので，エは誤っている。

問３　Ｂ地点とＤ地点はどちらも，地震発生からＰ波が届くまでの時間やＳ波が届くまでの時間が同じなので，震央(震源)からの距離も等しい。したがって，震央が存在する可能性のある所は，Ｂ地点とＤ地点を結んだ直線の中央を通り，直線BDと垂直な直線になる。

問４　地震発生からＰ波が届くまでの時間やＳ波が届くまでの時間が同じものは，Ｂ地点とＤ地点のほかに，Ａ地点とＥ地点，Ｃ地点とＦ地点の２組がある。Ａ地点とＥ地点について，問３と同様に直線を引くと，問３で求めた直線との交点ができ，この点が震央となる。

問５　Ｐ波は，80kmの距離を10秒で伝わっているので，１秒あたり，80÷10＝８(km)進む。また，Ｓ波は，80kmの距離を20秒で伝わっているので，１秒あたり，80÷20＝４(km)進む。

問６　図５より，Ｇ地点には地震発生から6.25秒後にＰ波が届いたので，Ｇ地点の震源距離は，８×6.25＝50(km)である。

問７　図４より，Ｇ地点の震央距離は30kmとわかる。また，問６より，Ｇ地点の震源距離は50kmである。したがって，Ｇ地点の震央距離と震源距離の比は，30：50＝３：５なので，右の図のように表すことができ，この地震の震源の深さは，$50\times\frac{4}{5}=40$(km)と求められる。

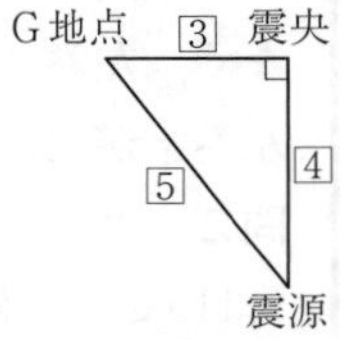

問８　図６より，地震計①，②のうち，震源から遠い方に設置されていた地震計にＰ波が到着《とうちゃく》するのは，地震が発生してから10秒後である。したがって，Ｓ波が到着する前に緊急《きんきゅう》地震速報が間に合ったのは，地震発生からＳ波が届くまでの時間が，10＋10＝20(秒)より長かったＡ地点とＥ地点になる。

2　カタツムリの分布や捕食《ほしょく》者についての問題

問１　アメリカザリガニはカニや昆虫《こんちゅう》と同じ節足動物のなかま，ムラサキウニはヒトデやナマコと同じきょく皮動物のなかまで，どちらも背骨をもたない。なお，ミドリガメはハ虫類，メダカは魚類，キタキツネはホ乳類，ウシガエルは両生類で，いずれも背骨をもつセキツイ動物である。

問２　標識再捕法は動物が一定の範囲《はんい》内で移動することを利用する調査方法なので，調査期間中に死亡や出生がおこりにくい動物の調査に適している。一方で，フジツボのような固着生活を行う動物の調査には適していない。動物は時間帯や場所によって行動が変化することが多いので，標識再捕法では１度目と２度目の捕獲《ほかく》の時間帯や調査範囲などの条件をそろえる必要がある。また，動物には調査期間中に簡単に消えないような印をつける必要がある。このとき，動物の行動や健康に影《えい》響《きょう》をおよぼさないよう，印の色や大きさはひかえ目なものにする。

問３　２度目の捕獲の結果から，この地域には印をつけた個体の$\frac{45}{13}$倍の個体が生息していると考えられる。よって，この地域に生息するカタツムリのすべての個体数は，$52\times\frac{45}{13}=180$(個体)と求められる。

問４　たとえば，問３において①，②の場合を考えると，どちらも調査範囲の中では印をつけた個体が減っていくので，２度目の捕獲のときに印のある個体が13個体よりも少なくなる。そのため，推定した個体数が実際の個体数(180個体)よりも多くなるとわかる。

問５　図２で，セダカヘビが右巻きのカタツムリに噛《か》みついたときには，下あごの歯で中身を引きずり出すことができる。一方，左巻きのカタツムリに噛みついたときには，殻《から》の口が上あご側にあるので，下あごの歯では中身を引きずり出しにくい。したがって，左巻きのカタツムリの方が右巻きのカタツムリよりも，セダカヘビが食べるのにかかる時間が長く，セダカヘビに食べられにくい。

問６　歯がウ，エのように外向きにはえていると，自分の口の内側に刺《さ》さりやすくなるので，歯はアやイのようについていると考えられる。セダカヘビは，イのように右の下あごの方が左の下あごよりも歯が多く，左の下あごをカタツムリの殻の奥《おく》まで入れて中身を引きずり出して，歯のたくさんついた右の下あごでその中身を押《お》さえて食べている。

問７　殻の大きさの最大値が１cmより小さいと，右巻きと左巻きで食べられやすさに差がなく，左巻きどうしが出会う機会が増えないので，左巻きの種は生じにくい。一方，殻の大きさの最大値が２cmより大きいと，左巻きの方が右巻きより食べられにくく，左巻きどうしが出会う機会が増えるので，左巻きの種が生じやすい。

3　物質の溶《と》け方についての問題

問１　①　固体の混じった液体をろ紙に通し，液体(ろ液)と固体に分ける操作をろ過という。
②　ろ過を行うさいには，ろ液がなめらかに流れるようにするため，ろうとのとがった先をビーカーのかべにつける。また，そそぐ液がろうとから飛び散ったりもれたりしないように，ガラス棒を伝わらせて液をそそぐ。このとき，ガラス棒は折り曲げたろ紙の重なった部分にあて，ろ紙が破れないようにする。したがって，エが正しい。

問２　図１より，40℃の水100ｇに物質Ａは16ｇ，物質Ｂは50ｇ，物質Ｃは34ｇ，物質Ｄは６ｇまで溶ける。よって，物質Ａと物質Ｄが溶けきらずに残る。

問３　60℃の水150ｇに，195－150＝45(ｇ)まで溶ける物質は，60℃の水100ｇに，$45\times\frac{100}{150}=30$(ｇ)まで溶ける。したがって，物質Ａがあてはまる。

問４　80℃と20℃での溶解《ようかい》度《ど》の差が大きいものほど，出てくる結晶《けっしょう》の量が多い。図１より，物質Ａは，56－８＝48(ｇ)，物質Ｂは，78－36＝42(ｇ)，物質Ｃは，38－32＝６(ｇ)，物質Ｄは，16－４＝12(ｇ)出てくることがわかる。

問５　生ミョウバン100ｇ中に含《ふく》まれている焼きミョウバンは54ｇなので，生ミョウバン250ｇ中に含まれている焼きミョウバンは，$54\times\frac{250}{100}=135$(ｇ)，水和水は，250－135＝115(ｇ)と求められる。

問６　図７より，80℃の水100ｇに焼きミョウバンは70ｇまで溶けるので，100ｇの焼きミョウバンに80℃の水を，$100\times\frac{100}{70}=142.8\cdots$より，143ｇ加えると，完全に溶けて飽和《ほうわ》水溶液になる。

問７　図７より，60℃の水100ｇに焼きミョウバンは25ｇまで溶け，このとき飽和水溶液が，100＋25＝125(ｇ)できる。つまり，60℃の飽和水溶液125ｇ中に含まれている焼きミョウバンは25ｇなので，水をゆっくり蒸発させていったときに得られる生ミョウバンは，$25\times\frac{100}{54}=46.2\cdots$より，46ｇとわかる。

問８　問７より，60℃の飽和水溶液125ｇ中に含まれている生ミョウバンは46ｇ，水は，125－46＝79(ｇ)なので，60℃の水100ｇに生ミョウバンは，$46\times\frac{100}{79}=58.2\cdots$より，58ｇまで溶かすことができる。

4　力のはたらきについての問題

問１　アルミニウムでできた直方体の物体Ａの重さが270ｇ，体積が100cm^{3}なので，アルミニウムの密度は，270÷100＝2.7（ｇ/cm^3）と求められる。

問２　図３で，物体Ａの底面から水面までの長さが５cmになったとき，ばねはかりの示す値は220ｇとなるので，このとき物体Ａが受ける浮力《ふりょく》の大きさは，270－220＝50（ｇ）とわかる。

問３　①　問１より，アルミニウムの密度は2.7ｇ/cm^3，ポリ塩化ビニルの密度は，140÷100＝1.4（ｇ/cm^3）なので，正しい。　②　図３で，物体Ｂの底面から水面までの長さが５cmになったとき，ばねはかりの示す値は100ｇとなるので，このとき物体Ｂが受ける浮力の大きさは，140－100＝40（ｇ）とわかる。よって，問２で求めたものと比べると，誤っている。　③　物体Ａも物体Ｂも，底面から水面までの長さが10cmのときに，すべて水中に沈《しず》む。このとき，物体Ａが受ける浮力の大きさは，270－170＝100（ｇ），物体Ｂが受ける浮力の大きさは，140－40＝100（ｇ）となるので，正しい。

問４　物体Ｂの底面から水面までの長さが０cm，2.5cm，10cmのとき，物体Ｂが受ける浮力の大きさはそれぞれ，０ｇ，１×２×８×2.5＝40（ｇ），100ｇとなり，ばねはかりの示す値はそれぞれ，140ｇ，140－40＝100（ｇ），40ｇとなるので，グラフは解答の図②のようになる。

問５　物体Ｃの体積は，486÷９＝54（cm^3），底面積は30cm^{2}なので，30×（高さ）÷３＝54が成り立ち，高さは，54×３÷30＝5.4（cm）と求められる。

問６　物体にはたらく浮力の大きさは，物体が押しのけた液体の重さと等しいので，物体Ｃをすべて水中に沈めたときに物体Ｃにはたらく浮力の大きさは，１×54＝54（ｇ）である。したがって，図７で物体Ｃが棒の左端《ひだりはし》を引く力の大きさは，486－54＝432（ｇ）である。

問７　棒のつり合いは，棒を回転させようとするはたらき（以下，モーメントという）で考えられる。モーメントは，（加わる力の大きさ）×（回転の中心からの距離）で求められ，左回りと右回りのモーメントが等しいときに棒はつり合って水平になる。図７で，物体Ｄが棒の右端を引く力の大きさを□ｇとすると，432×7.5＝□×9.6が成り立ち，□＝432×7.5÷9.6＝337.5（ｇ）とわかる。よって，物体Ｄが受けている浮力の大きさは，486－337.5＝148.5（ｇ）と求められる。

問８　物体Ｄの体積は，148.5÷１＝148.5（cm^3）で，物体Ｄの体積と物体Ｄに含まれている銅の体積の比は，（10＋１）：１＝11：１なので，物体Ｄに含まれている銅の体積は，148.5×$\frac{1}{11}$＝13.5（cm^3）である。したがって，物体Ｄに含まれている銅の重さは，９×13.5＝121.5（ｇ）である。

国　語　＜第２回試験＞（45分）＜満点：100点＞

解　答

一　**問１**　（例）　二燭光の小さな電燈だけにされてしまうことで，こわさや心細さからいつもより七畳半の部屋が広く感じられてしまうということ。　**問２**　（例）　幼い私にとって，殺風景でこわい場所であった七畳半の部屋が，従兄たちが家に泊まりにくると，にぎやかで楽しいものに変わったということ。　**問３**　（例）　いつもの七畳半の部屋で，蒲団の中にもぐってはいずり回る遊びをしていると，自分の位置や方向がわからなくなるので，意外な場所に出るという不思議な体験をうれしく思う気持ち。　**問４**　（例）　懸命に方向感覚を失おうとしても自然とどこにいるか考えてしまううえに，柱時計の音や，従兄たちの足音，しゃべり声などから自分のいる位置や方向がわかってしまうことが多かったから。　**二**　**問１**　（例）　シートンは「オオカミの勝利」に，自然や野生動物を追いこんだ人間がやがてしっぺ返しを受けるというメッセージをこめたが，それはパリの画壇の人々が信じていた，自然を支配するのは人間の使命だという考え方に反するものだったから。　**問２**　（例）　自分を受け入れてくれる場所で，自分自身と個性を大きく育てながら自由に主張を続けていこうということ。　**三**　下記を参照のこと。

●漢字の書き取り

三　⑴　誕生　⑵　富　⑶　鉄棒　⑷　照会　⑸　二束三文

解　説

一　**出典は北杜《きたもり》夫《お》の『まっくらけのけ』による。**「私」が子供のときに寝《ね》ていた部屋にまつわる思い出が語られている。

問１　「七畳《じょう》半の細長い間取り」の部屋を，幼かった「私」は「異様にだだっ広く，がらんとして，殺風景」と感じていた。さらに，「正直のところ怕《こわ》かった」，「そのジーという機械音がまた，私の心細さを助長させた」とあることから，夜になるとその部屋で「私」がこわさや心細さを感じていたことがわかる。「部屋は二倍の大きさに拡大した」という表現は，部屋が実際に「拡大」しているのではなく，「私」がこわさや心細さからそのように感じたことを表しているので，「二燭光《しょっこう》の小さい電燈《でんとう》にされることで，こわさや心細さから，部屋がいつも以上に広く感じられるということ」のようにまとめる。

問２　すぐ後に，「にぎやかさは二倍どころか，それこそ四倍にも五倍にもなる」，「私たち子供たちは，昼から夜まで，およそ子供の考えつくありとあらゆる遊びをやった」と，従兄《いとこ》たちが遊びにきたときのようすが書かれている。問１でみたように，「私」は子供たちが寝る部屋を「異様にだだっ広く」，こわくて心細いと感じていたのだが，従兄たちとにぎやかに過ごすときには，こわさも心細さも忘れるほど楽しかったのだと考えられる。

問３　続く部分で「私」は，「蒲団《ふとん》もぐり」について，「自分の位置から，頭が部屋のどちらの方へ向いているのかさえ，ぜんぜんわからないという事態がふいに起こること」が「ごく嬉《うれ》しかった」と感じている。さらに，「相当のスリルを覚えつつ」蒲団から顔を出して「予想がまったく逆だったとき」には，「たとえようもない不可思議な嬉しさ」を感じている。このような気持ちが，「ああ，おもしろかった」という意識につながっている。

問４　問３でみたように，「私」にとって「蒲団もぐり」のおもしろさは，自分がどこにいるかわからなくなるところにある。ところが，「せっかく方向を失いかけているときに，柱時計がボーン，ボーンと鳴りだ」したり，「従兄たちが，足音としゃべり声を立てて」やってきたりすると，自分のいる位置や方向がわかってしまうので，この遊びは失敗ということになる。また，「同じ行為《こうい》を何回も試みているうちに，頭の一隅《いちぐう》ではどうしても，今はこちら側へ行った，今度は半回転したと執拗《しつよう》に自然に考えてしまう」ことも，うまくいかない理由としてあげられている。

二　**出典は今泉《いまいずみ》吉晴《よしはる》の『シートン―子どもに愛されたナチュラリスト』による。**動物を描《えが》いていたシートンが，パリでサロンに挑戦《ちょうせん》したときのことが述べられている。

問１　三つ前の段落に，「シートンはサロンに入選すること自体が目的なのではなく，絵の入選をとおして，自分の理想をアピールすることを考えていた」とあることに注意する。傍線《ぼうせん》部①の二つ後の段落にあるように，シートンは『オオカミの勝利』という絵に，オオカミを復讐《ふくしゅう》にまで追いこんだ「人間は，自然から猛烈《もうれつ》なしっぺがえしを受けることになる」という思いをこめ，それをサロンに持ちこんだ。しかし，パリの人々は「自然を支配するのは人間の使命と信じて」いたので，「シートンの作品はぜったいに受け入れられない」とされ，その結果が落選だったのである。

問２　シートンは，ルーブル美術館で「巨匠《きょしょう》たちの作品」を見て，「不滅《ふめつ》の作品を描《えが》きだした人物は，自分自身（と個性）をも大きく育てていた」と知り，反対に今の自分は，まるでノルウェーという寒い土地で寒さに弱いヤシを育てるように「なれないものになろうとしてきた」と気づいている。「あわれな私のヤシは霜《しも》のたびにしおれ，芽をのばしては枯《か》れてしまいました」という言葉は，シートンがパリでは自分の個性を発揮《はっき》できなかったことを表している。したがって，傍線部②は，シートンがアメリカの動物文学者としての自分自身（と個性）を大きく育てようという気持ちを表しているといえる。

三　漢字の書き取り

⑴　人が生まれること。　⑵　音読みは「フ」で，「豊富」などの熟語がある。　⑶　二本の支柱の間に鉄製の棒をわたした体操器具。　⑷　問い合わせて確認《かくにん》すること。　⑸　数は多くても値段が安いこと。

Memo

Memo

2021年度　鷗友学園女子中学校

〔電　話〕(03) 3420－0136
〔所在地〕〒156-8551　東京都世田谷区宮坂1－5－30
〔交　通〕東急世田谷線―「宮の坂駅」より徒歩4分
小田急線―「経堂駅」より徒歩8分

【算　数】〈第1回試験〉(45分)〈満点：100点〉

【注意】円周率の値を用いるときは，3.14として計算しなさい。

1　次の ア ， イ に当てはまる数を求め，答えを解答欄に書きなさい。

(1) $3\frac{1}{5}-\left\{\left(3.6-2\frac{4}{7}\right)\div 4\frac{4}{5}+0.7\right\}\times 0.375=\boxed{\text{ア}}$

(2) $\dfrac{1+\boxed{\text{イ}}}{1+\dfrac{1}{1+\dfrac{1}{3}}}=\dfrac{24}{35}$

2　A店とB店は同じ商品を同じ値段で400個ずつ仕入れました。

A店は，4割の利益を見込《こ》んで定価をつけました。定価のままで売ったところ，100個しか売れませんでした。そこで定価の2割引きにして売ったところ，すべて売り切ることができました。

B店は，A店とは異なる定価で商品を売ったところ，すべて売り切ることができました。

A店の利益とB店の利益は等しくなりました。B店は何％の利益を見込んで定価をつけましたか。答えを出すために必要な式，図，考え方なども書きなさい。

3　図の平行四辺形ABCDは，AE：ED＝1：3で，ADとGFは平行です。

(1) BH：HF：FEを，最も簡単な整数の比で表しなさい。答えを出すために必要な式，図，考え方なども書きなさい。

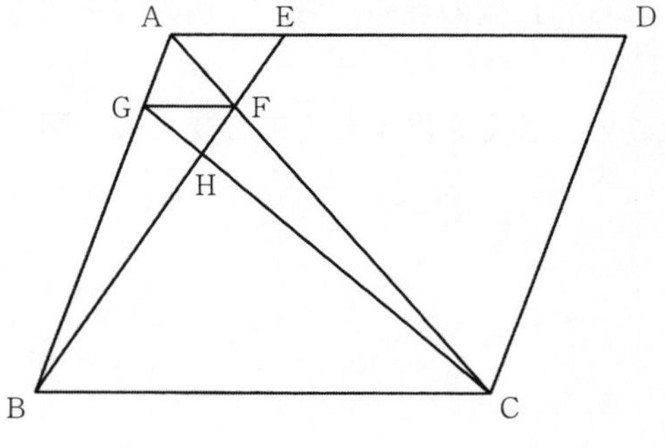

(2)　平行四辺形ABCDの面積は三角形FGHの面積の何倍ですか。答えを出すために必要な式，図，考え方なども書きなさい。

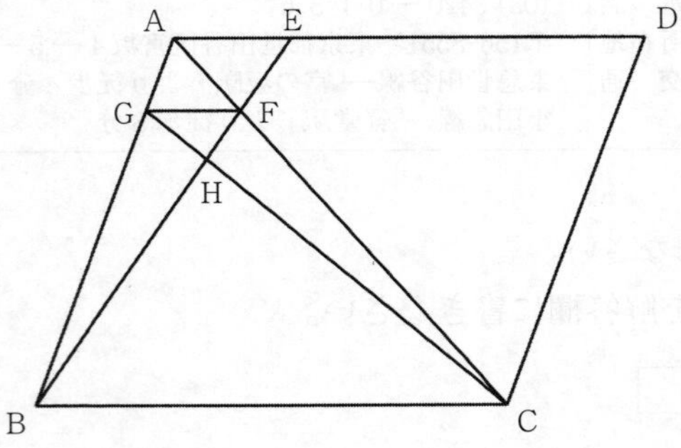

4　図のような立方体があります。この立方体を点P，Q，Rを通る平面で切ります。ただし，点P，Q，Rは，立方体の辺をそれぞれ２等分する点です。このとき，切り口の面積は，正三角形ABCの面積の何倍ですか。答えを出すために必要な式，図，考え方なども書きなさい。

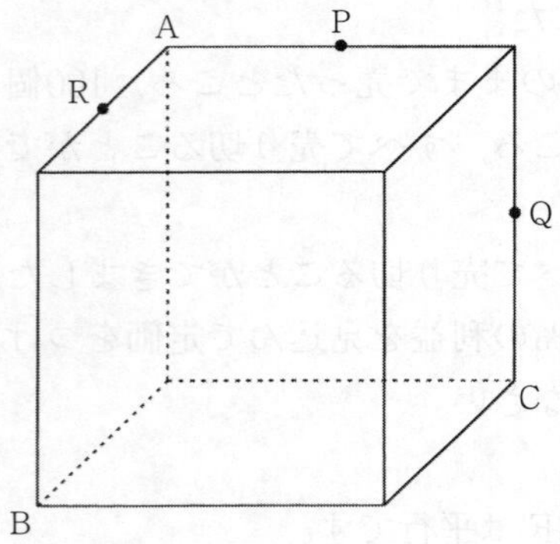

5　点Oを中心とする半径８cmの円の周上に，図のように等間隔《かく》で12個の点A，B，C，D，E，F，G，H，I，J，K，Lがあります。これらの12個の点のうち，４個の点を頂点とする四角形を作ります。

(1)　点Aを頂点の１つとする正方形の面積を求めなさい。答えを出すために必要な式，図，考え方なども書きなさい。

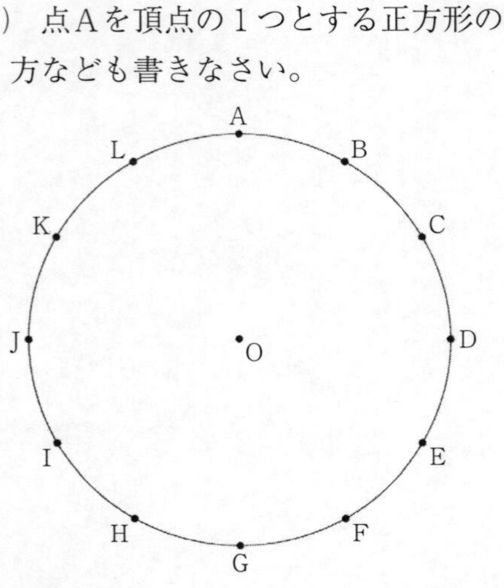

(2)　角AOBの大きさを求めなさい。また，長方形ABGHの面積を求めなさい。答えを出すために必要な式，図，考え方なども書きなさい。

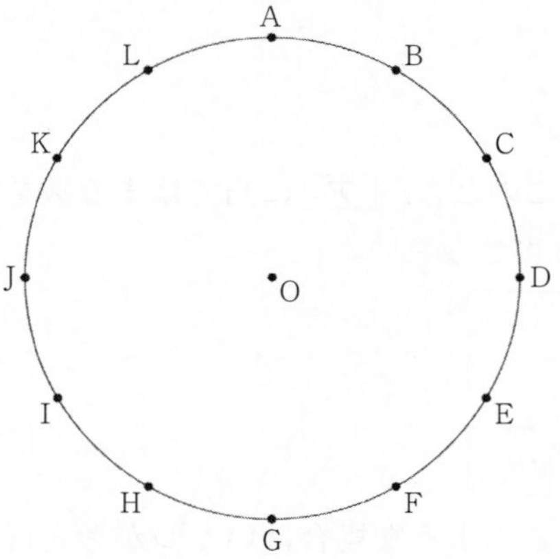

6　直線上に点A，Bがあり，AとBの間は30cmです。直線上のAとBの間を，点Pと点Qがそれぞれ動きます。点PはAを出発しBに向かい，同時に点QはBを出発しAに向かいます。点P，Qは出会ったら向きを変えて進みます。点Pも点Qも，AまたはBにたどり着いたら向きを変えて進みます。ただし，点QはBにたどり着いたとき，２秒間止まってから再び動き出します。

点P，Qの速さはそれぞれ一定です。また，グラフは点Pの移動の様子の一部を表したものです。

(1)　点P，Qの速さはそれぞれ毎秒何cmですか。必要であれば，下のグラフを用いなさい。答えを出すために必要な式，図，考え方なども書きなさい。

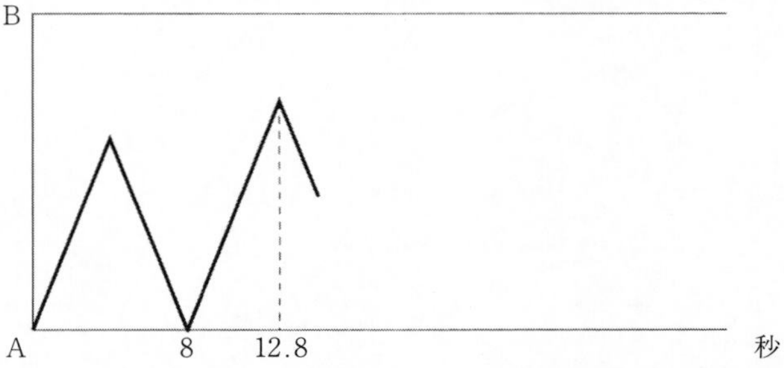

(2)　点P，Qが７回出会うまでに点Pが進んだ長さの合計は何cmですか。必要であれば，下のグラフを用いなさい。答えを出すために必要な式，図，考え方なども書きなさい。

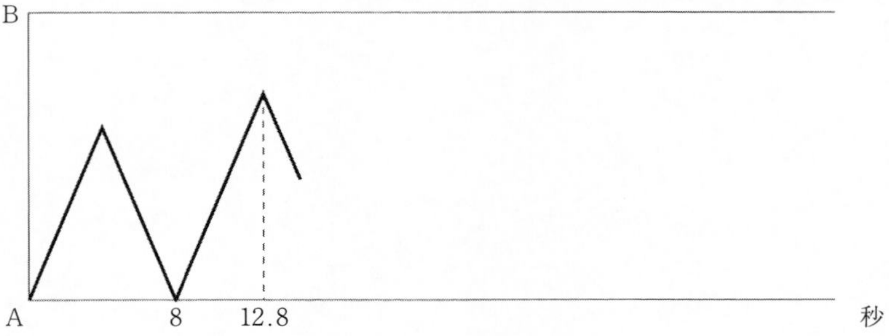

7 次のように，それぞれ異なる規則にしたがって並ぶ２つの整数の列Ａ，Ｂを表にしました。

	１番目	２番目	３番目	…
A	2021	2017	2013	…
B	1328	1331	1334	…

⑴ 次の表の２か所の［イ］に当てはまる数は同じです。このとき，［ア］に当てはまる数を求めなさい。答えを出すために必要な式，図，考え方なども書きなさい。

	１番目	２番目	３番目	…	［ア］番目	…
A	2021	2017	2013	…	［イ］	…
B	1328	1331	1334	…	［イ］	…

⑵ 次の表の２か所の［カ］に当てはまる数は同じです。このような場合はいくつか考えられます。このような場合のうち，［エ］に当てはまる数で最も大きい数を求めなさい。答えを出すために必要な式，図，考え方なども書きなさい。

	１番目	２番目	３番目	…	［ウ］番目	…	［エ］番目	…
A	2021	2017	2013	…	［オ］	…	［カ］	…
B	1328	1331	1334	…	［カ］	…	［キ］	…

【社　会】〈第１回試験〉（45分）〈満点：100点〉

〈編集部注：実物の入試問題では，地図，グラフ，写真，図はすべてカラー印刷です。〉

１　次の文章を読み，問いに答えなさい。

五畿《ごき》七道の「北陸道」に由来する(a)北陸地方は，一般的《いっぱんてき》に新潟県，富山県，石川県，福井県の４県を指します。北陸地方は，2015年に東京駅から［　　　］駅まで北陸新幹線が開通するなど(b)交通機関が整備され，他の地域との行き来も盛んになっています。

この地方は(c)稲作《いなさく》や地域の自然や歴史を生かした工業も盛んで，(d)伝統的工芸品も多くあります。

かつて富山県を流れる(e)神通川流域では公害が発生し，大きな問題となりましたが，今では清らかな流れを取りもどしています。

問１　文中の［　　　］にあてはまることばを答えなさい。

問２　下線部(a)について。Ａ・Ｂの地図は，年間平均気温(℃)もしくは年間日照時間(時間)のいずれかを示しています。年間日照時間を示した地図をＡ・Ｂから１つ選び，記号で答えなさい。また，その地図を選んだ理由を，北陸地方の気候に着目して説明しなさい。

Ａ

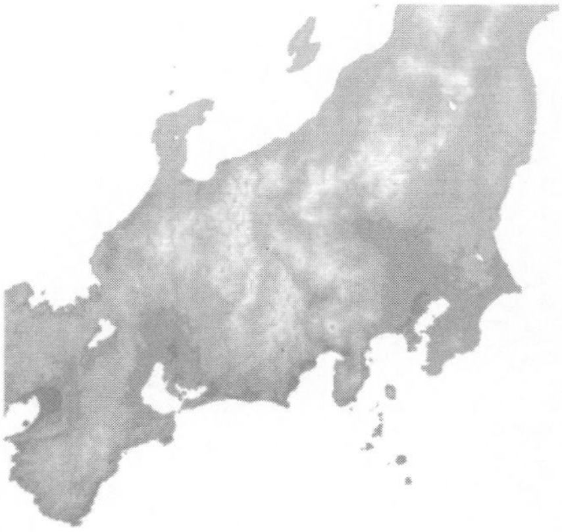

Ｂ

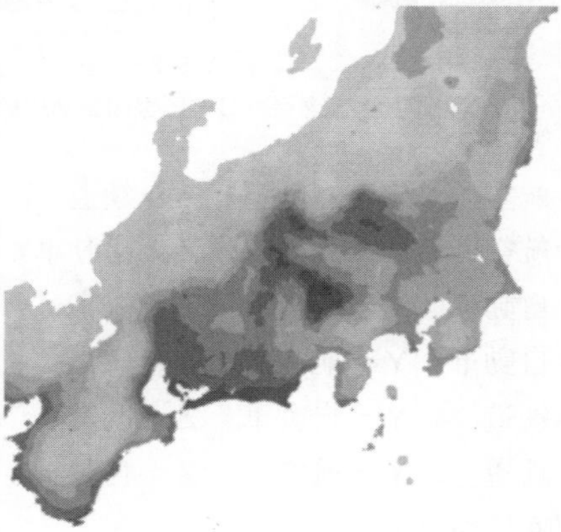

(凡例《はんれい》)

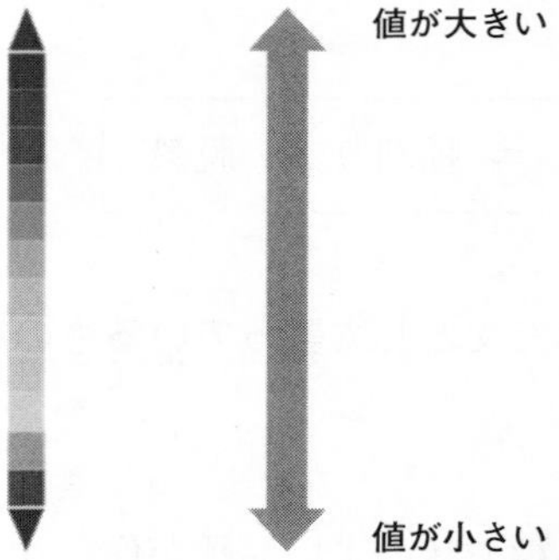

(気象庁「メッシュ平年値図」(一部)より)

※弊社のホームページにて，地図Ａ・Ｂのカラー印刷のものを収録しています。必要な方はアクセスしてください。
なお，右のQRコードからもアクセスできます。

問３　下線部(b)について。**【資料１】**は，日本国内における旅客《りょかく》輸送と貨物輸送の輸送機関別輸送量の割合(2017年度)を示したものです。

また，**【資料１】**の**Ｘ～Ｚ**は，航空，自動車，鉄道のいずれかがあてはまります。

Ｘ～Ｚにあてはまる組み合わせとして正しいものを下のア～カから１つ選び，記号で答えなさい。

【資料１】　旅客輸送と貨物輸送の輸送機関別輸送量の割合(%)(2017年度)

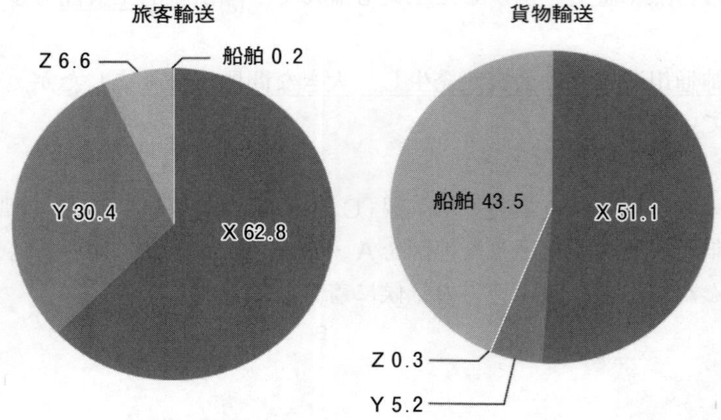

(矢野恒太記念会『日本国勢図会 2019/20』をもとに作成)

ア．**Ｘ**＝航空　　**Ｙ**＝自動車　**Ｚ**＝鉄道

イ．**Ｘ**＝航空　　**Ｙ**＝鉄道　　**Ｚ**＝自動車

ウ．**Ｘ**＝自動車　**Ｙ**＝鉄道　　**Ｚ**＝航空

エ．**Ｘ**＝自動車　**Ｙ**＝航空　　**Ｚ**＝鉄道

オ．**Ｘ**＝鉄道　　**Ｙ**＝自動車　**Ｚ**＝航空

カ．**Ｘ**＝鉄道　　**Ｙ**＝航空　　**Ｚ**＝自動車

問４　下線部(c)について。

(1)　**【資料２】**は，一般的な稲作の流れを示したものです。

【資料２】　一般的な稲作の流れ

田起こし ⇒ 代《しろ》かき ⇒ 田植え ⇒ 中干し ⇒ 稲刈り ⇒ 脱穀

代かきとはどのような作業か，説明しなさい。

(2)　米作りにかかわる人々の工夫《くふう》について述べた文として**誤っているもの**を次のア～エから１つ選び，記号で答えなさい。

ア．干拓《かんたく》を行って，水田の面積を広げた。

イ．品種改良によって，病気や害虫に強い品種や味のよい品種が作られた。

ウ．田畑の境界や農道，用水路をまっすぐにし，農業機械を使いやすくした。

エ．暗きょ排水《はいすい》のしくみを整え，乾田《かんでん》を湿田《しつでん》に作りかえた。

(3) **【資料３】**は，ある地域の水田のようすを撮影《さつえい》したものです。この写真を撮影した地点が含まれる地形図をア～エのうちから１つ選び，記号で答えなさい。なお，撮影した地点を●で，方向を→でそれぞれ示しています。

【資料３】　水田の様子

ア

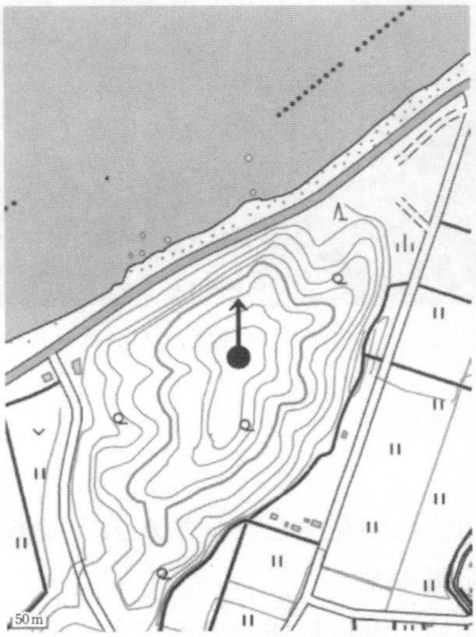

イ

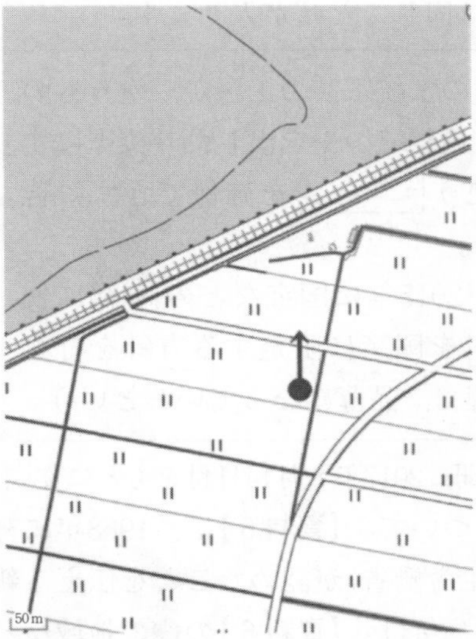

ウ

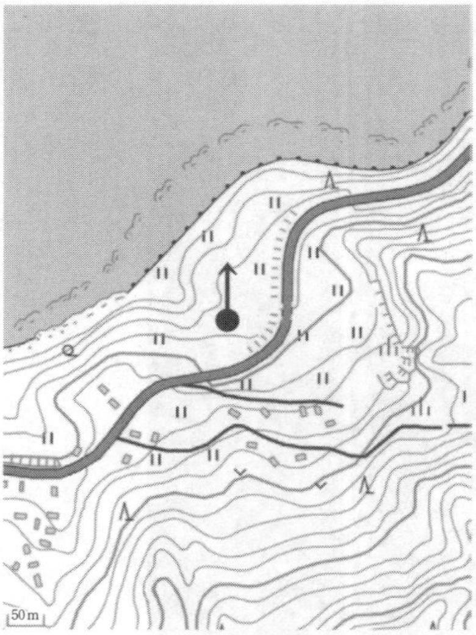

エ

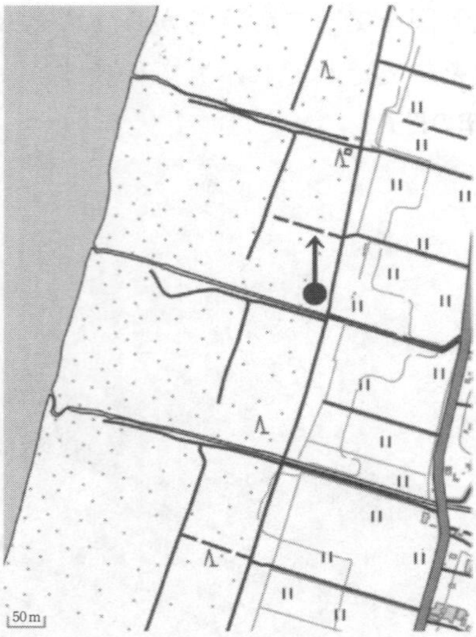

(「地理院地図データ」(国土地理院)(https://maps.gsi.go.jp/)をもとに作成)

問５　下線部(d)について。【資料４】は，輪島塗《わじまぬり》を製《せい》造《ぞう》する過程《かてい》を撮影したものです。次の文中の□にあてはまることばを答えなさい。なお，同じ□には同じことばが入ります。

> 能登半島の伝統工芸の工房《こうぼう》が，塗《ぬ》りものを製造する過程でつやを出したり丈夫にするために使う□を確保できずに苦しんでいる。
>
> 文化庁が2015年に国宝などの修繕《しゅうぜん》に使う□を国産に限定する方針を打ち出した影響《えいきょう》で，品薄《しなうす》になっているという。

(『読売新聞』2017年８月14日付をもとに作成)

【資料４】　輪島塗を製造する過程

(「輪島ナビ」ホームページより)

問６　下線部(e)について。【資料５】は，1968年に神通川流域で発生した病気が公害であると厚生《こうせい》省《しょう》(現在の厚生労働省)が認めたことを伝える新聞記事です。

また，この病気は，【資料６】の●の地域などの神通川流域に住む人々に多く発生しました。なぜ●の地域などにこの病気が多く発生したのか，以下の〔条件〕に従って説明しなさい。

> 〔条件１〕　【資料５】【資料６】に共通する□にあてはまる病気の名前を挙《あ》げること。
>
> 〔条件２〕　〔条件１〕で答えた病気の原因物質を挙げること。

【資料５】

病は公害
厚生省が認める
神岡鉱業が加害者
保健医療対策を急ぐ
厚生省の見解
新しい施

【資料６】

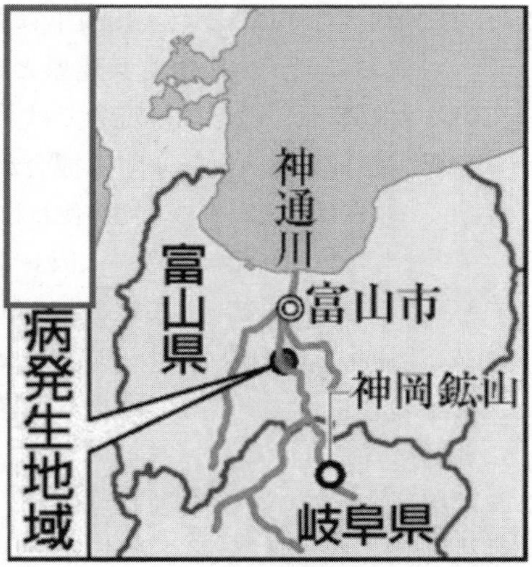

(左：『北日本新聞』1968年５月９日付，右：『朝日小学生新聞』2018年５月６日付(問題作成の都合上一部改変))

2 次の文章を読み，問いに答えなさい。

大阪府の歴史をみていきましょう。

大阪府にある縄文時代の遺跡《いせき》は300カ所を越《こ》え，(a)弥生時代に比較的《ひかくてき》早く稲作が始まったとされる大阪平野では，「ムラ」のあとが多数発見されています。弥生時代と古墳時代を分ける特徴《とくちょう》として，前方後円墳の出現をあげることができます。大阪には，大仙《だいせん》古墳を含《ふく》む「百舌鳥《もず》古墳群《ぐん》」などがあり，このことは，当時この地方に多くの豪族《ごうぞく》が住んでいたことを示しています。

聖徳太子とゆかりの深い寺に(b)難波《なにわ》の四天王寺があります。今ある建物は新しく建て直されたものですが，金堂や塔《とう》などの配置は古い様式をいまに伝えています。

(c)律令《りつりょう》体制のもと，現在の大阪府には摂津《せっつ》・河内《かわち》・和泉《いずみ》の３つの国が成立しました。平安時代には摂津国で水軍として力をつけた武士団の中から，(d)平氏側や源氏側について活躍《かつやく》する者が出ました。

(e)室町時代に石山本願寺を建てた場所として，(注１)「大阪」の地名が初めて登場したといわれます。安土桃山時代には織田信長がこの地をねらい，やがて(f)豊臣秀吉がここに大阪城を建設して，天下統一の拠点《きょてん》としました。

江戸時代になると，幕府が直接治めることになった大阪は(g)「天下の台所」といわれ，経済の中心地として栄えました。また，大阪では人形《にんぎょう》浄瑠璃《じょうるり》や歌舞伎《かぶき》の脚本《きゃくほん》を書いた近松門左衛門や，浮世草子《うきよぞうし》の作家で『世間胸算用《せけんむねざんよう》』を代表作とする［ ① ］が活躍するなどの町人文化も栄えました。

明治時代になると，新しい政府は軍事制度を近代的に整え始めました。大阪城内には軍の司令部が置かれて，その周辺には，(h)1870年に(注２)砲兵工廠《ほうへいこうしょう》ができるなど大阪は軍都になっていきます。砲兵工廠は戦争が起こる度《たび》に拡張され続けましたが，第二次世界大戦では空襲《くうしゅう》の標的となり，破壊《はかい》されました。

戦後，大阪府の開発は進み，高度経済成長期には名神高速道路，東京・新大阪間に東海道新幹線が開通しました。1970年にはアジアで初めての万国《ばんこく》博覧会が開催《かいさい》され，当時の日本の繁栄《はんえい》を示すものとなりました。1994年に関西国際空港が開港されましたが，その翌年には［ ② ］がおこり，大阪府も兵庫県とともに大きな被害《ひがい》を受けました。2025年に開催が決まっている大阪夢洲《ゆめしま》での万国博覧会では「いのち輝《かがや》く未来社会のデザイン」をテーマとし，大阪から世界へと日本をアピールする機会が再び訪《おとず》れようとしています。

（注１） 現在は「大阪」の表記が使われますが，江戸時代までは「大坂」の字が多く用いられていました。明治元年以降,「大阪」が一般《いっぱん》化《か》したとされます。問題作成の都合上，ここでは「大阪」で表記を統一しています。

（注２） 砲兵工廠《こうしょう》…国が関《かか》わって兵器などの軍需品《ぐんじゅひん》の開発や製造を行う工場のこと。

問１ 文中の［ ① ］［ ② ］にあてはまることばを答えなさい。

問２ 下線部(a)について。**【資料７】**は弥生時代に収穫《しゅうかく》した稲《いね》などを蓄《たくわ》えるためにつくられた倉庫を再現したものです。この建物には稲などを守るための工夫《くふう》があります。どのような工夫をしたのか，その目的にも触《ふ》れて答えなさい。

【資料７】 収穫した稲などを蓄えるためにつくられた倉庫

（『詳説日本史図録』より）

問３ 下線部(b)について。**【資料８】**は『万葉集』に収められている歌で，「難波」を舞台《ぶたい》にしてよまれたものです。

【資料８】『万葉集』に収められている歌

行《い》こ先に　波なとゑ《え》らひ《い》　後方《しるへ》には　子をと妻《つま》をと　置きてとも来ぬ

（意味） これからさらに西に向かう途中《とちゅう》で，波が高く立たないでほしい。地元である東国には，子供と妻とを置いてきたのだ。

この歌の作者は，兵役《へいえき》の１つを果たすために目的地へ向かう途中，難波でこの歌をよみました。何と呼ばれる兵役なのか答えなさい。

問４ 下線部(c)について。律令政治のしくみについて述べた文として正しいものを次のア～エから１つ選び，記号で答えなさい。

ア．法律がつくられ，刑罰《けいばつ》の決まりができた。

イ．太政官《だいじょうかん》は神をまつる仕事を任された。

ウ．地方では，都から派遣《はけん》された郡司《ぐんじ》が権力を握《にぎ》った。

エ．渡来人《とらいじん》を討《う》つために，征夷大将軍《せいいたいしょうぐん》を置いた。

問５　下線部(d)について。平氏が源氏によって滅《ほろ》ぼされた戦いの場所として正しいものを地図中の**ア～エ**から１つ選び，記号で答えなさい。

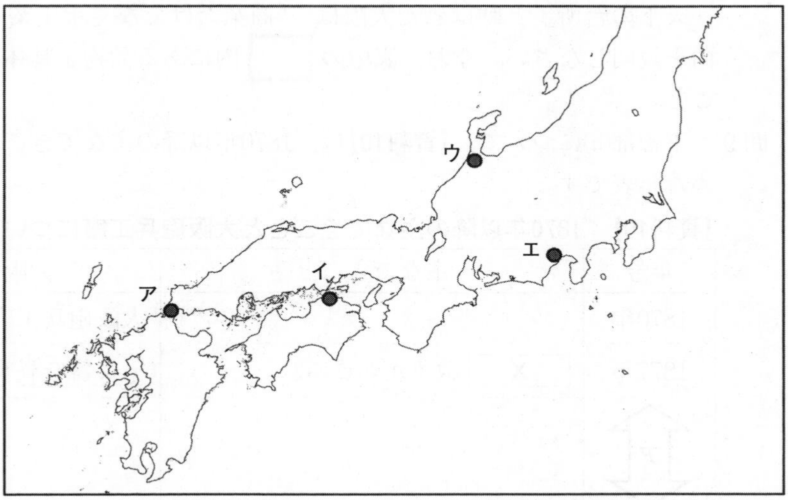

問６　下線部(e)について。この時代には経済的に豊かな商工業者を中心に自治が行われる自治都市が成立しました。大阪を代表する自治都市を答えなさい。

問７　下線部(f)について。豊臣秀吉に関係するできごととして**誤っているもの**を次のア～カから**２つ**選び，それぞれ記号で答えなさい。

ア．刀狩令《かたながりれい》を出した。　イ．朝鮮《ちょうせん》に軍を送った。　ウ．検地を行った。
エ．大阪の陣《じん》を指揮した。　オ．絵ふみを実施した。　カ．関白になった。

問８　下線部(g)について。**【資料９】**は全国から大阪に入る「移入商品」と大阪から全国に出て行く「移出商品」の主なものを示した表です。

【資料９】「移入商品」と「移出商品」の主なものを示した表

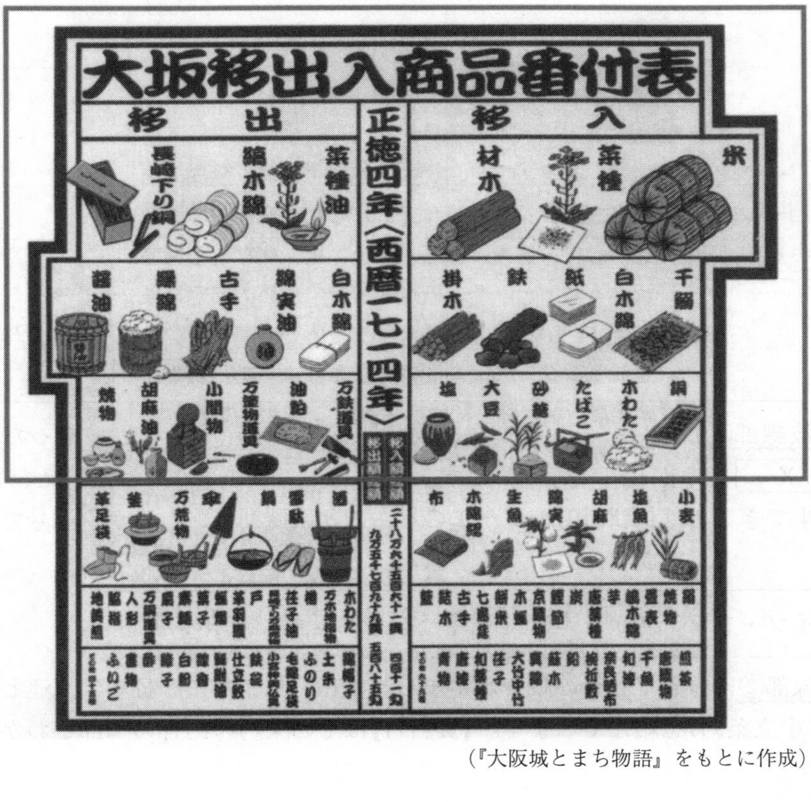

（『大阪城とまち物語』をもとに作成）

「天下の台所」と呼ばれた大阪は，「商業だけでなく手工業も盛んな町だった」といえる理由を説明しなさい。なお，表中の□内にある品物を具体例として１つ挙げながら答えること。

問９　下線部(h)について。【資料10】は，1870年以降の主なできごとと大阪砲兵工廠についてまとめた年表です。

【資料10】　1870年以降の主なできごとと大阪砲兵工廠についてまとめた年表

年号	主なできごと	大阪砲兵工廠について
1870年		大阪砲兵工廠ができる。
1877年	X 戦争がおこる。	①兵器を昼夜24時間体制で生産する。
ア		
1894年	日清《しん》戦争がおこる。	兵器の大量生産をはじめる。
イ		
1904年	日露《にちろ》戦争がおこる。	働く人が前年より１万人増える。
ウ		
1918年		軍事用に国産自動車をつくる。
エ		
1931年	満州事変がおこる。	砲兵工廠周辺の守りを固める。
1941年	②アジア・太平洋戦争がおこる。	
1944年		女子生徒が動員され，爆弾《ばくだん》をつくる。
1945年		空襲により，破壊される。

(1)　【資料10】の波線部①について。兵器を昼夜24時間体制で生産するようになったのは，【資料10】の X 戦争が起こったためです。X にあてはまることばを答えなさい。

(2)　次の文が示すできごとは【資料10】の**ア**～**エ**のうちのどの時期にあたるか，記号で答えなさい。

ロシア・ドイツ・フランスが日本に遼東《りょうとう》半島を清に返すよう求めた。

(3)　年表中の波線部②について。この戦争が始まる前の1941年４月に，日本はソ連との間に中立条約（日ソ中立条約）を結んでいます。【資料11】はその条約の内容の一部をわかりやすくしたものです。

【資料11】　日ソ中立条約の内容の一部

> 第一条　この条約を結んだ両国は，両国の間に平和及《およ》び友好の関係を維持《いじ》し，かつお互《たが》いに国の領土を保ち，侵略しないことを約束する。
> 第二条　この条約を結んだ一方の国が，条約を結んでいない別の国から軍事行動を受けて発生した戦争については，それぞれ中立の立場を守ること。

（『世界史史料10』をもとに作成）

日本がこの時期にソ連との間に中立条約を結んだ理由を，このあと日本がとった行動に触れながら，**【資料11】**を参考にして答えなさい。

3　次の文章を読み，問いに答えなさい。

1989年，マルタ会談で(a)冷戦の終結が宣言されました。このとき人々は，これからの世界は核戦争《かくせんそう》の脅威《きょうい》が減り，(b)自由と民主主義が広がると同時に，経済的にも豊かになるだろうと期待していました。かつて社会主義国であった東ヨーロッパの国々は新たに資本主義を導入し，経済のグローバル化も進展しました。

しかし，近年，民主主義の後退ということがいわれるようになりました。欧米《おうべい》をはじめ多くの国々で，民主主義の理念を軽視した政治を行おうとする政治家が(c)選挙で選ばれています。このような状況になった背景として，(d)経済的な格差が拡大していることが指摘されています。経済的に苦しい一部の人々は，これまでの政治では経済的な格差は縮まらないと考え，新しい政治家に期待したのです。

また，(e)核の脅威も未《いま》だにあります。冷戦の終結が宣言されてから約10年後の1998年，インドとパキスタンが相次いで核実験を行いました。2019年には，アメリカとロシアの間で結ばれていた中距離《ちゅうきょり》核戦力《かくせんりょく》(INF)全廃《ぜんぱい》条約が失効しました。現在でも，核弾頭の数は全世界で約１万3000発あります。このようなことから，冷戦が終わったときに人々が期待した通りにはならなかったことが分かります。

私たちは(f)国内外の情勢に目を向け，(g)民主主義の後退が起こらないように，改めて民主主義とは誰《だれ》のためのもので，何を目的としているのかを考え，守っていくことが大切でしょう。

問１　下線部(a)について。冷戦の終結は，日本の安全保障政策にも影響を与えました。次の**X**と**Y**の文は，冷戦後の自衛隊について説明したものです。それぞれの文が正しいか，誤っているかを判断し，その組み合わせとして適切なものを下のア～エから１つ選び，記号で答えなさい。

> **X**．防衛庁から防衛省になったことを受けて，自衛隊の最高指揮権は防衛大臣にあると新しく憲法に明記された。
> **Y**．集団的自衛権の行使が容認されたが，これにもとづいて自衛隊に派遣命令が出されたことはない。

ア．**X**＝正しい　**Y**＝正しい　イ．**X**＝正しい　**Y**＝誤っている
ウ．**X**＝誤っている　**Y**＝正しい　エ．**X**＝誤っている　**Y**＝誤っている

問２　下線部(b)について。自由と民主主義を守るものとして憲法があります。**【資料12】**は日本国憲法第１条の条文です。次の□にあてはまることばを答えなさい。

【資料12】　日本国憲法第１条

> 天皇は，日本国の象徴《しょうちょう》であり日本国民統合の象徴であつて，この地位は，□の存する日本国民の総意に基《もとづ》く。

問３　下線部(c)について，以下の問いに答えなさい。

(1)　選挙制度の問題点として「一票の格差」が挙げられます。「一票の格差」とは何か，説明しなさい。

(2)　**【資料13】**は，衆議院議員総選挙における20代，60代以上，全体の投票率を示しています。**【資料13】**について述べた文として正しいものを下のア～エから１つ選び，記号で答えなさい。

【資料13】　衆議院議員総選挙における20代，60代以上，全体の投票率

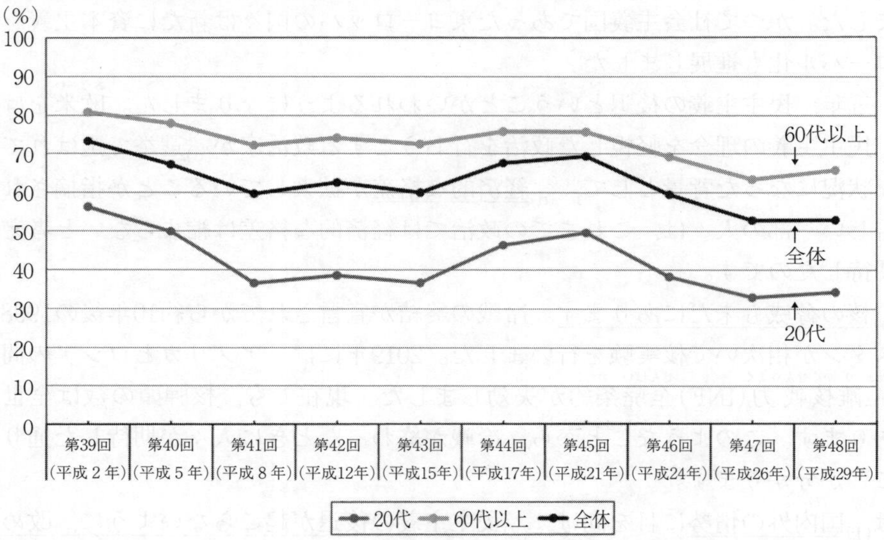

（総務省「衆議院議員総選挙年齢別投票率調」をもとに作成）

ア．全期間を通して，60代以上と全体の投票率の差よりも，20代と全体の投票率の差の方が大きい。

イ．全期間を通して，60代以上の投票率は全体の投票率を下回っている。

ウ．全期間を通して，20代の投票率が50％を上回ることはない。

エ．全期間を通して，全体の投票率は第41回が最も低く，第45回が最も高い。

問４　下線部(d)に関連して。日本では，地方公共団体間の財政を調整するために，収入の少ない地方公共団体に対して国が地方交付税を交付しています。**【資料14】**の**Ａ～Ｃ**は，北海道，東京都，愛知県のいずれかの地方交付税の金額を示しています。**Ａ～Ｃ**の組み合わせとして正しいものを下のア～カから１つ選び，記号で答えなさい。

【資料14】　地方交付税の金額（2019年度）

順位	都道県名	金額
１位	A	6017億4200万円
46位	B	715億1300万円
47位	C	０円（不交付）
全国合計		８兆1796億800万円

（総務省「令和元年度 普通交付税 都道府県別決定額」をもとに作成）

ア．A＝北海道　B＝東京都　C＝愛知県

イ．A＝北海道　B＝愛知県　C＝東京都

ウ．A＝東京都　B＝北海道　C＝愛知県

エ．A＝東京都　B＝愛知県　C＝北海道

オ．A＝愛知県　B＝北海道　C＝東京都

カ．A＝愛知県　B＝東京都　C＝北海道

問５　下線部(e)について。核廃絶に向けてさまざまな取り組みが行われているにもかかわらず，核保有国の多くは，核兵器を持つことで戦争を防ぐことができると考えており，核兵器は簡単にはなくなりません。

核保有国は，なぜ核兵器を持つことで戦争を防ぐことができると考えているのか，説明しなさい。

問６　下線部(f)について。2020年に起きた国内外の情勢を述べた文として**誤っているもの**を次のア～エから１つ選び，記号で答えなさい。

ア．新型コロナウィルスの感染《かんせん》拡大に関連して，インターネット上に，感染者《しゃ》や医療《いりょう》従事者などへの誹謗《ひぼう》中傷が書き込まれた。

イ．安倍晋三《しんぞう》首相《しゅしょう》が自民党総裁の任期を満了して辞任したことに伴《ともな》い，衆議院議員総選挙が行われた。

ウ．アメリカで黒人男性が白人警官に拘束され死亡したことをきっかけに，大規模な抗議《こうぎ》運動が広がった。

エ．中国が南シナ海に建設した人工島を軍事拠点化《きょてんか》していることに，批判が集まった。

問７　下線部(g)について。近年，民主的な選挙制度が整っている国で，民主主義の後退が起きていると指摘されています。**【資料15】**は，民主主義の後退が起きていると指摘されている国の状況です。

【資料15】　民主主義の後退が起きていると指摘されている国の状況

> 2010年，総選挙が実施され，過半数の議席を獲得したある政党の党首が首相になった。その首相は，憲法などの重要法の改正を重ね，裁判官の定年を引き下げて，前政権時代に任命された裁判官を大量に辞めさせ，自らが任命する裁判官に替えた。

(1)　**【資料15】**の下線部は，民主主義の後退と指摘されている事例です。このことが民主主義の後退と指摘されているのはなぜか，答えなさい。

(2)　**【資料15】**の例からも分かるように，選挙などの制度を取り入れるだけでは民主的な政治が行われるとは限らず，民主主義の後退が起きてしまうことがあります。民主主義を後退させないために有権者や国民ができることはどのようなことか，考えて答えなさい。

【理　科】 〈第１回試験〉 (45分) 〈満点：100点〉

【注意】 配られた定規は作図などに使いましょう。また，この定規は試験終了後，持ち帰ってください。

〈編集部注：実物の入試問題では，写真とグラフはすべてカラー，図の大半もカラー印刷です。〉

１ アゲハチョウの生活について，次の問いに答えなさい。

問１　アゲハチョウ(ナミアゲハ)の成虫はどれですか。次のア～カの中から選び，記号で答えなさい。ただし，写真の縮尺は同一ではありません。

ア.

イ.

ウ.

エ.

オ.

カ.

問２　アゲハチョウは昆虫《こんちゅう》類です。昆虫類だけが持っている体の特徴《とくちょう》を１つ答えなさい。

問３　アゲハチョウの卵をスケッチしたものはどれですか。次のア～オの中から選び，記号で答えなさい。

ア.

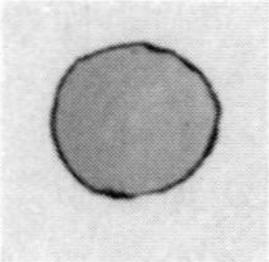

イ.

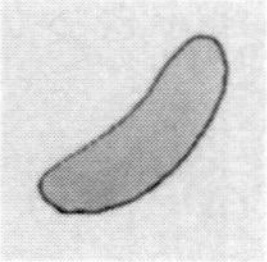

ウ.

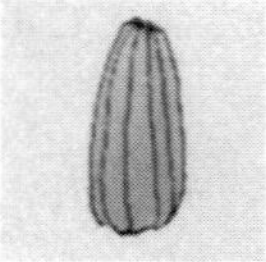

エ.

オ.

問４　アゲハチョウの卵からふ化した幼虫を育てるときに，エサとして与《あた》える植物はどれですか。次のア～カの中から適するものを選び，記号で答えなさい。

ア．アブラナの仲間　　イ．ミカンの仲間　　ウ．セリの仲間

エ．バラの仲間　　オ．イネの仲間　　カ．マツの仲間

アゲハチョウの幼虫は，古い外骨格(皮ふ)を脱《ぬ》ぎ捨《す》てる脱皮《だっぴ》を４回行って成長します。脱皮した直後の外骨格がやわらかいうちに急激に大きくなり，新しい外骨格が固まると成長が止まります。幼虫時代のおおよその体長は，１令幼虫４mm，２令幼虫７mm，３令幼虫15mm，４令幼虫20mm，５令幼虫35mmです。５令幼虫の後サナギとなり，やがて成虫のアゲハチョウが羽化《うか》してきます。

問５　アゲハチョウのように，幼虫からサナギを経て成虫に成長することを特に何といいますか。

問６　アゲハチョウの幼虫が成長するようすを示すグラフとして，最も適するものを次のア～オの中から選び，記号で答えなさい。

ア.

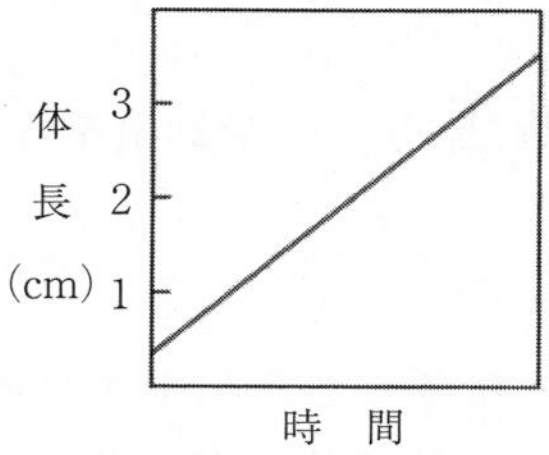

イ.

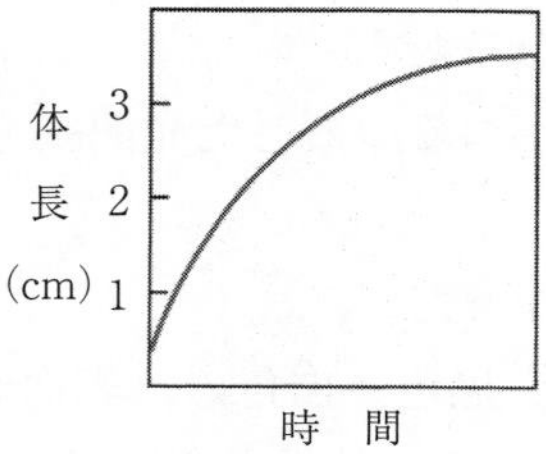

ウ.

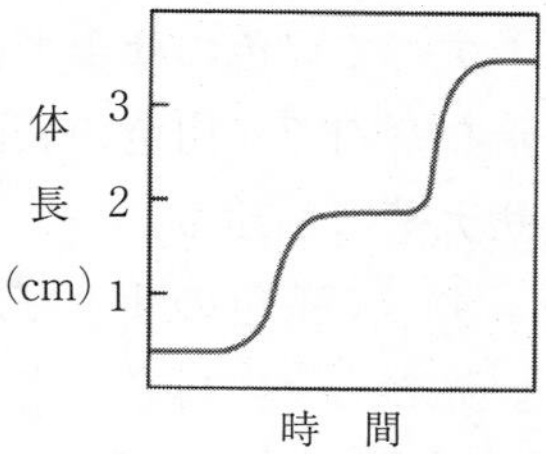

エ.

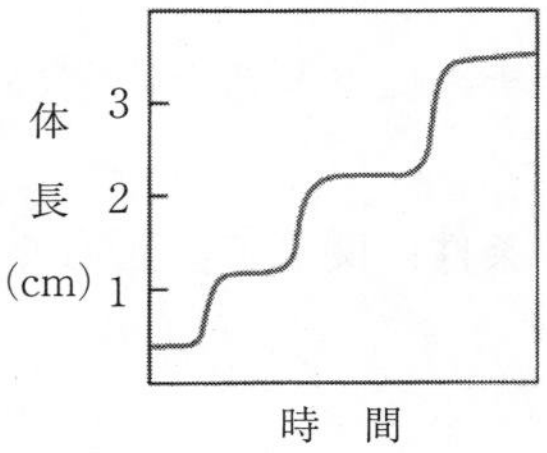

オ.

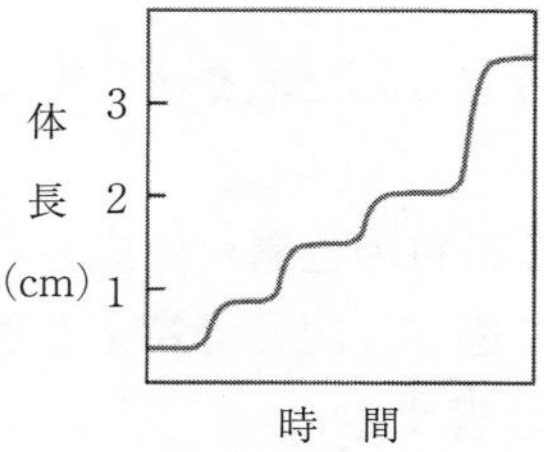

アゲハチョウの幼虫は，１令から４令までは図１のような黒かっ色に白い帯が入る体色をしています。これは，鳥のフンに姿を似せて，敵に見つからないようにしていると考えられています。ところが５令幼虫は，図２のように緑色の体色になります。

図１

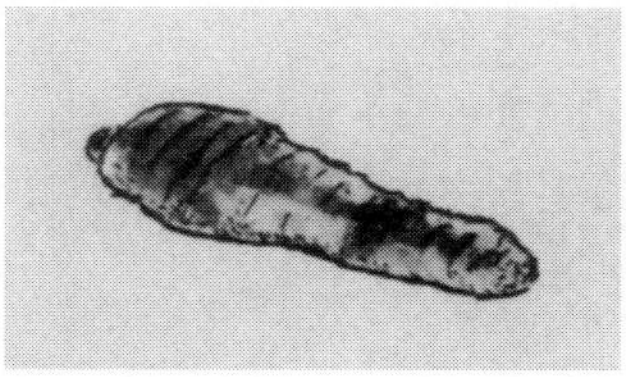

図２

問７　アゲハチョウの５令幼虫が，黒かっ色に白い帯が入る体色ではなく緑色になった方がよい理由として考えられることを答えなさい。

アゲハチョウがサナギになる場所は，壁《かべ》や木の幹，枝，葉の裏などです。５令幼虫は，頭を上にして口から吐《は》いた糸で体を固定し，脱皮してサナギに変化します。

アゲハチョウのサナギには緑色のものと茶色のものがあります(図３)。５令幼虫の緑色の色素がそのまま残ると緑色のサナギに，新たに茶色の色素が生成されると茶色のサナギになることがわかっています。

図３

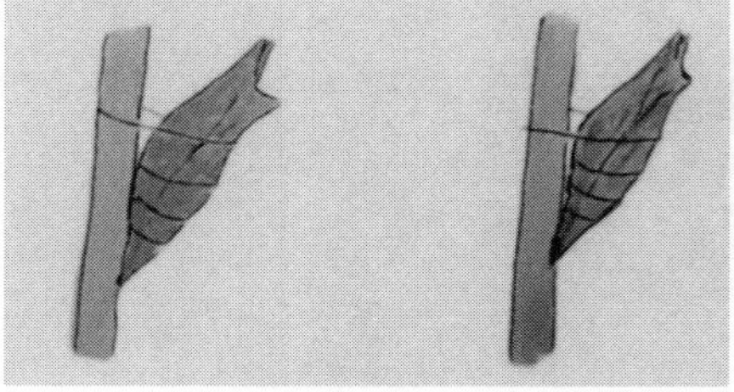

茶色の色素が生成される条件を調べるために，次の実験を行いました。

【実験１】　明るい光のもと，緑色，茶色，黒色，白色の，表面がつるつるした光沢《こうたく》紙を壁に貼《は》り，それぞれに５令幼虫を５匹《ひき》ずつ止まらせてサナギにさせる。

結果：すべて緑色のサナギになった。

【実験２】　真っ暗な室内で，白色の表面がつるつるした光沢紙を壁に貼り，５令幼虫を５匹止まらせてサナギにさせる。

結果：すべて茶色のサナギになった。

【実験３】　明るい光のもと，緑色，茶色，黒色，白色の，表面がざらざらした紙やすり(サンドペーパー)を壁に貼り，それぞれに５令幼虫を５匹ずつ止まらせてサナギにさせる。

結果：すべて茶色のサナギになった。

問８　真っ暗な室内で，白色の表面がざらざらした紙やすり上でサナギにさせると，どのような色のサナギになると考えられますか。

問９　【実験１】～【実験３】から考えられる茶色の色素が生成される条件に関して，正しく述べているものを次のア～カの中からすべて選び，記号で答えなさい。

ア．背景の色は茶色の色素の生成に影響《えいきょう》する。

イ．背景の色は茶色の色素の生成に影響しない。

ウ．つるつるした触感《しょっかん》は茶色の色素の生成を促《うなが》す。

エ．ざらざらした触感は茶色の色素の生成を促す。

オ．明るい光が触感よりも優先して茶色の色素の生成に関係する。

カ．明るい光よりも触感の方が優先して茶色の色素の生成に関係する。

さらに，次の【実験４】を行いました。

【実験４】　真っ暗な室内で，密閉できる透明《とうめい》なプラスチック容器に生きている植物を入れ，５匹の５令幼虫を白色のつるつるした光沢紙表面に止まらせてサナギにさせる。

結果：３匹が緑色，２匹が茶色のサナギになった。

問10　【実験４】が【実験２】と異なる結果になった原因には，いくつかの環境《かんきょう》条件の違いが考えられます。このとき考えられる環境条件の違いの１つを「蒸散」という言葉を入れて答えなさい。また，その条件が色素の生成にもたらす効果についてどのように推測できるか答えなさい。

2　ばねには押《お》して使う押しばね(図１)と，引いて使う引きばね(図２)があります。

図１

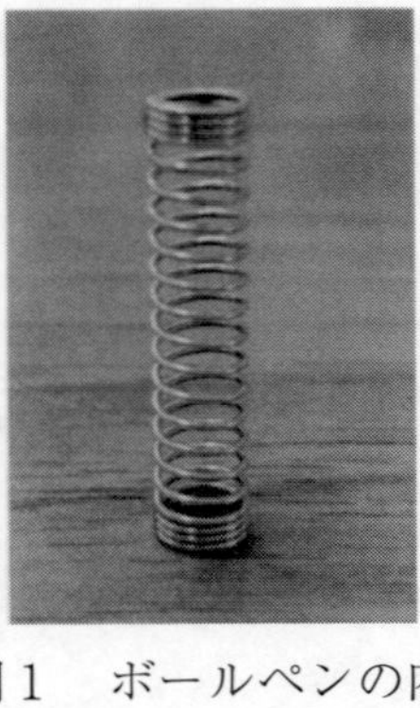

図２

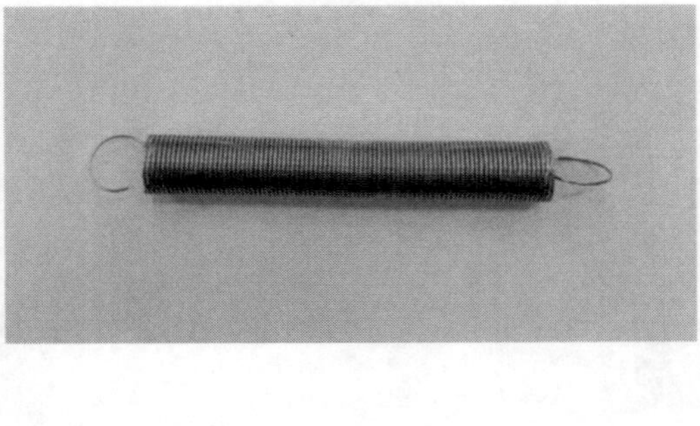

問１　ボールペンの内部に入っているばねＡと，自転車スタンドに付いているばねＢは，それぞれ押しばねと引きばねのどちらですか。解答らんに○をつけなさい。

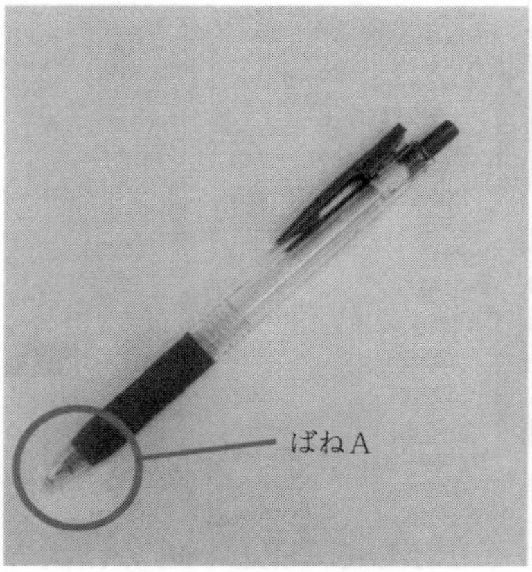

これから用いるばねについて，ばねの重さは考えないものとします。また，ばねの伸《の》びや縮みの長さは，ばねに加えた力の大きさに比例するものとします。

問２　右図のように，長さ10cmの引きばねを天井《てんじょう》からつるし，20ｇのおもりを下げたところ，ばねの長さは13cmになりました。おもりを20ｇから35ｇのものに付け替《か》えたとき，ばねの長さは何cmになりますか。

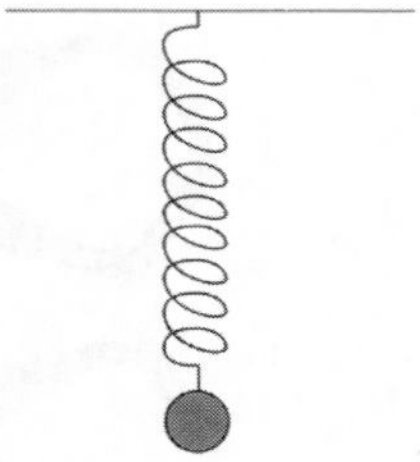

問３　下図のように，問２と同じばねを２本直列につなげて，一方の端《はし》を壁《かべ》に取り付け，もう一方に20ｇのおもりをつるしました。このとき，ばねの伸びの合計は何cmですか。

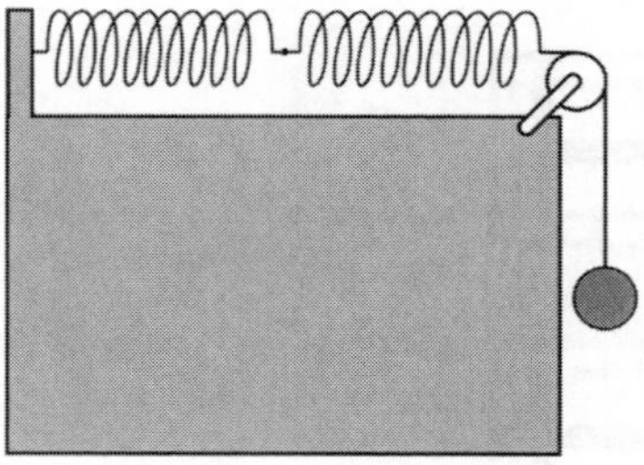

問４　下図のように，問２と同じばねを２本直列につなげて，両方に20ｇのおもりをつるしました。このとき，ばねの伸びの合計は何cmですか。

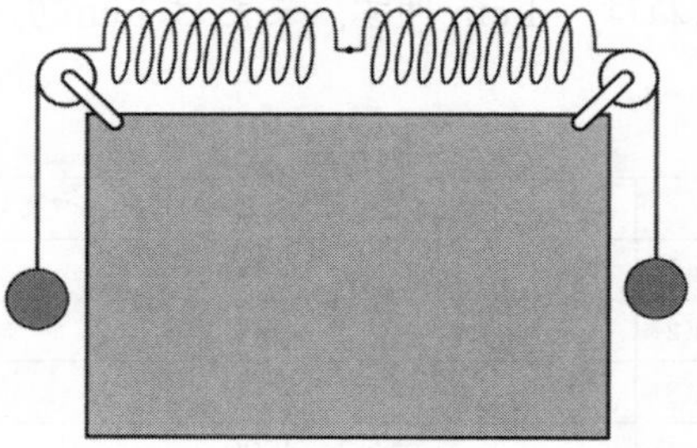

図３のようなマジックハンドを作りました。右の持ち手を握《にぎ》るとアームが閉じ，手を離《はな》すと自動的にアームが開きます。アームを完全に閉じるためには，持ち手の棒を４cm動かす必要があります。

図３

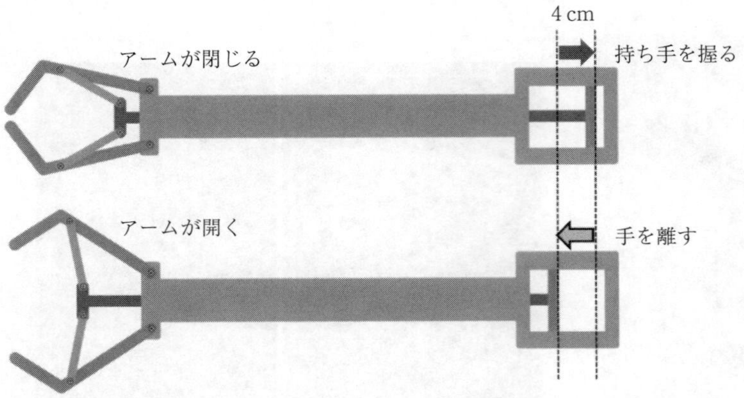

問５　図３のような動きをするマジックハンドの内部のつくりとして，正しいものは次のうちどれですか。押しばねの場合と引きばねの場合のそれぞれについて，最も適当なものを次のア～エの中から選び，記号で答えなさい。

ア.

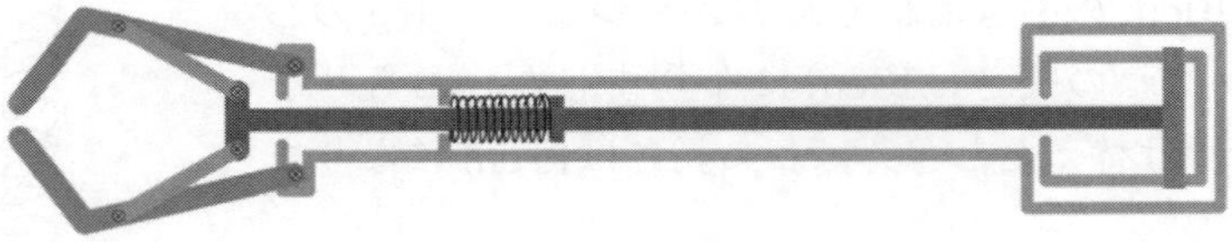

イ.

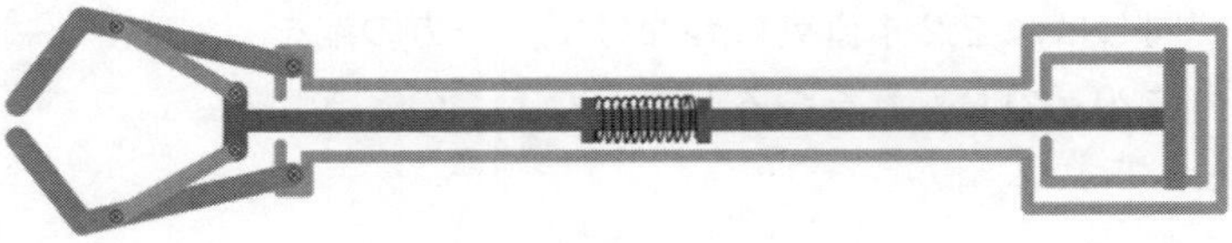

ウ.

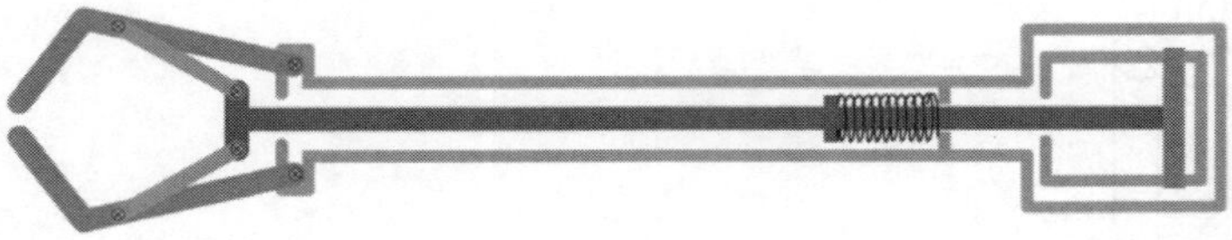

エ.

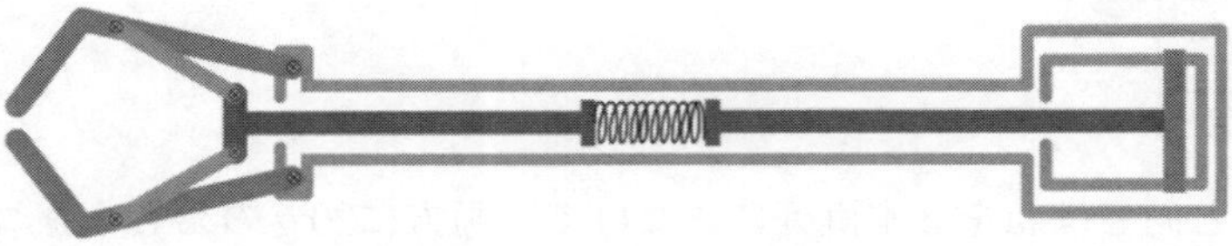

問６　図３のマジックハンドのばねを，アームを閉じるためにちょうど6000 g の力が必要であるものにしたいと考えました。このときに使うばねは，１cm 押す，または１cm 引くのに何 g の力が必要ですか。

問６で答えたばねを使おうとしましたが，持っていませんでした。そこで，２本以上の引きばねをつなげて使うことで，マジックハンドを作ることにします。持っている引きばねとその本数は図４の通りです。

図４

	1 cm 引くのに必要な重さ	持っている本数
ばね①	500 g	10本
ばね②	600 g	8 本
ばね③	3000 g	5 本
ばね④	4500 g	4 本

問７　持っている引きばねのうち，同じ種類のものを２本以上直列につなげて，アームを閉じるためにちょうど6000 g の力が必要になるマジックハンドを作ります。どのばねを何本使えばいいですか。ばねの種類とその本数の組み

合わせをすべて答えなさい。ただし，ばねの長さは考えなくてよいものとします。答え方は下の例にならいなさい。

（例）　ばね①を２本

3　ある濃《こ》さの塩酸と水酸化ナトリウム水溶液《すいようえき》を用意し，【実験１】～【実験３】を行いました。

【実験１】

①　塩酸20ｇが入ったビーカーを，安全に注意しながら加熱して水を完全に蒸発させると，ビーカーの中には何も残りませんでした。

②　水酸化ナトリウム水溶液20ｇが入ったビーカーを，安全に注意しながら加熱して水を完全に蒸発させると，ビーカーの中には水酸化ナトリウムの固体が残りました。この固体の重さをはかると４ｇでした。

③　②で得られた固体を数日間放置すると，空気中の二酸化炭素と水分を吸収し，ドロドロになりました。このとき，水酸化ナトリウムの一部が炭酸ナトリウムという固体に変化していました。これをよく加熱乾燥《かんそう》し，得られた水酸化ナトリウムと炭酸ナトリウムの混合固体の重さをはかると4.325ｇでした。

問１　水酸化ナトリウム水溶液の濃さは何％ですか。

問２　水酸化ナトリウムが炭酸ナトリウムに変化すると，重さが1.325倍になります。【実験１】の③では，何ｇの水酸化ナトリウムが炭酸ナトリウムに変化しましたか。

問３　水酸化ナトリウム水溶液を加熱するときには注意が必要です。注意点として誤っているものを，次のア～エの中から選び，記号で答えなさい。

ア．突然《とつぜん》，沸《ふっ》とうしないように，おだやかに加熱する。

イ．水酸化ナトリウム水溶液はタンパク質を溶《と》かすので，水溶液が体や衣類に付かないように注意する。

ウ．飛び散った水溶液から目を守るために，防護メガネを着用する。

エ．水酸化ナトリウム水溶液は鉄を溶かすので，水溶液が周囲の鉄製の道具や備品に付かないように注意する。

【実験２】

①　塩酸100ｇにBTB溶液を数滴《すうてき》入れ，そこへ水酸化ナトリウム水溶液20ｇをゆっくり入れました。加熱して水を蒸発させると，ビーカーの中には白い固体Ａが残りました。これは水酸化ナトリウムとも炭酸ナトリウムとも異なる固体でした。この固体の重さをはかって記録しました。

②　塩酸100ｇに加える水酸化ナトリウム水溶液の量を20ｇずつ増やしながら，①と同様の実験を行いました。

③　①，②の水溶液を加熱して水を完全に蒸発させた直後に，残った固体の重さをはかりました。また，それらの固体を数日間放置し，加熱乾燥してから重さをはかりました。

図１は【実験２】の結果です。【実験２】の③で数日間放置したときは，水酸化ナトリウムはすべて炭酸ナトリウムに変化しました。水酸化ナトリウムが炭酸ナトリウムに変化すると，重さが1.325倍になります。また，BTB溶液の重さは考えないものとします。

図１

加えた水酸化ナトリウム水溶液の重さ(g)	20	40	60	80	100	120
水を蒸発させた直後に残った固体の重さ(g)	5.85	11.7	17.55	22.475	26.475	30.475
放置して加熱乾燥させた後の固体の重さ(g)	5.85	11.7	17.55	23.125	あ	33.725

問４　白い固体Ａを顕微鏡《けんびきょう》で観察したときの結晶《けっしょう》のようすとして適切な図を次のア～エの中から選び，記号で答えなさい。また，この物質の名前も答えなさい。

ア.　イ.　ウ.　エ.

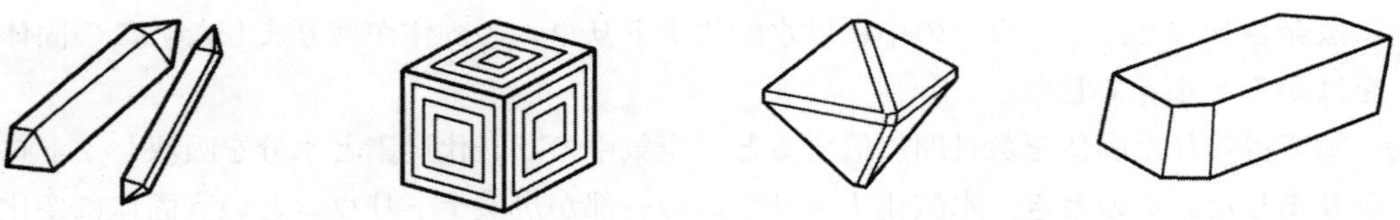

図１の「加えた水酸化ナトリウム水溶液の重さ」と「水を蒸発させた直後に残った固体の重さ」の関係をグラフで表すと，図２の赤線のようになります。図２の斜線《しゃせん》部分の高さは，水を蒸発させた直後に残った固体の重さのうち，白い固体Ａの重さを表しています。

図２

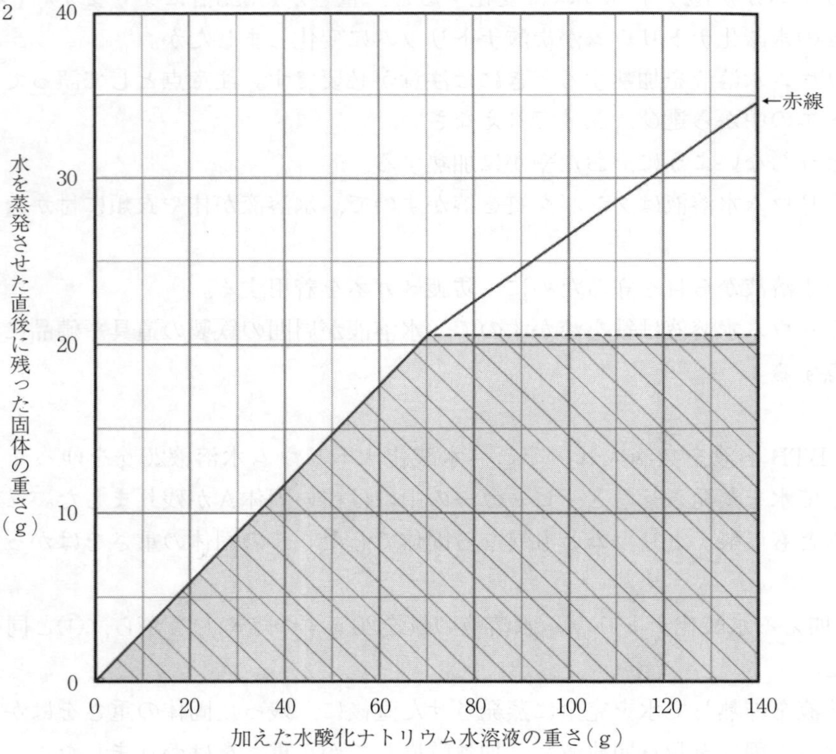

問５　この実験では，何ｇの水酸化ナトリウム水溶液を加えるとBTB溶液が緑色になりますか。

問６　図１の あ に当てはまる数値を答えなさい。

【実験３】

【実験２】とは逆に，水酸化ナトリウム水溶液100ｇに塩酸を20ｇずつ入れていき，水を蒸発させ，その直後に残った固体の重さをはかりました。

問7　【実験3】の結果について，横軸《じく》を「加えた塩酸の重さ(g)」，たて軸を「水を蒸発させた直後に残った固体の重さ(g)」としてグラフにしたところ，下のア～エのいずれかになりました。

①　適切なグラフを選び，解答らんのア～エの記号に○をつけなさい。

②　選んだグラフの中に，白い固体Aの重さを表す部分を，図2にならって斜線でかき表しなさい。

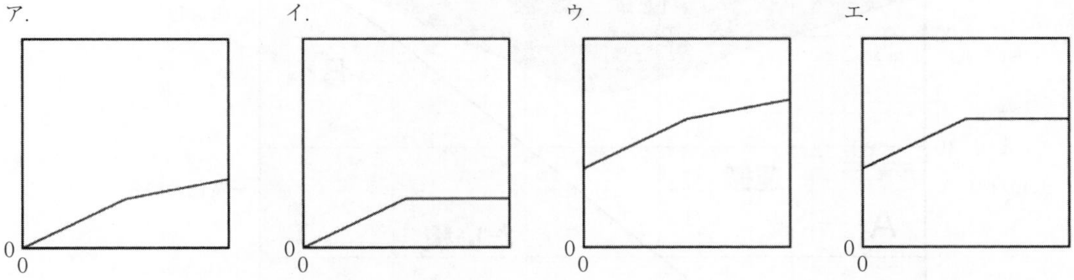

問8　水酸化ナトリウム水溶液100gが過不足なく反応する塩酸の重さは何gですか。小数第1位を四捨五入して整数で答えなさい。

4　川の水のはたらきについて，以下の各問いに答えなさい。

図1は，富山県を流れる4つの川と関東地方を流れる利根川について，河口からの距離《きょり》と標高の関係を表しています。

図1

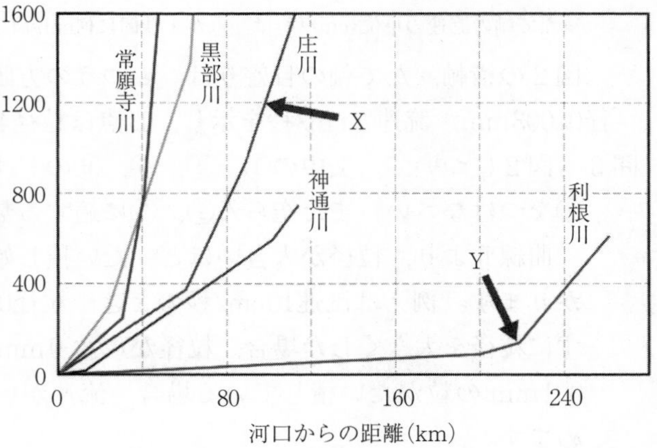

問1　図1のX，Yの地点について，それぞれの場所にできると考えられる地形として，最も適当なものを次のア～オの中からそれぞれ選び，記号で答えなさい。

ア．V字谷

イ．海岸段丘《だんきゅう》

ウ．カルデラ

エ．三角州《さんかくす》

オ．扇状地《せんじょうち》

問2　図1のX，Yの地点でみられる地形は，主に水の何というはたらきによってできましたか。次のア～ウの中からそれぞれ選び，記号で答えなさい。

ア．運搬《うんぱん》とたい積　　イ．侵食《しんしょく》とたい積　　ウ．侵食と運搬

川の流れる速さ(流速)は上流・中流・下流で異なります。流速が異なると，流れている石の大きさも異なります。石は大きさによって3つに分類することができ，石の幅《はば》が最も大きいところの長さ(粒径《りゅうけい》)が2mm以上のものを「れき」，0.06mm～2mmのものを「砂」，0.06mm未満のものを「泥《どろ》」といいます。

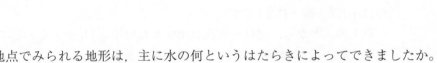

図２は，流速と粒径の関係を表しています。曲線Ⅰ(——)は，たい積していた石が，流れによって侵食されて動き出すときの流速を示しています。また曲線Ⅱ(——)は，動いていた石がたい積し始めるときの流速を示しています。つまり曲線Ⅰより上のピンク色の部分では，侵食と運搬が同時に起こり，曲線Ⅱより下の黄色い部分では，たい積しています。

図２

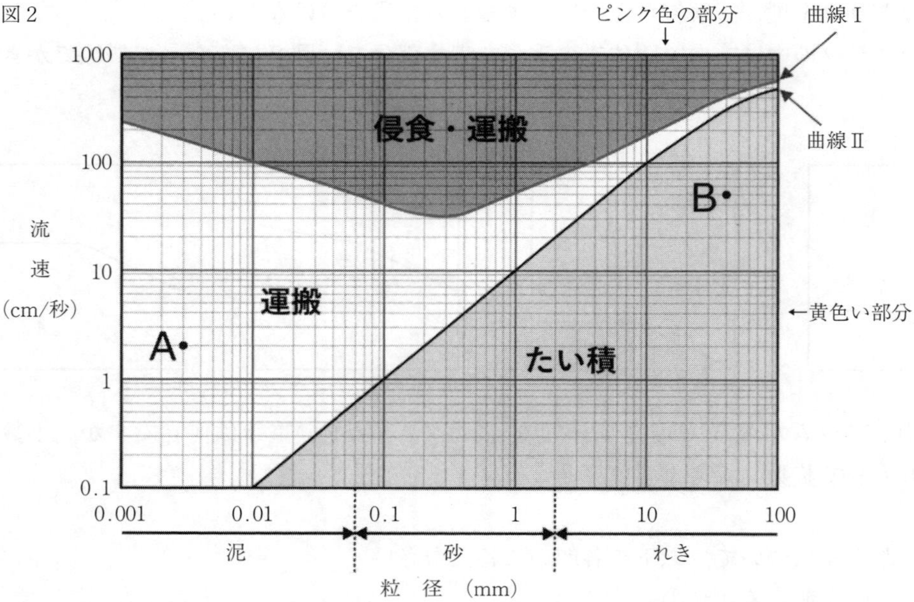

※たて軸《じく》の流速の単位(cm/秒)は，水が１秒間に何cm流れるかを表しています。

図２の横軸，たて軸の目盛りは，ふつうの方眼紙とは異なります。たとえば図２のＡ点は粒径0.003mm，流速２cm/秒を示し，Ｂ点は粒径40mm，流速50cm/秒を示しています。

問３　図２について，文中の①，④，⑤，⑥の｛　｝から適する言葉を１つずつ選び，解答らんに◯をつけなさい。また空らん②，③に適する数値をそれぞれ答えなさい。

曲線Ⅱより，粒径が大きいほど，たい積し始めるときの流速が①｛速い・おそい｝ことがわかります。例えば流速10cm/秒のとき，粒径0.1mmの粒《つぶ》は運搬されています。流速を変えずに粒径を大きくした場合，粒径が(　②　)mm以上になるとたい積し始めます。一方，粒径0.1mmの粒がたい積している場合，流速が(　③　)cm/秒より大きくなると侵食が起こり始めます。

また曲線Ⅰより，たい積している泥・砂・れきのうち，最小の流速で侵食・運搬し始めるのは④｛泥・砂・れき｝です。

以上のことから，泥は一度流れ出すとたい積⑤｛しやすく・しにくく｝，たい積した後は砂よりも動き⑥｛やすい・にくい｝性質があります。

このように侵食・運搬・たい積には，流速や粒径が深く関《かか》わっていることがわかります。

泥水を用いて，以下のような実験を行いました。

【実験】

図３のようにビーカーに入れた泥水にミョウバンを加えると，泥がビーカーの底にたまりました(図４)。

ミョウバンを水に溶《と》かすと，液中に電気を帯びた粒子《りゅうし》が生じます。食塩にもこのような性質があります。泥水の中でこの電気を帯びた粒子は，小さな泥の粒を引きつけて結びつけ，より大きな粒をつくります(図５～７)。

図３

図４

図５

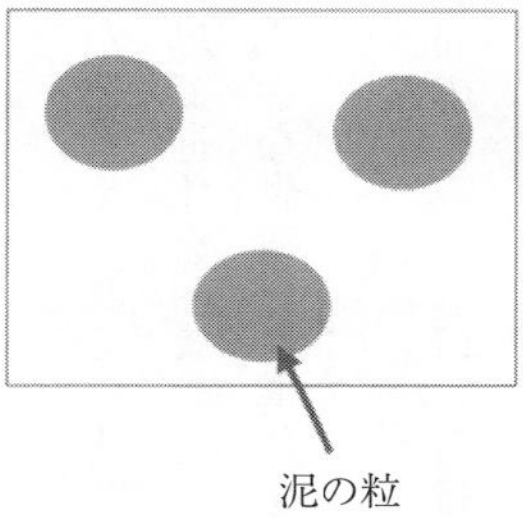

図６

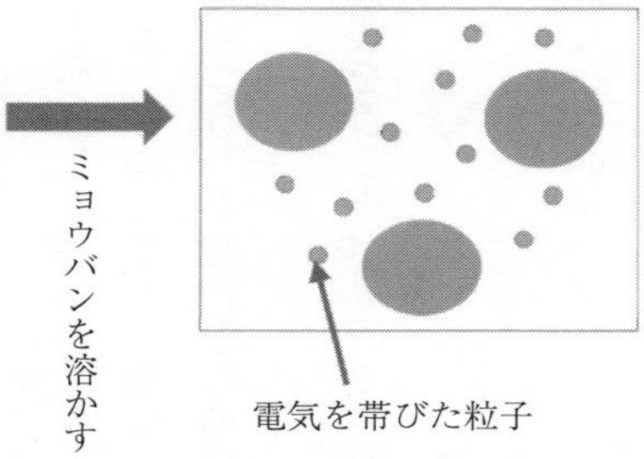

図７

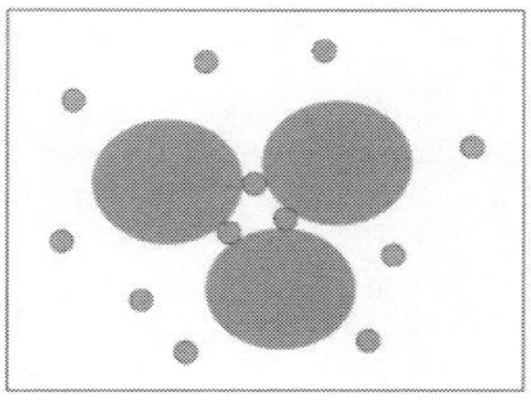

水のはたらきによって地形ができるときには，その付近で流速や粒径に変化が生じていることがあります。

問４　【実験】の現象と最も関係が深い地形を，次のア～オの中から選び，記号で答えなさい。

ア．Ｖ字谷　　イ．海岸段丘　　ウ．カルデラ

エ．三角州　　オ．扇状地

問５　問４で答えた地形ができるのは，流速と粒径にどのような変化が生じるためですか。それぞれの変化が起こる理由とともに説明しなさい。なお，その地形がどのような場所にできるのかに触《ふ》れて答えなさい。

ウルスは、馬くらいの大きさしかありません。ブラキオサウルスの仲間にしては、とても小さな体なのです。
エウロパサウルスの祖先は巨大な恐竜だったと考えられています。ところが、エウロパサウルスはエサの少ない島で進化をしました。そのとき、小さな体の者が生き残り、やがて、小さな恐竜へと進化を遂《と》げたのです。
新たな進化をつくり出すのは、常に正規分布のすみっこにいるはずれ者なのです。

（稲垣栄洋『はずれ者が進化をつくる　生き物をめぐる個性の秘密』）

問一　――線部「ふつうなんていうものは、どこを探しても本当はないのです」とありますが、なぜ人間は「ふつう」を想定するのですか、説明しなさい。

問二　筆者が述べる、生物が進化していく過程を百二十字以内で説明しなさい。

三　各文の――線部のカタカナを漢字に直しなさい。

(1) スイソクの域を出ない。
(2) オウロはバスを利用する。
(3) トキはキショウ動物だ。
(4) それはシュウチの事実だ。
(5) 一度勝ったからといってユダンタイテキだ。

平均値を大切にすると、平均値からはずれているものが邪魔《じゃま》になるような気になってしまいます。

みんなが平均値に近い値なのに、一つだけ平均値からポツンと離《はな》れていると、何だかおかしな感じがします。何より、ポツンと離れた値があることによって、大切な平均値がずれてしまっている可能性もあります。

そのため、実験などではあまりに平均値からはずれたものは、取り除いて良いということになっています。

はずれ者を取り除けば、平均値はより理論的に正しくなります。値の低いはずれ者をなかったことにすれば、平均値は上がるかもしれません。

こうしてときに「平均値」という、自然界には存在しない虚《うつ》ろな存在のために、はずれ者は取り除かれてしまうのです。

しかし、実際の自然界には「平均値」はありません。「ふつう」もありません。あるのは、さまざまなものが存在している「多様性」です。

生物はバラバラであろうとします。そして、はずれ者に見えるような平均値から遠く離れた個体をわざわざ生み出し続けるのです。

どうしてでしょうか。

自然界には、正解がありません。ですから、生物はたくさんの解答を作り続けます。それが、多様性を生み続けるということです。

条件によっては、人間から見るとはずれ者に見えるものが、優れた能力を発揮するかもしれません。

かつて、それまで経験したことがないような大きな環境《かんきょう》の変化に直面したとき、その環境に適応したのは、平均値から大きく離れたはずれ者でした。

そして、やがては、「はずれ者」と呼ばれた個体が、標準になっていきます。そして、そのはずれ者がつくり出した集団の中から、さらにはずれた者が、新たな環境へと適応していきます。こうなると古い時代の平均とはまったく違った存在となります。

じつは生物の進化は、こうして起こってきたと考えられています。

進化というのは、長い歴史の中で起こることなので、残念ながら、私たちは進化を観察することはできません。

しかし、「はずれ者」が進化をつくっていると思わせる例は見られます。

たとえば、オオシモフリエダシャクという白いガは、白い木の幹に止まって身を隠《かく》します。が、ときどき黒色のガが現れます。白色のガの中で、黒色のガははずれ者です。ところが、街に工場が作られ、工場の煙突《えんとつ》から出るススによって、木の幹が真っ黒になると、目立たない黒いガだけが、鳥に食べられることなく生き残りました。そして、黒いガのグループができていったのです。

ニュージーランドに棲《す》むキウィは、飛べない鳥です。鳥が飛べないなんて、おかしいですよね。じつは、キウィの祖先は飛ぶことのできる鳥だったと考えられています。ところが、その中に飛ぶことの苦手な個体が生まれました。鳥なのに飛べないなんて、本当にはずれ者です。ただ、ニュージーランドには、キウィを襲《おそ》う猛獣《もうじゅう》がいなかったので、飛んで逃《に》げる必要がありません。飛ぶのが苦手な鳥は、飛ぶことが少ないので、エネルギーを使いません。その分、エサも少なくてすむかもしれませんし、節約したエネルギーでたくさん卵を産むことができるかもしれません。こうして飛ぶのが苦手な「はずれ者」が、飛ぶのが苦手な子孫をたくさん産み、飛べない鳥に進化していったと考えられているのです。

あるいは、ブラキオサウルスは、全長二五メートルを超《こ》えるような巨大《きょだい》な恐竜《きょうりゅう》です。ところが、ブラキオサウルスの仲間のエウロパサ

明らかにして、説明しなさい。

問二 ――線部②「今すぐにでもまた吹きたい衝動にかられていた」とありますが、それはなぜだと考えられますか、説明しなさい。

問三 ――線部③「じゃ明日は、第二楽章、第一楽章の順に吹けよ」とありますが、マエストロはなぜこのように言ったのですか。マエストロがクラシック音楽をどのようなものだと考えているかもふくめて、説明しなさい。

問四 ――線部④「この二日間のマスタークラスで、目が覚めた」とはどのようなことですか、「ぼく」の心情をふくめて説明しなさい。

二 次の文章を読んで、後の問いに答えなさい。

平均に近い存在は、よく「ふつう」と呼ばれます。

それでは「ふつう」って何なのでしょうか？

先述したように、人間の脳は複雑なことが苦手です。多様なものは難しく感じます。

複雑で多様な世界を、ありのままに理解することはできないのです。

そのため、できるだけ単純化して、整理して理解しようとします。

バラバラなものは、できるだけまとめようとします。

こうして、整理して、まとめることで、人間の脳ははじめて理解することができるのです。

そんな人間の脳が好んで使うお気に入りの言葉に「ふつう」があります。

「ふつうの人」という言い方をしますが、それはどんな人なのでしょうか。「ふつうじゃない」という言い方もしますが、それはどういう意味なのでしょう。

自然界に平均はありません。

「ふつうの木」って高さが何センチなのでしょうか。

「ふつうの雑草」って、どんな雑草ですか？

踏《ふ》まれても生えている雑草と踏まれない雑草はどちらがふつうなのでしょうか。道ばたでは、たくさんの雑草が踏まれています。踏まれている雑草は、ふつうじゃないのでしょうか。

先に述べたように生物の世界は、「違《ちが》うこと」に価値を見出《みいだ》しています。いわば生物は、懸命《けんめい》に「違い」を出そうとしているとさえ言えます。

だからこそ、同じ顔の人が絶対に存在しないような多様な世界を作り出しているのです。一つ一つが、すべて違う存在なのだから、「ふつうなもの」も「平均的なもの」もありえません。そして、逆に言えば「ふつうでないもの」も存在しないのです。

「ふつうの顔」ってどんな顔ですか？

世界一、ふつうの人ってどんな人ですか？

ふつうの顔なんてありません。

ふつうの人なんてどこにもいません。

ふつうでない人もどこにもいません。

ふつうなんていうものは、どこを探しても本当はないのです。

先述したように、人間が複雑な自然界を理解するときに「平均値」はとても便利です。そのため、人間は平均値を大切にします。そして、とにかく平均値と比べたがるのです。

け、という印象だった。

ぼくはトップバッターだけど、パラパラとしかすわっていない客席を見て残念に思っている自分が意外だった。人前に出るのは好きじゃないはずなのに、どうせならたくさんの人に聴いてほしいと思っていたのだ。

マエストロがいっていた「適度な緊張感」のおかげか、体中をかけめぐるアドレナリンは多すぎることも少なすぎることもなかった。この曲に関しては、もうテクニックは十分みがき、先生に指導された息の使い方も上達し、不安はない。

舞台に上がり、客席を見まわし、頭を下げ、ピアニストとうなずきあう。

ピアノ伴奏《ばんそう》が始まる。

チュルーの『グラン・ソロ　第五番、作品七九』は、哀愁《あいしゅう》に満ちた曲ではないから、ひとりで吹いていたときはあまり好きではなかった。でも、ピアノといっしょだとぜんぜんちがう。長いピアノ伴奏が続き、いきなりフルートが夏の稲妻《いなずま》のように入る。なんともいえないパワーを感じながら、ぼくは吹く。やがてゆったりとしたメロディになり、また最初の激しい感情にもどる。体中が火照《ほて》る。

二度しか合わせていないのに、ピアニストはまさにプロで、完璧に合わせてくれる。ピアノといっしょに演奏する心地《ここち》よさを味わうのはボーエンとやったとき以来だ。

演奏を終えると、会場から、大きな拍手《はくしゅ》が起きた。いつのまにかお客さんが増えていた。そして舞台の袖《そで》では、七人の仲間が、派手に拍手をしてくれていた。ピューピュー口笛も吹いて「ブラーヴォ！」を連発し、盛り上げてくれていたのだ。

頭を下げて舞台の袖に引っこむと、仲間たちにもみくちゃにされ、マエストロがドスン、とぼくの背中を叩《たた》いた。

「ユージ！　リハーサルより数倍よかったぞ。本番に強いな。世の中には逆の人も多いんだよ。きみは舞台じゃぜんぜんシャイじゃないね。コンサートに向いているよ。臆《おく》せず、じつに豊かに表現していたぞ。このまま、どんどんフルートを続けなさい」

「はいっ！」

長いことくすぶっていた炭に、やっと火がついたような気分だった。涙《なみだ》がこみあげそうになっていた。フルートを続けなさい、という言葉をもらえたからなのか、自分がフルートを続けたいと強く思ったからなのかはわからない。ただ、吹く喜びを感じていた。

仲間たちにも励《はげ》まされた。たった二日間を共に過ごしただけで一体感が生まれたのは、マエストロのきびしくも温かい人柄《ひとがら》のおかげと、アンサンブルでいっしょにやる喜びを味わえたからだろう。

みんなは口々に、マエストロ・ビーニのもとでずっと習いたかったといった。でもマエストロはオーケストラの仕事で忙《いそが》しいから、音楽院では教えていない。だからこそ、年に二回ほどやる短期のマスタークラスは、ほんの一、二時間で定員に達してしまうのだ。たまたま入れたぼくはすごくラッキーだったんだよと、みんなにいわれた。そして「来年はオレたちといっしょに最初から申《もう》し込《こ》めよ」とも。

もちろんぼくはみんなに約束した。④この二日間のマスタークラスで、目が覚めた。やっぱり音楽は楽しい！　来年は最初の数秒以内に申し込もう。

（佐藤まどか『アドリブ』）

（注１）サンドロ…音楽院のぼくの同級生で、優秀な学生。
（注２）サンティーニ先生…ぼくとサンドロの音楽院の先生。
（注３）エンターテインメント…楽しみ。エンターテイメントともいう。

問一　――線部①「図星だ。自分の顔が赤くなっていくのがわかる」とありますが、この時の「ぼく」の気持ちを、「図星」の内容も後のおにぎりを手に、立ち上がった。

「五分休憩！」といって、イスに倒《たお》れこむようにすわって水をがぶ飲みしているマエストロのところに、そのおにぎりを持っていく。

「あ、あのー。もし……こんなものでもよければ」

と、おそるおそる差し出すと、マエストロはにっこりした。

「ありがたいが、オレ、今ダイエット中なんだよ。見ろよ、この腹！ んー、でもなんかそれ、うまそうだな。ま、一個ならいっか！」

マエストロは、いたずらっ子のような顔をしながらぼくからおにぎりを受けとり、かぶりついた。

「あ、これ、公演で日本に行ったとき、食べたことがあるな。うまいよな！ 最近ミラノにもこれ売ってる店ができたって噂《うわさ》を聞いたぞ」

もぐもぐいいながら、マエストロはあっという間におにぎりをたいらげた。

「もう一個ないの？」

ぼくは笑って首を横に振る。

「すみません。最後の一個でした」

「しょうがない。ダイエットモードにもどるか。よし、じゃあ再開だ。次！」

次の生徒が、クスクス笑いながらフルートをかまえた。

ぼくがおどろいたのは、マエストロの指導力や、やる気を出させる強力磁石みたいなパワーだけじゃない。フルーティストで指揮者でもあるマウロ・ビーニの、アレンジ力と指揮力だ。

マエストロは、生徒八人に自分を加えたフルート・アンサンブルを編成した。そしてチャイコフスキーの『くるみ割り人形』をアレンジした楽譜を配った。マエストロはスカラ座のオーケストラ活動のほかに、普段《ふだん》からフルート・アンサンブルを編成し、自分がアレンジした曲を指揮しているらしい。今回は、そのメンバーにもなっている生徒のひとりにバスフルートを持ってこさせ、他のふたりがアルトフルート、マエストロを含《ふく》めて五人がフルート、そしてひとりがピッコロという編成だ。

マエストロはかたくるしいやり方が嫌《きら》いで、お客さんが喜ぶように曲を選び、順番を決める。たとえば、ある生徒に、マエストロはこういった。

「第三楽章はまだ無理だな。③じゃ明日は、第二楽章、第一楽章の順に吹けよ」

ぼくは耳を疑った。クラシック音楽では、そういうことは許されていないと思っていた。作曲家への冒瀆《ぼうとく》になるとか、楽譜に忠実でないといけないと教えられてきたからだ。

「客は、最後はしんみりじゃなくて、盛り上がって終わってほしいものなんだ」

と、マエストロはいった。第二楽章はアダージョで、ゆったりとしていて悲しい。第一楽章は明るいから、あえて順番を逆にしたのだろう。

「クラシック音楽だって、（注3）エンターテインメントだからな！」

ますますびっくりした。クラシック音楽がエンターテインメント？

初日のグループ練習では、いくらぼくをのぞく全員がハイレベルのフルーティストでも、さすがになかなか合わなかった。たった二日でフルート・アンサンブルをやるなんて、マエストロはムチャクチャだと内心思った。いきなり編成して、お客さんが聴いて楽しめるようなレベルに仕上がるわけがない。実際、発表会直前のリハーサルでも、マエストロはなんども大声でどなった。

二日目の夜八時。いよいよ本番だ。入場無料なのに、お客さんは少なかった。もっとも、七月下旬《げじゅん》は住民がバカンスで街からいなくなりはじめる。そのせいかもしれない。ツーリストがちらほら来ているだマエストロは息つぎをしてもいい箇所《かしょ》を吹いてくれた。マエストロの頭の中には、いったい何十曲の楽譜が記憶《きおく》されているんだろう。ぼくはあわてて楽譜を広げ、記号を書きこむ。

「そのかわり息をケチるなよ。ケチるからボリュームが出ないんだ。さあ、もう一回！　楽譜は閉じろ！」

マエストロはスタスタと歩いて、会場の一番後ろに立った。

ぼくが吹きはじめたとたん、先生はどなった。「吹け！」「もっと！」「腹から！」「オレの言葉でいちいち停《と》まるな、続けろ！」「吹け！」「届かないぞ！」

ぼくは精いっぱいのどを開放し、会場の奥《おく》にいる先生に音を届けようと必死になる。

「よし、今の調子！」「吹け！」「もっと吹けーっ！」

先生は飛んだり跳《は》ねたり、両手をぶるんぶるん振《ふ》りまわしたりして、すごい運動量だ。見ているほうが苦しくなってくる。

吹きおわり、ぼくは長距離《ちょうきょり》を泳いだあとのように、ヘトヘトになっていた。一年分の息を使い果たした感じだ。

マエストロがつかつかと歩いてきて、親指を立てた。

「最後のほうはよかったぞ。音が会場の奥まで伸《の》びてきていた。あの調子でいけ。それとな、『楽しい』って漢字は、もともと音楽って意味なんだろ？　なんかそういうようなことを、知り合いの日本人に聞いたことがある。とにかく、音楽ってのは、楽しむもんだ」

「は、はい」

「音を楽しめ。そして客も楽しませろ。まあ、飯でも食って、休め。午後は午後できついからな」

「はい！」

ぼくは会場の奥の席にすわって、しばらくぼーっとしていた。息は切れていたけれど、体中にエネルギーがみなぎっている。

音を楽しめ。そして客も楽しませろ。

そうだ。それが音楽だ。

テクニックは必要だ。音が客席に届かないなんて話にならない。表現するためにはテクニックが必要なんだ。そしてテクニックを習得した者こそ、そのガチガチの殻《から》を突《つ》きやぶり、曲を自分なりに解釈して表現することができるんだ。

フルートを拭《ふ》いていると、次の順番の女の人がライネッケの『フルートソナタ一六七番』を吹きはじめた。ローマ・サンタ・チェチリア音楽院の七年生で、十八歳といっていたけど、テクニックも、表現力も、とても成熟している。たしかなテクニックに支えられた表現力。ぼくのようにぎりぎりのところで吹いているんじゃなくて、息にも指使いにも余裕《よゆう》がある。こんなすごい演奏でも、まだ直すところがあるんだろうか。

もう一度吹けと指示されて吹きはじめた彼女《かのじょ》に、マエストロは全身でジェスチャーをまじえながら、大声で指導しはじめた。あわてるな。ドバーッと息を吹きこむな。そこは愛《いと》しい人に優《やさ》しく息を吹きかけるようにして、次第《しだい》にボリュームを上げろ。ていねいに！　そこはもっと抑《おさ》えろ。クライマックス！

彼女は、マエストロにいわれたとおりに最初から吹きなおした。直される前も完璧《かんぺき》だったと思っていたのに、今はさっきの演奏がどうしてダメだったのか、ぼくにもわかった。あきらかに、二倍も三倍もよくなっているのだ。

頭がくらくらしていた。ワクワクしていた。疲《つか》れ果ててはいたけれど、②今すぐにでもまた吹きたい衝動《しょうどう》にかられていた。でも、まずは、エネルギー補給だ。水を飲み、おにぎりを二個たいらげ、ひと息つく。

よく考えると、ぼくたち生徒はそれぞれ休憩《きゅうけい》を取っているが、マエストロは朝からまったく休んでいない。ぼくはラップに包まれた最マエストロは楽譜を見もしないで、客席を見ながらさらっと吹きはじめる。

うわっ。出だしからもうぜんぜんちがう！

音の響《ひび》き方がすごい。なんというボリュームだろう。なんという抑《よく》揚《よう》だろう。音がつやつやだ。その迫力《はくりょく》に、よろめきそうだ。

マエストロは途中《とちゅう》でやめて、にんまり笑った。

「圧倒《あっとう》されたか？　同じ音を出せとはいわん。まあ、オレはプロなんだからあたりまえだし、この腹という名アンプがあるし、年季もちがう。が、いわんとすることはわかっただろ？」

ぼくはうなずいた。

「それと、フルートも格段にちがうしなぁ」

マエストロは、ぼくのフルートを見ながらいった。

「あの、テクニックがないのはもちろんなんですけど、このフルートじゃ、もうだめなんでしょうか？」

不安に思っていたことをストレートに聞いてみた。

「ま、楽器の質も重要だけど、それだけじゃないからな。ただ、それはちょっと……見せてみて」

マエストロは、ぼくのフルートを受けとると、「吹いてみてもいいよな？」と聞いた。

「あ、ちゃんと消毒します」とあわてていったら、先生は「いらないよ。きみはへんな病気もってないだろ？」と笑って、おもむろに吹いた。

ぼくとはぜんぜん音がちがうけど、さっきの先生のゴールドのフルートに比べると、雲泥《うんでい》の差だ。

「うーん……」

マエストロが吹くのをやめて、フルートのキーをあれこれ押《お》さえながら、うなった。

「やっぱり、買いかえなきゃいけないんでしょうか？」

おそるおそる聞くと、先生は首をかしげた。

「このフルートは悪くないし、故障もなさそうだ。しかし、決定的に高音と低音がイケてないなぁ」

ああ、やっぱりそうか。ぼくがあんまりがっかりした表情をしていたからだろう。マエストロはぼくにフルートを返してくれながら、

「おいおい、そんなに落ちこむなよ」

といってくれた。

「なにも、今すぐ買いかえなくてもいいさ。ただ、きみは秋から五年生だろう？　五年生のレパートリーだと、ちょっときついかもなぁ。オレも若いころ、買いかえるのに困ったさ。あっちこっちでバイトして、それでも金が足りなくて、親に頼《たの》みこんで、必ず返すって約束してさ。で、プロになってからちゃんと返したんだけど」

「けど……？」

「うちの親はちゃっかりしててな、利子の分まで請求《せいきゅう》しやがった。はっはっは！」

ぼくも思わず笑ってしまった。

「ユージ、今はこのフルートで最大限の効果を出すことを考えろ。きみには、曲を自分の内側に取りこみ解釈《かいしゃく》する音楽性がある。ただ、表現するときに、どこかおっかなびっくりなんだな。ミスをするんじゃないか、息つぎ《ブレス》は一小節先だからそれまでがまんだ、あとちょっとだ、みたいな感じでさ」

①図星だ。自分の顔が赤くなっていくのがわかる。

「心配するな。たぶんきみはもうこの曲ではミスはしないだろう。このマスタークラスはコンクールじゃない。びくびくしながら吹くな。どうしても息が続かないなら、ひっそりとどこかで息つぎしろ。たとえば、ここだ」

二〇二一年度　鷗友学園女子中学校

【国　語】〈**第一回試験**〉（四五分）〈満点：一〇〇点〉

【注意】　問いに字数指定がある場合には、最初のマス目から書き始めてください。なお、句読点なども一字分に数えます。

一　次の文章を読んで、後の問いに答えなさい。

イタリアで生まれ育った「ぼく」（ユージ）は十四歳《さい》で、音楽院の四年生である。夏休みを利用し、有名なフルート奏者であるマウロ・ビーニ（マエストロ＝師匠《ししょう》）が主催《しゅさい》する二日間のマスタークラス（特別講習）に参加している。

みんなの演奏を聴《き》いて、青ざめた。全員が（注１）サンドロと同じか、それ以上のレベルだ。もっとも、名門音楽院の七年生や大学院の生徒たちだから、当然かもしれない。ぼく以外の平均年齢《ねんれい》は二十歳《はたち》ぐらいだろう。

苗字《みょうじ》のアルファベット順で、十二時から、ぼくの番になった。

おそるおそる、楽譜《がくふ》を譜面台にのせる。夏休み前に（注２）サンティーニ先生から渡《わた》されたチュルーの『グラン・ソロ』だ。この一か月半、毎日三時間以上練習してきたから、それなりに仕上がっていると思う。でも、初めて有名なフルーティストを前にして、ぼくは異常に緊張《きんちょう》していた。

「あれれ、緊張してるのか？」

と、マエストロがぼくをからかうようにいった。

「は、はい」

「オレ相手に緊張しても意味ないぞ。どうしても緊張したいなら、明日の本番にしてくれ。本番の緊張は必要だからな。ま、適度なやつなら、だけどね！」

お茶目なマエストロに、ぼくは思わず笑う。

「そう、その調子。じゃ、聴こうじゃないか」

深く息を吸ってから吹《ふ》きはじめる。マエストロは黙《だま》って体を揺《ゆ》らしながら聴いている。

吹きおわったとたん、「よし、じゃ」と、マエストロがいって、楽譜を閉じてしまった。

「ずいぶん吹きこんできたな。きみはこの曲をなかなかよく表現している。ただ、欠点がある。それには……もう見なくても吹けるだろ？」

「あ、はい、たぶん」

「暗譜《あんぷ》をしたほうがいいのは知ってるだろう？　見ると、どうしても音符《おんぷ》を目で追うからだ。それぞれの音の意味だけじゃない。曲として、音楽としてとらえるんだ。ところできみは、だれに向かって吹いてる？」

「は？　えーっと、先生に……」

「ちがうちがう。ここは舞台《ぶたい》だ。一番後ろの客には聴かせないつもりかよ？」

ドキッとした。

「せまいトイレの中で自分のために吹くのか？　ちがうだろ？　あした、お客さんが、あそこの一番後ろの席までぎっしり入るんだ。なにしろ無料のコンサートだからな、立ち見だっているかもしれないぞ。そういう人たちみんなに届けなきゃ」

「はい」

「そのためには、もっとのどを開いて。そして、遠くに音を飛ばすことを意識しながら吹くんだ。とくにここは、こんなふうに」

2021年度 鷗友学園女子中学校 ▶解説と解答

算　数　＜第１回試験＞（45分）＜満点：100点＞

解　答

[1] ⑴ $2\frac{6}{7}$　⑵ $\frac{1}{5}$　[2] 19％　[3] ⑴ 10：２：３　⑵ 75倍　[4] 1.5倍
[5] ⑴ 128cm²　⑵ 角AOBは30度，長方形ABGHは64cm²　[6] ⑴ Ｐは毎秒4.5cm，Ｑは毎秒３cm　⑵ 255.6cm　[7] ⑴ 100　⑵ 172

解　説

[1] 四則計算，逆算，比の性質

⑴ $3\frac{1}{5}-\left\{\left(3.6-2\frac{4}{7}\right)\div 4\frac{4}{5}+0.7\right\}\times 0.375=3\frac{1}{5}-\left\{\left(\frac{18}{5}-\frac{18}{7}\right)\div\frac{24}{5}+0.7\right\}\times\frac{3}{8}=3\frac{1}{5}-\left\{\left(\frac{126}{35}-\frac{90}{35}\right)\div\frac{24}{5}+0.7\right\}\times\frac{3}{8}=3\frac{1}{5}-\left(\frac{36}{35}\times\frac{5}{24}+0.7\right)\times\frac{3}{8}=3\frac{1}{5}-\left(\frac{3}{14}+\frac{7}{10}\right)\times\frac{3}{8}=3\frac{1}{5}-\left(\frac{15}{70}+\frac{49}{70}\right)\times\frac{3}{8}=3\frac{1}{5}-\frac{64}{70}\times\frac{3}{8}=3\frac{7}{35}-\frac{12}{35}=2\frac{42}{35}-\frac{12}{35}=2\frac{30}{35}=2\frac{6}{7}$

⑵ $1+\dfrac{1}{1+\frac{1}{3}}=1+\dfrac{1}{\frac{4}{3}}=1+1\div\frac{4}{3}=1+1\times\frac{3}{4}=1+\frac{3}{4}=\frac{7}{4}$より，$\dfrac{1+\square}{\frac{7}{4}}=\frac{24}{35}$，$(1+\square):\frac{7}{4}=24:35$と表すことができる。また，$A:B=C:D$のとき，$A\times D=B\times C$となる。よって，$(1+\square)\times 35=\frac{7}{4}\times 24$より，$(1+\square)\times 35=42$，$1+\square=42\div 35=\frac{42}{35}=\frac{6}{5}=1\frac{1}{5}$　よって，$\square=1\frac{1}{5}-1=\frac{1}{5}$

[2] 売買損益

１個の仕入れ値を１とすると，Ａ店では，定価は，１×（１＋0.4）＝1.4，定価の２割引きは，1.4×（１－0.2）＝1.12となる。すると，Ａ店の売り上げは，1.4×100＋1.12×（400－100）＝476とわかる。次に，Ａ店とＢ店の仕入れ値の合計は等しいので，利益が等しいとき，売り上げも等しくなる。よって，Ｂ店の売り上げも476だから，Ｂ店の定価は，476÷400＝1.19と求められる。したがって，Ｂ店の１個あたりの利益は，1.19－１＝0.19であり，これは仕入れ値の，0.19÷１×100＝19（％）にあたる。

[3] 平面図形―相似，辺の比と面積の比

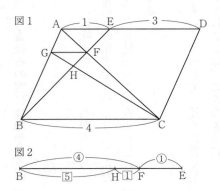

図１

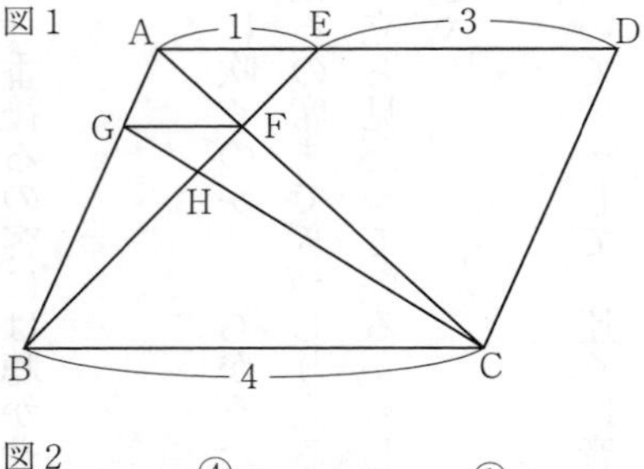

図２

⑴ 右の図１のように，AE＝１，ED＝３とすると，BC＝１＋３＝４となる。三角形AFEと三角形CFBは相似であり，相似比は，AE：CB＝１：４だから，BF：FE＝４：１となる。また，三角形ABEと三角形GBFも相似であり，相似比は，BE：BF＝（４＋１）：４＝５：４なので，AE：GF＝５：４となり，GF＝$1\times\frac{4}{5}=\frac{4}{5}$と求められる。さらに，三角形GHFと三角形CHBも相似であり，相似比は，GF：CB＝$\frac{4}{5}$：４＝１：５だから，BH：HF＝５：１とわ

かる。よって，上の図２のように表すことができるので，BH：HF：FE＝５：１：$\left\{(5+1)\times\frac{1}{4}\right\}$＝10：２：３となる。

(2)　三角形FGHの面積を１とする。BH：HF＝５：１より，三角形GBHと三角形FGHの面積の比は５：１となるから，三角形GBFの面積は，$1\times\frac{5+1}{1}=6$となる。また，三角形ABEと三角形GBFの面積の比は，（５×５）：（４×４）＝25：16なので，三角形ABEの面積は，$6\times\frac{25}{16}=\frac{75}{8}$とわかる。よって，三角形ABDの面積は，$\frac{75}{8}\times\frac{4}{1}=\frac{75}{2}$だから，平行四辺形ABCDの面積は，$\frac{75}{2}\times2=$75と求められる。したがって，平行四辺形ABCDの面積は三角形FGHの面積の，75÷１＝75(倍)である。

4　立体図形―分割，構成

切り口は右の図１の太線の正六角形であり，正六角形の辺を延長すると正三角形DEFができる。また，RS＝ACより，正三角形ABCと正三角形RESは合同である。よって，右の図２のように表すことができ，正三角形DRPの面積を１とすると，切り口の正六角形の面積は６，正三角形ABC(正三角形RES)の面積は４となるので，切り口の面積は正三角形ABCの面積の，６÷４＝1.5(倍)とわかる。

図１

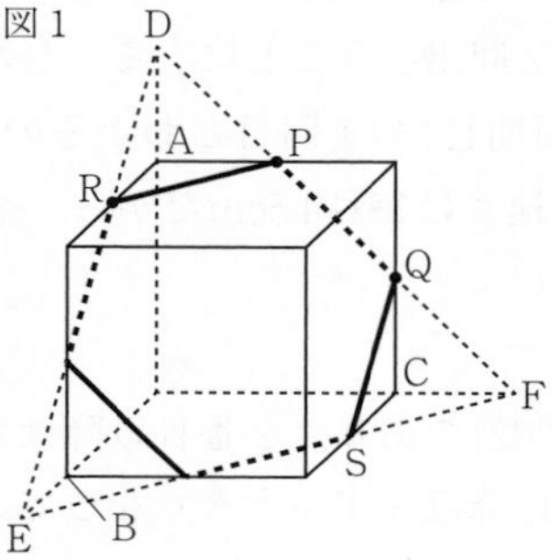

図２

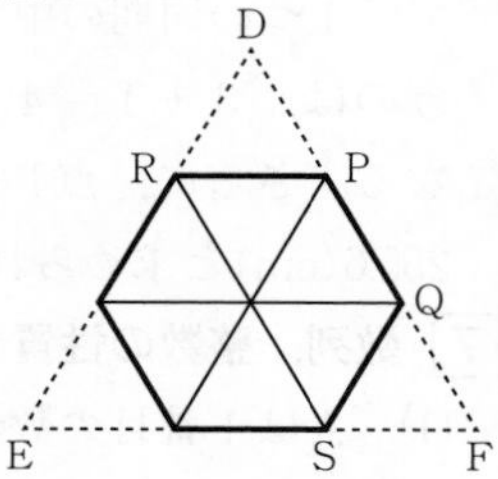

5　平面図形―面積，角度

(1)　右の図１のような正方形ADGJの面積を求めればよい。これは，対角線の長さが，８×２＝16(cm)の正方形である。また，正方形の面積は，(対角線)×(対角線)÷２で求めることができる。よって，この正方形の面積は，16×16÷２＝128(cm²)となる。

図１

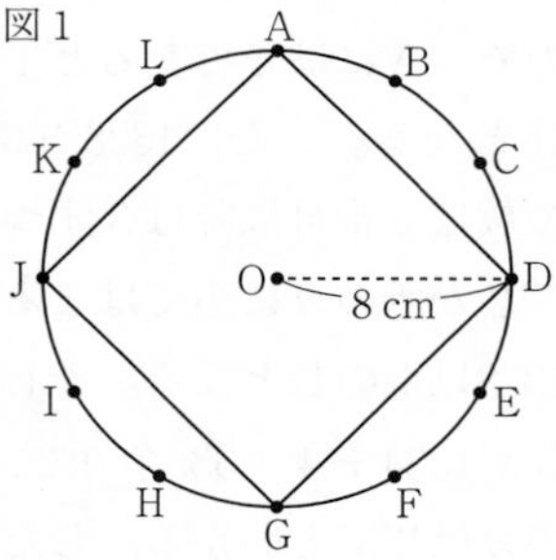

図２

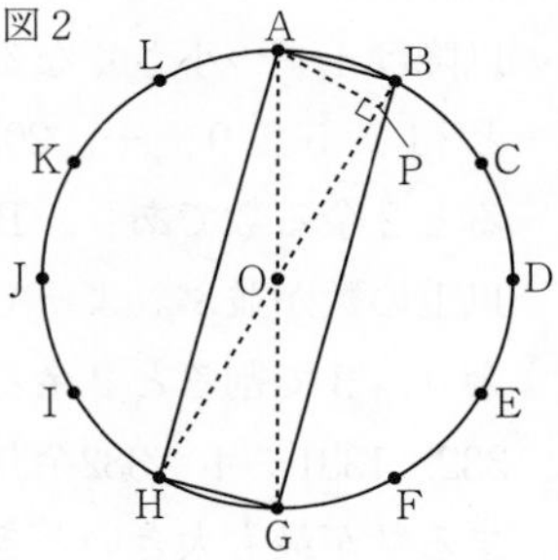

(2)　右上の図２で，弧《こ》ABは円周を12等分したうちの１つだから，角AOBの大きさは，360÷12＝30(度)である。よって，ＡからBHと直角に交わる線APを引くと，三角形AOPは１辺の長さが８cmの正三角形を半分にした形の三角形になる。すると，APの長さは，８÷２＝４(cm)になるので，三角形AOBの面積は，８×４÷２＝16(cm²)と求められる。また，三角形AHOと三角形AOBは底辺と高さが等しいから，三角形AHOの面積も16cm²となる。同様に，三角形BOGと三角形GOHの面積も16cm²になる。したがって，長方形ABGHの面積は，16×４＝64(cm²)とわかる。

6　グラフ―図形上の点の移動，旅人算，周期算

(1)　問題文中のグラフに点Ｑの移動の様子を点線でかき入れると，下のようになる。点Ｐと点Ｑの速さはそれぞれ一定だから，ア＝８÷２＝４(秒)となり，点Ｐと点Ｑの速さの和は毎秒，30÷４＝7.5(cm)とわかる。また，イ＝８＋２＝10(秒)なので，●印の時間は，12.8－10＝2.8(秒)となる。

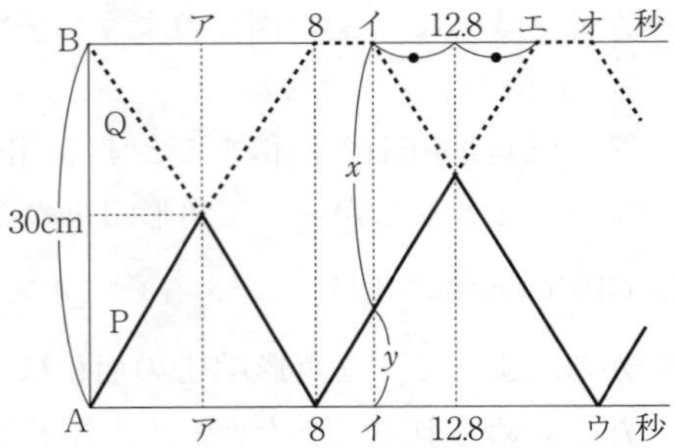

よって，この間に点Ｐと点Ｑが進んだ長さの和（x）は，7.5×2.8＝21(cm)だから，y＝30－21＝９(cm)と求められる。つまり，点Ｐが２秒で進んだ長さが９cmなので，点Ｐの速さは毎秒，９÷２＝4.5(cm)となり，点Ｑの速さは毎秒，7.5－4.5＝３(cm)とわかる。

(2)　出発してから８秒後から12.8秒後までの時間は，12.8－８＝4.8(秒)なので，ウ＝12.8＋4.8＝17.6(秒)とわかる。また，●印の時間が2.8秒だから，エ＝12.8＋2.8＝15.6(秒)となり，オ＝15.6＋２＝17.6(秒)と求められる。よって，ウとオの時間は一致《いっち》するので，出発してから17.6秒後に最初の状態にもどることになる。つまり，点Ｐと点Ｑは17.6秒を周期として，１つの周期の中で２回出会うことになる。したがって，７÷２＝３余り１より，７回目に出会うのは，３＋１＝４(周期目)の１回目とわかるので，出発してから，17.6×３＋４＝56.8(秒後)となる。さらに，点Ｐの速さは毎秒4.5cmだから，その間に点Ｐが進んだ長さの合計は，4.5×56.8＝255.6(cm)と求められる。

7　数列，整数の性質

(1)　Ａは１番目の数が2021であり，２番目以降は４ずつ小さくなっている。また，Ｂは１番目の数が1328であり，２番目以降は３ずつ大きくなっている。よって，ＡとＢの差は，１番目では，2021－1328＝693であり，この差は２番目以降，４＋３＝７ずつ縮まっていく。したがって，ＡとＢが同じ数(イ)になるときのアは，１＋693÷７＝100(番目)とわかる。

(2)　2021÷４＝505余り１より，Ａの１番目の2021は４で割ると１余る数であり，Ａの数は２番目以降は４ずつ小さくなるので，Ａには４で割ると１余る数が並び，これらを小さい順に並びかえると｛1，5，9，…，2021｝となる。また，1328÷３＝442余り２より，Ｂの１番目の1328は３で割ると２余る数であり，Ｂの数は２番目以降は３ずつ大きくなるから，Ｂには３で割ると２余る1328以上の数が並ぶ。よって，２か所のカに当てはまる数が同じであるとき，その数は，４で割ると１余り，３で割ると２余る1328以上の数となる。そして，Ｂに並ぶ数を順に４で割ると，1328÷４＝332，1331÷４＝332余り３，1334÷４＝333余り２，1337÷４＝334余り１となるので，エに当てはまる数が最も大きいときのカは1337とわかる。したがって，このときのエは，(2021－1337)÷４＋１＝172(番目)と求められる。

社　会　＜第１回試験＞（45分）＜満点：100点＞

解　答

1　**問１**　金沢　**問２**　Ｂ／(例)　北陸地方は冬の長い間雪が降るため，年間の日照時間が短くなると考えられるから。　**問３**　ウ　**問４**　(1)　(例)　田に水を入れ，土をくだいて平らにする作業。　(2)　エ　(3)　ウ　**問５**　うるし　**問６**　(例)　この病気はイタイイタイ病である。神通川上流の神岡鉱山から流出したカドミウムが，下流の飲み水や栽培された米にふくまれ，それを摂取した人間に害をおよぼしたから。　**2**　**問１**　①　井原西鶴　②　阪神・淡路大震災(兵庫県南部地震)　**問2**　(例)　湿気や害虫から稲などを守る目的で，床を高くする工夫がなされている。　**問3**　防人　**問4**　ア　**問5**　ア　**問6**　堺　**問7**　エ，オ　**問8**　(例)　菜種から菜種油をつくるなど，原材料から製品に加工しているから。　**問9**　(1)　西南　(2)　イ　(3)　(例)　東南アジアへの侵略を進めるために，日本はソ連との関係を友好的なものにすることで北方の安全を確保しようとしたから。　**[3]** **問1**　ウ　**問2**　主権　**問3**　(1)　(例)　議員1人あたりの有権者数の差のこと。(議員1人あたりの有権者数が選挙区により異なることで，1票の重みに不均衡が生じる問題。)　(2)　ア　**問4**　イ　**問5**　(例)　核兵器を保有していれば，敵国に攻撃されたときに反撃でき，敵国も大きな被害を受けるため，このような事態をおそれて，敵国が自国への攻撃を思いとどまると考えているから。　**問6**　イ　**問7**　(1)　(例)　行政による司法への介入によって，裁判所が政権をチェックする機能が働かない状態になっており，司法権の独立が守られていないから。(裁判所が政権に都合のよい判決しか出せなくなってしまい，国民の自由や権利が守られなくなってしまうから。)　(2)　(例)　国民や有権者が政治家に政治を任せきりにするのではなく，民主的な政治が行われているか監視すること。

解説

[1] 北陸地方についての問題

問1　北陸新幹線は，1997年に東京駅―長野駅間が長野新幹線として部分開業し，2015年3月に長野駅―金沢駅(石川県)間が開業した。現在は金沢駅―敦賀《つるが》駅(福井県)間の開業に向けて工事が進められており，最終的には東京駅と大阪駅を結ぶ予定である。

問2　A　標高が高い(気温が低い)日本アルプスや富士山(静岡県・山梨県)の付近の値が小さいので，年間平均気温と判断できる。なお，日本アルプスとよばれるのは飛驒《ひだ》山脈(北アルプス)，木曽山脈(中央アルプス)，赤石山脈(南アルプス)である。　B　北陸地方の値が小さいので，年間日照時間と考えられる。北陸地方は，冬の降水量(降雪量)が多い日本海側の気候に属しているため，内陸部や太平洋側よりも日照時間が短い。

問3　戸口から戸口へ輸送することができ，人々の生活の足となっている自動車が，旅客輸送においても貨物輸送においても第1位(X)の輸送手段となっている。旅客輸送の第2位(Y)は，首都圏《けん》などの大都市でおもに通勤・通学に用いられる鉄道で，残ったZが航空と判断できる。

問4　(1)　現在の稲作ではふつう，3月ごろ，田を掘《ほ》り起こす「田起こし」，田に水を入れて土をくだいて平らにする「代《しろ》かき」を行い，5月ごろ，苗を等間隔《とうかんかく》で植える「田植え」を行う。その後は田を乾燥《かんそう》させる「中干《なかぼ》し」や草取りなどを行い，9月以降，収穫である「稲刈《か》り」，稲の乾燥，稲穂から籾《もみ》だけを取る「脱穀《だっこく》」などを行う地域が多い。そして籾はカントリーエレベーターに運ばれて保存され，出荷直前に籾すりや精米が行われたのち，一般の消費者に届けられる。　(2)　暗きょ排水は，暗きょ(地下につくった水路)を設けて土の中の余分な水を排水する工夫である。つねに水がたまっている湿田を，生産力が高く農作業がしやすい乾田につくりかえるための工夫なので，エが誤っている。　(3)　【資料3】の水田は，山の斜面《しゃめん》や傾斜《けいしゃ》地に階段状につくられた棚田《たなだ》である。地面に高低差があることから，等高線が引かれているアかウとわかり，撮影《さつえい》した地点の周辺に水田の地図記号(ıı)が書かれていることから，ウと判断できる。

問５　うるし(漆)はおもに木材に用いられる塗料《とりょう》で，木材を長持ちさせる性質を持ち，つやを出す効果がある。うるしを塗《ぬ》った器具を漆器《しっき》といい，輪島塗《ぬり》は石川県輪島市周辺で生産される伝統的工芸品の漆器として知られる。

問６　イタイイタイ病は，富山県を流れる神通《じんずう》川の上流域にあった神岡鉱山(岐阜県)から流されたカドミウムが，下流の飲み水や栽培された米にふくまれ，流域の人々がそれを口にしたことで発生した。この病気にかかった人々は，はげしい痛みと，骨がもろくなって簡単に折れてしまうという症状《しょうじょう》に苦しんだ。イタイイタイ病は，有機水銀を原因とする水俣《みなまた》病(熊本県)，第二水俣病(新潟県)と，亜硫酸《ありゅうさん》ガス(二酸化硫黄《いおう》)を原因とする四日市ぜんそく(三重県)とともに，おもに高度経済成長期(1950年代後半～1970年代初め)に発生した「四大公害病」に数えられる。

2　大阪府の歴史についての問題

問１　①　井原西鶴《さいかく》は，江戸幕府の第５代将軍徳川綱吉《つなよし》が政治を行った元禄《げんろく》時代に，町人のいきいきとした生活を浮世草子《うきよぞうし》とよばれる小説に書き，『世間胸算用《むなざんよう》』『日本永代蔵《えいたいぐら》』『好色一代男』などの作品を残した。　②　1995年１月17日，兵庫県淡路《あわじ》島の北部付近の海底を震源とするマグニチュード7.3の兵庫県南部地震が発生し，淡路や神戸で最大震度７を観測した。死者約６千人，家屋の全壊10万戸をはじめとして兵庫県や大阪府で大きな被害が生じ，阪神・淡路大震災と命名された。

問２　【資料７】は高床倉庫で，弥生時代に稲作が広まったことにともない，米などの収穫物を保存するためにつくられた。高床倉庫は，湿気《しっけ》やねずみの害を防ぐために床を地上から高くし，柱にはねずみ返しを設け，取りはずしのできるはしごを用いて荷物を運んだ。

問３　律令制度のもとでの農民は，租《そ》・庸《よう》・調などの重い税負担のほか，成年男子には労役・兵役が課された。兵役のうち，北九州の守りにつく防人《さきもり》は，おもに九州から遠い東国の農民に課され，任期が３年と長かった。諸国から集められた防人は，難波津《なにわづ》(大阪港)から船で大宰府《だざいふ》(福岡県)に送られた。【資料８】のような，防人が旅立つときの悲しみや故郷に残してきた家族のことなどをよんだ歌を「防人の歌」といい，『万葉集』に100首ほど収められている。

問４　ア　701年，文武《もんむ》天皇によって大宝律令が定められ，これにより律令政治のしくみが整った。律は現在の刑法，令は民法・商法・行政法・民事訴訟《そしょう》法などにあたる。　イ　律令制度のもと，中央には神祇官《じんぎかん》と太政官《だいじょうかん》が置かれ，太政官の下に８つの省が置かれた(２官８省)。神祇官は神をまつる役職，太政官は国政の最高機関である。　ウ　律令政治のもとで，地方は国・郡・里に分けられ，都から派遣される国司，その土地の有力者から選ばれる郡司，有力な農民が任命される里《さと》長《おさ》によって，それぞれ治められていた。　エ　渡来人は古墳時代を中心に中国や朝鮮半島から日本に移住した人々で，大陸の進んださまざまな技術や，漢字，儒教《じゅきょう》，仏教などの文化をもたらした。また，征夷《せいい》大将軍は平安時代初め，東北地方の蝦夷《えみし》を平定するために桓武《かんむ》天皇によって朝廷に設けられた令外《りょうげ》(令に規定された以外)の臨時の将軍職で，坂上田村麻呂がよく知られている。

問５　源平の戦いでは，石橋山の戦い(神奈川県)，地図中のエで富士川の戦い(静岡県)，ウで倶利《くり》伽羅峠《からとうげ》の戦い(富山県)，一の谷の戦い(兵庫県)，イで屋島の戦い(香川県)などが行われたのち，1185年にアで壇ノ浦《だんのうら》の戦い(山口県)が起こり，源義経《よしつね》(頼朝の弟)の率いる源氏の軍によって平氏は滅《ほろ》ぼされた。

問６　堺(大阪府)は，明(中国)との貿易(日明貿易)や南蛮《なんばん》貿易の拠点《きょてん》として栄え，経済的に豊かな商工業者を中心に政治が行われていた自治都市の代表として知られる。キリスト教の宣教師によって，「ベニスのような町」「安全で平和な町」として海外に紹介されたが，織田信長に征服《せいふく》された。

問７　ア，ウ　豊臣秀吉は検地（太閤《たいこう》検地）を行って，地域によって異なっていた面積の単位やますの大きさを統一し，その土地の面積と田畑のよしあしを調べて石高《こくだか》を定め，年貢《ねんぐ》を決定して所有者と耕作者を検地帳（土地台帳）に記入させた。また，農民一揆《いっき》を未然に防ぐために刀狩《かたながり》を行い，農民から刀や鉄砲などの武器を取り上げた。検地と刀狩は，農民と武士の身分を固定する兵農分離政策であった。　イ　秀吉は1590年に全国統一をはたすと，明の征服をくわだて，まず朝鮮に明への先導役をつとめるよう要求した。しかし，朝鮮がこれを拒否したことから，1592～93年（文禄《ぶんろく》の役）と1597～98年（慶長《けいちょう》の役）の２度にわたり遠征軍を派遣（朝鮮出兵）した。　エ　秀吉が病死したのち，秀吉の子の秀頼《ひでより》が，大阪の陣（1614年の「冬の陣」と翌15年の「夏の陣」）で徳川家康に滅ぼされた。　オ　江戸幕府は，キリスト教徒を見つけ出すために，役人の前でイエス・キリストや聖母マリアが描かれた絵や板をふませた。これを絵ふみという。　カ　1585年，秀吉は朝廷から関白に任じられた。関白は天皇に代わって政務を行う地位で，藤原氏以外で関白となったのは，秀吉と，秀吉の甥《おい》で一時期秀吉の後継《こうけい》者とされた秀次《ひでつぐ》の２人だけである。

問８　【資料９】の「移入」の部分にはおもに原材料が，「移出」の部分にはおもに加工品が並んでいるので，江戸時代の大阪は，原材料を移入し，製品に加工して移出していたことがわかる。具体例としては，菜種からつくる菜種油，大豆・塩・小麦からつくる醤油《しょうゆ》，鉄からつくる鍋《なべ》や釜《かま》，材木・紙からつくる傘《かさ》などがあげられる。

問９　⑴　1877年，故郷の鹿児島県に帰っていた西郷隆盛《さいごうたかもり》は，武士の特権を次々とうばわれた士族たちの中心となって西南戦争を起こした。しかし，徴兵《ちょうへい》制により組織された政府軍によって，半年あまりでしずめられた。　⑵　1895年，日清戦争（1894～95年）の講和条約である下関条約により，日本が清（中国）から遼東《りょうとう》半島をゆずり受けることが明らかになると，日本の大陸進出を警戒《けいかい》したロシアはフランス・ドイツとともに遼東半島の返還を日本に勧告《かんこく》し，ロシアの軍事力をおそれた日本はやむなくこれを受け入れた。このできごとを三国干渉《かんしょう》という。　⑶　日ソ中立条約は，日本が東南アジアへの侵略《しんりゃく》を進めるために，北方の安全を確保しようと，1941年にソ連との間に結んだ条約である。しかし，1945年２月に開かれたヤルタ会談で，ドイツ降伏《こうふく》後２か月または３か月を経て，ソ連がこの条約を破って日本との戦いに参加することが秘密のうちに決められ，実行された。

３　民主主義についての問題

問１　X　日本国憲法は制定以来，改正されたことが一度もないので，「新しく憲法に明記された」という記述は誤っている。なお，自衛隊の最高指揮《しき》権は内閣総理大臣にある。　Y　2014年，安倍晋三《しんぞう》内閣は，日本と密接な関係のある国が武力攻撃を受け，日本国民にも明白な危険がある場合には，自衛のための措置《そち》として集団的自衛権の行使を認めることを閣議決定した。しかし，これにもとづいて自衛隊に派遣命令が出されたことはない。

問２　日本国憲法では，「ここに主権が国民に存することを宣言し」と表明した前文と，「主権の存する日本国民」と述べた第１条で，国民が国の政治のあり方を最終的に決定するという国民主権が定められている。

問３　⑴　議員１人あたりの有権者の数が選挙区によって大きく異なる問題を「一票の格差」といい，一般に，過疎《かそ》化が進む農村部の一票より，過密化が進む都市部の一票の重みが軽いという傾向《けいこう》にある。　(2)　ア　全期間を通して，投票率の低い20代と全体の投票率とのグラフの開き具合は，投票率の高い60代以上と全体の投票率とのグラフの開き具合よりも大きいので，正しい。　イ　全期間を通して，60代以上の投票率は全体の投票率を上回っている。　ウ　第39回は20代の投票率が50%を上回っている。　エ　全期間を通して，全体の投票率は第47回が最も低く，第39回が最も高い。

問４　第47位のＣは，企業の本社や人口が集中していて税収に余裕のある東京都で，近年，地方交付税交付金の不交付団体は，都道府県では東京都のみとなっている。第46位，つまり交付されている金額が最も少ないＢには，豊田市を中心に自動車の生産がさかんな愛知県があてはまる。第１位のＡは，面積が大きく市町村数の多い北海道と判断できる。

問５　核兵器を保有していれば，敵国に攻撃されたときに反撃でき，敵国も大きな被害を受けるため，このような事態をおそれて，敵国が自国への攻撃を思いとどまるという考え方がある。このような，「核兵器の脅威《きょうい》によって，逆に戦争が起きるのを抑《おさ》えられる」という考え方を，「核抑止《よくし》論」という。

問６　イは，「任期を満了して」ではなく「任期のとちゅうで」が正しい。また，2020年に衆議院議員総選挙は行われていない。なお，2020年８月，安倍晋三首相が持病の悪化を理由に任期のとちゅうで辞任する意向を表明し，これを受けて９月に自由民主党の総裁選挙が行われ，菅義偉《すがよしひで》が新しい総裁に選出された。その後，臨時国会が召集され，その冒頭で安倍内閣が総辞職し，続いて行われた内閣総理大臣の指名選挙を経て，菅が第99代内閣総理大臣となった。

問７　(1)　民主主義においては，独裁政治におちいらないようにすることが大切である。下線部の事例は首相(行政権)のいきすぎた権力行使であり，司法権の独立をおかし，国民の自由や権利が守られない危険性があるために，民主主義の後退と指摘《してき》されている。なお，**【資料15】**は東ヨーロッパに位置するハンガリーの状況である。　(2)　民主主義を後退させないためには，国民が主権者としての自覚と政治への関心を持ち，民主的な政治が行われているかを監視する必要がある。

理　科　＜第１回試験＞（45分）＜満点：100点＞

解　答

1 **問１**　エ　**問２**　(例)　頭部，胸部，腹部の３つに分かれている。　**問３**　ア　**問４**　イ　**問５**　完全変態　**問６**　オ　**問７**　(例)　５令幼虫の大きさでは，鳥のフンに似せるよりも，植物の葉の緑色になった方が敵に見つかりにくくなるから。　**問８**　茶色のサナギ　**問９**　イ，エ，カ　**問10**　**環境条件の違い**…(例)　生きている植物の蒸散によって水蒸気が放出され，しつ度が高くなっている。　**効果**…(例)　茶色の色素の生成をおさえる効果。

2 **問１**　**ばねＡ**…押しばね　**ばねＢ**…引きばね　**問２**　15.25cm　**問３**　6 cm　**問４**　6 cm　**問５**　**押しばねの場合**…ウ　**引きばねの場合**…ア　**問６**　1500 g　**問７**　ばね③を２本，ばね④を３本

3 **問１**　20%　**問２**　1 g　**問３**　エ　**問４**　イ，食塩　**問５**　70 g　**問６**　28.425　**問７**　エ，右の図　**問８**　143 g　**4** 問

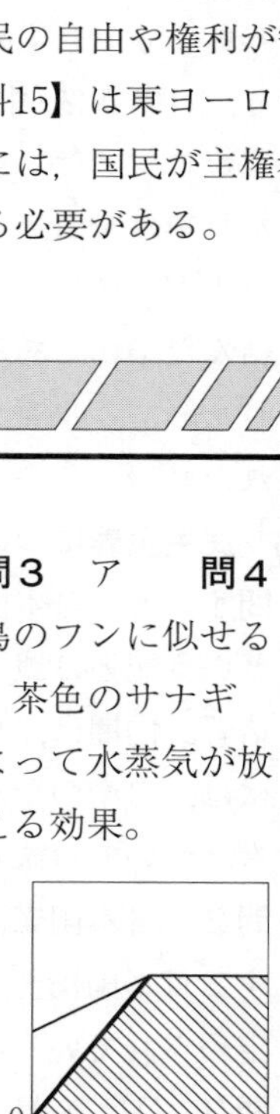

１　X　ア　Y　オ　**問２**　X　ウ　Y　ア　**問３**　①　速い　②　１　③　40　④　砂　⑤　しにくく　⑥　にくい　**問４**　エ　**問５**　(例)　川から海に出ることで流速がおそくなる。また，海水が混ざることで，食塩が溶けて生じた電気を帯びた粒子によって泥の粒が結びつき，より大きな泥の粒になるから。

解　説

1　アゲハチョウの生活についての問題

問１　ナミアゲハは，黒地に黄色の模様《もよう》が入っており，後ろの羽の後端《こうたん》から細長い突起《とっき》が出ている。羽を広げた長さは４～６cmほどある。

問２　昆虫《こんちゅう》類は，からだが頭部・胸部・腹部の３つに分かれており，胸部に６本のあしと４枚の羽をもつ。なお，羽は２枚のものやないものもある。

問３　アゲハチョウの卵は直径約１mmの球形をしており，ふつう５日ほどでふ化する。

問４　アゲハチョウの幼虫の食草(食べるエサ)はミカンの仲間の葉で，卵は食草に産みつけられる。

問５　昆虫について，成長の過程にサナギの時期がある育ち方を完全変態といい，サナギの時期がない育ち方を不完全変態という。チョウ，カ，カブトムシ，ハエ，アリなどは完全変態，セミ，コオロギ，トンボ，ゴキブリ，バッタなどは不完全変態の昆虫である。

問６　「脱皮《だっぴ》した直後の外骨格がやわらかいうちに急激に大きくなり，新しい外骨格が固まると成長が止まります。幼虫時代のおおよその体長は，１令幼虫４mm，２令幼虫７mm，３令幼虫15mm，４令幼虫20mm，５令幼虫35mmです」と述べられているので，オが選べる。

問７　５令幼虫は体長が35mmにもなるので，鳥のフンに似せるよりも，植物の葉と同じ緑色になった方が，敵(捕食《ほしょく》者)に見つかりにくくなると考えられる。

問８　実験１と実験２を比べると，光がないところでは茶色の色素が生成されることがわかる。また，実験１と実験３を比べると，表面がざらざらしたところでは茶色の色素が生成されることがわかる。よって，真っ暗な室内で，表面がざらざらした紙やすりの上でサナギにさせると，茶色のサナギになると考えられる。

問９　実験１，実験３のどちらでも，背景の色による結果の違《ちが》いはないので，アは誤りで，イが正しい。また，実験１と実験３の結果より，ウは誤りで，エが正しい。さらに，実験１と実験３の結果より，オは誤りで，カが正しい。

問10　実験２と実験４は，真っ暗な室内で，白色のつるつるした光沢紙の表面に止まらせるという条件は同じであるが，植物の有無の条件が異なる。実験４は実験２に比べて，植物の蒸散によって水蒸気が放出され，容器の中のしつ度が高くなる。そのことで，茶色の色素の生成がおさえられ，５匹のうち３匹が緑色のサナギになったと推測できる。

2　ばねについての問題

問１　ボールペンの内部に入っているばねＡは，図１のような押《お》しばねである。一方，自転車スタンドに付いているばねＢは，図２のような引きばねである。

問２　このばねは１ｇの力で，(13－10)÷20＝0.15(cm)伸《の》びるので，35ｇのおもりを下げると，ばねの長さは，10＋0.15×35＝15.25(cm)になる。

問３　ばねを垂直に引いても水平に引いても，伸びは変わらない。ばねを直列につないでいるので，それぞれのばねが３cmずつ伸び，伸びの合計は，３＋３＝６(cm)となる。

問４　図のように，ばねの両端の糸に同じ重さのおもりをつるすと，片方のおもりは壁《かべ》と同様にばねが動かないように支えるはたらきをしていると見なせる。よって，ばねの伸びの合計は，問３と同様に６cmである。

問５　「手を離《はな》すと自動的にアームが開きます」とあるので，押しばねの場合は手を離したときにばねが伸びるウ，引きばねの場合は手を離したときにばねが縮むアがふさわしい。

問６　４cm押す，または４cm引くのに6000ｇの力が必要なばねを，１cm押す，または１cm引くのに必要な力は，6000÷４＝1500(ｇ)である。

問７　問６より，２本以上直列につなげたときに，１cm引くのに必要な力が1500ｇになるようにすればよいので，ばね③を，3000÷1500＝２(本)使うか，ばね④を，4500÷1500＝３(本)使えばよい。

3　塩酸と水酸化ナトリウム水溶液《すいようえき》の反応についての問題

問１　実験１の②より，水酸化ナトリウム水溶液20ｇに水酸化ナトリウムが４ｇ溶《と》けているので，濃《こ》さは，４÷20×100＝20(％)と求められる。

問２　水酸化ナトリウム１ｇが炭酸ナトリウムに変化すると，重さが，１×1.325－１＝0.325(ｇ)増える。実験１の③では，重さが，4.325－４＝0.325(ｇ)増えたので，0.325÷0.325＝１(ｇ)の水酸化ナトリウムが炭酸ナトリウムに変化したことがわかる。

問３　水酸化ナトリウム水溶液は鉄を溶かさないので，エが誤っている。

問４　塩酸と水酸化ナトリウム水溶液を混ぜ合わせると，たがいの性質を打ち消し合う中和が起こり，食塩(塩化ナトリウム)と水ができる。食塩の結晶《けっしょう》は，イのように立方体に近い形をしている。

問５　塩酸に加える水酸化ナトリウム水溶液の重さを０ｇから増やしていく場合，中性になるまでは食塩水と塩酸の混合液となる。塩酸と水酸化ナトリウム水溶液が過不足なく中和して中性になったときは食塩水のみとなり，それより多く水酸化ナトリウム水溶液を加えると，食塩水と水酸化ナトリウム水溶液の混合液となる。また，水酸化ナトリウム水溶液は固体の水酸化ナトリウムの水溶液で，加熱して水分を蒸発させると固体が残る(食塩水も同様に，固体の食塩が残る)。一方，塩酸は気体の塩化水素の水溶液で，塩酸を加熱すると，塩酸に溶けている気体の塩化水素は空気中に逃《に》げてしまい，水も蒸発してしまうので，あとには何も残らない。よって，混合液を加熱して水を蒸発させる場合，加えた水酸化ナトリウム水溶液が少ないときに残る固体は食塩だけであるが，過不足なく中和したのちは食塩と水酸化ナトリウムの固体が残るので，塩酸と水酸化ナトリウム水溶液が過不足なく中和するところでグラフが折れ曲がる。そして，BTB溶液は，酸性で黄色，中性で緑色，アルカリ性で青色を示す。したがって，実験２では，水酸化ナトリウム水溶液を70ｇ加えると，混合液は中性になるから，BTB溶液が緑色になる。

問６　水酸化ナトリウム水溶液100ｇを加えたときに残る固体を放置して加熱乾燥《かんそう》させた後の固体の重さは，加えた水酸化ナトリウム水溶液が80ｇのときと120ｇのときのちょうど中間になる。よって，「あ」は，(23.125＋33.725)÷２＝28.425となる。

問７　水酸化ナトリウム水溶液に加える塩酸の重さを０ｇから増やしていく場合，中性になるまでは混合液中の食塩水がしだいに増えていき，水酸化ナトリウム水溶液がしだいに減っていく。水酸化ナトリウム水溶液と塩酸が過不足なく中和して中性になったときは食塩水のみとなり，それより多く塩酸を加えると，食塩水と塩酸の混合液となる。水を蒸発させた直後に残った固体の重さは，加える塩酸の重さが０ｇのときは水酸化ナトリウム水溶液100ｇ中に含《ふく》まれる水酸化ナトリウムの重さとなり，食塩水と塩酸の混合液のときは食塩の重さとなる。よって，混合液を加熱して水を蒸発させる場合，グラフはエのようになる。このとき，食塩の重さは，加えた塩酸の重さが少ないときには塩酸の重さに比例して増えるが，塩酸が水酸化ナトリウム水溶液と過不足なく中和したのちは一定になる。

問８　問５より，塩酸100ｇと水酸化ナトリウム水溶液70ｇが過不足なく反応するので，$100\times\frac{100}{70}=142.8\cdots$より，水酸化ナトリウム水溶液100ｇが過不足なく反応する塩酸の重さは143ｇと求められる。

４　川の水のはたらきについての問題

問１，問２　Ｘは，標高1200ｍの山あいにあり，川の傾《かたむ》きが大きく流れが速いため，侵食《しんしょく》作用や運搬《うんぱん》作用が大きく，Ｖ字谷ができていると考えられる。Ｖ字谷は，川の上流の流れが速いところにできる地形で，川の両端が切り立った崖《がけ》になっていて，断面がアルファベットのＶの字に似ている。また，Ｙは，山あいから平地に川が流れ出る場所で，傾きが急にゆるやかになって川の流れが急におそくなるため，運搬作用が小さくなり，たい積作用が大きくなって，扇状地《せんじょうち》ができている。扇状地は，河川が山地から急に平地に出たところに土砂がたい積してできる，扇《おうぎ》形のゆるやかな傾《けい》斜《しゃ》地である。なお，海岸段丘《だんきゅう》は，沿岸部の海底の隆起《りゅうき》と波による侵食がくり返されることによってできた階段状の地形。カルデラは，火山の噴火《ふんか》により頂上付近が吹き飛ばされたり，溶岩などの噴出により地下に空洞《くうどう》ができて火山の中心部が陥没《かんぼつ》したりすることでできた，大きなくぼ地。三角州は，川の水によって上流から運搬されてきた泥が，河口付近にたい積してできた三角形の地形である。

問３　①　曲線Ⅱを見ると，粒径《りゅうけい》が大きいほど，たい積し始めるときの流速が速い。　②　流速10cm/秒のとき，たい積を始める粒形の大きさは，１mm以上である。　③　粒径0.1mmの粒《つぶ》は，流速が１cm/秒以下のときはたい積し，１～40cm/秒のときは運搬され，40cm/秒より大きくなると侵食が起こり始める。　④　曲線Ⅰより，最小の流速で侵食・運搬され始めるのは，粒径0.3mmの砂である。　⑤，⑥　①より，たい積し始めるときの流速は泥《どろ》が一番おそいので，一度流れ出した泥は，たい積しにくいことがわかる。また，④より，たい積した砂は最小の流速で侵食・運搬され始めることから，たい積した泥は砂よりも動きにくい性質があるといえる。

問４　実験では粒径の小さい泥が沈《しず》んでいるので，泥がたい積してできる三角州が最も関係が深い。

問５　河口では，川の流速がおそくなり，川の水と海水が混じり合っている。川の上流から運搬されてきた泥は，海水中に食塩が溶けたことで生じた電気を帯びた粒子により引きつけられて結びつき，より大きな泥の粒をつくる。この大きな泥の粒がたい積することで，三角州ができる。

国　語　＜第１回試験＞（45分）＜満点：100点＞

解　答

一　問１　（例）　自分の解釈を表現することよりも，ミスや息つぎに気を取られていることをマエストロに見ぬかれ，はずかしく思っている。　**問２**　(例)　マエストロの指導力により自分の演奏の改善のきっかけを得たところに，もともと実力のあるほかの生徒が目の前で成長していくようすにふれて，さらにやる気が出てきたから。　**問３**　(例)　マエストロはクラシック音楽もエンターテインメントだと考えており，客を喜ばせるためには，悲しげな第二楽章ではなく明るく盛り上がるような第一楽章を最後にしたほうがよいと思ったから。　**問４**　(例)　楽譜の指示通りに吹くことばかり考え，表現する喜びを失っていたぼくは，マエストロの人柄や指導により，本番では表現する喜びを味わうことができた。また，仲間達との演奏で一体感を得ることができ，音楽の楽しさをかみしめているということ。　二　**問１**　(例)　人間は複雑で多様な世界をありのままに理解することはできないので，単純化し，整理し，まとめることで理解できるようになるから。　**問２**　(例)　大きな環境の変化に直面したとき，平均値から大きく離れたはずれ者がその環境に適応する。はずれ者の個体が標準となると，その集団からはずれた者が，新たな環境へ適応し，また新たな標準になることをくり返すことで，新たな進化がつくり出される。　三　下記を参照のこと。

●漢字の書き取り

三　⑴　推測　⑵　往路　⑶　希少(稀少)　⑷　周知　⑸　油断大敵

解　説

一　**出典は佐藤《さとう》まどかの『アドリブ』による。**マエストロ・ビーニのマスタークラスに参加したユージのようすについて，マエストロとのやり取りを中心に描《えが》かれている。

問１　「図星(を指す)」は，大事な点をずばりと言いあてること。「ぼく」には「曲を自分の内側に取りこみ解釈《かいしゃく》する音楽性」があるが，演奏すると，それを表現することよりも，ミスや息つぎに気を取られて「どこかおっかなびっくり」になってしまう。そのことをマエストロに言いあてられて，「ぼく」ははずかしくなり，「顔が赤く」なったのだと考えられる。

問２　マエストロの指導を受けた「ぼく」は，自分の演奏をよりよいものにするきっかけをつかんでいる。そんな「ぼく」の次の生徒がマエストロの指導を受けてさらに成長するようすを見て，「ぼく」はさらに意欲的に音楽に取り組みたいと思っている。

問３　マエストロは，クラシック音楽も客を喜ばせるエンターテインメントだと考えている。そのため，「ゆったりとしていて悲しい」第二楽章を先にして，「明るい」第一楽章を後にしている。

問４　ミスを恐《おそ》れ，楽譜《がくふ》に忠実な演奏を心がけるあまり，いつの間にか「ぼく」は表現する喜びを失っていた。しかし，マエストロの指導と人柄《ひとがら》のおかげで，音楽を表現する喜びを思い出し，「アンサンブルでいっしょにやる喜びを味わえた」と感じている。このような「ぼく」の心情の変化をまとめる。

二　**出典は稲垣栄洋《いながきひでひろ》の『はずれ者が進化をつくる　生き物をめぐる個性の秘密』による。**自然界には平均値は存在しないと述べ，平均値から遠く離《はな》れた「はずれ者」が進化を生み出すことを説明している。

問１　「人間」と「ふつう」の関係については，本文の最初のほうにある「人間の脳は複雑なことが苦手です～バラバラなものは，できるだけまとめようとします」という部分で説明されているので，この内容をまとめる。

問２　生物が「大きな環境《かんきょう》の変化に直面」すると，「平均値から大きく離れたはずれ者」がその環境に適応する。その後，「『はずれ者』と呼ばれた個体が，標準になっていき」，「そのはずれ者がつくり出した集団の中から，さらにはずれた者が，新たな環境へと適応」する。このような過程をくり返すことで，生物が進化していくと考えられる。

三　漢字の書き取り

(1)　なんらかのものごとをもとに想像すること。　(2)　行くときに通る道。　(3)　数が大変少なく，めずらしいこと。　(4)　広く知れわたっていること。　(5)　“注意を少しでもおこたれば思わぬ失敗をまねくので，十分に気をつけるべきである”という意味。

Dr.福井の
入試に勝つ！脳とからだのウルトラ科学

入試当日の朝食で，脳力をアップ！

朝食を食べない学生は，朝食をきちんと食べる学生に比べて成績が悪かった──という研究発表がある。まあ，ちょっと考えればわかると思うけど，朝食を食べないということは，車にガソリンを入れないで走らせようとするようなものだ。体がガス欠になった状態では，頭が十分に働くわけがない。入試当日の朝食はちゃんと食べよう！　朝食を食べた効果があらわれるように，試験開始の２時間以上前に食べるようにするとよい。

では，入試当日の朝食にふさわしいものは何か？

まず，脳の直接のエネルギー源はブドウ糖だけであるから，それを補給するためのご飯やパン，これは絶対に必要だ。また，砂糖や果物の糖分は吸収されやすく，効果が速くあらわれやすいので，パンにジャムをぬったり果物を食べたりするのもよいだろう。

次に，タンパク質。これは脳の温度を上げる作用がある。温度が低いままでは十分に働かないからね。タンパク質を多くふくむのは肉や魚，牛乳，卵，大豆などだが，ここでは大豆でできたとうふのみそ汁や納豆をオススメする。そして，記憶力がアップするDHAを多くふくんでいる青魚，つまりサバやイワシなども食べておきたい。

生野菜も忘れてはならない。その中にふくまれるビタミンＢは，ブドウ糖を脳に吸収しやすくする働きを持つので，結果的に脳力アップにつながるんだ。

コーヒーや紅茶，緑茶は，カフェインという成分の作用で目覚めをうながすが，トイレが近くなってしまうので，飲みすぎに注意！　試験当日はひかえたほうがよいだろう。眠気を覚ましたいときはガムをかむといい。脳が刺激《しげき》されて活性化し，目が覚めるんだ。

Dr.福井（福井《ふくい》一成《かずしげ》）…医学博士。開成中・高から東大・文Ⅱに入学後，再受験して翌年東大・理Ⅲに合格。同大医学部卒。さまざまな勉強法や脳科学に関する著書多数。

出題ベスト10シリーズ

①国語読解ベスト10

②漢字合格の2790題

③計算合格の820題

④図形問題ベスト10

■過去の入試問題から出題例の多い問題を選んで編集・構成。受験関係者の間でも好評です！

有名中学入試問題集

●男子校編

●女子校編

■中学入試の全容をさぐる!!
■首都圏の中学を中心に、全国有名中学の最新入試問題を収録!!

※表紙は昨年度のものです。

算数の過去問25年分

■筑波大学附属駒場
■麻布
■開成

○名門３校に絶対合格したいという気持ちに応えるため過去問実績No.1の声の教育社が出した答えです。

都立中高一貫校 適性検査問題集

■都立一貫校と同じ検査形式で学べる！

●自己採点のしにくい作文には「採点ガイド」を掲載。
●保護者向けのページも充実。
●私立中学の適性検査型・思考力試験対策にもおすすめ！

当社発行物の無断使用は固くお断りいたします。御使用の前はまずご相談ください。

当社発行物には500点余の首都圏中・高過去問をはじめ、6点の学校案内、そのほかいくつかの情報誌などがございます。その多くが年度版で、限られたスタッフが来るべき受験シーズン前に余裕を持って受験生へ届けられるよう、日夜作業にあたり出版を重ねております。
最近、通塾生ご父母や塾内部からの告発によって、いくつかの塾が許諾なしに当社過去問を複写（コピー）し生徒に配布、授業等にも使用していることが発覚し、その一部が紛争、係争に至っております。過去問には原著作者や管理団体、代行出版等のほか、当社に著作権がございます。当社としましては、著作権侵害の発覚に対しては著作権を有するこれらの著作権関係者にその事実を開示して、マスコミにリリースする場合や法的な措置を取る場合がございます。その事例としましては、毎年当社過去問の発行を待って自由にシステム化使用していたＡ塾、個別教室でコピーを生徒に解かせ指導していたＢ塾、冊子化していたＣ社、生徒の希望によって書籍の過去問代わりにコピーを配布していたＤ塾などがあります。

当社発行物の全部もしくは一部を無断使用することは固くお断りいたします。

当社コンテンツの中にはリーズナブルな設定で紙面の利用を許諾している塾もたくさんございますので、ご希望の方は、お気軽にご相談くださいますようお願いします。同時に、当社発行物を無断で使用している会社などにつきましての情報もお寄せいただければ幸いです。

株式会社 声の教育社

スーパー過去問の 解説執筆・解答作成スタッフ（在宅）募集！ ※募集要項の詳細は、10月に弊社ホームページ上に掲載します。

2025年度用
中学スーパー過去問

■編集人 声の教育社・編集部
■発行所 株式会社 声の教育社
〒162-0814 東京都新宿区新小川町8-15
☎03-5261-5061(代) FAX03-5261-5062
https://www.koenokyoikusha.co.jp

※本書の内容についての一切の責任は当社にあります。内容・解説・解答・その他は当社ホームページよりお問い合わせ下さい。

カコを追いかけ
ミライをつかめ
「今の説明、もう一回」を何度でも
web過去問
ストリーミング配信による入試問題の解説動画
もっと古いカコモンないの？
カコ過去問
「さらにカコの」過去問をHPに掲載（DL）
声の教育社
詳しくはこちらから

ストリーミング配信による入試問題の解説動画

2025年度用web過去問　ラインナップ

■ **男子・女子・共学（全動画） 見放題**
36,080円（税込）

■ **男子・共学 見放題**
29,480円（税込）

■ **女子・共学 見放題**
28,490円（税込）

● 中学受験「声教web過去問（過去問プラス・過去問ライブ）」（算数・社会・理科・国語）

3～5年間 **24校**

過去問プラス

麻布中学校	桜蔭中学校	開成中学校	慶應義塾中等部	渋谷教育学園渋谷中学校
女子学院中学校	筑波大学附属駒場中学校	豊島岡女子学園中学校	広尾学園中学校	三田国際学園中学校
早稲田中学校	浅野中学校	慶應義塾普通部	聖光学院中学校	市川中学校
渋谷教育学園幕張中学校	栄東中学校			

過去問ライブ

栄光学園中学校	サレジオ学院中学校	中央大学附属横浜中学校	桐蔭学園中等教育学校	東京都市大学付属中学校
フェリス女学院中学校	法政大学第二中学校			

● 中学受験「オンライン過去問塾」（算数・社会・理科）

3～5年間 **50校以上**

東京	青山学院中等部	東京	国学院大学久我山中学校	東京	明治大学付属明治中学校	千葉	芝浦工業大学柏中学校	埼玉	栄東中学校
	麻布中学校		渋谷教育学園渋谷中学校		早稲田中学校		渋谷教育学園幕張中学校		淑徳与野中学校
	跡見学園中学校		城北中学校		都立中高一貫校 共同作成問題		昭和学院秀英中学校		西武学園文理中学校
	江戸川女子中学校		女子学院中学校		都立大泉高校附属中学校		専修大学松戸中学校		獨協埼玉中学校
	桜蔭中学校		巣鴨中学校		都立白鷗高校附属中学校		東邦大学付属東邦中学校		立教新座中学校
	鷗友学園女子中学校		桐朋中学校		都立両国高校附属中学校		千葉日本大学第一中学校	茨城	江戸川学園取手中学校
	大妻中学校		豊島岡女子学園中学校	神奈川	神奈川大学附属中学校		東海大学付属浦安中等部		土浦日本大学中等教育学校
	海城中学校		日本大学第三中学校		桐光学園中学校		麗澤中学校		茗渓学園中学校
	開成中学校		雙葉中学校		県立相模原・平塚中等教育学校		県立千葉・東葛飾中学校		
	開智日本橋中学校		本郷中学校		市立南高校附属中学校		市立稲毛国際中等教育学校		
	吉祥女子中学校		三輪田学園中学校	千葉	市川中学校	埼玉	浦和明の星女子中学校		
	共立女子中学校		武蔵中学校		国府台女子学院中学部		開智中学校		

web過去問 Q&A

過去問が動画化！
声の教育社の編集者や中高受験のプロ講師など、
過去問を知りつくしたスタッフが動画で解説します。

Q どこで購入できますか？

A 声の教育社のHPでお買い求めいただけます。

Q 受講にあたり、テキストは必要ですか？

A 基本的には過去問題集がお手元にあることを前提としたコンテンツとなっております。

Q 全問解説ですか？

A 「オンライン過去問塾」シリーズは基本的に全問解説ですが、国語の解説はございません。「声教web過去問」シリーズは合格のカギとなる問題をピックアップして解説するもので、全問解説ではございません。なお、「声教web過去問」と「オンライン過去問塾」のいずれでも取り上げられている学校がありますが、授業は別の講師によるもので、同一のコンテンツではございません。

Q 動画はいつまで視聴できますか？

A ご購入年度２月末までご視聴いただけます。
複数年視聴するためには年度が変わるたびに購入が必要となります。

よくある解答用紙のご質問

01
実物のサイズにできない

拡大率にしたがってコピーすると，「解答欄」が実物大になります。配点などを含むため，用紙は実物よりも大きくなることがあります。

02
A3用紙に収まらない

拡大率164％以上の解答用紙は実物のサイズ（「出題傾向＆対策」をご覧ください）が大きいために，Ａ３に収まらない場合があります。

03
拡大率が書かれていない

複数ページにわたる解答用紙は，いずれかのページに拡大率を記載しています。どこにも表記がない場合は，正確な拡大率が不明です。

04
１ページに２つある

１ページに２つ解答用紙が掲載されている場合は，正確な拡大率が不明です。ほかの試験回の同じ教科をご参考になさってください。

鷗友学園女子中学校

【別冊】入試問題解答用紙編

禁無断転載

解答用紙は本体からていねいに抜きとり、別冊としてご使用ください。

※　実際の解答欄の大きさで練習するには、指定の倍率で拡大コピーしてください。なお、ページの上下に小社作成の見出しや配点を記載しているため、コピー後の用紙サイズが実物の解答用紙と異なる場合があります。

●入試結果表

年　度	回	項　目	国　語	算　数	社　会	理　科	４科合計	合格者
2024	第１回	配点(満点)	100	100	100	100	400	最高点
		合格者平均点	66.8	65.5	76.9	64.8	274.0	343
		受験者平均点	60.4	53.5	71.7	57.1	242.7	最低点
		キミの得点						252
	第２回	配点(満点)	100	100	100	100	400	最高点
		合格者平均点	74.5	71.3	80.3	71.4	297.5	352
		受験者平均点	68.7	55.9	74.4	63.4	262.4	最低点
		キミの得点						288
2023	第１回	配点(満点)	100	100	100	100	400	最高点
		合格者平均点	71.4	67.0	68.7	61.7	268.8	317
		受験者平均点	64.6	54.6	60.9	53.5	233.6	最低点
		キミの得点						248
	第２回	配点(満点)	100	100	100	100	400	最高点
		合格者平均点	71.6	79.2	69.8	62.8	283.4	321
		受験者平均点	63.6	63.6	61.5	54.3	243.0	最低点
		キミの得点						274
2022	第１回	配点(満点)	100	100	100	100	400	最高点
		合格者平均点	66.7	84.0	72.6	63.8	287.1	336
		受験者平均点	59.1	70.9	65.8	56.6	252.4	最低点
		キミの得点						268
	第２回	配点(満点)	100	100	100	100	400	最高点
		合格者平均点	80.5	71.2	80.4	74.1	306.2	359
		受験者平均点	72.0	51.2	71.3	61.2	255.7	最低点
		キミの得点						297
2021	第１回	配点(満点)	100	100	100	100	400	最高点
		合格者平均点	77.1	68.8	71.8	73.4	291.1	361
		受験者平均点	70.3	56.2	65.3	66.6	258.4	最低点
		キミの得点						269

※　表中のデータは学校公表のものです。ただし、４科合計は各教科の平均点を合計したものなので、目安としてご覧ください。

声の教育社

２０２４年度　鷗友学園女子中学校

算数解答用紙　第１回　No.１

番号		氏名		評点	／100

1　次の ア ， イ に当てはまる数を求め，答えを解答欄に書きなさい。

(1) $3\frac{4}{5}+\left(\frac{4}{3}-0.6\right)\div 2.75\times\left(3\frac{1}{2}-\frac{1}{6}\right)\times 5.25=$ ア

（答）ア

(2) イ $\times\frac{25}{9}-\left\{1.875-7\frac{7}{8}\div\left(5-\frac{1}{2}\right)\right\}=\frac{11}{72}$

（答）イ

2　A さん，B さん，C さんの３人でお金を出しあって，9200円のプレゼントを買います。最初，３人の所持金の比は 15：2：8 でしたが，A さんが B さんに 400円渡《わた》し，C さんも B さんにいくらか渡すと，所持金の比は 8：3：3 になりました。この後，プレゼントを買いました。

(1)　所持金の比が 8：3：3 になったとき，A さんの所持金はいくらになりましたか。

答えを出すために必要な式，図，考え方なども書きなさい。

（答）　円

(2)　プレゼントを買った後，３人の所持金の比は 5：3：2 になりました。C さんがプレゼントを買うために出した金額はいくらですか。

答えを出すために必要な式，図，考え方なども書きなさい。

（答）　円

3　図の平行四辺形 ABCD を，CE を折り目として折ったとき，点 B が移る点を F とします。このとき，辺 AD と CF は交わり，交わった点を G とします。

辺 CD と CG の長さは等しく，角 DCG の大きさが 42 度のとき，角 AEF の大きさを求めなさい。

答えを出すために必要な式，図，考え方なども書きなさい。

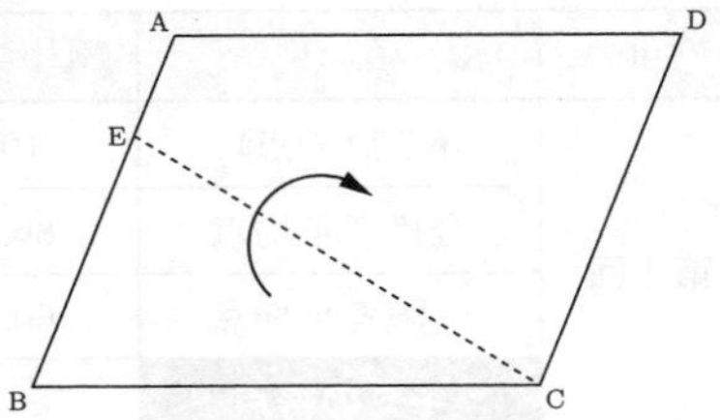

（答）　度

4　整数をある規則にしたがって，次のように並べました。例えば，左から３番目，上から４番目の整数は 24 です。

1	2	3	4	5	6
12	7	8	9	10	11
17	18	13	14	15	16
22	23	24	19	20	21
27	28	29	30	25	26
32	33	34	35	36	31
37	38	39	40	41	42
48	43	44	…	…	

⋮

(1)　左から２番目，上から 100 番目の整数はいくつですか。

答えを出すために必要な式，図，考え方なども書きなさい。

（答）

(2)　2024 は，左から何番目，上から何番目ですか。

答えを出すために必要な式，図，考え方なども書きなさい。

（答）左から　　番目，上から　　番目

2024年度　鷗友学園女子中学校

算数解答用紙　第1回　No. 2

5　図1の直角三角形を，図2のように2つ重ねます。この図形を直線 ℓ を軸《じく》として1回転してできる立体の体積は何 cm^3 ですか。

答えを出すために必要な式，図，考え方なども書きなさい。

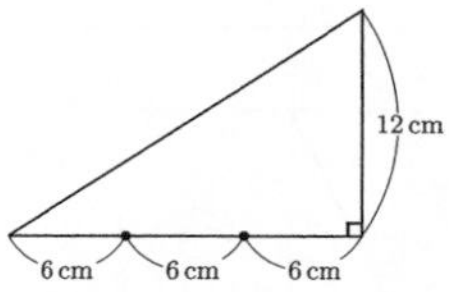

図1

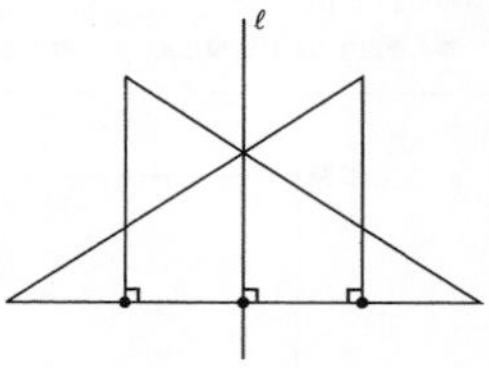

図2

（答）　　　　cm^3

6　図のような台形 ABCD があります。

BE : EF : FG : GC = 2 : 1 : 2 : 3　です。また，AG と DC は平行です。

(1)　AH : HK : KC を，最も簡単な整数の比で表しなさい。

答えを出すために必要な式，図，考え方なども書きなさい。

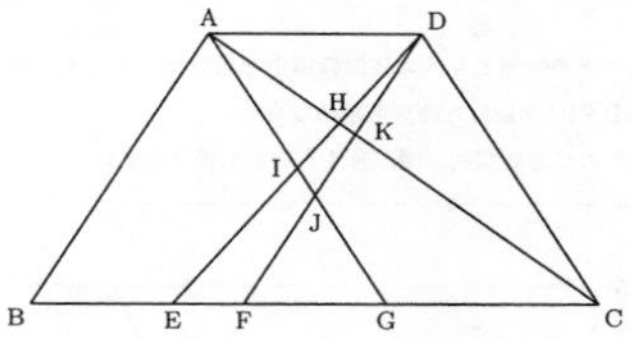

（答）　AH : HK : KC =　　　:　　　:

(2)　台形 ABCD の面積が $15 cm^2$ のとき，四角形 HIJK の面積を求めなさい。

答えを出すために必要な式，図，考え方なども書きなさい。

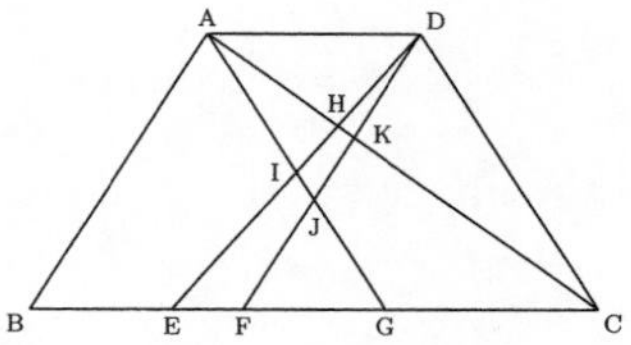

（答）　　　　cm^2

２０２４年度　鷗友学園女子中学校

算数解答用紙　第１回　No.３

7　学さんと友子さんは毎朝，8時5分にC駅に着く電車で通学しています。学さんの家から1100m先にA駅があります。A駅から1300m先に友子さんの家があり，その先にB駅とC駅がこの順にあります。電車はA駅を7時52分に発車し，B駅で2分間停車し，C駅に8時5分に到《とう》着します。A駅からC駅までは8.8km離《はな》れており，電車の速さは一定です。

学さんは7時47分に家を出て，A駅で電車に乗り，2駅先のC駅まで移動します。友子さんは7時47分に家を出て，B駅まで自転車で時速16.8kmの速さで向かい，電車に乗ります。

グラフは，このときの時刻と2人の移動の様子を表したものです。

(1)　友子さんがB駅に到着した時刻を求めなさい。

答えを出すために必要な式，図，考え方なども書きなさい。

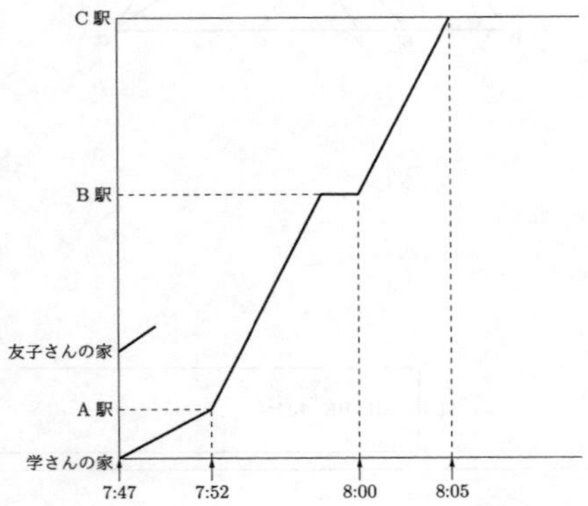

(答)　時　分　秒

(2)　学さんが家を出た後，母親が忘れ物に気づき，7時52分に家を出て車で時速51kmの速さで追いかけました。途《と》中で自転車に乗った友子さんに出会ったので，友子さんに忘れ物を渡してもらうことにしました。友子さんと学さんの母親が出会った時刻を求めなさい。

答えを出すために必要な式，図，考え方なども書きなさい。

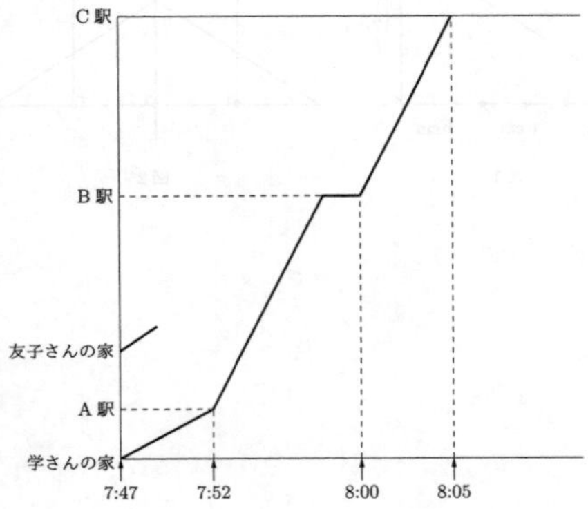

(答)　時　分　秒

(注)　この解答用紙は実物を縮小してあります。182％拡大コピーをすると，ほぼ実物大の解答欄になります。

〔算　数〕100点(学校配点)

1　各8点×2　2　各7点×2　3　12点　4　各7点×2　5　13点　6　(1)　7点　(2)　8点　7　各8点×2

２０２４年度　鷗友学園女子中学校

社会解答用紙　第１回　No.１

番号		氏名		評点	／100

1

問１（１）　　平野　（２）

（３）

問２（１）

（２）

（３）

問３（１）　（２）　問４

2

問１　①　②

問２　問３　問４

問５

問６　問７（１）

問７（２）

問８　問９

問10

社会解答用紙　第１回　No. ２

3

問１ ［　　　　］権

問２ ［　　］

問３ ［　　　　　　　　　　］

問４ ［　　　　　　　　　　］

問５ ［　　　　］　問６ ［　　］　問７ ［　　］

問８ ［　　　　　　　　　　］

（注）この解答用紙は実物を縮小してあります。Ｂ５→Ａ３（163%）に拡大コピーすると、ほぼ実物大の解答欄になります。

〔社　会〕100点（学校配点）

1 問１　各３点×３　問２　(1)，(2)　各４点×２　(3)　３点　問３　(1)　４点　(2)　３点　問４　３点
2 問１～問３　各３点×４　問４，問５　各４点×２　問６　３点　問７　(1)　３点　(2)　４点　問８，問９　各３点×２　問10　４点　3 問１，問２　各３点×２　問３　５点　問４　４点　問５，問６　各３点×２　問７　４点　問８　５点

２０２４年度　鷗友学園女子中学校

理科解答用紙　第１回　No.１

番号		氏名		評点	／100

1

問１		問２		問３	岩
問４		問５	→ → →	問６	
問７	岩 理由				

2

問１	
問２	
問３	g
問４	式 答 g
問５	
問６	式 答 g

問７	実験7		実験8		問８

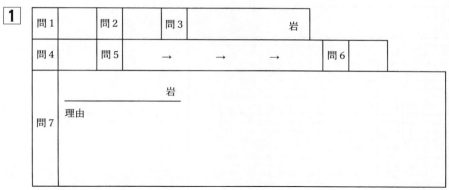

２０２４年度　鷗友学園女子中学校

理科解答用紙　第１回　No. ２

3

問1		問2	

問3

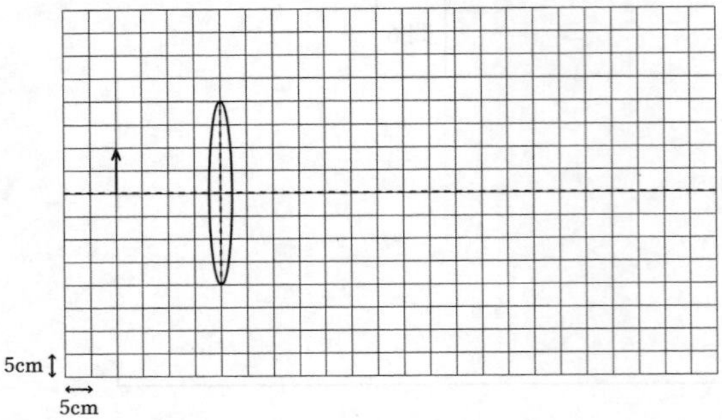

問4	cm	問5	距離		大きさ	

問6	厚さ	厚くなる・薄《うす》くなる	焦点距離	長くなる・短くなる

問7	最大直径	mm	すき間	mm

問8	(1)	m	(2)	mm

4

問1	記号		役割	

問2		問3		問4		問5	①		②		③	

問6	

問7	①		②	
	③		④	
	⑤			

問8

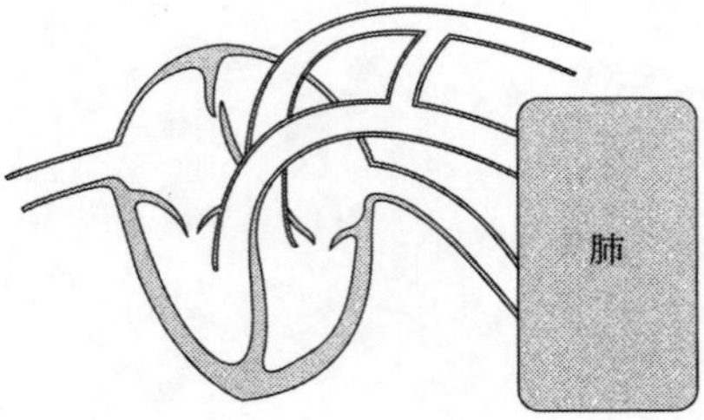

（注）この解答用紙は実物を縮小してあります。185％拡大コピーすると、ほぼ実物大の解答欄になります。

〔理　科〕100点(学校配点)

1　問1～問4　各3点×4　問5，問6　各4点×2<問5は完答>　問7　岩石名…1点，理由…4点　2　問1　2点　問2，問3　各3点×2　問4　4点　問5　2点　問6　4点　問7　各2点×2　問8　3点　3　問1，問2　各2点×2<問2は完答>　問3　3点　問4　2点　問5，問6　各1点×4　問7，問8　各3点×4　4　問1　記号…1点，役割…2点　問2～問4　各2点×3　問5　各1点×3　問6　4点　問7　各1点×5　問8　4点

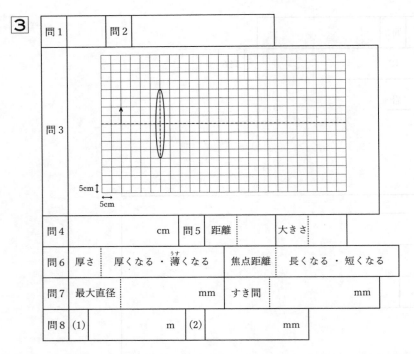

2024年度　鷗友学園女子中学校

国語解答用紙　第一回

番号		氏名		評点	/100

一

問一

問二

問三

問四

二

問一

問二

三

(1)　(2)　(3)　(4)　(5)

(注) この解答用紙は実物を縮小してあります。B5→A3(163%)に拡大コピーすると、ほぼ実物大の解答欄になります。

〔国　語〕100点(学校配点)

一　問1　12点　問2　14点　問3　18点　問4　16点　二　問1　12点　問2　18点　三　各2点×5

２０２４年度　鷗友学園女子中学校

算数解答用紙　第２回　No.１

番号		氏名		評点	／100

1　次の ア，イ に当てはまる数を求め，答えを解答欄に書きなさい。

(1) $\left(2025 \times 2.6 - 2025 \div \frac{9}{11}\right) \div 4\frac{3}{7} - 4\frac{11}{50} \div 0.01 = \boxed{ア}$

（答）ア

(2) $9 + 7\frac{3}{16} \div \left\{2 - \left(\boxed{イ} - 2.2\right) \times \frac{5}{12}\right\} = 15$

（答）イ

2　ある工場に，クッキーを作る機械AとBがあります。Aは1分間に30個，Bは1分間に40個のクッキーを作ることができます。A，Bがクッキーを作る速さはそれぞれ一定です。

ある日，クッキーの注文を受けたため，AとBを同時に1台ずつ使ってクッキーを作り始めました。しかし，途《と》中でBが止まってしまったので，A1台のみで作りました。Bは止まってから1時間後に再び動き始めました。その後はAとBのどちらも止まることなくクッキーを作り続けたところ，Aのみを同時に2台使って同じ数のクッキーを作るときよりも，15分早く注文された数を作り終えることができました。注文されたクッキーの個数を求めなさい。

答えを出すために必要な式，図，考え方なども書きなさい。

（答）　　　　個

3　次のような規則で逆三角形型に整数を並べます。

- 1行目には，連続する4つの整数を左から小さい順に並べます。
- 1行目の左から1番目と2番目の整数の和を，2行目の左から1番目の整数と決めます。
- 同じようにして，1行目の左から2番目と3番目の整数の和を，2行目の左から2番目の整数と決めます。
- 3行目，4行目も同じようにして整数を決めます。

1行目の左から1番目の整数が X のとき，4行目の整数を【X】と表します。

例えば，1行目の左から1番目の整数が2のとき，4行目の整数が28なので，【2】＝28です。

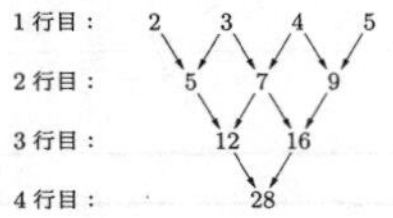

(1)　【1】と【3】をそれぞれ求めなさい。

答えを出すために必要な式，図，考え方なども書きなさい。

（答）【1】＝　　　　【3】＝

(2)　【1】＋【2】＋【3】＋… と，【1】から【20】までたしたとき，その和を求めなさい。

答えを出すために必要な式，図，考え方なども書きなさい。

（答）

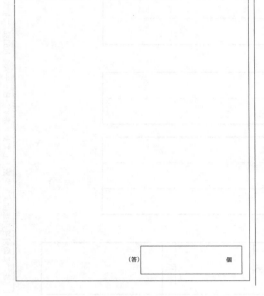

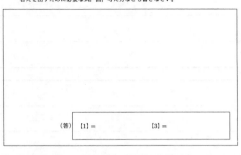

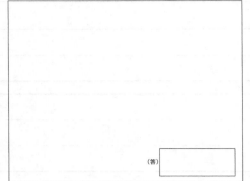

２０２４年度　鷗友学園女子中学校

算数解答用紙　第２回　No. ２

4　図は底面の直径が 4 cm の円錐《すい》です。この円錐に，点 A から側面にそって，OA にたどり着くまで，図のようにひもを巻きつけます。このひもの長さが最も短くなるように巻きつけたとき，たどり着いた OA 上の点を B とします。このとき，展開図を考えると，ひも AB と OA，OB で囲まれた図形ができます。この図形の面積を求めなさい。

答えを出すために必要な式，図，考え方なども書きなさい。

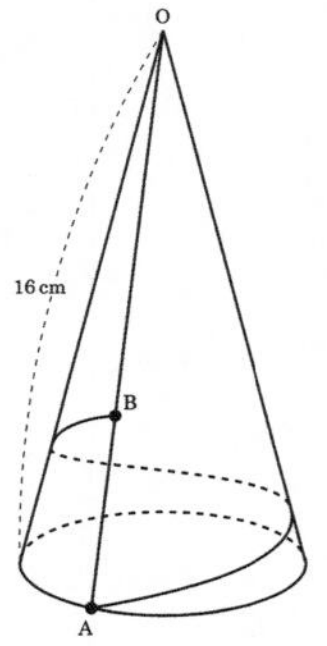

（答）　　　　　cm²

5　図の三角形 ABC において，AD : DB = 3 : 2，AE : EC = 3 : 5 です。また，F，G，H は辺 BC 上の点で，DF と AG と EH は平行で，台形 DFHE の面積は三角形 ABC の面積の $\frac{123}{248}$ 倍です。

(1)　DF : EH を，最も簡単な整数の比で表しなさい。

答えを出すために必要な式，図，考え方なども書きなさい。

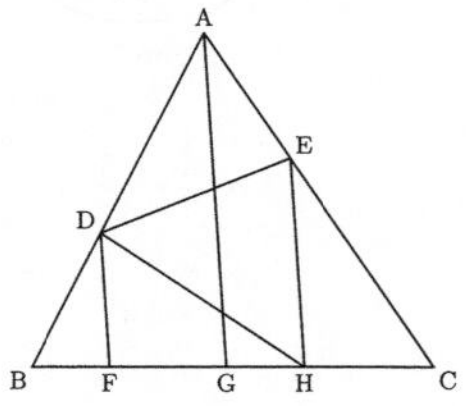

（答）　DF : EH =　　　:

(2)　三角形 DFH と三角形 ABC の面積の比を，最も簡単な整数の比で表しなさい。

答えを出すために必要な式，図，考え方なども書きなさい。

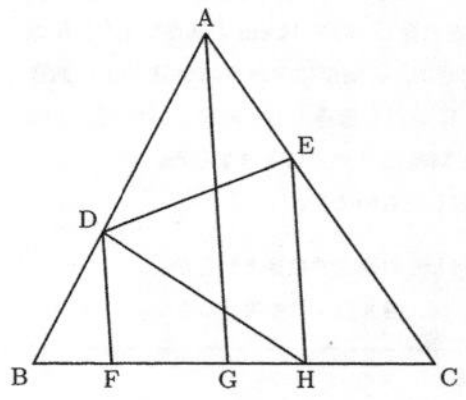

（答）　(三角形 DFH) : (三角形 ABC) =　　　:

(3)　三角形 AFH と三角形 ABC の面積の比を，最も簡単な整数の比で表しなさい。

答えを出すために必要な式，図，考え方なども書きなさい。

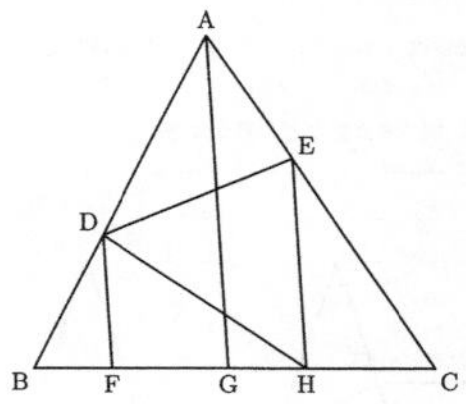

（答）　(三角形 AFH) : (三角形 ABC) =　　　:

2024年度　鷗友学園女子中学校

算数解答用紙　第2回　No.3

6　姉はP地点とQ地点の間を，妹はP地点とR地点の間を往復しました。P地点とQ地点は3600m離《はな》れています。また，R地点は，P地点とQ地点の途中にあって，P地点から2400m離れています。

姉は9時にP地点を出発し，自転車を使って時速24kmの速さで，休まずに3往復しました。また，妹は9時にP地点を出発し，時速12kmの速さで走り，R地点に向かいました。妹がR地点に到《とう》着すると同時に，P地点に向かう姉がR地点を通過しました。その後，妹はひと休みし，姉が再びR地点を通過すると同時に，P地点に向かって歩いて戻ったところ，3往復を終える姉と同時にP地点に着きました。

グラフは姉と妹の移動の様子を表したものです。

(1)　妹はひと休みした後，時速何kmの速さで歩きましたか。
答えを出すために必要な式，図，考え方なども書きなさい。

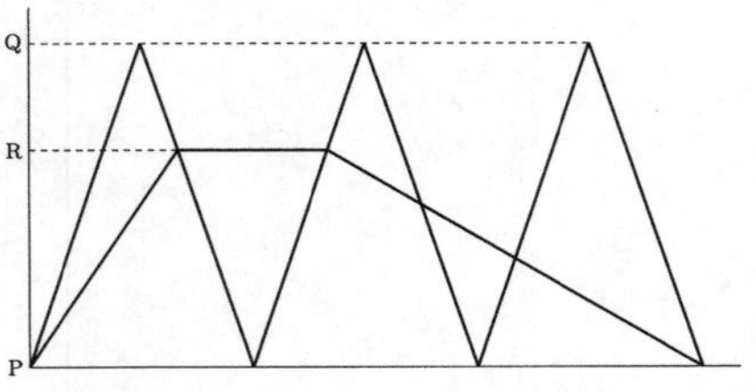

（答）　時速　　　　km

(2)　妹がR地点からP地点へ歩いているとき，Q地点に向かう姉と出会った時刻を求めなさい。
答えを出すために必要な式，図，考え方なども書きなさい。

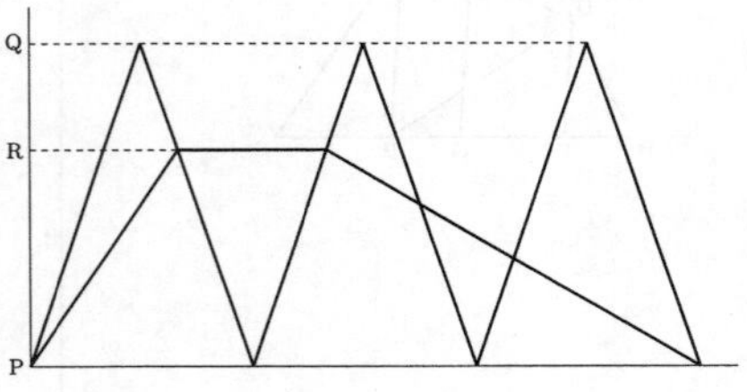

（答）　　　時　　　分

7　図のような，円柱と円錐の一部を組み合わせた容器Aに満ぱいに水が入っています。図の円ア，イ，ウ，エの中心はすべて底面と垂直な同じ直線上にあります。

(1)　Aの容積を求めなさい。
答えを出すために必要な式，図，考え方なども書きなさい。

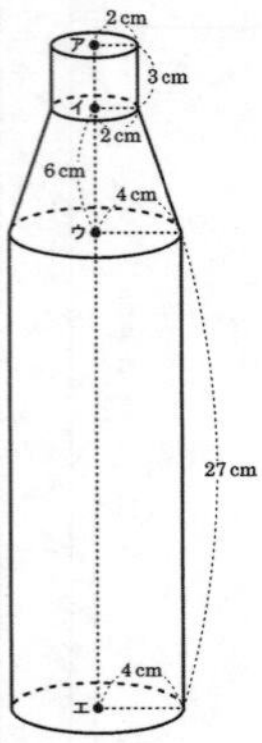

容器A

（答）　　　　cm^3

(2)　図のような2種類の容器B，Cがたくさんあります。Bは円錐の一部で，Cは円柱です。円オとカの中心を結ぶ直線は底面と垂直です。

はじめにAからBへ，水が満ぱいになるように移します。次にAからCへ，水が満ぱいになるように移します。同じように，B，Cへ交互《ご》に水を移していきます。これをくり返し，最後にCへ水を移している途中で，Aの水がなくなりました。このとき，最後に水を移したCの水面の高さを求めなさい。
答えを出すために必要な式，図，考え方なども書きなさい。

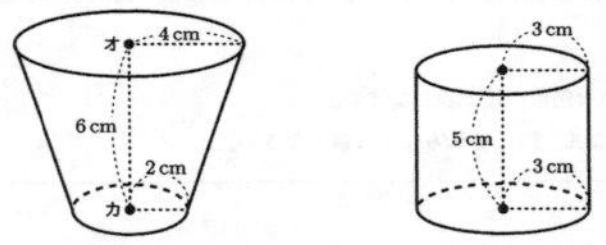

容器B　　容器C

（答）　　　　cm

（注）この解答用紙は実物を縮小してあります。200%拡大コピーすると，ほぼ実物大の解答欄になります。

〔算　数〕100点（学校配点）

1　(1)　8点　(2)　9点　**2**　12点　**3**　(1)　6点＜完答＞　(2)　8点　**4**　11点　**5**　(1)　6点　(2)，(3)　各5点×2　**6**　(1)　8点　(2)　7点　**7**　(1)　8点　(2)　7点

２０２４年度　鷗友学園女子中学校

社会解答用紙　第２回　No.１

番号		氏名		評点	／100

1

問１ ＿＿＿＿ 諸島

問２（１）＿＿＿＿　（２）＿＿＿＿

問３ ＿＿＿＿　問４ ＿＿＿＿　問５（１）＿＿＿＿ 市　（２）＿＿＿＿

問６

問７

2

問１ ① ＿＿＿＿　② ＿＿＿＿

問２

問３ ＿＿＿＿　問４ ＿＿＿＿

問５ ＿＿＿＿　問６ ＿＿＿＿

問７

問８（１）＿＿＿＿　（２）＿＿＿＿

問９

問10 ＿＿＿＿

２０２４年度　　鷗友学園女子中学校

社会解答用紙　第２回　No. ２

3

問１

問２

問３

問４

問５

問６　　問７（１）

問７（２）

（注）この解答用紙は実物を縮小してあります。Ｂ５→Ａ３（163%）に拡大コピーすると、ほぼ実物大の解答欄になります。

〔社　会〕100点（学校配点）

1　問１～問４　各３点×５　問５　(1)　３点　(2)　４点　問６，問７　各４点×２　2　問１　各２点×２　問２　４点　問３～問５　各３点×３　問６　４点　問７　５点　問８　(1)　４点　(2)　３点　問９　４点　問10　３点　3　問１　４点　問２　３点　問３　４点　問４　３点　問５　４点　問６　３点　問７　(1)　３点　(2)　６点

２０２４年度　　鷗友学園女子中学校

理科解答用紙　第２回　No.１

番号		氏名		評点	／100

1

問１	秒速　　km	問２	秒	問３	秒速　　km
問４	km	問５			
問６	あ	い			
問７	式 答　　km				

2

問１	
問２	式 答　　倍
問３	
問４	
問５	式 答　　g
問６	式 答　　mL
問７	炭酸カルシウム：重そう＝　　：

2024年度　　鷗友学園女子中学校

理科解答用紙　第2回　No. 2

3

問1		問2	

問3	記号	
	理由	

問4	倍
問5	生育しているソウ類： （理由）

4

問1		問2		問3		問4	

問5	豆電球		明るさ	
問6	(1)		(2)	

問7	倍	問8	

（注）この解答用紙は実物を縮小してあります。B５→B４(141%)に拡大コピーすると、ほぼ実物大の解答欄になります。

〔理　科〕100点(学校配点)

1 問1，問2　各3点×2　問3，問4　各4点×2　問5　3点　問6，問7　各4点×2＜問6は完答＞ 2 問1　3点　問2　4点　問3　3点　問4～問7　各4点×4 3 問1，問2　各3点×2　問3　記号…2点＜完答＞，理由…4点　問4　3点　問5　生育しているソウ類…3点，理由…4点 4 問1，問2　各2点×2　問3　3点　問4，問5　各2点×3　問6　(1)　4点＜完答＞　(2)　3点　問7　3点　問8　4点

２０２４年度　鷗友学園女子中学校

国語解答用紙　第二回

番号　　氏名　　評点　／100

一

問一

問二

問三

二

問一

問二

問三

三

(1)　(2)　(3)　(4)　(5)

(注)　この解答用紙は実物を縮小してあります。Ｂ５→Ａ３(163%)に拡大コピーすると、ほぼ実物大の解答欄になります。

〔国　語〕100点(学校配点)

一　問1　10点　問2　18点　問3　20点　二　問1　12点　問2　20点　問3　10点　三　各2点×5

２０２３年度　鷗友学園女子中学校

算数解答用紙　第１回　No.１

番号		氏名		評点	／100

1　次の ア , イ に当てはまる数を求め，答えを解答欄に書きなさい。

(1) $1.35 \times \left\{ \frac{5}{14} + 2\frac{15}{16} \div \left(6.75 - \frac{3}{2}\right) \right\} - \frac{3}{5} =$ ア

（答）ア

(2) $\left\{ 4.7 - \left(\boxed{イ} + 4.5 \right) \div \frac{5}{3} \right\} \times 2\frac{5}{6} + \frac{1}{3} = 3\frac{11}{15}$

（答）イ

2　ある商品を何個か仕入れたところ，仕入れ値の合計は 41400 円になりました。この商品をすべて１個 150 円で売ると，利益は仕入れ値の 25% になります。はじめは１個 150 円でいくつか売りましたが，売れ残りそうだったため，残りを１個 140 円で売りました。その結果，すべて売ることができ，利益の総額は 10000 円でした。はじめに 150 円で売った個数を求めなさい。

答えを出すために必要な式，図，考え方なども書きなさい。

（答）　個

3　図１のように，円と，その円周上に頂点がある正六角形があります。この正六角形の面積は 15cm^2 です。図１と同じ大きさの円を図２のように４つ重ねます。●はそれぞれの円の中心を表しています。斜《しゃ》線部分の面積の和を求めなさい。

答えを出すために必要な式，図，考え方なども書きなさい。

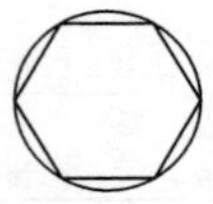

図１

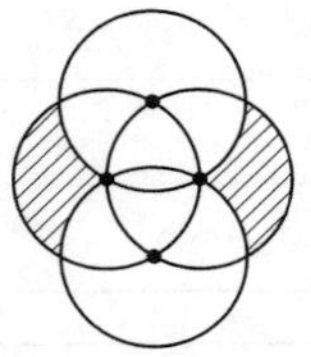

図２

（答）　cm^2

4　図のような AB = AC の二等辺三角形 ABC があります。この三角形を，直線 m を軸《じく》として１回転してできる立体を V とします。ただし，直線 m と辺 BC は垂直です。このとき，CD の長さと，立体 V の表面積を求めなさい。

答えを出すために必要な式，図，考え方なども書きなさい。

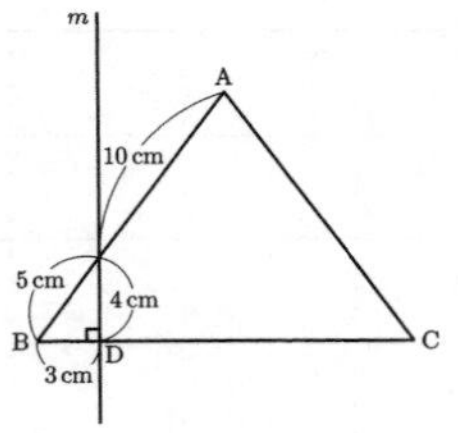

（答）CD の長さ　cm，表面積　cm^2

２０２３年度　　鷗友学園女子中学校

算数解答用紙　第１回　No. 2

5　整数の列 1, 2, 3, 4, 5, 6, 7, 8, 9, 10, 11, 12, ⋯, 99, 100, 101, 102, ⋯ について，次のように各桁《けた》の数字を分割して

1, 2, 3, 4, 5, 6, 7, 8, 9, 1, 0, 1, 1, 1, 2, ⋯, 9, 9, 1, 0, 0, 1, 0, 1, 1, 0, 2, ⋯

という数の列を新しく作りました。この数の列について，次の問いに答えなさい。

(1)　はじめから 200 番目の整数を求めなさい。
答えを出すために必要な式，図，考え方なども書きなさい。

（答）

(2)　はじめから 200 番目の整数までの和を求めなさい。
答えを出すために必要な式，図，考え方なども書きなさい。

（答）

6　図の三角形 ABC において，AD : DB = 3 : 1，AE : EC = 2 : 3 です。また，EF と CD，DE と GH，AB と EG はそれぞれ平行です。

(1)　AF : FD : DB を，最も簡単な整数の比で表しなさい。
答えを出すために必要な式，図，考え方なども書きなさい。

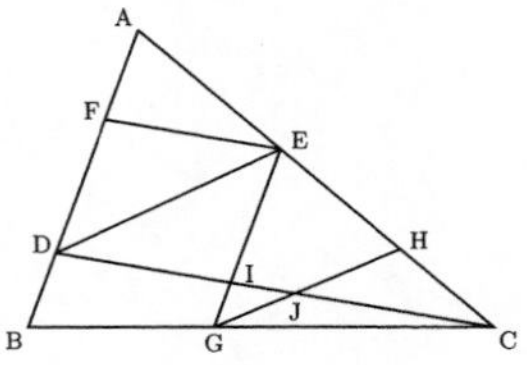

（答）　AF : FD : DB　=　　　:　　　:

(2)　DI : IJ : JC を，最も簡単な整数の比で表しなさい。
答えを出すために必要な式，図，考え方なども書きなさい。

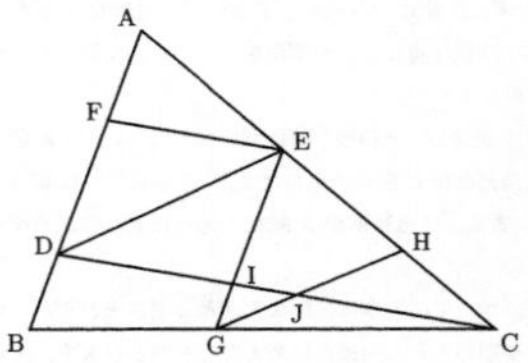

（答）　DI : IJ : JC　=　　　:　　　:

(3)　四角形 ADJE と三角形 ABC の面積の比を，最も簡単な整数の比で表しなさい。
答えを出すために必要な式，図，考え方なども書きなさい。

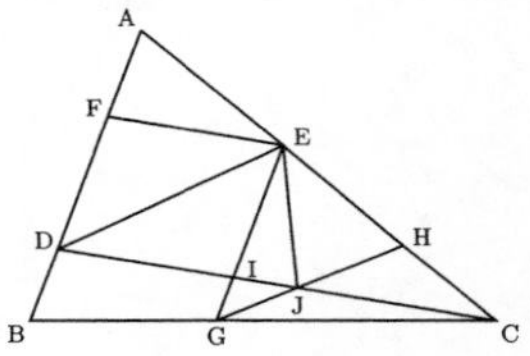

（答）　(四角形 ADJE) : (三角形 ABC)　=　　　:

算数解答用紙　第１回　No.３

7　ある鉄道の路線には，普《ふ》通列車，快速列車と特急列車の３種類の列車が並行して走っています。この路線にはＡ駅，Ｂ駅，Ｃ駅，Ｄ駅の順に駅があり，普通列車はすべての駅に停車します。快速列車はＡ駅を出発した後，Ｂ駅とＤ駅に停車します。特急列車はＡ駅を出発した後，Ｂ駅とＣ駅には停車せず，Ｄ駅にのみ停車します。どの列車もＡ駅から出発し，停車駅で１分間停車し，終点のＤ駅に着くと３分間停車してから，Ａ駅行きの列車として，それぞれ行きと同じ駅に停車します。

ある日の朝，普通列車が７時にＡ駅を出発し，その後，特急列車が７時05分にＡ駅を出発しました。すると，Ｄ駅行きの普通列車がＣ駅を出発した１分30秒後に，Ｄ駅行きの特急列車がＣ駅を通りすぎました。また，特急列車がＡ駅を出発した後，快速列車がＡ駅を出発しました。

普通列車と快速列車は同じ速さです。すべての列車は区間にかかわらず，それぞれ一定の速さで走ります。また，列車の長さや駅のホームの長さは考えないものとします。Ａ駅からＤ駅までの距離《きょり》は10 kmです。

下の表は，７時にＡ駅を出発した普通列車の各駅での発車時刻を，グラフは各列車の時刻と位置の関係の一部を表したものです。

発車駅	Ａ駅	Ｂ駅	Ｃ駅	Ｄ駅	Ｃ駅	Ｂ駅
発車時刻	7:00	7:03	7:08	7:15	7:20	7:25

(1)　Ｂ駅とＣ駅の間の距離は何kmですか。
答えを出すために必要な式，図，考え方なども書きなさい。

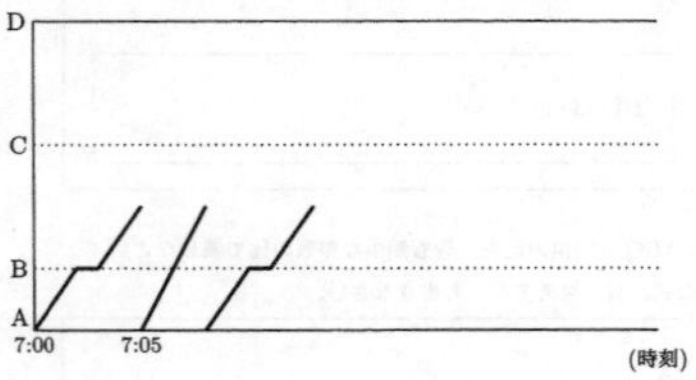

（答）　　km

(2)　特急列車の速さは時速何kmですか。
答えを出すために必要な式，図，考え方なども書きなさい。

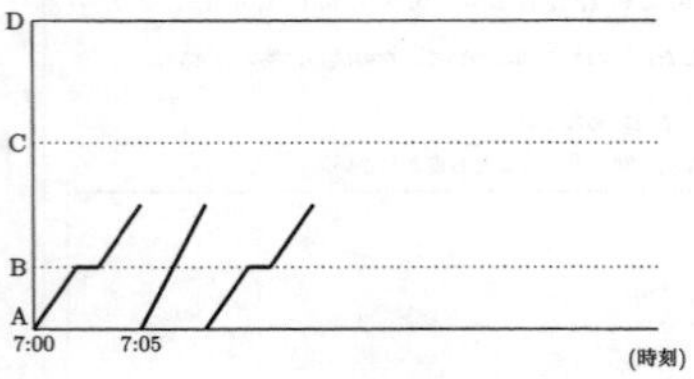

（答）時速　　km

(3)　Ｄ駅を出発したＡ駅行きの特急列車が，７時15分にＤ駅を出発したＡ駅行きの普通列車に追いついたときに，Ｄ駅行きの快速列車とちょうどすれ違《ちが》いました。快速列車がＡ駅を出発した時刻は何時何分でしたか。
答えを出すために必要な式，図，考え方なども書きなさい。

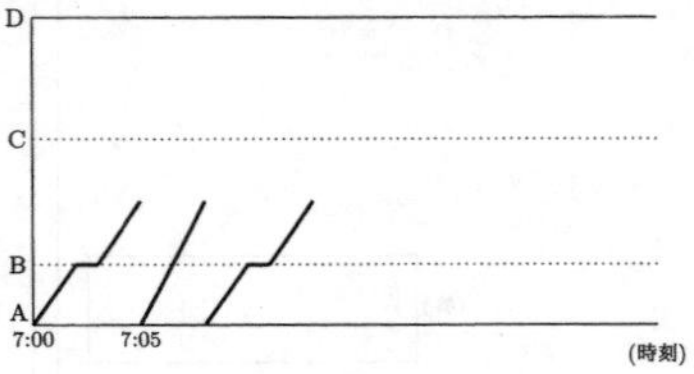

（答）　　時　　分

（注）この解答用紙は実物を縮小してあります。200％拡大コピーをすると，ほぼ実物大の解答欄になります。

〔算　数〕100点(学校配点)

1 (1)　8点　(2)　9点　2　12点　3　10点　4　14点＜完答＞　5　各7点×2　6 (1)，(2)　各6点×2　(3)　5点　7 (1)，(2)　各5点×2　(3)　6点

２０２３年度　鷗友学園女子中学校

社会解答用紙　第１回　No.１

番号		氏名		評点	／100

1

問１　①　　　県　②

問２　　問３　　問４

問５

問６（１）　（２）　（３）

2

問１　①　　　遺跡　②

問２

問３

問４

問５

問６（１）　（２）

問７　　問８　　問９

問10

２０２３年度　　　鷗友学園女子中学校

社会解答用紙　第１回　No. ２

3

問１

問２

問３　　　問４

問５　①　　　②

問６（1）　（2）

問７

（注）この解答用紙は実物を縮小してあります。Ｂ５→Ａ３（163%）に拡大コピーすると、ほぼ実物大の解答欄になります。

〔社　会〕100点(学校配点)

1 問１　各３点×２　問２　４点　問３　３点　問４　４点　問５　５点　問６　(1)　３点　(2)　２点　(3)　３点　2 問１　各２点×２　問２〜問５　各４点×４　問６〜問９　各３点×５　問10　５点　3 問１　３点　問２　５点　問３　４点　問４　３点　問５　各２点×２　問６　各３点×２　問７　５点

２０２３年度　鷗友学園女子中学校

理科解答用紙　第１回　No.１

番号		氏名		評点	／100

1

問１			問２	①		②
問３						
問４						

問５	①	②	③	④
長日				
短日				

問６		問７	場所	東京　・　札幌	品種		問８	

2

問１	秒速　　m	問２	①		②		③
問３	m	問４	個				

問５	式 答　　m
問６	

２０２３年度　鷗友学園女子中学校

理科解答用紙　第１回　No. ２

3

問１	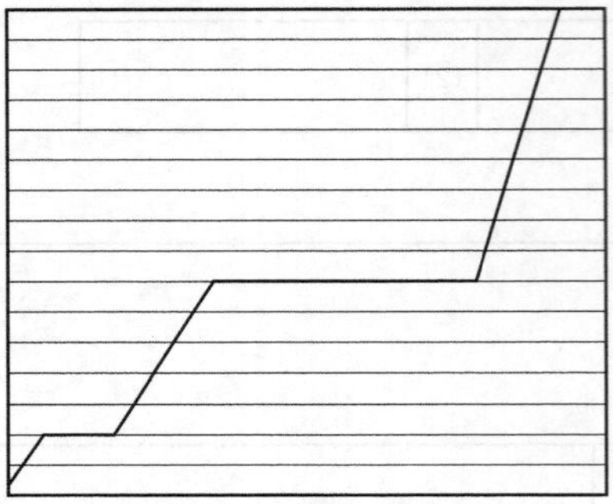	
問２		
問３	A	B
	C	D
	F	
問４	式	記号
問５		
問６	ア　℃	イ　い　ウ　い
問７		

4

問１		問２		問３	①		②		③
問４	１回目		２回目						
問５	→　→　→　→　→								

問６

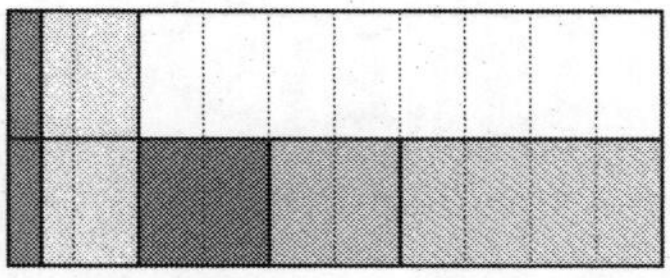

（西←）　（→東）

（注）この解答用紙は実物を縮小してあります。Ｂ５→Ａ３(163%)に拡大コピーすると、ほぼ実物大の解答欄になります。

〔理　科〕100点(学校配点)

1　問１～問３　各２点×4＜問１，問３は完答＞　問４　３点　問５　各１点×4＜各々完答＞　問６，問７　各３点×2＜問７は完答＞　問８　４点　2　問１　３点　問２　各２点×3　問３　３点　問４，問５　各４点×2　問６　５点　3　問１，問２　各２点×4＜問１は各２点×3＞　問３　各１点×5　問４　４点　問５　２点　問６　各１点×3　問７　３点　4　問１　２点　問２　３点　問３　①，②　各１点×2　③　２点　問４　各３点×2　問５，問６　各５点×2＜問５は完答＞

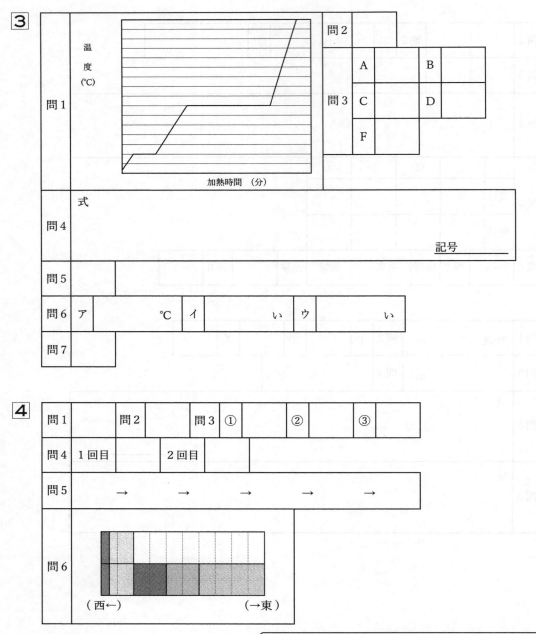

二〇二三年度　鷗友学園女子中学校

国語解答用紙　第一回

番号		氏名		評点	/100

一

問一

問二

問三

問四

壮太へ

瑛介より

二

問一

問二

三

(1)	(2)	(3)	(4)	(5)

(注) この解答用紙は実物を縮小してあります。B5→A3(163%)に拡大コピーすると、ほぼ実物大の解答欄になります。

〔国　語〕100点(学校配点)

一 問1　10点　問2　14点　問3, 問4　各18点×2　二 問1　12点　問2　18点　三 各2点×5

2023年度　鷗友学園女子中学校

算数解答用紙　第2回　No. 1

番号		氏名		評点	／100

1　次の問いに答えなさい。

(1)　次の □ に当てはまる数を求め，答えを解答欄に書きなさい。

$$3.14-\frac{1}{15}\times\left(36-\square\div\frac{7}{10}\right)=\frac{5}{6}$$

(答)

(2)　整数 X を5で割ったときの余りを $<X>$ で表します。例えば，$<3>=3$，$<5>=0$，$<12>=2$ です。X を10以上21以下の整数とするとき，$<<X>+2>=1$ となるような整数 X をすべて求め，答えを解答欄に書きなさい。

(答)

2　あるお店では，商品A，Bに，それぞれ2割の利益を見込んで定価をつけましたが，Aは定価の1割引き，Bは定価の15%引きで売ることにしました。A2個とB1個が売れると192円の利益が，A1個とB2個が売れると132円の利益が出ます。商品A，Bの原価をそれぞれ求めなさい。

答えを出すために必要な式，図，考え方なども書きなさい。

(答)　A　　　　円，B　　　　円

3　図1のように，ふたのない透《とう》明な直方体の容器に水が入っています。

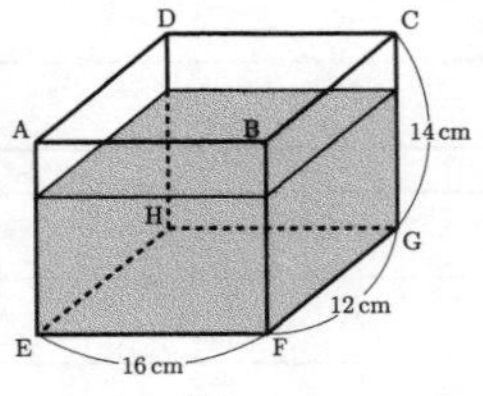

図1

(1)　図2のようになるまで容器を傾《かたむ》けると，容器から水が $576\,cm^3$ だけこぼれました。図1の水の深さは何cmでしたか。

答えを出すために必要な式，図，考え方なども書きなさい。

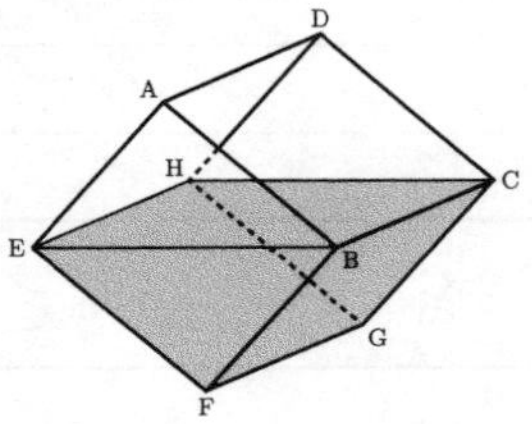

図2

(答)　　　　cm

(2)　さらに，図3のように，FP，GQの長さが9cmになるまで容器を傾けました。このとき，こぼれた水は何 cm^3 ですか。

答えを出すために必要な式，図，考え方なども書きなさい。

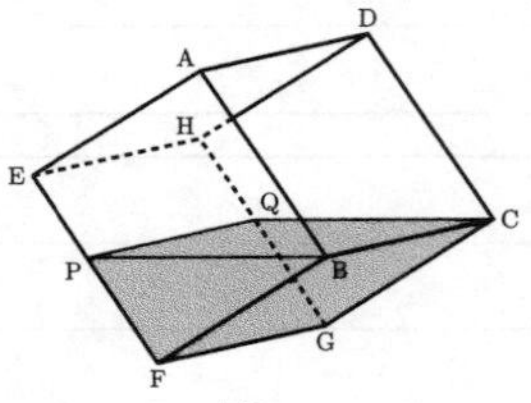

図3

(答)　　　　cm^3

算数解答用紙　第２回　No. ２

4　ある店では，マドレーヌとクッキーの２種類のお菓《か》子を作って売っています。表１はマドレーヌ６個とクッキー６枚を作るために必要な４種類の材料とその分量を表しています。また表２は，その材料の原価を表しています。

表１　材料とその分量

	マドレーヌ	クッキー
砂糖	120 g	20 g
小麦粉	120 g	160 g
バター	126 g	45 g
卵	120 g	30 g

表２　材料の原価

砂糖	1 kg につき 200 円
小麦粉	1 kg につき 250 円
バター	900 g につき 1000 円
卵	1 個 (60g) につき 20 円

(1)　マドレーヌ６個を作るときの材料費の合計はいくらですか。ただし，材料費は使用した分のみを考えることとします。例えば，砂糖を 200 g 使用した場合の材料費は 40 円です。

答えを出すために必要な式，図，考え方なども書きなさい。

(答)　　　　円

(2)　材料費の６倍の金額を定価として売ります。いま，卵が６個あり，その他の材料はたくさんあります。この卵６個すべてと，その他の材料を使用して，マドレーヌだけを作って売るときと，クッキーだけを作って売るときでは，どちらの方がどれだけ利益が大きいですか。ただし，作ったお菓子はすべて売れることとします。

答えを出すために必要な式，図，考え方なども書きなさい。

(答)　　　　の方が　　　　円だけ利益が大きい

5　図のような平行四辺形 ABCD があります。
AG : GD = 5 : 3，BE : EC = 4 : 1 です。また，AC と HE は平行です。

(1)　AF : FC を，最も簡単な整数の比で表しなさい。

答えを出すために必要な式，図，考え方なども書きなさい。

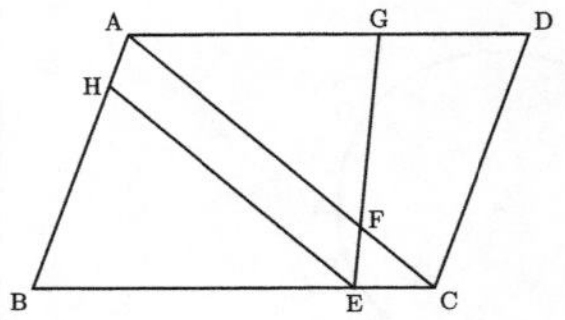

(答)　AF : FC ＝　　:

(2)　平行四辺形 ABCD と四角形 AHEF の面積の比を，最も簡単な整数の比で表しなさい。

答えを出すために必要な式，図，考え方なども書きなさい。

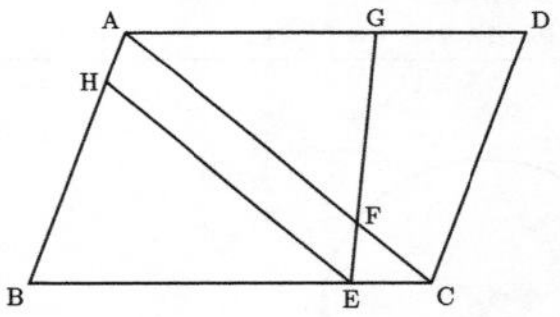

(答)　(平行四辺形 ABCD) : (四角形 AHEF) ＝　　:

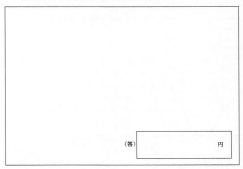

２０２３年度　　　鷗友学園女子中学校

算数解答用紙　第２回　No.３

6　点Ｏを中心とする円があります。この円の周上を，点Ｐは時計回りに１周４分の速さで，点Ｑは反時計回りに１周６分の速さで，点Ｒは時計回りに１周10分の速さで動きます。３つの点は点Ａから同時に動き出します。

(1)　動き出してから，１回目に点Ｐと点Ｑが重なるのは何分何秒後ですか。
答えを出すために必要な式，図，考え方なども書きなさい。

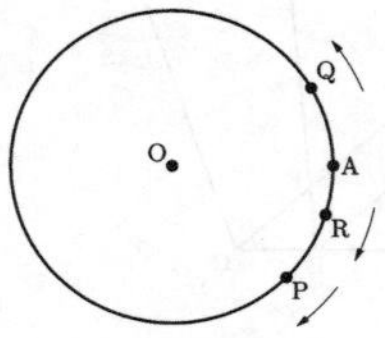

（答）　　分　　秒後

(2)　動き出してから，２回目に点Ｐと点Ｑが重なったとき，点Ｏと点Ｐを結ぶ線と，点Ｏと点Ｒを結ぶ線の間の角度を求めなさい。
答えを出すために必要な式，図，考え方なども書きなさい。

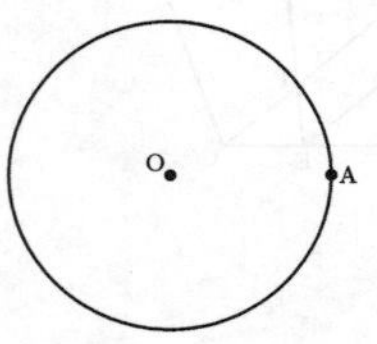

（答）　　度

7　図のような，縦１cm，横２cm，高さ６cmの直方体と，縦１cm，横４cm，高さ２cmの直方体があります。

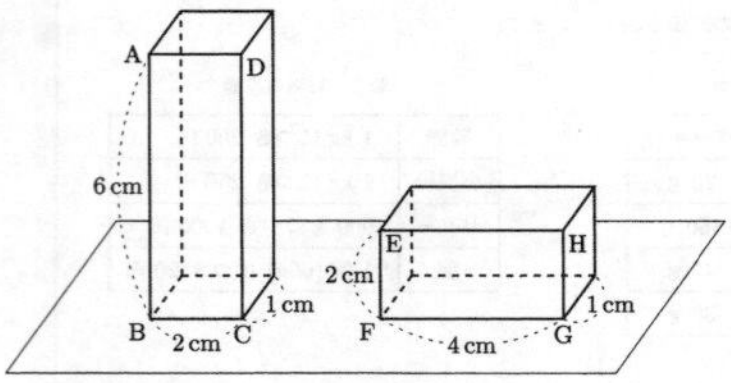

点Ｐと点Ｑは，同時に出発し，以下のような動きを繰《く》り返しています。

Ｐ：Ａ → Ｂ → Ｃ → Ｄ → Ａ → Ｂ → ⋯

Ｑ：Ｅ → Ｆ → Ｇ → Ｈ → Ｅ → Ｆ → ⋯

点Ｑの速さは毎秒１cmです。次のグラフは，出発してからの点Ｐと点Ｑの高さの差を６秒後まで表したものです。

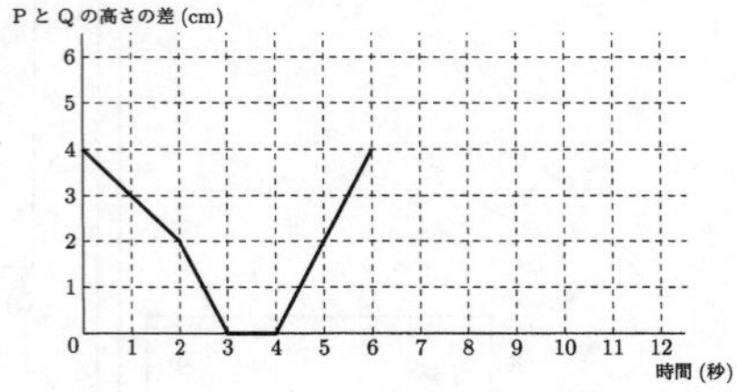

(1)　点Ｐの速さは毎秒何cmですか。
答えを出すために必要な式，図，考え方なども書きなさい。また，必要であれば，下の図を用いなさい。

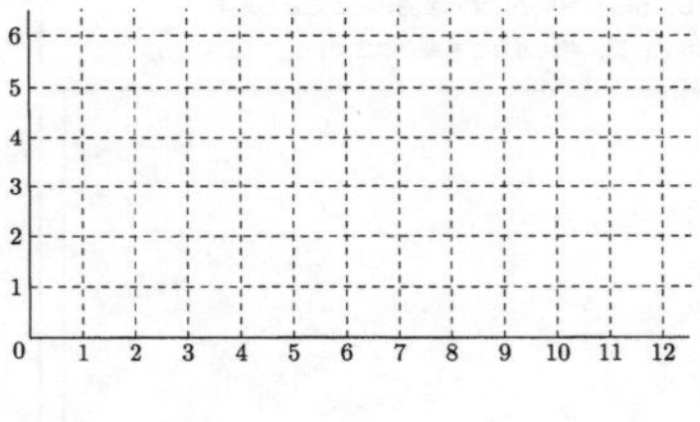

（答）　毎秒　　cm

(2)　グラフの続きを12秒まで，解答欄の図に定規を使ってかきなさい。

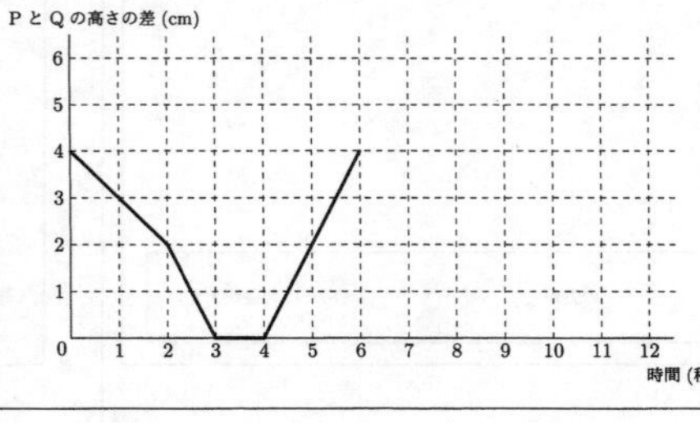

（注）この解答用紙は実物を縮小してあります。200％拡大コピーすると，ほぼ実物大の解答欄になります。

〔算　数〕100点(学校配点)

1　各８点×２＜(2)は完答＞　2　10点＜完答＞　3　(1)　７点　(2)　８点　4　(1)　７点　(2)　８点　5　(1)　７点　(2)　８点　6　(1)　７点　(2)　８点　7　各７点×２

2023年度　　鷗友学園女子中学校

社会解答用紙　第2回　No.1

番号		氏名		評点	／100

1

問1

問2

問3

問4（1）

（2）　県　（3）　（4）

問5

2

問1　①　②

問2　問3　問4　問5

問6

問7

問8　番号

問9　問10

2023年度　鷗友学園女子中学校

社会解答用紙　第2回　No. 2

3

問1

問2 ①の時に比べ、　（どちらかを◯で囲みなさい）円安 ・ 円高　や物価上昇の影響により、

②の時では　　　円　（どちらかを◯で囲みなさい）高くなった ・ 安くなった　。

問3　　問4　　問5　　問6

問7（1）

（2）

（注）この解答用紙は実物を縮小してあります。B5→A3（163%）に拡大コピーすると、ほぼ実物大の解答欄になります。

〔社　会〕100点(学校配点)

1 問1 3点 問2 6点 問3 4点 問4 (1) 4点 (2) 3点 (3) 4点 (4) 3点 問5 3点 2 問1 各3点×2 問2 4点 問3, 問4 各3点×2 問5 4点 問6 6点 問7 3点 問8 4点 問9 3点 問10 4点 3 問1 3点 問2 5点＜完答＞ 問3, 問4 各3点×2 問5, 問6 各4点×2 問7 (1) 5点 (2) 3点

２０２３年度　鷗友学園女子中学校

理科解答用紙　第２回　No.１

番号		氏名		評点	／100

1

問1								
問2	表側 ・ 裏側							
	理由							
問3			問4	枚				
問5	①		②		③		④	
問6								
問7								

2

問1		問2	g	問3	
問4					
問5					
問6					
問7	①	結果：　理由：	②	結果：　理由：	

2023年度　鷗友学園女子中学校

理科解答用紙　第2回　No. 2

3

問1	
問2	
問4	時　分
問5	

問3

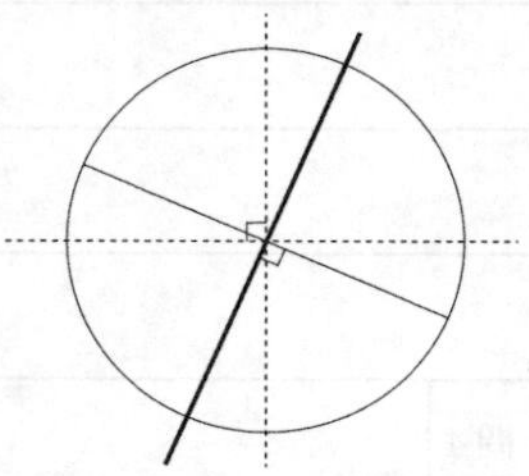

問6	

問7

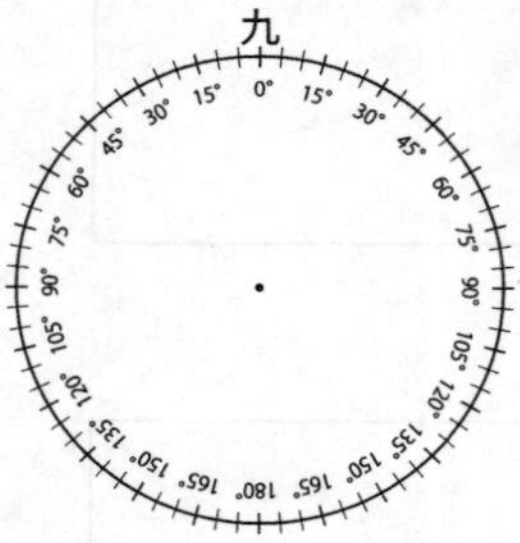

問8	時　分

4

問1		問2	①		②		③	
問3	銅：酸素＝　：				マグネシウム：酸素＝　：			
問4		問5	炭素：酸素＝　：					
問6	式　答　g							
問7	式　答　%							

（注）この解答用紙は実物を縮小してあります。185%拡大コピーをすると、ほぼ実物大の解答欄になります。

〔理　科〕100点(学校配点)

1　問1，問2　各3点×2＜問2は完答＞　問3　2点　問4　4点　問5　①，②　各2点×2　③，④　各1点×2　問6，問7　各3点×2　2　問1　2点　問2，問3　各3点×2　問4　4点　問5　3点　問6　4点　問7　各3点×2＜各々完答＞　3　問1　2点　問2，問3　各3点×2　問4　2点　問5　3点　問6　4点　問7　5点　問8　3点　4　問1～問3　各2点×6　問4　3点　問5　4点　問6　3点　問7　4点

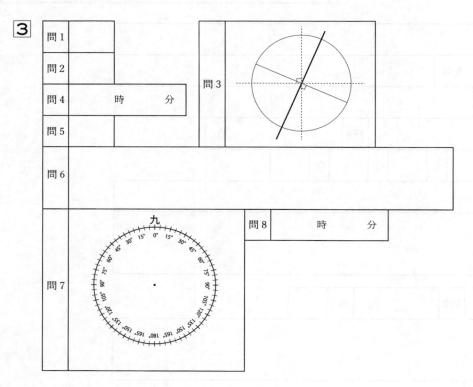

二〇二三年度　鷗友学園女子中学校

国語解答用紙　第一回

番号		氏名		評点	/100

一

問一

問二

問三

問四

二

問一

問二

三

(1)　(2)　(3)　(4)　(5)

(注) この解答用紙は実物を縮小してあります。B５→A３(163%)に拡大コピーすると、ほぼ実物大の解答欄になります。

〔国　語〕100点(学校配点)

一 問１　12点　問２　18点　問３　16点　問４　10点　二 問１　16点　問２　18点　三 各２点×５

2022年度　鷗友学園女子中学校

算数解答用紙　第1回　No.1

番号		氏名		評点	／100

1 次の問いに答えなさい。

(1) 次の ア に当てはまる数を求め，答えを解答欄に書きなさい。

$$7.5 \div 2\frac{2}{5} - \left\{ 7 \times \left(\boxed{\text{ア}} - \frac{1}{8} \right) + 1 \div \frac{5}{2} \right\} = 2\frac{3}{8}$$

(答) ア

(2) 2つの整数A，Bに対して，A☆BはAとBのうち，大きい方から小さい方を引いた数を表すものとします。

例えば，5☆3＝2，1☆5＝4，7☆7＝0です。このとき

(イ ☆12)☆5＝3☆7

となる イ に当てはまる数をすべて求め，答えを解答欄に書きなさい。

(答) イ

2 友子さんは，毎日同じ枚数の色紙にイラストをかいています。イラストがある程度の枚数たまったので，学さんにプレゼントすることにしました。毎日同じ枚数のイラストをかくことを続けながら，毎日6枚ずつプレゼントしていくと，ちょうど12日でなくなります。毎日15枚ずつプレゼントしていくと，ちょうど3日でなくなります。

毎日5枚ずつイラストをプレゼントしていくと，イラストはちょうど何日でなくなりますか。

答えを出すために必要な式，図，考え方なども書きなさい。

(答)　　日

3 下の図は，OA＝AB＝8 cmの直角二等辺三角形OABを，Oを中心として135°回転したものです。辺ABが通過した部分（図の斜《しゃ》線部分）の面積を求めなさい。

答えを出すために必要な式，図，考え方なども書きなさい。

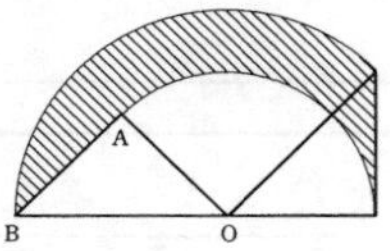

(答)　　cm^2

4 1から10までの整数をすべてかけてできる数は3628800です。この数では，一の位から数えて最初に0でない数字が現れるのは3 番目です。

1から100までの整数をすべてかけてできる数では，一の位から数えて最初に0でない数字が現れるのは，何番目ですか。

答えを出すために必要な式，図，考え方なども書きなさい。

(答)　　番目

2022年度　鴎友学園女子中学校

算数解答用紙　第1回　No. 2

5 図の平行四辺形 ABCD は，AE：EB＝1：3，AG：GD＝3：1，BF：FC＝3：2 です。

(1) BH：HI：ID を，最も簡単な整数の比で表しなさい。
答えを出すために必要な式，図，考え方なども書きなさい。

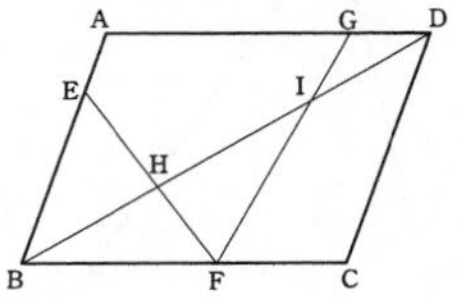

(答) BH：HI：ID＝　　：　　：

(2) 四角形 HFCI の面積は平行四辺形 ABCD の面積の何倍ですか。
答えを出すために必要な式，図，考え方なども書きなさい。

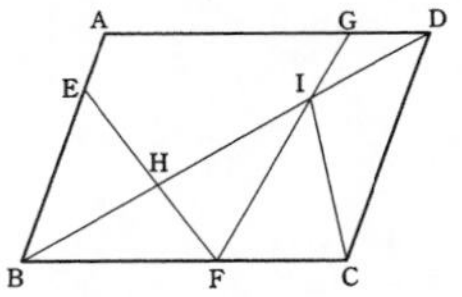

(答)　　　　倍

6 半径 6 cm，高さ 35 cm の円柱の容器に，底面から 15 cm の高さまで水が入っています。この中に半径 2 cm，高さ 25 cm の円柱の鉄の棒を 1 本ずつまっすぐに立てて入れていきます。

(1) 鉄の棒を 1 本入れたとき，水面は何 cm 上昇《しょう》しますか。
答えを出すために必要な式，図，考え方なども書きなさい。

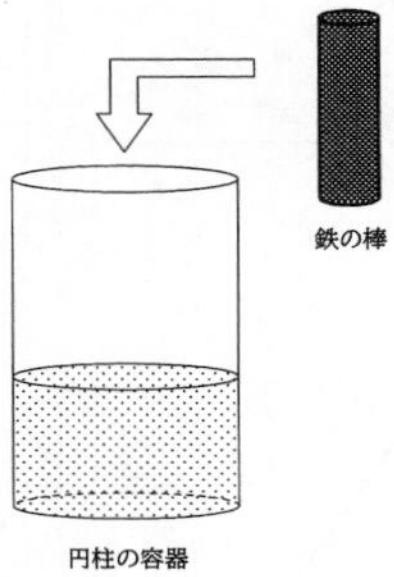

(答)　　　　cm

(2) 入れた鉄の棒のすべてが，初めて完全に水の中に入るのは，鉄の棒を何本入れたときですか。また，そのときの水面の高さを求めなさい。
答えを出すために必要な式，図，考え方なども書きなさい。

(答)　　　　本，　　　　cm

(注) この解答用紙は実物を縮小してあります。200%拡大コピーをすると，ほぼ実物大の解答欄になります。

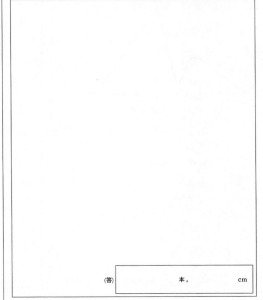

２０２２年度　　鷗友学園女子中学校

算数解答用紙　第１回　No.３

7 友子さんと弟の学さんは家から学校へ，同じまっすぐな道を通って向かいました。

友子さんは歩いてバス停に行き，6 分間待ってからバスに乗り，降りてからまた歩いて学校へ向かいました。

学さんは，友子さんが出発してから 16 分後に自転車で学校に向かい，校門でちょうど追いつきました。

グラフは，友子さんが家を出発してからの時間と友子さんと学さんの距離《きょり》の関係を表したものです。

歩く速さ，バスの速さ，自転車の速さはそれぞれ一定です。

(1) 友子さんの歩く速さは分速何 m ですか。

答えを出すために必要な式，図，考え方なども書きなさい。

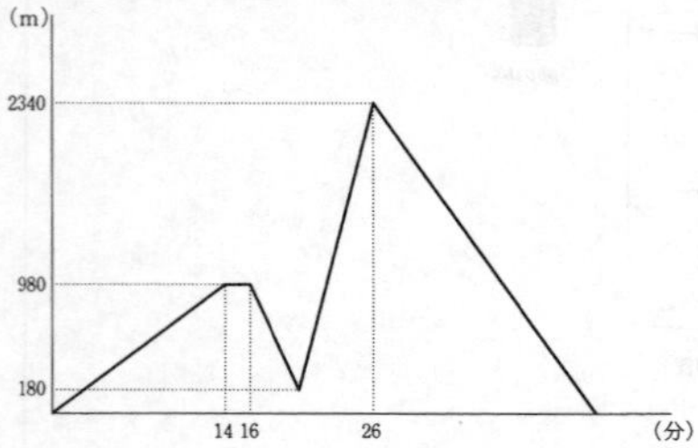

(答) 分速　　　　m

(2) バスの速さは時速何 km ですか。

答えを出すために必要な式，図，考え方なども書きなさい。

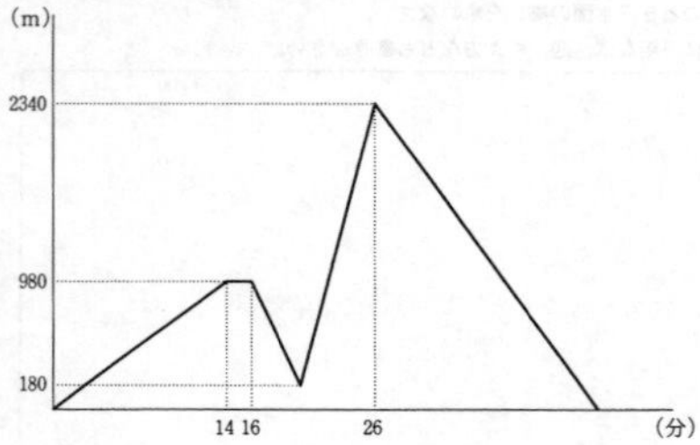

(答) 時速　　　　km

(3) 家から学校までの距離は何 km ですか。

答えを出すために必要な式，図，考え方なども書きなさい。

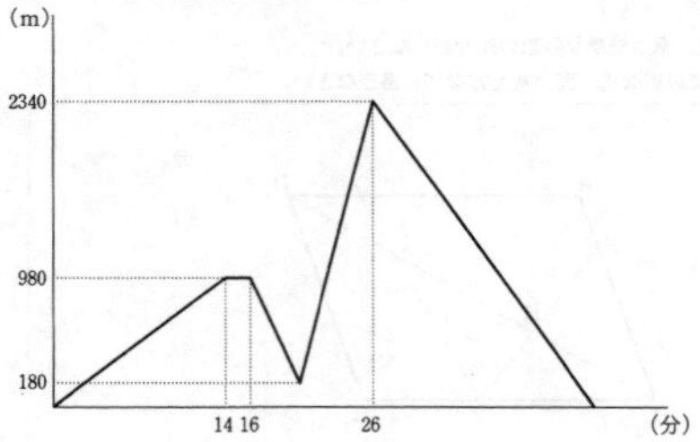

(答)　　　　km

〔算　数〕100点(学校配点)

1 各 9 点×2＜(2)は完答＞　2～4 各 10 点×3　5 各 9 点×2　6 各 8 点×2＜(2)は完答＞　7 (1) 5 点　(2) 6 点　(3) 7 点

２０２２年度　鷗友学園女子中学校

社会解答用紙　第１回　No.１

番号		氏名		評点	／100

1

問１

問２（１）　問２（２）

問２（３）

問２（４）

問３（１）①　②

問３（２）

問４

2

問１　①　②

問２

問３　問４　人物　問５

問６

問７　問８　問９　問10

問11

社会解答用紙　第１回　No. 2

3

問１　　　　事件

問２

問３

問４

問５　①　　　　②

問６　原子力発電所の規制を

　　　　ため。

問７

問８

（注）この解答用紙は実物を縮小してあります。Ｂ５→Ａ３（163%）に拡大コピーすると、ほぼ実物大の解答欄になります。

〔社　会〕100点（学校配点）

1　問１　３点　問２　(1)　３点　(2)　４点　(3)　５点　(4)　４点　問３　(1)　３点＜完答＞　(2)　４点　問４　４点　2　問１　各２点×２　問２　４点　問３～問５　各３点×３　問６　６点　問７～問９　各３点×３　問10，問11　各４点×２　3　問１～問５　各３点×６　問６　４点　問７　３点　問８　５点

２０２２年度　鷗友学園女子中学校

理科解答用紙　第１回　No.１

番号		氏名		評点	／100

1

問１	A	電熱線	問２	A	電熱線		
問３		問４		問５	A	問６	A
問７	電熱線　　と	A					
問８	電熱線						
	式　　答え　A						

2

問１										
問２	魚類やハ虫類　・　鳥類やホ乳類									
	理由									
問３										
問４	②		③		問５	①		②		③
問６	式　　答え　%									
	向き	図	問７	向き		血管				

（注）この解答用紙は実物を縮小してあります。172％拡大コピーをすると、ほぼ実物大の解答欄になります。

2022年度　　　鷗友学園女子中学校

理科解答用紙　第1回　No. 2

3

問1	ア		イ		ウ	

問2	
問3	
問4	
問5	
問6	
問7	
問8	

4

問1		問2	

問3		問4	側	問5	側

問6	

問7		問8	約　　倍	問9	約　　倍

〔理　科〕100点(学校配点)

1　問1～問7　各2点×10　問8　電熱線…2点，電流計の示す値…3点　2　問1　2点＜完答＞　問2　どちらか…1点，理由…3点　問3　3点　問4　各2点×2　問5　各1点×3　問6　何%か…4点，向き…2点　問7　3点＜完答＞　3　問1　各1点×3　問2　2点　問3～問5　各3点×3　問6　4点　問7　3点　問8　4点　4　問1～問3　各2点×3　問4，問5　各3点×2　問6　4点　問7～問9　各3点×3

二〇二二年度　鷗友学園女子中学校

国語解答用紙　第一回

番号		氏名		評点	/100

一

問一

問二

問三

問四

二

問一

問二

三

(1)　(2)　(3)　(4)　(5)

（注）この解答用紙は実物を縮小してあります。B５→A３(163%)に拡大コピーすると、ほぼ実物大の解答欄になります。

〔国　語〕100点(学校配点)

一 問1　10点　問2　16点　問3　18点　問4　16点　二 問1　12点　問2　18点　三 各2点×5

２０２２年度　鷗友学園女子中学校

算数解答用紙　第２回　No.１

番号		氏名		評点	／100

1　次の ア ， イ に当てはまる数を求め，答えを解答欄に書きなさい。

(1)　$20.22 \div \frac{1}{100} + \left(7.36 - 1\frac{16}{75} \times \frac{3}{14}\right) - 0.1 =$ ア

(答)　ア

(2)　$(0.6 \times 1.3 - 0.36) \times \left(6 \div \frac{48}{11} \times \boxed{イ} - \frac{1}{7}\right) = 1.26$

(答)　イ

2　ある日，文具店Ａでは，１冊95円のノートを150冊，１本110円のペンを150本仕入れました。ノートは２割の利益，ペンは３割の利益を見込《こ》んで，定価をつけました。午前は定価のままで売ったところ，ノートもペンも売れ残りました。そこで，売れ残ったノート１冊とペン２本ずつを袋《ふくろ》に入れたところ，余りなくちょうど袋づめできました。午後には，これらの袋を，ノート１冊とペン２本の定価の合計の２割引きで売りました。その結果すべて売り切ることができ，１日の利益の総額は5000円でした。この袋をいくつ売りましたか。

答えを出すために必要な式，図，考え方なども書きなさい。

(答)　　袋

3　下の図は，半径５cmと３cmのおうぎ形を重ねた図形です。弧《こ》AB，弧BC，弧CDの長さは等しいです。斜《しゃ》線部分の面積を求めなさい。

答えを出すために必要な式，図，考え方なども書きなさい。

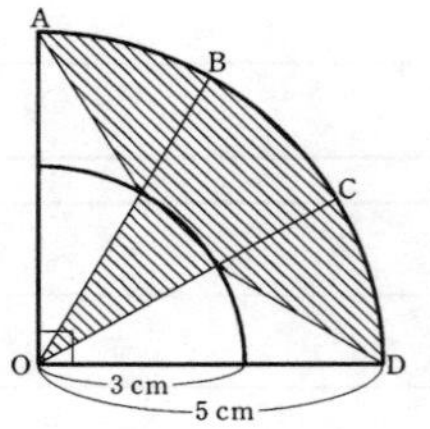

(答)　　cm²

4　１から順に整数を並べます。

１，２，３，４，５，６，７，８，９，10，11，…

並んでいる整数から，２の倍数と３の倍数と５の倍数をとりのぞいてできた数の列について，次の問いに答えなさい。

(1)　61は最初から数えて何番目の整数ですか。

答えを出すために必要な式，図，考え方なども書きなさい。

(答)　　番目

(2)　200より大きく300より小さい整数は何個ありますか。

答えを出すために必要な式，図，考え方なども書きなさい。

(答)　　個

２０２２年度　　鷗友学園女子中学校

算数解答用紙　第２回　No. ２

5 図の四角形 ABCD は平行四辺形で，面積は 300 cm^2 です。三角形 ACE の面積は 45 cm^2，三角形 DEF の面積は 70 cm^2 です。

(1) AE：ED を，最も簡単な整数の比で表しなさい。
答えを出すために必要な式，図，考え方なども書きなさい。

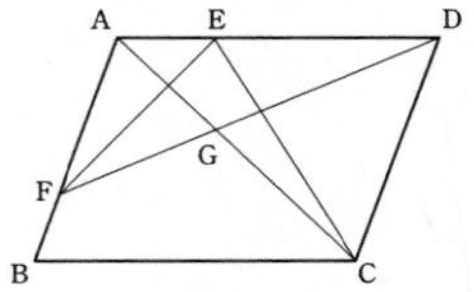

(答)　AE：ED＝　　　　：

(2) 四角形 BCGF の面積は何 cm^2 ですか。
答えを出すために必要な式，図，考え方なども書きなさい。

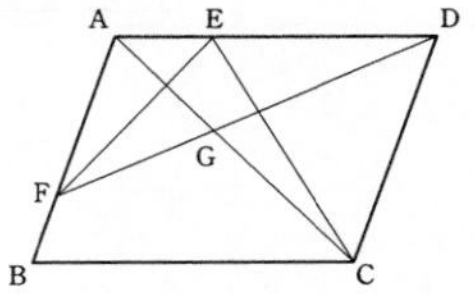

(答)　　　　　cm^2

6 図１は底面の直径が６cm，高さが３cm の円柱です。また，図２の立体の上の面は直径が６cm，下の面は直径が４cm の円で，高さは３cm です。
図１の円柱から図２の立体をくり抜《ぬ》いたところ，図３の立体ができました。図３の立体の体積を求めなさい。
答えを出すために必要な式，図，考え方なども書きなさい。

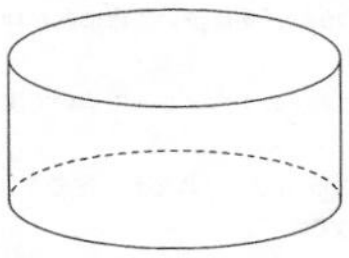

図１

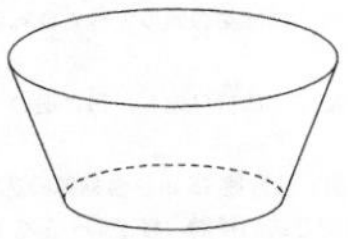

図２

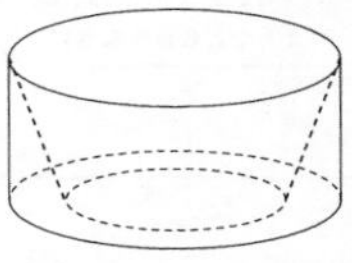

図３

(答)　　　　　cm^3

２０２２年度　　鷗友学園女子中学校

算数解答用紙　第２回　No.３

7　姉と弟が家から 2.3 km 離《はな》れた駅まで同じ道を往復します。

姉は 14 時に家を出て，歩いて駅に向かいました。その途《と》中，公園で友だちと出会い，その場で 10 分間立ち話をして，その後再び駅に向かいました。

弟は 14 時 10 分に家を出て，自転車で駅に向かいました。その途中，姉が立ち話をしている間に公園を通り過ぎ，その後，本屋に 5 分間立ち寄り，再び駅に向かいました。

弟は駅に着いてすぐに折り返し，駅に向かう姉と出会い，その場で 3 分間立ち話をしました。その後，姉は弟の乗ってきた自転車で駅に向かい，弟は歩いて家に向かいました。

姉は駅に着いてすぐに折り返し，弟に追いつきました。そこからは 2 人で歩いて家に帰りました。

2 人とも歩く速さは分速 75 m，自転車の速さは分速 250 m で，それぞれ一定です。また，グラフは姉と弟の移動の様子の一部を表したものです。

(1)　駅から折り返してきた弟が駅に向かう姉と出会った時刻を求めなさい。

答えを出すために必要な式，図，考え方なども書きなさい。

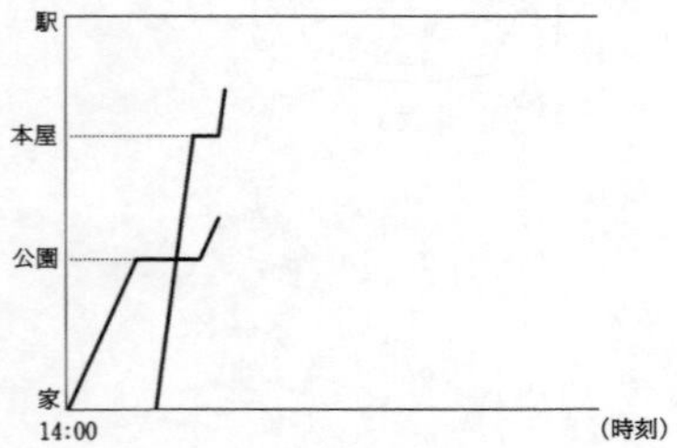

(答)　　時　　分

(2)　歩いて帰っている弟に駅から折り返してきた姉が追いついたのは，駅から何 m の場所ですか。

答えを出すために必要な式，図，考え方なども書きなさい。

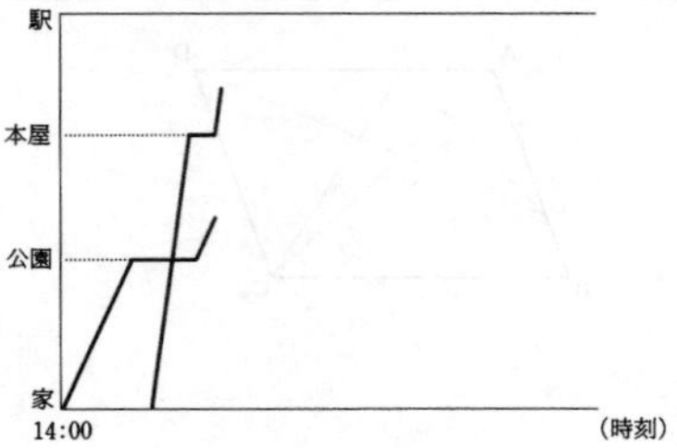

(答)　　m

(注) この解答用紙は実物を縮小してあります。189％拡大コピーをすると、ほぼ実物大の解答欄になります。

〔算　数〕100点(学校配点)

1　(1)，(2)　各 9 点×2　2　12 点　3　11 点　4　各 8 点×2　5　(1)　7 点　(2)　9 点　6　12 点　7　(1)　8 点　(2)　7 点

２０２２年度　鷗友学園女子中学校

社会解答用紙　第２回　No.１

番号		氏名		評点	／100

1

問１ ＿＿＿ 県

問２（１）＿＿＿　問２（２）＿＿＿

問３ 客土とは、＿＿＿、土地を改良することである。

問４ ＿＿＿　問５ ＿＿＿

問６

問７（１）＿＿＿　問７（２）＿＿＿

2

問１ ＿＿＿　問２ ＿＿＿　問３ ＿＿＿

問４

問５ ＿＿＿　問６ ＿＿＿

問７

問８ ＿＿＿

問９ 彼が ＿＿＿ 半島を訪れた時に民家で行われていた、年中行事である ＿＿＿ を描いたもの。

問10 ＿＿＿ → ＿＿＿ → ＿＿＿　問11 ＿＿＿

２０２２年度　鷗友学園女子中学校

社会解答用紙　第２回　No. 2

3

問１　　　問２

問３（１）

問３（２）

問４　　　問５　満　　　歳以上から、満　　　歳以上に変更された。

問６（１）　　　問６（２）

問７（１）

（２）

（注）この解答用紙は実物を縮小してあります。Ｂ５→Ａ３（163%）に拡大コピーすると、ほぼ実物大の解答欄になります。

〔社　会〕100点（学校配点）

1　問１～問４　各３点×５　問５　４点　問６　５点　問７　各３点×２　2　問１～問３　各３点×３　問４，問５　各４点×２　問６　３点　問７　６点　問８　３点　問９，問10　各４点×２＜各々完答＞　問11　３点　3　問１，問２　各３点×２　問３　(1)　３点　(2)　４点　問４～問６　各３点×４＜問５は完答＞　問７　(1)　２点　(2)　３点

2022年度　　鷗友学園女子中学校

理科解答用紙　第2回　No.1

番号		氏名		評点	／100

1

問1	あ		い		問2	

問3
問4

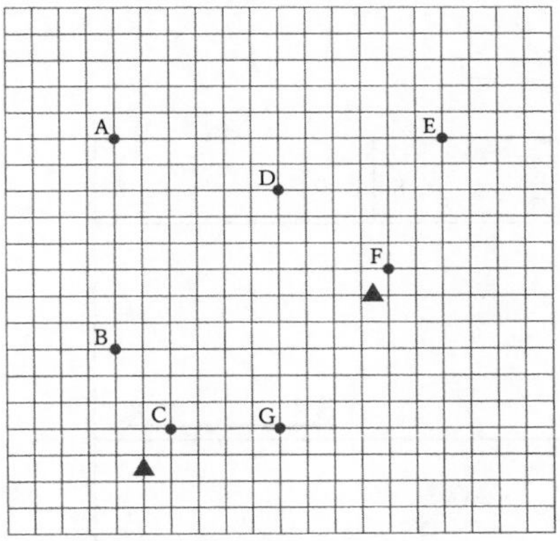

問5	P波	km
	S波	km

問6	式 答え　　　km

問7	km	問8	

2

問1			問2		

問3	式 答え　　　個体

問4	①	多くなる・少なくなる	②	多くなる・少なくなる	問5		問6	

問7	

（注）この解答用紙は実物を縮小してあります。189％拡大コピーをすると、ほぼ実物大の解答欄になります。

２０２２年度　　　鷗友学園女子中学校

理科解答用紙　第２回　No. 2

3

問１	①		②		
問２		問３			
問４	＞　＞　＞				
問５	焼きミョウバン	g	水和水	g	問６　g
問７	式　答え　g				
問８	式　答え　g				

4

問１	g/cm³	問２	g	問３	①		②		③
問４	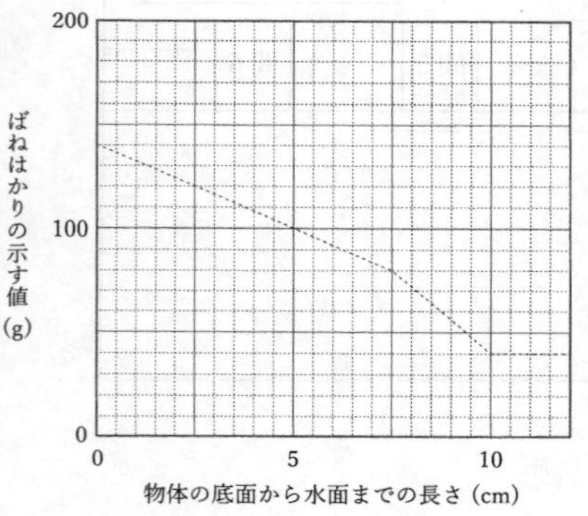	問５	cm						
		問６	g						
		問７	式　答え　g						
問８	式　答え　g								

〔理　科〕100点(学校配点)

1 問１，問２　各２点×３　問３，問４　各３点×２　問５　各２点×２　問６～問８　各３点×３<問８は完答>　2 問１　２点<完答>　問２　４点<完答>　問３　３点　問４　各２点×２　問５，問６　各３点×２　問７　６点　3 問１　①　１点　②　２点　問２～問４　各２点×３<問４は完答>　問５～問７　各３点×４　問８　４点　4 問１，問２　各２点×２　問３　各１点×３　問４　４点　問５，問６　各３点×２　問７，問８　各４点×２

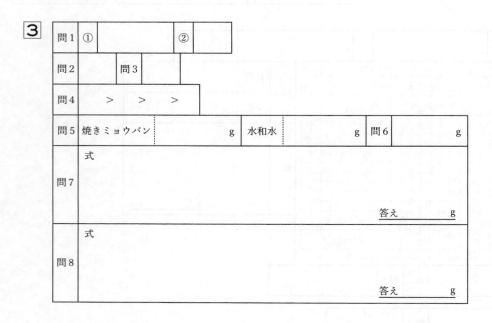

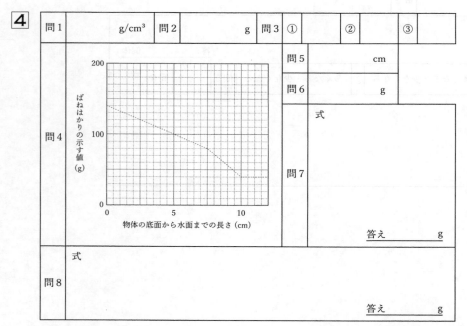

二〇二二年度　鷗友学園女子中学校

国語解答用紙　第二回

番号		氏名		評点	/100

一

問一

問二

問三

問四

二

問一

問二

三

(1)		(2)		(3)		(4)		(5)	

（注）この解答用紙は実物を縮小してあります。B５→A３（163%）に拡大コピーすると、ほぼ実物大の解答欄になります。

〔国　語〕100点（学校配点）

一　問１　12点　問２　16点　問３　14点　問４　18点　二　問１　18点　問２　12点　三　各２点×５

2021年度　鷗友学園女子中学校

算数解答用紙　第1回　No. 1

番号		氏名		評点	／100

1 次の ア ，イ に当てはまる数を求め，答えを解答欄に書きなさい。

(1) $3\frac{1}{5}-\left\{\left(3.6-2\frac{4}{7}\right)\div 4\frac{4}{5}+0.7\right\}\times 0.375=$ ア

(答) ア

(2) $\dfrac{1+\boxed{イ}}{1+\dfrac{1}{1+\dfrac{1}{3}}}=\dfrac{24}{35}$

(答) イ

2 A店とB店は同じ商品を同じ値段で400個ずつ仕入れました。

A店は，4割の利益を見込んで定価をつけました。定価のままで売ったところ，100個しか売れませんでした。そこで定価の2割引きにして売ったところ，すべて売り切ることができました。

B店は，A店とは異なる定価で商品を売ったところ，すべて売り切ることができました。

A店の利益とB店の利益は等しくなりました。B店は何％の利益を見込んで定価をつけましたか。答えを出すために必要な式，図，考え方なども書きなさい。

(答)　　　　％

3 図の平行四辺形ABCDは，AE : ED = 1 : 3で，ADとGFは平行です。

(1) BH : HF : FEを，最も簡単な整数の比で表しなさい。答えを出すために必要な式，図，考え方なども書きなさい。

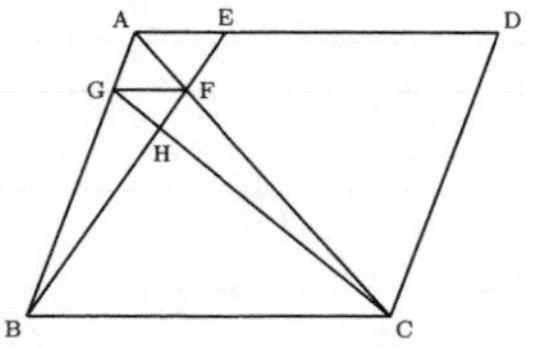

(答) BH : HF : FE　＝　　　：　　　：

(2) 平行四辺形ABCDの面積は三角形FGHの面積の何倍ですか。答えを出すために必要な式，図，考え方なども書きなさい。

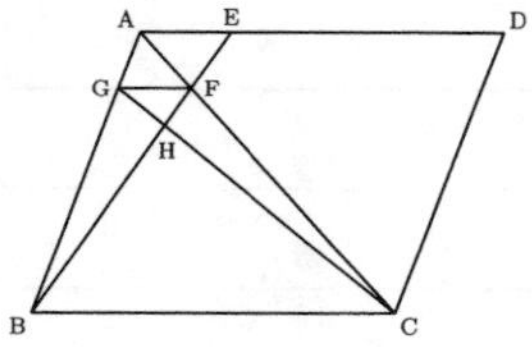

(答)　　　　倍

4　図のような立方体があります。この立方体を点P，Q，Rを通る平面で切ります。ただし，点P，Q，Rは，立方体の辺をそれぞれ２等分する点です。このとき，切り口の面積は，正三角形ABCの面積の何倍ですか。答えを出すために必要な式，図，考え方なども書きなさい。

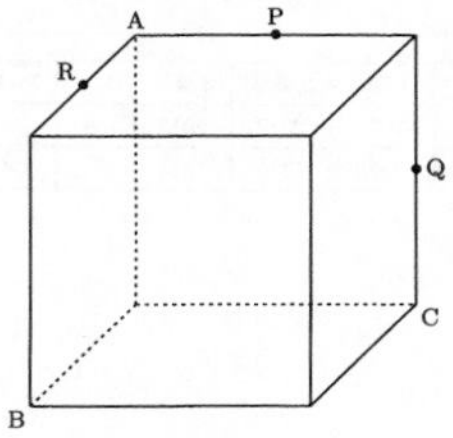

（答）　　　倍

5　点Oを中心とする半径8cmの円の周上に，図のように等間隔《かく》で12個の点A，B，C，D，E，F，G，H，I，J，K，Lがあります。これらの12個の点のうち，4個の点を頂点とする四角形を作ります。

(1)　点Aを頂点の１つとする正方形の面積を求めなさい。答えを出すために必要な式，図，考え方なども書きなさい。

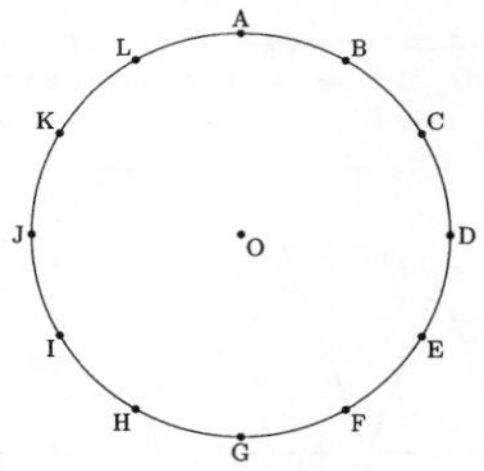

（答）　　　cm^2

(2)　角AOBの大きさを求めなさい。また，長方形ABGHの面積を求めなさい。答えを出すために必要な式，図，考え方なども書きなさい。

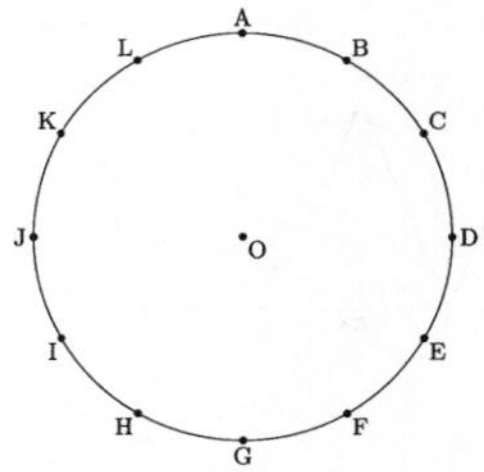

（答）　角AOBは　　　度，長方形ABGHは　　　cm^2

（注）この解答用紙は実物を縮小してあります。204％拡大コピーをすると，ほぼ実物大の解答欄になります。

2021年度　鷗友学園女子中学校

算数解答用紙　第1回　No.3

6　直線上に点A，Bがあり，AとBの間は30cmです。直線上のAとBの間を，点Pと点Qがそれぞれ動きます。点PはAを出発しBに向かい，同時に点QはBを出発しAに向かいます。点P，Qは出会ったら向きを変えて進みます。点Pも点Qも，AまたはBにたどり着いたら向きを変えて進みます。ただし，点QはBにたどり着いたとき，2秒間止まってから再び動き出します。

点P，Qの速さはそれぞれ一定です。また，グラフは点Pの移動の様子の一部を表したものです。

(1)　点P，Qの速さはそれぞれ毎秒何cmですか。必要であれば，下のグラフを用いなさい。答えを出すために必要な式，図，考え方なども書きなさい。

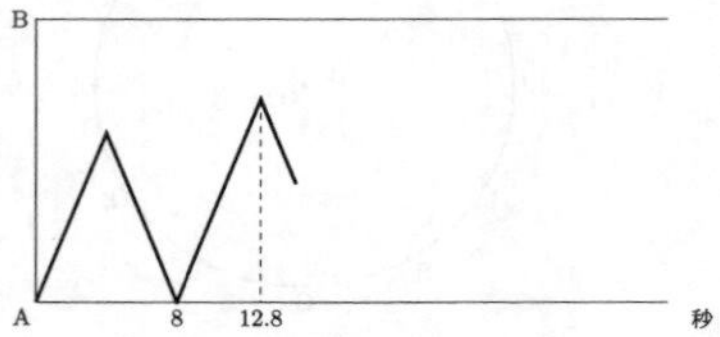

(答)　Pは毎秒　　　cm，　Qは毎秒　　　cm

(2)　点P，Qが7回出会うまでに点Pが進んだ長さの合計は何cmですか。必要であれば，下のグラフを用いなさい。答えを出すために必要な式，図，考え方なども書きなさい。

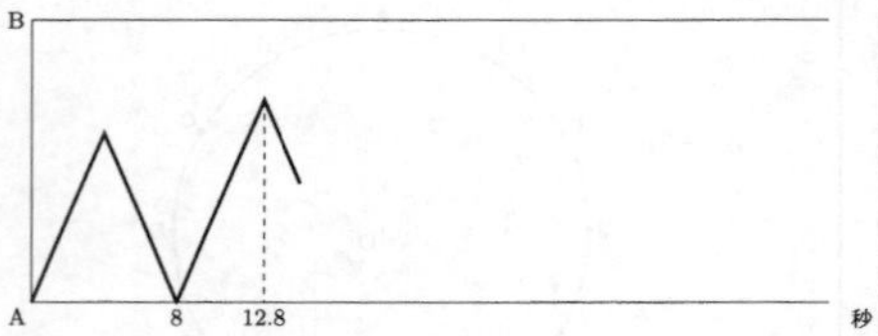

(答)　　　cm

7　次のように，それぞれ異なる規則にしたがって並ぶ2つの整数の列A，Bを表にしました。

	1番目	2番目	3番目	…
A	2021	2017	2013	…
B	1328	1331	1334	…

(1)　次の表の2か所の［イ］に当てはまる数は同じです。このとき，［ア］に当てはまる数を求めなさい。答えを出すために必要な式，図，考え方なども書きなさい。

	1番目	2番目	3番目	…	［ア］番目	…
A	2021	2017	2013	…	［イ］	…
B	1328	1331	1334	…	［イ］	…

(答)

(2)　次の表の2か所の［カ］に当てはまる数は同じです。このような場合はいくつか考えられます。このような場合のうち，［エ］に当てはまる数で最も大きい数を求めなさい。答えを出すために必要な式，図，考え方なども書きなさい。

	1番目	2番目	3番目	…	［ウ］番目	…	［エ］番目	…
A	2021	2017	2013	…	［オ］	…	［カ］	…
B	1328	1331	1334	…	［カ］	…	［キ］	…

(答)

〔算　数〕100点(学校配点)

1　(1)　9点　(2)　8点　2　10点　3　各8点×2　4　10点　5　(1)　7点　(2)　9点＜完答＞
6　各8点×2＜(1)は完答＞　7　(1)　8点　(2)　7点

２０２１年度　鷗友学園女子中学校

社会解答用紙　第１回　No.１

番号		氏名	

評点	／100

1

問１

問２ 記号

問３

問４（１）

問４（２）　問４（３）　問５

問６

2

問１ ①　②

問２

問３　問４　問５　問６

問７

問８

問９（１）　（２）

問９（３）

２０２１年度　　　鷗友学園女子中学校

社会解答用紙　第１回　No. ２

3

問１　　問２

問３（1）

問３（2）　　問４

問５

問６

問７（1）

（2）

（注）この解答用紙は実物を縮小してあります。Ｂ５→Ａ３（163％）に拡大コピーすると、ほぼ実物大の解答欄になります。

〔社　会〕100点(学校配点)

1 問１　３点　問２　５点＜完答＞　問３　３点　問４　(1)　４点　(2), (3)　各３点×２　問５　４点　問６　５点　2 問１　各２点×２　問２　４点　問３～問６　各３点×４　問７, 問８　各４点×２＜問７は完答＞　問９　(1), (2)　各３点×２　(3)　６点　3 問１　３点　問２　４点　問３　(1)　４点　(2)　３点　問４　３点　問５　４点　問６, 問７　各３点×３

２０２１年度　鷗友学園女子中学校

理科解答用紙　第１回　No.1

番号		氏名		評点	／100

1

問1		問2					
問3		問4		問5		問6	
問7							
問8		問9					
問10	環境条件の違い						
	効果						

2

問1	ばねA	押しばね・引きばね	ばねB	押しばね・引きばね			
問2	cm	問3	cm	問4	cm		
問5	押しばねの場合		引きばねの場合		問6	g	
問7							

２０２１年度　鷗友学園女子中学校

理科解答用紙　第１回　No. 2

3

問1	%	問2	g	問3		
問4	記号		名前		問5	g
問6	式 答え					
問7	ア・イ・ウ・エ					
問8	式 答え　g					

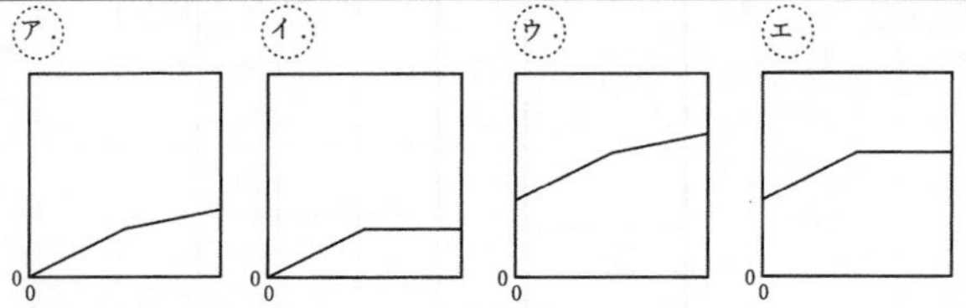

4

問1	X		Y		問2	X	Y	
問3	①	速い　・　おそい	②		③			
	④	泥　・　砂　・　れき	⑤	しやすく・しにくく	⑥	やすい　・　にくい		
問4								
問5								

〔理　科〕100点(学校配点)

1 問1～問6　各2点×6　問7　3点　問8　2点　問9　3点＜完答＞　問10　環境条件の違い…3点，効果…2点　**2** 問1　各2点×2　問2～問4　各3点×3　問5　各2点×2　問6　3点　問7　4点＜完答＞　**3** 問1～問4　各2点×5　問5　3点　問6～問8　各4点×3　**4** 問1～問4　各2点×11　問5　4点

二〇二一年度　鷗友学園女子中学校

国語解答用紙　第一回

番号

氏名

評点　／100

一

問一

問二

問三

問四

二

問一

問二

三

(1)

(2)

(3)

(4)

(5)

（注）この解答用紙は実物を縮小してあります。Ｂ５→Ａ３（163%）に拡大コピーすると、ほぼ実物大の解答欄になります。

〔国　語〕100点（学校配点）

一　問１　12点　問２　14点　問３　12点　問４　20点　二　問１　12点　問２　20点　三　各２点×５

大人に聞く前に解決できる!!

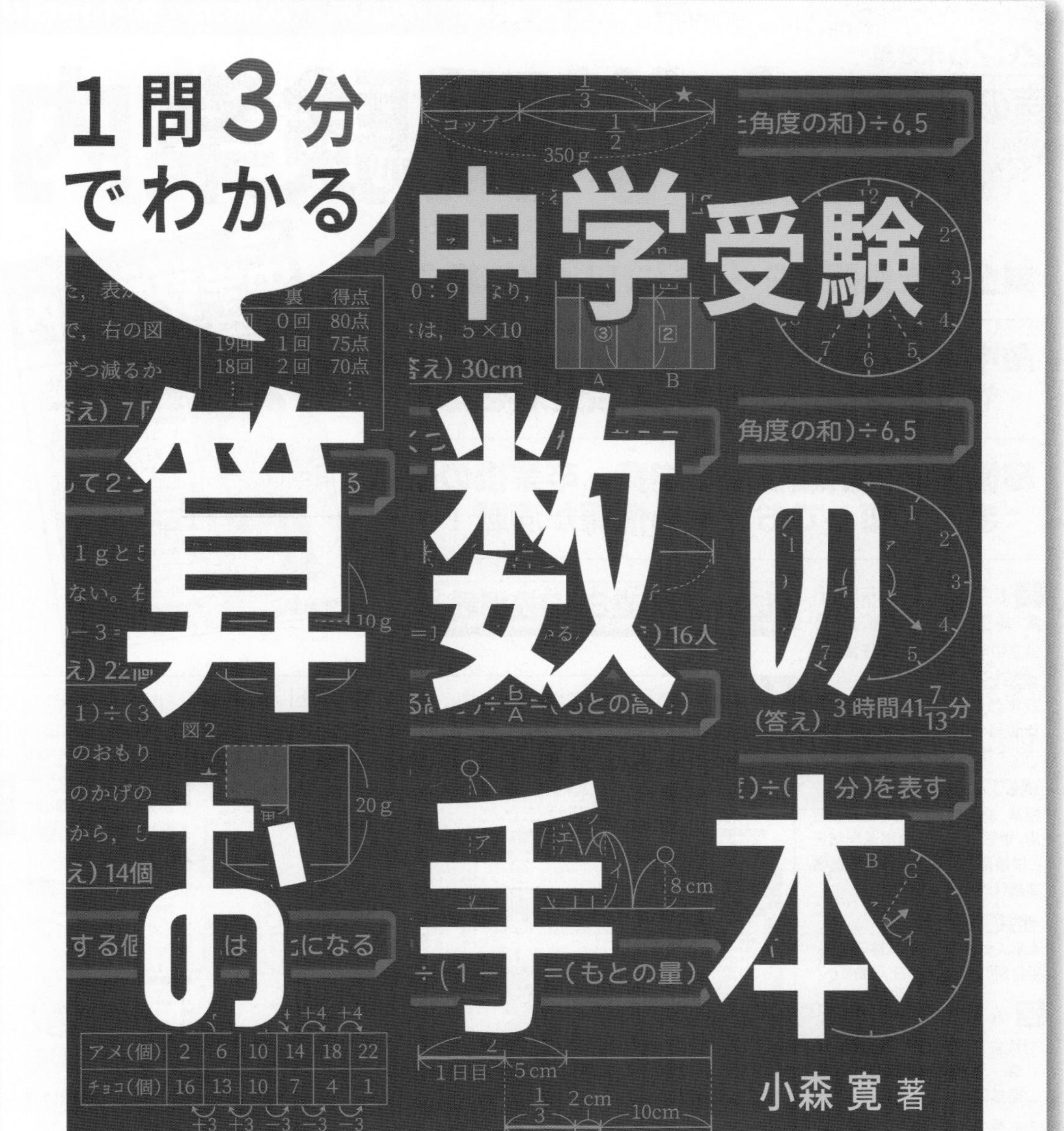

基本から応用まで全受験生対応!!

定価1980円（税込）

東京都／神奈川県／千葉県／埼玉県／茨城県／栃木県ほか

2025年度用
声の教育社版

中学受験案内

■全校を見開き2ページでワイドに紹介！

■中学～高校までの授業内容をはじめ部活や行事など、6年間の学校生活を凝縮！

■偏差値・併願校から学費・卒業後の進路まで、知っておきたい情報が満載！

私立・国公立353校掲載

Ⅰ 首都圏（東京・神奈川・千葉・埼玉・その他）の私立・国公立中学校の受験情報を掲載。

合格情報
近年の倍率推移・偏差値による合格分布予想グラフ・入試ホット情報ほか

学校情報
授業、施設、特色、ICT機器の活用、併設大学への内部進学状況と併設高校からの主な大学進学実績ほか

入試ガイド
募集人員、試験科目、試験日、願書受付期間、合格発表日、学費ほか

Ⅱ 資　料
(1)私立・国公立中学の合格基準一覧表（四谷大塚、首都圏模試、サピックス）
(2)主要中学早わかりマップ
(3)各校の制服カラー写真
(4)奨学金・特待生制度，帰国生受け入れ校，部活動一覧

Ⅲ 大学進学資料
(1)併設高校の主要大学合格状況一覧
(2)併設・系列大学への内部進学状況と条件

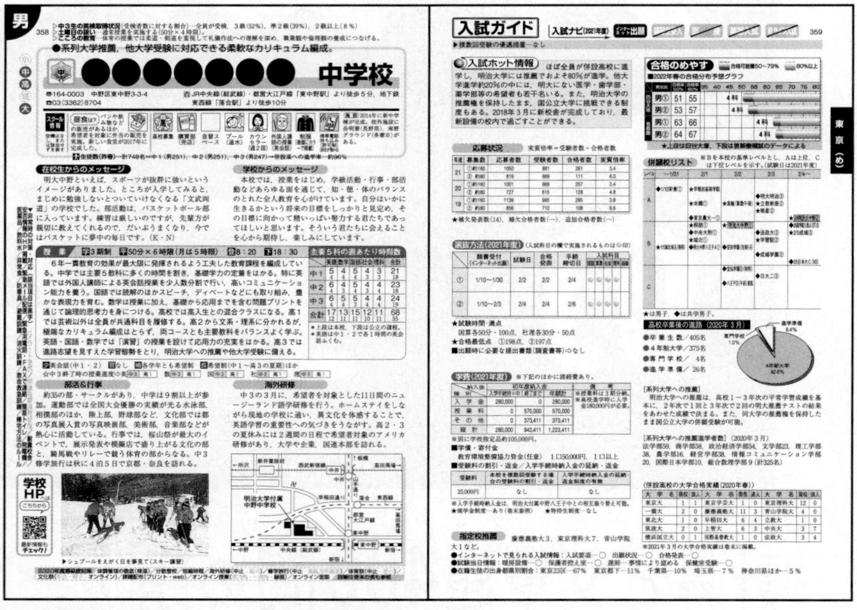

志望校・併願校を
この１冊で選ぶ！決める!!

過去問で君の夢を応援します
声の教育社

〒162-0814　東京都新宿区新小川町8-15
TEL.03-5261-5061　FAX.03-5261-5062
https://www.koenokyoikusha.co.jp